中国田野考古报告集

考 古 学 专 刊

丁种第九十三号

枝江关庙山

三

中国社会科学院考古研究所　编著

文物出版社

北京 · 2017

ARCHAEOLOGICAL MONOGRAPH SERIES

TYPE D NO. 93

Guanmiaoshan in Zhijiang

Ⅲ

(With an English Abstract)

By

The Institute of Archaeology, Chinese Academy of Social Sciences

Cultural Relics Press

Beijing · 2017

第三册目录

插图目录

屈家岭文化晚期遗迹

屈家岭文化晚期遗物

石家河文化遗迹

石家河文化遗物

关庙山大溪文化遗存考察

附录

插表目录

屈家岭文化晚期遗存

石家河文化

关庙山大溪文化遗存考察

附表

附录

第四章 屈家岭文化晚期遗存

第一节 文化遗迹

文化遗迹包括生活遗迹、墓葬两部分。

生活遗迹有疑残房址2座（详见附表1），残垫层3片（详见附表2），红烧土堆积1片（详见附表4），灰坑26个（详见附表5）和灰沟1条（详见附表6），分布于Ⅲ区（图4－1－1）、Ⅳ区（图4－1－2）、Ⅴ区（图4－1－3）和T54（图4－1－4）。墓葬包括成年人墓葬1座（详见附表7），位于Ⅴ区（图4－1－5）；婴幼儿瓮棺葬18座（详见附表8），分布于Ⅰ区（图4－1－6）、T201（图4－1－7）和T211附近（图4－1－8）。

一 房屋建筑及相关遗迹

房屋建筑及相关遗迹有疑残房址2座、残垫层3片、红烧土堆积1片。

［一］疑残房址

2座，编号F23、S5，都分布在Ⅴ区（图4－1－3）。分述如下。

疑残房址F23

位于T64、T65②层顶部，露出时距地表深0.62米。仅存屋内残垫层，用红烧土块铺成，东西残长7.3米，西部残宽3.3米，厚50～60厘米。残存面积约9平方米（图4－1－9A；图版一四七，1）。垫层上存有柱坑6个（图4－1－9B；表4－1－1），按东西向排列成一行。其中，1个即1号呈椭圆形，斜壁，圜底，坑口长轴17、短轴12厘米，深12厘长；5个即2～6号呈圆形，斜壁，圜底，柱坑口径17～25厘米，深13～18厘米。柱坑边缘至边缘间距76～88厘米。5号柱坑内存有柱洞，口径12厘米，柱脚周围的空当中用红烧土渣夯实。根据柱坑的排列状况，疑为方形或长方形残房址，门向不详。

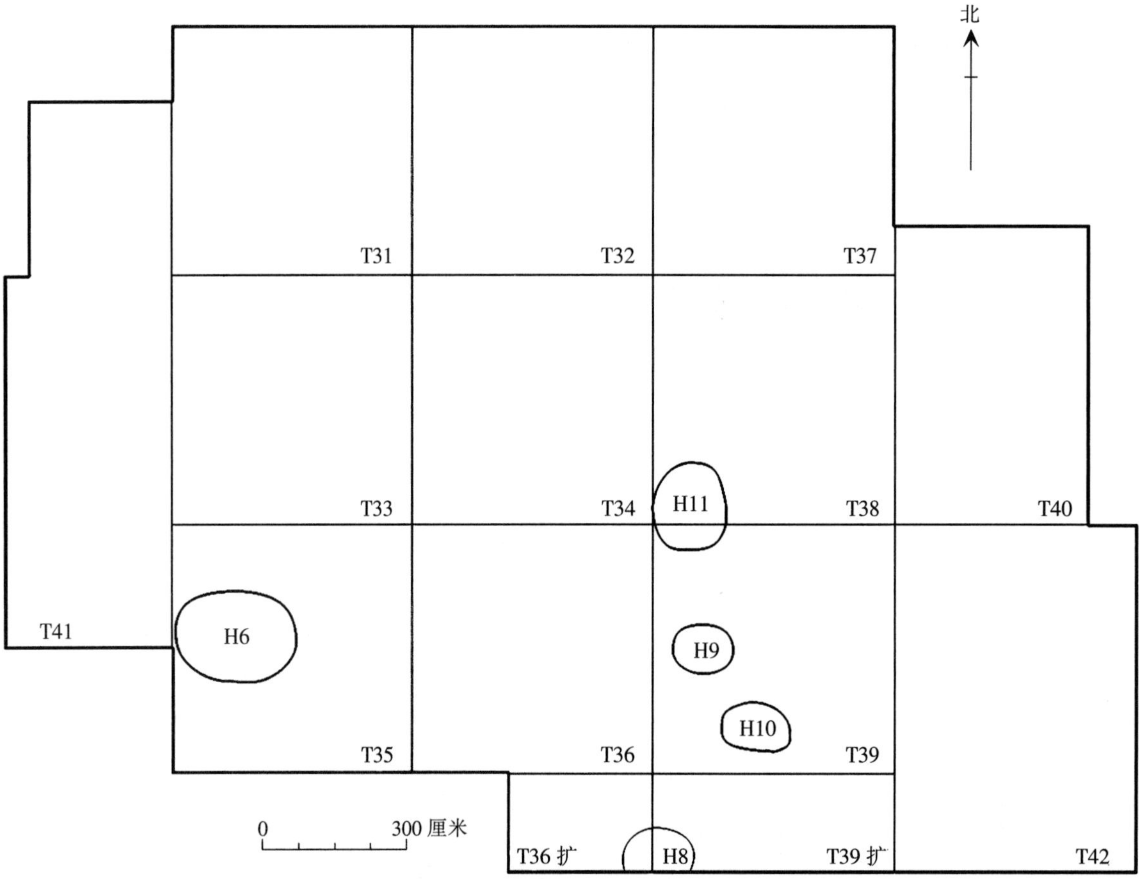

图4-1-1 Ⅲ区屈家岭文化晚期生活遗迹分布平面图

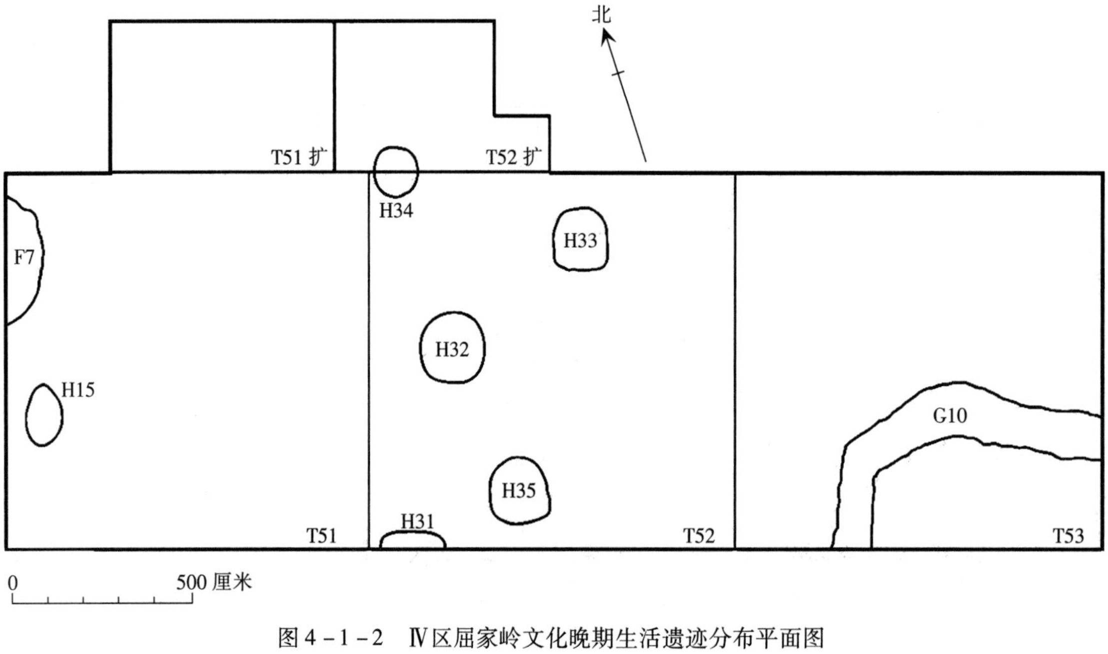

图4-1-2 Ⅳ区屈家岭文化晚期生活遗迹分布平面图

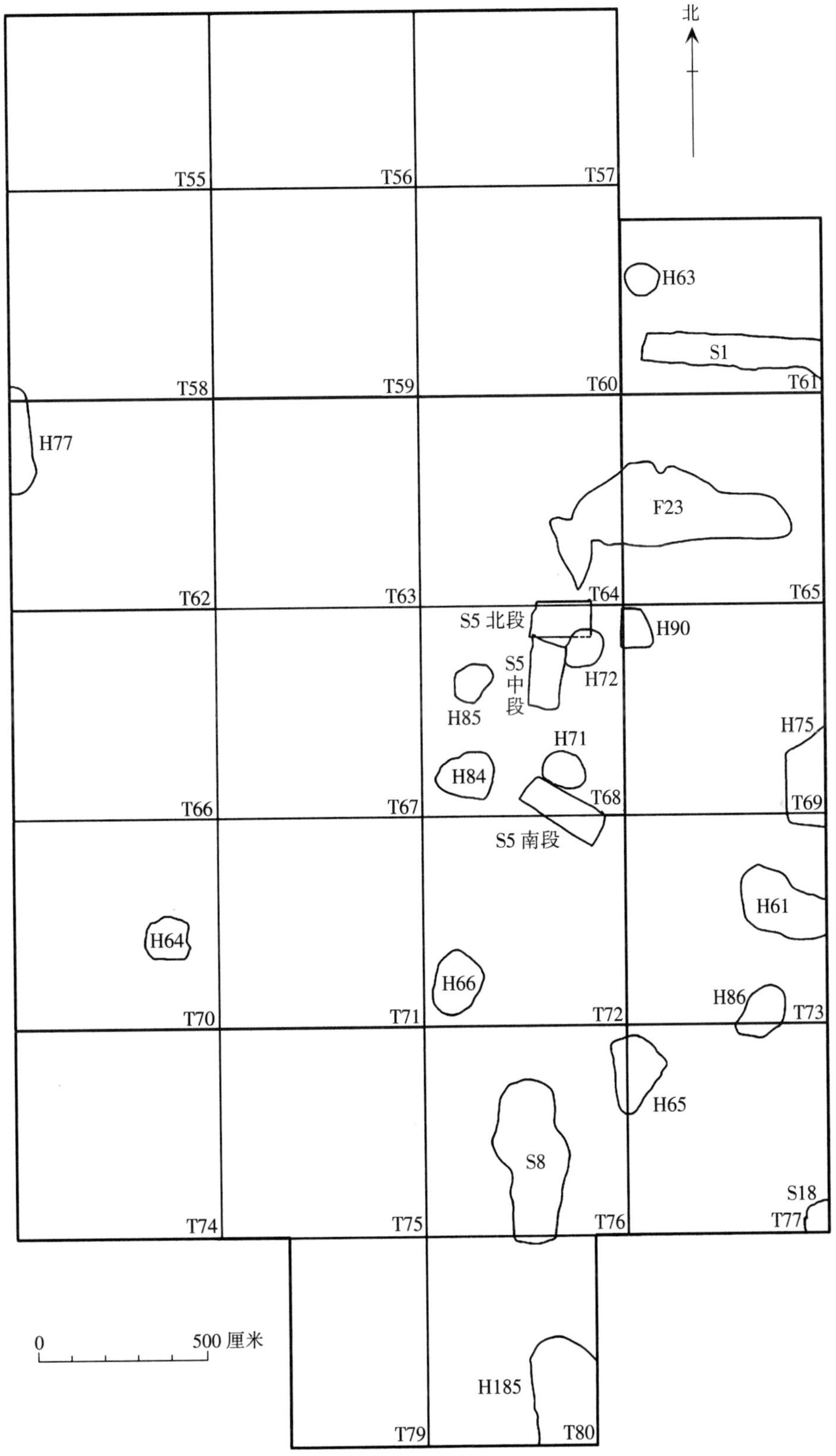

图 4－1－3　Ⅴ区屈家岭文化晚期生活遗迹分布平面图

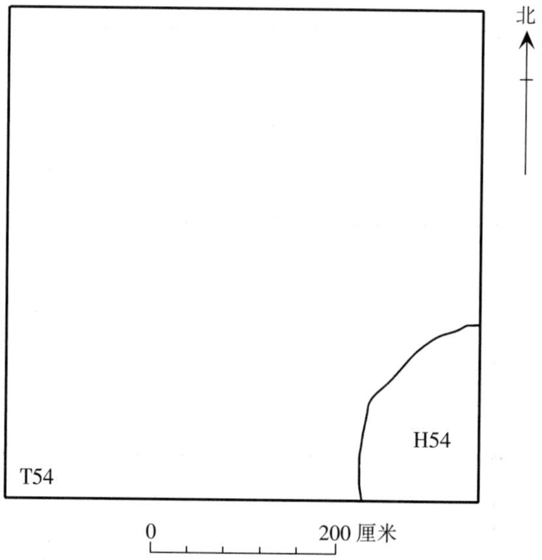

图 4 - 1 - 4　T54 屈家岭文化晚期生活遗迹位置图

表 4 - 1 - 1　残房址 F23 柱坑及柱洞登记表　（长度单位：厘米）

编号	形状	柱坑口径或长轴、短轴	柱洞口径	深度	坑壁状况	坑内或洞内填土及包含物
1	椭圆形	长轴 17 短轴 12		12	斜壁，圜底	坑内为灰色松土，含有少量红烧土渣
2	圆形	口径 17		13	斜壁，圜底	坑内为灰色松土，含有少量红烧土渣
3	圆形	口径 17		18	斜壁，圜底	坑内为灰色松土，质地较黏，含有少量红烧土渣
4	圆形	口径 17		15	斜壁，圜底	坑内为灰色黏土，出土一块红陶片
5	圆形	口径 18	12	17	斜壁，圜底	木柱周围的空当中用红烧土渣夯实，洞内为灰色松土
6	圆形	口径 25		15	斜壁，圜底	坑内为灰色松土，含有两小块红烧土

垫层上存有一些墙壁倒塌的红烧土块。例如 F23∶3（图 4 - 1 - 9C），为墙壁的一半。墙体用掺和少量稻草截段的黏土泥料筑成，橙黄色，质地粗糙而松软，抹面用纯黏土泥料抹成，质地稍硬，估计烧成温度约 500℃，残高 17.3、残宽 16.5、半壁厚 11 厘米。墙体上有抹面 1 层，厚 1 厘米。另一面有圆木痕 2 条即 1、2 号，都有树皮痕，其中 1 号残长 9.4、直径 3.7 厘米，有一条麻绳从圆木上绕过，绳粗 0.6 厘米。

在铺设垫层所用（其他房址墙壁倒塌）的红烧土块之内夹杂很多细泥橙红色双腹碗、双腹豆、翻沿豆等残片，质地坚硬，击之有清脆的声音，与屈家岭文化晚期地层及灰坑内出土同类器物的灰、黑颜色截然不同。这些陶片原先应是灰陶或黑陶，作为羼和料夹杂在黏土泥料当中筑在墙壁之内，与墙壁一起经过烧烤之后变为橙红色，换言之，橙红色是在“复烧”过程中，灰陶胎内的 FeO 发生氧化反应变成 Fe_2O_3 所致，或者是黑陶“脱碳”的结果。发掘者在现场做过实验：将屈家岭文化晚期地层内出土的细泥黑陶豆圈足敲成左、右两半，一半置于火炉内复烧，由于“脱碳”变成细泥橙红陶，另一半未经复烧依然呈黑色。墙壁红烧土块内夹杂的陶片经过“复烧”

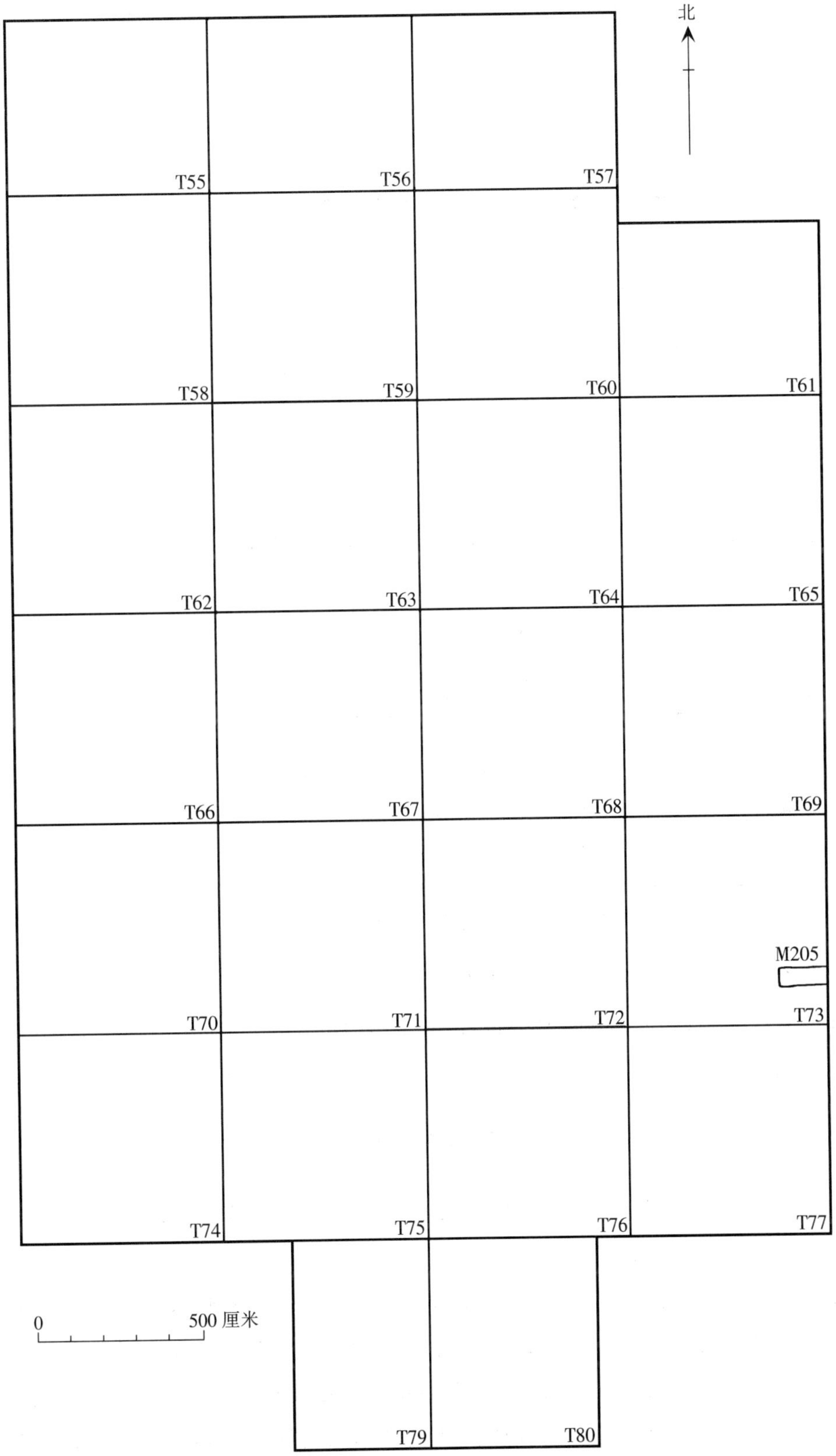

图 4-1-5　Ⅴ区屈家岭文化晚期成年人墓葬位置图

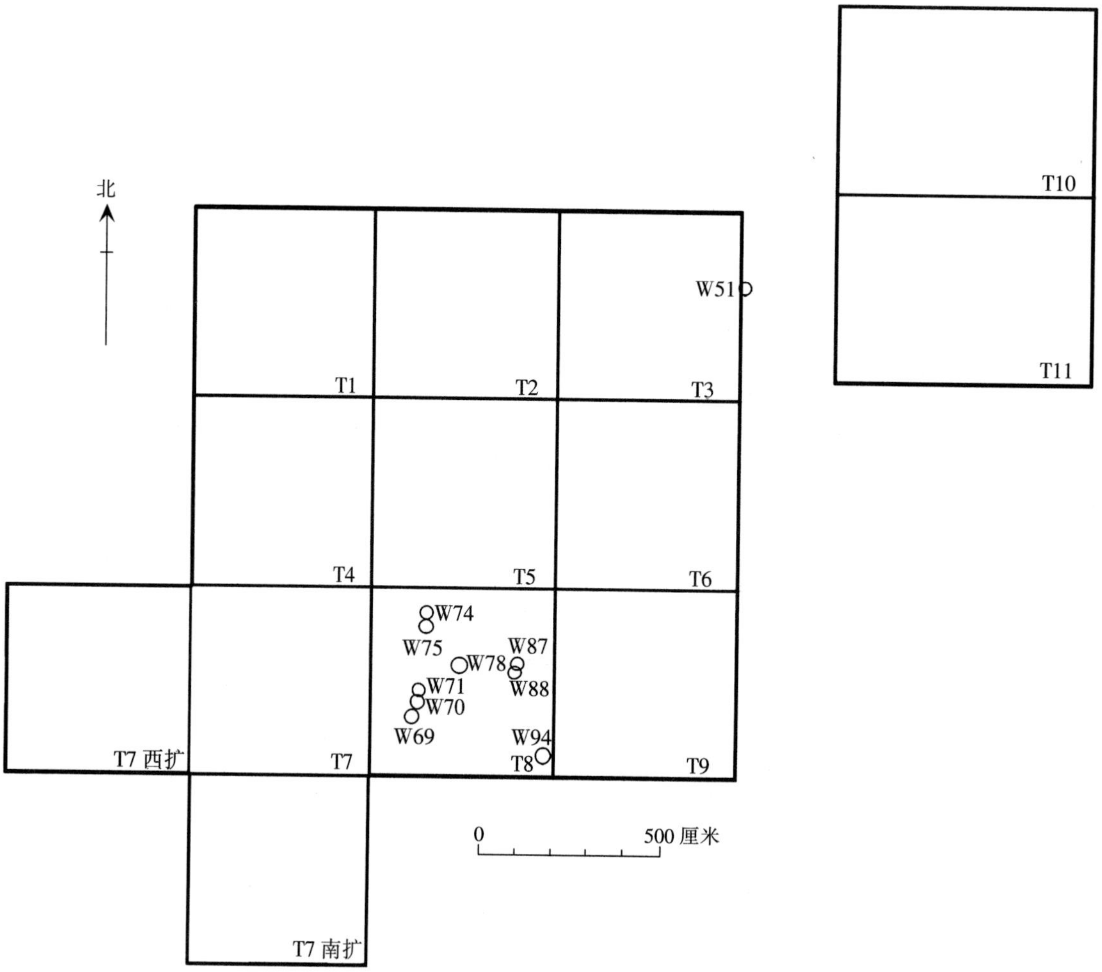

图4-1-6 Ⅰ区屈家岭文化晚期瓮棺葬分布平面图

变为橙红色，可以说明墙壁是人工烧烤而成的。

垫层内出土双腹圈足碗Ⅱ式口沿 F23∶119（见图4-2-1，7）、内折沿圈足碗Ⅱ式口沿 F23∶120（见图4-2-2，6）各1件。

疑残房址 S5

位于 T68 东部②A 层底部，残存条形墙基三段，南段延伸到 T72 东北部，北段的东南角被②A 顶 H72 打破（图上用虚线表示），中段的西北角被北段打破，三段露出时距地表深 0.4～0.7 米（图4-1-10A）。南段呈东南—西北走向，残长 2.5、宽 0.85、深 1 米；中段呈南北走向，残长 1.8、宽 0.8、深 1 米；北段呈东西走向，残长约 1.6、宽约 0.95、深约 1 米。中段的年代应早于北段。三段墙基都是在基槽内用大红烧土块掺和少量黏土填实而成，红烧土块为橙黄色，质地坚硬，结合紧密。在三段墙基上面有一层红烧土墙壁倒塌之后形成的堆积，南北长 7.5、东西宽约 3.2 米，厚约 5～30 厘米，红烧土块为橙黄色，质地坚硬。

残存屋内的垫层，用红烧土块掺和黏土铺成，厚 13～18 厘米。在南段墙基东北边约 50 厘米处的垫层上存有圆形柱坑 1 个，圆角、直壁、平底，口径 15、深 14 厘米。在中段墙基东边约 1.4

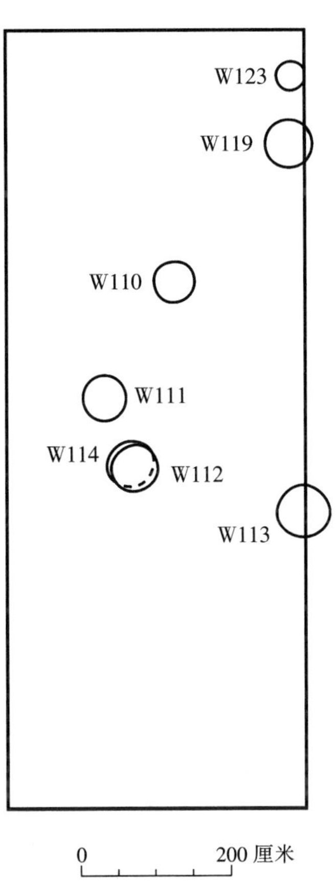

图 4-1-7　T201 屈家岭文化晚期瓮棺葬分布平面图

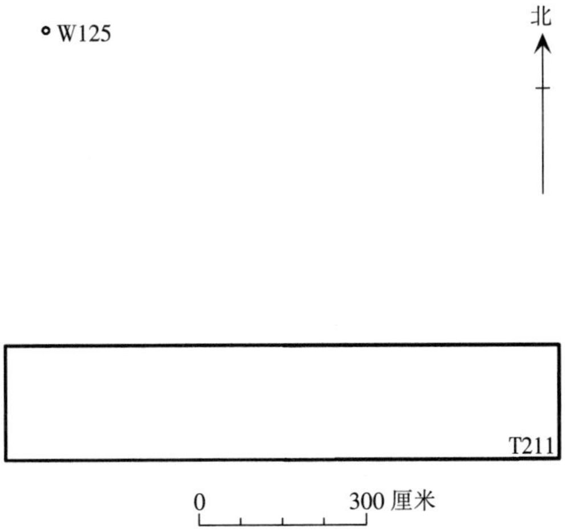

图 4-1-8　T211 附近屈家岭文化晚期瓮棺葬位置图

米处的垫层上存有圆形柱坑 1 个，圆角、斜壁、底近平，口径 21、深约 18 厘米。两个柱坑内的填土均为灰色松土。

垫层内含有双腹碗、彩陶壶形器（S5∶142）、圈足杯等残片，小型单刃石斧 BⅢ式 S5∶111（见图 4-2-34，10）1 件。其中，双腹碗、彩陶壶形器都是屈家岭文化晚期的典型器物。

S5 包括三段残墙基和残垫层在内，残存面积约 20 平方米。根据三段墙基走向不同，且中段被

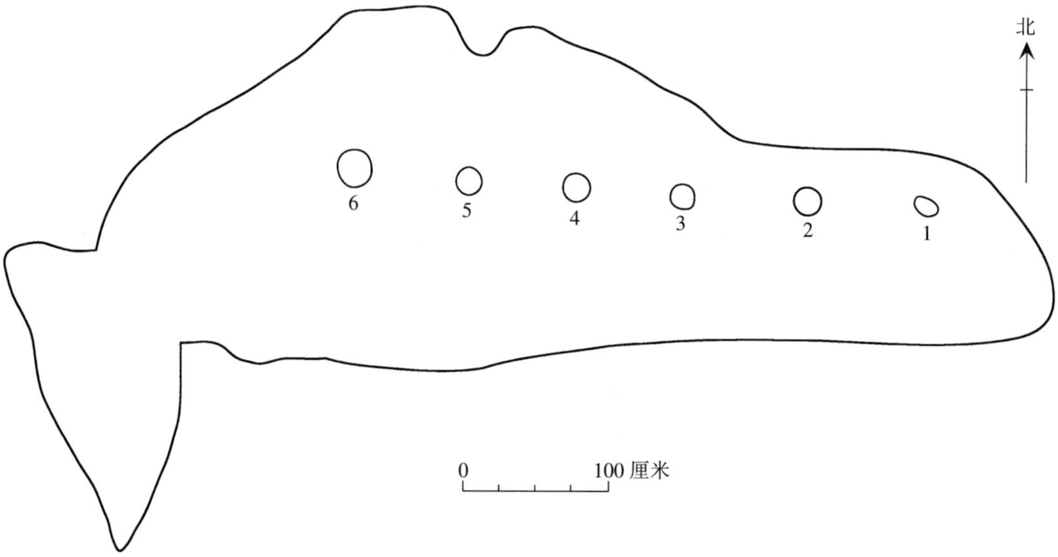

图4-1-9A　疑残房址F23平面图

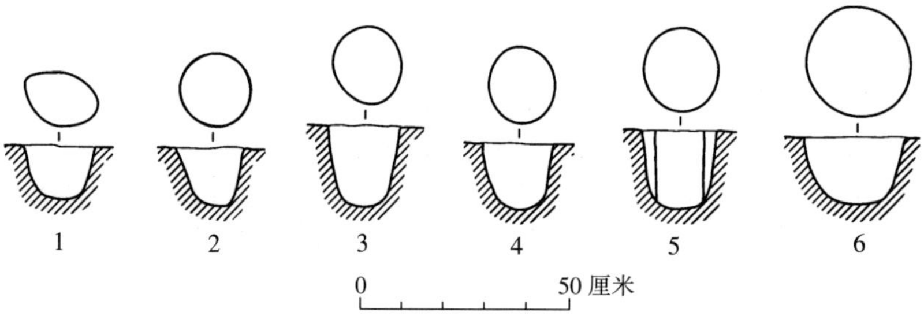

图4-1-9B　疑残房址F23柱坑平面、剖视图

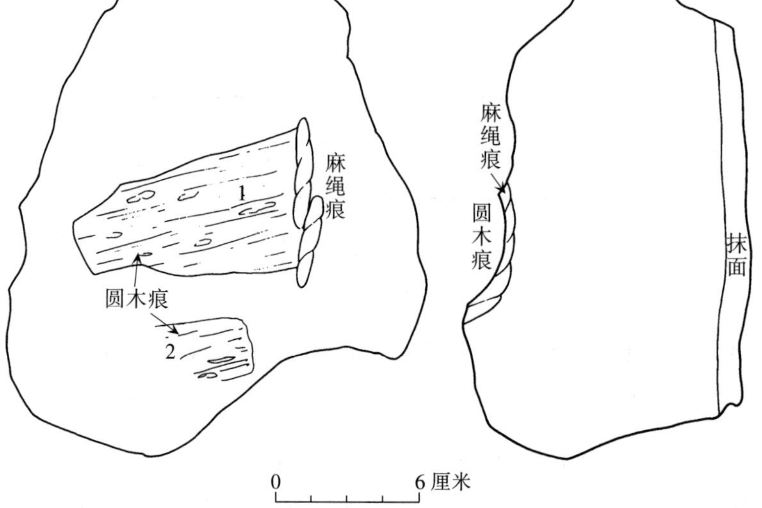

图4-1-9C　疑残房址F23墙壁红烧土块（F23∶3）平面、侧视图

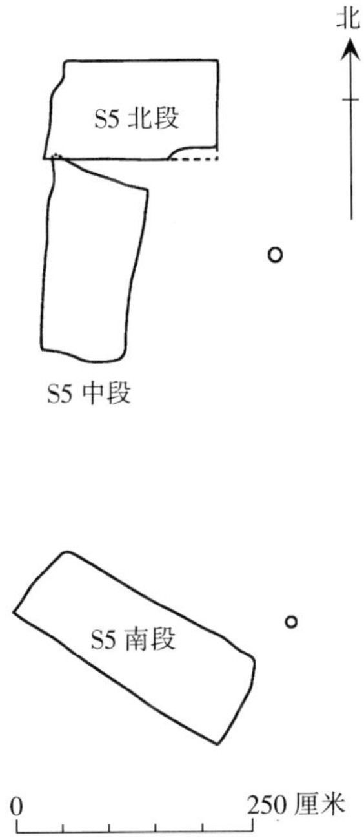

图 4－1－10A　疑似房址 S5 平面图

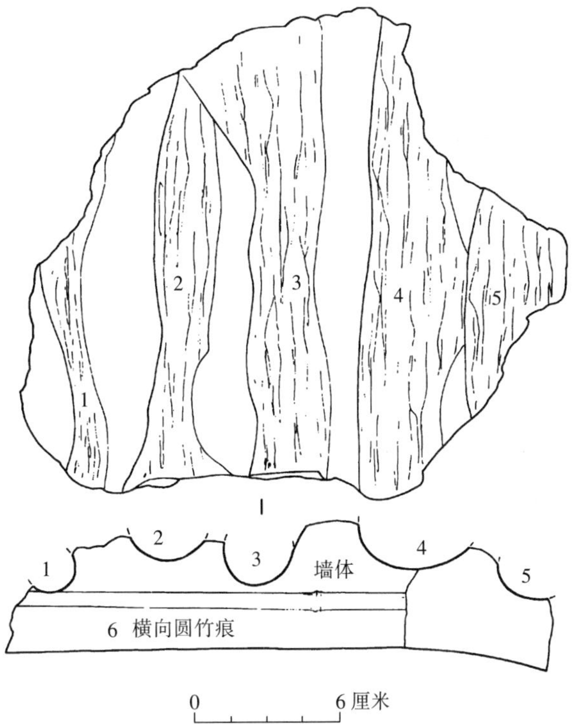

图 4－1－10B　残垫层 F7 墙壁红烧土块（F7∶389）平面、侧视图

北段打破，疑分别属于三座方形或长方形残房址；根据北段被 H72 打破，推测中段和北段墙基的年代都早于 H72。由此可见，虽然本遗址的屈家岭文化晚期地层堆积很薄，难以进行分期，但是，实际上有年代早晚之分。

［二］残垫层

3 片，Ⅳ区有 1 片，即 F7（图 4－1－2）；Ⅴ区有 2 片，即 S1、S8（图 4－1－3）。举例如下。

残垫层 F7

位于 T51 西部偏北②层底部，大部分在发掘区之外，露出时距地表深 0.63 米。为残存的垫层，露出部分呈半月形，南北长 3.4、东西宽 1 米。残面积约 2.5 平方米（图 4－1－2）。残垫层北部存有圆形柱坑 1 个。垫层用红烧土块铺成，例如红烧土块 F7∶389（图 4－1－10B），原先为某座房屋墙壁一半，用掺和少量稻草截段的黏土泥料筑成，橙黄色，质地稍硬，估计烧成温度约 600℃，残高 19.5、残宽 21.7、半壁厚 5 厘米。外表抹平。另一面有纵向的圆木痕 5 条即 1～5号，残长 9～19 厘米，直径 2～5厘米，都呈弯曲状（这是选料不严格、所用圆木不直所致），有树皮痕；在圆木痕外侧有横向的圆竹痕 1 条即 6 号，残长 15.8 厘米，直径 0.6 厘米，竹节清晰可见。横向圆竹是用于固定纵向圆木的，显然，这是承袭了大溪文化墙壁的做法。

［三］红烧土堆积

1 片，即 T77②S18，位于Ⅴ区（图 4－1－3）。

二 灰坑

26个。分布情况是：Ⅲ区有5个，即H6、H8～H11（图4－1－1）；Ⅳ区有6个，即H15、H31～H35（图4－1－2）；Ⅴ区有14个，即H61、H63～H66、H71、H72、H75、H77、H84～H86、H90、H185（图4－1－3）；T54有1个，即H54（图4－1－4）。

按照平面形状的不同可以将灰坑分为圆形、椭圆形、长方形、梯形、三角形、不规则形六种，其中以椭圆形灰坑的数量最多。

［一］圆形灰坑

4个，即H8、H32、H34、H54。均为锅底状。举例如下。

H34（图4－1－11，1）

开口在T52西北角②层底部，延伸到T52扩西南部，坑口距地表深30厘米，坑口直径120厘米，坑自深45厘米。坑内堆积黑灰色松土。出土深腹矮圈足小罐Ⅰ式1件（H34:4，见图4－2－14，4），直口圜底缸（饰菱形网格纹），外折沿盘形豆等残片。

［二］椭圆形灰坑

11个。按照剖面形状的不同可以分为以下四种。

（1）直壁、平底

2个，即H11、H86。举例如下。

H11（图4－1－11，2）

开口在T38西南角③A层底部，延伸到T39西北角，打破④BF1。坑口距地表深60厘米，壁与底交界处呈圆角，坑口南北长轴211、东西短轴169厘米，坑自深69厘米。坑内堆积深灰色硬土。出土双腹圈足碗Ⅰ式1件（H11:6，见图4－2－1，4）、Ⅱ式1件（H11:30，见图4－2－1，8），子母口碟1件（H11:45，见图4－2－3，4），双腹豆Ⅱ式1件（H11:4，见图4－2－4，3），折沿深腹凹底盆1件（H11:21，见图4－2－5，1），凹沿圜底罐Ⅰ式残片1件（H11:46，见图4－2－13，2），深腹矮圈足小罐Ⅱ式2件（H11:8、17，见图4－2－14，7、6），折沿尖底缸1件（H11:5，见图4－2－18，5），矮皿形纽器盖Ⅱ式1件（H11:19，见图4－2－20，10），纺轮1型Ⅱ式1件（H11:11，见图4－2－22，9）、1型Ⅳ式2件（H11:10、14，见图4－2－23，13、11）、2型Ⅳ式1件（H11:3，见图4－2－24，14），石镰1件（H11:7，见图4－2－37，11）等。

（2）弧壁、平底

2个，即H6、H63。举例如下。

H6（图4－1－11，3）

开口在T35西部③A层底部。坑口距地表深97厘米，坑口东西长轴250、南北短轴180厘米，坑底东西长轴180、南北短轴130厘米，坑自深60厘米。坑内堆积灰色松土。出土残双腹圈足碗Ⅰ式1件（H6:4，见图4－2－1，3），翻沿圈足盆1件（H6:12，见图4－2－5，9），翻沿凹底盆Ⅰ式1件（H6:13，见图4－2－6，2），深腹圈足杯Ⅰ式1件（H6:5，见图4－2－8，1），翻沿扁

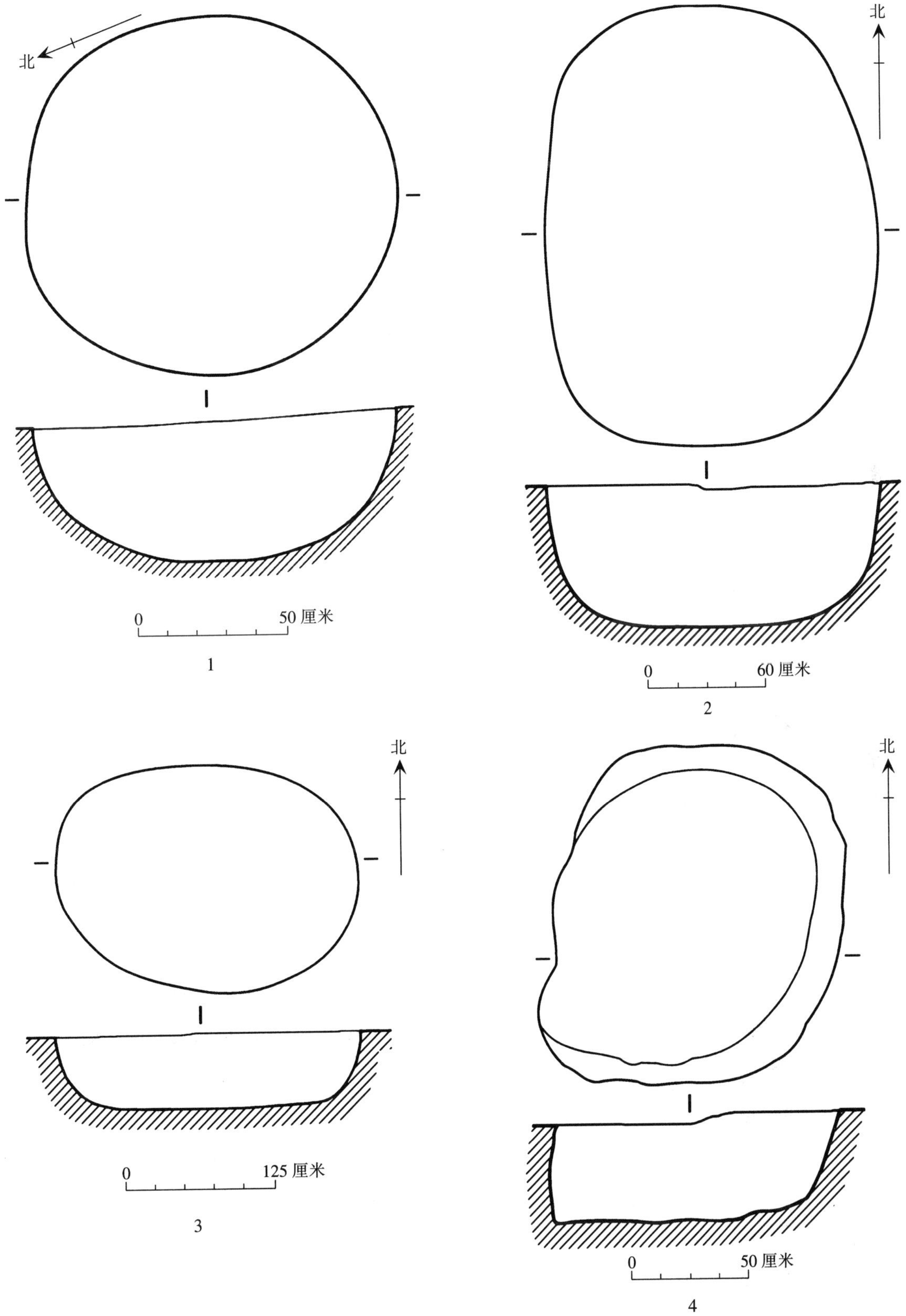

图 4-1-11 圆形灰坑（H34）、椭圆形灰坑（H11、H6、H72）平面、剖视图

1. T52②H34 2. T38③AH11 3. T35③AH6 4. T68②AH72

鼓腹罐1件（H6∶2，见图4－2－13，17），深腹矮圈足小罐Ⅰ式1件（H6∶8，见图4－2－14，2），喇叭形纽器盖Ⅰ式1件（H6∶9，见图4－2－20，3），纺轮1型Ⅱ式1件（H6∶14，见图4－2－22，11）、1型Ⅳ式1件（H6∶6，见图4－2－23，9）等。

（3）斜壁、平底

1个。

H72（图4－1－11，4）

开口在T68东北部②A层顶部，打破残房址S5北段。以S5中段红烧土墙基作为H72的西南壁。坑口距地表深42厘米，坑口南北长轴150、东西短轴120厘米，坑底南北长轴114、东西短轴102厘米，坑自深43厘米。坑内堆积深灰色松土，含有草木灰及木炭。出土小口高领罐口沿。

（4）锅底状

6个，即H9、H10、H15、H31、H66、H71。举例如下。

H71（图4－1－12，1）

开口在T68东南部②A层顶部。坑口距地表深85厘米，坑口西北—东南长轴134、东北—西南短轴96厘米，坑自深52厘米。坑内堆积深灰色松土，含有红烧土块。出土壶形器Ⅰ式1件（H71∶1，见图4－2－10，1），纺轮1型Ⅳ式1件（H71∶2，见图4－2－24，6）等。

［三］长方形灰坑

1个，即H33。

H33（图4－1－12，2）

开口在T52北部②层底部。圆角，锅底状。坑口距地表深30厘米，坑口南北长160、东西宽150厘米，坑自深35厘米。坑内堆积黑灰色松土。出土带管状流盆口沿1件（H33∶228，见图4－2－6，5），斜折沿罐口沿Ⅰ式1件（H33∶229，见图4－2－13，5），穿孔石斧1件（H33∶1，见图4－2－35，1）等。

［四］三角形灰坑

2个，即H65、H84。分别叙述如下。

H65（图4－1－12，3）

开口在T77西北部②层顶部，延伸到T76东北部，打破残居住面③A顶S7、③A底F25。坑底中部有一条西北—东南向的不规则形隔梁，用灰白色黏土掺和红烧土渣筑成，高20厘米，将窖穴分隔为南、北两个坑。废弃前应是窖穴，南、北两个坑内可以储藏不同物品。坑口距地表深25厘米，坑口南北长216、东西宽138厘米，南坑深20、北坑深86厘米。坑内堆积灰黑色松土。出土直壁圜底缸残片（饰菱形网格纹）。

H84（图4－1－12，4）

开口在T68西南部②B层底部，打破③层，落座在红烧土场地④B顶S24之上。斜壁，底略平，但是坑底中部偏西有一条南北向的红烧土隔梁，高18厘米，将窖穴分隔为东、西两个坑。此隔梁是在挖坑时故意保留S24的一部分红烧土地面而成的。废弃前应是窖穴，东、西两个坑内可

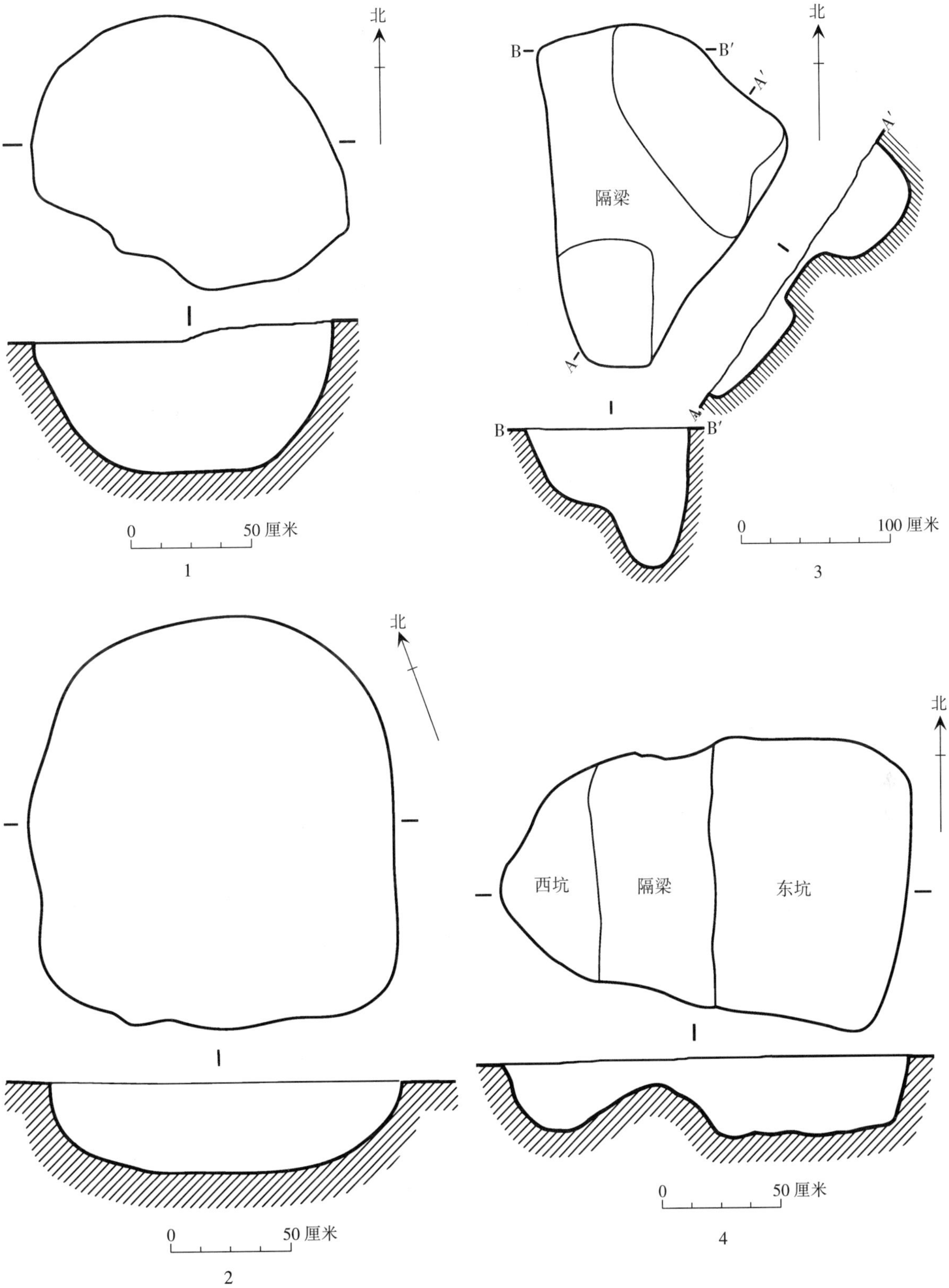

图 4－1－12　椭圆形灰坑（H71）、长方形灰坑（H33）、三角形灰坑（H65、H84）平面、剖视图
1. T68②AH71　2. T52②H33　3. T77②H65　4. T68②BH84

以储藏不同物品。坑口距地表深 95 厘米，坑口东西长 168、南北宽 114 厘米，东坑深 32、西坑深 28 厘米。坑内堆积灰黑色松土，含有比较多的木炭渣。出土深腹矮圈足小罐 I 式 1 件（H84∶4，

见图4－2－14，1），矮皿形纽器盖Ⅱ式1件（H84∶5，见图4－2－20，9），纺轮1型Ⅱ式1件（H84∶3，见图4－2－22，10），中型双刃石斧B型Ⅵ式1件（H84∶1，见图4－2－31，6），还有双腹碗口沿等。

［五］梯形灰坑

2个，即H75、H90。举例如下。

H75（图4－1－13，1）

开口在T69东南角②层底部，延伸到T73东北角，东部在发掘区之外。已经发掘部分呈斜壁，平底。坑口距地表深57厘米，坑口南北长196～286、东西宽115厘米，坑自深95厘米。靠近西壁设有一级台阶，用红烧土块掺和黏土堆积而成，（距坑底）高50厘米，便于主人上下。废弃前应是窖穴。坑内堆积深灰色松土，含有炭屑。出土残子母口小碗1件（H75∶154，见图4－2－2，2），内折沿圈足碗Ⅰ式1件（H75∶149，见图4－2－2，4），外折沿圈足碗1件（H75∶151，见图4－2－2，8），T形口沿豆器身1件（H75∶190，见图4－2－4，8），豆圈足1件（H75∶191，见图4－2－4，2），折腹盆残器1件（H75∶193，见图4－2－5，6），深腹圈足杯Ⅳ式1件（H75∶152，见图4－2－8，5），花边口沿罐1件（H75∶157，见图4－2－13，15），喇叭形纽器盖Ⅰ式1件（H75∶150，见图4－2－20，1），纺轮1型Ⅳ式1件（H75∶1，见图4－2－23，12）等。

［六］不规则形灰坑

6个，即H35、H61、H64、H77、H85、H185。举例如下。

H64（图4－1－13，2）

开口在T70东部②层底部，打破④A顶F27。直壁，圜底。坑口距地表深28厘米，坑口南北长120、东西宽110厘米，坑底东西长74、南北宽66厘米，坑自深64厘米。坑内堆积黑色松土。出土罐形鼎残器1件（H64∶2，见图4－2－16，7），空心陶球第七种1件（H64∶3，见图4－2－26，15），小型石锛A型Ⅱ式1件（H64∶1，见图4－2－36，5），还有双腹碗和圈足杯口沿、瓦形鼎足。

三　灰沟

1条，即G10，位于Ⅳ区（图4－1－2）。

G10（图4－1－13，3）

开口在T53东南部②层底部。平面略呈弧形，沟口距地表深47厘米，沟口南北长约500厘米，宽95～145厘米，沟自深70厘米。沟内堆积灰色松土。出土泥质灰陶片。

四　墓葬

有成年人墓葬和婴儿瓮棺葬两类。

［一］成年人墓葬

1座，即M205，位于Ⅴ区（图4－1－5）。

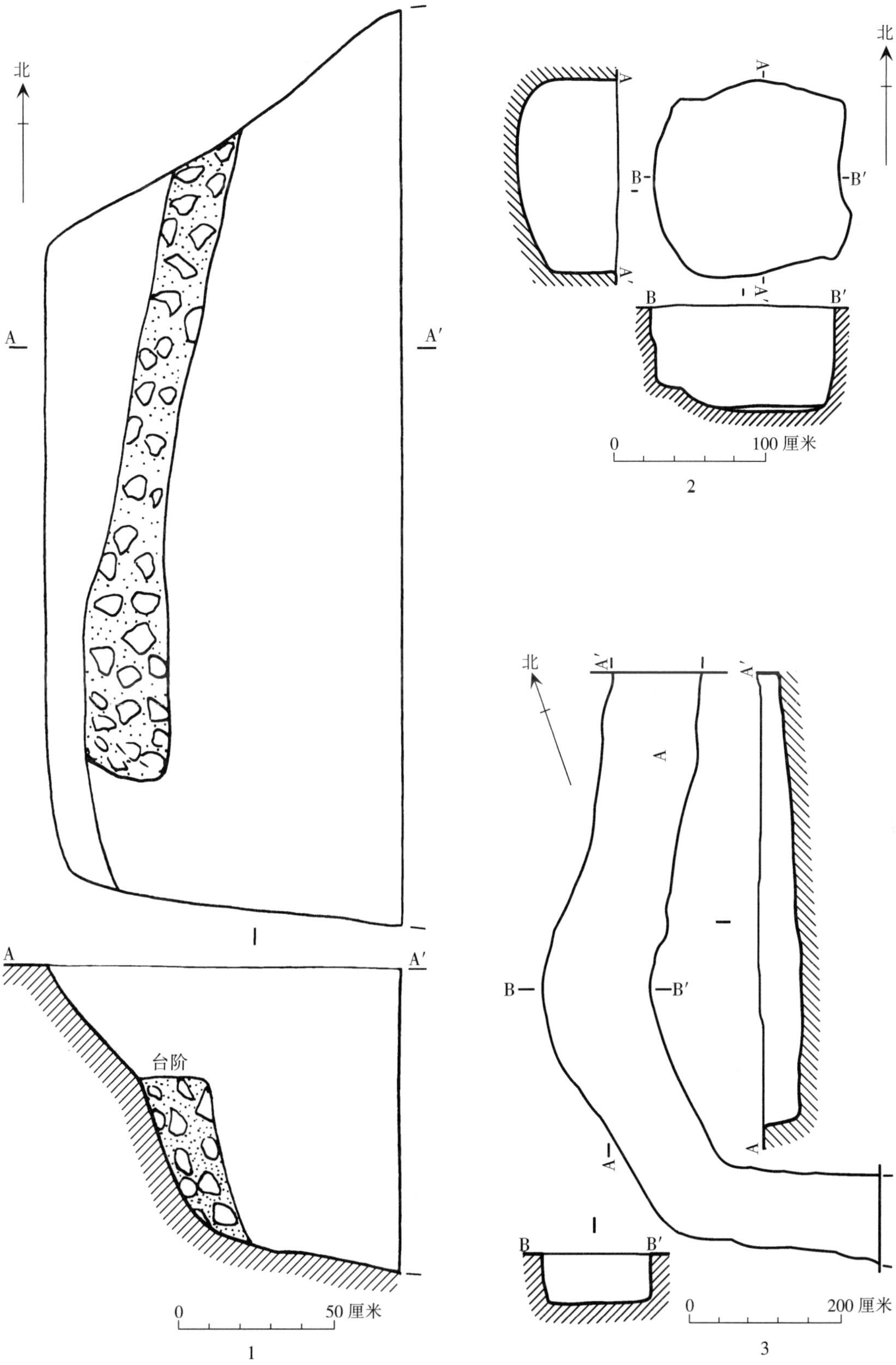

图4－1－13　梯形灰坑（H75）、不规则形灰坑（H64）和弧形灰沟（G10）平面、剖视图

1. T69②H75　2. T70②H64　3. T53②G10

M205（图4－1－14，1）

墓口开在T73东南部②层底部，打破③B层，东端在发掘区之外，未扩方。在探方之内部分平面呈长方形，坑壁略直。墓口距地表深61厘米，墓口东西长140、南北宽50厘米，墓坑自深15厘米。墓内填土为深灰色黏土。墓内人骨已经腐朽。

引人注目的是：在墓坑底部分布有珠子（彩版三二，1），中部和西部较多，东部较少，据此推测死者的上身在西边，即头向西。珠子上面普遍撒一层朱砂（HgS），朱砂分布范围与墓坑大小基本相同，推测朱砂撒在尸体上用于避邪（图4－1－14，2，图上用黑点表示珠子，用网线表示朱砂）。将该墓整体运回室内仔细清理，发现珠子共有660粒，总编号M205∶1。珠子呈白色，表面有光泽，可能为钙质。珠子胎薄中空，均两端穿孔，用放大镜观察其痕迹，发现是将珠子两端磨平之后露出孔洞，而不是钻成的孔洞。在墓坑西部一片东西长20.5、南北宽12.5厘米范围内，发现13粒珠子排列成一行（图4－1－14，3），原先应是用细线穿在一起成为串珠（图上画的细线是复原的），佩戴在墓主人身上作为装饰品。除珠子外未见其他随葬品。墓主人生前拥有串珠这种珍贵而精美的装饰品，死后尸体上撒朱砂，表明具有特殊身份，可能是氏族的管理者或神职人员，也反映出屈家岭文化晚期已经出现私有财产，氏族成员之间存在贫富差别。前面第三章第三节讲过，至大溪文化第三期还未见贫富分化的现象。相比之下，屈家岭文化晚期的变化显而易见。

［二］婴幼儿瓮棺葬

18座。埋葬的方法是：先根据陶器葬具的大小挖成适当大小的墓坑，将婴幼儿尸体放入葬具内，再将葬具置于墓坑内，然后用土掩埋。

（一）分布情况

Ⅰ区有10座，即T3②BW51，T8②BW69～W71、W74、W75、W78、W87、W88、W94（图4－1－6；图版一四七，2）；T201有7座，即②BW110～W114、W119、W123（图4－1－7）；T211北10米有1座，即W125（图4－1－8）。

（二）主要葬具、人骨和随葬品

主要葬具（系指直接安放婴幼儿尸体的器具，不包括瓮棺盖）有釜、圜底罐两类。葬具的放法均为口朝上置于墓坑内。

1. 陶釜瓮棺葬

有14座，即W51、W69～W71、W74、W75、W78、W87、W88、W94、W110、W111、W119、W123。分别叙述如下。

W51（图4－1－15，1）

位于T3东壁北部②B层底部，延伸到发掘区之外。墓坑呈圆形，直壁，圜底。墓口距地表深55厘米，墓口直径43厘米，坑自深30厘米。葬具为口朝上放置的夹砂灰陶釜，口沿残缺。陶釜内人骨已经腐朽成粉末状。陶釜内口部存有残陶环2件，原先应是完整的，与口沿一起遭到破坏，陶环应是戴在婴幼儿手腕上的装饰品，可见婴幼儿尸体头朝上。

W69（图4－1－15，2左）

位于T8西南部②B层底部，与W70同埋一坑，该墓坑打破W71。墓坑呈椭圆形，弧壁，底略

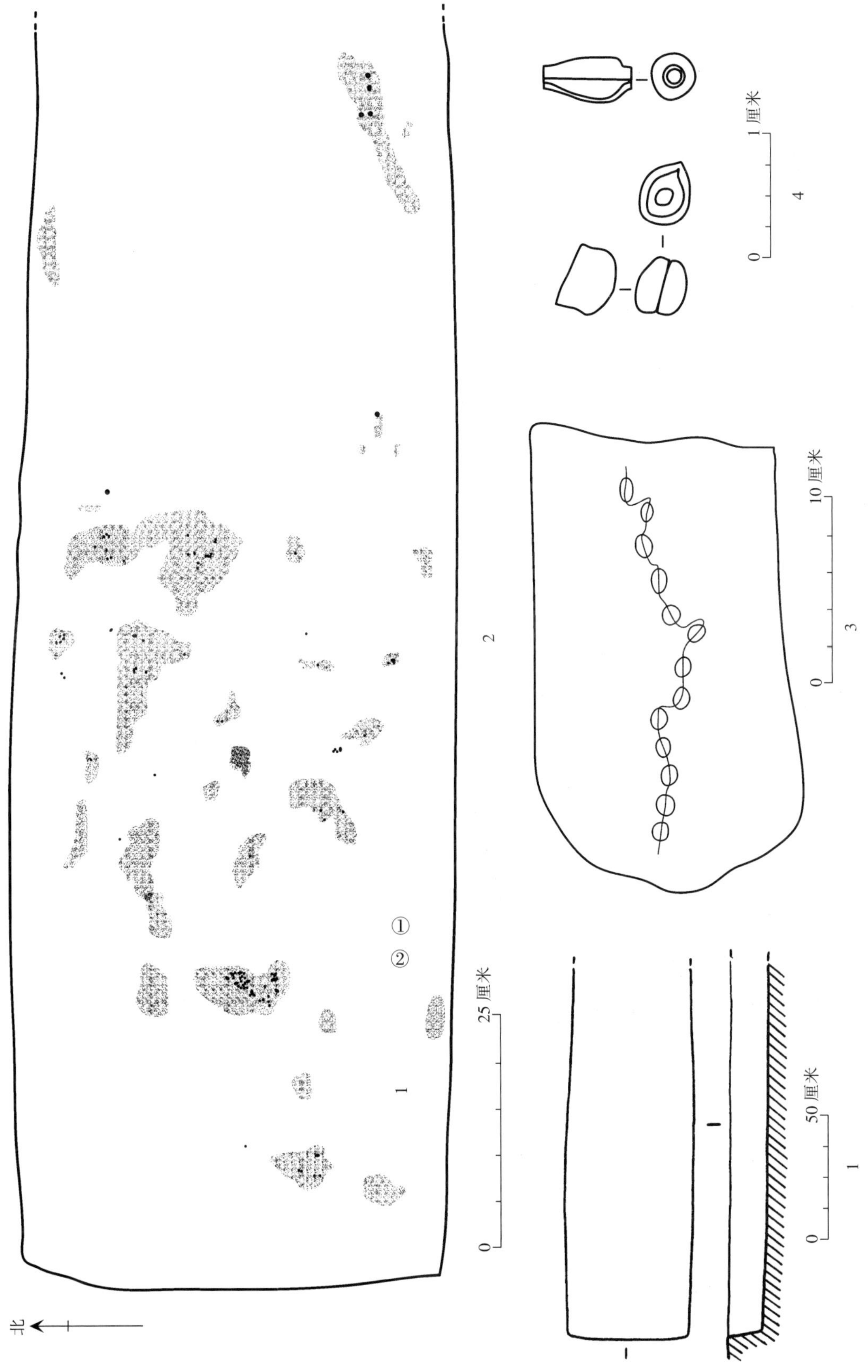

图 4-1-14　成年人墓葬（M205）及其珠子图

1. M205 平面、剖视图　2. 珠子分布图　3. 串珠图　4. 珠子平面、剖视图（左为半球形，右为椭圆形）

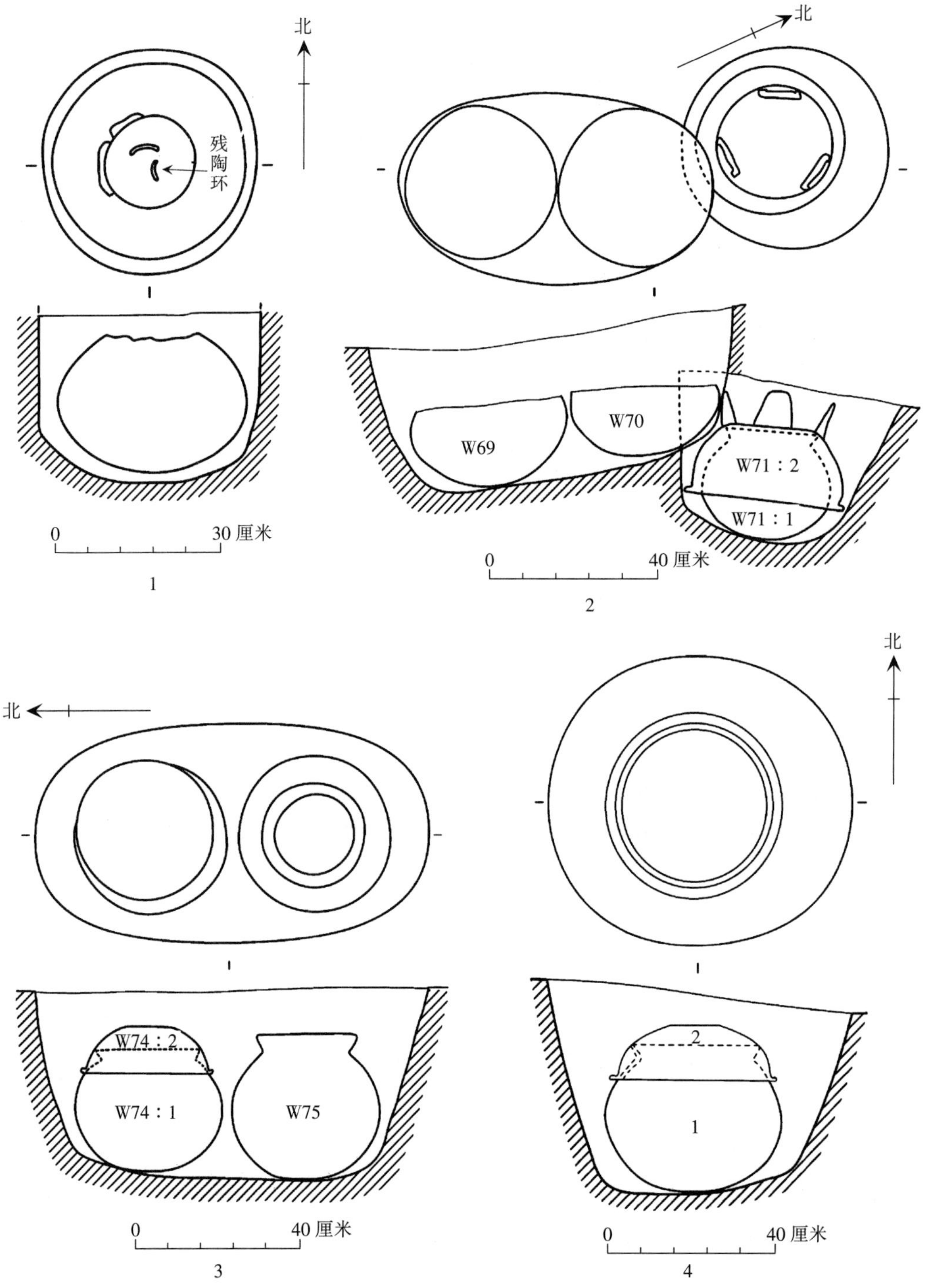

图4－1－15　瓮棺葬（W51、W69、W70、W71、W74、W75、W78）平面、剖视图

1. T3②BW51　2. T8②BW69（左）；T8②BW70（中）；T8②BW71（右）　3. T8②BW74（左）；T8②BW75（右）　4. T8②BW78（均为陶釜瓮棺葬）

平。墓口长轴90、短轴47厘米，坑自深22厘米。葬具为口朝上放置的夹炭红褐陶釜，口沿残缺。陶釜内人骨已经腐朽，无随葬品。

W70（图4－1－15，2中）

位于T8西南部②B层底部，与W69同埋一坑，并且打破W71。墓坑呈椭圆形，弧壁，底略平。墓口长轴90、短轴47厘米，坑自深22厘米。葬具W70：1为口朝上放置的夹炭红褐陶釜，正放在 W70∶1 口上的 W70∶2 为泥质黑陶折沿深腹平底盆（见图 4－2－5，3）作为盖。陶釜内人骨已经腐朽，无随葬品。陶釜内的填土中含有泥质红陶碗口沿。

W71（图 4－1－15，2 右；图版一四七，3）

位于 T8 西南部②B 层底部，被 W70 打破。墓坑呈圆形，弧壁，底略平。墓口直径 45 厘米，坑自深 39 厘米。葬具 W71∶1 为口朝上放置的夹炭红褐陶釜（见图 4－2－15，1），扣放在 W71∶1 口上的 W71∶2 为完整的夹砂灰陶盆形鼎（见图 4－2－16，2）作为盖。该鼎是屈家岭文化晚期的典型器物之一，是断代的标准器。陶釜内人骨已经腐朽。随葬空心陶球第七种 1 件（W71∶3，见图 4－2－26，19），实心陶球第四种 1 件（W71∶4，见图 4－2－27，3）。

W74（图 4－1－15，3 左）

位于 T8 西北部②B 层底部，与 W75 同埋一坑。墓坑呈椭圆形，斜壁，底略平。墓口长轴 85、短轴 45 厘米，坑自深 40 厘米。葬具 W74∶1 为口朝上放置的夹炭黑陶釜，扣放在 W74∶1 口上的W74∶2 为泥质灰陶折沿浅腹平底盆（见图 4－2－5，4）作为盖。陶釜内人骨已经腐朽，无随葬品。

W75（图 4－1－15，3 右）

位于 T8 西北部②B 层底部，与 W74 同埋一坑。墓坑呈椭圆形，斜壁，底略平。墓口长轴 85、短轴 45 厘米，坑自深 40 厘米。葬具 W75∶1 为口朝上放置的夹炭灰褐陶釜（见图 4－2－15，3）。陶釜内人骨已经腐朽，无随葬品。

W78（图 4－1－15，4）

位于 T8 中部②B 层底部。墓坑呈圆形，斜壁，底略平。墓口直径 75 厘米，坑自深 50 厘米。葬具 W78∶1 为口朝上放置的夹炭灰褐陶釜（见图 4－2－15，4），扣放在 W78∶1 口上的 W78∶2 为泥质灰陶折沿浅腹平底盆（见图 4－2－5，4）作为盖。陶釜内人骨已经腐朽，无随葬品。

W87（图 4－1－16，1 右）

位于 T8 东部②B 层底部，打破 W88。墓坑呈圆形，墓口直径 45 厘米。葬具 W87∶1 为口朝上放置的夹蚌红褐陶釜。陶釜内人骨已经腐朽。随葬陶器 W87∶2 为薄胎细泥灰陶大口杯，腹下部残，其形制与 T66②∶15 细泥橙黄陶大口杯Ⅲ式（见图 4－2－9，4）相似。

W88（图 4－1－16，1 左）

位于 T8 东部②B 层底部，被 W87 打破。墓坑呈圆形，斜壁，底略平。墓口直径 55 厘米，坑自深 35 厘米。葬具 W88∶1 为口朝上放置的夹炭夹蚌（两种羼和料混合在一起）红褐陶釜（见图 4－2－15，5），含有炭化稻壳和蚌壳末。陶釜内人骨已经腐朽，无随葬品。陶釜内的填土中含有细泥黑陶外折沿器盖残片。

W94（图 4－1－16，2）

位于 T8 东南角②B 层底部。墓坑呈圆形。墓口直径 75 厘米，坑自深 40 厘米。葬具 W94∶1 为口朝上放置的夹蚌红褐陶釜（见图 4－2－15，2）；扣放在 W94∶1 口上的 W94∶2 为夹砂灰陶盆形鼎（见图 4－2－16，1）作为盖，鼎腹上部残，鼎足下部残。该鼎是屈家岭文化晚期的典型器物之一，是断代的标准器。陶釜内人骨已经腐朽，无随葬品。

W110（图 4－1－16，3）

位于 T201 北部②B 层底部。墓坑呈圆形，斜壁，底略平。墓口直径 42 厘米，坑自深 26 厘米。

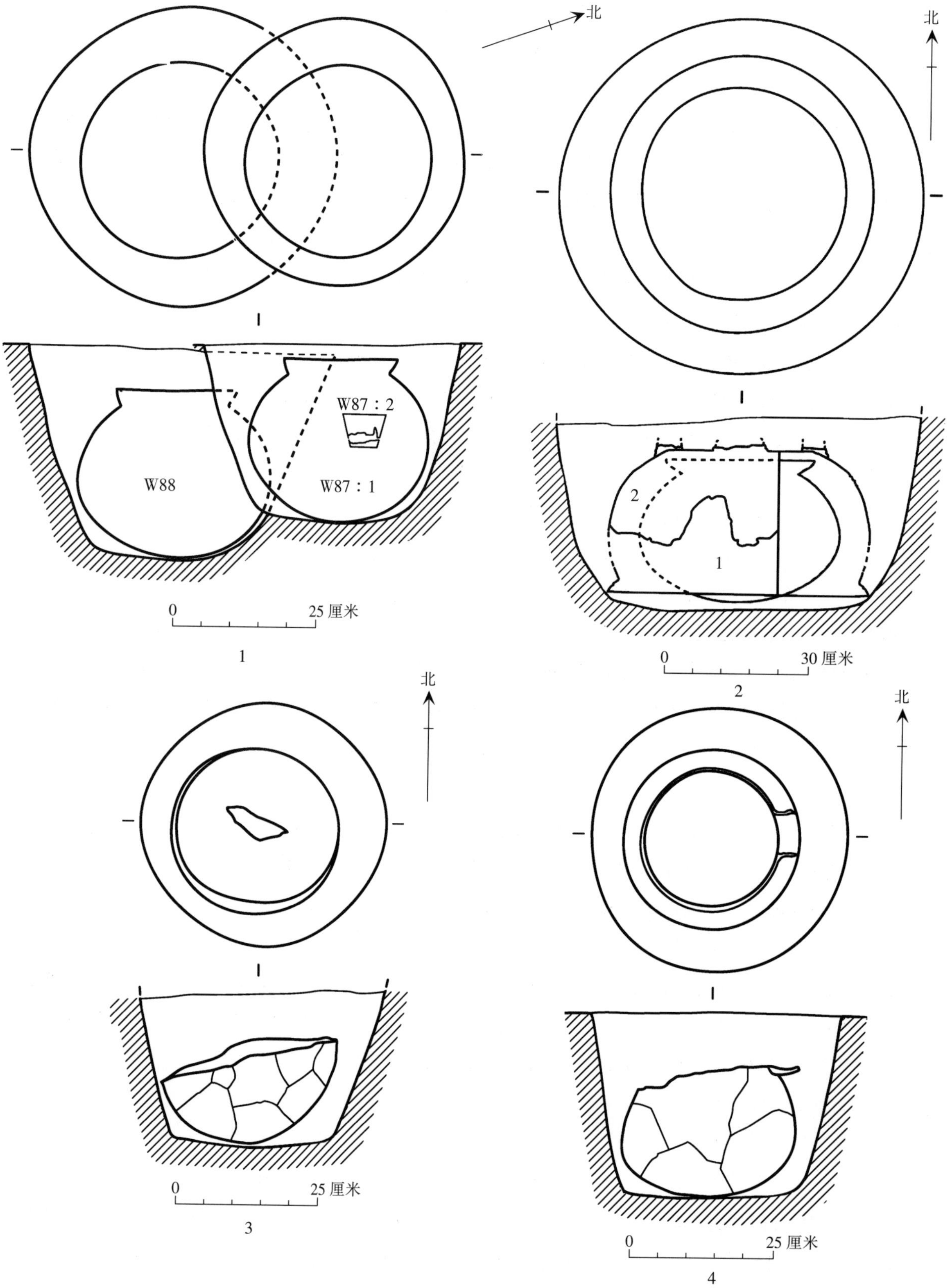

图4－1－16　瓮棺葬（W88、W87、W94、W110、W111）平面、剖视图

1. T8②BW88（左）；T8②BW87（右）　2. T8②BW94　3. T201②BW110　4. T201②BW111（均为陶釜瓮棺葬）

葬具为口朝上放置的夹炭灰褐陶釜，仅存下半身。陶釜内人骨已经腐朽，无随葬品。陶釜内的填土中含有泥质橙黄陶外折沿豆残片和泥质黑皮陶豆腹片。

W111（图 4－1－16，4）

位于 T201 中部②B 层底部。墓坑呈圆形，斜壁，底略平。墓口直径 42 厘米，坑自深 30 厘米。

葬具 W111∶1 为口朝上放置的夹炭灰褐陶釜；正放在 W111∶1 口上的 W111∶2 为泥质黑陶盆作为盖，破碎严重（图上未画）。陶釜内人骨已经腐朽，无随葬品。

W119（图 4－1－17，1）

位于 T201 东壁北部②B 层底部，打破 W121，延伸到东壁之外。墓坑呈圆形，弧壁，底略平。墓口直径 65 厘米，坑自深 30 厘米。葬具 W119∶1 为口朝上放置的夹炭灰褐陶釜，上半身已残；正放在 W119∶1 口上的 W119∶2 为泥质灰陶折沿小口高领罐Ⅲ式的上半身（见图 4－2－12，8）作为盖，存有凸弦纹 5 组，每组 4 周，下半身是被当时人故意敲掉的，已经不存在，此小口高领罐烧成温度高，质地坚硬，原先应是实用器。在高领罐口上又用一块夹砂红陶罐腹片盖住罐口，腹片内壁朝上。陶釜内人骨已经腐朽，无随葬品。

W123（图 4－1－17，2）

位于 T201 东北角②B 层底部。墓坑呈圆形，斜壁，底略平。墓口直径 31 厘米，坑自深 20 厘米。葬具 W123∶1 为口朝上放置的夹砂红陶釜；放在 W123∶1 口上的 W123∶2 为泥质黑皮陶翻沿凹底盆Ⅰ式（见图 4－2－6，1）残片作为盖，陶盆内壁朝上，底残缺。陶釜内人骨已经腐朽，无随葬品。

2. 陶圜底罐瓮棺葬

有 4 座，即 W112～W114、W125。举例如下。

W113（图 4－1－17，3）

位于 T201 东壁南部②B 层底部，延伸到东壁之外。墓坑呈圆形，斜壁，圜底。墓口直径 45 厘米，坑自深 34 厘米。葬具 W113∶1 为口朝上放置的夹蚌红褐陶圜底罐（饰横篮纹），胎内含有白色片状蚌壳末，烧成温度低，质地松软，应是专门为安放婴幼儿尸体而制作的葬具陶器，陶罐之下垫一个残圈足；W113∶2 为泥质深灰陶双腹圈足碗Ⅱ式（见图 4－2－1，9），已经掉入 W113∶1之内，原来应正放在罐口上作为盖，引人注目的是，双腹碗底部中央凿有一个不规形孔洞，表示死者的灵魂可以从孔洞出入。前面（第三章第三节）说过，大溪文化第四期 W15 陶瓮底部中央和器盖纽中央分别凿成孔洞（见图 3－3－20，4）。由此可见，这两种文化的居民对灵魂的信仰是相同的。陶罐内人骨已经腐朽，无随葬品。

W114（图 4－1－17，4）

位于 T201 中部②B 层底部，被 W112 打破。墓坑呈圆形，斜壁，底略平。墓口直径 55 厘米，坑自深 42 厘米。葬具 W114∶1 为口朝上放置的夹蚌红褐陶 T 形口沿罐（见图 4－2－13，16，饰横篮纹），胎内含有白色片状蚌壳末，烧成温度低，质地松软，应是专门为安放婴幼儿尸体而制作的葬具陶器；W114∶2 为泥质灰胎黑皮陶凹底盆（图上未画），残存底部，已经掉入 W114∶1 之内，原先应置于罐口上作为盖。陶罐内人骨已经腐朽，无随葬品。

W125

位于 T211 北 10 米（图 4－1－8），农民修水利时发现，考古队当即清理。葬具 W125∶1 为口

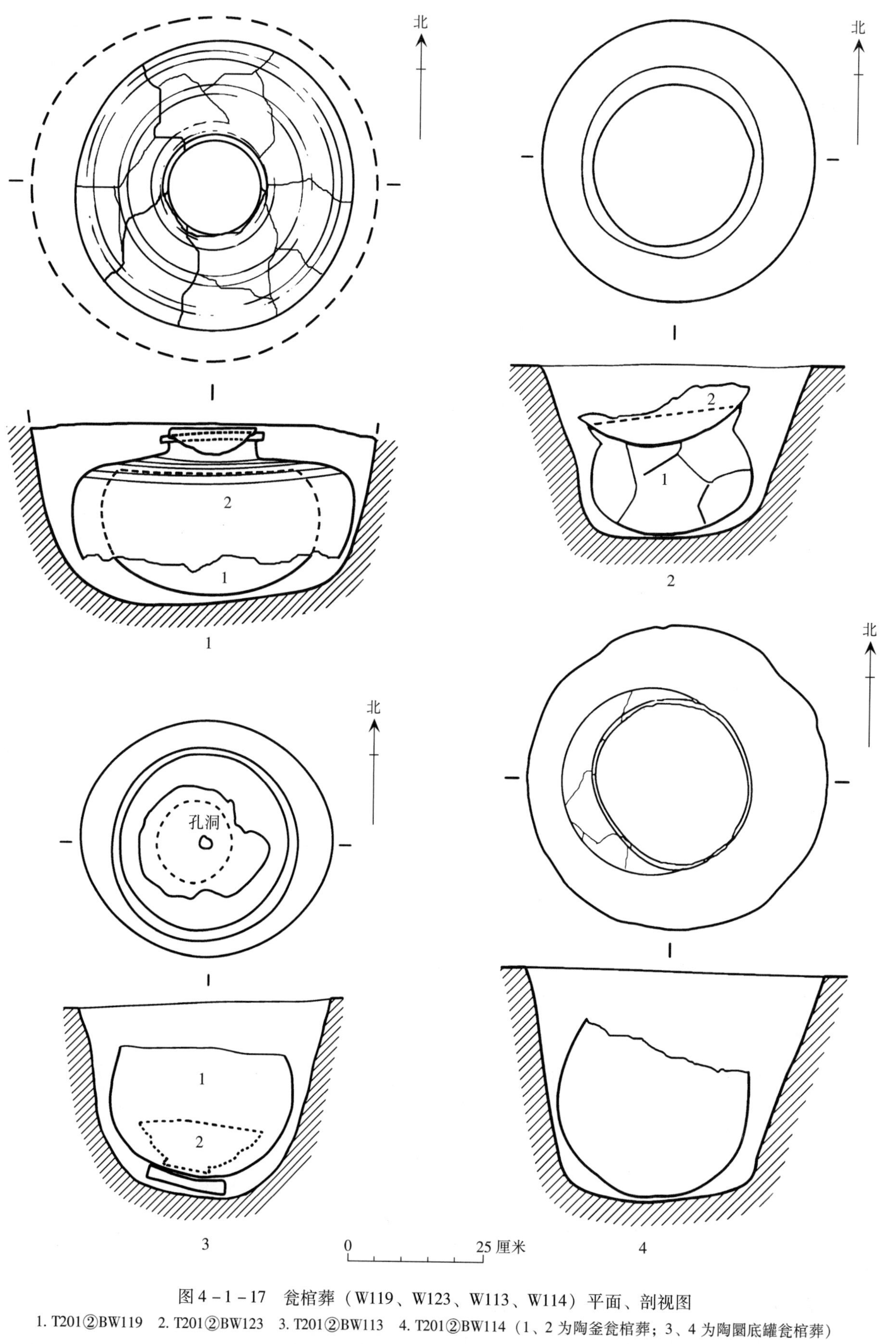

图4－1－17　瓮棺葬（W119、W123、W113、W114）平面、剖视图
1. T201②BW119　2. T201②BW123　3. T201②BW113　4. T201②BW114（1、2为陶釜瓮棺葬；3、4为陶圜底罐瓮棺葬）

朝上放置的夹蚌红褐陶凹沿圜底罐Ⅱ式（见图4－2－13，3），腹部呈袋状，器表有不规则形小凹坑（为蚌壳末遗留的痕迹）。圜底罐之内底部存有婴幼儿头骨，呈白色片状，粘附在随葬的泥质灰陶罐腹片W125∶3的外表；还有婴幼儿下肢骨2根，其中较长1根残长4.4厘米、骨骺直径1.4厘米、骨干直径0.5厘米。陶罐内随葬陶器2件：W125∶2为泥质浅灰陶双腹圈足碗Ⅱ式器身（见图4－2－1，10），斜置于陶罐内底部一侧，圈足原来就缺失，该碗是屈家岭文化晚期的典型器物之一，是断代的标准器；W125∶3为泥质灰陶直领折肩罐的腹片（见图4－2－12，10），置于陶罐内底部另一侧，口部、底部都残缺。根据婴幼儿头骨粘附在W125∶3的外表，推测2件随葬器物原先都放在婴幼儿尸体的上面。陶罐内的填土中含有细泥浅灰陶子母口碗口沿（W125∶4），其子母口的显著特征是外表呈凹槽状，与T69②H75∶154细泥黑陶子母口小碗（见图4－2－2，2）的特征相同。

在上述瓮棺葬当中，值得注意的是：W113∶1和W114∶1均为夹蚌红褐陶圜底罐，烧成温度低，质地松软，应是专门为安放婴幼儿尸体而烧制的葬具陶器，这是承袭了大溪文化第四期为婴幼儿死者烧制葬具陶器的习俗；W69与W70同埋一坑，W74与W75同埋一坑，两个婴幼儿尸体同埋一坑应是双胞胎婴幼儿合葬。第三章第三节讲过，大溪文化第四期瓮棺葬W32圜底罐内存有两个白色婴幼儿头骨，应为双胞胎婴幼儿合葬。虽然两种文化双胞胎合葬的形式不同，但是双胞胎合葬的含义是相同的。

第二节　文化遗物

一　陶器

［一］陶质器皿

（一）陶系

陶系包括陶器的质料和颜色，可以分为泥质灰陶、泥质黑陶、泥质橙黄陶、夹蚌或夹炭橙黄陶、夹蚌或夹炭褐陶、夹砂灰陶和夹砂橙黄陶7种统计（表4－2－1）。

陶器的质料有泥质、夹蚌壳碎末、夹炭化稻壳、夹砂四类，其中泥质占大多数，余者的数量均少。

泥质陶烧成温度高，胎质硬。泥质陶又可细分为普通泥质陶和细泥陶。普通泥质陶的泥料未经淘洗，黏土本身含有个别砂粒，主要用于制作盛储器，器形有斜折沿罐、小口高领罐、花边口沿罐和高圈足杯等。细泥陶的泥料经过精细淘洗，质地细腻而纯净，主要用于制作饮食器，器形有双腹豆、双腹圈足碗、斜腹鼎、翻沿豆、翻沿盆和大口杯等。

夹蚌陶的泥料中掺和蚌壳碎末。夹炭陶的泥料中掺和较多的炭化稻壳，其烧成温度低，胎质轻而疏松，有的胎芯颜色因含有炭化稻壳而呈黑色。也有很少的陶器将蚌壳碎末和炭化稻壳两种羼和料混合在一起使用。夹蚌陶和夹炭陶主要用于制作盛储器和炊器，器形有凹沿圜底罐、釜、圆饼形平纽器盖和宽条形鼎足等。

夹砂陶的泥料中掺和适量的砂粒，质地紧密，烧成温度高，胎质硬。夹砂陶主要用于制作盛储器和炊器。夹砂陶又可细分为普通夹砂陶和粗砂陶。普通夹砂陶的器形有深腹圈足杯、折沿尖

表 4－2－1 T51②层陶器（片）统计表

陶质陶色	泥质灰陶 225（38.53%）																											
器形 / 数量 / 纹饰	双腹圈足碗Ⅱ	内折沿圈足碗Ⅱ	双腹豆Ⅰ	翻沿凹底盆	翻沿圈足盆	平沿盆	深腹圈足杯Ⅱ	壶形器Ⅰ	小口高领罐Ⅰ	小口高领罐Ⅲ	折沿小口高领罐Ⅰ	折沿小口高领罐Ⅱ	斜折沿罐Ⅰ	斜折沿罐Ⅱ	斜折沿罐Ⅲ	花边口沿罐	小圆形箅孔甑	柳叶形箅孔甑Ⅰ	柳叶形箅孔甑Ⅱ	折沿凹腰形器座	喇叭形纽器盖	实心圆头形纽器盖Ⅲ	钉帽形纽器盖	圈足	平底	凹底	腹片	合计
素面	1	1	1	6	3	3		1	4	6	7	1	9	1	5		1	4	1		2	1	1	8	16	3	6	92
凸弦纹										1		1		7	1			2	1								69	82
菱格纹																											1	1
篮纹																									1			1
附加堆纹																											39	39
镂孔																												
绳索状花边																5												5
彩纹							2	1																				3
篦划纹和附加堆纹																												
篮纹和附加堆纹																											1	1
凸弦纹和镂孔																												
戳印纹和镂孔																			1									1
合计	1	1	1	6	3	3	2	2	4	7	7	2	9	8	6	5	1	6	2	1	2	1	1	8	17	3	116	225

续表4－2－1

陶质陶色	泥质黑陶　198（33.91%）																												
数量　器形／纹饰	双腹圈足碗Ⅰ	双腹圈足碗Ⅱ	内折沿圈足碗Ⅰ	双腹豆Ⅰ	双腹豆Ⅱ	翻沿豆Ⅰ	翻沿豆Ⅱ	T形口沿豆	翻沿凹底盆	翻沿圈足盆	平沿盆	壶形器Ⅰ	盂形器	小盂	小口高领罐Ⅰ	斜折沿罐Ⅰ	斜折沿罐Ⅱ	斜折沿罐Ⅲ	斜腹鼎	凿形鼎足	小圆形箅孔甑	柳叶形箅孔甑Ⅲ	喇叭形纽器盖	折沿圆形纽器盖Ⅰ	碟形纽器盖	圈足	平底	腹片	合计
素面	2	5	2	4	9	8	2	2	11	7	2	1	1	1	1	2	1	1	2		1	3	2	1	4	14	1	77	167
凸弦纹				4	8															1									13
菱格纹																													
篦划纹																													
篮纹																													
绳纹																													
附加堆纹																												7	7
镂孔				1	2																					2			5
彩纹																													
陶衣																													
陶衣和彩纹																													
篦划纹和附加堆纹																													
绳纹和附加堆纹																													
凸弦纹和镂孔				2																						4			6
合计	2	5	2	11	19	8	2	2	11	7	2	1	1	1	1	2	1	1	2	1	1	3	2	1	4	20	1	84	198

续表 4－2－1

陶质陶色	泥质橙黄陶　74（12.67%）																
数量 / 器形 / 纹饰	翻沿凹底盆	翻沿圈足盆	高圈足杯Ⅲ	深腹圈足杯Ⅰ	深腹圈足杯Ⅳ	大口杯Ⅰ	大口杯Ⅱ	大口杯Ⅲ	壶形器Ⅰ	壶形器Ⅲ	小口高领罐Ⅲ	斜折沿罐Ⅰ	矮领罐	钉帽形纽器盖	平底	凹底	腹片	合计
素面	2	1				1			7		2	2		1	1	1	24	42
凸弦纹																		
菱格纹																		
篦划纹																	1	1
篮纹																	1	1
绳纹																	1	1
附加堆纹													2				1	3
镂孔																		
彩纹							2	7									2	11
陶衣			1							2							4	7
陶衣和彩纹								3				2					1	6
篦划纹和附加堆纹				1	1													2
绳纹和附加堆纹																		
凸弦纹和镂孔																		
合计	2	1	1	1	1	1	2	10	7	2	2	4	2	1	1	1	35	74

续表4-2-1

陶质陶色	夹蚌或夹炭橙黄陶 7（1.20%）			夹蚌或夹炭褐陶 10（1.71%）			夹砂灰陶 12（2.05%）			夹砂橙黄陶 58（9.93%）								
数量 器形 纹饰	凹沿罐	腹片	合计	凹沿罐	腹片	合计	矮卷边鼎足	腹片	合计	深腹圈足杯Ⅰ	深腹圈足杯Ⅱ	厚圜底缸Ⅰ	厚圜底缸Ⅱ	厚圜底缸Ⅲ	折沿尖底缸	平底	腹片	合计
素面	2	5	7	3	7	10		2	2								10	10
凸弦纹							1		1									
菱格纹												3	12				11	26
篦划纹																1		1
篮纹								9	9					3	3		5	11
绳纹																	1	1
附加堆纹																		
镂孔																		
彩纹																		
陶衣																		
陶衣和彩纹																		
篦划纹和附加堆纹																		
绳纹和附加堆纹										4	1						4	9
凸弦纹和镂孔																		
合计	2	5	7	3	7	10	1	11	12	4	1	3	12	3	3	1	31	58

底缸和罐形鼎等。粗砂陶掺和的砂粒甚粗，器形有厚圜底缸等。

陶器的颜色有灰、黑、橙黄、褐四种，其中以灰色和黑色为主，橙黄色有一定数量，褐色甚少。

灰陶有泥质和夹砂两种，其中泥质占绝大多数。颜色有深浅之分，以浅灰为多。经测定，灰陶的化学成分，氧化亚铁的含量高于氧化铁的含量，还原比值较高，表明灰陶是经过还原气氛烧成的。

黑陶均为泥质，绝大多数表胎颜色一致，里外透黑；也有个别黑皮陶，仅表皮黑色，胎芯为灰色或红色。黑陶是在密封的窑内，游离的炭粒在降温阶段渗碳的结果。

橙黄陶有泥质、夹砂、夹蚌和夹炭四种，其中泥质较多。颜色大多为橙黄色，少量为橙红色。橙黄陶是在不封窑的情况下，陶土中的铁质在高温下充分氧化的结果。经测定，橙黄陶的含铁量低于红陶。

褐陶均为夹蚌陶或夹炭陶。多是颜色深浅不匀，呈红褐色、黄褐色或灰褐色，有的胎芯颜色因含有炭化稻壳而呈黑色。颜色不纯的情况，是由于陶器在烧制时不能充分氧化而造成的。

（二）制法

陶器制作普遍比较精良，造型多样、匀称和优美。制法有轮制和手制两种，其中轮制陶器较多。

轮制陶器的器壁厚薄较为均匀，器形弧度内外一致，制作十分规整。在一些器物的表面，可以看到快轮拉坯成型时留下的螺旋式拉坯指痕，有的平底器的外底有从快轮上割离时形成的偏心涡纹（图4－2－2，9），不少器物的表面有快轮慢用修整时留下的细密轮纹。快轮制陶还引起陶器造型细部特征的变化，例如不少器物的口沿、圈足下端有凹槽或凸棱，子母口器物和翘圆唇器物较多，一些圈足的下端外折呈外鼓内凹状。

手制可分泥条盘筑和直接用手捏制两种。泥条盘筑法主要用于部分夹砂陶器和大型器物，捏制法用于少量的小型器物。陶器初步成型以后，再经过拍打、刮削、抹平、轮修和磨光等工序。经过精细的修整加工，许多陶器的快轮拉坯成型痕迹、泥条盘筑痕迹等往往已经不见。捏制的小型器物，修整加工较为粗糙，器表有凹凸不平的捏痕。

圈足器一般是器身和圈足两者分别制作后接合起来的，有些在圈足和器身接合处附加宽带形凸棱（图4－2－4，5），使其接合牢固。鼎足绝大多数是在器身制成后安装上去的，均为平装，有的鼎足则由高圈足切割而成（图4－2－16，3）。

（三）纹饰

陶器纹饰的种类有凸弦纹、凹弦纹、菱格纹、篦划纹、篮纹、绳纹、戳印纹、窝纹、附加堆纹、镂孔、绳索状花边、彩陶纹、朱绘和陶衣等（表4－2－1）。

凸弦纹　数量较多，纹道较为规整和平直，常施1～3周。常见于双腹豆、双腹圈足碗、斜腹鼎、罐形鼎和甑等器物的腹部，还见于小口高领罐、斜折沿罐和花边口沿罐等。

凹弦纹　数量较少，常施1～2周。见于矮皿形纽器盖、高圈足杯和厚胎圜底缸等。

菱格纹　有一定数量，其中大多为压印而成的浅浮雕式菱格纹，有一定的立体感，施于厚圜底缸的腹部。少量的为刻划菱格纹，见于深腹圈足杯和子母口碟。

篦划纹　数量较少，纹样呈竖行、交错或横向排列。施于1～3类圈足杯等器物的腹部。

篮纹　有一定数量，纹道多宽而深，拍印较为整齐，排列方式有斜行或交错。主要施于缸。

绳纹　数量较少，仅见于深腹圈足杯。

戳印纹　数量甚少，纹样有圆形和点状。见于折沿凹腰形器座和残圈足。

窝纹　数量甚少，纹样均为圆形。见于卷边鼎足和宽条形鼎足的上部。

附加堆纹　有一定数量，是用泥条附加于器身，再压成绳索状或划出平行凹槽。见于深腹圈足杯、厚胎圜底缸和罐等。

镂孔　数量较多，式样有圆形、三角形、柳叶形和半圆形。在同一器物上，一般施一种式样的镂孔并且成组排列；也有些器物上兼饰圆形孔和柳叶形孔，或半圆形孔、三角形孔和柳叶形孔，由几种镂孔式样组成镂孔图案。常见于双腹豆、双腹圈足碗、翻沿豆和高圈足杯等器物的圈足，还偶见于折沿圆形纽器盖和折沿凹腰形器座等。

绳索状花边　有一定数量，是在陶器唇部的外侧压印 1 周或数段绳索状花边。仅见于花边口沿罐。

上述数种纹饰，有的还同时饰两种或两种以上的纹饰于同一件器物上，构成不同纹饰组合：菱格纹和附加堆纹，篦划纹和附加堆纹，绳纹和附加堆纹，篮纹、凹弦纹和附加堆纹，篦划纹、凸弦纹和镂孔，戳印纹和镂孔。

彩陶纹　有一定数量，彩陶大多为泥质橙黄陶，还有泥质灰陶。彩纹大多为黑彩，还有棕彩和红彩。有些彩陶先涂陶衣作地，再饰彩纹。彩陶纹样有网格纹、菱形格纹、波折纹、叶形纹、条纹、斜线纹和“晕染”纹等。饰彩陶器见于壶形器、大口杯、实心圆头形纽器盖和小口高领罐等。在同一彩陶器上，有的兼饰两种或两种以上的彩纹，构成如下彩纹组合：网格纹、波折纹和条纹，网格纹、叶形纹和斜线纹，网格纹和平行条纹，菱形格纹和平行条纹。

朱绘　数量甚少，是烧制后用朱砂（HgS）绘画而成的，容易脱落。纹样有弯弧形纹和条纹。仅见于泥质黑陶的子母口小碗。

陶衣　数量较少，涂陶衣的陶器均为泥质橙黄陶。陶衣多为红色，还有黑色，其黑色是渗炭所致。这些陶器，有的仅涂陶衣作为装饰，有的先涂陶衣作地，再饰彩纹。涂陶衣的器物见于壶形器、深腹矮圈足小罐、实心圆头形纽器盖和斜折沿罐等。

（四）器形

陶器的基本器形有碗、碟、豆、盆、杯、瓶、壶、盂、罐、釜、鼎、甑、缸、器座和器盖等 15 种。除瓶之外的 14 种内还可细分为 2～14 类。共复原 98 件。

1. **陶碗**　分为 5 类，各予起名。

①双腹圈足碗　器表有细密的平行线状轮修痕。敞口，圆唇，腹壁折成双弧形，圜底，均附圈足。分为 2 式。

Ⅰ式　数量较多。多为泥质黑陶，少量泥质灰陶。复原 2 件。腹壁折棱接近口沿。T53②：26（图 4－2－1，6；图版一四八，1），泥质黑陶。圈足下端外折。圈足饰镂孔 3 组，每组由 3 个三角形孔组成。高 9.4、口径 18.7、圈足径 9.2、胎厚 0.2～0.3 厘米。T73②：3（图 4－2－1，2），泥质黑陶。口沿残缺，圈足较高。下腹饰凸弦纹 1 周，圈足上有大小不规则形镂孔 4 个。复原高约 8.8、圈足径 9 厘米。T35③A：22（图 4－2－1，1），泥质灰陶。圈足下部残缺。口径 20.1、残高

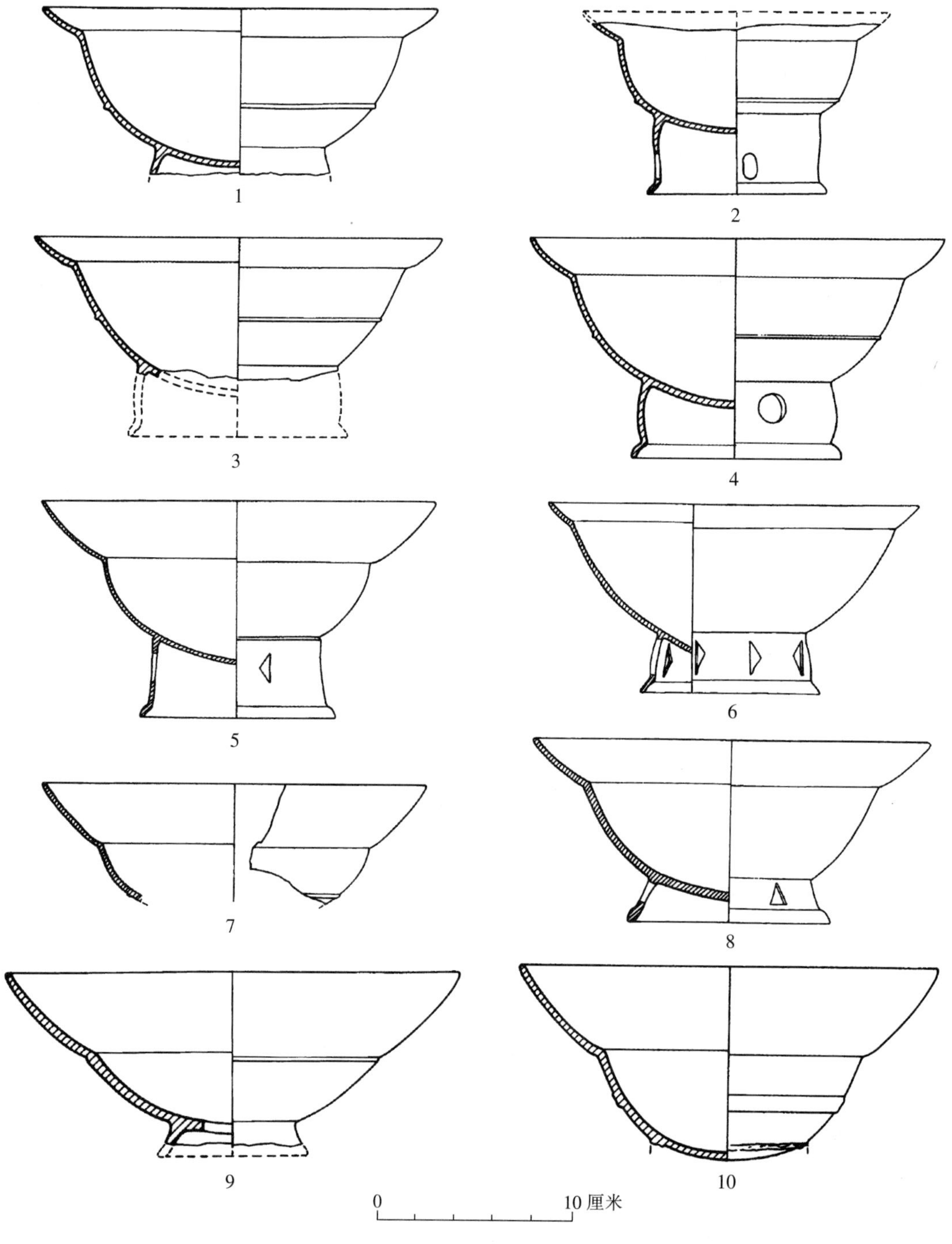

图4－2－1　陶碗（之一）

双腹圈足碗：1. Ⅰ式（T35③A:22）　2. Ⅰ式（T73②:3）　3. Ⅰ式（T35③AH6:4）　4. Ⅰ式（T38③A H11:6）　5. Ⅱ式（T66②:6）　6. Ⅰ式（T53②:26）　7. Ⅱ式（T65②F23:119）　8. Ⅱ式（T38③AH11:30）　9. Ⅱ式（T201②BW113:2）　10. Ⅱ式（T211附近W125:2）

8.4厘米。T35③AH6:4（图4－2－1，3），泥质灰陶。器底和圈足缺失。口径20.7、残高6.5厘米。T38③AH11:6（图4－2－1，4），泥质黑陶。圈足弧凸，下端外鼓。腹壁饰凸弦纹1周，圈足存大圆形镂孔1个。高10.6、口径20.7、圈足径10.7、胎厚0.3厘米。

Ⅱ式　数量甚多。大多为泥质黑陶，还有泥质灰陶。复原2件。腹壁折棱在腹上部。T65②F23:119（图4－2－1，7），泥质，保留很少的原黑色，现基本为橙红色，出自红烧土中，与红烧土颜色相同，系复烧红陶。腹部以下残。器壁存凸弦纹1周。口径19.5厘米。标本T66②:6（图4-2-1，5），泥质黑陶。圈足下端外折。圈足饰三角形镂孔3个。高10.6、口径20.2、圈足径10.2、胎厚0.2~0.3厘米。T38③AH11:30（图4-2-1，8；图版一四八，2），泥质黑陶。圈足外撇，下端外卷。圈足饰三角形镂孔3个。高9、口径20、圈足径10.2、胎厚0.3厘米。T201②BW113:2（图4-2-1，9；图版一四八，3），泥质深灰陶。折腹处有凹弦纹1周。作为瓮棺盖，器底中央凿一孔，表示灵魂可以出入，孔直径3.2厘米。圈足较小，下端残缺。口径23、残高8.6厘米。T211附近W125:2（图4-2-1，10），泥质浅灰陶。圈足残。腹部饰条形附加堆纹1周，纹面有浅凹槽。口径21、残高9.8、胎厚0.45厘米。

②内折沿圈足碗　内折沿，圆唇，圜底，圈足较矮。分为2式。

Ⅰ式　数量较多。多为泥质黑陶，还有泥质灰陶。复原2件。沿面略平。T69②H75:149（图4-2-2，4），泥质灰陶。圈足外撇。高8、口径18.4、圈足径8.6、胎厚0.25厘米。T39③AH9:2（图4-2-2，1；图版一四八，4），泥质黑陶。腹较深较肥大，圈足略直，下端外折。高9.2、口径16.8、圈足径9.4、胎厚0.3厘米。

Ⅱ式　有一定数量。有泥质黑陶和灰陶。复原1件。沿面内凹成小子母口。T65②F23:120（图4-2-2，6），泥质橙红色，出自红烧土中，与红烧土颜色相同，系复烧红陶。腹部以下残。口径16.5厘米。T69②:10（图4-2-2，5；图版一四八，5），泥质灰陶。高7.1、口径17.8、圈足径7.5、胎厚0.25厘米。

③外折沿圈足碗　数量较少。有泥质黑陶和灰陶。复原1件。T69②H75:151（图4-2-2，8；图版一四八，6），泥质灰陶。折沿，圆唇，弧壁，圜底，直圈足下端外折呈外鼓内凹。圈足饰镂孔3组，每组由2个对称的三角形孔组成。高9.6、口径20、圈足径8.6、胎厚0.4厘米。T80②:18（图4-2-2，10；图版一四九，1），泥质黑陶。折沿，沿面稍凹，腹下部有不明显折棱1周。圈足上存长条戳印纹4组。口径16.9、残高9.4厘米。

④窄沿圈足碗　数量较少。泥质黑陶。复原1件。T64②:6（图4-2-2，7），器表有细密的平行线状轮修痕。敞口，窄沿，沿面有凹槽1周，圆唇，弧壁，圜底，圈足下端外折，圈足下端有凹槽和凸棱各1周。圈足施圆形镂孔3个。高7.2、口径18、圈足径7.3、胎厚0.3~0.4厘米。

⑤子母口小碗　数量甚少。T69②H75:154（图4-2-2，2），泥质黑陶。口沿内折成子母口，圆唇，弧壁，器形较小，腹部以下残。折沿外饰条纹1周，腹部存弯弧形纹4道，均为朱绘。口径6.9、胎厚0.15厘米。T211附近W125:4，细泥浅灰陶。子母口小碗口沿，形制与H75:154相同，出土于W125:1凹沿圜底罐填土内。

碗圈足　T51②:457（图4-2-2，3），细泥橙黄陶，薄胎。器壁和矮圈足外表有晕染黑彩。圈足径4.1、胎厚0.1厘米。

残器底　T73②H61:6（图4-2-2，9），泥质黑陶。外底有偏心涡纹。仅存残片，斜壁，平底。底径3厘米。

2. **陶碟**　分为3类，各予起名。

①凹壁碟　数量甚少。泥质黑陶。复原1件。T35③A:26（图4-2-3，1），侈口，斜方唇，凹壁，平底，圈足甚矮。口沿内和腹底相接处各有凹槽1周。高2、口径6、圈足径5.4、胎厚0.3

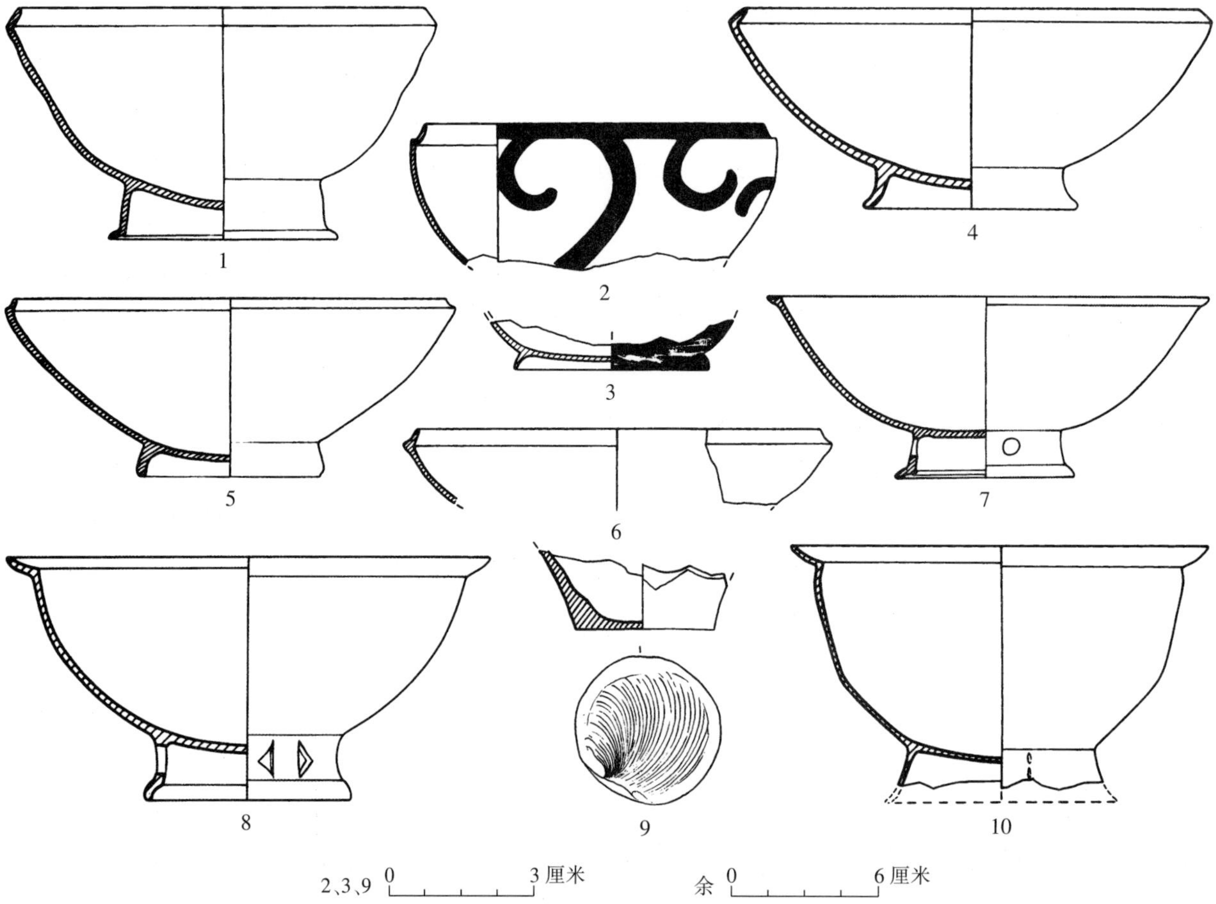

图4－2－2　陶碗（之二）

1. Ⅰ式内折沿圈足碗（T39③AH9∶2）　2. 子母口小碗（T69②H75∶154）　3. 碗圈足（T51②∶457）　4. Ⅰ式内折沿圈足碗（T69②H75∶149）　5. Ⅱ式内折沿圈足碗（T69②∶10）　6. Ⅱ式内折沿圈足碗（T65②F23∶120）　7. 窄沿圈足碗（T64②∶6）　8. 外折沿圈足碗（T69②H75∶151）　9. 残器底（T73②H61∶6）　10. 外折沿圈足碗（T80②∶18）

厘米。

②子母口碟　数量较少。泥质黑陶。复原2件。T67②∶144（图4－2－3，2），斜壁微凹，平底，底沿有凹槽1周。高2.9、口径7、底径6.6、胎厚0.25厘米。T38③AH11∶45（图4－2－3，4），口沿内折成子母口，圆唇，斜壁，平底，矮圈足。器底饰菱格划纹。高2.4、口径6.8、圈足径6.4、胎厚0.2厘米。

③折沿碟　数量甚少。泥质橙黄陶。复原1件。T72②∶47（图4－2－3，3），敞口，折沿，圆唇，弧壁，底部不平，矮圈足。高2.3、口径8.6、圈足径5.4、胎厚0.25厘米。

3. **陶豆**　分为4类，各予起名。

①双腹豆　器表见有细密的平行线状轮修痕。敞口，腹壁折成双弧形，圜底，圈足主要有粗高和细高两种。分为3式。

Ⅰ式　数量较多。大多为泥质黑陶，还有泥质灰陶。复原2件。腹壁折棱接近口沿，高粗圈足。T51②∶44（图4－2－4，1），泥质黑陶。圈足略鼓，下端外折。腹部有凸弦纹1周；圈足饰镂孔3组，每组由中央1个圆形孔、周围6个柳叶形孔组成。高14.6、口径19.2、圈足径12、胎厚0.3厘米。T53②∶69（图4－2－4，7；图版一四九，2），泥质黑陶。腹部饰凸弦纹1周；圈足

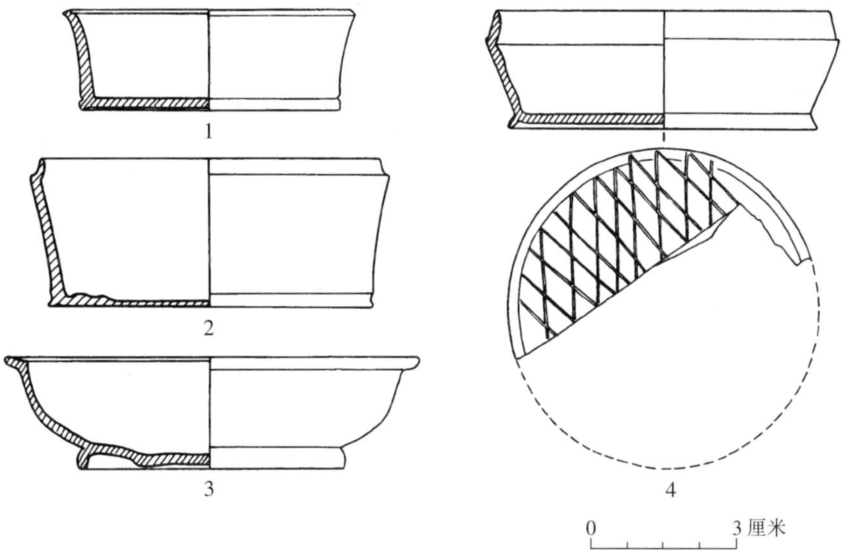

图4－2－3　陶碟
1. 凹壁碟（T35③A∶26）　2. 子母口碟（T67②∶144）　3. 折沿碟（T72②∶47）　4. 子母口碟（T38③AH11∶45）

上饰镂孔3组，每组由中央1个大圆孔和四周4个柳叶形孔组成。高11.7、口径19.2、圈足径10.8、胎厚0.2厘米。

Ⅱ式　数量甚多。大多为泥质黑陶，还有泥质灰陶。复原1件。腹壁折棱在腹上部。T73②∶8（图4－2－4，4），泥质黑陶。圈足内表有螺旋式拉坯指痕。筒形圈足，下端残。腹部饰凸弦纹1周；圈足饰镂孔3组，每组由2个对称的三角形孔组成。口径17.8、残高11、胎厚0.3厘米。T38③AH11∶4（图4－2－4，3；图版一四九，3），泥质黑陶。圈足下端外折呈外鼓内凹。腹部饰凸弦纹2周；圈足饰镂孔3组，每组由半圆形孔1个、三角形孔和柳叶形孔各4个组成。高16.1、口径22.1、圈足径13.8、胎厚0.3厘米。

Ⅲ式　数量很少。复原1件。T201②B∶2（图4－2－4，10；图版一四九，4），泥质灰陶。斜方唇，唇面及内侧各有凹槽1周，喇叭形圈足较细矮，下端平折。腹部饰凸弦纹1周，圈足饰圆形镂孔4个。高12.6、口径23、圈足径8.3、胎厚0.5厘米。

Ⅳ式　数量很少。泥质黑陶。复原1件。腹壁折成双弧形，折棱在腹中部，圈足上细下粗很高。T80②∶8（图4－2－4，9），圈足内表有泥条盘筑痕迹。敞口，圆唇，圈足下部折成台状，下端残缺。圈足有圆形镂孔3个。口径17.8、复原高约20、胎厚0.5厘米。T80②∶9（图4－2－4，11），方唇，圈足下端外折呈外鼓内凹。下腹饰条形附加堆纹1周，纹面有浅凹槽，圈足上有侧三角形镂孔4个。高19.3、口径18.4、圈足径11、胎厚0.4厘米。

②翻沿豆　泥质黑陶。敞口，翻沿，圆唇，弧壁，圜底，高圈足。分为2式。

Ⅰ式　数量较多。复原1件。标本T64②∶82（图4－2－4，5；图版一四九，5），在圈足和器身接合处附加宽带形凸棱，使其接合牢固，器表有细密的平行线状轮修痕。沿面略平，高圈足下端外折呈外鼓内凹。圈足饰镂孔4组，每组由3个三角形孔组成。高17、口径19.8、圈足径12.6、胎厚0.3厘米。

Ⅱ式　数量较少。标本T69②∶189（图4－2－4，6），沿面内凹，腹部以下残。口径18.4、胎

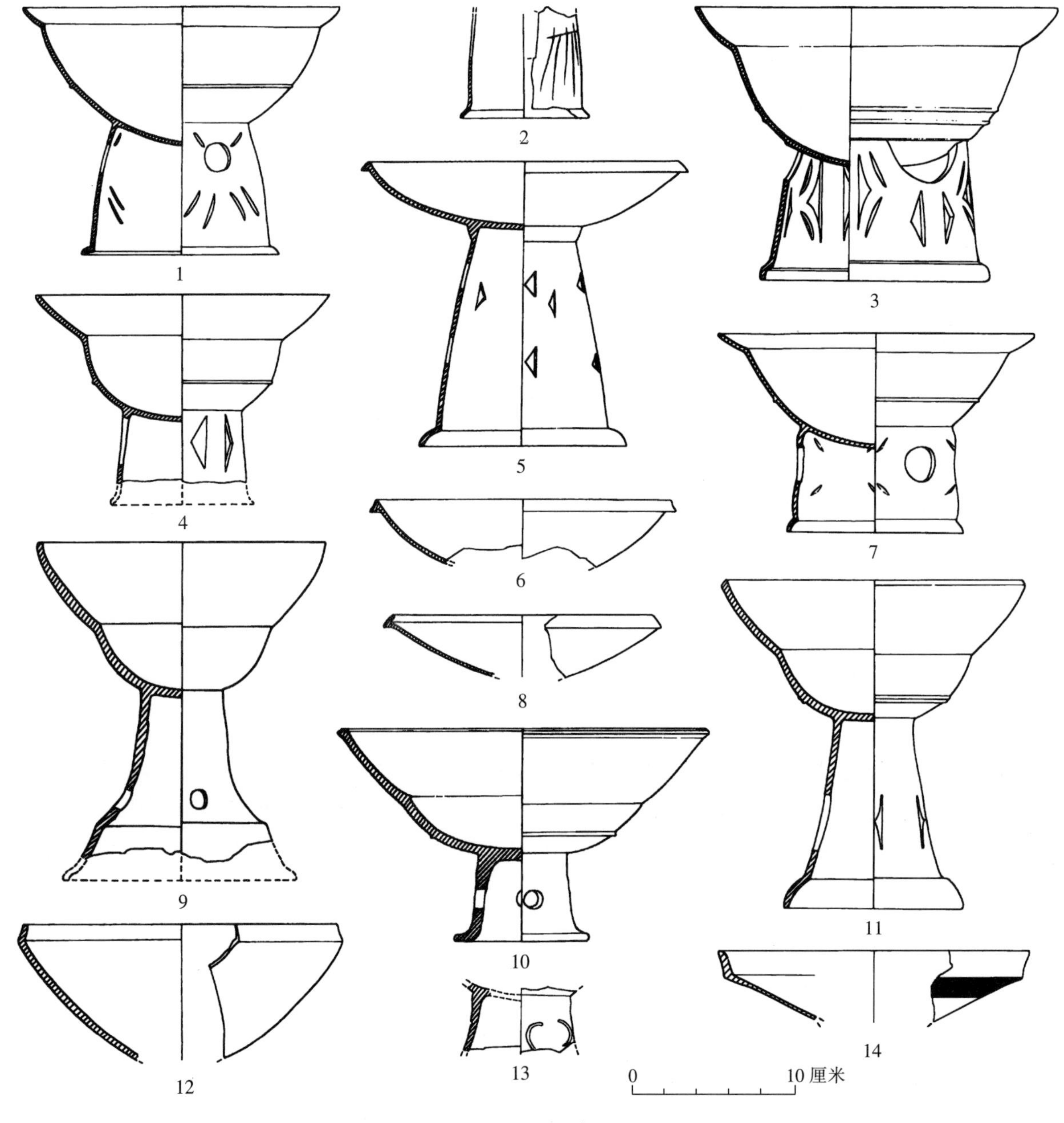

图4－2－4 陶豆

1. Ⅰ式双腹豆（T51②:44） 2. 豆圈足（T69②H75:191） 3. Ⅱ式双腹豆（T38③AH11:4） 4. Ⅱ式双腹豆（T73②:8） 5. Ⅰ式翻沿豆（T64②:82） 6. Ⅱ式翻沿豆（T69②:189） 7. Ⅰ式双腹豆（T53②:69） 8. T形口沿豆（T69②H75:190） 9. Ⅳ式双腹豆（T80②:8） 10. Ⅲ式双腹豆（T201②B:2） 11. Ⅳ式双腹豆（T80②:9） 12. Ⅱ式近直口豆（T201②BW112:2） 13. 豆圈足（T65②:124） 14. Ⅰ式近直口豆（T66②:67）

厚0.25厘米。

③T形口沿豆　有一定数量。泥质黑陶。T69②H75∶190（图4－2－4，8），器表有细密的平行线状轮修痕。斜沿，圆唇，口沿与腹壁呈T形交接，腹部以下残。口径16厘米。

④近直口豆　数量很少。分为2式。

Ⅰ式　T66②∶67（图4－2－4，14），泥质红陶。外斜直口，略呈内收凹弧腹壁。折棱下方残存棕色彩纹。口径18.5厘米。

Ⅱ式　T201②BW112∶2（图4－2－4，12），泥质黑皮陶，仅表皮黑色，胎芯为红色。内斜直口，凸弧腹壁。口径 19 厘米。

豆圈足　T65②:124（图 4 -2 -4，13），泥质灰陶。残圈足上存两道大括弧形戳印纹。上端圈足径 6 厘米。T69②H75:191（图 4 -2 -4，2），泥质灰陶。仅存圈足，圈足略鼓，下端外折。圈足存残镂孔；并有 1 个刻划符号，系烧制前刻划而成。圈足径 8 厘米。

4. **陶盆**　分为 9 类，各予起名。

①折沿深腹凹底盆　数量较少。泥质黑陶。复原 1 件。T38③AH11:21（图 4 -2 -5，1），折沿，沿面略凹，圆唇，鼓腹较深，底略凹。腹部饰凸弦纹 3 周。高 18、口径 22.4、底径 10.8、胎厚 0.5 厘米。

②折沿浅腹平底盆　数量较少。泥质灰陶。复原 2 件。T8②BW74:2（图 4 -2 -5，4；图版一五〇，1），外斜折沿，翘圆唇，弧壁，平底。高 11、口径 29、底径 8.2、胎厚 0.5 厘米。T8②BW78:2（图 4 -2 -5，5），斜折沿，圆唇稍上翘，唇沿有凹槽 1 周，下腹较宽肥。高 10.8、口径 25.6、底径 9.6、胎厚 0.4 厘米。

③折沿深腹平底盆　数量少。复原 2 件。T63②:31（图 4 -2 -5，2），泥质灰陶略含细砂。沿面微凹，小平底微凸，放置不甚平稳。腹中部饰凹弦纹 6 周，不规整。高 21.4、口径 30.6、底径 10.5、胎厚 0.4 厘米。T8②BW70:2（图 4 -2 -5，3；图版一四九，6），泥质黑陶。沿面凹弧，方唇内侧起棱。腹中部饰划纹 13 周，细密、较整齐。高 18.4、口径 25.6、底径 10.1、胎厚 0.3 厘米。

④平沿盆　数量较少。有泥质灰陶和黑陶。T53②:329（图 4 -2 -5，8），泥质黑陶。沿面上有凹槽 2 周。口径 24 厘米。T69②:192（图 4 -2 -5，7），泥质灰陶。稍敛口，平沿，圆唇，弧壁，腹部以下残。口径 26.4 厘米。

⑤翻沿凹底盆　多为泥质黑陶，还有泥质橙黄陶和灰陶。敞口，翻沿，沿面略鼓，圆唇，弧壁，凹底。分为 2 式。

Ⅰ式　数量较多。复原 3 件。外翻沿较下垂。T64②:7（图 4 -2 -6，3；图版一五〇，2），泥质灰陶。高 9.2、口径 24.4、底径 8、胎厚 0.3 厘米。T35③AH6:13（图 4 -2 -6，2；图版一五〇，3），泥质黑陶。高 9.4、口径 24.7、底径 7.8、胎厚 0.4 厘米。T201②BW123:2（图 4 -2 -6，1），泥质黑皮陶。外表有刮削痕迹。敞口，翻沿，沿面略鼓，圆唇，弧壁，底缺失。高 9.2、口径 22.4、底径 7.6、胎厚 0.4 厘米。

Ⅱ式　有一定数量。复原 1 件，外翻沿略平。T58②:6（图 4 -2 -6，4；图版一五〇，4），泥质橙黄陶。高 9.2、口径 25.4、底径 9.2、胎厚 0.4 厘米。

⑥翻沿平底盆　数量甚少。泥质灰陶。复原 1 件。T66②:8（图 4 -2 -6，6；图版一五〇，5），敛口，翻沿，沿面略平，圆唇，弧壁，腹较深，平底。沿面饰凹弦纹 2 周。高 12、口径 22.6、底径 8.6、胎厚 0.3 厘米。

⑦翻沿圈足盆　有一定数量。多为泥质黑陶，还有泥质橙黄陶和灰陶。复原 1 件。T35③AH6:12（图 4 -2 -5，9；图版一五〇，6），泥质黑陶。敞口，翻沿，沿面略鼓，圆唇，弧壁，圜底，矮圈足外撇。高 9.8、口径 24.8、圈足径 10.8、胎厚 0.3 厘米。

⑧折腹盆　数量甚少。泥质灰陶。T69②H75:193（图 4 -2 -5，6），敛口，圆唇，折腹，腹

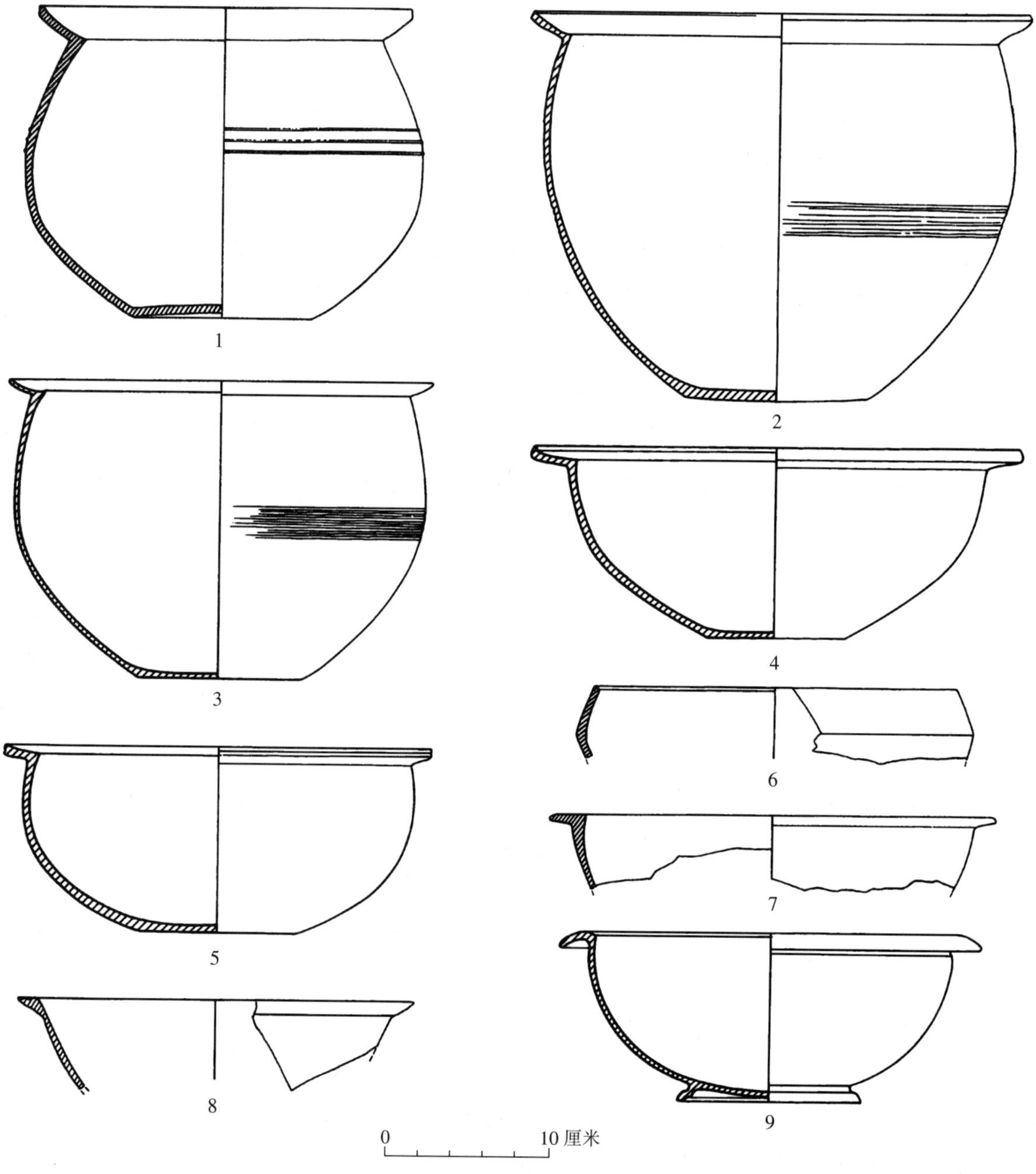

图 4－2－5 陶盆（之一）

1. 折沿深腹凹底盆（T38③AH11:21） 2. 折沿深腹平底盆（T63②:31） 3. 折沿深腹平底盆（T8②BW70:2） 4. 折沿浅腹平底盆（T8②BW74:2） 5. 折沿浅腹平底盆（T8②BW78:2） 6. 折腹盆（T69②H75:193） 7. 平沿盆（T69②:192） 8. 平沿盆（T53②:329） 9. 翻沿圈足盆（T35③AH6:12）

部以下残。口径 21.5 厘米。

⑨带管状流盆　数量较少。泥质灰陶。T52②H33:228（图 4－2－6，5），折沿，翘圆唇，弧壁，肩部有管状流，腹部以下残。口径 29.4 厘米。

5. **陶杯**　分为 4 类，各予起名。

①高圈足杯　分为 5 式。

Ⅰ式　有一定数量。泥质橙黄、橙红陶。T36③A:15（图 4－2－7，2），泥质橙红陶。腹部饰左右斜行 4 条为一组的篦划纹，呈菱形交错，底沿有 1 周附加堆纹。残高 6.9 厘米。T39③A:13

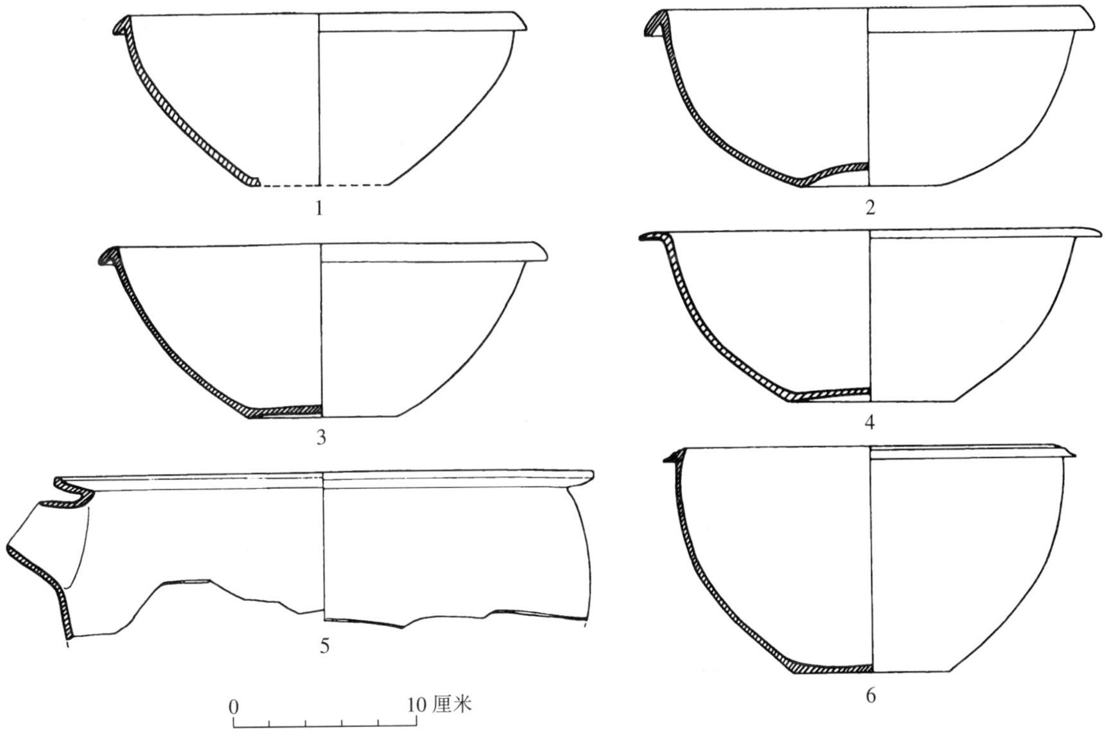

图 4-2-6　陶盆（之二）

1. Ⅰ式翻沿凹底盆（T201②BW123:2）　2. Ⅰ式翻沿凹底盆（T35③AH6:13）　3. Ⅰ式翻沿凹底盆（T64②:7）　4. Ⅱ式翻沿凹底盆（T58②:6）　5. 带管状流盆（T52②H33:228）　6. 翻沿平底盆（T66②:8）

（图 4-2-7，1；图版一五一，1），泥质橙黄陶。内外表有螺旋式拉坯指痕。窄沿，沿面有凹槽 1 周，圆唇，腹壁略鼓，圜底，高圈足下部残。腹部饰成组的竖行篦划纹。口径 7.7、残高 8.3、胎厚 0.3 厘米。

Ⅱ式　有一定数量。有泥质橙黄陶和灰陶。复原 1 件。T80②:6（图 4-2-7，3；图版一五一，2），泥质灰陶。凹沿，圆唇，直壁，圜底，喇叭形高圈足。圈足饰圆形镂孔 6 个。高 6.6、口径 6.3、圈足径 4.2、胎厚 0.3 厘米。

Ⅲ式　数量较少。泥质橙黄陶。T61②:2（图 4-2-7，4），内外表有螺旋式拉坯指痕。凹沿较宽，圆唇，凹弧壁，腹体较瘦长，喇叭形高圈足，圈足下部残。腹部饰凹弦纹 1 周。口径 7.4、残高 9.5、胎厚 0.4 厘米。T31③:26（图 4-2-7，5），全身有细密轮纹。侈口，方唇，圈足较细，下部残缺。口径 5.9、残高 8.7 厘米。T33③:12（图 4-2-7，7），泥质橙黄陶。外表涂红色陶衣。腹壁留有整齐的泥条及轮修痕。口径 6.2、残高 9.1 厘米。

Ⅳ式　数量较少。泥质橙黄陶和灰陶。T77②:2（图 4-2-7，8），泥质橙黄陶。斜壁，下部转折内收成坦底，圈足下部残缺。折腹处有凹弦纹，圈足存长条形镂孔 5 个。口径 6.7、残高 8.9 厘米。T21②B:1（图 4-2-7，6），泥质灰陶。口部残缺，圈足呈直筒形。腹底处有凸棱 1 周。残高 13、圈足径 5.8 厘米。

Ⅴ式　数量较少，泥质黑陶。T66②:19（图 4-2-7，9），口部残，腹底连接处外凸成斜台面，圈足上粗下细。圈足饰圆形镂孔 3 个。残高 10.7、圈足径 4.7 厘米。

②深腹圈足杯　腹壁略鼓，深腹呈筒形。分为 5 式。

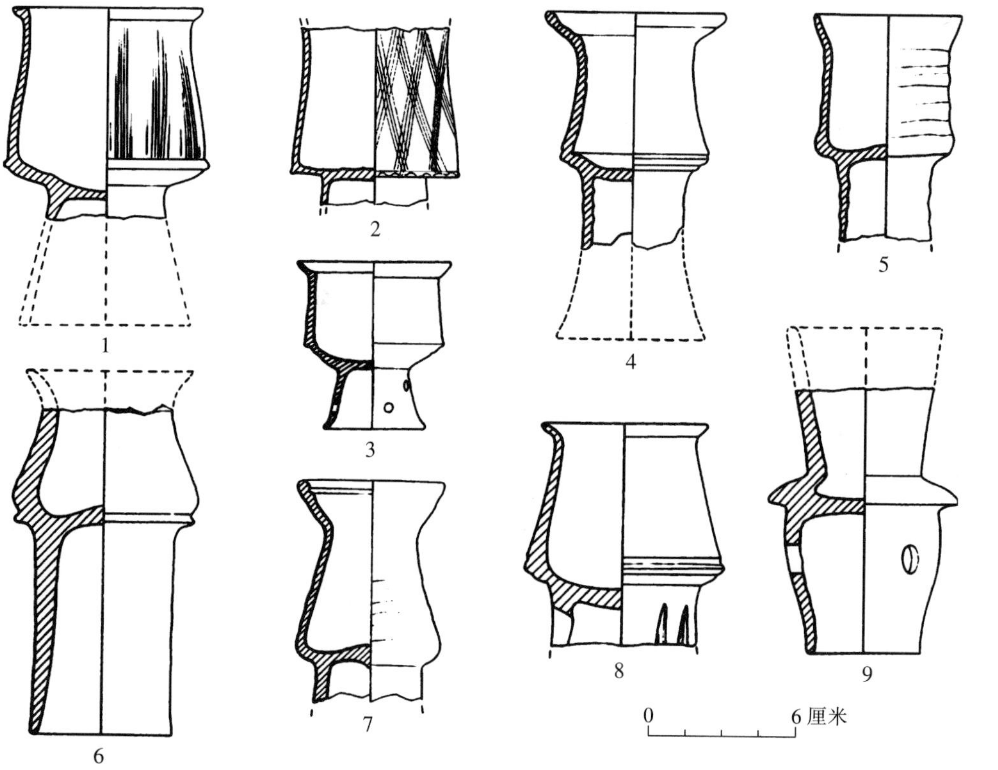

图4-2-7 陶高圈足杯

1. Ⅰ式（T39③A:13） 2. Ⅰ式（T36③A:15） 3. Ⅱ式（T80②:6） 4. Ⅲ式（T61②:2） 5. Ⅲ式（T31③:26） 6. Ⅳ式（T21②B:1） 7. Ⅲ式（T33③:12） 8. Ⅳ式（T77②:2） 9. Ⅴ式（T66②:19）

Ⅰ式 有一定数量。多为夹砂橙黄陶，还有泥质橙黄陶。复原2件。T51②:58（图4-2-8，2；图版一五二，1），夹砂橙黄陶。微敛口，外折窄沿，沿面有凹槽1周，圆唇，圈足略直。腹部饰绳纹和1周绳索状附加堆纹。高14.2、口径9、圈足径7.2、胎厚0.4厘米。T35③AH6:5（图4-2-8，1），泥质橙黄陶。饰断续绳纹，还有凹弦纹、绳索状附加堆纹各1周。高13.2、口径9、圈足径6.3、胎厚0.4厘米。

Ⅱ式 有一定数量。有夹砂橙黄陶、泥质橙黄陶和灰陶。复原1件。T23②B:3（图4-2-8，3；彩版二九，1），夹砂橙黄陶。斜方唇，唇面有凹槽1周，腹部上细下粗，腹壁略斜直，下部转折内收成坦底，喇叭形圈足较高。腹部饰菱形格划纹和1周绳索状附加堆纹。高15、口径8、圈足径7.6、胎厚0.45厘米。

Ⅲ式 数量很少。复原1件。T36③A:8（图4-2-8，4；图版一五二，2），夹砂橙黄陶。方唇，腹体趋瘦长略近枣形，矮圈足较窄小。饰菱形格划纹和1周绳索状附加堆纹。高13.9、口径8、圈足径5、胎厚0.5厘米。

Ⅳ式 数量很少。复原1件。T69②H75:152（图4-2-8，5；图版一五二，3），泥质橙黄陶。直口，斜方唇，唇内侧有凸棱1周，腹壁呈直筒形，下腹内收成圜底，矮圈足外撇。腹部饰竖行篦划纹和1周绳索状附加堆纹。高9.8、口径7.8、圈足径5.3、胎厚0.3厘米。

Ⅴ式 数量极少。复原1件。T38③A:40（图4-2-8，6；图版一五二，4），泥质橙黄陶。薄胎。口沿边缘略残损因而不齐。直口，筒形腹下部稍粗。高10、口径7.2、圈足径5.9、胎厚

图4－2－8　陶深腹圈足杯和陶直壁圈足杯

深腹圈足杯：1. Ⅰ式（T35③AH6：5）　2. Ⅰ式（T51②：58）　3. Ⅱ式（T23②B：3）　4. Ⅲ式（T36③A：8）　5. Ⅳ式（T69②H75：152）　6. Ⅴ式（T38③A：40）　直壁圈足杯：7. T77②：1

0.3厘米。

③直壁圈足杯　数量较少。泥质灰陶。复原1件。T77②：1（图4－2－8，7），内表有螺旋式拉坯指痕。直口，平方唇，直壁，小平底，圈足残。腹部饰交错篦划纹和1周凸弦纹；圈足存镂孔2组，每组由2个圆形孔组成。口径11.8、残高8.9厘米。

④大口杯　分为4式。

Ⅰ式　数量较少。有泥质黑陶和橙黄陶。复原1件。T52②：166（图4－2－9，1；图版一五一，3），泥质黑陶，内、外表均黑色。侈口，圆唇，凹壁，平底。高6.1、口径8.2、底径5.4、胎厚0.3厘米。

Ⅱ式　有一定数量。有泥质橙黄陶和黑陶。复原1件。其中有的胎壁极薄，胎厚仅0.15厘米，称为蛋壳陶。T31③：28（图4－2－9，4；图版一五一，4），泥质黑陶，内外表均黑色。敞口，圆唇，斜壁，平底。高5.6、口径8.4、底径4.6、胎厚0.25厘米。

Ⅲ式　数量较多。泥质橙黄陶。复原5件（内有采集2件）。胎壁都极薄，厚仅0.15厘米，且饰黑色彩纹，但有些彩纹已脱落殆尽，称为蛋壳彩陶。敞口，圆唇，斜壁，凹底。T66②：15（图4－2－9，2；彩版二九，2），在内外表的橙黄色地上以晕染法饰黑彩，有浓淡层次而无明显线条，富有特色；口沿内边饰1周黑彩条带纹，留出整齐的1周橙黄色地。高6.9、口径10.3、底径4.8、胎厚0.15厘米。T66②：61（图4－2－9，3），内外表以晕染法饰彩，口沿内饰条形彩纹1周，均为黑彩。高6、口径8.5、底径3.4、厚0.15厘米。T23②B：32（图4－2－9，6；彩版二九，3），细泥橙黄陶。口沿外、内分别饰黑彩宽、窄条带纹1周，绝大部分已脱落。高4.6、口径

8.6、底径4.5厘米。EZG（关庙山）采∶059（图4－2－9，5），外表腹上部以晕染法饰彩，内表腹上部有窄、宽2条带纹，均为黑彩。高4.2、口径7.3、底径3.4、胎厚0.1厘米。

Ⅳ式　数量很少。复原1件。T35③A∶20（图4－2－9，7），泥质橙黄陶。内外表的下部均偏灰色。敞口，尖唇，腹壁陡斜且直，平底。高6.6、口径7.4、底径5.1、胎厚0.25厘米。

6. **陶瓶**　有束颈平底瓶。

束颈平底瓶　数量甚少。泥质灰陶。复原1件。标本T39③A∶41（图4－2－11，5；图版一五三，1），制坯时肩部切开1周。束颈，圆唇，折肩，斜壁，平底。高16.6、口径7.8、底径5.6、胎厚0.3～0.5厘米。

7. **陶壶**　分为2类，各予起名。

①壶形器　粗高领，圆唇，扁腹，圜底，附较高圈足。分为3式。

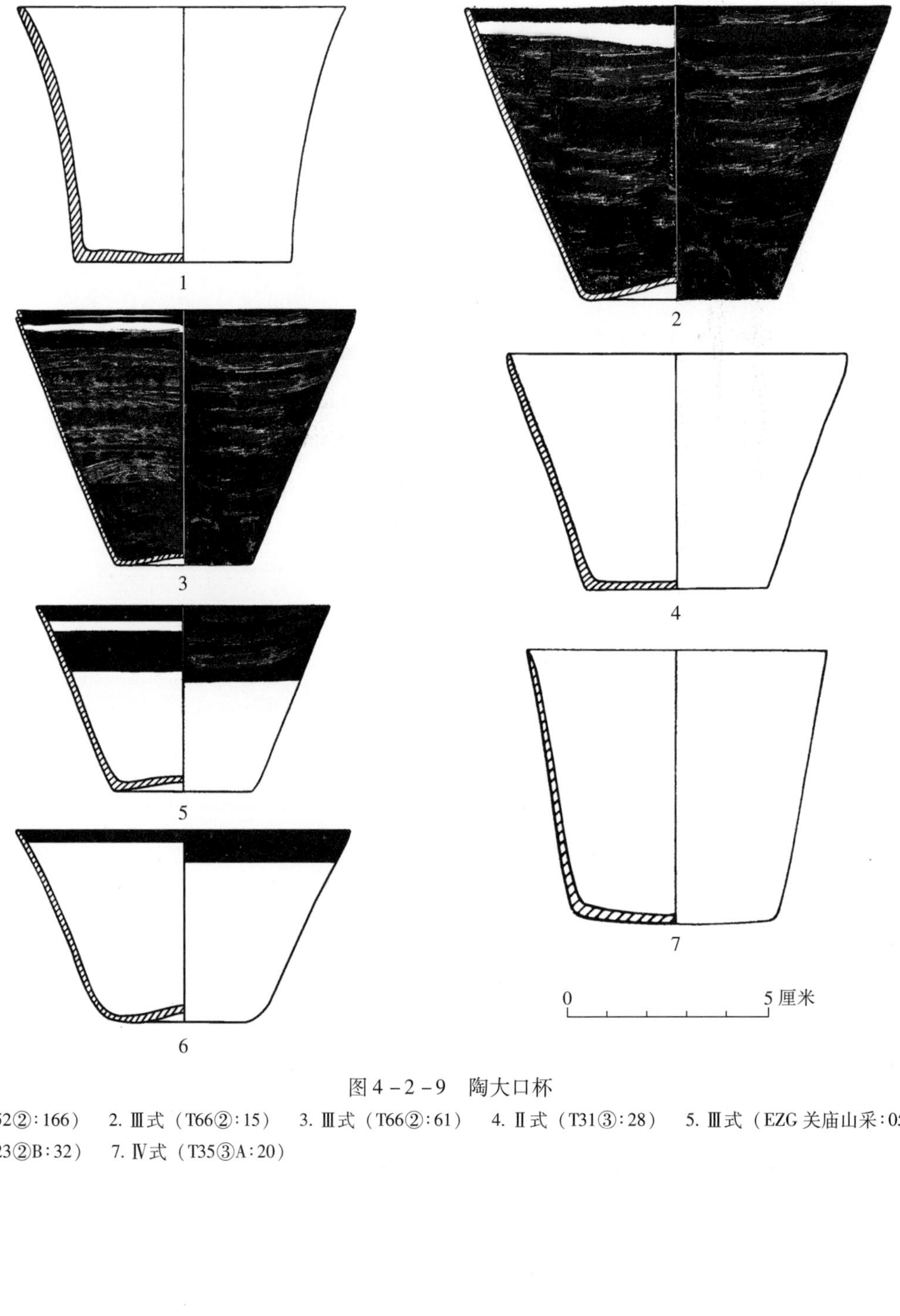

图4－2－9　陶大口杯

1. Ⅰ式（T52②∶166）　2. Ⅲ式（T66②∶15）　3. Ⅲ式（T66②∶61）　4. Ⅱ式（T31③∶28）　5. Ⅲ式（EZG关庙山采∶059）　6. Ⅲ式（T23②B∶32）　7. Ⅳ式（T35③A∶20）

Ⅰ式　数量甚多。大多为泥质橙黄陶，还有很少泥质灰陶。复原2件。粗高领，扁圆腹，喇叭形圈足。T51②:59（图4-2-10，2；图版一五三，2），泥质橙黄陶。高12.5、口径8.4、圈足径7.4、胎厚0.3厘米。T68②AH71:1（图4-2-10，1；彩版三〇，1），泥质橙黄陶。外底有螺旋式拉坯指痕。圈足下端残。领部和腹部饰红彩网格纹，下腹1周条纹，均为红彩。口径9.2、腹径10.7、残高12、胎厚0.3厘米。T70②:12（图4-2-10，3；彩版三〇，2），泥质橙黄陶。领上部残。饰彩部位先涂红陶衣，领部和腹部饰网格纹，肩部饰波折纹，领肩之间、肩部、腹中部和圈足下部各饰条纹1周，均为黑彩。腹径14.5、残高11.2、圈足径7.4、胎厚0.3厘米。

Ⅱ式　数量较少。泥质橙黄陶。T53②:15（图4-2-10，4；彩版三〇，3），泥质橙黄陶。口部残缺，扁腹，喇叭形圈足较高。饰网格纹和3周条纹，均红彩。残高9.5、腹径10.5、圈足径8.4、胎厚0.3厘米。T53②:49（图4-2-10，6；彩版三〇，4），扁圆腹较深，圈足较细高，口沿和圈足下部残。领部和腹部饰网格纹，肩部饰平行条纹，均为红彩。残高11.4、腹径16.8厘米。

Ⅲ式　有一定数量。多为泥质橙黄陶，还有很少泥质灰陶。T51②:146（图4-2-10，9），泥质橙黄陶。扁折腹，喇叭形圈足，领上部残。外表涂红陶衣。残高8.8、腹径11.2、圈足径7.4厘米。T53②:39（图4-2-10，7），泥质橙黄陶。口部残缺，扁鼓腹，高圈足外撇。残高10、腹径11、圈足径8、胎厚0.4厘米。T53②:68（图4-2-10，8），泥质灰陶。口部残缺，粗高领，圈足下部残。圈足上有长条形镂孔3个。残高11、腹径10.4、胎厚0.4厘米。

残壶形器口部　T68②A:142（图4-2-10，5），泥质橙黄陶。仅存肩领部。器壁存斜线纹、叶形纹和网格纹，均为黑彩。

②平底壶　数量很少。复原1件。T33③:8（图4-2-10，10），泥质灰陶。口部残，小口，高领，折肩，鼓腹，小底微凹。残高12、腹径11.5、底径5.8厘米。

8. **陶盂**　分为2类，各予起名。

①盂形器　数量较少。有泥质黑陶、灰陶和夹砂橙黄陶。折沿，圆唇，弧肩或斜肩，扁折腹，腹中部有凸棱1周，坦底，圈足下部残。T23②B:1（图4-2-11，1；图版一五三，3），泥质灰陶。内表有螺旋式拉坯指痕。口径8、残高5.2、胎厚0.4厘米。T23②B:29（图4-2-11，4），夹砂橙黄陶。器身留泥条盘筑痕。外折窄凹沿，圆唇，扁折腹，折棱凸出，上腹壁略凹弧。口径5.8、残高6、胎厚0.4~0.8厘米。T34③A:9（图4-2-11，3），泥质黑陶。口径7.6、残高5、胎厚0.3厘米。

②小盂　数量甚少。泥质黑陶。T51②:24（图4-2-11，2；图版一五三，4），器形较小。凹沿，圆唇，扁圆腹，圜底，直圈足下部残。口径6.4、残高4厘米。

9. **陶罐**　分为14类，各予起名。

①小口高领罐　小口，高领，卷唇，圆肩，肩部以下残。分为3式。

Ⅰ式　数量较多。多为泥质灰陶，还有泥质黑陶。T35③A:53（图4-2-12，1），泥质灰陶。领略鼓，外卷圆唇甚窄。口径10.8厘米。

Ⅱ式　数量较少。泥质灰陶。T36③A:39（图4-2-12，2），领略鼓，外卷厚圆唇。口径11.8厘米。

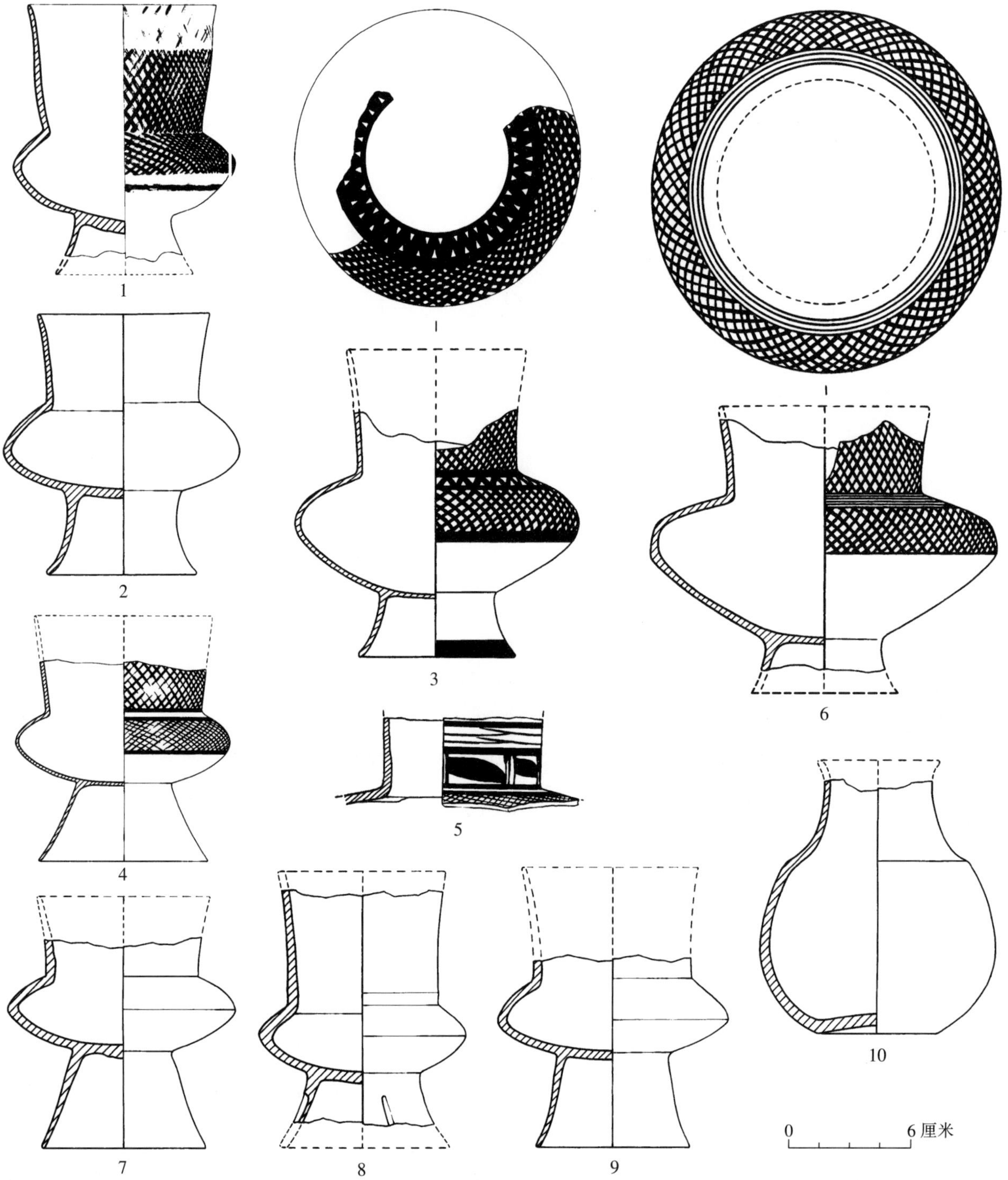

图4－2－10　陶壶形器和陶平底壶

壶形器：1. Ⅰ式（T68②AH71：1）　2. Ⅰ式（T51②：59）　3. Ⅰ式（T70②：12）　4. Ⅱ式（T53②：15）　5. 残片（T68②A：142）　6. Ⅱ式（T53②：49）　7. Ⅲ式（T53②：39）　8. Ⅲ式（T53②：68）　9. Ⅲ式（T51②：146）　平底壶：10. T33③：8

Ⅲ式　数量较多。大多为泥质灰陶，还有泥质橙黄陶。直领略敞，外卷扁唇。T51②：511（图4－2－12，3），泥质灰陶。肩部存凸弦纹3周。口径13.1厘米。T64②：159（图4－2－12，4），泥质橙黄陶。领部存棕彩平行条纹5周。口径11.8厘米。

②折沿小口高领罐　小口，高领，折沿，圆唇，圆肩，肩部以下残。分为2式。

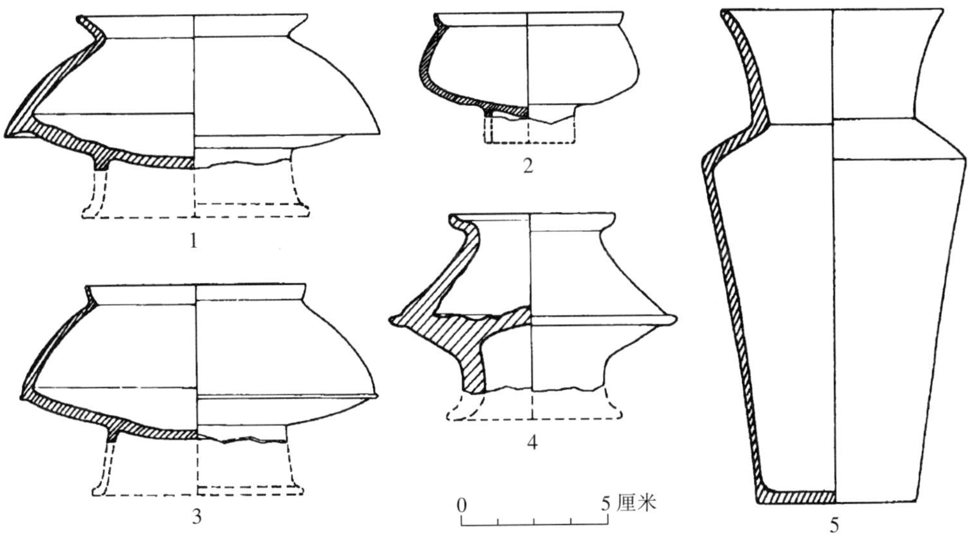

图 4－2－11　陶瓶、小陶盂和陶盂形器

1. 盂形器（T23②B:1）　2. 小盂（T51②:24）　3. 盂形器（T34③A:9）　4. 盂形器（T23②B:29）　5. 束颈平底瓶（T39③A:41）

Ⅰ式　数量较多。大多为泥质灰陶，还有泥质黑陶。T74②:174（图 4－2－12，6），泥质灰陶。口沿外折较陡，领略鼓。肩部存凸弦纹 2 组，每组 3 周。口径 14 厘米。

Ⅱ式　数量较少。多为泥质灰陶，还有泥质黑陶。T51②:512（图 4－2－12，7），泥质灰陶。口沿外折较平，领略鼓。肩部存凸弦纹 2 周。口径 18.7 厘米。

Ⅲ式　数量甚少。泥质灰陶。T201②BW119:2（图 4－2－12，8；图版一五二，5），泥质灰陶。口沿外折近平，沿下有凸棱 1 周，鼓腹，下腹部及器底缺失。器壁存凸弦纹 5 组，每组 4 周。口径 18.1、腹径 44.4、胎厚 0.45 厘米。经观察，器身下部是被当时人故意敲掉的，用上部作为瓮棺盖，此罐原系实用器。

③小口直领罐　数量甚少。泥质灰陶。复原 1 件。T64②:126（图 4－2－12，9；图版一五三，6），直领，内卷圆唇，唇面有凹槽 1 周，溜肩，鼓腹，平底残。肩部饰凸弦纹 4 周。高 21.4、口径 9.8、底径 7.4、胎厚 0.4 厘米。

④直领折肩罐　T211 附近 W125:3（图 4－2－12，10），泥质灰陶。领和底残缺。肩部饰凹弦纹 3 周。残高 11 厘米。

⑤矮直领扁腹罐　T39③A:16（图 4－2－12，5），泥质灰陶。底残缺，可能是平底。口径 8、腹径 13.8、残高 9.1、胎厚 0.4 厘米。

⑥凹沿圜底罐　以夹炭陶较多，夹蚌褐陶较少。沿面显著凹弧，圆唇，圜底。主要依据腹部特点分为 2 式。

Ⅰ式　数量较少。复原 1 件。圆鼓腹，最大腹径在中部。T38③AH11:46（图 4－2－13，2），夹炭褐陶。沿面下端有凸棱 1 周，肩部以下残。口径 22.6 厘米。T41③A:11（图 4－2－13，1），夹炭褐陶。圜底残缺。口径 15.8、腹径 19.7、复原高约 16、胎厚 0.4 厘米。

Ⅱ式　数量甚少。复原 1 件。垂腹，最大腹径在下部，呈袋状。T211 附近 W125:1（图 4－2－13，3），夹蚌红褐陶，器表有不规则形凹坑，是蚌壳末遗留的痕迹。凹沿面较宽厚，沿面下端上翘起棱，棱下有凹槽 1 周。高 22.4、口径 31.4、腹径 28.6、胎厚 0.5 厘米。

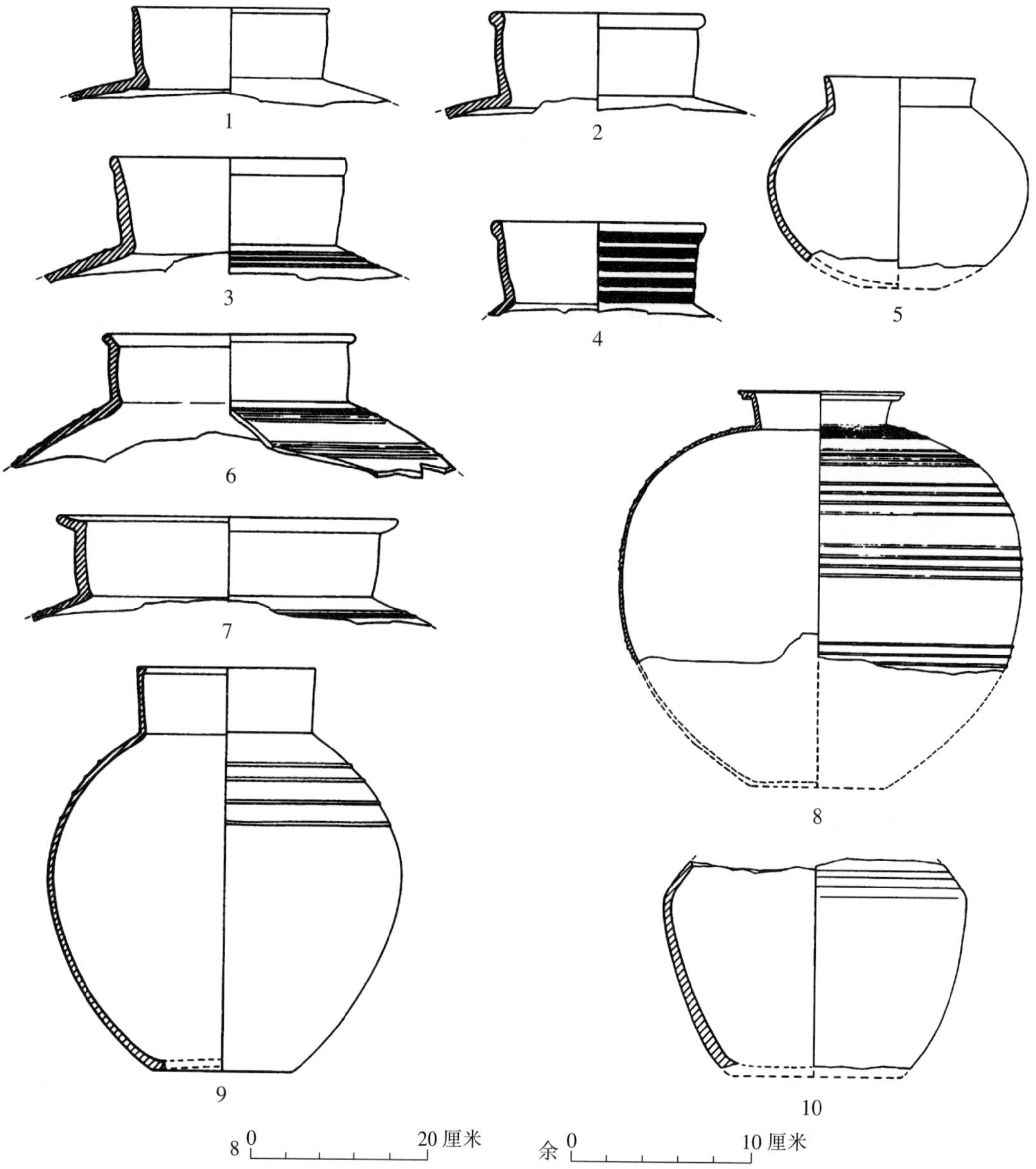

图 4－2－12 陶罐（之一）

1. Ⅰ式小口高领罐（T35③A∶53） 2. Ⅱ式小口高领罐（T36③A∶39） 3. Ⅲ式小口高领罐（T51②∶511） 4. Ⅲ式小口高领罐（T64②∶159） 5. 矮直领扁腹罐（T39③A∶16） 6. Ⅰ式折沿小口高领罐（T74②∶174） 7. Ⅱ式折沿小口高领罐（T51②∶512） 8. Ⅲ式折沿小口高领罐（T201②BW119∶2） 9. 小口直领罐（T64②∶126） 10. 直领折肩罐（T211 附近 W125∶3）

⑦斜折沿罐 斜折沿，溜肩。均为残片。分为 4 式。

Ⅰ式 数量较多。多为泥质灰陶，还有泥质黑陶和橙黄陶。圆唇。T51②∶43（图 4－2－13，4），泥质橙黄陶。鼓腹，腹部以下残。外表涂红陶衣，腹部饰平行条纹 2 组，在 2 组条纹之间饰菱形格纹，均为黑彩。口径 16 厘米。T52②H33∶229（图 4－2－13，5），泥质灰陶。肩部以下残。器壁存横向篦划纹。口径 19.7 厘米。

Ⅱ式 数量较多。大多为泥质灰陶，还有泥质黑陶。T41③A∶45（图 4－2－13，6），泥质灰陶。斜方唇。肩部存凸弦纹 3 周。口径 31.8 厘米。

Ⅲ式 有一定数量。多为泥质灰陶，还有泥质黑陶。T51②∶513（图 4－2－13，7），泥质灰

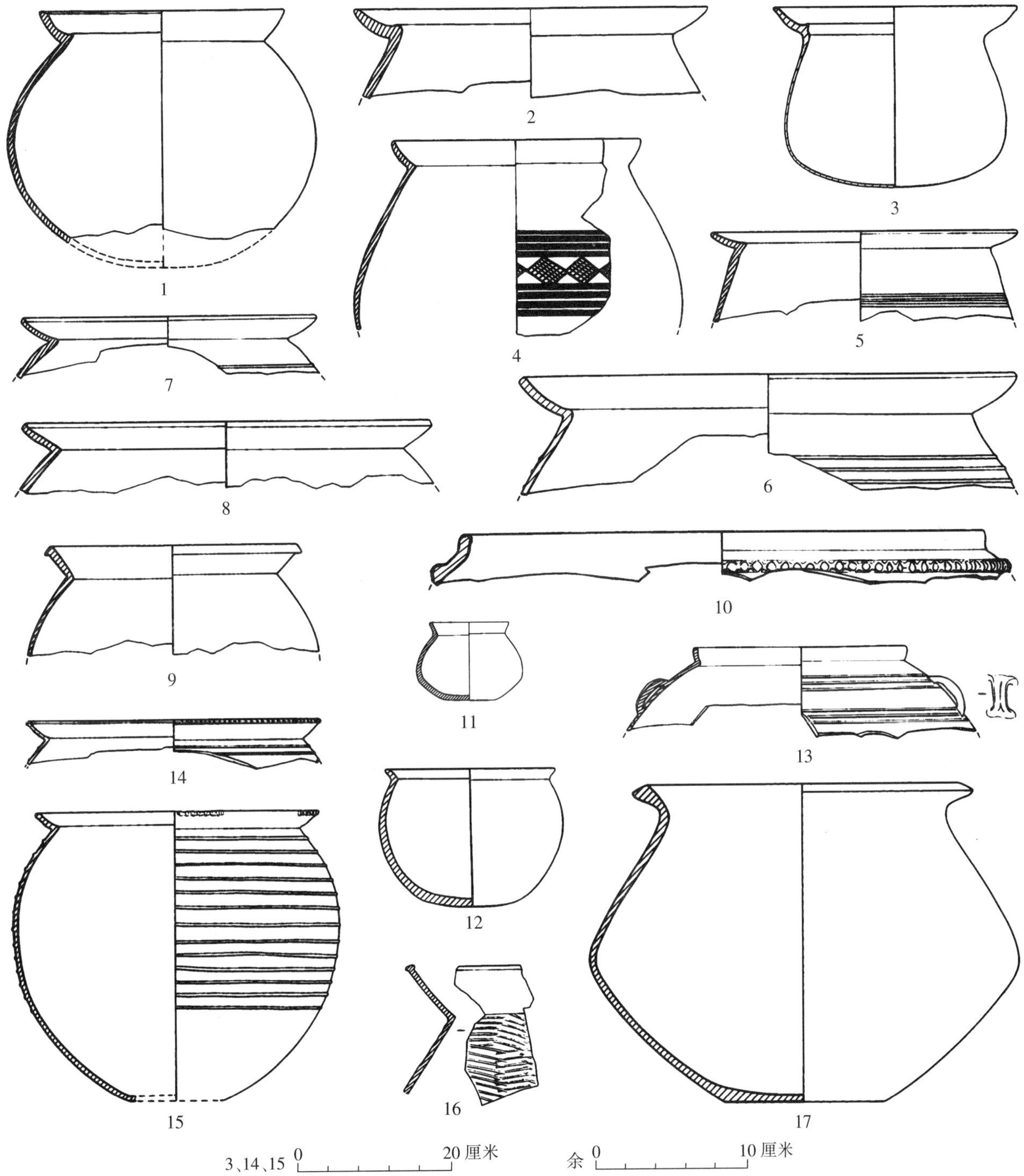

图 4－2－13　陶罐（之二）

1. Ⅰ式凹沿圜底罐（T41③A：11）　2. Ⅰ式凹沿圜底罐（T38③AH11：46）　3. Ⅱ式凹沿圜底罐（T211 附近 W125：1）　4. Ⅰ式斜折沿罐（T51②：43）　5. Ⅰ式斜折沿罐（T52②H33：229）　6. Ⅱ式斜折沿罐（T41③A：45）　7. Ⅲ式斜折沿罐（T51②：513）　8. Ⅲ式斜折沿罐（T64②：165）　9. Ⅳ式斜折沿罐（T64②：166）　10. 矮领罐（T51②：515）　11. Ⅰ式斜沿小罐（T4②B：47）　12. Ⅱ式斜沿小罐（T51②：29）　13. 双耳罐（T36③A：40）　14. 花边口沿罐（T51②：514）　15. 花边口沿罐（T69②H75：157）　16. T 形口沿罐（T201②BW114：1）　17. 翻沿扁鼓腹罐（T35③AH6：2）

陶。翘圆唇。肩部存凸弦纹 1 周。口径 18.8 厘米。T64②：165（图 4－2－13，8），泥质灰陶。翘圆唇。口径 26 厘米。

Ⅳ式　数量甚少。T64②：166（图 4－2－13，9），泥质灰陶。外折沿，三角唇。口径 16.4

厘米。

⑧T形口沿罐　数量甚少。T201②BW114:1（图4－2－13，16），夹蚌红褐陶，胎内含有白色片状蚌壳末。仅存口沿残片。器壁有横篮纹。

⑨花边口沿罐　数量较多。泥质灰陶。复原1件。折沿，翘圆唇，唇外侧压印出花边，溜肩，鼓腹，小平底。T69②H75:157（图4－2－13，15；图版一五四，1），唇外侧压印绳索状花边6段，器壁饰凸弦纹13周。高36.4、口径36、底径12.4、胎厚0.6厘米。T51②:514（图4－2－13，14），肩部以下残。唇外侧压印绳索状花边1周，器壁存凸弦纹2周。口径37.6厘米。

⑩矮领罐　数量很少。泥质橙黄陶。T51②:515（图4－2－13，10），矮领，圆唇，圆肩，肩部以下残。器壁存绳索状附加堆纹1周。口径33.8厘米。

⑪双耳罐　数量很少。泥质灰陶。T36③A:40（图4－2－13，13），凹沿较窄，平方唇，圆肩，鼓腹，肩部有双耳，耳两侧内卷。器壁存凸弦纹2组，每组3周。口径13.8厘米。

⑫翻沿扁鼓腹罐　数量甚少。复原1件。标本T35③AH6:2（图4－2－13，17；图版一五四，2），泥质灰陶。翻沿，斜方唇，扁鼓腹，小平底。高20、口径22、腹径27.8、底径10.5、胎厚0.5厘米。

⑬斜沿小罐　分为2式。

Ⅰ式　复原1件。T4②B:47（图4－2－13，11），泥质黑陶。斜折沿稍宽，扁鼓腹，平底。高4.7、口径5、腹径6.8、底径3.5、胎厚0.3厘米。

Ⅱ式　复原1件。T51②:29（图4－2－13，12），泥质灰陶。斜折沿较窄，斜弧腹，平底微外凸以致腹底之间无明显界线。高8.5、口径10.6、底径约4.2、胎厚0.3厘米。

⑭深腹矮圈足小罐　大口，窄沿，沿面有凹槽1周，圆唇，深腹，圜底，矮圈足多外撇。分为3式。

Ⅰ式　有一定数量。多为泥质黑陶，还有泥质橙黄陶。复原4件。敛口，深腹略鼓。T52②H34:4（图4－2－14，4），泥质黑陶。高9.8、口径11.4、圈足径6.5、胎厚0.25厘米。T53②:85（图4－2－14，3），泥质黑陶。高10、口径11.5、圈足径6.6、胎厚0.2厘米。T68②BH84:4（图4－2－14，1），泥质黑陶。高10.2、口径11.2、圈足径6.2、胎厚0.2厘米。T35③AH6:8（图4－2－14，2；图版一五四，3），泥质橙黄陶。沿面有凹槽1周。外表饰黑彩。高9.2、口径11.2、圈足径6.8、胎厚0.2厘米。

Ⅱ式　数量较少。泥质黑陶。复原2件。直口，深腹呈筒形。T66②:7（图4－2－14，5），口沿残缺，矮圈足较直微斜。复原高约12.4、圈足径7.5厘米。T38③AH11:8（图4－2－14，7；图版一五四，4），上腹有凹弦纹2周。高8.4、口径8.3、圈足径6.6、胎厚0.3厘米。T38③AH11:17（图4－2－14，6），高8.9、口径8.5、圈足径6.4、胎厚0.3厘米。

Ⅲ式　数量很少。复原2件。T39③A:13（图4－2－14，8），泥质红陶。外折窄沿，沿面有凹槽1周，筒形深腹，竖直矮圈足。高8.8、口径7.8、圈足径4.6、胎厚0.3～0.4厘米。

10. 陶釜

数量较多。5件有全形完整图。均专门作为婴幼儿瓮棺葬具。以夹炭褐陶较多，还有较少的夹蚌褐陶，陶质都相当疏松。部分陶釜在发掘现场绘成全形完整图，提取时多酥碎不易再粘连，

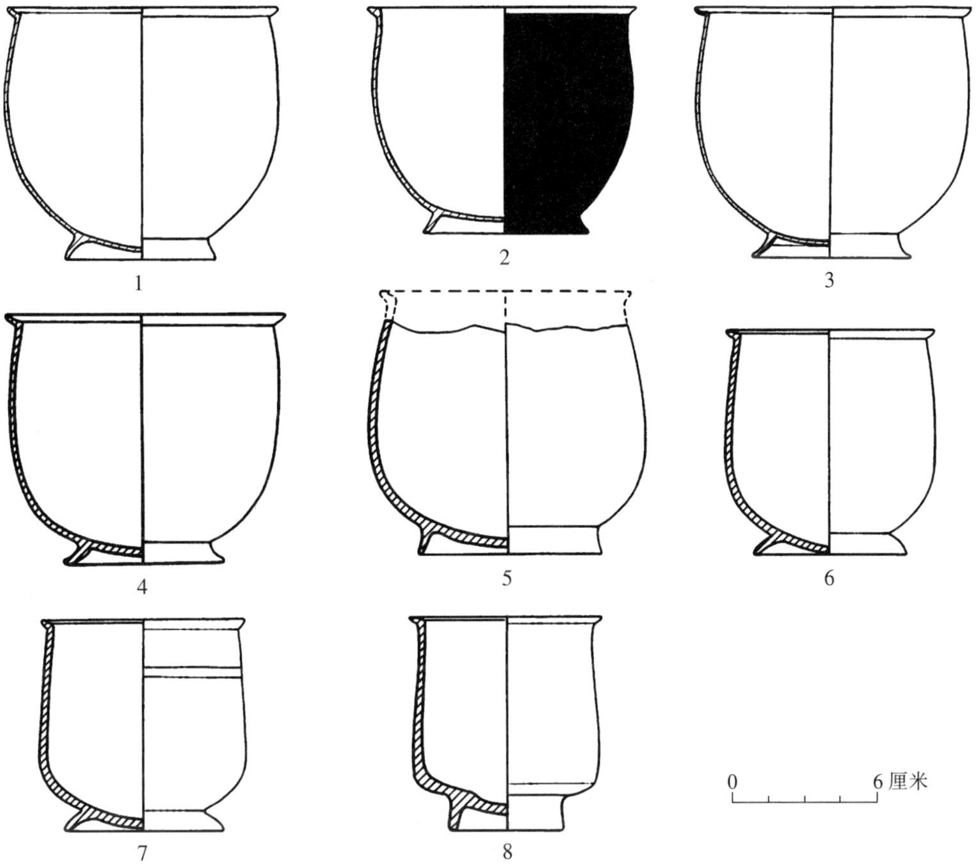

图4-2-14　陶深腹矮圈足小罐

1. Ⅰ式（T68②BH84∶4）　2. Ⅰ式（T35③AH6∶8）　3. Ⅰ式（T53②∶85）　4. Ⅰ式（T52②H34∶4）　5. Ⅱ式（T66②∶7）　6. Ⅱ式（T38③AH11∶17）　7. Ⅱ式（T38③AH11∶8）　8. Ⅲ式（T39③A∶13）

仅1件得以复原加固成形。斜折沿，沿面凹弧，圆唇，扁鼓腹，最大腹径在中部，圜底。T8②BW71∶1（图4-2-15，1），夹炭红褐陶。高25、口径22.8、腹径30.8、胎厚0.6厘米。T8②BW75∶1（图4-2-15，3），夹炭灰褐陶。高31.5、口径30、腹径37.6、胎厚0.7厘米。T8②BW78∶1（图4-2-15，4），夹炭灰褐陶。高31、口径27.2、腹径39.6、胎厚0.6厘米。T8②BW88∶1（图4-2-15，5），夹炭夹蚌红褐陶，含有炭化稻壳和蚌壳末两种羼和料。复原加固成形。高26、口径28、腹径35、胎厚0.7厘米。T8②BW94∶1（图4-2-15，2），夹蚌红褐陶。高28.5、口径31、腹径42、胎厚0.6厘米。

11. **陶鼎**　分为3类，各予起名。鼎足分为6类。

①斜腹鼎　有一定数量。泥质黑陶。复原1件。T73②H61∶5（图4-2-16，4；图版一五五，1），器表有细密的平行线状轮修痕。敞口，圆唇，腹壁斜弧，圜底。制作鼎足是把高圈足切掉等长的三部分，留下的成为三个瓦状倒梯形鼎足，在器底和鼎足两侧有切割时留下的痕迹，鼎足下端外折，足跟有凹槽。腹部饰凸弦纹1周。高11.8、口径16.6、胎厚0.25厘米。T73②H61∶2（图4-2-16，6），三足缺失。口径12.8、残高7.6厘米。

②盆形鼎　夹砂灰陶。复原1件。外折凹弧沿，唇面凹槽1周，弧壁，平底。三足为上宽下窄的梯形，正面两侧边或加中间饰波形附加堆纹。腹下部饰凸弦纹3周。T8②BW71∶2（图4-2-16，2；图版一五五，2）。高26.8、口径39.6、底径17.2、胎厚0.5～0.6厘米。T8②BW94∶2

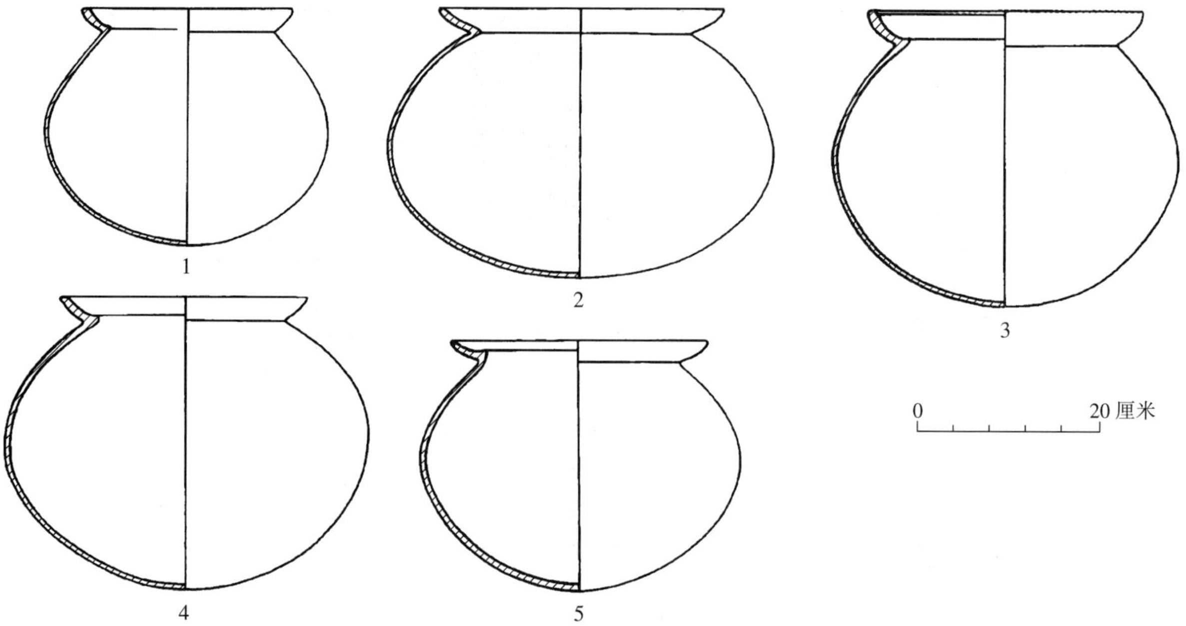

图 4－2－15　陶釜

1. T8②BW71∶1　2. T8②BW94∶1　3. T8②BW75∶1　4. T8②BW78∶1　5. T8②BW88∶1

（图 4－2－16，1），鼎腹上部和足下部残缺，仅存口沿和下部腹底片不能相连。口径 54、底径 30 厘米。

③罐形鼎　数量较少。多为夹砂灰陶，还有泥质灰陶。T70②H64∶2（图 4－2－16，7），夹砂灰陶。口沿残，深腹，圆弧壁，圜底，卷边鼎足，足面未抹平。腹部饰凸弦纹 1 周，足上部饰圆形窝纹 2 个。腹径 13.8 厘米。

④梯形鼎足　数量甚少。夹砂红褐陶。T53②∶313（图 4－2－16，12），鼎足背面和器底之间附加 3 道泥条，使其接合牢固。足正面饰划纹和 3 道绳索状附加堆纹。残长 15 厘米。

⑤矮梯形鼎足　数量甚少。泥质黑陶。T53②∶306（图 4－2－16，10），梯形足宽扁、较矮，足跟有凹槽和凸棱。

⑥矮卷边鼎足　数量甚少。夹砂灰陶。制法和形制与罐形鼎 T70②H64∶2 的足相似。T51②∶510（图 4－2－16，11），卷边足较矮。器壁存凸弦纹 1 周。

⑦凿形鼎足　数量较少。泥质黑陶。T52②∶227（图 4－2－16，9），足面中间刮成内凹。残长 7.4 厘米。

⑧窄条形鼎足　数量甚少。泥质橙黄陶。T66②∶66（图 4－2－16，5），仅存中部。足面饰红彩网格纹。残长 6.5 厘米。

⑨宽条形鼎足　数量较少。夹炭橙黄陶。T62②H77∶2（图 4－2－16，8），足下端外折。T72②∶99（图 4－2－16，3），足上部饰圆形窝纹 2 个。残长 11.6 厘米。

12. **陶甑**　分为 2 类，各予起名。

①小圆形箅孔甑　数量较少。有泥质黑陶和灰陶。复原 1 件。T66②∶4（图 4－2－17，1；图版一五五，3），泥质黑陶。敞口，折沿，圆唇，弧壁，深腹，圜底，圈足较矮，下端外卷，底部有小圆形箅孔 58 个，以中央 1 个箅孔较大。腹部饰凸弦纹 2 周。高 12.8、口径 18.5、圈足径 8.8、

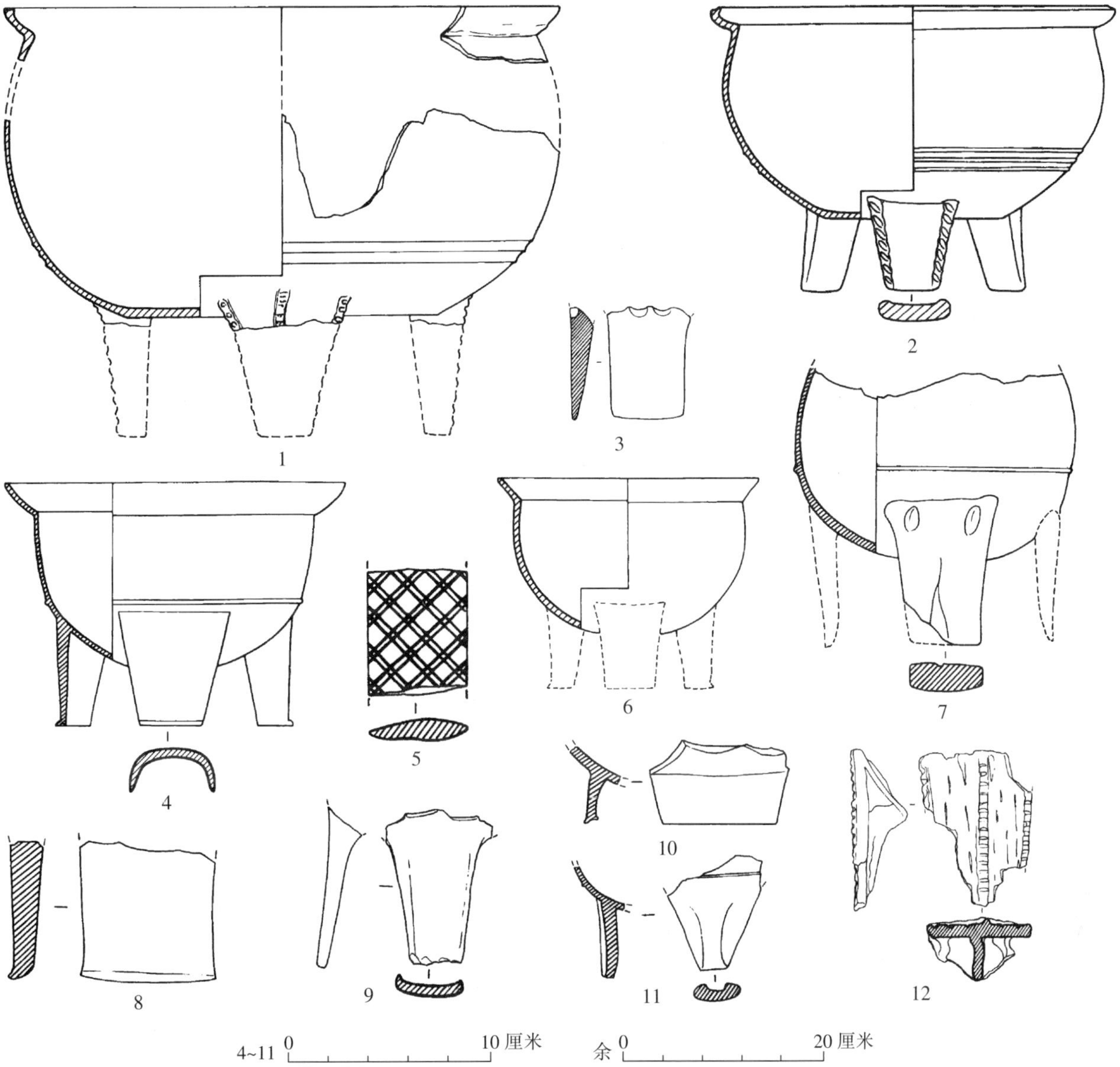

图 4－2－16　陶鼎和陶鼎足

1. 盆形鼎（T8②BW94∶2）　2. 盆形鼎（T8②BW71∶2）　3. 宽条形鼎足（T72②∶99）　4. 斜腹鼎（T73②H61∶5）　5. 窄条形鼎足（T66②∶66）　6. 斜腹鼎（T73②H61∶2）　7. 罐形鼎（T70②H64∶2）　8. 宽条形鼎足（T62②H77∶2）　9. 凿形鼎足（T52②∶227）　10. 矮梯形鼎足（T53②∶306）　11. 矮卷边鼎足（T51②∶510）　12. 梯形鼎足（T53②∶313）

胎厚 0.4 厘米。T64②∶135（图 4－2－17，8），泥质灰陶。残存甑底，矮圈足下端有凸棱 1 周，器底有小圆形箅孔 35 个。圈足径 10.7 厘米。

②柳叶形箅孔甑　折沿，弧壁，底部四周有柳叶形箅孔 3 或 4 个，中央有圆形箅孔 1 个。据器身特点分为 3 式。

Ⅰ式　数量较少。泥质灰陶。复原 1 件。T51②∶509（图 4－2－17，5），外折凹沿，圆唇，平底，矮圈足，腹下部残。腹部饰凸弦纹 2 周。口径 24.4、复原高 16.4、圈足径 12 厘米。T77②∶7（图 4－2－17，6；图版一五五，4），折沿，圆唇，唇内侧起棱，矮圈足略直。高 20.4、口径 27.6、圈足径 13.7、胎厚 0.4～0.6 厘米。

Ⅱ式　数量较多。多为泥质黑陶，还有泥质灰陶。复原 1 件。T72②H66∶14（图 4－2－17，

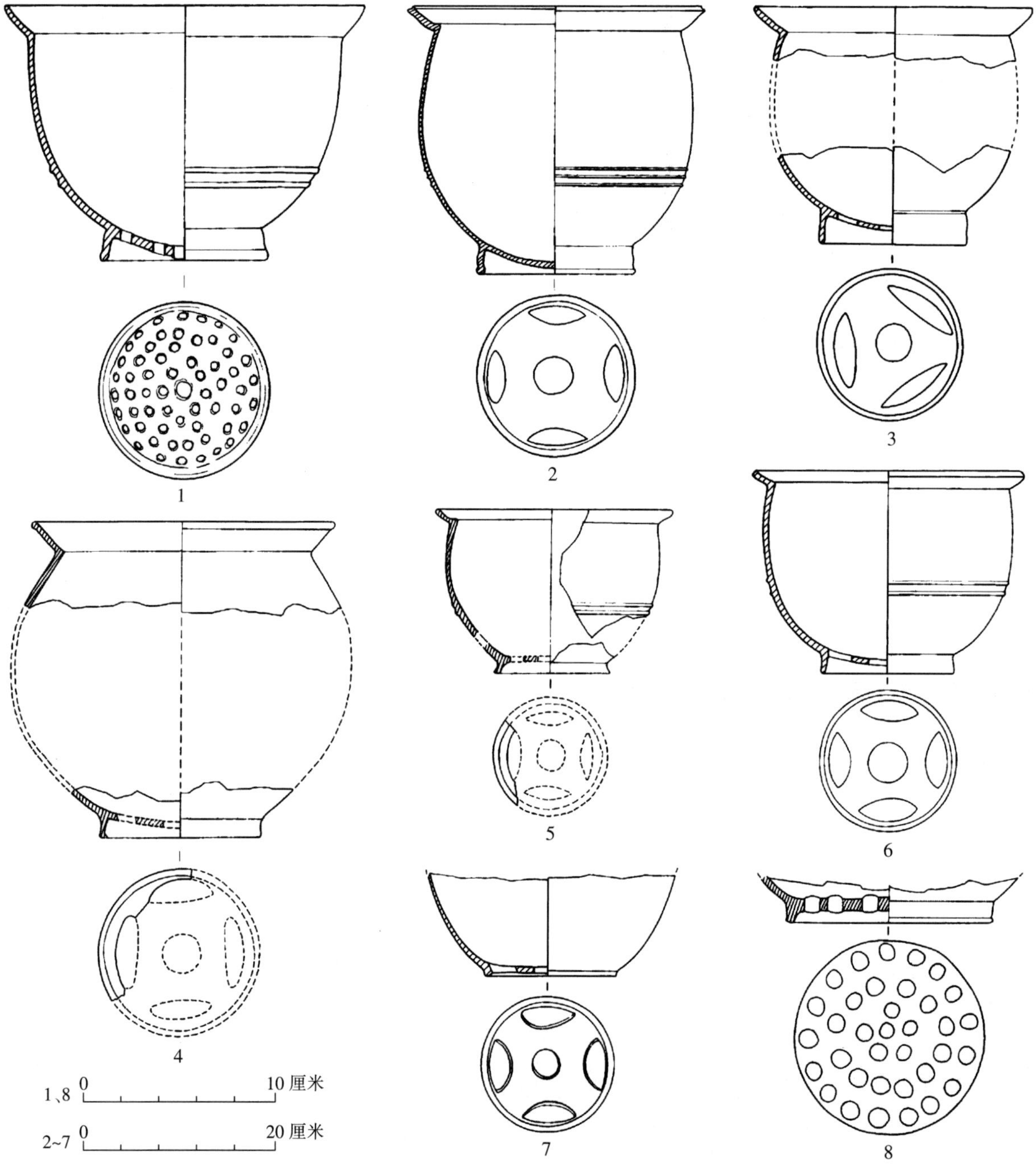

图 4－2－17　陶甑

1. 小圆形箅孔甑（T66②:4）　2. Ⅱ式柳叶形箅孔甑（T72②H66:14）　3. Ⅱ式柳叶形箅孔甑（T80②:23）　4. Ⅲ式柳叶形箅孔甑（T69②:9）　5. Ⅰ式柳叶形箅孔甑（T51②:509）　6. Ⅰ式柳叶形箅孔甑（T77②:7）　7. 甑底（T41③A:19）　8. 小圆形箅孔甑底（T64②:135）

2；图版一五五，5），泥质黑陶。翘圆唇，唇外侧有凹槽 1 周呈小子母口，沿下端有凸棱 1 周，深腹，圜底，圈足较矮，下端外卷。腹部饰凸弦纹 3 周。高 27、口径 30.7、圈足径 16.4、胎厚 0.4 厘米。T80②:23（图 4－2－17，3），泥质灰陶。腹体中部残缺，底部中央 1 个圆孔，周围 3 个柳形叶孔。口径 28.8、圈足径 15 厘米。

Ⅲ式　有一定数量。有泥质灰陶和黑陶。T69②:9（图 4－2－17，4），泥质灰陶。外卷圆唇，矮圈足，腹部残。口径31.2、圈足径17厘米。

甑底　T41③A∶19（图4－2－17，7），泥质黑陶。圈足很低矮，底部为1个圆孔和4个柳叶形孔。圈足径13.4厘米。

13. **陶缸**　分为2类，各予起名。

①厚胎圜底缸　夹砂橙黄陶。斜方唇，腹上部相对较薄，下部变厚内收成圜底。分为3式。

Ⅰ式　数量较多。复原1件。T79②∶10（图4－2－18，2），直口，唇面有凹槽1周，直壁，圜底残。腹部压印浅浮雕式菱格纹。口径39.2、残高35.2、胎厚1～2厘米。

Ⅱ式　数量较多。复原2件。敞口，唇面有凹槽2周，斜壁。T61②H63∶1（图4－2－18，1；图版一五六，1），腹部压印较密的浅浮雕式菱格纹。高39.2、口径48.5、胎厚1.4～2.8厘米。T80②∶17（图4－2－18，3；图版一五六，2），腹部压印浅浮雕式菱格纹。高38.2、口径50、胎厚1.5～3.2厘米。

Ⅲ式　数量较少。T51②∶381（图4－2－18，4；图版一五六，3），敞口，唇面有凹槽1周，斜壁，圜底残。器壁有拍印菱形纹、凹弦纹2周和绳索状附加堆纹1周。口径44.4、残高32、胎厚1.7～2.6厘米。

②折沿尖底缸　数量较少。夹砂灰陶。敞口，折沿，平方唇，腹壁斜弧，尖底。T51②H15∶37（图4－2－18，6），内表有泥条盘筑痕迹。折沿残。器壁饰斜篮纹。残高27.2、胎厚0.8厘米。T38③AH11∶5（图4－2－18，5；图版一五六，4），尖底残。器壁饰斜篮纹。口径48.5、残高30.4、胎厚0.8厘米。

14. **陶器座**　分为3类，各予起名。

①凹腰形器座　数量甚少。泥质橙黄陶。复原1件。T69②∶26（图4－2－19，1），上下口外敞，圆唇，凹壁。高21、口径22.4、底径24、胎厚1厘米。

②折沿凹腰形器座　数量甚少。泥质灰陶。复原1件。T51②∶380（图4－2－19，2；图版一五七，1），上下口外敞，窄沿，沿面均有凹槽1周，尖唇，凹壁。器壁饰镂孔2组，每组由4个圆形孔组成，2组镂孔之间饰点状戳印纹，呈锯齿形（上3齿、下2齿）图案，又在下边存小圆镂孔1个。高6.8、口径8.8、底径8.8、胎厚0.6厘米。

③线轴形器座　数量甚少。泥质黑陶。复原1件。T76②∶33（图4－2－19，3），上口外敞，下口外卷厚圆唇，凹壁，器形呈线轴形。高2.9、口径6.8、底径6.5、胎厚0.4厘米。

15. **陶器盖**　分为9类，各予起名。

①喇叭形纽器盖　分为2式。

Ⅰ式　有一定数量。有泥质黑陶、橙黄陶和灰陶。复原3件。T53②∶86（图4－2－20，2），泥质橙黄陶。高5、口径11.8、纽径5.5、胎厚0.2～0.4厘米。T69②H75∶150（图4－2－20，1；图版一五七，2），泥质灰陶。折沿上翘，圆唇，弧壁，圜顶，喇叭形纽较高。高8、口径15.7、纽径7、胎厚0.3～0.4厘米。T35③AH6∶9（图4－2－20，3；图版一五七，3），泥质黑陶。喇叭形纽口残缺，现存2个圆孔，原当有3个。口径17.1、残高7.5、胎厚0.3厘米。

Ⅱ式　数量很少。T69②∶7（图4－2－20，4），泥质黑陶。纽口残缺，盖口圆唇微内敛无上翘折沿。口径6.9、残高3、胎厚0.4厘米。

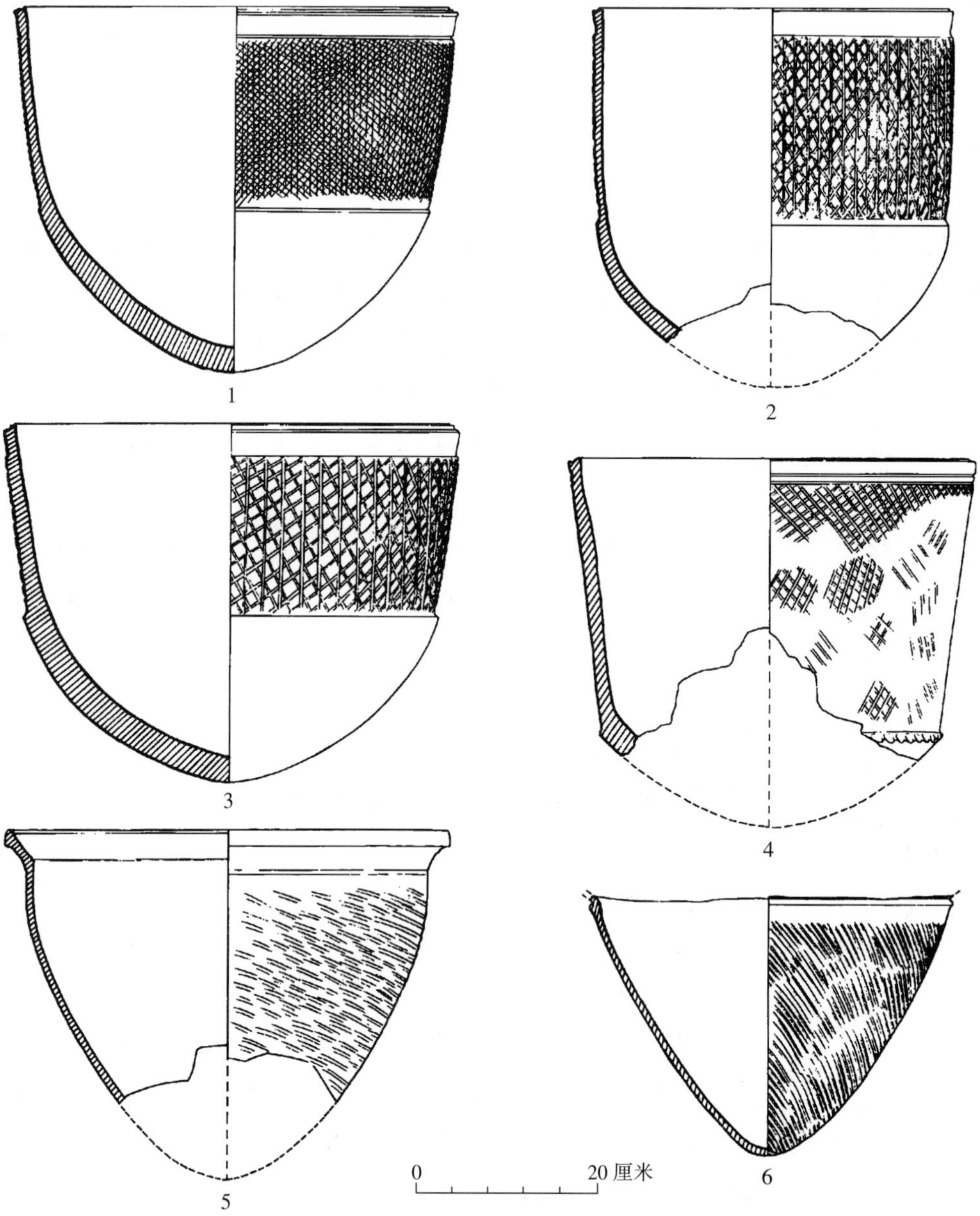

图4－2－18 陶缸

厚胎圜底缸：1. Ⅱ式（T61②H63:1） 2. Ⅰ式（T79②:10） 3. Ⅱ式（T80②:17） 4. Ⅲ式（T51②:381）
折沿尖底缸：5. T38③AH11:5 6. T51②H15:37

②矮皿形纽器盖 盖口外折撇或内折，圆唇，斜壁，坦顶，矮皿形纽，整体盖形较扁矮。分为2式。

Ⅰ式 有一定数量。泥质黑陶。复原4件。T66②:16（4－2－20，5），泥质黑陶。盖面上有不规则形镂孔1个。高1.2、口径6、纽径1.5、胎厚0.3厘米。T71②:3（图4－2－20，6），器身穿圆形孔1个。盖口处饰凹弦纹1周。高1.6、口径6.8、纽径1.4、胎厚0.3～0.4厘米。T31③:10（图4－2－20，7），盖纽较实、周圈竖直，纽顶稍下凹。高1.6、口径5.8、纽径1.5、胎厚0.3厘米。T35③A:11（图4－2－20，8），高1.4、口径4.4、纽径1.2、胎厚0.2厘米。

Ⅱ式 有一定数量。多为泥质黑陶，还有泥质灰陶。复原4件。T66②:20（图4－2－20，

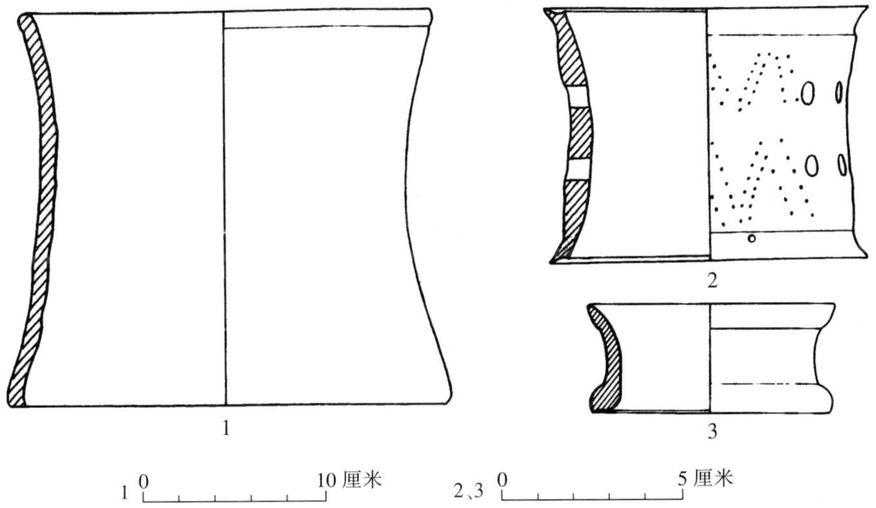

图 4－2－19　陶器座

1. 凹腰形器座（T69②:26）　2. 折沿凹腰形器座（T51②:380）　3. 线轴形器座（T76②:33）

11)，泥质黑陶。盖面略凹弧，盖纽周圈略凸弧。盖面有三角形镂孔 1 个。高 1.8、口径 6.7、纽径 1.3、胎厚 0.3 厘米。T68②BH84∶5（图 4－2－20，9），泥质黑陶。高 1.8、口径 6.2、纽径 1.6、胎厚 0.25 厘米。T35③A∶31（图 4－2－20，12），泥质灰陶。盖面近平，盖体特扁矮。高 1.5、口径 7.4、纽径 2、胎厚 0.2 厘米。T38③AH11∶19（图 4－2－20，10；图版一五七，4），泥质黑陶。内折沿，器身穿三角形孔 1 个。高 2.1、口径 7.2、纽径 1.6、胎厚 0.4 厘米。

③折沿圆形纽器盖　分为 3 式。

Ⅰ式　有一定数量。泥质黑陶。复原 1 件。T65②∶26（图 4－2－20，13），敞口，窄折沿上翘，沿上侧有凹槽 1 周，尖唇，弧壁，圜顶，圆形纽上端外折。盖纽饰圆形镂孔 3 个。高 4.8、口径 14.8、纽径 5.2、胎厚 0.2 厘米。

Ⅱ式　数量较少。泥质黑陶。复原 1 件。T35③A∶16（图 4－2－20，14；图版一五七，5），敞口，圆唇，唇内侧有较大凹槽 1 周呈小子母口，斜壁，钝尖顶，盖体较高，圆形纽上端外折。器身穿圆形孔 1 个。高 3.6、口径 7.5、纽径 2、胎厚 0.3 厘米。

Ⅲ式　数量很少。T24②B∶38（图 4－2－20，15），泥质橙黄陶。子母口，盖面凹弧，纽沿缺失。口径 7.1、残高 2.9、胎厚 0.4 厘米。

④碟形纽器盖　有一定数量。泥质黑陶。复原 1 件。T51②∶53（图 4－2－20，16；图版一五七，6），器表有细密的平行线状轮修痕。敞口，窄平沿，沿面有凹槽 1 周，圆唇，弧壁，圜顶，碟形纽。高 5.4、口径 16.2、纽径 6.8、胎厚 0.2 厘米。

⑤实心圆头形纽器盖　分为 3 式。

Ⅰ式　数量很少。复原 1 件。T52②∶15（图 4－2－21，5），泥质橙黄陶。敞口，圆唇，斜壁，圜顶，圆头形纽。外表涂红陶衣。高 1.5、口径 3.7、纽径 0.6、胎厚 0.3 厘米。

Ⅱ式　数量较少。泥质黑陶和灰陶。复原 2 件。T51②∶73（图 4－2－21，6），泥质灰陶。圆唇，盖面微凹弧。有圆形镂孔 1 个。高 3.3、口径 7、纽径 1.2、胎厚 0.3 厘米。T73②∶6（图 4－2－21，4），泥质黑陶。侈口，圆唇，凹壁，圜顶，圆头形纽。高 2.2、口径 6.4、纽径 1.1、胎厚 0.3

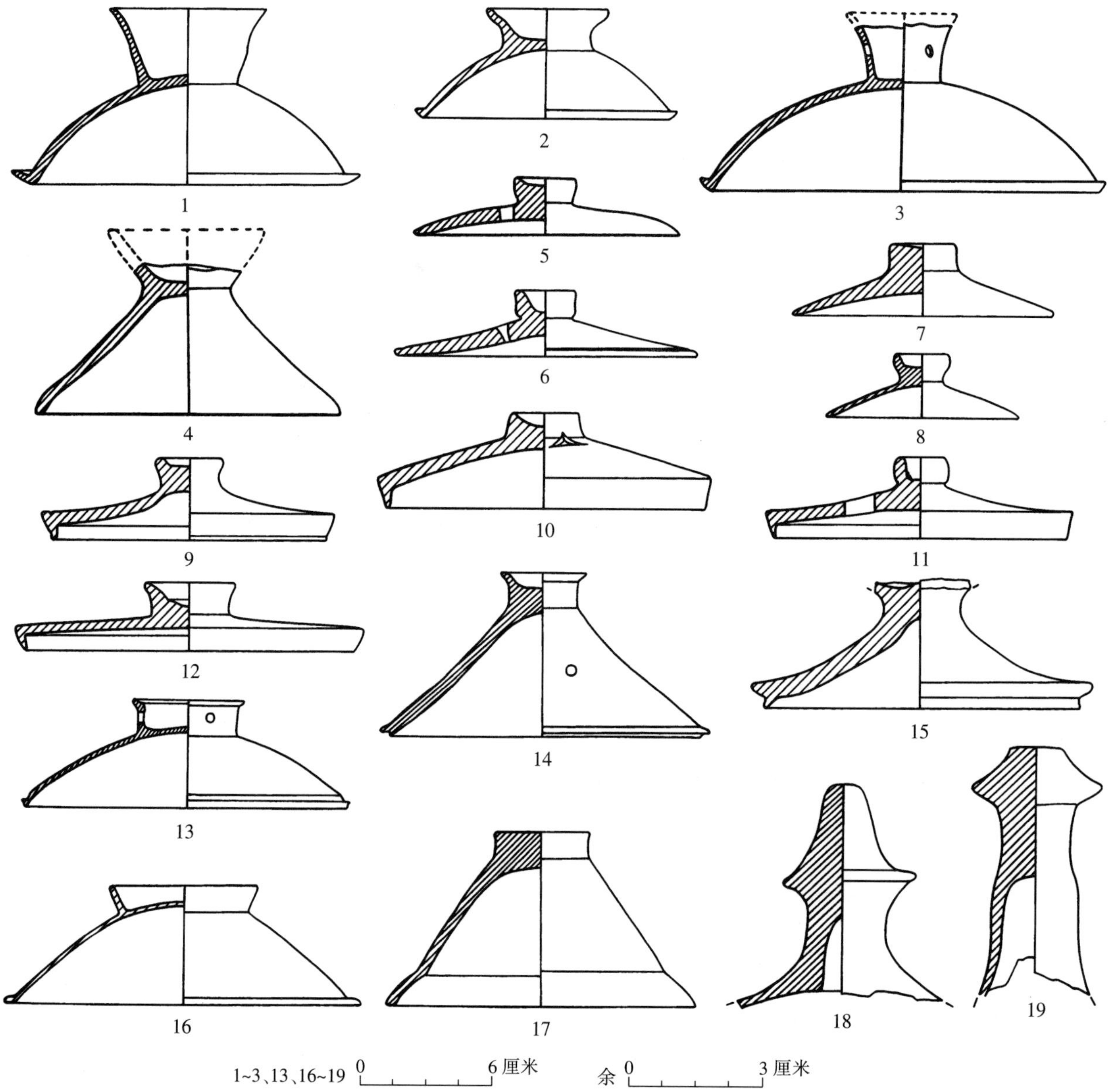

图4-2-20 陶器盖（之一）

1. Ⅰ式喇叭形纽器盖（T69②H75:150） 2. Ⅰ式喇叭形纽器盖（T53②:86） 3. Ⅰ式喇叭形纽器盖（T35③AH6:9） 4. Ⅱ式喇叭形纽器盖（T69②:7） 5. Ⅰ式矮皿形纽器盖（T66②:16） 6. Ⅰ式矮皿形纽器盖（T71②:3） 7. Ⅰ式矮皿形纽器盖（T31③:10） 8. Ⅰ式矮皿形纽器盖（T35③A:11） 9. Ⅱ式矮皿形纽器盖（T68②BH84:5） 10. Ⅱ式矮皿形纽器盖（T38③AH11:19） 11. Ⅱ式矮皿形纽器盖（T66②:20） 12. Ⅱ式矮皿形纽器盖（T35③A:31） 13. Ⅰ式折沿圆形纽器盖（T65②:26） 14. Ⅱ式折沿圆形纽器盖（T35③A:16） 15. Ⅲ式折沿圆形纽器盖（T24②B:38） 16. 碟形纽器盖（T51②:53） 17. 圆饼形平纽器盖（T73②:1） 18. 塔形纽器盖（T53②:330） 19. 菌形纽器盖（T53②:317）

厘米。

Ⅲ式　数量甚少。泥质橙黄陶。复原1件。T64②:84（图4-2-21，7；彩版二九，4），内表有螺旋式拉坯指痕。敞口，斜方唇，唇面有凹槽1周呈子母口，斜壁，圜顶，圆头形纽，纽顶边缘外凸。外表先涂红陶衣，器壁饰网格纹，纽顶亦饰彩，均为黑彩。高2.9、口径9.4、纽径1.9、胎厚0.3厘米。

⑥圆饼形平纽器盖　数量较少。夹炭灰褐陶。复原1件。T73②:1（图4-2-20，17；图版

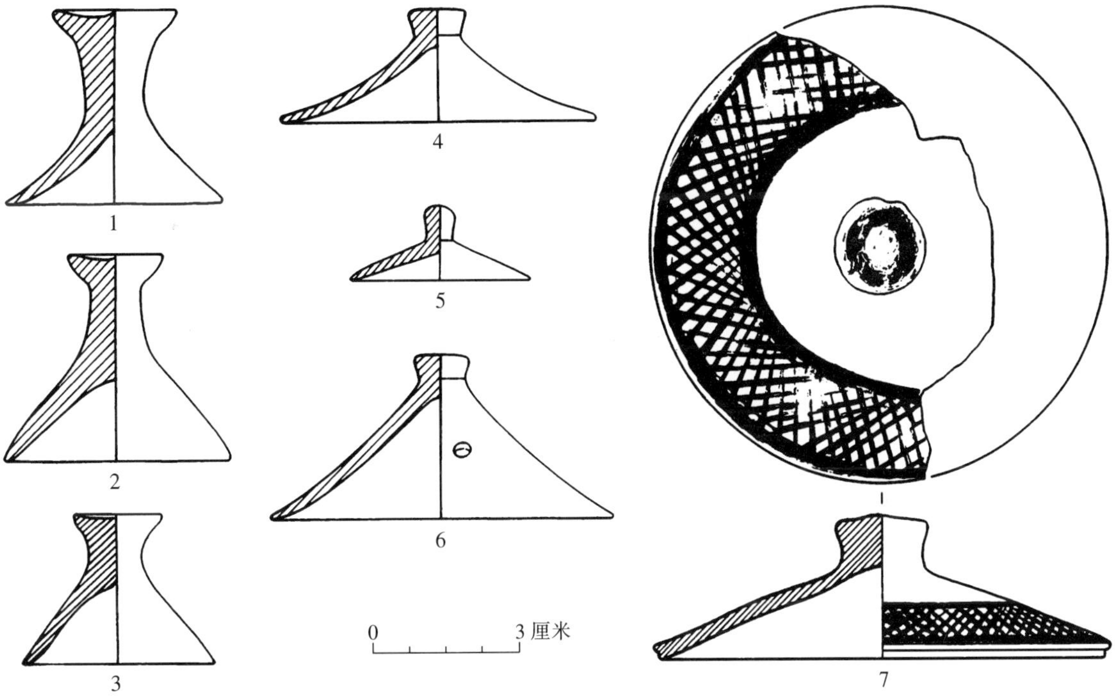

图4-2-21　陶器盖（之二）

1. 钉帽形纽器盖（T68②A∶42）　2. 钉帽形纽器盖（T67②∶69）　3. 钉帽形纽器盖（T51②∶4）　4. Ⅱ式实心圆头形纽器盖（T73②∶6）　5. Ⅰ式实心圆头形纽器盖（T52②∶15）　6. Ⅱ式实心圆头形纽器盖（T51②∶73）　7. Ⅲ式实心圆头形纽器盖（T64②∶84）

一五七，7），敞口，圆唇，盖面折成双弧形，折棱在器身下部，圜顶，较大圆饼形实心纽。高7.9、口径14、纽径4.4、胎厚0.5厘米。

⑦钉帽形纽器盖　有一定数量。有泥质橙黄陶和灰陶。复原3件。T51②∶4（图4-2-21，3），泥质灰陶。捏制，器表凹凸不平。敞口，圆唇，斜壁，尖顶，钉帽形纽，纽顶略凹。高3、口径4、纽径1.9、胎厚0.3厘米。T67②∶69（图4-2-21，2；图版一五七，8），泥质橙黄陶。高4.1、口径4.6、纽径2、胎厚0.4厘米。T68②A∶42（图4-2-21，1），泥质橙黄陶。高3.9、口径4.5、纽径2.6、胎厚0.4厘米。

⑧菌形纽器盖　数量甚少。泥质橙黄陶。T53②∶317（图4-2-20，19），菌形纽较高，器身残缺。纽残高11厘米。

⑨塔形纽器盖　数量甚少。T53②∶330（图4-2-20，18），泥质橙黄陶。塔形纽中部外凸出沿，下部中空，盖身缺失。纽高8厘米。

［二］陶纺轮

共151件。其中完整、较完整129件，残破22件。均泥质陶。红色的最多，占48.35%，与浅红、红黄色、红褐色一起合计约占75%，灰褐色、灰色、灰黑色、黑色的合计约占25%。纹饰四种合占18.54%，余者皆素面。按最长直径分为中型（4.1～6厘米）和小型（4厘米及以下）。实际最长直径在2.4～5.6厘米。其中绝大多数为3.1～4厘米的小型个体，约占72%。详见屈家岭文化陶纺轮颜色、纹饰、直径统计表（表4-2-2）。

表4－2－2 屈家岭文化陶纺轮颜色、纹饰、直径统计表

颜色		数量（件）	百分比
红		73	48.35
浅红		20	13.25
红黄		8	5.29
红褐		12	7.95
灰褐		10	6.62
灰		9	5.96
灰黑		6	3.97
黑		13	8.61
合计		151	100%
素面和纹饰		数量	百分比
素面		123	81.46
窝点纹		2	1.32
划条纹		6	3.97
彩纹		3	1.99
篦点连线纹		17	11.26
合计		151	100%
最长直径（厘米）		数量	百分比
小型	2.4～3	14	9.52
	3.1～4	106	72.11
中型	4.1～5	23	15.65
	5.1～5.6	4	2.72
合计		147	100%

纺轮的厚薄标准按最长直径与体厚之间的比值而定，“较厚”者最长直径小于体厚2倍，“较薄”者最长直径等于体厚2倍到小于5倍，“很薄”者最长直径等于或大于体厚5倍。

现将可分型式的147件依周边特征分为5型，各型内再予分式。另有4件不能分型式。

1型　100件（内整90，残10）。周边等分折角起棱。分为5式。

Ⅰ式　13件（整）。中型，较厚。1件有纹饰。T53②:52（图4－2－22，2），浅红色。正面凹下，孔边有略凸起的圆圈，背面微凹。直径4.1、厚1.6厘米。T65②:2（图4－2－22，3），红

色。直径4.4、厚1.5厘米。T71②:4（图4-2-22，1），红色。一面的孔缘微凸。两面孔口均有纤细划条纹，大体呈辐射状分布。直径4.9、厚2厘米。T73②:2（图4-2-22，5），灰褐色。正面孔边微凸大体呈圆圈。直径4.1、厚1.5厘米。T77②:69（图4-2-22，4），红色。背面经磨蚀，原面大部无存。直径4.6、厚1.8厘米。

Ⅱ式　33件（内整29，残4）。小型，较厚。5件有纹饰。T52②:7（图4-2-22，14），灰色。正面孔边有模糊的圆圈，未成鼓凸的泥圈。直径3.5、厚1.5厘米。T53②:27（图4-2-22，15），浅红色。正面孔边有凸起圆圈。直径3.3、厚1.3厘米。T53②:31（图4-2-22，16），红色。正面孔边有略低于平面的圆圈。直径3.5、厚1.3厘米。T65②:28（图4-2-22，6），浅红色。周边有5组窝点纹，每组2个。直径4、厚1.6厘米。T68②BH84:3（图4-2-22，10），浅红色。直径3.2、厚1.4厘米。T72②:8（图4-2-22，13），红黄色。正面水平，背面微低平。直径3.3、厚1.2厘米。T73②:14（图4-2-22，8），黑色。正面有十字形篦点连线纹。直径3.5、厚1.3厘米。T77②:54（图4-2-22，12），红色。正面孔边有凸起的圆圈。直径3.8、厚1.4厘米。T35③AH6:14（图4-2-22，11），红色。正面边缘微厚。局部边沿磨损。直径3.8、厚1.5厘米。T38③AH11:11（图4-2-22，9），红黄色。直径3.6、厚1.4厘米。T41③A:3（图4-2-22，7），红色。正面居中有1条凹槽样宽划条纹，系烧后刻成。直径3.6、厚1.3厘米。

Ⅲ式　9件（整）。中型，较薄。2件有纹饰。T51②:39（图4-2-23，4），红色。正面微低平，背面平。正面孔边稍低下略显圆圈。直径5.4、厚1.5厘米。T53②:48（图4-2-23，1），黑色。正面有1周圆圈和3道划条纹。直径4.3、厚1.2厘米。T53②:84（图4-2-23，2），灰褐色。直径4.5、厚1.2厘米。T64②:20（图4-2-23，3），红褐色。正面孔边有一微凹下的圆圈，背面孔边有大半个微凸的圆圈。周边有2条篦点连线纹。直径5、厚1.6厘米。

Ⅳ式　42件（内整37，残5）。小型。较薄。4件有纹饰。T53②:24（图4-2-23，10），红色。直径2.9、厚0.7厘米。T53②:27（图4-2-23，7），黑色。正面孔边有一微凸的圆圈。周边有2组X形篦点连线纹。直径3.7、厚1.2厘米。T53②:30（图4-2-23，14），红色。正面孔边有凹下的圆圈。直3.8、厚0.7厘米。T53②:53（图4-2-23，16），红黄色。正、背面平，边缘微凸。直径3.3、厚1厘米。T53②:57（图4-2-24，3），黑色。正面孔边有凹下的圆圈，周边的坡面微凹弧。直径3.4、厚0.9厘米。T54③BH54:6（图4-2-24，4），红色。直径4、厚1.3厘米。T62②H77:1（图4-2-23，15），灰色。直径2.7、厚0.5厘米。T66②:11（图4-2-24，7），灰褐色。正、背面平，两面边缘微凸，正面孔边稍凸起但无明显圆圈。直径3.7、厚0.7厘米。T66②:17（图4-2-23，6），红褐色。正、背面孔边有一微凸圆圈。正面有十字形划条纹。直径3.7、厚1.1厘米。T68②AH71:2（图4-2-24，6），灰黑色。正、背面平，两面边缘微凸。直径3.6、厚0.7厘米。T69②H75:1（图4-2-23，12），红色。正、背面孔边都有微凸的圆圈。直径3.7、厚0.7厘米。T34③A:12（图4-2-24，2），红褐色。正面微低平，边缘微凸，背面平。直径3.8、厚0.7厘米。T35③A:18（图4-2-24，1），黑色。正、背面微低平，两面边缘微凸，正面孔边有凸起圆圈。直径3.6、厚1.1厘米。T35③A:38（图4-2-23，5；彩版三一，1），灰褐色。正面孔边有一微凸的圆圈。正面有对称的黑彩4条平行弧线纹，周边也全饰黑彩。直径3.9、厚0.8厘米。T35③AH6:6（图4-2-23，9），红色。直径2.8、厚0.7厘米。T36③A:

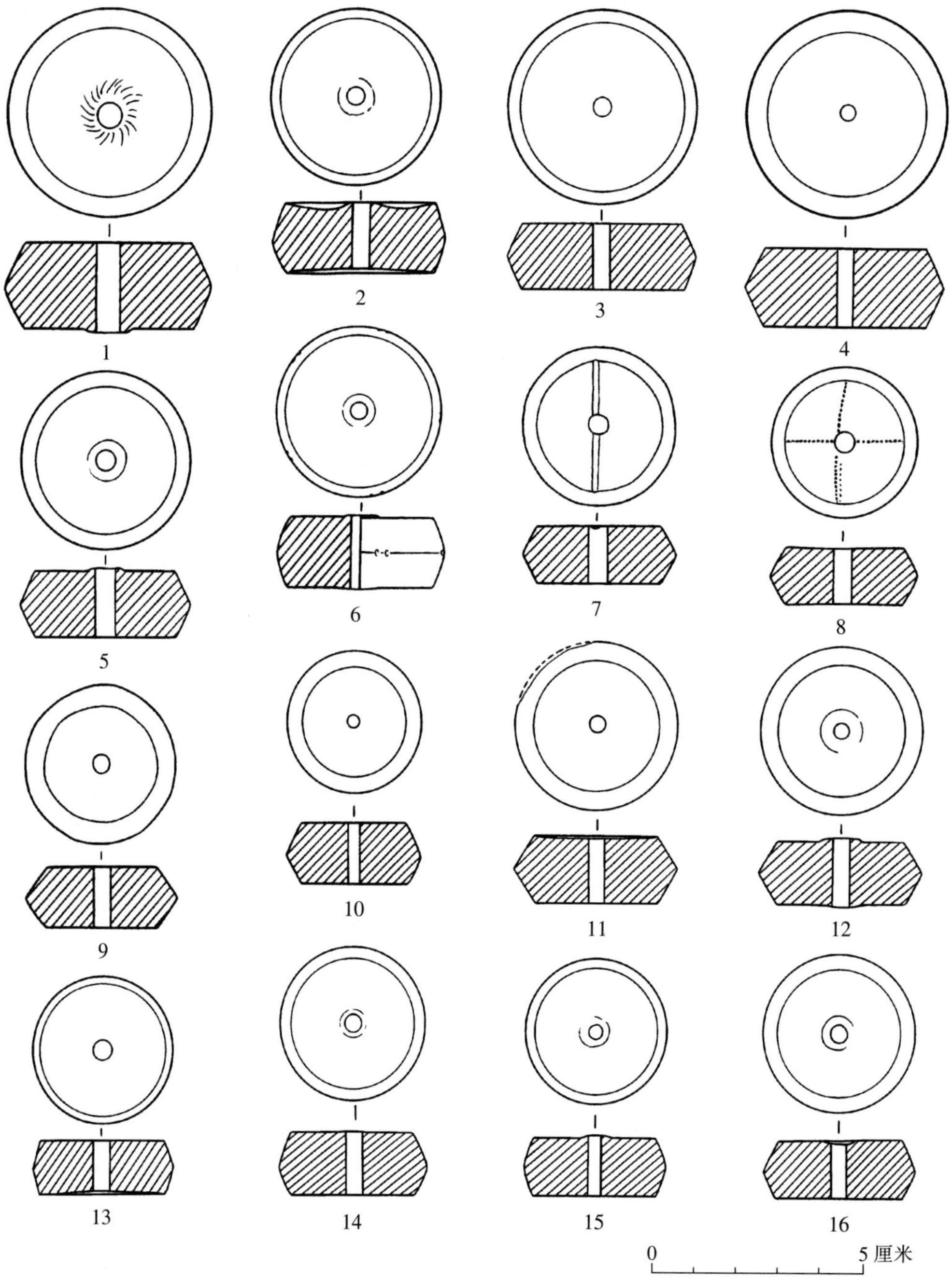

图4-2-22 陶纺轮（之一）

1.1型Ⅰ式（T71②:4） 2.1型Ⅰ式（T53②:52） 3.1型Ⅰ式（T65②:2） 4.1型Ⅰ式（T77②:69） 5.1型Ⅰ式（T73②:2） 6.1型Ⅱ式（T65②:28） 7.1型Ⅱ式（T41③A:3） 8.1型Ⅱ式（T73②:14） 9.1型Ⅱ式（T38③AH11:11） 10.1型Ⅱ式（T68②BH84:3） 11.1型Ⅱ式（T35③AH6:14） 12.1型Ⅱ式（T77②:54） 13.1型Ⅱ式（T72②:8） 14.1型Ⅱ式（T52②:7） 15.1型Ⅱ式（T53②:27） 16.1型Ⅱ式（T53②:31）

18（图4-2-23，8），浅红色。正面孔边有3个窝点纹。直径3.3、厚0.9厘米。T38③AH11:10（图4-2-23，13），红色。正面孔边一圈凹下。直径3.9、厚1.1厘米。T38③AH11:14（图4-2-23，11），红色。背面表面略损，孔边有一微凸圆圈。直径3.5、厚0.8厘米。T39③AH9:3（图4-2-24，5），红色。正面微低平，边缘微凸，背面平。直径3.4、厚1.1厘米。

Ⅴ式 3件（内整2，残1）。小型，很薄。均素面。T34③A:18（图4-2-24，9），黑色。

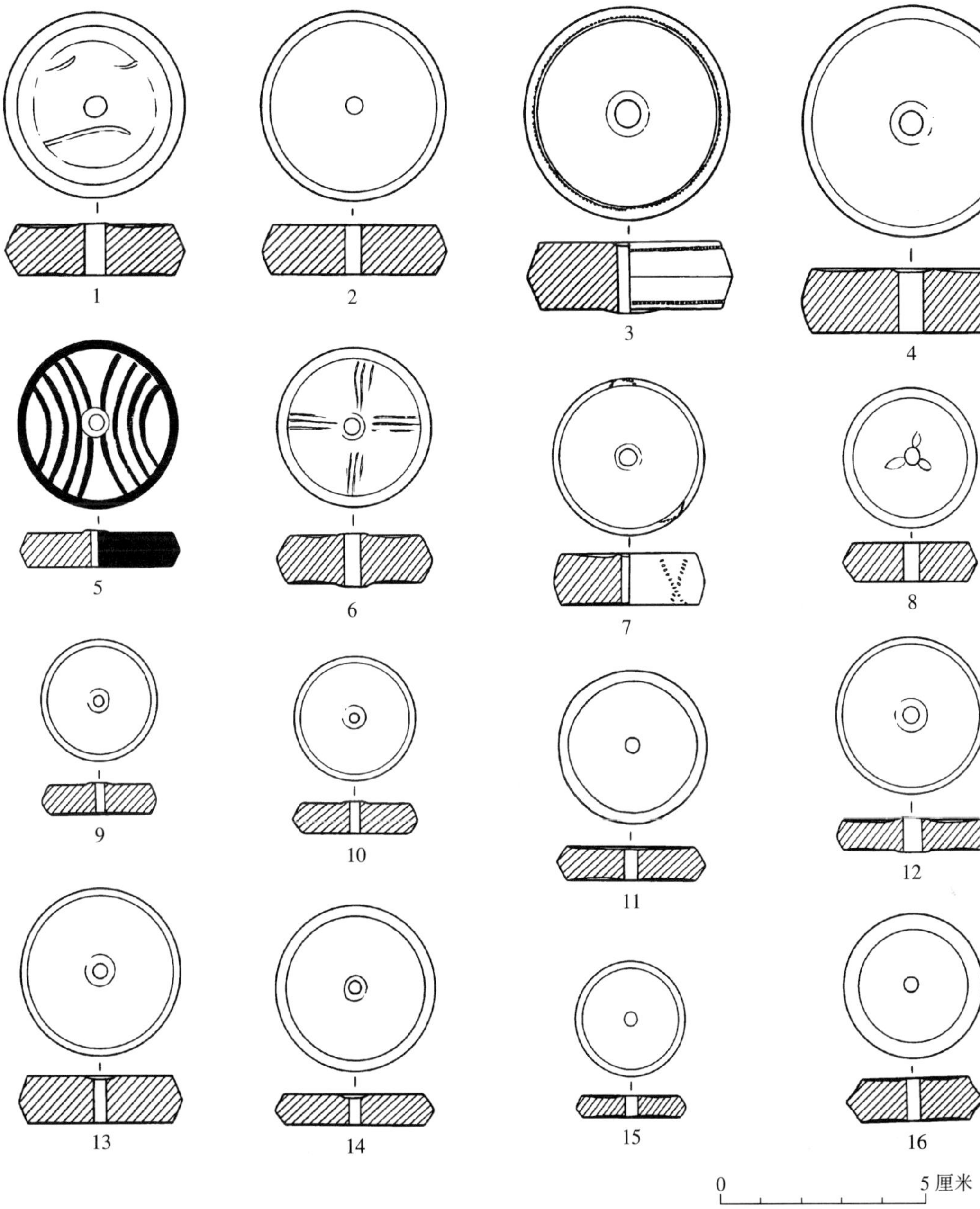

图 4－2－23　陶纺轮（之二）

1. 1 型Ⅲ式（T53②:48）　2. 1 型Ⅲ式（T53②:84）　3. 1 型Ⅲ式（T64②:20）　4. 1 型Ⅲ式（T51②:39）　5. 1 型Ⅳ式（T35③A:38）　6. 1 型Ⅳ式（T66②:17）　7. 1 型Ⅳ式（T53②:27）　8. 1 型Ⅳ式（T36③A:18）　9. 1 型Ⅳ式（T35③AH6:6）　10. 1 型Ⅳ式（T53②:24）　11. 1 型Ⅳ式（T38③AH11:14）　12. 1 型Ⅳ式（T69②H75:1）　13. 1 型Ⅳ式（T38③AH11:10）　14. 1 型Ⅳ式（T53②:30）　15. 1 型Ⅳ式（T62②H77:1）　16. 1 型Ⅳ式（T53②:53）

直径 3.8、厚 0.5 厘米。T35③A:24（图 4－2－24，8），红褐色。圆孔钻得过大，位置略偏。直径 3.4、厚 0.4 厘米。

2 型　20 件（内整 16，残 4）。周边圆弧。分为 6 式。

Ⅰ式　1 件（整）。中型，较厚。T54③BH54:4（图 4－2－24，10），黑色。正、背面微鼓。正面有划条纹。直径 4.4、厚 1.7 厘米。

Ⅱ式　2 件（整）。小型，较厚。均素面。T73②H61:2（图 4－2－24，11），红色。正面平、

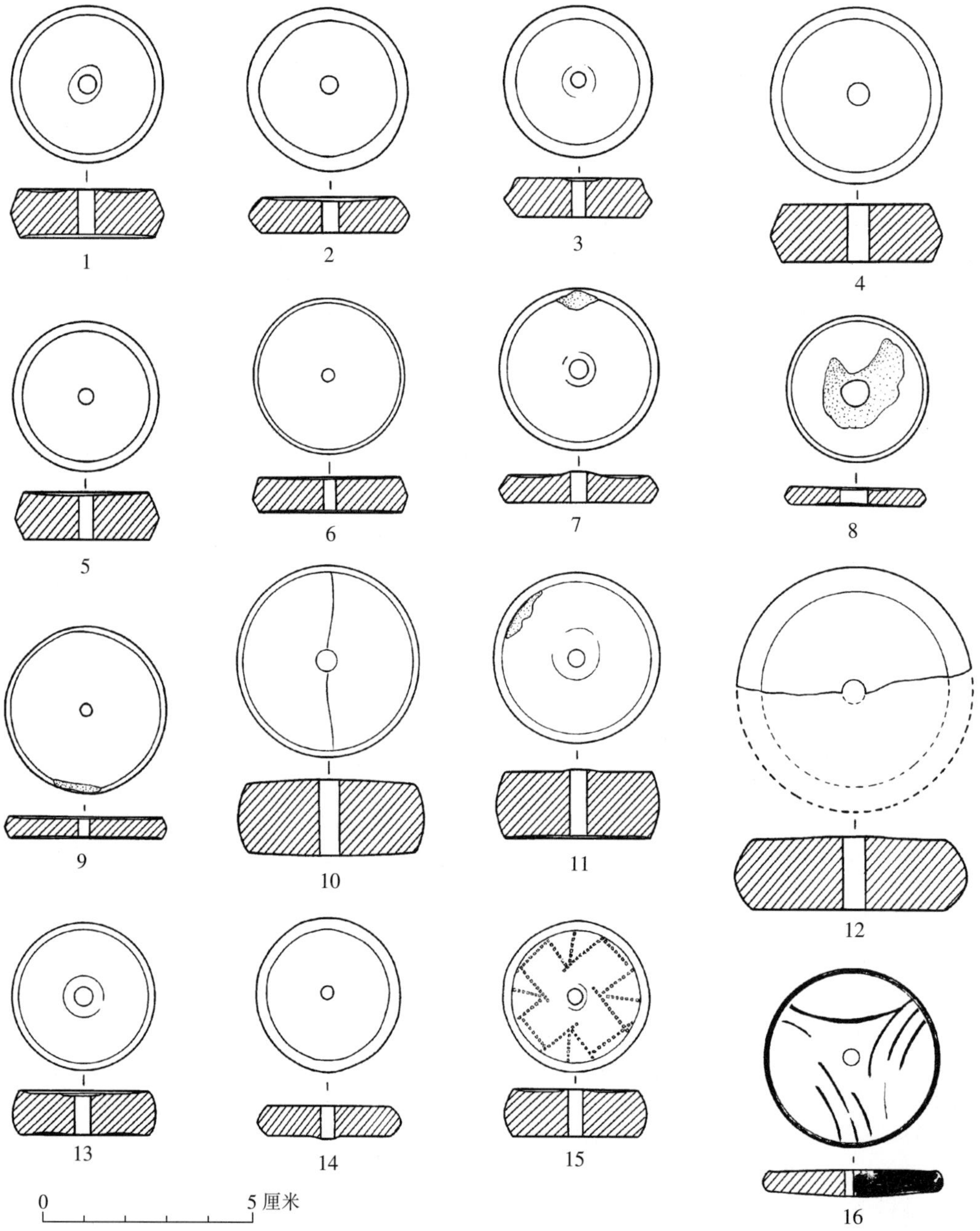

图4-2-24 陶纺轮（之三）

1. 1型Ⅳ式（T35③A:18） 2. 1型Ⅳ式（T34③A:12） 3. 1型Ⅳ式（T53②:57） 4. 1型Ⅳ式（T54③BH54:6） 5. 1型Ⅳ式（T39③AH9:3） 6. 1型Ⅳ式（T68②AH71:2） 7. 1型Ⅳ式（T66②:11） 8. 1型Ⅴ式（T35③A:24） 9. 1型Ⅴ式（T34③A:18） 10. 2型Ⅰ式（T54③BH54:4） 11. 2型Ⅱ式（T73②H61:2） 12. 2型Ⅲ式（T64②:24） 13. 2型Ⅳ式（T53②:25） 14. 2型Ⅳ式（T39③AH11:3） 15. 2型Ⅳ式（T34③A:20） 16. 2型Ⅴ式（T53②:16）

孔边有微凸起的圆圈，背面微凹平。直径3.9、厚1.5厘米。

Ⅲ式 2件（残）。中型，较薄。均素面。T64②:24（图4-2-24，12），红褐色。残存1/2。直径5.6、厚1.7厘米。

Ⅳ式 9件（内整8，残1）。小型，较薄。1件有纹饰。T53②:25（图4-2-24，13），黑色。正、背面边缘微凸，正面的孔边有凹下的圆圈。直径3.4、厚1厘米。T34③A:20（图4-2-24，15；彩版三一，2），灰黑色。正面有篦点连线纹图案。直径3.4、厚1.1厘米。T39③AH11:3

（图 4－2－24，14），红色。直径 3.5、厚 0.7 厘米。

Ⅴ式　1 件（整）。中型，很薄。T53②∶16（图 4－2－24，16），红黄色。正面稍鼓起，有红彩弧线条纹，周边残存红彩。直径 4.2、厚 0.6 厘米。

Ⅵ式　5 件（内整 4，残 1）。小型，很薄。1 件有纹饰。T53②∶17（图 4－2－25，2），红黄色。直径 3.5、厚 0.5 厘米。T65②∶4（图 4－2－25，3），浅红色。正、背面微鼓，背面孔边有微凸的圆圈。直径 3.8、厚 0.5 厘米。T31③∶10（图 4－2－25，1；彩版三一，3），红色。两面中部微鼓。正面有对称的红彩扇面形和平行条纹，周边也涂满红彩并延及背面边缘。直径 3.8、厚 0.6 厘米。

3 型　11 件（内整 6，残 5）。周边斜弧。分为 2 式。

Ⅰ式　6 件（内整 2，残 4）。小型，较薄。2 件饰篦点连线纹。T69②∶2（图 4－2－25，5），灰黑色。正面边缘微凸。直径 3.5、厚 0.8 厘米。T33③∶6（图 4－2－25，4），红色。周边有 4、5 条篦点连线纹。直径 2.5、厚 0.6 厘米。

Ⅱ式　5 件（内整 4，残 1）。小型，很薄。一面或两面的边缘微凸。5 件均有篦点连线纹。T31③∶25（图 4－2－25，6），红色。正面中部微鼓，边缘稍厚，背面平。周边有 1、2 条篦点连线纹。直径 3.7、厚 0.5 厘米。T31③∶38（图 4－2－25，7），红色。正、背面边缘均起凸棱，背面孔边有凸起的圆圈。周边有 1 条篦点连线纹。直径 3.5、厚 0.5 厘米。T34③A∶15（图 4－2－25，8），红色。背面边缘微凸，正面边缘原也微凸今多剥落。周边稍磨损，压印 1 条篦点连线纹。直径 3.8、厚 0.4 厘米。

4 型　8 件（内整 6，残 2）。周边斜直。分为 2 式。

Ⅰ式　6 件（内整 4，残 2）。小型，较薄。2 件有纹饰。T53②∶18（图 4－2－25，9），红色。周边有 2 条篦点连线纹。直径 2.9、厚 0.5 厘米。T68②A∶39（图 4－2－25，10），红色。周边有 2～4条篦点连线纹，小段处只见 2 条，大部为 3、4 条。直径 3.1、厚 0.7 厘米。T3②B∶42（图 4－2－25，11），灰色。正面周缘稍起凸棱。直径 3.4、厚 0.7 厘米。

Ⅱ式　2 件（整）。小型，很薄。T53②∶27（图 4－2－25，13），红色。周边有 1 条篦点连线纹。直径 3.6、厚 0.5 厘米。T69②∶3（图 4－2－25，12），红色。正面边缘凸起，背面微弧。直径 3.9、厚 0.4 厘米。

5 型　8 件（内整 7，残 1）。周边竖直。分为 3 式。

Ⅰ式　4 件（整）。小型，较薄。一面或两面的边缘微凸起。1 件有纹饰。T68②A∶47（图 4－2－25，16），红黄色。直径 3.4、厚 1 厘米。T21 扩②B∶5（图 4－2－25，15），红色。周边有 1 条篦点连线纹。直径 2.4、厚 0.6 厘米。T34③A∶16（图 4－2－25，14），浅红色。直径 2.8、厚 0.7 厘米。

Ⅱ式　1 件（整）。中型，很薄。T34③A∶22（图 4－2－25，17），红色。正、背面的中部均微鼓，正面边缘微凸。直径 4.3、厚 0.5 厘米。

Ⅲ式　3 件（内整 2，残 1）。小型，很薄。均素面，T51②∶11（图 4－2－25，18），浅红色。圆孔位置稍偏。直径 2.9、厚 0.4 厘米。T65②∶1（图 4－2－25，19），浅红色。正面微鼓，背面平。直径 4、厚 0.5 厘米。

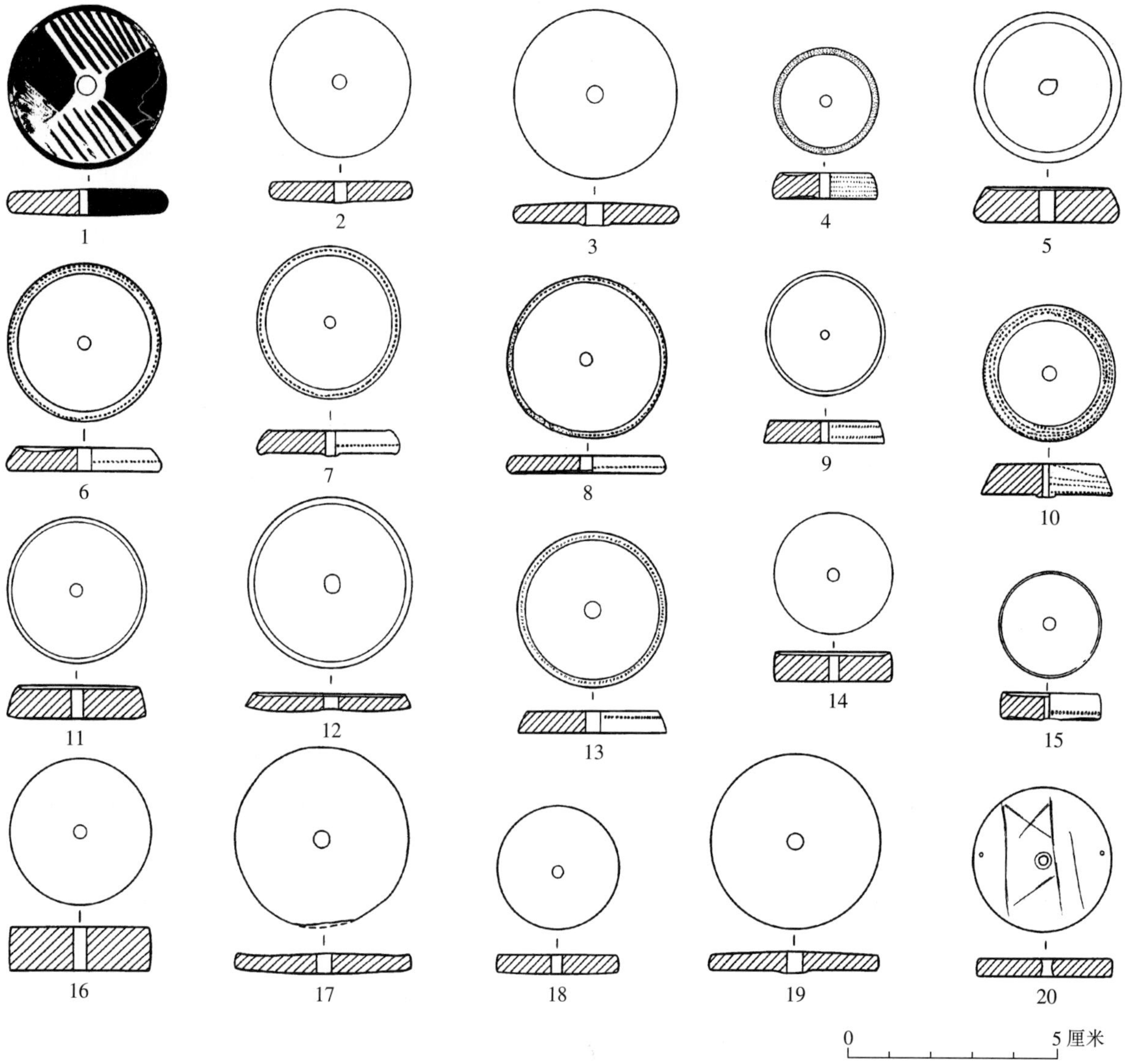

图4－2－25　陶纺轮（之四）

1. 2型Ⅵ式（T31③:10）　2. 2型Ⅵ式（T53②:17）　3. 2型Ⅵ式（T65②:4）　4. 3型Ⅰ式（T33③:6）　5. 3型Ⅰ式（T69②:2）　6. 3型Ⅱ式（T31③:25）　7. 3型Ⅱ式（T31③:38）　8. 3型Ⅱ式（T34③A:15）　9. 4型Ⅰ式（T53②:18）　10. 4型Ⅰ式（T68②A:39）　11. 4型Ⅰ式（T3②B:42）　12. 4型Ⅱ式（T69②:3）　13. 4型Ⅱ式（T53②:27）　14. 5型Ⅰ式（T34③A:16）　15. 5型Ⅰ式（T21扩②B:5）　16. 5型Ⅰ式（T68②A:47）　17. 5型Ⅱ式（T34③A:22）　18. 5型Ⅲ式（T51②:11）　19. 5型Ⅲ式（T65②:1）　20. 陶片纺轮（T5②B:1）

此外，有用陶片磨制的纺轮1件。T5②B:1（图4－2－25，20），泥质浅红陶。周边磨齐竖直，中心钻孔，由两面钻透。现正面即原陶片的内壁有纤细刻划纹和2个细小圆窝。直径3.3、厚0.4厘米。

［三］陶球

共75件。其中完整54件，残破21件。分空心和实心两大类，分别为68%和32%。均泥质陶，红色、浅红、红黄色的合占72%，红褐、灰褐、灰色、灰黑色的合占28%。圆径1.3～5.4厘米，其中2.1～5厘米的占89%。约20件不浑圆，纵横圆径一般相差0.1～0.4厘米，有一件空心陶球竟差0.5厘米，几近扁圆状。从总体上看，较多的空心陶球比实心陶球要大些。从圆径的最小、最大数值说，空心陶球圆径1.7～5.4厘米，实心陶球圆径1.3～3.9厘米。中等个体空心陶球胎厚一般0.5～0.6厘米。现有完整和稍残的33件空心陶球腹体内尚保存有若干粗砂粒或烧硬的小泥丸，摇动时明显发出响声，其他的空心陶球因过残、过小或腹体内堵塞等情况而未见此现象。纹饰陶球远远多于素面陶球，空心、实心陶球纹饰统一归为六种，主要是篦点连线米字形三角纹，其次是环球刻划（压划）条纹。无论纹饰的种类和数量，都是空心陶球多于实心陶球。详见屈家岭文化陶球颜色、圆径、纹饰统计表（表4－2－3）。

（一）空心陶球

共51件。其中完整34件，残破17件。按素面和主体纹饰分为七种。

第一种素面　T64②:22（图4－2－26，1），红色。摇动有沙沙响声。球体不浑圆。圆径2.2～2.4厘米。

第二种窝纹　T41③A:5（图4－2－26，2），红色。局部稍残。摇动有声。仅有1个浅圆窝。圆径3.5厘米。

第三种环球圆窝连线纹　T54③BH54:5（图4－2－26，3），红褐色。局部稍缺损。摇动有沙沙响声。圆窝连线纹大体环绕球面而并未严格规则地环绕。球体不浑圆。圆径3.2～3.4厘米。

第四种不规则刻划（压划）条纹　T65②:5（图4－2－26，6），灰黑色。摇动有咯咯响声。细刻划条纹，均杂乱而无一环绕。球体不浑圆。圆径3.6～3.9厘米。T73②:15（图4－2－26，5），灰色。有2个圆孔和2个圆窝，孔、窝不对称。饰较宽道的单线压划条纹，分布多不规则，仅2条呈十字状交叉大体环绕。圆径2.8厘米。T76②:7（图4－2－26，4），红褐色。摇动有沙沙响声。有4个细圆孔和1个细圆窝，孔、窝不对称。饰双线压划条纹，多为短条，仅有1股未作严格连接而大体环绕球面。圆径3厘米。

第五种环球刻划（压划）条纹　T66②:13（图4－2－26，8），红色。空心体内填塞，摇动无声。3股较宽、较深的单线压划条纹纵横规则地环绕球面，交叉点上共有6个较大圆孔。圆径3.1厘米。T21②B:14（图4－2－26，7），红色。摇动有声。1股为平行双线压划纹，2股为单线压划纹，垂直相交规则地环绕球面，交叉点处共有5个小圆窝。圆径2.6厘米。

第六种刻划（压划）米字形三角纹　T51②:55（图4－2－26，10），浅红色。摇动有声。压划单线米字形三角纹，图案规则。局部球面不浑圆。圆径2.6～2.9厘米。T24②B:2（图4－2－26，9），浅红色。摇动有声。3条单线压划纹垂直相交分别环绕，双线构成三角，6个米字形中心各有1个小圆窝。刻划纹道稍宽，有的接头处并不完全相连。圆径3.2厘米。

第七种篦点连线米字形三角纹　T51②:312（图4－2－26，14），红色，摇动有声。饰篦点双线米字形三角纹，6个米字形中心各有1个圆窝。圆径3.5厘米。T70②H64:3（图4－2－26，15），红色。摇动有咯咯的响声。饰篦点双线米字形三角纹，6个米字形中心共有2个圆孔和4个圆窝，在一处米字形中心四周又加辐射状划道。圆径3.4厘米。T72②:29（图4－2－26，11），红色。摇动有沙沙响声。饰篦点单线米字形三角纹，6个米字形中心共有4个圆孔和2个圆窝。圆径3.5厘米。T73②:16（图4－2－26，13），红色。摇动有沙沙的响声。3股篦点双线纹垂直相交分别环绕，三线构成三角，6个米字形中心共有1个圆孔和5个圆窝。球体稍扁圆。圆径4厘米。

表 4-2-3 屈家岭文化陶球颜色、圆径、纹饰统计表

	空心		实心		空心实心	
颜色	数量（整，残）	本类百分比	数量	本类百分比	数量	全类百分比
红	31（23，8）	60.79	6（5，1）	25.00	37（28，9）	49.33
浅红	6（4，2）	11.76	9（7，2）	37.50	15（11，4）	20.00
红黄			2（2，0）	8.33	2（2，0）	2.67
红褐	8（4，4）	15.69	4（4，0）	16.66	12（8，4）	16.00
灰褐	2（0，2）	3.92	1（1，0）	4.17	3（1，2）	4.00
灰	3（2，1）	5.88	1（1，0）	4.17	4（3，1）	5.33
灰黑	1（1，0）	1.96	1（0，1）	4.17	2（1，1）	2.67
合计	51（34，17）	100%	24（20，4）	100%	75（54，21）	100%
圆径（厘米）	数量	本类百分比	数量	本类百分比	数量	全类百分比
1.3～2	1（1，0）	1.96	5（4，1）	20.83	6（5，1）	8.00
2.1～3	12（10，2）	23.53	9（8，1）	37.50	21（18，3）	28.00
3.1～4	26（17，9）	50.98	10（8，2）	41.67	36（25，11）	48.00
4.1～5	10（6，4）	19.61			10（6，4）	13.33
5.1～5.4	2（0，2）	3.92			2（0，2）	2.67
合计	51（34，17）	100%	24（20，4）	100%	75（54，21）	100%
素面和纹饰	数量	本类百分比	数量	本类百分比	数量	全类百分比
第一种素面	7（2，5）	13.73	5（5，0）	20.83	12（7，5）	16.00
第二种窝纹	1（1，0）	1.96	3（2，1）	12.50	4（3，1）	5.33
第三种环球圆窝连线纹	1（1，0）	1.96			1（1，0）	1.33
第四种不规则刻划（压划）条纹	3（3，0）	5.88	1（0，1）	4.17	4（3，1）	5.33
第五种环球刻划（压划）条纹	5（3，2）	9.80	9（8，1）	37.50	14（11，3）	18.67
第六种刻划（压划）米字形三角纹	3（2，1）	5.88	4（4，0）	16.67	7（6，1）	9.34
第七种篦点连线米字形三角纹	31（22，9）	60.79	2（1，1）	8.33	33（23，10）	44.00
合计	51（34，17）	100%	24（20，4）	100%	75（54，21）	100%

T2②B∶8（图 4-2-26，12），红褐色。摇动有声。饰篦点连线和刻划条纹结合组成米字形三角纹，有的线段单饰刻划，有的刻划后再加篦点；2 股为平行三线、1 股为平行双线垂直相交分别环绕，又以双线构成三角。6 个米字形中心各有 4 个小圆窝。球体稍扁圆。圆径 3.7～4.1 厘米。T2②B∶19（图 4-2-26，17），浅红色。摇动有声。饰 7 个圆窝和篦点双线米字形三角纹，个别处

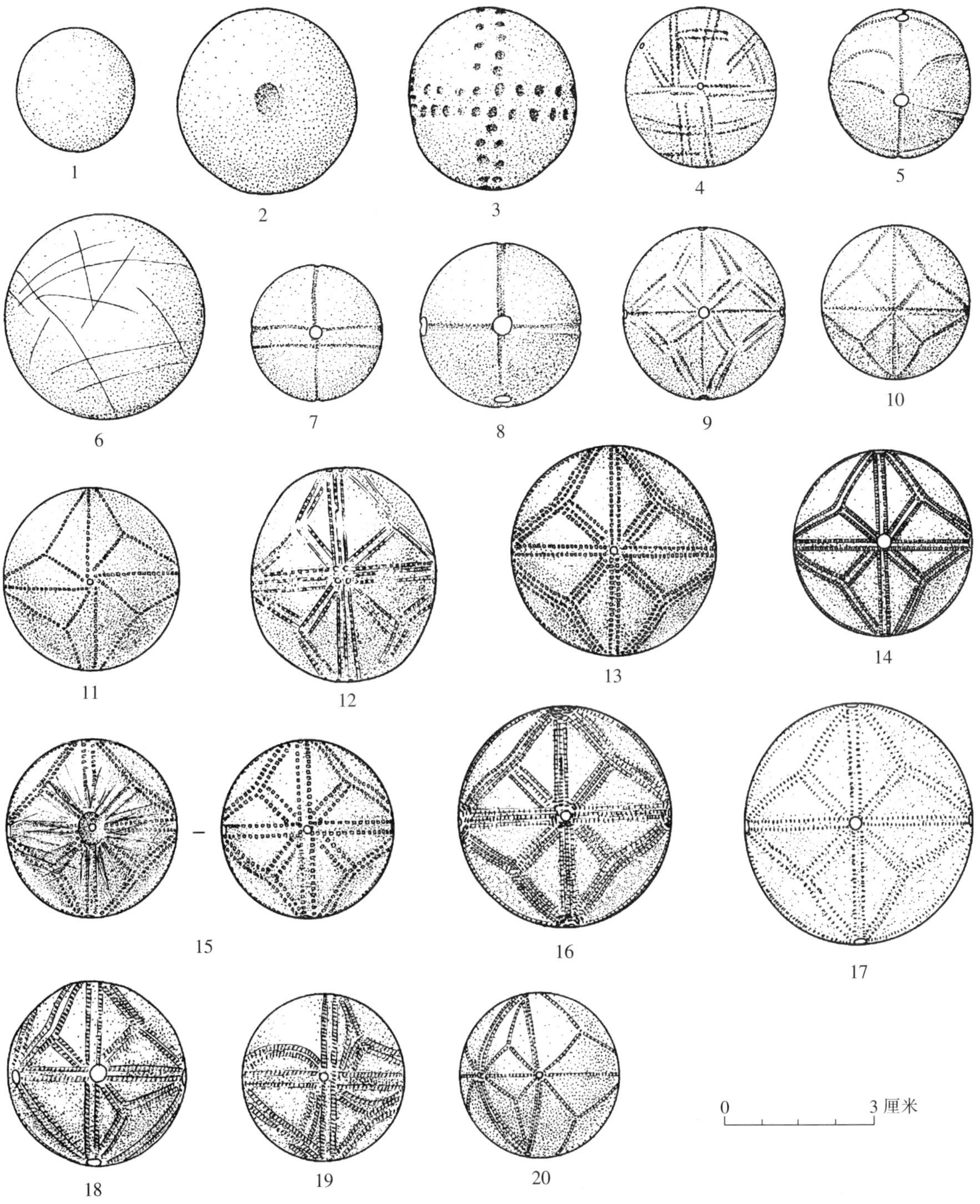

图4－2－26　空心陶球

第一种：1. T64②：22　第二种：2. T41③A：5　第三种：3. T54③BH54：5　第四种：4. T76②：7　5. T73②：15　6. T65②：5　第五种：7. T21②B：14　8. T66②：13　第六种：9. T24②B：2　10. T51②：55　第七种：11. T72②：29　12. T2②B：8　13. T73②：16　14. T51②：312　15. T70②H64：3　16. T5②B：10　17. T2②B：19　18. T37③A：2　19. T8②BW71：3　20. T21②B：6

图案不规则。圆径4.5厘米。T5②B：10（图4－2－26，16），红色。摇动有声。饰篦点三线米字形三角纹，6个米字形中心有5个圆孔和1个圆窝。圆径4.2厘米。T21②B：6（图4－2－26，20），红色。摇动有声。饰6个细圆窝和篦点单线双线米字形三角纹，其中双线环绕的2股，单线环绕的1股，三角为单线，球面图案大小不全一致。圆径3.1厘米。T37③A：2（图4－2－26，

18），红色。摇动有声。饰1个圆孔、5个圆窝和篦点双线米字形三角纹。孔、窝布局不很规则，部分图案大小不一，一处圆面上缺一组三角形图案。圆径3.6厘米。T8②BW71∶3（图4－2－26，19），浅红色。摇动有声。饰篦点双线米字形三角纹和1个小窝。有的三角形不甚规整，有两处1/4球面上只戳印1条弧形篦点双线。圆径3.2厘米。

（二）实心陶球

共24件。其中完整20件，残破4件。按素面和主体纹饰分为六种。

第一种素面

第二种窝纹　T52②∶14（图4－2－27，2），浅红色。满饰小圆窝，窝壁不直而稍起台脊。圆径2.4厘米。T41③A∶16（图4－2－27，1），浅红色。布满大小不一的圆窝。圆径3.9厘米。

第四种不规则刻划（压划）条纹　T8②BW71∶4（图4－2－27，3），红色。饰宽道压划条纹和10个小窝，分布都不规则。略有缺损。圆径2.1厘米。

第五种环球刻划（压划）条纹　T64②∶10（图4－2－27，8），浅红色。3条单线刻划条纹纵横环绕球面。圆径3.2厘米。T68②A∶49（图4－2－27，5），红褐色。2股双线压划条纹规则地环绕，两交叉点各有4个小圆窝，位置对称，另一处有2个小圆窝。球体不浑圆。圆径2.3厘米。

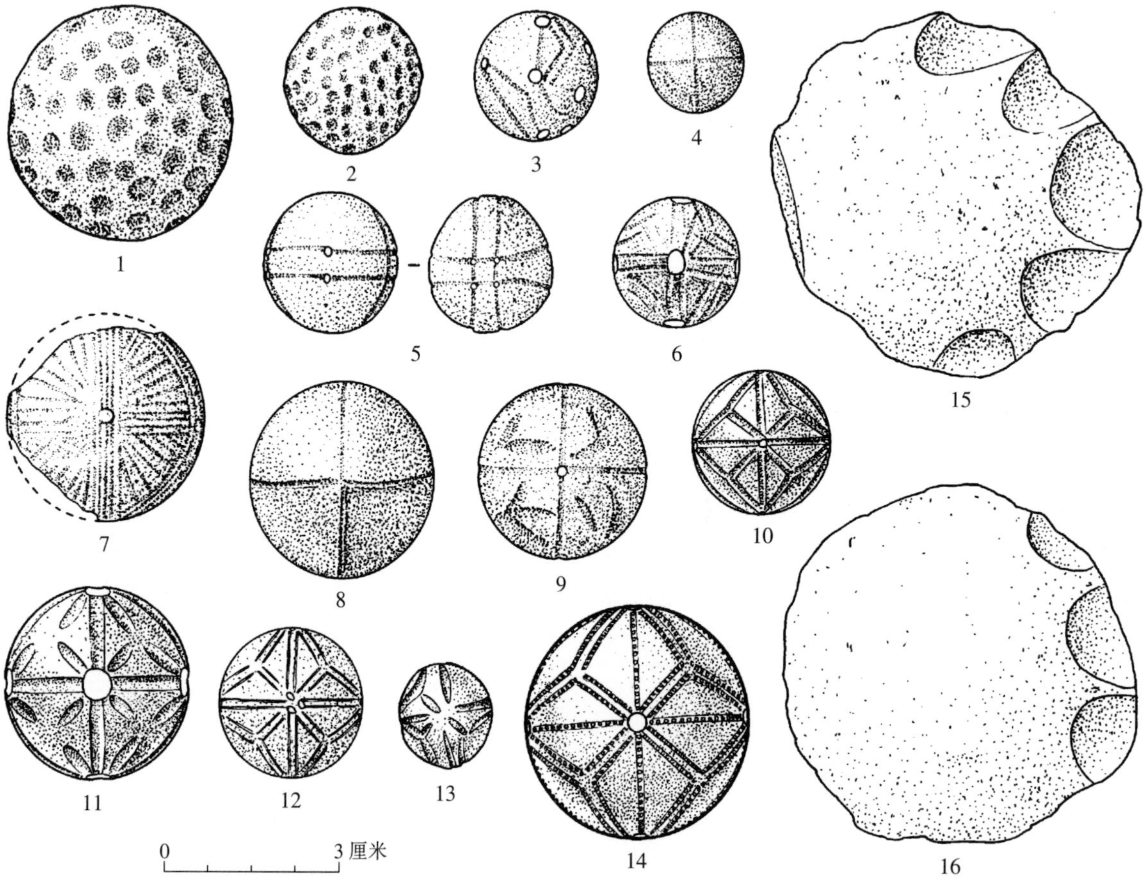

图4－2－27　实心陶球和红烧土球

实心陶球第二种：1. T41③A∶16　2. T52②∶14　第四种：3. T8②BW71∶4　第五种：4. T32③∶7　5. T68②A∶49　6. T3②B∶8　7. T68②A∶53　8. T64②∶10　9. T68②A∶61　第六种：10. T31③∶36　11. T22②B∶10　12. T61②∶7　13. T69②∶8　第七种：14. T22②B∶7　红烧土球：15. T51②∶390　16. T51②∶391

T68②A∶53（图4－2－27，7），红褐色。残存1/2。3股较宽道平行压划纹规则地环绕，再在等分的球面内填以辐射状压划条纹，在交叉点残存3个圆窝。圆径3.4厘米。T68②A∶61（图4－2－27，9），红色。3股较宽道压划条纹规则地环绕，6个交叉点各有1个圆窝，等分的球面内压划折角形、箭头形。圆径2.9厘米。T3②B∶8（图4－2－27，6），浅红色。3条双线较宽道压划条纹环绕球面规则相交，把球面分成8块，其中1块压划1个双线三角形图案，3块无纹，4块分别压划2道、4道短条纹，还在条纹相交点上布6个圆窝。圆径2.1厘米。T32③∶7（图4－2－27，4），浅红色。2条单线刻划条纹相交环绕球面。圆径1.7厘米。

第六种刻划（压划）米字形三角纹　T61②∶7（图4－2－27，12），灰色。饰双线刻划米字形三角纹和11个小圆窝。圆径2.2～2.4厘米。T69②∶8（图4－2－27，13），红黄色。压划米字形三角纹，个别处缺笔，纹道较深较宽。圆径1.6～1.7厘米。T22②B∶10（图4－2－27，11），灰褐色。宽条单线压划米字形三角纹，纹道很浅，6个米字形中心各有1个较大圆窝。圆径3.1厘米。T31③∶36（图4－2－27，10），红褐色。双线刻划米字形三角纹，6个米字形中心各有1个小圆窝。圆径2.4厘米。

第七种篦点连线米字形三角纹　T22②B∶7（图4－2－27，14），红色。3股单线分别环绕，双线构成三角形，6个米字形中心各有1个圆窝。圆径3.8厘米。

此外有红烧土球2件。T51②∶390（图4－2－27，15），浅红色。呈扁球形，表面不光平，有似手指捏痕5个。圆径6.3厘米。T51②∶391（图4－2－27，16），浅红色。呈圆球形，有似手指捏痕3个。圆径6.1厘米。

［四］其他陶制品

1. 陶陀螺

4件。均泥质。分大、中、小三种，分别有1、1、2件。T52②∶165（图4－2－28，1），灰褐色。大型。尖头残缺。残高4.7、直径3.8厘米。T5②B∶11（图4－2－28，3），红褐色。小型。高3.5、直径2.8厘米。T24②B∶3（图4－2－28，2），浅红色。中型。高4.9、直径3.1厘米。

2. 陶陀螺形器

2件。均泥质浅红陶。T68②B∶58（图4－2－28，8），顶面不平整，呈不规则圆形。中部锥体稍扁，横剖面近圆角长方形。有一凹槽环绕。高3.2、直径2厘米。T2②B∶90（图4－2－28，4），大体呈锥形体，体上段有1周宽凹槽，上端为圆形平面，中部稍偏处有1个浅圆窝，下端缺失。残高3.6、圆面直径2.8厘米。

3. 陶短锥形器　1件。

T51②∶32（图4－2－28，5），泥质浅红陶。横剖面圆形。环绕2条凹槽，一面还有2条竖划纹。长3.4、直径1厘米。可能是装饰品。

4. 陶蛹形物　1件。

T51②∶60（图4－2－28，10），泥质红陶。实心圆柱体，一端为圆弧面，另一端断缺。饰篦点连线纹。残长5.3、直径1.8厘米。

5. 陶小棒形器　1件。

T68②AH85∶1（图4－2－28，6），泥质浅黄陶。小圆柱体，上端圆面斜平，有一浅凹槽，下端断缺。残长3.2、直径1.2厘米。

6. **陶祖** 1件。

T24②B∶4（图4－2－28，7；彩版三一，4），泥质红褐陶。龟头圆尖，阴茎后端残断。残长6、宽3.1厘米。

7. **陶龟** 1件。

T76②∶8（图4－2－28，9），泥质红陶。实心。拱背，平底，前有小头，一侧有两足，另两

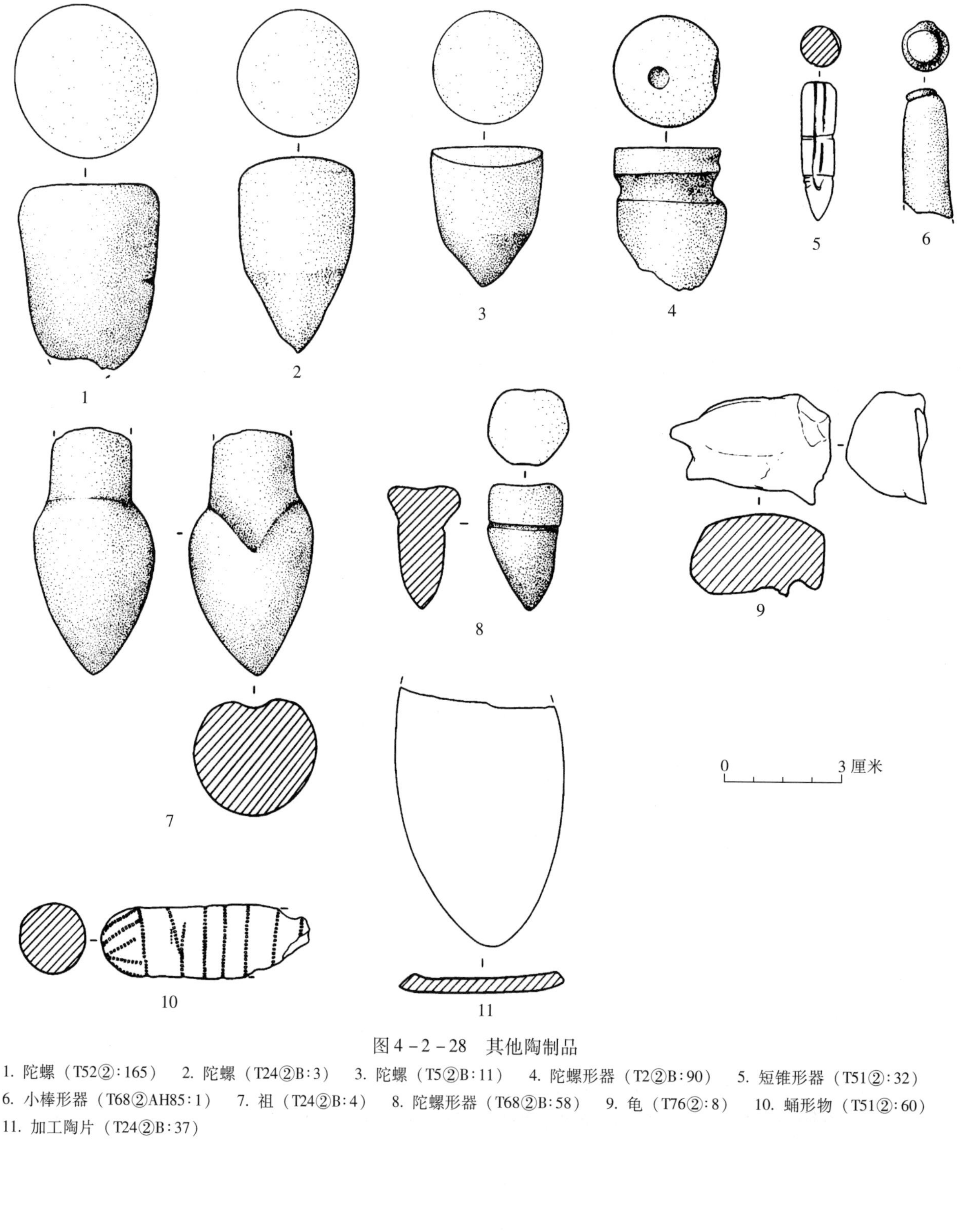

图4－2－28 其他陶制品

1. 陀螺（T52②∶165） 2. 陀螺（T24②B∶3） 3. 陀螺（T5②B∶11） 4. 陀螺形器（T2②B∶90） 5. 短锥形器（T51②∶32） 6. 小棒形器（T68②AH85∶1） 7. 祖（T24②B∶4） 8. 陀螺形器（T68②B∶58） 9. 龟（T76②∶8） 10. 蛹形物（T51②∶60） 11. 加工陶片（T24②B∶37）

足和尾部均未捏出。长4.1、宽2.5、高1.8厘米。

8. **陶加工陶片** 1件。

T24②B:37（图4-2-28，11），泥质红陶。利用一块素面陶片磨成，无刃缘，现一侧残断，原状可能近橄榄形。残长6、宽4.4、厚0.5厘米。

二 石器

[一] 工具

共149件。其中较完整的60件，残破89件。现分为铲、斧（大斧、中斧、小斧）、穿孔斧、钺、锛（中锛、小锛）、凿、圭形凿、镰、石刀、镞、杵、锤、饼、磨石等14种。除杵、锤、饼、磨石外均系磨制，其中相当数量的经精细磨光，偏小的石器尤显突出。

1. **石铲** 1件。

T36③A:13（图4-2-29，1），黄绿色，斜长角闪岩。为刃部的残片，铲面较宽。残长5.1、残宽10.3、厚1.3厘米。

2. **石斧**

共108件。其中较完整的32件，残破76件（内含不能分型式的中斧5件、小斧2件）。先按长度分为大（15.1厘米及以上）、中（15~9.1厘米）、小（9厘米及以下）三型，在中、小型斧里又各分为双刃斧、单刃斧两大类，再按平面形状分为A宽长方形和宽梯形、B长方形和长梯形、C长条形三种，每种之内依据特征分式。

（1）大型石斧 共3件，均残破。分为2式。

Ⅰ式 2件。较薄，两侧面圆弧。T39③A:15（图4-2-29，2），绿色，闪长玢岩。磨光。仅存下段，刃缘钝厚。残长9.8、宽9.7、厚2.1厘米。

Ⅱ式 1件。T52②:25（图4-2-29，3），灰绿色，辉绿岩。磨制。长条形，正面甚拱弧，背面较弧，中上段剥落很多。器身右半边厚于左半边，两侧面大体齐平，刃部缺损。残长20.5、宽8.8、厚3.9厘米。

（2）中型双刃石斧 共64件。其中较完整的13件，残破51件。按平面形状分为B、C两种，各予分式。

B长方形、长梯形中型双刃石斧 53件。分为6式。

BⅠ式 3件（内较完整2，残1）。体厚中等，两侧面圆弧。T52②:48（图4-2-30，2），绿色，闪长玢岩。磨制为主，两面和侧面留许多琢痕。右顶角缺失，两面刃部缓收对称。长12.5、宽8、厚3.1厘米。T64②:71（图4-2-30，1），绿色，闪长玢岩。磨光。左顶角缺损，刃缘稍残缺。长11.3、宽7.3、厚2.1厘米。

BⅡ式 12件（内较完整3，残9）。体厚中等，两侧面齐平，两面刃部缓收。T51②:6（图4-2-30，5），深绿色，闪长岩。侧面和侧缘均有部分剥落。长10、宽6.3、厚2.3厘米。T51②:17（图4-2-30，3），灰绿色，细粒闪长岩。磨制，两面留较多琢痕。平面呈长方形，刃缘全缺失。残长10.7、宽6.3、厚2.6厘米。T51②:36（图4-2-30，4），黄绿色，弱透闪帘石化

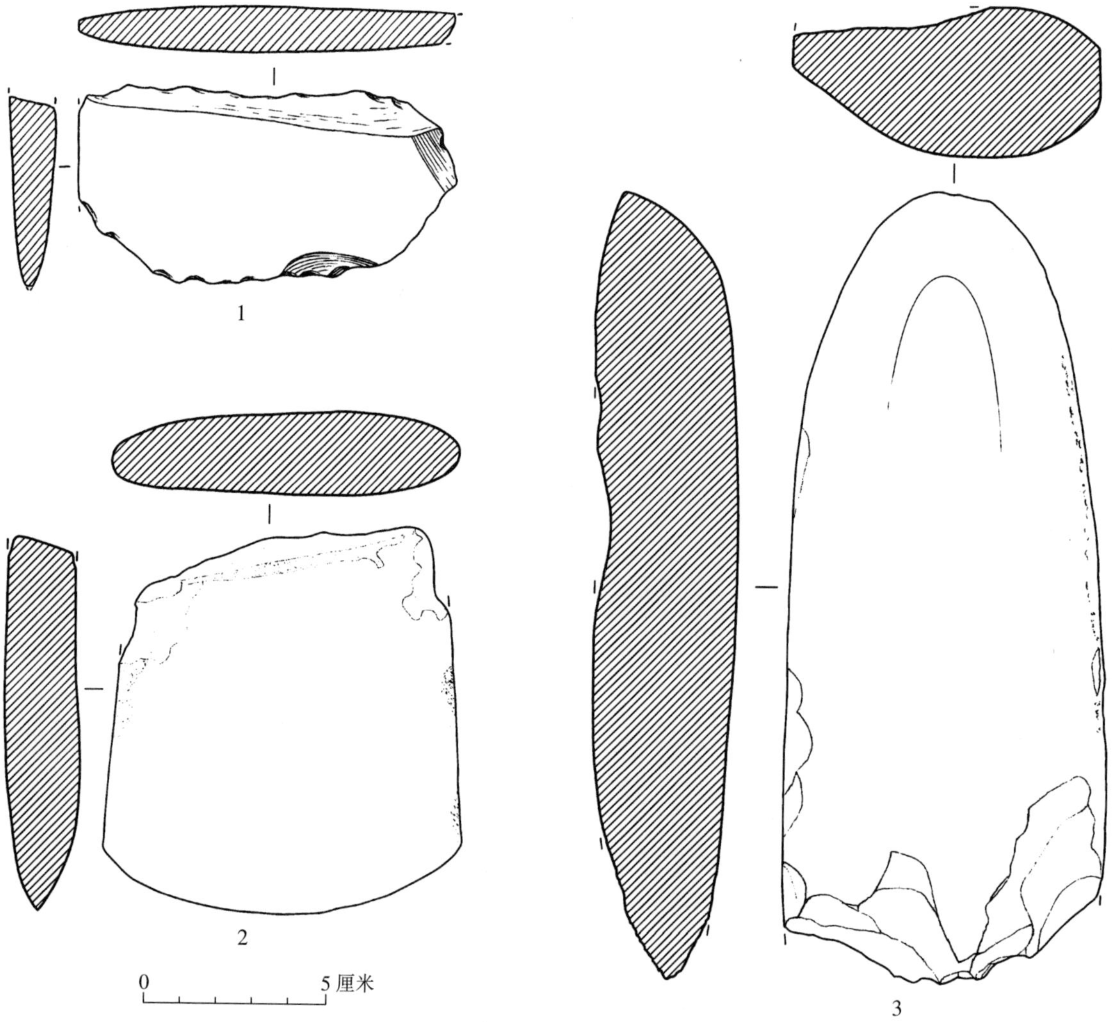

图4-2-29　石铲和大型石斧

1. 铲（T36③A:13）　2. Ⅰ式大型斧（T39③A:15）　3. Ⅱ式大型斧（T52②:25）

辉长岩。正面顶边为斜坡面，正、背面稍磨蚀。残长10.8、宽6.8、厚2.7厘米。

BⅢ式　4件（内较完整1，残3）。中厚体，两侧面齐平，一面的刃部磨出刃面。T6②B:2（图4-2-30，6），黄绿色，钠黝帘石化辉绿岩。正面有刃面，刃缘基本无存。残长10、宽7.3、厚2.3厘米。T22②B:9（图4-2-30，7），灰绿色，钠黝帘石化辉绿岩。背面有横条刃面，刃缘较锋利。长10.9、宽7.1、厚2.4厘米。

BⅣ式　3件（内较完整1，残2）。厚体，两侧面圆弧，两面刃部缓收。T71②:10（图4-2-30，8），灰绿色，钠黝帘石化绿泥石化辉绿玢岩。两面和侧面有较多磨蚀痕。刃缘完整锋利。长9.3、宽5.5、厚2.7厘米。

BⅤ式　27件（内较完整4，残23）。厚体，两侧面齐平，两面刃部缓收。T51②:26（图4-2-30，9），黄绿色，绿泥闪石帘石化细粒玄武岩。磨光，滑润。顶端右半边大部崩落，保存的右半边刃缘锋利。长10、宽5.9、厚3厘米。T52②:18（图4-2-31，3），灰绿色，闪长岩。顶端中心略磨蚀，正面左顶角处磨成斜坡，两侧面齐平，两面刃部缓收对称，刃缘全缺失。残长11.9、宽6.7、厚3.1厘米。T68②A:67（图4-2-31，5），黄绿色，绿泥石钠黝帘石化辉长辉绿岩。正

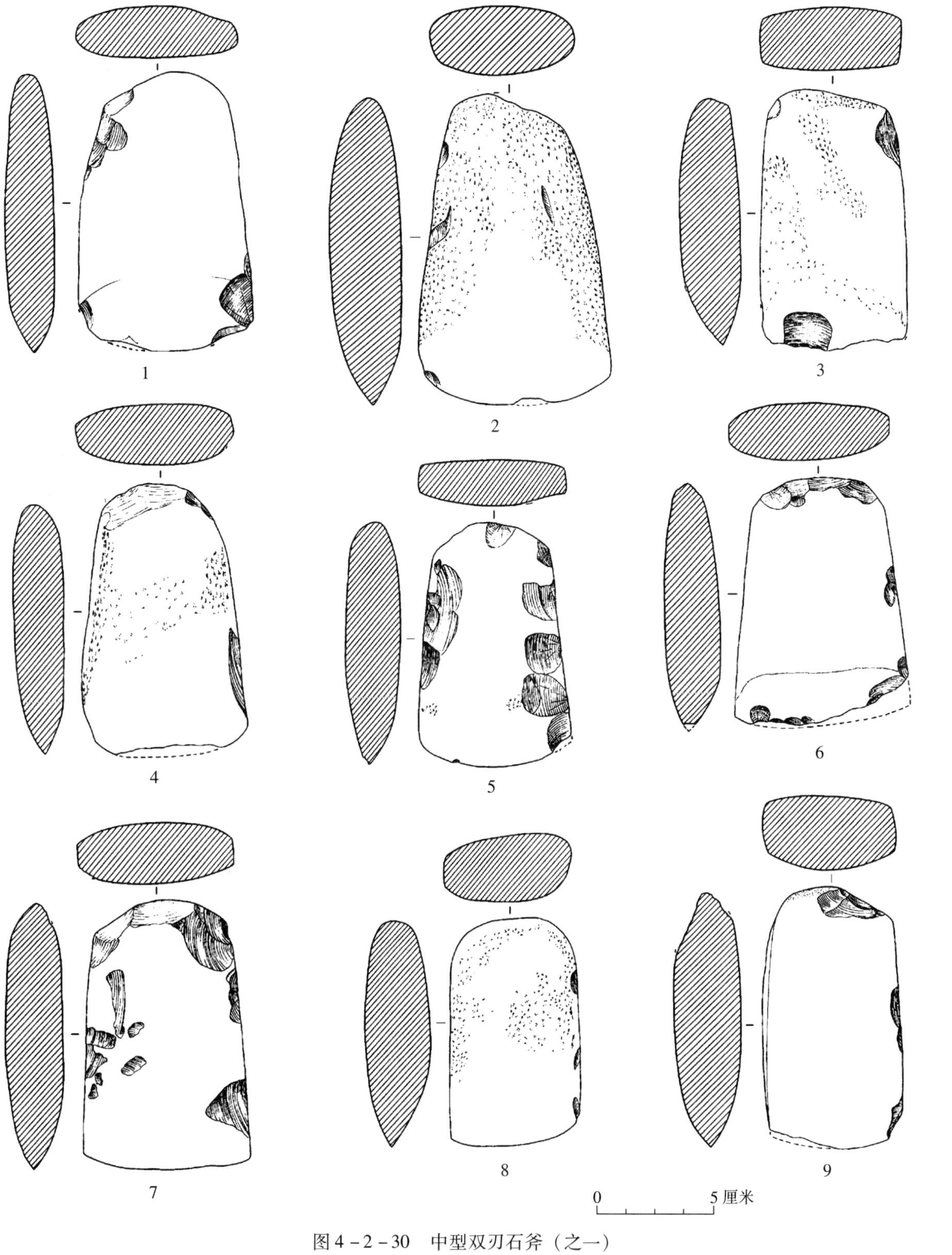

图4－2－30　中型双刃石斧（之一）

1. BⅠ式（T64②:71）　2. BⅠ式（T51②:48）　3. BⅡ式（T51②:17）　4. BⅡ式（T51②:36）　5. BⅡ式（T51②:6）　6. BⅢ式（T6②B:2）　7. BⅢ式（T22②B:9）　8. BⅣ式（T71②:10）　9. BⅤ式（T51②:26）

面右半边有两竖条，系未加磨平的自然凹坑。两边侧缘严重崩落，正面刃部两侧浅显棱脊但未连成完整的刃面。残长12.3、宽6.5、厚3厘米。T73②:9（图4－2－31，1），红灰色，闪长岩。顶端和正、背面布满大麻点状敲琢痕，刃部磨光。两面刃部缓收对称，刃缘全缺。残长11.5、宽

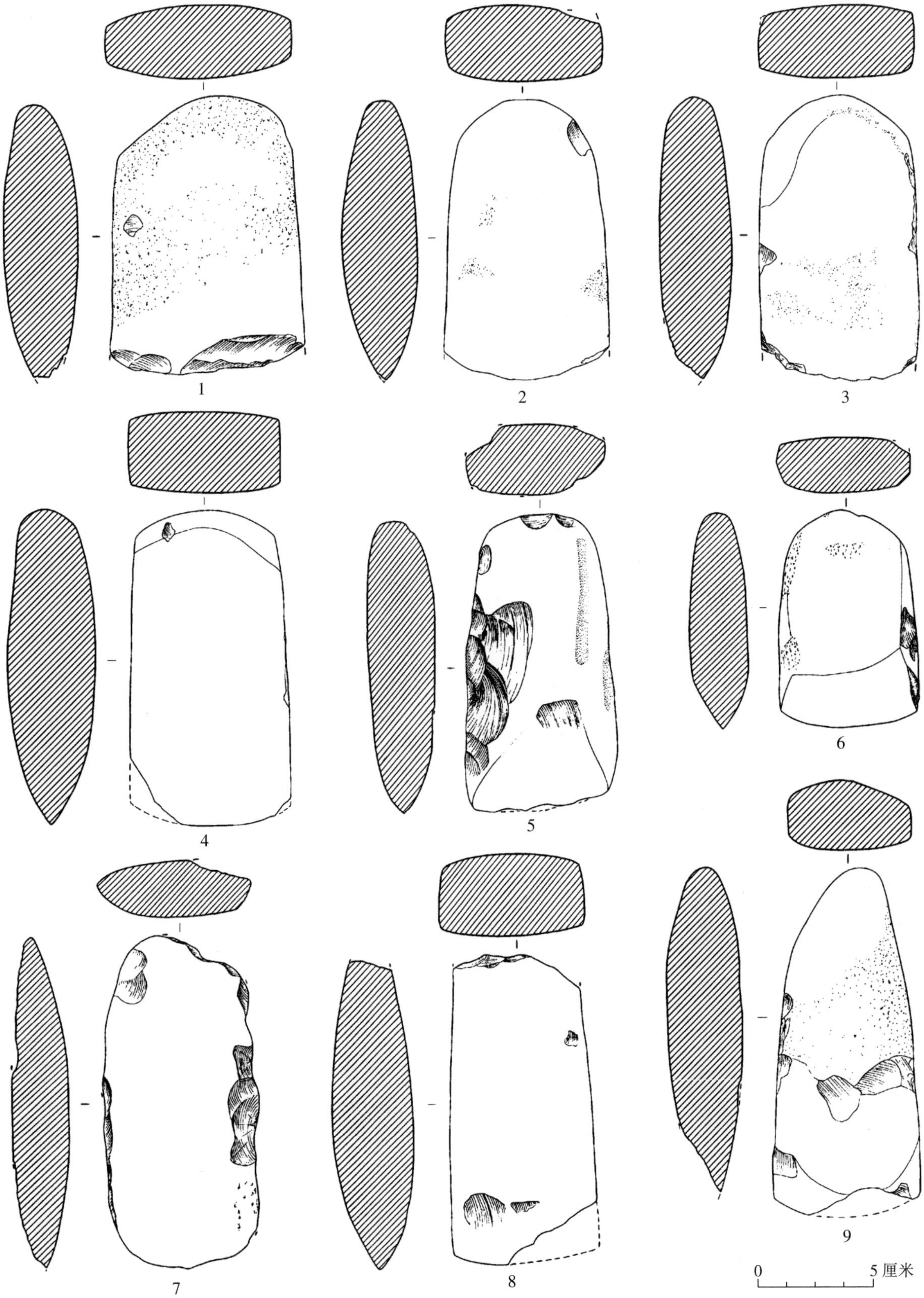

图4-2-31 中型双刃石斧（之二）

1. BⅤ式（T73②:9） 2. BⅤ式（T77②:34） 3. BⅤ式（T52②:18） 4. BⅤ式（T2②B:26） 5. BⅤ式（T68②A:67） 6. BⅥ式（T68②BH84:1） 7. CⅠ式（T65②:29） 8. CⅡ式（T79②:1） 9. CⅢ式（T52②:19）

8.3、厚2.9厘米。T77②:34（图4-2-31，2），绿色，闪长岩。弧顶，顶端稍经磨蚀，两侧面齐平，侧缘清楚，两面刃部缓收对称，背面刃面大部剥落但已临近刃缘。残长11.7、宽7、厚3.2厘米。T2②B:26（图4-2-31，4），灰绿色，帘石化辉绿岩。磨光。顶端光滑无损，两面顶边磨出斜坡，两侧面齐平，两面刃部缓收对称，刃缘较厚。长13.3、宽6.9、厚3.7厘米。

BⅥ式　4件（内较完整2）。厚体，两侧面齐平，一面（3件）或两面（1件）的刃部磨出刃面。T68②BH84:1（图4-2-31，6），灰绿色，绿泥石钠黝帘石化辉长辉绿岩。磨光。正面的左、右侧边为斜坡面，两面磨出横条刃面，刃缘完整较锋利。长9.1、宽5.9、厚2.5厘米。

C 长条形中型双刃石斧　11件（均残）。分为3式。

CⅠ式　1件。T65②:29（图4-2-31，7），绿色，斜长角闪岩。中厚体，顶端、背面和侧面崩落较多，仍部分地保存圆弧形的两侧面，刃缘全缺失。残长13.8、宽6.8、厚2.4厘米。

CⅡ式　8件。厚体，两侧面齐平，两面刃部缓收。T79②:1（图4-2-31，8），灰绿色，钠黝帘石化绿泥石化辉绿玢岩。顶端全崩落，刃缘大部残缺。残长13、宽6.4、厚3.5厘米。

CⅢ式　2件。厚体，两侧面齐平，一面刃部磨出刃面。T52②:19（图4-2-31，9），灰绿色，闪长玢岩。窄圆顶完整，正面近刃部处和背面的右上方为较大的自然凹面，正面有凹弧形窄刃面。残长13.9、宽6.4、厚3.1厘米。

（3）中型单刃石斧　共5件。其中较完整的1件，残破4件。按平面形状仅有B种。

B 长方形、长梯形中型单刃石斧　5件。分为3式。

BⅠ式　3件（残）。中厚体，两侧面齐平，两面刃部缓收。T54③BH54:1（图4-2-32，1），绿色，闪长岩。窄圆顶，刃缘全缺失。残长10.4、宽5.9、厚2.5厘米。

BⅡ式　1件（较完整）。T5②B:2（图4-2-32，2），黄绿色，钠黝帘石化辉绿岩。厚体，正面略弧，背面拱弧，两侧面齐平，正面刃部残存横条刃面，刃缘全缺失。残长9.6、宽6.8、厚2.9厘米。

BⅢ式　1件（残）。T51②:21（图4-2-32，3），灰色，细粒石英砂岩。磨光。薄体，两面刃部缓收，刃缘完整很锋利。残长5、宽6、厚1.5厘米。

（4）小型双刃石斧　共14件。其中较完整的7件，残破7件。按平面形状分为A、B两种，各予分式。

A 宽长方形、梯形小型双刃石斧　9件。分为5式。

AⅠ式　1件（较完整）。T24②B:1（图4-2-33，1），褐绿色，辉绿岩。中厚体，两侧面圆弧，侧缘都稍剥落，两面刃部缓收，刃缘略缺损、今甚钝厚。长7、宽5.3、厚1.8厘米。

AⅡ式　1件（较完整）。T51②:33（图4-2-33，2），红灰色，黏土质硅岩。呈宽长方形。左顶角剥落，两侧面齐平，正面刃部磨出拱弧形棱脊的宽刃面，背面刃部竖直缓收，刃缘锋利。长5.8、宽4.2、厚1.3厘米。

AⅢ式　1件（较完整）。T51扩②:16（图4-2-33，3），黄绿色，钠黝帘石化辉绿岩。磨光。宽梯形。中厚体，两侧面齐平，背面刃部有横条刃面。长8.3、宽7.2、厚1.9厘米。

AⅣ式　4件（内较完整1，残3）。厚体，两侧面齐平，两面刃部缓收。T51扩②:5（图4-2-33，4），黄绿色，辉绿岩。磨光。长7.9、宽6.2、厚2.6厘米。

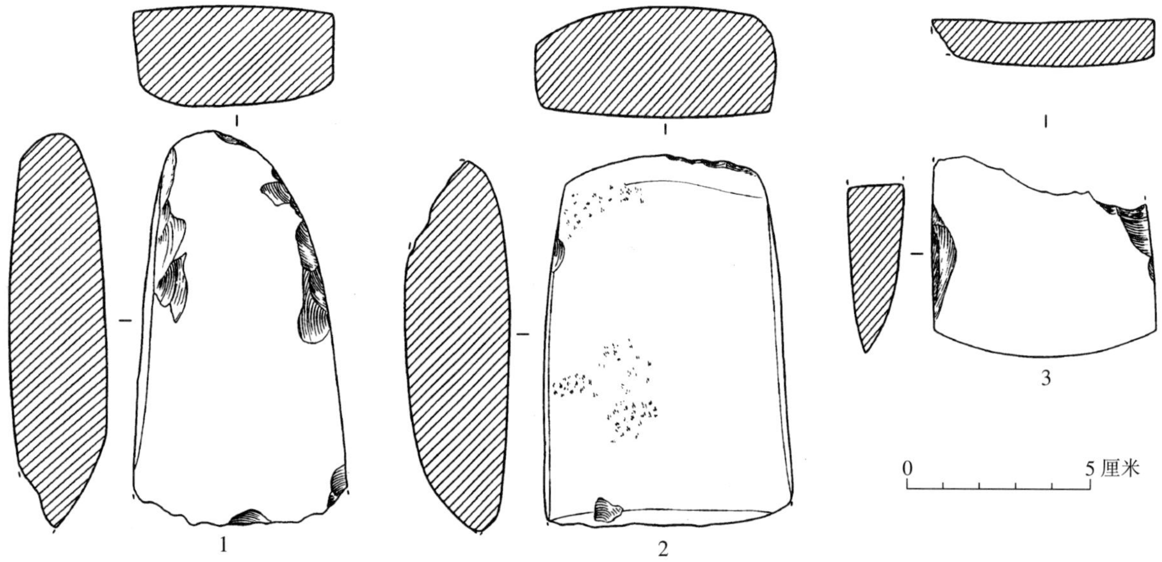

图 4－2－32 中型单刃石斧
1. BⅠ式（T54③BH54：1） 2. BⅡ式（T5②B：2） 3. BⅢ式（T51②：21）

AⅤ式 2 件（内较完整 1，残 1）。厚体，两侧面齐平，一面有刃面。T76②：4（图 4－2－33，5），灰绿色，钠黝帘石化辉绿岩。磨光。侧缘剥落甚多，刃缘很锋利。长 8.1、宽 6、厚 2.4 厘米。

B 长方形、长梯形小型双刃石斧 5 件。分为 5 式。

BⅠ式 1 件（残）。T70②：15（图 4－2－33，6），灰黑色，硅岩。中厚体，两侧面齐平，左侧缘多剥落，两面刃部缓收，刃缘全缺失。残长 7.5、宽 4.9、厚 1.7 厘米。

BⅡ式 1 件（残）。T39③A：17（图 4－2－33，7），灰绿色，绿泥石钠黝帘石化辉长辉绿岩。磨光。背面崩掉 1/2。弧顶，顶端未磨蚀。左侧面大部剥落，原似有齐平面，今已剥落呈圆弧，右侧面全崩落。正面刃部磨出弧形刃面，背面刃部竖直缓收，残存左角一段刃缘锋利。长 7.3、残宽 4.8、厚 1.8 厘米。

BⅢ式 1 件（残）。T31③：22（图 4－2－33，8），灰绿色，含黏土质石英粉砂岩。厚体，两侧面齐平，正、背面崩落碎片较多，侧缘多剥落，两面刃部缓收，刃缘全缺失。残长 8.5、宽 5.5、厚 2.3 厘米。

BⅣ式 1 件（完整）。T51②：25（图 4－2－33，9），红褐色，辉绿岩。磨光。弧顶，顶端稍磨蚀。右侧面圆弧，左侧面齐平且侧缘有棱，背面左侧边为宽斜坡面。正面刃部有几条脊但未连起，正、背面刃部均缓收。长 8.2、宽 4.7、厚 2.4 厘米。

BⅤ式 1 件（完整）。T51 扩②：11（图 4－2－33，10），灰色，云母板岩。磨光。弧顶，两面顶部微剥落碎屑，正、背面平，两侧面圆弧，正面和背面的左刃角处都磨斜，刃缘完整锋利。长 5.4、宽 3.2、厚 0.7 厘米。

（5）小型单刃石斧 共 15 件。其中较完整的 11 件，残破 4 件。按平面形状分为 A、B、C 三种。

A 宽长方形、宽梯形小型单刃石斧 8 件。分为 7 式。

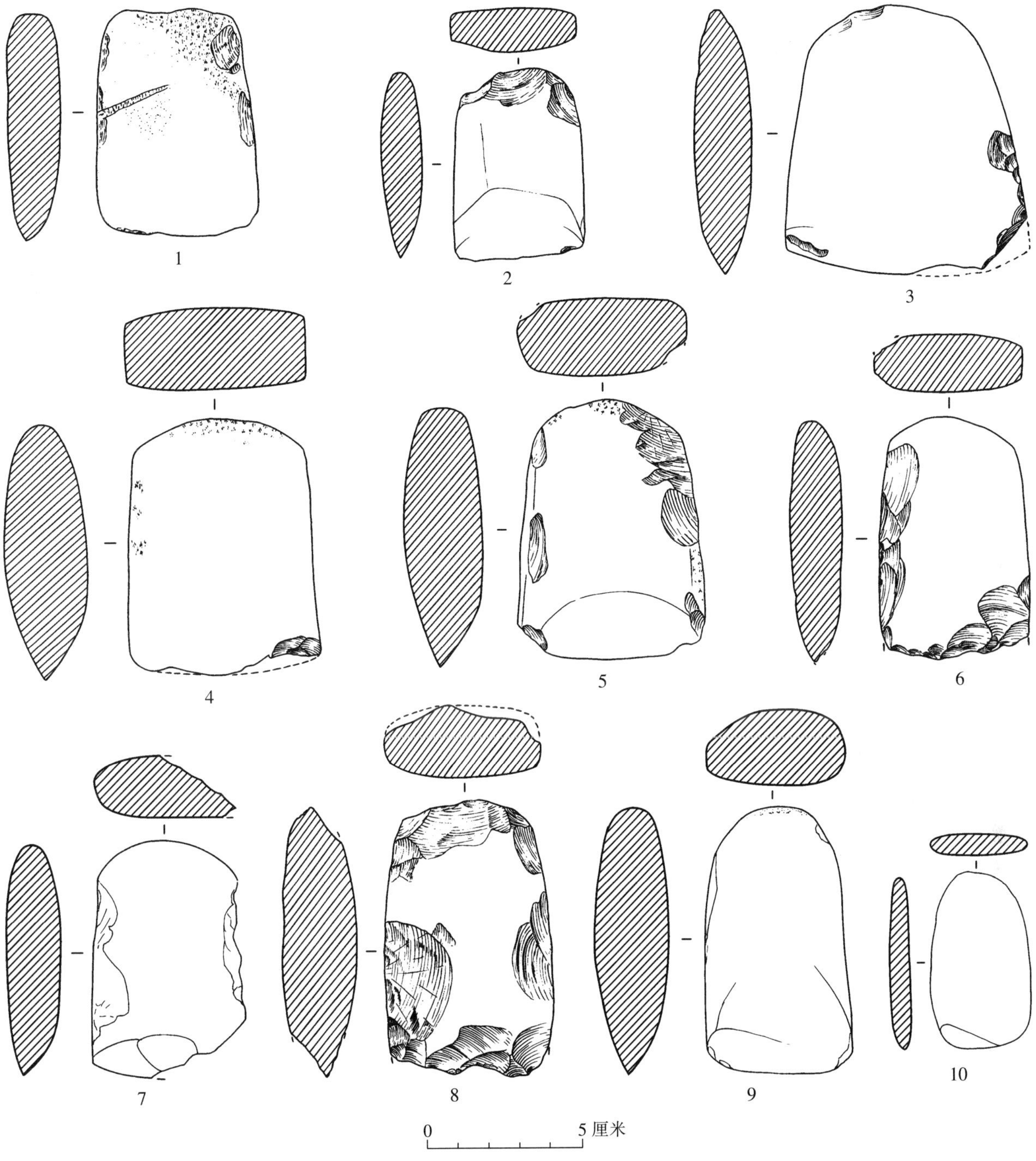

图 4－2－33　小型双刃石斧

1. AⅠ式（T24②B∶1）　2. AⅡ式（T51②∶33）　3. AⅢ式（T51 扩②∶16）　4. AⅣ式（T51 扩②∶5）　5. AⅤ式（T76②∶4）　6. BⅠ式（T70②∶15）　7. BⅡ式（T39③A∶17）　8. BⅢ式（T31③∶22）　9. BⅣ式（T51②∶25）　10. BⅤ式（T51 扩②∶11）

AⅠ式　1 件（完整）。T51②∶27（图 4－2－34，1；彩版三一，5），紫色，石英粉砂岩。磨光，滑润。完整无损。中厚体，左侧面齐平，右侧面下段为齐平面，正面刃部磨出横条刃面，背面刃部竖直缓收。长 8.6、宽 7.1、厚 1.6 厘米。

AⅡ式　2 件（内较完整 1，残 1）。T6②B∶4（图 4－2－34，6），绿色，绿泥石钠黝帘石化辉长辉绿岩。磨光。厚体，正面左侧边为斜坡面，两侧面齐平，两面刃部缓收，刃缘锋利。长 5.8、宽 4.6、厚 1.7 厘米。

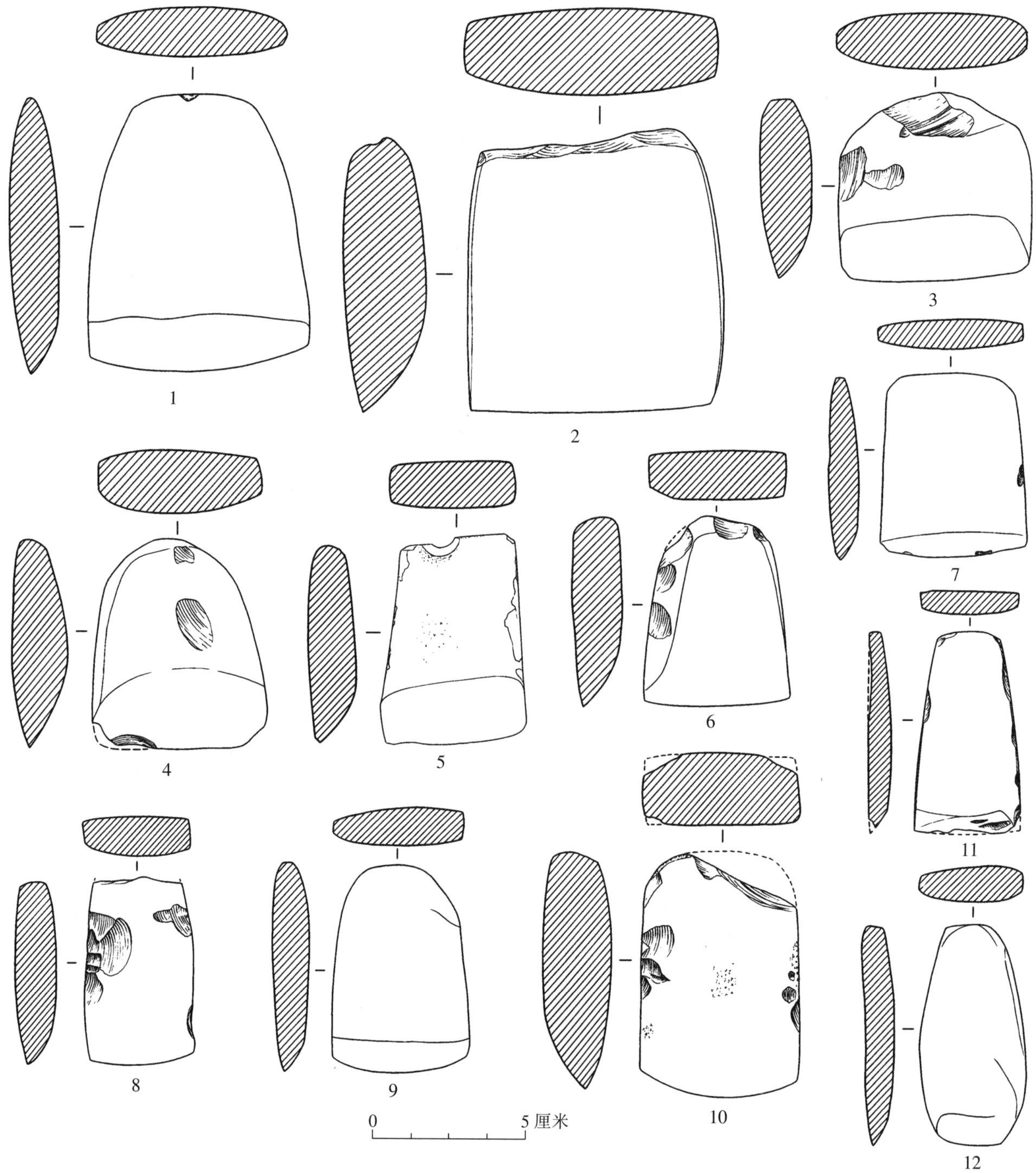

图4-2-34 小型单刃石斧

1. AⅠ式（T51②:27） 2. AⅤ式（T42③:4） 3. AⅣ式（T3②B:2） 4. AⅢ式（T71②:5） 5. AⅦ式（T9②B:54） 6. AⅡ式（T6②B:4） 7. AⅥ式（T51②:28） 8. BⅠ式（T77②:4） 9. BⅡ式（T2②B:21） 10. BⅢ式（T68②AS5:111） 11. BⅣ式（T52扩②:1） 12. C种（T21②B:1）

AⅢ式　1件（较完整）。T71②:5（图4-2-34，4），灰绿色，钠黝帘石化辉绿岩。磨光。厚体，两侧面齐平，正面有拱弧形棱脊宽刃面，刃缘锋利。长6.5、宽5.7、厚1.9厘米。

AⅣ式　1件（较完整）。T3②B:2（图4-2-34，3），褐黄色，绿泥石钠黝帘石化辉长辉绿岩。磨光。形状短宽。厚体，两侧面齐平，右侧面和侧缘多磨蚀，正面有横条刃面，刃缘锋利。长5.8、宽6.2、厚1.7厘米。

AⅤ式　1件（完整）。T42③:4（图4－2－34，2），黄色，石英砂岩。磨光。形状近方形。特厚体，顶端为自然凹面，两侧面齐平，两面刃部缓收，刃缘很锋利。长8.7、宽8.2、厚2.6厘米。

AⅥ式　1件（完整）。T51②:28（图4－2－34，7；彩版三一，6），黄绿色，绿泥石钠黝帘石化辉长辉绿岩。磨光。薄体，两侧面齐平，正面磨出横条刃面，背面刃部中段有很窄的1条刃面。长5.8、宽4.8、厚0.9厘米。

AⅦ式　1件（完整）。T9②B:54（图4－2－34，5），磨光。中厚体，两侧面齐平，正面磨出宽刃面，背面有很窄的刃面，刃缘锋利。顶边残存月牙形透孔，当系原穿孔石器的改制品。长6.2、宽4.8、厚1.5厘米。

B 长方形、长梯形小型单刃石斧　6件。分为4式。

BⅠ式　2件（内较完整1，残1）。T77②:4（图4－2－34，8），灰色，高岭石黏土岩。磨光。中厚体，顶端全断缺，两侧面齐平，两面刃部缓收，刃缘锋利。残长5.8、宽3.5、厚1.3厘米。

BⅡ式　2件（内完整1，残1）。中厚体，两侧面齐平，一面刃部有刃面。T2②B:21（图4－2－34，9），灰白色，流纹岩。磨光，滑润。完整无损。刃缘锋利。长6.5、宽4.5、厚1.2厘米。

BⅢ式　1件（残）。T68②AS5:111（图4－2－34，10），绿色，辉长玢岩。磨光。厚体，顶端多缺失，两侧面齐平，部分侧缘崩落，两面刃部缓收，刃缘较锋利。残长7.3、宽5.1、厚2.3厘米。

BⅣ式　1件（较完整）。T52扩②:1（图4－2－34，11），黄绿色，霏细岩。磨光。薄体，两侧面齐平，正面磨出横条刃面。长6.2、宽3.4、厚0.7厘米。

C 长条形小型单刃石斧　1件（完整）。T21②B:1（图4－2－34，12），黄绿色，绿泥石纳黝帘石化辉长辉绿岩。磨光。中厚体，器身左薄右厚，两侧面齐平，正面有刃面，刃缘锋利。长6.8、宽3.4、厚1.2厘米。

3. **穿孔石斧**

共3件。其中完整的2件，残破1件。T51②:14（图4－2－35，2），黄绿色，绿泥石钠黝帘石化辉长辉绿岩。磨光。仅存上段。正、背面平，圆孔从两面钻透。残长4.9、宽5.6、厚1.4厘米。T52②H33:1（图4－2－35，1；彩版三一，7），黄绿色，叶蛇纹石岩。磨光。弧顶，正、背面拱弧，两侧面齐平，侧缘有棱，两面刃部缓收对称，刃缘完整稍钝。圆孔一面钻透，孔壁有细密平行的旋纹。背面孔边有新月形浅窝，为最初钻孔处，后移动位置钻透成现在的孔。长12.7、宽6.5、厚2.1厘米。T40③A:5（图4－2－35，3），灰色，透闪—阳起石片岩。磨光。小型。正、背面平，两侧面大部分有窄条平面，两面的左、右侧边均有窄斜坡面，两面刃部都磨出横条刃面，刃缘很锋利。长5.5、宽3.4、厚0.7厘米。

4. **石钺**

共3件。其中较完整的1件，残破2件。均磨光。分为2式。

Ⅰ式　2件。T51②:47（图4－2－35，5；彩版三一，8），绿色，绿泥角闪片岩。体较厚，正、背面弧曲，正面刃部磨出刃面，刃面里又有1条短棱，背面刃部竖直缓收，刃缘完整锋利。

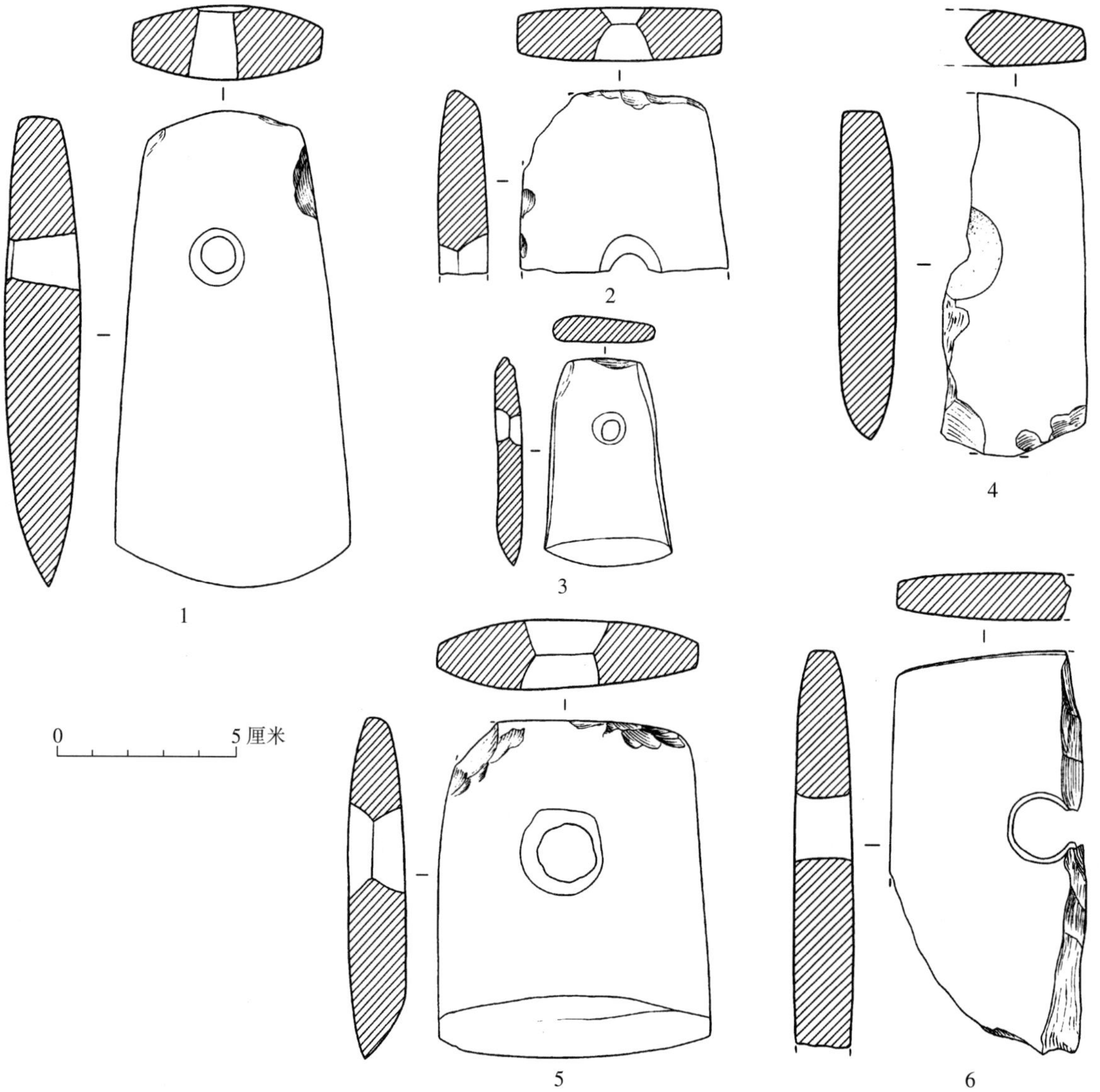

图4-2-35　穿孔石斧和石钺

穿孔斧：1. T52②H33∶1　2. T51②∶14　3. T40③A∶5　钺：4. Ⅰ式（T1②B∶10）　5. Ⅰ式（T51②∶47）　6. Ⅱ式（T53②∶195）

圆孔由两面凿钻而成，孔口、孔壁均不整齐。长9、宽7.6、厚1.6厘米。T1②B∶10（图4-2-35，4），灰绿色，绿泥石钠黝帘石化辉长辉绿岩。正、背面刃部分别为竖直缓收和陡斜缓收，都未磨出刃面，余者同上述标本。长9.5、残宽4.1、厚1.8厘米。

Ⅱ式　1件。T53②∶195（图4-2-35，6），灰绿色，云母板岩。正面略弧，背面略平。圆孔由两面钻透，孔壁为稍凸的弧壁而不呈对口漏斗形。残长10.7、残宽5.4、厚1.5厘米。

5. **石锛**

共14件。按长度分中、小两型。

（1）中型石锛　共3件。其中较完整的2件，残破1件。分为2式。

Ⅰ式　1件（残）。T24②B∶6（图4-2-36，1），绿色，闪长岩。磨制。长方形，仅存下段。左侧面全崩落，仅右刃角处为原边，其他刃缘都略有缺损。残长7.9、残宽8.7、厚1.9厘米。

Ⅱ式　2件（较完整）。长条形。T64②∶69（图4-2-36，2），黄绿色，石英粉砂岩。磨光。

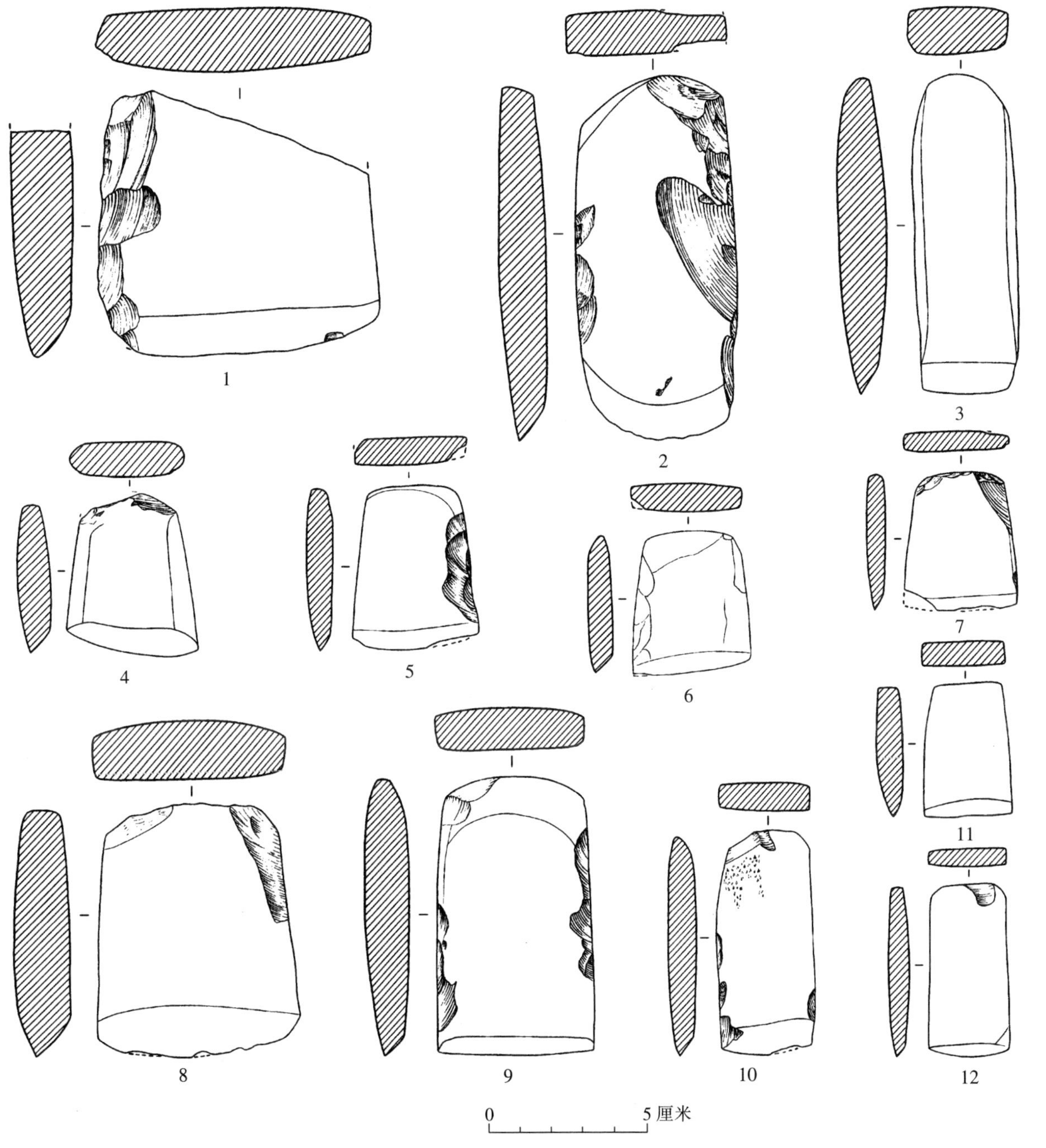

图 4-2-36　中型石锛和小型石锛

中型锛：1. Ⅰ式（T24②B:6）　2. Ⅱ式（T64②:69）　3. Ⅱ式（T2②B:16）　小型锛：4. AⅠ式（T68②A:62）　5. AⅡ式（T70②H64:1）　6. AⅡ式（T51②:17）　7. AⅣ式（T52②:9）　8. AⅢ式（T42③:3）　9. BⅠ式（T52②:2）　10. CⅠ式（T64②:9）　11. BⅡ式（T52②H32:1）　12. CⅡ式（T22②B:2）

长条形体稍宽，正、背面均有剥落，刃缘基本完整较钝。长 10.9、宽 5、厚 1.5 厘米。T2②B:16（图 4-2-36，3），灰绿色，流纹岩。磨光。窄长条形体，刃缘完整锋利。长 9.6、宽 3.3、厚 1.4 厘米。

（2）小型石锛　共 11 件。均较完整。精细磨光的最多，普通磨制的极少。先按平面形状分 A、B、C 三种，各予分式。

A 宽长方形、宽梯形小型石锛　6 件。分为 4 式。

AⅠ式　1件。T68②A:62（图4－2－36，4），棕色，闪长玢岩。磨光。两侧面圆弧，刃缘完整钝厚。长4.8、宽4.1、厚1.1厘米。

AⅡ式　2件。体厚中等，两侧面齐平。T51②:17（图4－2－36，6），黄色，黏土质硅岩。磨光。正面左顶角以下剥落一块薄片。两侧面齐平，侧缘有棱，正面刃部磨出横条刃面，背面刃部竖直缓收，刃缘很锋利。长4.1、宽3.6、厚0.8厘米。T70②H64:1（图4－2－36，5），灰色，弱透闪帘石化辉长岩。磨光。侧缘崩落较多，现存刃缘锋利。长4.9、宽3.9、厚0.8厘米。

AⅢ式　1件。T42③:3（图4－2－36，8），黄绿色，绿泥帘石化辉绿玢岩。磨制。形体较大。正面左顶角为天然斜坡光面，右顶角处剥落碎片，刃缘都稍缺损。长7.5、宽6.2、厚1.8厘米。

AⅣ式　2件。薄体，两侧面齐平。T52②:9（图4－2－36，7），灰黑色，透闪—阳起石片岩。磨光。长4.1、宽3.5、厚0.6厘米。

B长方形、长梯形小型石锛　3件。分为2式。

BⅠ式　1件。T52②:2（图4－2－36，9；彩版三一，9），黄绿色，绿泥石钠黝帘石化辉长辉绿岩。磨光。中厚体，正面顶边为斜坡面，两侧面齐平，刃缘很锋利。长8.4、宽4.9、厚1.3厘米。

BⅡ式　2件。均磨光。小型。中厚体，两侧面齐平，刃缘都锋利。T52②H32:1（图4－2－36，11），灰色，透闪—阳起石片岩。完整无损。长3.9、宽2.8、厚0.8厘米。

C长条形小型石锛　2件。分为2式。

CⅠ式　1件。T64②:9（图4－2－36，10），浅绿色，霏细岩。磨光。中厚体，两侧面齐平，刃缘锋利。长6.6、宽3、厚1厘米。

CⅡ式　1件。T22②B:2（图4－2－36，12），灰绿色，流纹岩。磨光，滑润。薄体，两侧面齐平，刃缘锋利。长5.2、宽2.5、厚0.5厘米。

6. **石凿**

共10件。其中较完整的5件，残破5件。均磨制，其中绝大多数磨光，有些还磨得滑润。分为6式。

Ⅰ式　1件（整）。T21扩②B:3（图4－2－37，1），灰色，高岭石黏土岩。磨光。顶端和左、右顶角稍缺损，正面略弧，背面平，两侧面磨齐，侧面和侧缘都有部分剥落，两面刃部缓收，刃缘完整较薄。长11.5、宽3.5、厚0.9厘米。

Ⅱ式　3件（残）。器形厚大，横剖面呈鼓边长方形。T52②H32:2（图4－2－37，2），黄绿色，辉绿岩。磨光。仅存下段，刃缘全缺失。残长12.3、宽5.1、厚3.7厘米。

Ⅲ式　2件（较完整）。粗短长条形。T51②:31（图4－2－37，4），棕灰色，高岭石黏土岩。磨光，滑润。平顶，顶角稍缺损，两面刃部缓收对称，刃缘较锋利。器体横剖面呈规整的长方形。长5.8、宽3.1、厚2厘米。T36③A:7（图4－2－37，3），灰绿色，绿泥帘石化绢云化中基性脉岩。磨光。顶端缺失，今成齐平的断口，侧面和侧缘多经磨蚀，刃缘完整锋利。横剖面呈鼓边长方形。残长8、宽3.5、厚2.5厘米。

Ⅳ式　2件（残）。方柱体长条形。T51②:22（图4－2－37，7），灰黄色，细粒石英砂岩。磨光。因利用石材原形今左侧缘处圆拐。整体当与Ⅴ式近似。残长8.2厘米。

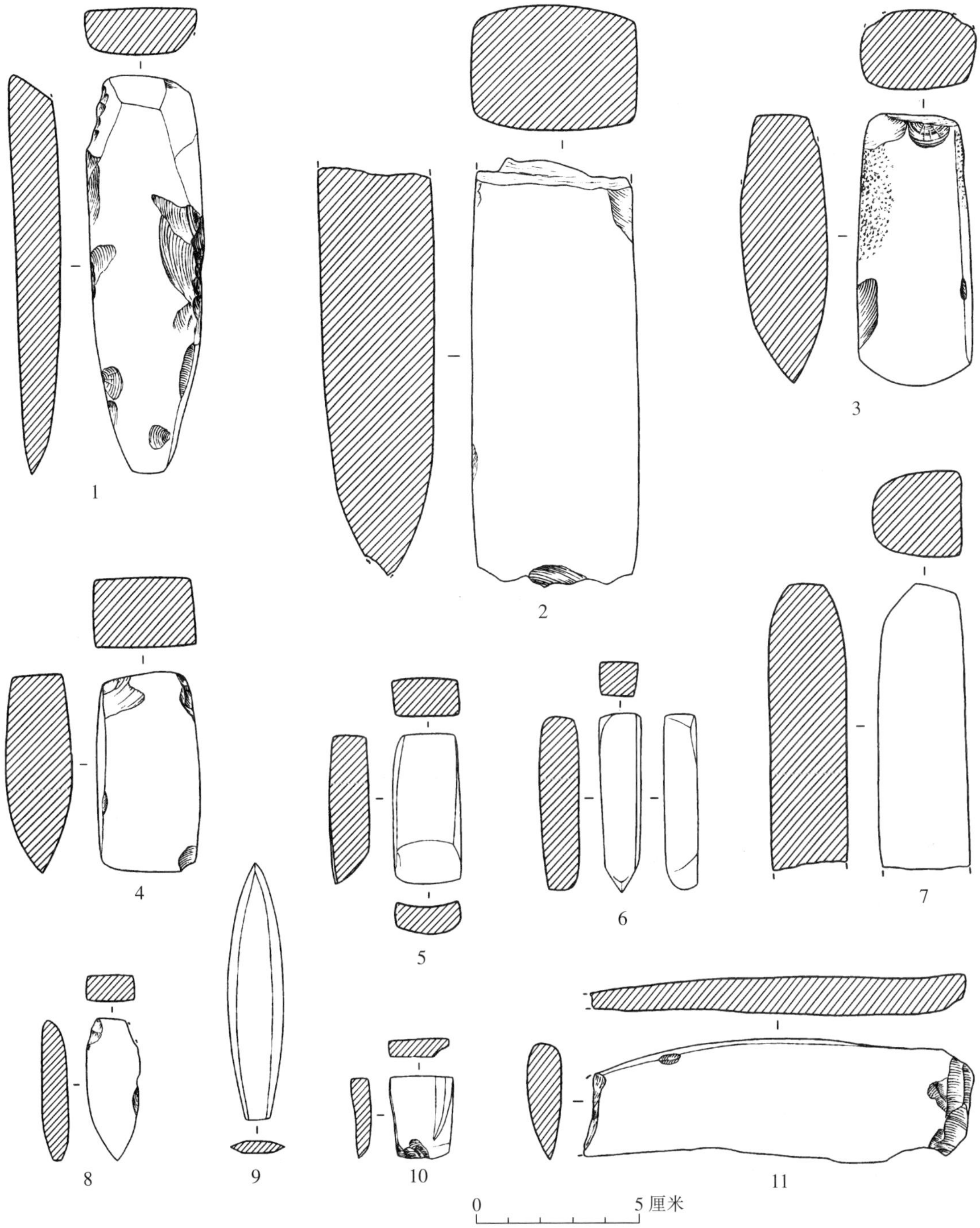

图 4－2－37　石凿、石镞、石刃和石镰

1. Ⅰ式凿（T21 扩②B∶3）　2. Ⅱ式凿（T52②H32∶2）　3. Ⅲ式凿（T36③A∶7）　4. Ⅲ式凿（T51②∶31）　5. Ⅵ式凿（T51②∶310）　6. Ⅴ式凿（T5②B∶13）　7. Ⅳ式凿（T51②∶22）　8. 圭形凿（T51②∶18）　9. 镞（T6②B∶31）　10. 刃（T51②B∶19）　11. 镰（T38③AH11∶7）

Ⅴ式　1 件（整）。T5②B∶13（图 4－2－37，6），灰色，火山角砾岩。磨光。小型方柱体长条形。两侧刃部陡斜，磨出较宽刃面，聚成器锋，刃缘完整锋利。长 5.2、宽 1.3、厚 1.3 厘米。

Ⅵ式　1 件（整）。T51②∶310（图 4－2－37，5；彩版三一，10），灰色，流纹岩。磨光，滑润。体形较厚。系圆口凿，一面刃部磨出凹刃面，其中心低于刃面两侧约 1.2 毫米，刃缘完整锋利。长 4.3、宽 2.1、厚 1.2 厘米。

7. **圭形石凿**

共2件。其中较完整的1件，残破1件。T51②:18（图4-2-37，8），灰白色，石英岩。磨光，滑润。器形很小。左、右顶角缺损，刃部两侧缓收聚成器锋，刃缘完整锋利。长4.1、宽1.7、厚0.8厘米。另一残件器形较大，顶端剥落，刃部断缺。

8. **石镰** 1件。

T38③AH11:7（图4-2-37，11），灰色，高岭石黏土岩。磨光。尖端缺失，柄部下侧和末端稍缺损，刃缘凹弧较薄。残长11.6、宽3.4、厚1.2厘米。

9. **石刃** 1件。

T51②B:19（图4-2-37，10），灰绿色，流纹岩。磨光，滑润。平顶，正面右侧边坡斜，背面近刃部处有一凹面。左半边刃缘缺损，右半边刃缘锋利。长2.4、宽1.9、厚0.6厘米。

10. **石镞** 1件（整）。

T6②B:31（图4-2-37，9；彩版三一，11），灰绿色，透闪—阳起石片岩。磨光，完整无损。呈柳叶形，正、背面平，边刃起脊，器身与铤部无明显分界。长7.3、宽1.6、厚0.4厘米。

11. **石杵** 1件。

T68②A:114（图4-2-38，1），紫色，石英岩。系利用天然砾石，两端均经使用，下端局部剥落碎屑。长10、宽4、厚2.6厘米。

12. **石锤** 2件。

T64②:121（图4-2-38，7），浅绿色，硅岩。利用球形天然砾石，主要在左、右侧和上端因使用而遗留磨蚀麻点。长6.4、宽5.9、厚5.1厘米。T2②B:15（图4-2-38，2），黄绿色，辉绿玢岩。正、背面为自然光滑面，上、下端圆钝布满敲琢痕，下端的两面还剥落较大碎片，两侧面也有敲琢痕。长8、宽4.7、厚3.1厘米。

13. **石饼** 1件。

T51②:382（图4-2-38，3），灰白色，石英砂岩。约1/3的侧面上略经磨蚀和剥落。圆径6.1、厚2.4厘米。

14. **磨石** 1件。

T80②:14（图4-2-38，6），黄灰色，黏土质粉砂岩。正、背面均磨光并成凹面，上端和右侧面都经磨齐，右侧面的背面边缘有1条大体呈直角的浅槽。左侧面和下端为断茬口。残长8.5、残宽4.5、厚2厘米。

［二］其他石制品

石芯 2件。

T51②:8（图4-2-38，5），黄绿色，叶蛇纹石岩。磨光。正面中间有条浅槽。周边保留部分的细密平行旋痕纹道。主要从正面下钻，同时背面边缘凸出处也存留一段浅槽，说明背面也稍加管钻，最后敲下石芯时局部边缘不整齐。直径4～4.3厘米。T66②:10（图4-2-38，4），灰色，透闪—阳起石片岩。磨光。两面先后下钻，至中间时敲落石芯。正面开始钻磨后又移动位置，致使圆径大小不一。最大直径3.4厘米。

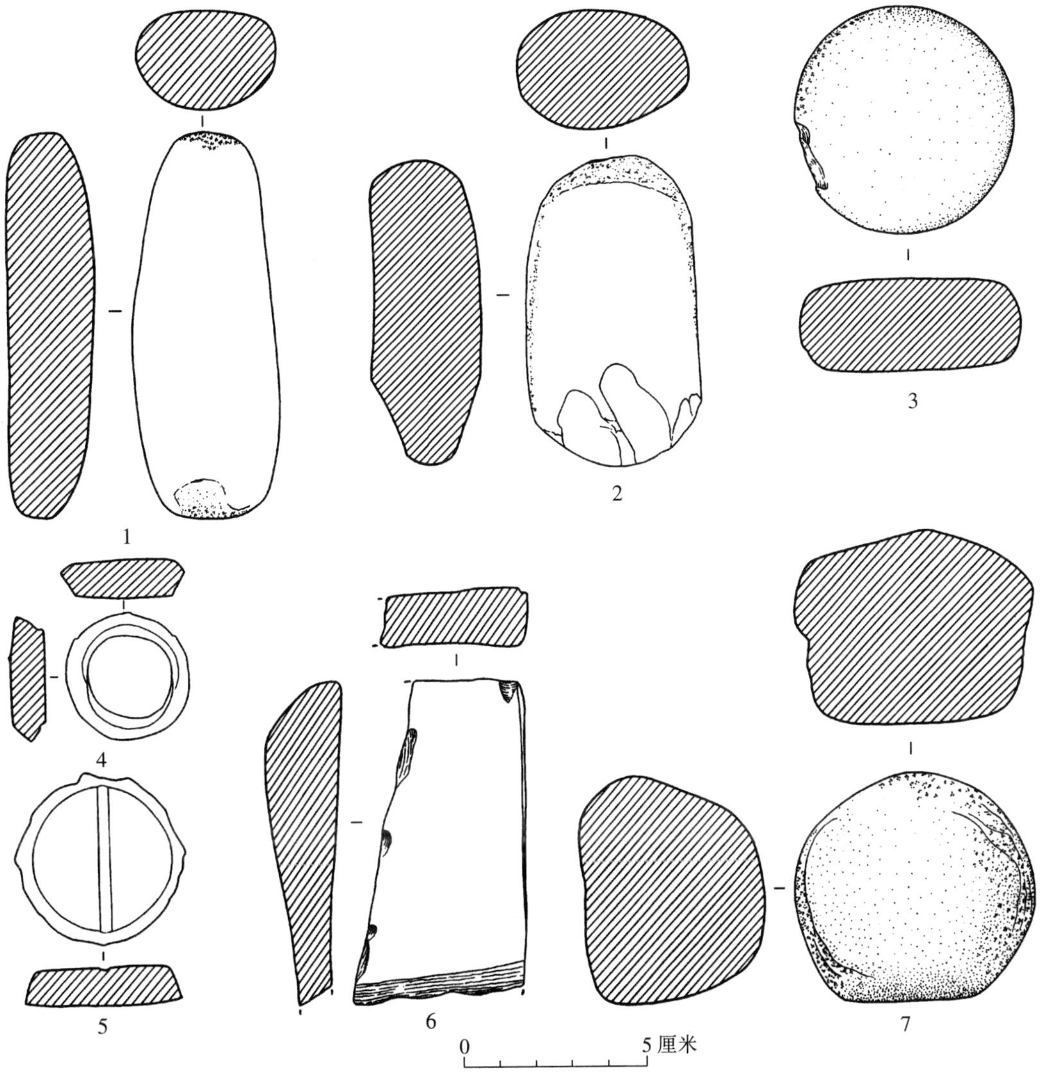

图4－2－38　其他石制品

1. 杵（T68②A∶114）　2. 锤（T2②B∶15）　3. 饼（T51②∶382）　4. 芯（T66②∶10）　5. 芯（T51②∶8）　6. 磨石（T80②∶14）　7. 锤（T64②∶121）

三　串珠

珠子　660粒，均出土于M205，总编号M205∶1（见图4－1－14，4；彩版三二，1）。外表呈白色，有光亮，胎薄，中空。形状分两种：第一种呈半球形，有601粒，一端凸出一个尖，一侧有一条棱脊，另一侧鼓出；直径2～2.5毫米。第二种略呈椭圆形，有59粒，长轴7、短轴3.5毫米。两种珠子的两端都稍加磨平，露出圆形小孔，两者孔径分别为0.7和1毫米，可以用细线穿成串珠。

经试验，用盐酸滴在珠子上立即起泡沫，表明其主要成分为碳酸钙。

第五章　石家河文化遗存

石家河文化遗存包括文化遗迹、文化遗物两大类。

第一节　文化遗迹

文化遗迹包括生活遗迹、墓葬两部分。

生活遗迹有灰坑5个（详见附表5）和灰沟1条（详见附表6），分布于Ⅳ区（图5－1－1）和Ⅴ区（图5－1－2）。墓葬包括成年人墓葬2座（详见附表7），位于Ⅴ区（图5－1－2）、T211附近（图5－1－3）；婴幼儿瓮棺葬1座（详见附表8），位于T211附近（图5－1－3）。

一　灰坑

5个，分布情况是：Ⅳ区有2个，即H51、H52（图5－1－1）；Ⅴ区有3个，即H59、H60、H62（图5－1－2）。

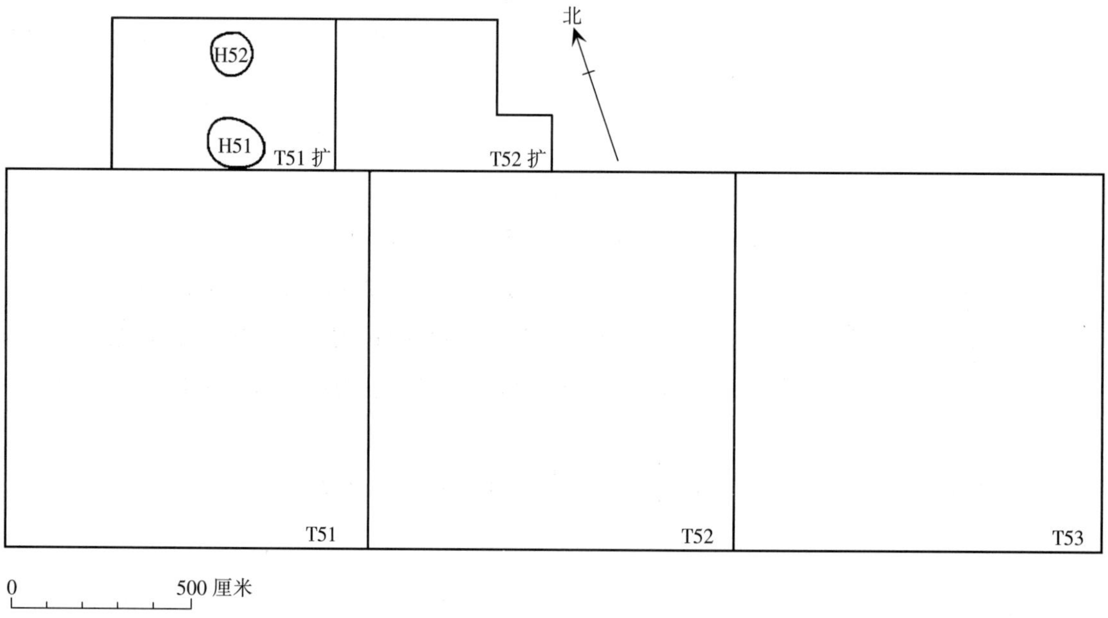

图5－1－1　Ⅳ区石家河文化生活遗迹分布平面图

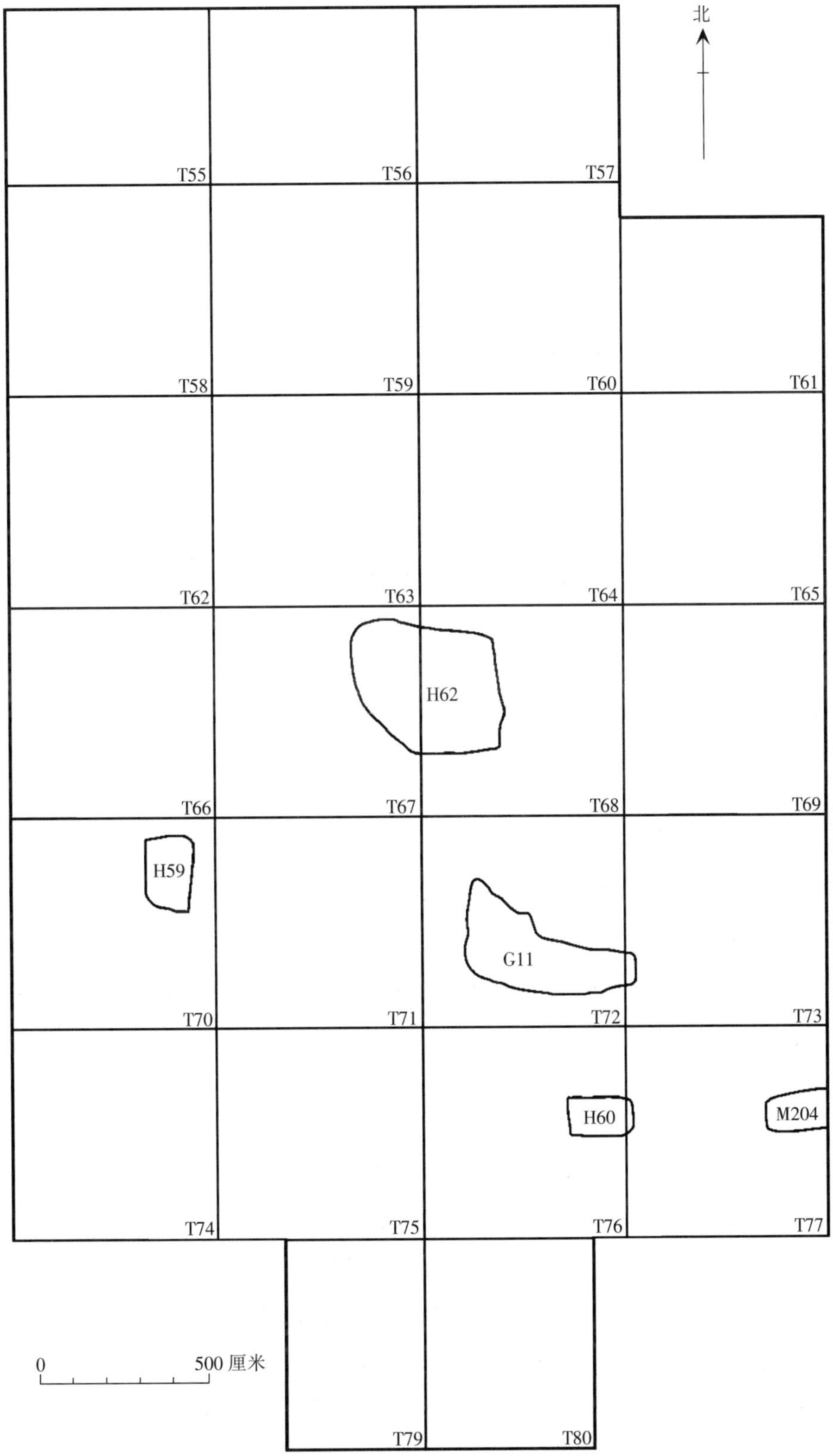

图 5－1－2　Ⅴ区石家河文化生活遗迹和成年人墓葬分布平面图

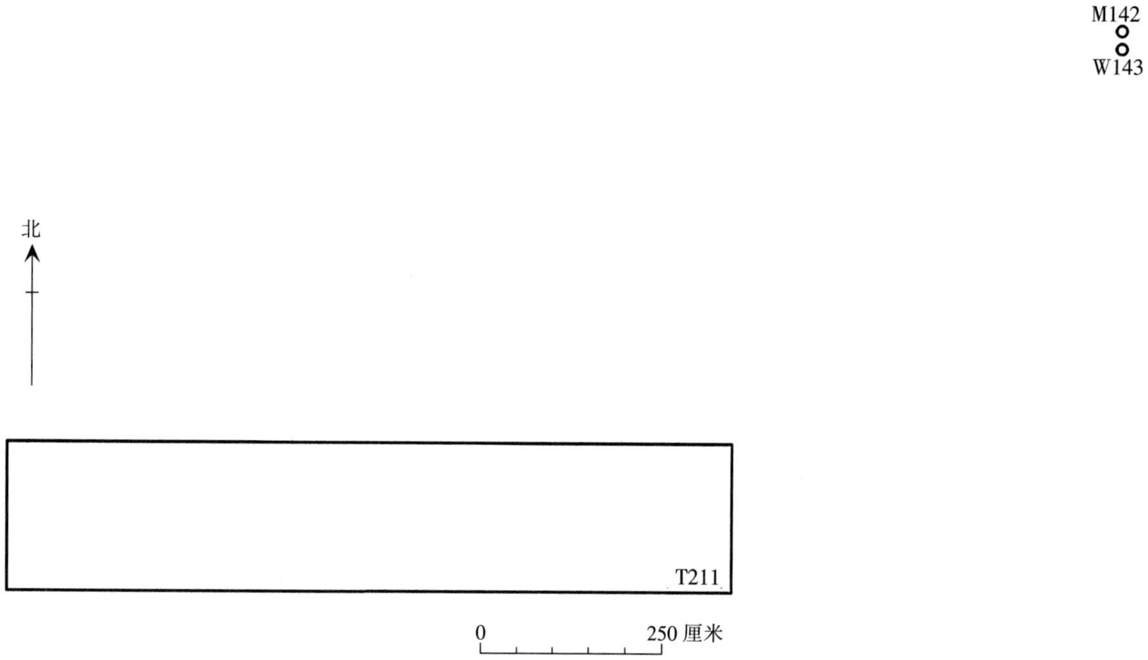

图5－1－3 T211 附近石家河文化成年人墓葬（M142）和瓮棺葬（W143）分布平面图

按照平面形状的不同可以分为圆形、椭圆形、长方形、不规则形四种。

［一］圆形灰坑 1个。

H52（图5－1－4，1）

开口在T51扩北部①层底部

在H51北边。呈锅底状。坑口距①层（石家河文化层）地面深13厘米，坑口南北长径116、东西短径108厘米，坑自深26厘米。坑内堆积黑灰色松土。出土三角沿小口高领罐片Ⅱ式1件（H52∶52，见图5－2－7，6），鼓形器座残器1件（H52∶46，见图5－2－13，6），还有麻面鼎足。

［二］椭圆形灰坑 1个。

H51（图5－1－4，2）

开口在T51扩①层底部，在H52南边，二者相距114厘米。呈锅底状。坑口距①层地面深13厘米，坑口东西长轴159、南北短轴130厘米，坑自深36厘米。坑内堆积黑灰色松土。出土凹腰圈足钵形豆1件（H51∶8，见图5－2－2，10），外卷扁唇圈足盆1件（H51∶13，见图5－2－3，6），三角沿圈足盆1件（H51∶33，见图5－2－3，7），翻沿深腹盆残器1件（H51∶34，见图5－2－3，14），翻沿矮领罐口沿1件（H51∶49，见图5－2－7，9），小口直领罐残器1件（H51∶32，见图5－2－7，11），凹沿圜底罐片Ⅰ式口沿1件（H51∶51，见图5－2－8，1），麻面鼎足1件（H51∶47，见图5－2－9，11），碟形纽器盖Ⅰ式1件（H51∶45，见图5－2－14，6），纺轮5型Ⅰ式1件（H51∶15，见图5－2－16，9）、5型Ⅱ式1件（H51∶7，见图5－2－16，14），残圭形石凿1件（H51∶9，见图5－2－20，6）等。

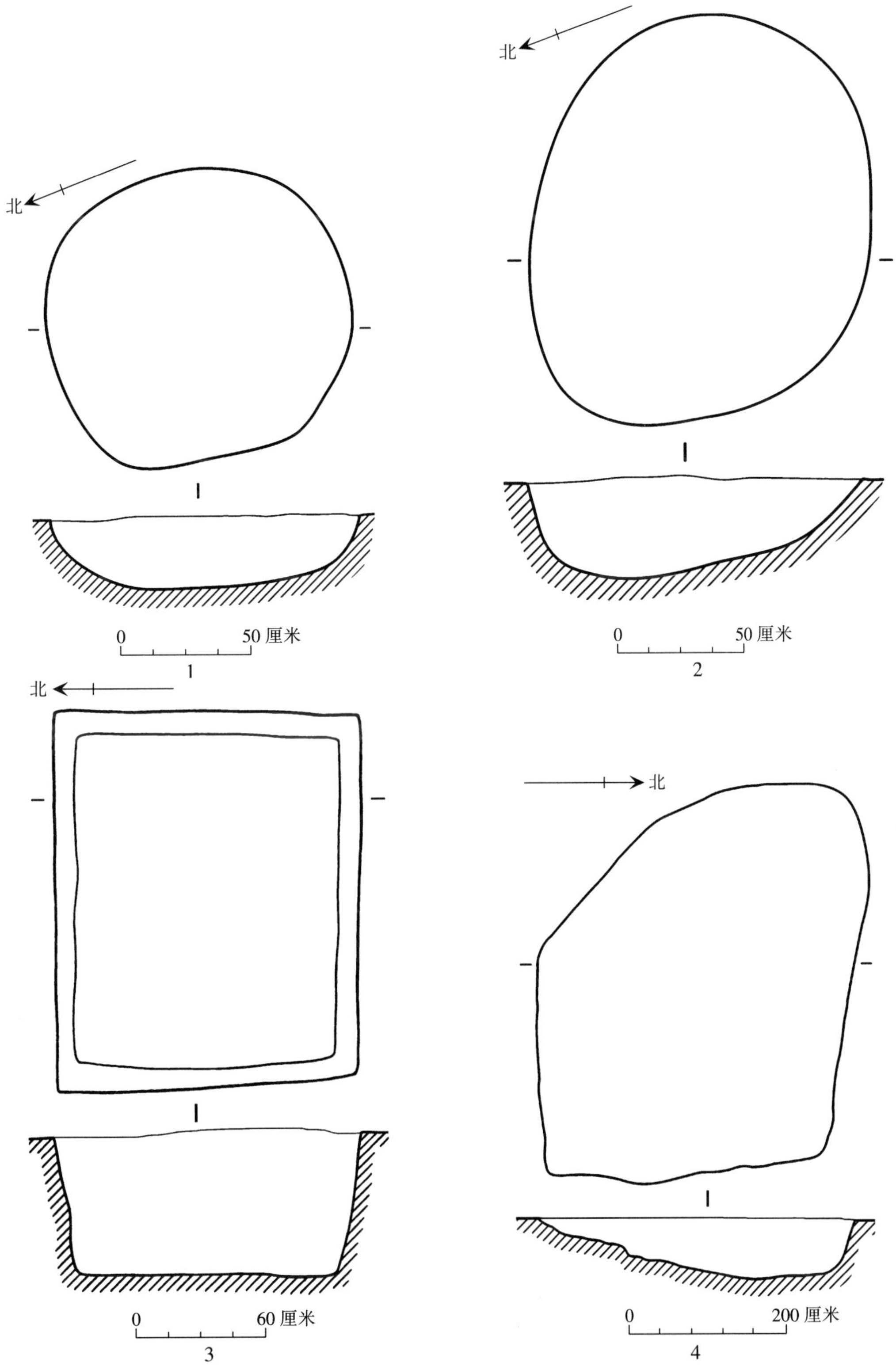

图 5－1－4　圆形（H52）、椭圆形（H51）、长方形（H60）、不规则形（H62）灰坑平面、剖视图
1. T51 扩①H52　2. T51 扩①H51　3. T76 ①CH60　4. T68①CH62

［三］长方形灰坑　2 个。

即 H59、H60。皆斜壁，平底。举例如下。

H60（图5－1－4，3）

开口在T76东部①C层底部。坑口距地表深30厘米，坑口东西长170、南北宽140厘米，坑底东西长150、南北宽120厘米，坑自深60厘米。坑内堆积黑色松土。出土陶罐腹片（饰交错篮纹、方格纹）。

［四］不规则形灰坑　1个。

H62（图5－1－4，4）

开口在T68西部①C层底部，延伸到T67东部，打破红烧土场地③AS4。斜壁，坑底高低不平，为自然形成的洼坑，无人工修整痕迹。坑口距地表深35厘米，坑口东西长456、南北宽360～400厘米，坑自深66厘米。坑内堆积深灰色松土，含有木炭渣、零星红烧土渣。出土翻沿圈足碗1件（H62∶29，见图5－2－1，2），三角沿圈足碗1件（H62∶31，见图5－2－1，4），敞口斜壁豆Ⅰ式1件（H62∶149，见图5－2－2，3），粗直高领罐1件（H62∶30，见图5－2－7，12），大口折沿罐Ⅰ式1件（H62∶156，见图5－2－8，5）、Ⅱ式1件（H62∶43，见图5－2－8，4），鬶鋬1件（H62∶12，见图5－2－10，6），斜沿尊片Ⅰ式1件（H62∶152，见图5－2－11，1），筒形纽器盖1件（H62∶4，见图5－2－14，11），纺轮1型Ⅰ式1件（H62∶26，见图5－2－15，2）、1型Ⅱ式2件（H62∶1、13，见图5－2－15，6、4）、2型Ⅱ式1件（H62∶21，见图5－2－15，11）、2型Ⅲ式1件（H62∶5，见图5－2－15，12）、3型Ⅱ式1件（H62∶18，见图5－2－15，14）、4型Ⅱ式3件（H62∶22、38、39，见图5－2－16，2、1、3）、5型Ⅰ式2件（H62∶9、16，见图5－2－16，5、11）、5型Ⅱ式3件（H62∶8、11、15，见图5－2－16，13、15、12），中型单刃石斧Ⅱ式1件（H62∶3，见图5－2－18，6）、Ⅳ式1件（H62∶2，见图5－2－18，8），石杵1件（H62∶40，见图5－2－20，4），还有大量陶片和少量蚌壳、兽骨。

二　灰沟

1条，即G11，位于Ⅴ区（图5－1－2）。

G11（图5－1－5）

开口在T72中部①C层底部，打破③A层顶残居住面S7、③A底长方形房址F25北墙基。呈长条形，斜壁，平底，底部自西向东倾斜。沟口距地表深25厘米，沟口东西长512、南北宽110～210厘米，沟底东西长450、南北宽84～98厘米，沟自深34～102厘米。沟内堆积灰黑色松土，含有红烧土渣、炭屑。出土麻面鼎足、研磨器残片等。

三　墓葬

［一］成年人墓葬

2座。M204，位于Ⅴ区（图5－1－2）；M142，位于T211附近（图5－1－3）。分述如下。

M204（图5－1－6）

墓口开在T77东部①C层底部，东端在发掘区之外，未扩方。在探方之内的墓坑平面呈圆角

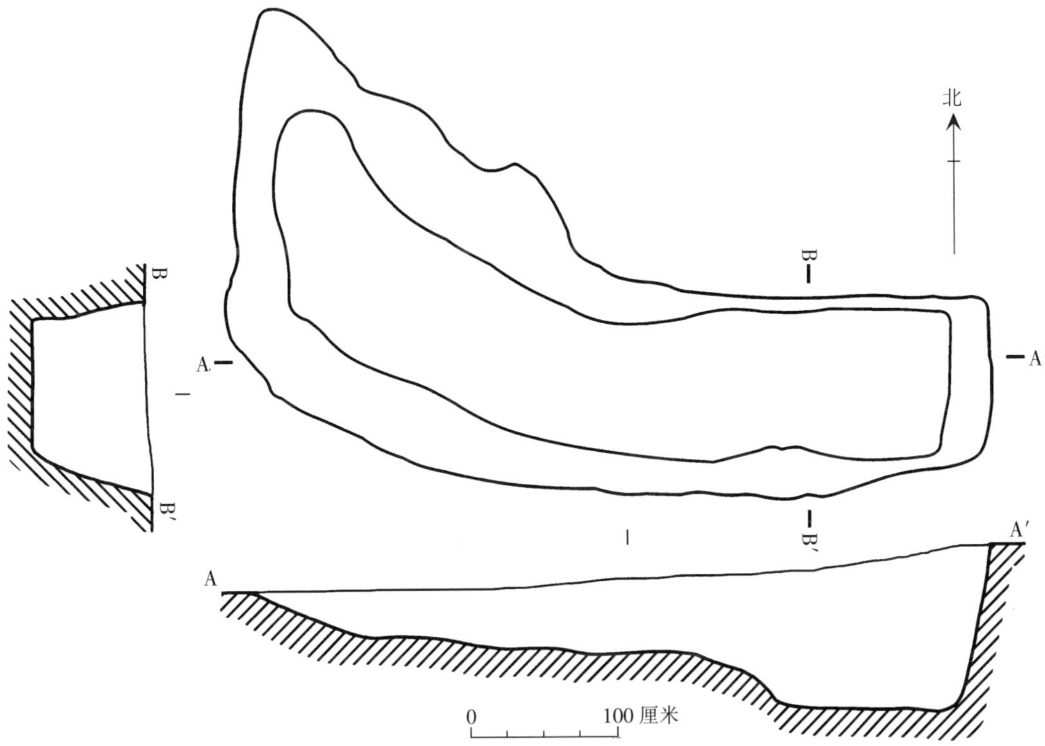

图 5－1－5　长条形灰沟 G11 平面、剖视图

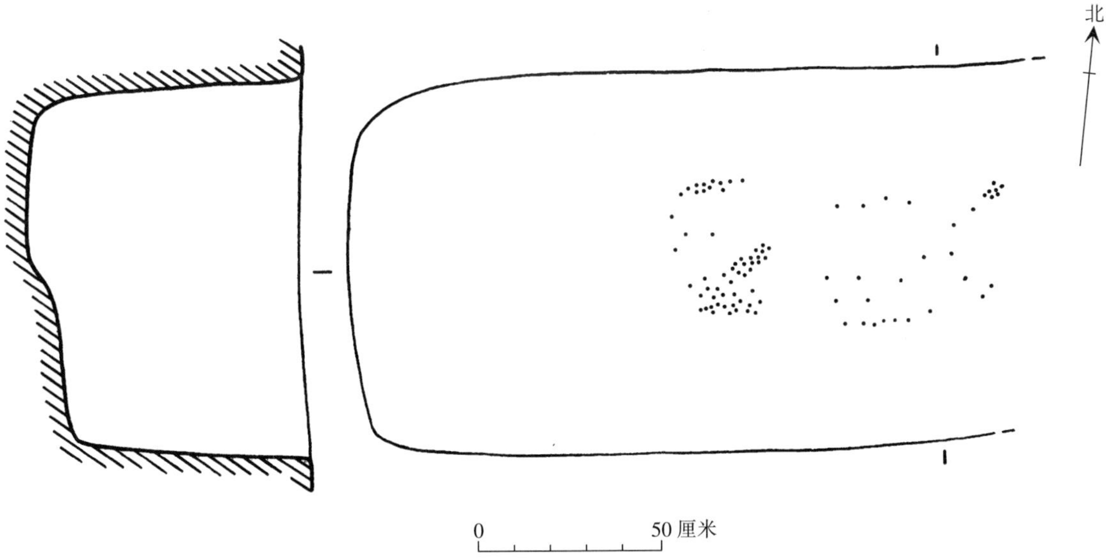

图 5－1－6　成年人墓葬 M204 平面、剖视图

长方形，壁略直，底略平。墓口距地表深 25 厘米，墓口东西长 182、南北宽 103 厘米，墓底东西长 182、南北宽 94 厘米，墓坑自深 76 厘米。墓内残存死者肢骨一根，已朽，残长约 10 厘米，葬式不明。近底部有珠子（图上用黑点表示）和朱砂（HgS），其分布范围也呈圆角长方形，东西长 98、南北宽 42 厘米。随葬珠子（彩版三二，2）133 粒，形状有半球形和球形两种。薄胎，中空，两端穿小孔，从痕迹上看是将两端磨平而露出孔洞，不是钻成孔洞。发现时有些珠子整齐排列成行，原先应是用细线穿在一起的串珠饰品，佩戴在死者身上。

墓内填土为灰色黏土，质地坚硬。填土中出土较少且碎小的陶片，其中以黑陶和灰陶占大多数，器形有麻面鼎足、方格纹陶罐腹片等；还有残陶球2件，残石斧1件。

屈家岭文化晚期的M205、石家河文化的M204墓主人身上都佩戴串珠，尸体上都撒有朱砂，表明其身份特殊，反映出两个文化都有贫富分化现象。

M142

位于T211东北15米（图5-1-3），农民修水利时发现，考古队当即清理。残存成年人下肢骨2根。随葬陶器有小口直领罐1件（M142∶2，见图5-2-7，14），夹蚌灰陶垂腹圜底罐1件（M142∶1，见图5-2-8，13），钉帽形纽器盖Ⅳ式1件（M142∶3，见图5-2-14，8）。

［二］婴幼儿瓮棺葬 1座。

W143

位于T211东北14米（图5-1-3）。农民修水利时发现，考古队当即清理。葬具W143∶1为口朝上放置的夹砂黑陶外卷圆唇深腹盆（见图5-2-3，13），盆内有残存的婴幼儿骨骼。

第二节 文化遗物

一 陶器

［一］陶质器皿

（一）陶系

陶系包括陶器质料和颜色，可以分为泥质黑陶、泥质灰陶、泥质红陶、夹蚌或夹炭红陶、夹蚌或夹炭褐陶、夹砂黑陶、夹砂灰陶和夹砂红陶8种（表5-2-1）。

陶器的质料有泥质、夹蚌壳碎末、夹炭化稻壳、夹砂四类，其中泥质占大多数，夹蚌壳碎末、夹炭化稻壳、夹砂的数量均少。

泥质陶有的含个别砂粒，烧成温度较高，胎质较硬。主要用于制作饮食器和盛储器，器形有碗、盆、豆、高圈足杯、大口杯、小口高领罐和大口折沿罐等。

夹蚌陶的泥料中掺和蚌壳碎末。夹炭陶的泥料中掺和较多的炭化稻壳，其胎质轻而疏松，有的胎芯颜色因含有炭化稻壳而呈黑色。夹蚌陶和夹炭陶主要用于制作盛储器和炊器，器形有凹沿圜底罐、大口折沿罐、麻面鼎足和碟形纽器盖等。

夹砂陶的泥料中掺和适量的砂粒，质地紧密，胎质坚硬。主要用于制作盛储器和炊器。夹砂陶又可细分为普通夹砂陶和粗砂陶。粗砂陶掺和的砂粒甚粗，主要见于斜沿尊。普通夹砂陶的器形有缸、垂腹圜底罐和盆形鼎等。

陶器的颜色有黑、灰、红、褐四种，其中黑色最多，灰色次之，红色有一定数量，褐色甚少。

黑陶有泥质和夹砂两种，其中泥质占绝大多数。黑陶大多是表胎颜色不一致，有黑皮灰胎、黑皮红胎和黑皮黄胎，而表胎颜色一致、里外透黑的甚少。黑陶是在密封的窑内，游离的炭粒在降温阶段渗入陶胎的结果；而表胎颜色不一致的黑皮陶，是在窑内烧制时，先经过氧化或还原气氛烧成，再经过短暂渗碳所致。

灰陶有泥质和夹砂两种，其中泥质占绝大多数。经测定，灰陶的化学成分，氧化亚铁的含量高于氧化铁的含量，还原比值较高，表明灰陶是经过还原气氛烧成的。

红陶有泥质、夹炭、夹蚌和夹砂四种，其中泥质较多。颜色为红色或橙红色。红陶是在不封窑的情况下，陶土中的铁质在高温下充分氧化的结果。经测定，红陶的含铁量高于橙黄陶。

褐陶均为夹蚌或夹炭。有的颜色深浅不匀，呈黄褐色或灰褐色，这是由于陶器在烧制时不能充分氧化而造成的。

（二）制法

陶器制作较为粗糙，器壁增厚，器形变大，作风粗犷，表面往往不平整，大多没有光泽。陶器的制法有轮制和手制两种，其中手制陶器较多。

轮制陶器的器壁厚薄均匀，器形弧度一致，制作规整。一些器物的内表可以看到快轮拉坯成型时留下的螺旋式拉坯指痕（图5－2－7，14），有些平底器的外底有从快轮上割离时形成的偏心涡纹（图5－2－5，14），还有的器物表面有快轮慢用修整时留下的细密轮纹。快轮制陶还引起陶器造型细部特征的变化，如一些器物的口沿、圈足下端有凹槽或凸棱，出现不少子母口器物和翘圆唇器物，有的圈足下端外折呈外鼓内凹。

手制可以分泥条盘筑和直接用手捏制两种。泥条盘筑法是较为常用的制作方法，捏制法用于部分小型器物。

圈足器一般是器身和圈足两者分别制作后接合起来的，在器身和圈足的接合处，有的刻划一些沟槽，这是为了使其接合牢固。鼎足是器身制作后安装的，有的在鼎足和器底之间附加三道泥条，使其接合更牢固，鼎足大多为平装，有少量侧装。有些器物是分段制作后接合成整器的，例如发现有的在肩部留有接合痕迹。

（三）纹饰

陶器纹饰的种类有方格纹、篮纹、绳纹、凸弦纹、凹弦纹、戳印纹、篦划纹、划纹、窝纹、附加堆纹、镂孔和陶衣等（表5－2－1）。

方格纹　是常见纹饰，纹道较浅，拍印多不整齐。纹样以菱格形较多，正方格形较少，正方格形又多为斜拍，少量为正拍。见于翻沿深腹盆、外卷圆唇小口高领罐、三角沿小口高领罐、矮领罐、大口折沿罐等。

篮纹　数量较多，纹道较窄而浅，拍印多不整齐。排列方式有横向、斜行、交错和竖行。常施于直口圜底缸、釜形鼎和敞口凹底碗等器物的腹底部，圜底盆形鼎的底部，还见于外卷圆唇深腹盆、斜沿尊、大口折沿罐和T形口沿罐等。

绳纹　数量甚少，见于大口折沿罐和外卷扁唇瓮等。

凸弦纹　有一定数量，纹道往往不规整和平直，常施1～3周。常见于平底盆形鼎、喇叭形圈足双腹豆和翻沿深腹盆等器物的腹部，还见于折沿小口高领罐和凹腰圈足钵形豆等。

凹弦纹　数量较少，常施1～2周。见于平底碟、平沿缸、三角沿小口高领罐和小口直领罐等。

表5-2-1　　T51①层陶器（片）统计表

陶质陶色	泥质黑陶													泥质灰陶															
器形 / 数量 / 纹饰	翻沿圈足碗	敛口平底钵	敞口深腹钵	直口钵	外卷扁唇矮领罐	折沿矮领罐	大口折沿罐Ⅱ式	外卷扁唇瓮	竹节形残器	圈足	平底	腹片	合计	翻沿圈足碗	内折沿豆Ⅲ式	敞口圈足盆	三角沿圈足盆	平沿盆	折棱盆	直口钵	外卷圆唇小口高领罐	折沿矮领罐	大口折沿罐Ⅴ式	研磨器	束腰形器座	圈足	平底	腹片	合计
素面	4			1					1	1	3	15	25	5	1	2	7	1	1	3				1	1	3	3	37	65
方格纹					1	2					7	261	271					1			3	3	1				2	45	55
篮纹		1	1				1					52	55															21	21
绳纹								1				2	3																
凸弦纹																												4	4
凹弦纹																				1						1			2
戳印纹																													
窝纹																													
附加堆纹																												1	1
镂孔																										1			1
方格纹和附加堆纹												7	7															4	4
方格纹和凹弦纹												4	4																
方格纹和划纹																												1	1
篮纹和附加堆纹												3	3															2	2
篮纹和凸弦纹																												2	2
篮纹和凹弦纹												2	2																
绳纹和凹弦纹																													
凸弦纹和凹弦纹										1			1																
戳印纹和划纹																													
合计	4	1	1	1	1	2	1	1	1	2	10	346	371	5	1	2	7	2	1	4	3	3	1	1	1	5	5	117	158

戳印纹　有一定数量，纹样大多为条形，还有圆形、半圆形和篦形。主要施于麻面鼎足。

篦划纹　数量甚少，仅见于圆形箅孔甑。

划纹　数量甚少，主要施于鼎足。

窝纹　数量甚少，纹样有圆形、椭圆形和条形。施于凸棱鼎足、凿形鼎足和铲形鼎足的上部。

附加堆纹　有一定数量，附加堆纹是用泥条贴附于器身，可细分为三种纹样。多数属绳索状附加堆纹，还有条形和宽带形的。宽带形附加堆纹的纹面内凹，条形附加堆纹的纹面多有一周凹槽。见于折沿小口高领罐、深腹盆、菱形箅孔甑、盆形鼎和斜沿尊等。

续表 5-2-1

陶质陶色	泥质红陶					夹蚌或夹炭红陶						夹蚌或夹炭褐陶				夹砂灰陶				
器形 / 数量 / 纹饰	高柄杯Ⅰ式	平底	凹底	腹片	合计	凹沿圜底罐Ⅰ式	凹沿圜底罐Ⅱ式	凹沿圜底罐Ⅲ式	麻面鼎足	腹片	合计	凹沿圜底罐Ⅱ式	凹沿圜底罐Ⅲ式	腹片	合计	凸棱鼎足	扁三角形鼎足	平沿缸	腹片	合计
素面	1				1	3	2	2		6	13	1	1	3	5	1			1	2
方格纹		2	1	40	43												2			2
篮纹				5	5														5	5
绳纹																				
凸弦纹																				
凹弦纹				1	1															
戳印纹									10		10									
窝纹																1				1
附加堆纹				1	1															
镂孔																				
方格纹和附加堆纹				3	3															
方格纹和凹弦纹				1	1															
方格纹和划纹																				
篮纹和附加堆纹				1	1															
篮纹和凸弦纹																				
篮纹和凹弦纹																		1		1
绳纹和凹弦纹				1	1															
凸弦纹和凹弦纹																				
戳印纹和划纹									1		1									
合计	1	2	1	53	57	3	2	2	11	6	24	1	1	3	4	2	2	1	6	11

镂孔　数量较少，镂孔的式样大多为圆形，还有三角形。施于外卷扁唇碗形豆、高粗圈足盘和高圈足杯等器物的圈足，还见于束腰形器座和外卷扁唇凹腰形器座等。

在同一件器物上，有的兼施上述两种或两种以上的纹饰，构成纹饰组合，即：方格纹和附加堆纹，方格纹、凸弦纹和附加堆纹，方格纹和凹弦纹，篮纹和附加堆纹，篮纹、附加堆纹和镂孔，篮纹和戳印纹，凸弦纹和附加堆纹。

陶衣　数量甚少，陶衣为红色，仅见于大口杯。

（四）器形

陶器的基本器形有碗、碟、豆、盘、盆、钵、杯、竹节形残器、盂、罐、鼎、鬶、甑、研磨器、瓮、尊、缸、器座、器盖等19种。其中的12种内还可细分为2～13类。共复原43件。

1. **陶碗** 分为5类，各予起名。

①敛口平底碗 数量较少。有泥质黑陶和灰陶。复原1件。T80①C∶6（图5－2－1，3；图版一五八，1），泥质黑陶。敛口，薄圆唇，弧壁，小平底微凹。高7.4、口径14、底径5.3、胎厚0.3～0.4厘米。

②敞口凹底碗 数量较少。有泥质灰陶和黑陶。复原1件。T53①∶213（图5－2－1，5；图版一五八，2），泥质黑陶。敞口，斜方唇，弧壁，腹较浅，凹底。腹和底饰横篮纹。高6.4、口径17.7、底径7.6、胎厚0.5～0.6厘米。

③敞口假圈足碗 数量甚少。泥质灰陶。复原1件。T68①C∶9（图5－2－1，1；图版一五八，3），手制，器表不平整，口欠整圆。敞口，圆唇，弧壁，平底边缘外凸成假圈足。高7.2、口径18.3、底径7.8、胎厚0.6厘米。

④翻沿圈足碗 有一定数量。有泥质灰陶和黑陶。复原1件。T68①CH62∶29（图5－2－1，2；图版一五八，4），泥质灰陶。敞口，翻沿，沿面略鼓，圆唇，弧壁，圜底，圈足外撇，圈足跟内侧有凹槽1周。高10.9、口径20.1、圈足径9.4、胎厚0.4厘米。

⑤三角沿圈足碗 数量较多。泥质灰陶。复原1件。T68①CH62∶31（图5－2－1，4；图版一五八，5），敞口，三角沿，圆唇，弧壁，圜底，圈足较矮，下端外卷，圈足跟有凹槽1周。高11、口径23、圈足径9.8、胎厚0.5厘米。

刻符圈足碗底 T22②A∶48（图5－2－1，7），泥质黑陶。在器身和圈足接合处刻划一些沟道，为使其接合牢固。弧壁，圜底，矮圈足外撇，腹部以上残。器底有一个刻划符号，系烧制前刻划，先横划2道，再竖划3道。圈足径10厘米。

2. **陶碟** 有平底碟。

平底碟 数量甚少。泥质灰陶。复原1件。T68①C∶27（图5－2－1，6），敞口，圆唇，斜弧壁，浅腹，大平底。口沿外饰凹弦纹2周。高3.2、口径12、底径6.9、胎厚0.6厘米。

3. **陶豆** 分为5类，各予起名。

①外卷圆唇碗形豆 数量较多。有泥质灰陶和黑陶。复原1件。T68①C∶133（图5－2－2，1；图版一五九，1），泥质黑陶。敞口，外卷圆唇，弧壁，圜底，喇叭形圈足。高12、口径17.6、圈足径10.9、胎厚0.5厘米。

②外卷扁唇碗形豆 数量甚多。有泥质灰陶和黑陶。复原1件。T31②∶39（图5－2－2，2；图版一五九，2），泥质灰陶。敞口，外卷扁唇，弧壁，圜底，喇叭形圈足下端外折。圈足饰圆形镂孔3个。高14.4、口径20.8、圈足径12.7、胎厚0.4厘米。

③凹腰圈足钵形豆 数量较少。泥质灰陶。复原1件。T51扩①H51∶8（图5－2－2，10；图版一五九，3），外表有刮削痕迹。敛口，外卷圆唇，弧壁，坦底，凹腰形高圈足，器身与圈足相接处无明显界限，圈足下端残。器壁饰凸弦纹5周。口径13.2、残高14.7、胎厚0.4～0.6厘米。T51扩①∶37（图5－2－2，9），直口，外卷圆唇，器底处安接圆径较小的圈足。口径14.2厘米。

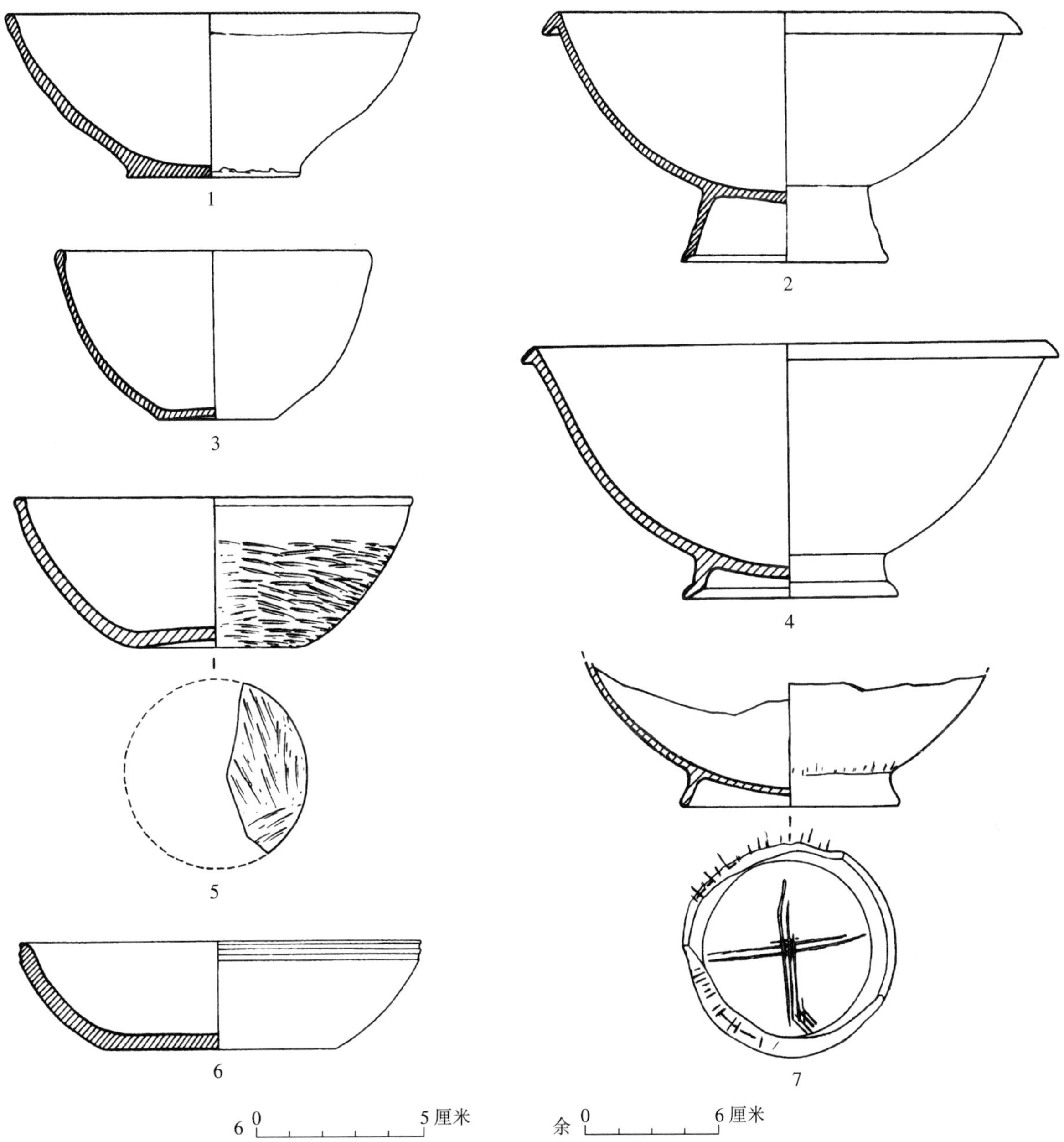

图5－2－1　陶碗和陶碟

1. 敞口假圈足碗（T68①C:9）　2. 翻沿圈足碗（T68①CH62:29）　3. 敛口平底碗（T80①C:6）　4. 三角沿圈足碗（T68①CH62:31）　5. 敞口凹底碗（T53①:213）　6. 平底碟（T68①C:27）　7. 刻符圈足碗底（T22②A:48）

④内折沿豆　内折沿，圆唇，弧壁，圜底，圈足残。分为2式.

Ⅰ式　有一定数量。泥质灰陶。T51①:315（图5－2－2，7），器表不平整。口沿内折，沿面略平。口径20.6、残高6.8、胎厚0.4厘米。

Ⅱ式　数量较少。泥质灰陶。T68①C:46（图5－2－2，6），内表有刮削痕迹。口沿内折近直，沿面内凹，腹体较肥大。口径19.2、残高9.3、胎厚0.4厘米。

⑤敞口斜壁豆　敞口，腹壁较斜直，圈足缺失或残断。分为3式。

Ⅰ式　数量较少。泥质灰陶。T68①CH62:149（图5－2－2，3），小斜方唇。腹壁存凸弦纹1

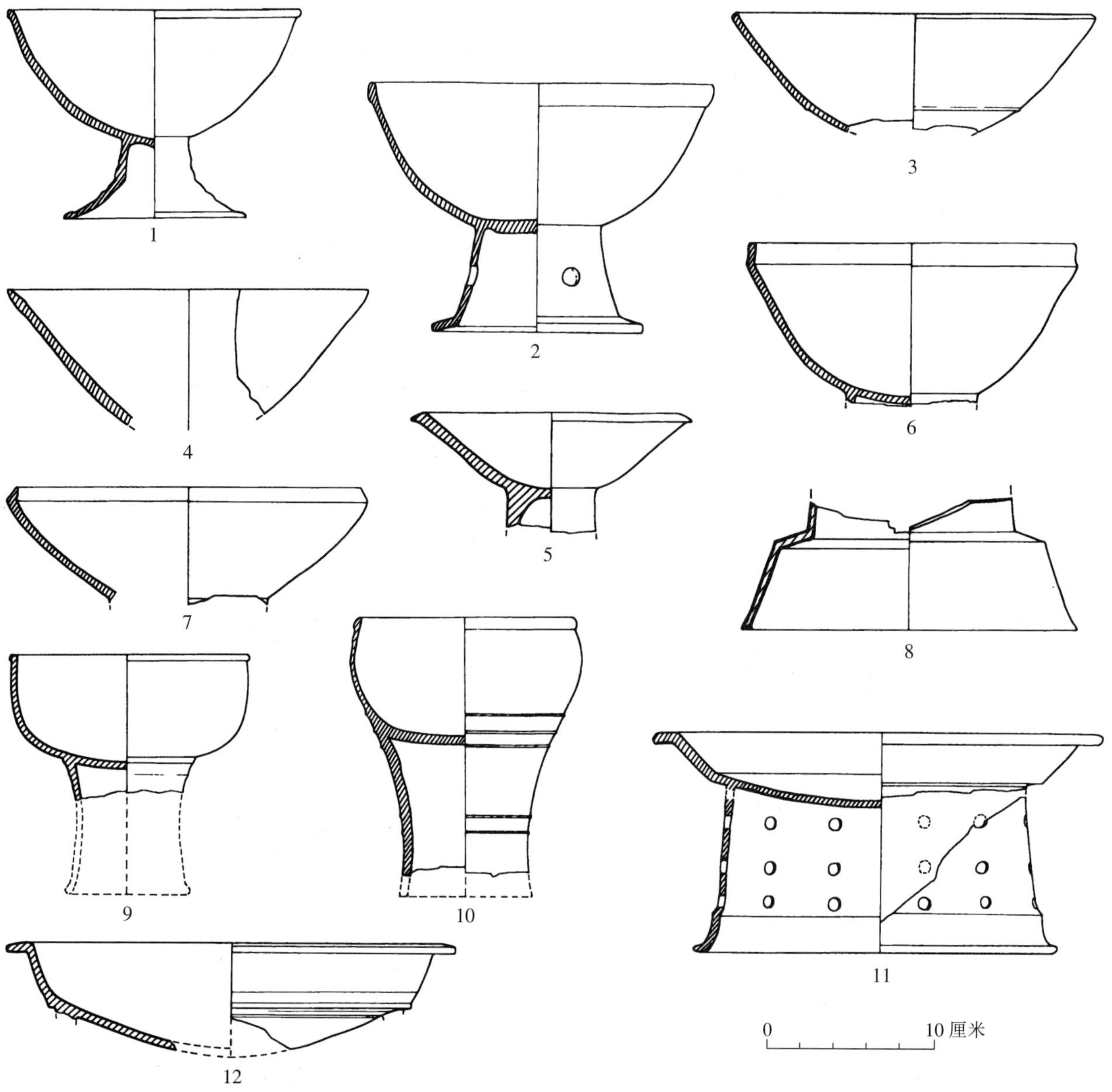

图5－2－2 陶豆和陶盘

1. 外卷圆唇碗形豆（T68①C∶133） 2. 外卷扁唇碗形豆（T31②∶39） 3. Ⅰ式敞口斜壁豆（T68①CH62∶149） 4. Ⅲ式敞口斜壁豆（T68①C∶146） 5. Ⅱ式敞口斜壁豆（T68①C∶84） 6. Ⅱ式内折沿豆（T68①C∶46） 7. Ⅰ式内折沿豆（T51①∶315） 8. 台形豆圈足（T51①∶520） 9. 凹腰圈足钵形豆（T51扩①∶37） 10. 凹腰圈足钵形豆（T51扩①H51∶8） 11. 高粗圈足盘（T31②∶46） 12. 高粗圈足盘（T68①C∶4）

周。口径21.4厘米。

Ⅱ式 数量较少。泥质灰陶。T68①C∶84（图5－2－2，5），斜方唇，唇外微起棱，细圈足。口径16.6厘米。

Ⅲ式 数量较少。泥质灰陶。T68①C∶146（图5－2－2，4），薄圆唇。口径21.5厘米。

台形豆圈足 T51①∶520（图5－2－2，8），泥质灰陶。仅存圈足，圈足折壁呈台阶状。圈足径19.8厘米。

4. **陶盘** 有高粗圈足盘。

高粗圈足盘 数量较少。泥质灰陶。复原1件。T31②∶46（图5－2－2，11），敞口，平沿，圆唇，斜壁，浅腹，圜底，高粗圈足下部折壁起棱，下端外折，圈足上部残。圈足存排列整齐的圆形镂孔。复原高 12.6、口径 26.5、圈足径 21.5、胎厚 0.4～0.6 厘米。T68①C∶4（图 5－2－2，12），腹壁转折处有凸棱 1 周。圈足全脱落。口径 27 厘米。

5. **陶盆**　分为 12 类，各予起名。

①敞口圈足盆　数量较多。泥质灰陶。复原 1 件。T34②∶2（图 5－2－3，2；图版一六〇，1），敞口，圆唇，弧壁，浅腹，圜底，矮圈足略直。高 8、口径 23.7、圈足径 13.6、胎厚 0.5～0.6 厘米。

②外卷扁唇圈足盆　数量较多。有泥质灰陶和黑陶。复原 1 件。T51 扩①H51∶13（图 5－2－3，6），泥质灰陶。敞口，外卷扁唇，弧壁，浅腹，圜底，圈足下端外卷，腹下部残。复原高 9.2、口径 24.5、圈足径 12.5、胎厚 0.5 厘米。

③三角沿圈足盆　数量较多。多为泥质灰陶，还有泥质黑陶。复原 2 件。T51 扩①H51∶33（图 5－2－3，7；图版一六〇，2），泥质灰陶。敞口，三角沿，圆唇，弧壁，圜底，矮圈足下端外折。高 6.9、口径 24、圈足径 14.1、胎厚 0.5 厘米。T34②∶38（图 5－2－3，9），泥质灰陶。腹壁斜弧，矮圈足外撇。高 7.2、口径 25、圈足径 13.7、胎厚 0.5 厘米。

④宽沿圈足盆　数量甚少。泥质灰陶。T23②A∶45（图 5－2－3，10；图版一六〇，3），敞口，宽沿，圆唇，弧壁，圜底，圈足下端残。口径 28.8、残高 10.1、胎厚 0.3 厘米。

⑤外卷扁唇平底盆　数量甚多。有泥质灰陶和黑陶。复原 1 件。T31②∶47（图 5－2－3，5），泥质黑陶。敞口，外卷扁唇，弧壁，平底残。高 10.8、口径 29.4、底径 10.3、胎厚 0.5 厘米。

⑥翻沿深腹盆　数量较少。有泥质灰陶和黑陶。T51 扩①H51∶34（图 5－2－3，14；图版一六〇，4），泥质灰陶。直口，翻沿，沿面略平，圆唇，深腹，腹上部略直，下部内收，腹部以下残。器壁满饰方格纹，上部饰凸弦纹 2 周，中部有凹面宽带形附加堆纹 1 周。口径 36 厘米。

⑦外卷圆唇深腹盆　数量很少。复原 1 件。T211 附近 W143∶1（图 5－2－3，13；图版一六〇，5），泥质黑陶。内表有陶垫窝痕迹。微敛口，外卷厚圆唇，弧壁，深腹，锯齿形圈足甚矮。器壁饰横篮纹、交错篮纹和绳索状附加堆纹 3 周。高 24.8、口径 38.8、圈足径 12.5、胎厚 0.6 厘米。

⑧平沿盆　数量较少。泥质灰陶和黑陶。T51①∶522（图 5－2－3，3），泥质灰陶。直口，平沿，圆唇，上腹直壁，以下残。腹部存凸弦纹 1 周。口径 19.6 厘米。T34②∶52（图 5－2－3，4），泥质黑陶。平沿较窄，斜弧壁。腹部刻划雷纹，其下一周较高的凸弦纹。口径 24 厘米。

⑨折棱盆　数量较少。有泥质灰陶和黑陶。T68①C∶151（图 5－2－3，8），泥质黑陶。敞口，圆唇，弧壁，口部和腹上部较厚，下部较薄，其间有折棱 1 周，腹部以下残。口径 29.4 厘米。

⑩腰沿盆　数量甚少。泥质灰陶。T38②∶48（图 5－2－3，1），直口，圆唇，上腹直壁，下腹转折内收，转折处起棱出沿，腹部以下残。口径 24 厘米。

⑪带敞口流盆　数量甚少。夹砂黑陶。T51 扩①∶48（图 5－2－3，11），器表不平整。敞口，三角沿，圆唇，弧壁，盆口捏出一个浅流，腹部以下残。口径 29.6 厘米。

⑫带管状流盆　数量极少。T68①C∶147（图 5－2－3，12），泥质黑陶。斜折沿，方唇，沿下方残存一个管状器嘴痕迹。口径 34 厘米。

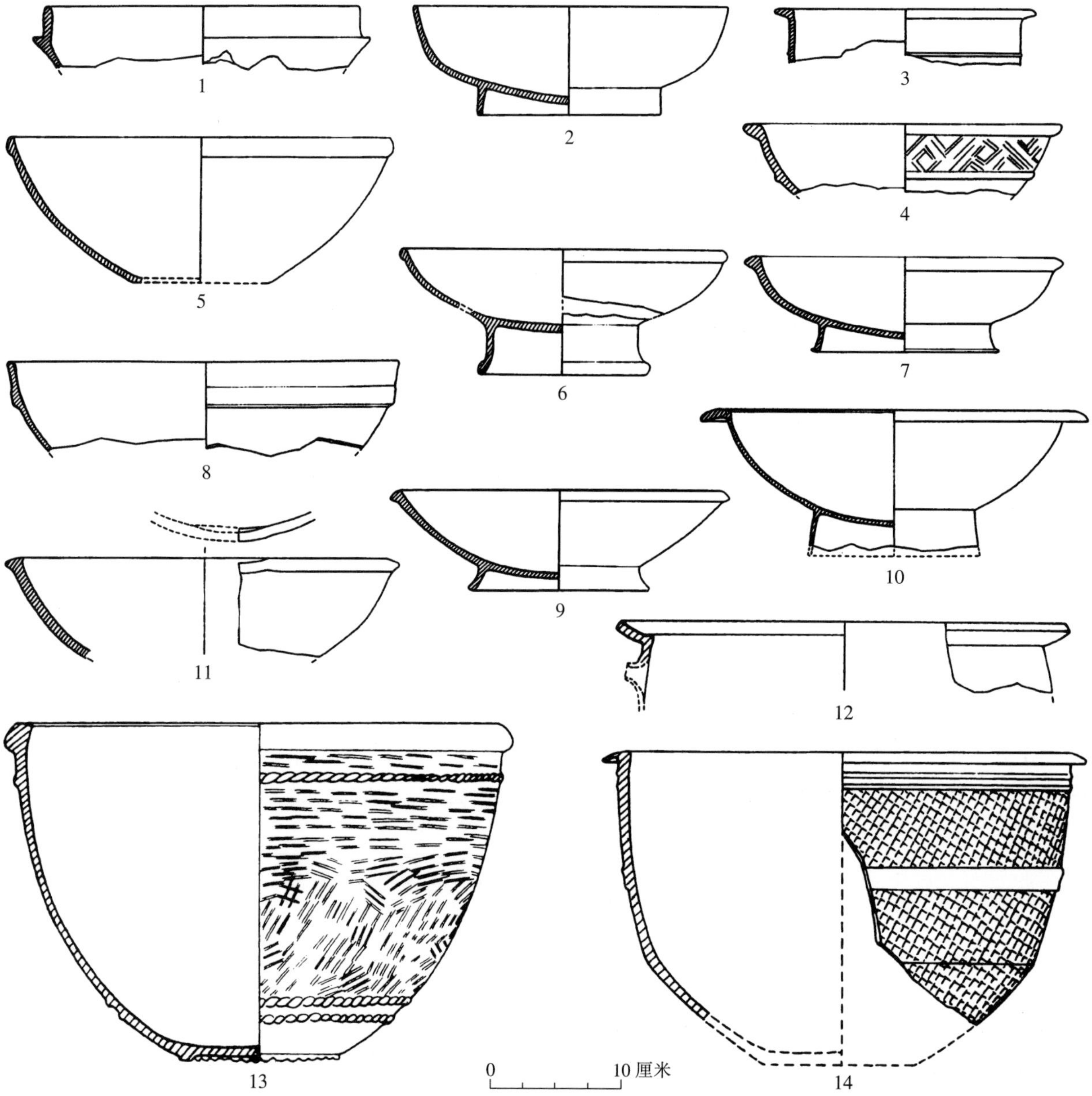

图5-2-3 陶盆

1. 腰沿盆（T38②:48） 2. 敞口圈足盆（T34②:2） 3. 平沿盆（T51①:522） 4. 平沿盆（T34②:52） 5. 外卷扁唇平底盆（T31②:47） 6. 外卷扁唇圈足盆（T51扩①H51:13） 7. 三角沿圈足盆（T51扩①H51:33） 8. 折棱盆（T68①C:151） 9. 三角沿圈足盆（T34②:38） 10. 宽沿圈足盆（T23②A:45） 11. 带敞口流盆（T51扩①:48） 12. 带管状流盆（T68①C:147） 13. 外卷圆唇深腹盆（T211附近W143:1） 14. 翻沿深腹盆（T51扩①H51:34）

6. **陶钵** 分为3类，各予起名。

①敛口平底钵 数量较少。多为泥质灰陶，还有泥质黑陶。复原1件。T53①:3（图5-2-4，1），泥质灰陶。器表不平整。敛口，圆唇，弧壁，平底。高7.2、口径17.3、底径7.9、胎厚0.4厘米。

②敞口深腹钵 数量较少。多为泥质灰陶，还有泥质黑陶。复原1件。T68①C:70（图5-2-4，3；图版一六○，6），泥质灰陶。敞口，外卷扁唇，斜壁，腹较深，凹底残。器壁存交错篮纹。高12.8、口径22、底径7.4、胎厚0.5厘米。

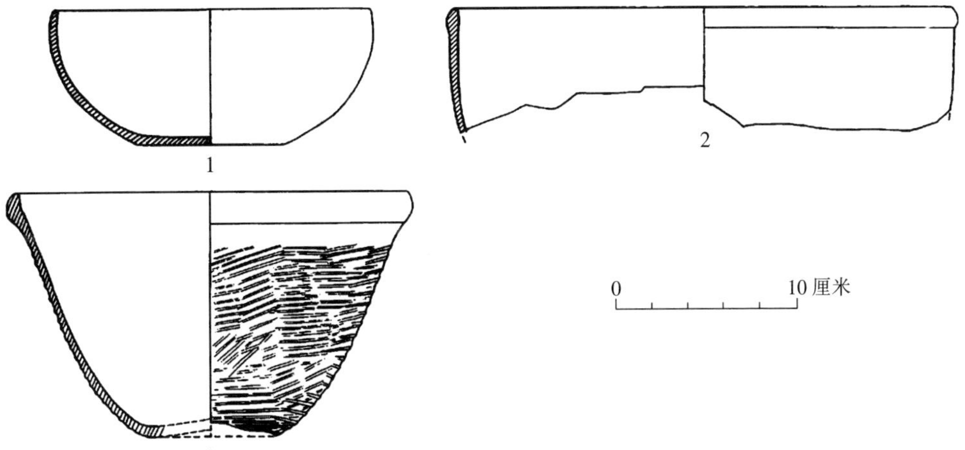

图5－2－4　陶钵

1. 敛口平底钵（T53①：3）　2. 直口钵（T51①：521）　3. 敞口深腹钵（T68①C：70）

③直口钵　数量较少。有泥质灰陶和黑陶。T51①：521（图5－2－4，2），泥质灰陶。直口，外卷扁唇，腹壁略鼓，腹部以下残。口径27.8厘米。

7. **陶杯**　分为6类，各予起名。

①大口杯　器表不平整。侈口，凹壁，绝大多数凹底，个别平底。分为3式。

Ⅰ式　有一定数量。泥质红陶。复原1件。T68①C：23（图5－2－5，1；图版一五九，4），圆唇，腹下部甚凹弧显得体瘦而较深。腹上部外表涂红陶衣。高6.4、口径6.4、底径2.6、胎厚0.3厘米。

Ⅱ式　数量较多。大多为泥质红陶，还有泥质灰陶。复原6件。T67①C：32（图5－2－5，2；图版一五九，5），泥质红陶。平方唇，腹壁略凹。高5.9、口径6.9、底径3、胎厚0.3厘米。T68①C：22（图5－2－5，5），泥质红陶。高5.7、口径6.7、底径2.8、胎厚0.3～0.5厘米。T68①C：39（图5－2－5，4），泥质红陶。方唇。高5.3、口径6.7、底径2.8、胎厚0.2～0.4厘米。T68①C：51（图5－2－5，3），泥质灰陶。方唇。高6.5、口径7、底径3、胎厚0.4厘米。

Ⅲ式　数量很少，复原1件。T31②：25（图5－2－5，6；图版一五九，6），泥质红陶。圆唇，腹壁上部略内凹，下部略外鼓，平底。外底有偏心涡纹。高5.5、口径5.8、底径3.4、胎厚0.4～0.6厘米。

②厚胎敞口杯　敞口，凹壁，胎壁甚厚。分为2式。

Ⅰ式　数量较少。有泥质红陶和灰陶。T53①：308（图5－2－5，8），泥质灰陶。腹壁略凹，凹底，口沿残。残高9.2、底径3.4、胎厚2.2厘米。

Ⅱ式　数量较少。有泥质红陶和夹砂红陶。复原1件。T68①C：1（图5－2－5，7），夹砂红陶。平方唇，平底。高7.5、口径7.7、底径4.3、胎厚0.7～2厘米。

③高柄杯　分为2式。

Ⅰ式　数量较少。泥质红陶。T68①C：5（图5－2－5，14），口部残，直壁，圜底，高柄实心，下端有圆形座。器底有偏心涡纹。残高6.8、底径3.9、胎厚0.6～1厘米。

Ⅱ式　数量较少。复原1件。T53①：209（图5－2－5，15；图版一五九，7），夹砂红陶。敞口，平方唇，斜壁，钝尖底，高柄上中部实心、下部中空，下端外平折。高 10、口径 5.9、底径 5.6、胎厚 0.4 厘米。

④高圈足杯　分为 2 式。

Ⅰ式　数量较多。泥质红陶。T69①C：131（图 5－2－5，12），器表有螺旋式拉坯指痕。侈口宽沿，圆唇，斜壁，平底，高圈足略直，圈足下部残。残高 10.8、口径 7.4、胎厚 1 厘米。T201①：4（图 5－2－5，13），出于农耕层下扰乱层。口部和圈足底沿残缺。残高 12.3 厘米。

Ⅱ式　数量少。泥质灰陶。EZG（关庙山）采：054（图 5－2－5，11；图版一五九，8），敞口，圆唇，斜壁，坦底，高圈足下部残。圈足存圆形镂孔 6 个。口径 8.8、残高 13、胎厚 0.3～

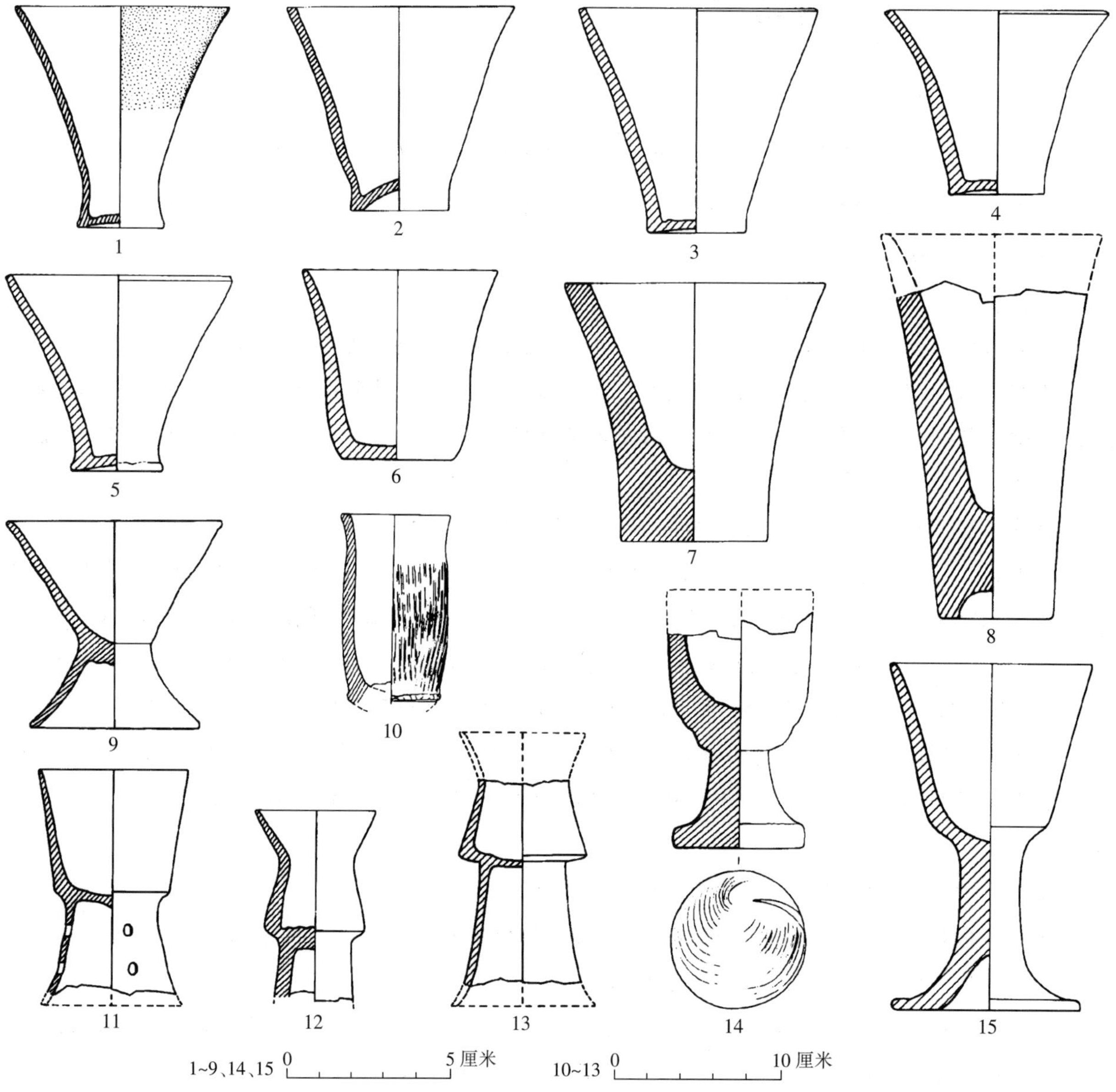

图 5－2－5　陶杯

1. Ⅰ式大口杯（T68①C：23）　2. Ⅱ式大口杯（T67①C：32）　3. Ⅱ式大口杯（T68①C：51）　4. Ⅱ式大口杯（T68①C：39）　5. Ⅱ式大口杯（T68①C：22）　6. Ⅲ式大口杯（T31②：25）　7. Ⅱ式厚胎敞口杯（T68①C：1）　8. Ⅰ式厚胎敞口杯（T53①：308）　9. 束腰形杯（T68①C：134）　10. 深腹圈足杯（T80①C：20）　11. Ⅱ式高圈足杯（EZG 关庙山采：054）　12. Ⅰ式高圈足杯（T69①C：131）　13. Ⅰ式高圈足杯（T201①：4）　14. Ⅰ式高柄杯（T68①C：5）　15. Ⅱ式高柄杯（T53①：209）

0.8 厘米。

⑤深腹圈足杯 数量甚少。夹砂红陶。T80①C:20（图5-2-5，10），器表不平整。敞口，平方唇，腹壁略直，深腹呈筒形，圜底，圈足残。腹部饰竖篮纹和1周绳索状附加堆纹。口径6.8、残高11、胎厚0.8厘米。

⑥束腰形杯 数量甚少。泥质灰陶。复原1件。T68①C:134（图5-2-5，9），敞口，圆唇，斜壁，钝尖底，喇叭形圈足较高，器形呈束腰形。高6.1、口径6.5、圈足径5.1、胎厚0.3~0.5厘米。

8. **陶盂** 有盂形器。

盂形器 数量甚少。夹砂红陶。T23②A:29（图5-2-6，1），器身内外表有螺旋式拉坯指痕，圈足用手捏制，器身和圈足接合起来后在该处涂泥，使其接合牢固。折沿，圆唇，凹肩，扁折腹，器底内部凹凸不平，圈足下部残。腹中部有凸棱1周。口径5.6、残高7.2、胎厚0.6~1厘米。

9. **陶竹节形残器**

数量较少。多为泥质灰陶，还有泥质黑陶。残器仅存中部，有凸棱1周呈竹节形，有的器内有横隔（底），有的未见，或可能都属另一类的高圈足杯。T51①:528（图5-2-6，4），泥质黑陶。残，中空。节宽7厘米。T68①C:38（图5-2-6，5），泥质灰陶。节宽6.2厘米。T35②:1（图5-2-6，3），泥质灰陶。节宽7.5厘米。T36②:4（图5-2-6，6），泥质灰陶。内表有螺旋式拉坯指痕。器底以下中空。节宽8.8厘米。T36②:42（图5-2-6，2），泥质黑陶。节宽8.6厘米。

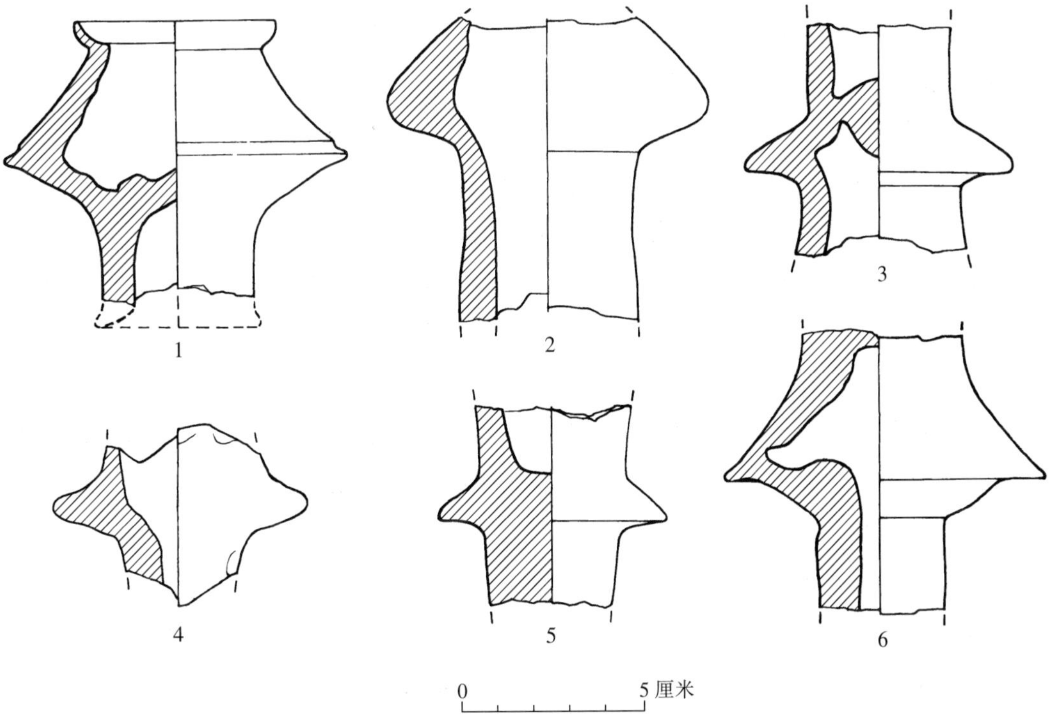

图5-2-6 陶盂形器和陶竹节形残器

1. 盂形器（T23②A:29） 2. 竹节形残器（T36②:42） 3. 竹节形残器（T35②:1） 4. 竹节形残器（T51①:528） 5. 竹节形残器（T68①C:38） 6. 竹节形残器（T36②:4）

10. **陶罐** 分为13类，各予起名。

①外卷圆唇小口高领罐 数量较少。泥质灰陶。小口，高领，外卷圆唇，圆肩，肩部以下残。器壁存方格纹。T51①:519（图5－2－7，2），领略凹，唇面有凹槽1周。口径14.2厘米。T76①C:34（图5－2－7，1），内表有陶垫窝。直领外敞。口径17.8厘米。

②折沿小口高领罐 小口，高领，折沿，圆唇，圆肩。均为残片。分为2式。

Ⅰ式 数量甚多。泥质灰陶。T35②:54（图5－2－7，3），凹沿外折较陡，高领略外弧，肩部以下残。器壁存绳索状附加堆纹1周和凸弦纹3周。口径15.7厘米。

Ⅱ式 数量较多。大多为泥质灰陶，还有泥质红陶和夹砂灰陶。T31②:45（图5－2－7，4），泥质红陶。器表不平整。口沿外斜折，高领略凹弧，肩部以下残。器壁存绳索状附加堆纹2周。口径18.8厘米。

③三角沿小口高领罐 小口，高领，三角沿，圆肩，肩部以下残缺。分为2式。

Ⅰ式 数量较少。泥质灰陶。T38②:47（图5－2－7，5），高领略凹，三角沿沿面有凹槽1周而呈小子母口，圆唇。器壁存方格纹和4周凹弦纹。口径15厘米。

Ⅱ式 数量很少。泥质灰陶。T51扩①H52:52（图5－2－7，6），高领略凸弧。领、肩相接处有1周近圆形浅窝纹，窝纹里印有布纹，1厘米内有8条线。口径20厘米。

④小口直领罐 数量甚少。泥质灰陶。T51扩①H51:32（图5－2－7，11；图版一六一，1），内表有螺旋式拉坯指痕。斜直领上部略细，圆唇，圆肩，扁圆腹，底残。肩部和腹部各饰凹弦纹2周。复原高约14、口径7、腹径16.6、胎厚0.4厘米。T211附近M142:2（图5－2－7，14），泥质浅灰陶。领残缺，圆肩。鼓腹，小平底。肩部内表有顺时针方向螺旋式拉坯指痕。残高7.7、底径5、胎厚0.4厘米。T211附近采:058（图5－2－7，13），领残缺。肩腹部有宽瓦棱纹，近底处有按压半圆形痕。残高7.6、底径5.3、胎厚0.4厘米。

⑤粗直高领罐 数量甚少。泥质灰陶。复原1件。T67①CH62:30（图5－2－7，12），粗领，圆唇，圆肩，鼓腹，平底。高8.6、口径7.2、底径4、胎厚0.4厘米。

⑥翻沿矮领罐 数量甚少。有泥质黑陶和灰陶。T51扩①H51:49（图5－2－7，9），泥质黑陶。器表不平整，内表有陶垫窝。矮领，外卷圆唇，圆肩，肩部以下残。器壁存方格纹。口径16厘米。T41②:46（图5－2－7，7），泥质灰陶。方唇。存有凹弦纹1周和斜拍的方格纹。口径30厘米。

⑦外卷扁唇矮领罐 数量甚少。泥质黑陶。T51①:523（图5－2－7，8），内表有陶垫窝。矮领，外卷扁唇，圆肩，肩部以下残。器壁存方格纹。口径30.8厘米。

⑧折沿矮领罐 数量较少。泥质灰陶。T51①:524（图5－2－7，10），器表不平整。矮领，折沿，斜方唇，圆肩，肩部以下残。器壁存方格纹。口径28厘米。

⑨凹沿圜底罐 多为夹砂红陶，还有夹砂褐陶、夹炭红陶。其中一部分残口沿可能是麻面鼎足的器身。斜凹沿，溜肩，肩部以下残缺，当为较宽圜底。分为3式。

Ⅰ式 数量少。T51扩①H51:51（图5－2－8，1），夹炭红陶。厚凹沿，圆唇，肩部以下残。口径19.6厘米。

Ⅱ式 数量较少。T68①C:158（图5－2－8，3），夹炭红陶。折沿甚凹，沿上部近直，下端

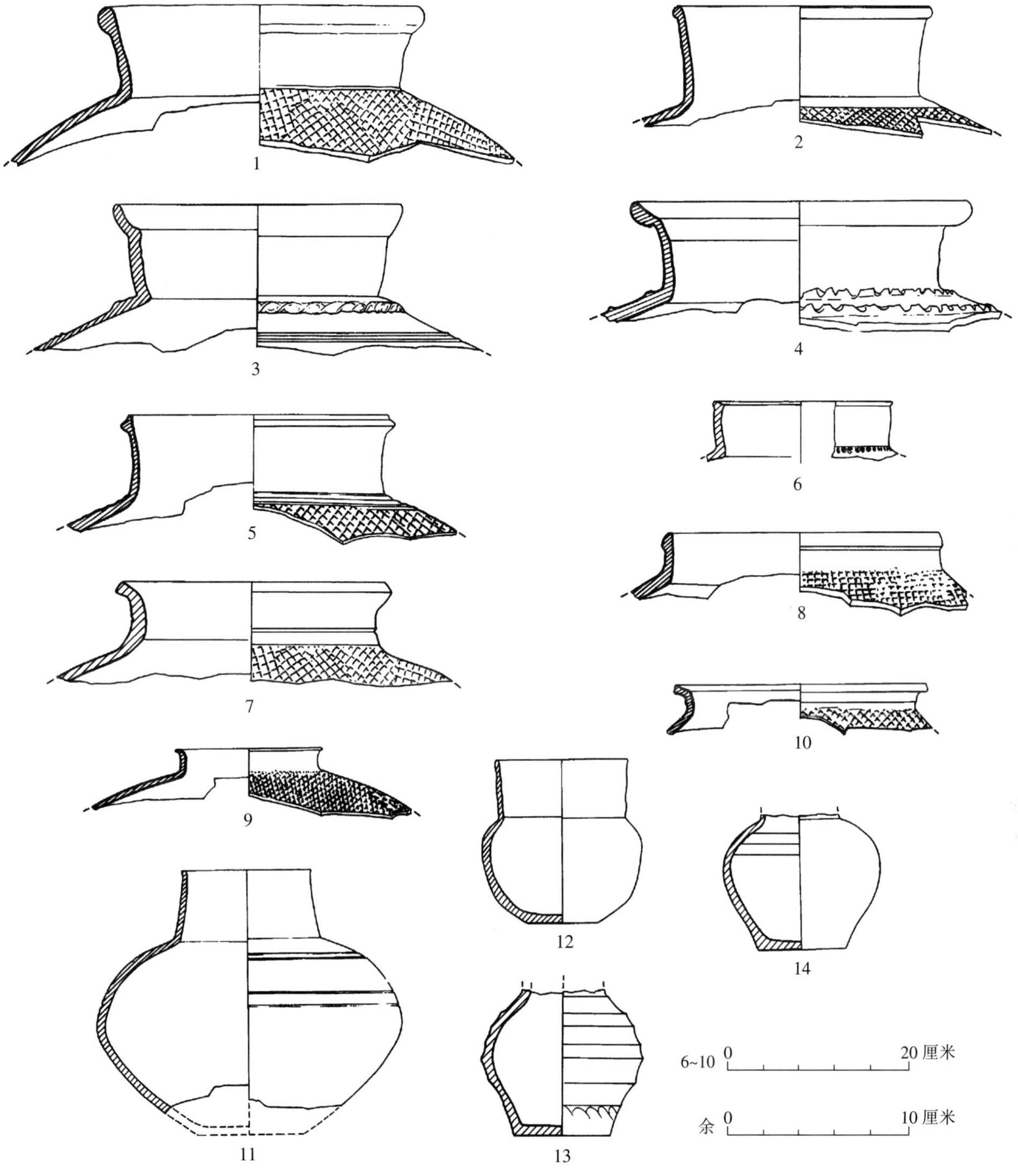

图5－2－7　陶罐（之一）

1. 外卷圆唇小口高领罐（T76①C∶34）　2. 外卷圆唇小口高领罐（T51①∶519）　3. Ⅰ式折沿小口高领罐（T35②∶54）　4. Ⅱ式折沿小口高领罐（T31②∶45）　5. Ⅰ式三角沿小口高领罐（T38②∶47）　6. Ⅱ式三角沿小口高领罐（T51扩①H52∶52）　7. 翻沿矮领罐（T41②∶46）　8. 外卷扁唇矮领罐（T51①∶523）　9. 翻沿矮领罐（T51扩①H51∶49）　10. 折沿矮领罐（T51①∶524）　11. 小口直领罐（T51扩①H51∶32）　12. 粗直高领罐（T67①CH62∶30）　13. 小口直领罐（T211附近采∶058）　14. 小口直领罐（T211附近M142∶2）

上翘起棱，肩部以下残。口径22.6厘米。

Ⅲ式　有一定数量。T69①C∶196（图5－2－8，2），夹砂红陶。凹沿外折低斜，沿下端外壁有凹槽，内壁上翘起棱，圆唇，肩部以下残。口径27.4厘米。

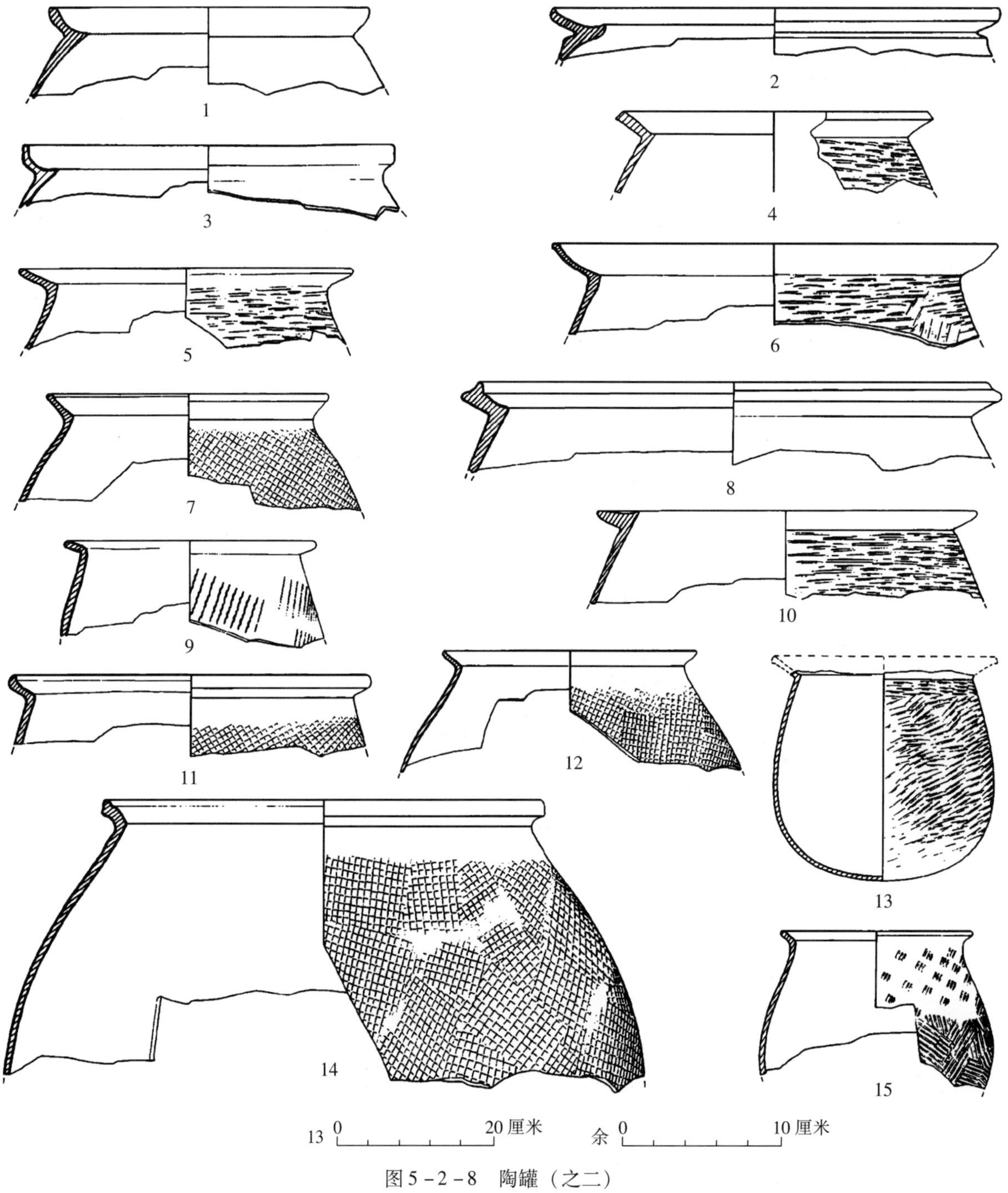

图5－2－8 陶罐（之二）

1. Ⅰ式凹沿圜底罐（T51扩①H51:51） 2. Ⅲ式凹沿圜底罐（T69①C:196） 3. Ⅱ式凹沿圜底罐（T68①C:158） 4. Ⅱ式大口折沿罐（T68①CH62:43） 5. Ⅰ式大口折沿罐（T68①CH62:156） 6. Ⅱ式大口折沿罐（T68①C:157） 7. Ⅱ式大口折沿罐（T31②:48） 8. Ⅲ式大口折沿罐（T51扩①:50） 9. Ⅳ式大口折沿罐（T21②A:20） 10. 平沿罐（T53①:319） 11. Ⅴ式大口折沿罐（T51①:527） 12. Ⅴ式大口折沿罐（T69①C:197） 13. 垂腹圜底罐（T211附近M142:1） 14. Ⅱ式窄沿袋形罐（T34②:48） 15. Ⅰ式窄沿袋形罐（T80①C:21）

⑩平沿罐 数量甚少。夹砂红陶。T53①:319（图5－2－8，10），平沿，沿面内凹，圆唇，溜肩，肩部以下残。器壁存横篮纹。口径23.5厘米。

⑪大口折沿罐 折沿，溜肩，肩部以下残。分为5式。

Ⅰ式 数量较少。有夹砂红陶和泥质灰陶。T68①CH62:156（图5－2－8，5），夹砂红陶。斜折沿，圆唇。器壁存横篮纹。口径 20.8 厘米。

Ⅱ式 数量甚多。有泥质红陶、灰陶、黑陶，夹砂红陶、褐陶和灰陶。平方唇。T68①C∶157（图 5－2－8，6），泥质红陶。内表有陶垫窝。器壁存交错篮纹。口径 27.6 厘米。T68①CH62∶43（图 5－2－8，4），夹砂红陶。有横篮纹。口径 19.6 厘米。T31②∶48（图 5－2－8，7），夹砂灰陶。器壁存方格纹。口径 17.6 厘米。

Ⅲ式 有一定数量。多为泥质灰陶，还有夹砂灰陶。T51 扩①∶50（图 5－2－8，8），泥质灰陶。折沿较窄，翘圆唇，唇外侧有凹槽 1 周呈子母口。口径 33.4 厘米。

Ⅳ式 数量较少。夹砂灰陶。圆唇。T21②A∶20（图 5－2－8，9），折沿较短，圆唇，肩部以下残。器壁存斜绳纹，呈片块分布。口径 15.8 厘米。

Ⅴ式 有一定数量。泥质灰陶。T51①∶527（图 5－2－8，11），翘圆唇，肩部以下残。器壁存方格纹。口径 22.7 厘米。T69①C∶197（图 5－2－8，12），鼓腹，腹部以下残。器壁存方格纹。口径 15.8 厘米。

⑫窄沿袋形罐 折沿较窄，溜肩，鼓腹，腹最大径在下部呈袋形，腹部以下残。分为 2 式。

Ⅰ式 数量较少。夹砂黑陶。T80①C∶21（图 5－2－8，15），器表不平整。圆唇。器壁饰成组短条篦形戳印纹和交错篮纹。口径 11.8 厘米。

Ⅱ式 数量甚少。泥质红陶。T34②∶48（图 5－2－8，14），翘圆唇。器壁饰方格纹。口径 27.6 厘米。

⑬垂腹圜底罐 数量少。T211 附近 M142∶1（图 5－2－8，13；图版一六一，2），夹蚌灰陶，器表有大量不规则形小凹坑，是蚌壳末遗留的痕迹。口沿残，可能斜直折沿，深垂腹，圜底。器壁饰横篮纹。残高 24.5、腹径 27、胎厚 0.5～0.6 厘米。

11. **陶鼎** 能复原的很少，多为鼎足。鼎分为 2 类，鼎足分为 6 类。

①圜底盆形鼎 数量较少。夹砂灰陶。折沿，翘圆唇，斜壁，圜底。T53①∶309（图 5－2－9，2），圜底残，鼎足脱落仅存足根痕迹。腹底相接处存绳索状附加堆纹 1 段。口径 23.4 厘米。EZG（关庙山）采∶055（图 5－2－9，1），圜底及鼎足残。腹底相接处有凸棱 1 周，底部饰交错篮纹。口径 31.5 厘米。

②釜形鼎 数量甚少。夹砂红陶。T72①C∶4（图 5－2－9，3），折沿，翘圆唇，唇外侧有凹槽 1 周呈子母口，鼓腹，坦底，鼎足脱落仅存足根痕迹。腹底饰斜篮纹。口径 15.6 厘米。

③麻面鼎足 数量较多。夹砂红陶。上宽下窄呈较扁梯形或近舌形。足面均满饰戳印纹呈麻面状。戳印纹大多为条形，个别为圆形和半圆形。T51①∶517（图 5－2－9，7），足下部残。足面饰条形戳印纹和竖长划纹 3 道。T51 扩①H51∶47（图 5－2－9，11），足面饰较稀的条形戳印纹。残长 9 厘米。T53①∶310（图 5－2－9，10），足面饰较密的条形戳印纹。残长 12.6 厘米。T68①C∶146（图 5－2－9，8），足外撇，足下部残。足面饰半圆形戳印纹。T41②∶44（图 5－2－9，16），足下部残。足面饰圆形戳印纹。

④凸棱鼎足 有一定数量。夹砂灰陶。扁条形。足面大多有 2 道凸棱，个别有 1 道凸棱。T53①∶311（图 5－2－9，4），足甚矮。足面有 2 道凸棱。T53①∶312（图 5－2－9，5），足下部残。足面有 1 道凸棱，足上部饰圆形窝纹 2 个。T54③A∶60（图 5－2－9，6），足面有 2 道凸棱，足上

部饰椭圆形窝纹 1 个。残长 12 厘米。

⑤扁三角形鼎足　数量较少。有夹砂灰陶和红陶。扁三角形足均侧装。T51①:518（图 5－2－9，14），夹砂灰陶。足下部残。器壁存方格纹。T7②A:29（图 5－2－9，13），夹砂红陶。

⑥凿形鼎足　数量甚少。夹砂红陶。T68①C:147（图 5－2－9，12），上宽下窄呈凿形。足上部饰椭圆形窝纹 1 个。残长 10 厘米。

⑦铲形鼎足　数量较少。夹砂红陶。T53①:314（图 5－2－9，15），上窄下宽呈铲形。足上部饰条形窝纹 2 个。残长 11 厘米。

⑧柱形鼎足　数量甚少。泥质灰陶。T69①C:194（图 5－2－9，9），柱状，断面呈椭圆形，足下部残。足面上部有 1 个似侧放的目字形刻划符号，系烧制前刻划。

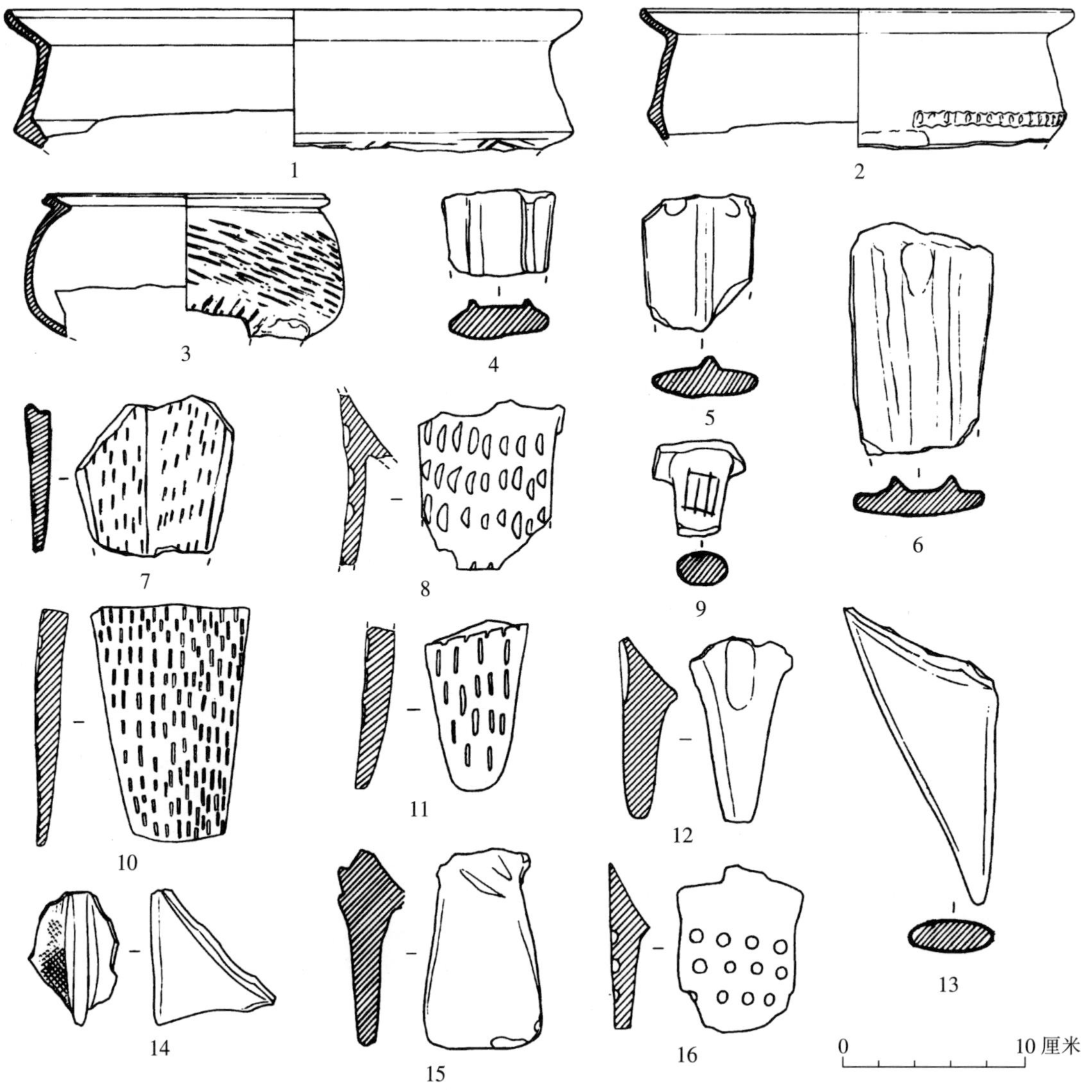

图 5－2－9　陶鼎和陶鼎足

1. 圜底盆形鼎（EZG 关庙山采:055）　2. 圜底盆形鼎（T53①:309）　3. 釜形鼎（T72①C:4）　4. 凸棱鼎足（T53①:311）　5. 凸棱鼎足（T53①:312）　6. 凸棱鼎足（T54③A:60）　7. 麻面鼎足（T51①:517）　8. 麻面鼎足（T68①C:146）　9. 柱形鼎足（T69①C:194）　10. 麻面鼎足（T53①:310）　11. 麻面鼎足（T51 扩①H51:47）　12. 凿形鼎足（T68①C:147）　13. 扁三角形鼎足（T7②A:29）　14. 扁三角形鼎足（T51①:518）　15. 铲形鼎足（T53①:314）　16. 麻面鼎足（T41②:44）

12. **陶鬶**　数量较少。多为泥质红陶，还有泥质灰陶。均为残片。

鬶颈　T53①:22（图5－2－10，1），泥质红陶。器表凹凸不平，颈内表有泥条盘筑痕迹。颈较高，颈口捏成匙形流，胎壁较厚，颈部以下残。残高9.5、胎厚0.7～1厘米。T68①C:57（图5－2－10，2），泥质红陶。颈内外表有螺旋式拉坯指痕，肩内表有分段制作后接合的痕迹。颈稍矮，颈口捏成匙形流，圆肩，肩部以下残。残高7.7、胎厚0.25厘米。T211附近采:056（图5－2－10，7），泥质红陶。颈较矮，颈口捏成管状流，颈部一侧残存宽带形鋬，圆肩，肩部以下残。残高6.8、胎厚0.2厘米。

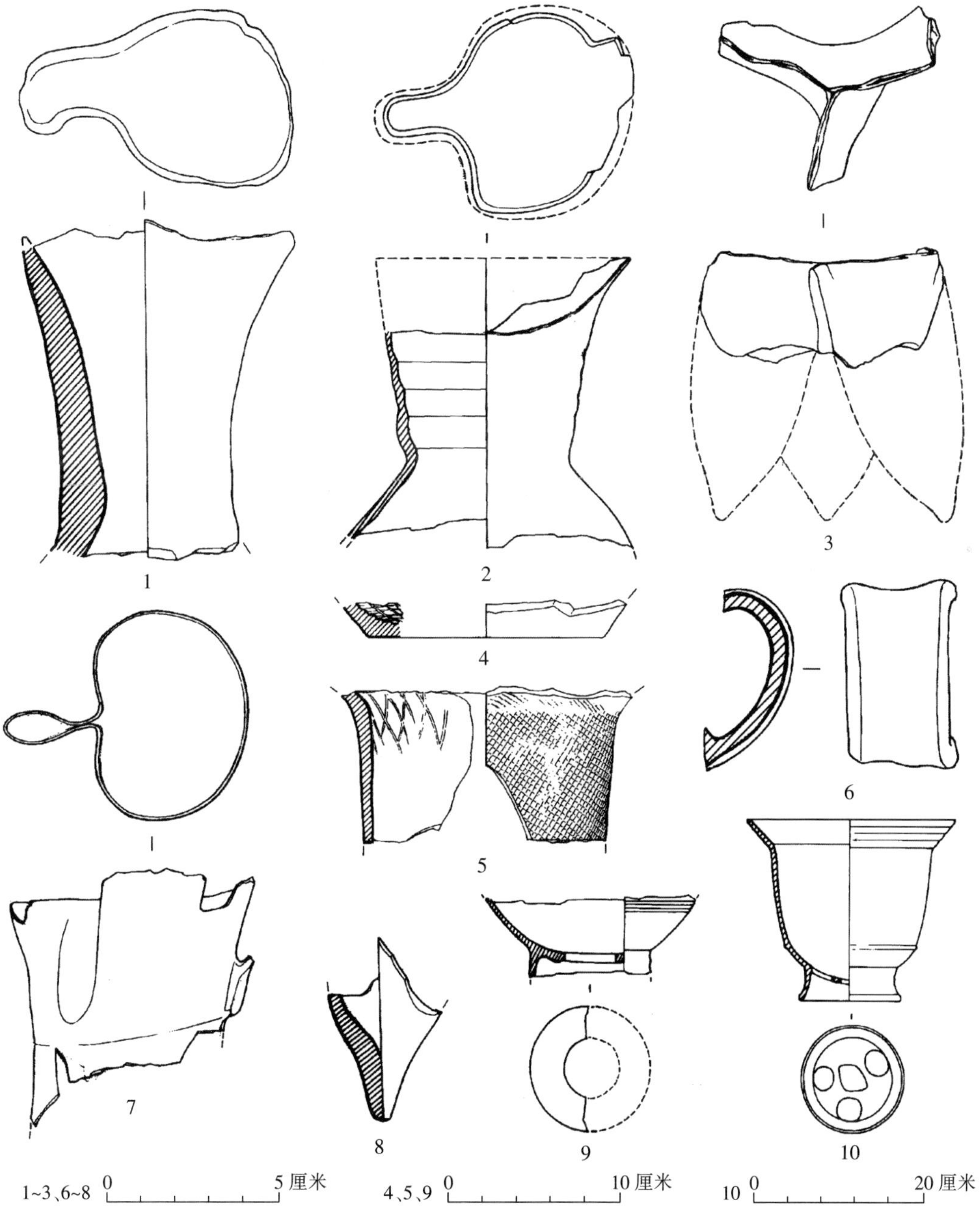

图5－2－10　陶鬶、陶甑和陶研磨器

1. 鬶颈（T53①:22）　2. 鬶颈（T68①C:57）　3. 鬶裆（T34②:7）　4. 研磨器（T51①:526）　5. 研磨器（T69①C:195）　6. 鬶鋬（T68①CH62:12）　7. 鬶颈（T211附近采:056）　8. 鬶袋足（T52①:230）　9. 独圆形箅孔甑（T68①C:144）　10. 圆形菱形箅孔甑（T80①C:16）

鬶鋬 T68①CH62:12（图5－2－10，6），泥质红陶。宽带形鋬，鋬面内凹。

鬶裆 T34②:7（图5－2－10，3），泥质灰陶。仅存三袋足以上的裆部。

鬶袋足 T52①:230（图5－2－10，8），泥质灰陶。仅存乳状袋足下部。

13. **陶甑** 分为2类，各予起名。

①圆形菱形箅孔甑 数量较少。泥质黑陶。复原1件。T80①C:16（图5－2－10，10；图版一六一，3），内表有陶垫窝。折沿较宽，圆唇，弧壁，深腹，圜底，圈足外撇，下端外卷，底周有圆形箅孔3个，中央有菱形箅孔1个。腹下部饰条形附加堆纹1周。高20.4、口径24.4、圈足径12、胎厚0.4～0.6厘米。

②独圆形箅孔甑 数量甚少。泥质灰陶。T68①C:144（图5－2－10，9），弧壁，圜底，直圈足，仅存腹底及圈足残片，器底有较大的圆形箅孔1个。腹部存横向篦划纹。圈足径7厘米。

14. **陶研磨器**

数量甚少。有泥质灰陶和黑陶。T51①:526（图5－2－10，4），泥质灰陶。斜壁，平底，仅存残片，内壁有放射状刻划沟槽。底径13.4厘米。T69①C:195（图5－2－10，5），泥质黑陶。下腹为筒形，底部和转折处以上均残，内壁有菱格形刻划沟槽。外壁存方格纹。

15. **陶尊** 有斜沿尊。

斜沿尊 绝大多数为夹粗砂红陶，红颜色一般较浅，所夹粗砂有些颗粒大小如米粒，器表内外显得十分粗糙；极少数为夹蚌黑陶。斜沿，直壁，深腹，器壁普遍显厚。有些可能为陶臼。分为5式。

Ⅰ式 数量甚少。夹粗砂红陶。T68①CH62:152（图5－2－11，1），圆唇，肩部以下残。口径32厘米。

Ⅱ式 数量较少。夹粗砂红陶。T68①C:153（图5－2－11，2），内表有陶垫窝。斜方唇，肩部以下残。器壁存横篮纹。口径28厘米。T211东北采:049（图5－2－11，3；图版一六一，5），平方唇，下腹内收成小平底，腹部残。器壁存斜篮纹和2周宽带形附加堆纹。口径32、底径6、腹厚2.8、底厚3.2厘米。

Ⅲ式 数量甚少。夹粗砂红陶。T68①C:154（图5－2－11，4），内表有陶垫窝。外卷圆唇，肩部以下残。器壁存斜篮纹。口径39.6厘米。

Ⅳ式 数量甚少。T68①C:148（图5－2－11，5），夹蚌黑陶。平方唇。留存横篮纹和1周绳索状附加堆纹。口径44厘米。

Ⅴ式 数量甚少。夹粗砂红陶。EZG（关庙山）渠东采:057（图5－2－11，6），折沿，斜方唇，深腹呈筒形，胎壁甚厚，腹部以下残。器壁密布整齐横直的凹弦纹。有1个刻划符号，符号下部略残，复原为1个圆圈内嵌四角星形纹；刻划符号的凹槽为斜壁较尖的底，宽2～2.5、深1～1.5毫米，系烧制前刻划。口径28、残高14、胎厚4.1厘米。

16. **陶瓮** 分为2类，各予起名。

①外卷扁唇瓮 数量甚少。泥质黑陶。T51①:525（图5－2－12，1），内表有陶垫窝。敛口，外卷扁唇，圆肩，肩部以下残。器壁存竖绳纹。口径39.6厘米。

②平沿瓮 数量较少。泥质黑陶。T72①C:1（图5－2－12，2；图版一六一，4），内表有陶

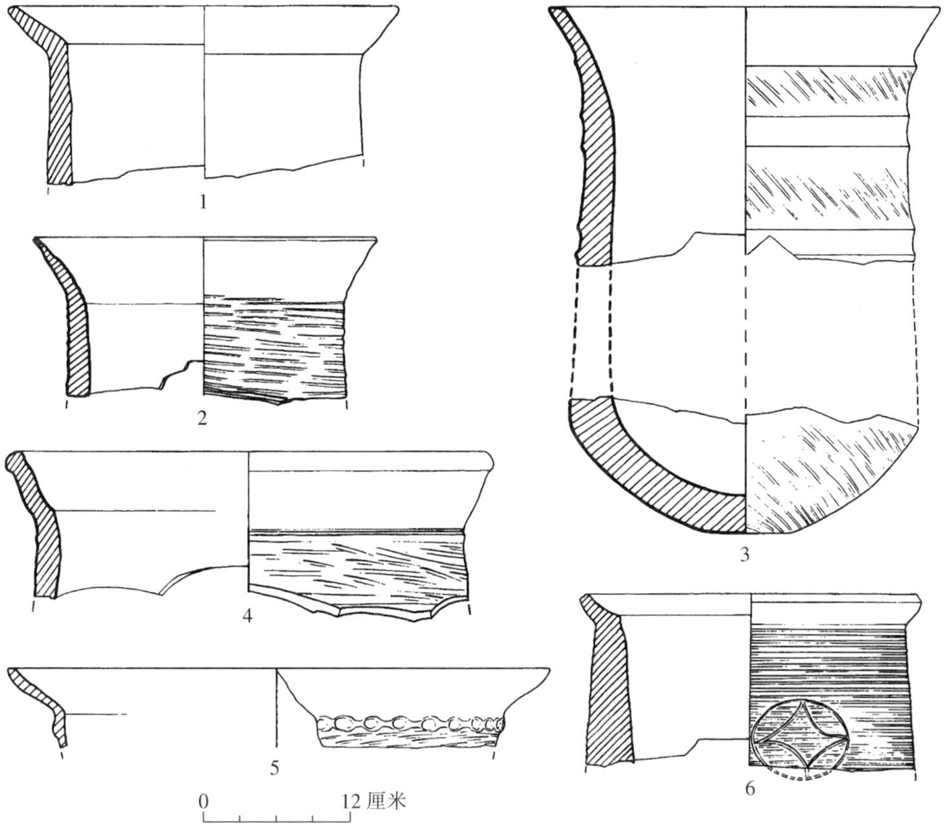

图 5－2－11　陶斜沿尊

1. Ⅰ式（T68①CH62∶152）　2. Ⅱ式（T68①C∶153）　3. Ⅱ式（T211 东北采∶049）　4. Ⅲ式（T68①C∶154）
5. Ⅳ式（T68①C∶148）　6. Ⅴ式（关庙山渠东采∶057）

垫窝。敛口，平沿，圆唇，圆肩，鼓腹，上腹和底部残。腹部饰方格纹和 2 周宽带形附加堆纹，后者的纹面内凹。口径 34、腹径 47.6、胎厚 0.8 厘米。

17. **陶缸**　分为 3 类，各予起名。

①直口圜底缸　数量较少。夹粗砂黑陶。复原 1 件。T68①C∶131（图 5－2－12，3；图版一六一，6），内表有陶垫窝。直口，圆唇，深腹略鼓，圜底。口沿外有凸棱 1 周。腹和底饰斜篮纹。高 51、口径 52、胎厚 0.8～1厘米。

②平沿缸　有一定数量。夹砂灰陶。T68①C∶145（图 5－2－12，4），平沿，圆唇，腹壁略鼓，口沿与腹壁交接呈 T 形，腹部以下残。沿面饰凹弦纹 3 周，器壁存横篮纹和 1 周凸弦纹。口径 40 厘米。

③直沿缸　数量很少。T80①C∶22（图 5－2－12，5），夹砂褐陶。竖直沿与肩部相接处折成小台阶状，沿面上有 3 条凹槽。器壁存凸弦纹和斜篮纹。口径 42 厘米。

18. **陶器座**　分为 5 类，各予起名。

①束腰形器座　数量较少。复原 1 件。敞口，器壁呈束腰形。T51①∶389（图 5－2－13，1），泥质灰陶。外卷厚圆唇，器座下端残。口径 20.2、复原高约 12、胎厚 0.6～0.8 厘米。T53①∶307（图 5－2－13，2），泥质灰陶。器表不平整。器座上部残。器壁存圆形镂孔 1 个。底径 23 厘米。T7 扩②A∶28（图 5－2－13，7），泥质橙黄陶。高 4.4、口径 10、底径 11、胎厚 0.5 厘米。

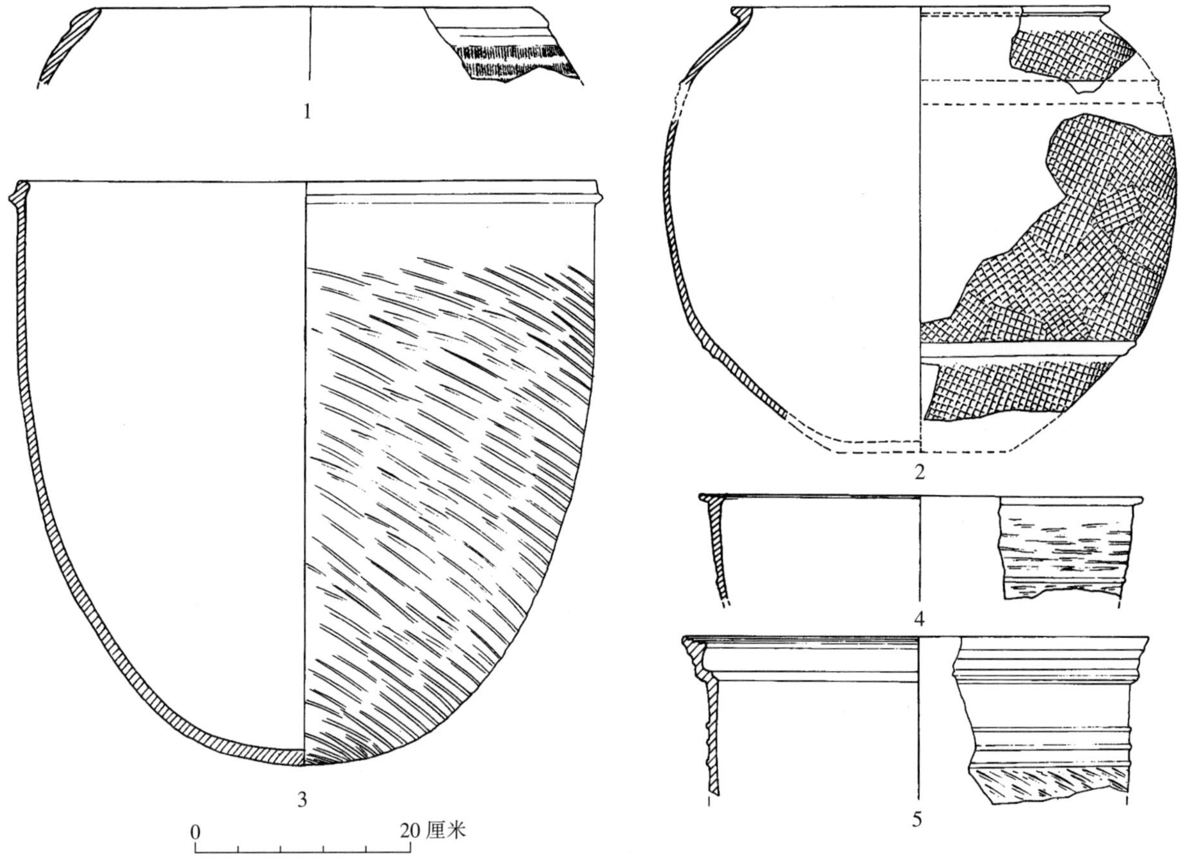

图5－2－12 陶瓮和陶缸

1. 外卷扁唇瓮（T51①：525） 2. 平沿瓮（T72①C：1） 3. 直口圜底缸（T68①C：131） 4. 平沿缸（T68①C：145） 5. 直沿缸（T80①C：22）

②凹腰形器座 数量甚少。夹砂灰陶。T36②：41（图5－2－13，3），器表不平整。下口外敞，凹壁，器座上部残。器壁饰方格纹。底径21.8厘米。

③外卷扁唇凹腰形器座 数量较少。泥质灰陶。T68①C：3（图5－2－13，4），器表不平整。下口敞外卷扁唇，凹壁，器座上部残。器壁存横篮纹、绳索状附加堆纹1周和圆形镂孔1个。底径25.8厘米。

④折沿直壁矮器座 数量甚少。泥质灰陶。复原1件。T52①：138（图5－2－13，5），上、下口对称均折沿斜方唇，直壁。器形甚矮。高4.2、口径21、底径21.2、胎厚1厘米。

⑤鼓形器座 数量甚少。泥质灰陶。T51扩①H52：46（图5－2－13，6），敛口，圆唇，弧壁，器形呈鼓形，器座下部残。器壁存凹弦纹1周。口径24.6厘米。

19. **陶器盖** 分为6类，各予起名。

①钉帽形纽器盖 泥质红陶。捏制，器表凹凸不平。圆唇，钉帽形纽。分为4式。

Ⅰ式 有一定数量。复原2件。T67①C：30（图5－2－14，3）。敞口，弧壁，内表有凸棱1周，盖内尖顶，纽柄甚高，纽顶略凹。高5.8、口径5、纽径2.1、胎厚0.3～0.8厘米。T22②A：5（图5－2－14，1），纽柄略粗短。高5.5、口径6、纽径2.4、胎厚0.3～0.6厘米。

Ⅱ式 数量较多。复原1件。T33②：21（图5－2－14，2），敞口，弧壁，盖内圜顶，纽柄甚高，纽顶略凹。高4.4、口径5.4、纽径2.1、胎厚0.5厘米。

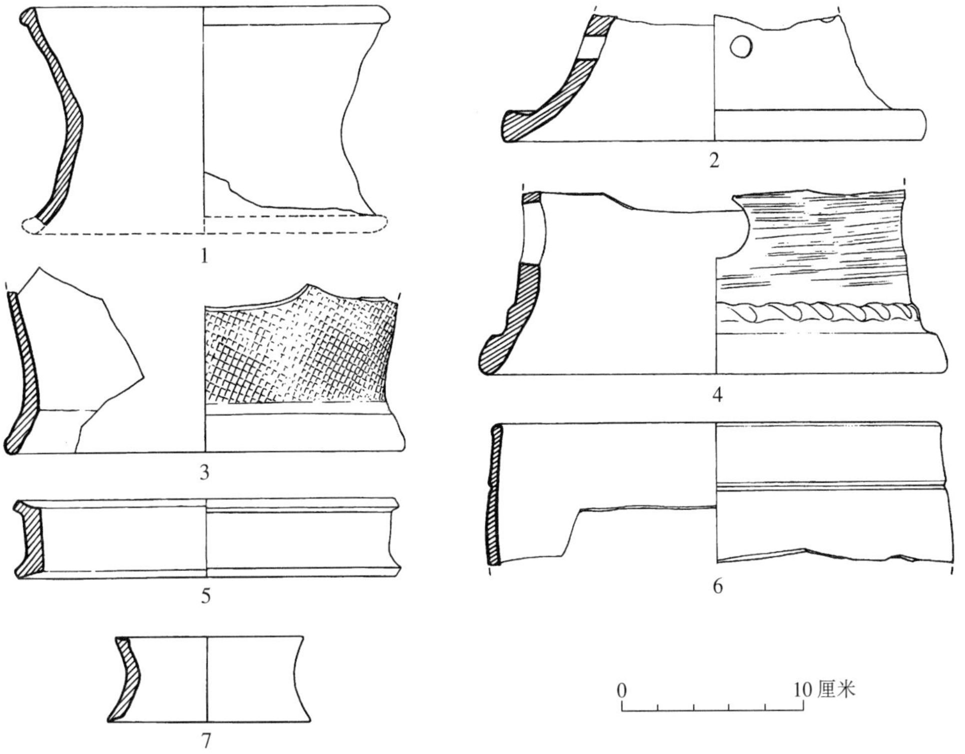

图5－2－13　陶器座

1. 束腰形器座（T51①:389）　2. 束腰形器座（T53①:307）　3. 凹腰形器座（T36②:41）　4. 外卷扁唇凹腰形器座（T68①C:3）　5. 折沿直壁矮器座（T52①:138）　6. 鼓形器座（T51扩①H52:46）　7. 束腰形器座（T7扩②A:28）

Ⅲ式　数量较多。复原2件。T68①C:88（图5－2－14，4；图版一六二，1），侈口，凹壁，内壁有凸棱1周，盖内圜顶，纽柄甚高，纽顶微凸。高7.6、口径7.9、纽径2.2、胎厚0.3～0.6厘米。

Ⅳ式　数量很少。复原1件。复原1件。T211附近M142:3（图5－2－14，8；图版一六二，2），泥质橙黄陶。手捏制，表面凹凸不平。钉帽形纽顶边不对称。高6.4、口径6.6、胎厚0.4～0.5厘米。

②碟形纽器盖　分为2式。

Ⅰ式　有一定数量。夹砂褐陶。复原1件。T51扩①H51:45（图5－2－14，6），敞口，圆唇，弧壁，圜顶，碟形纽。高8、口径21.2、纽径7、胎厚0.4～0.6厘米。

Ⅱ式　数量很少，T68①C:30（图5－2－14，7），泥质红陶。器身较瘦小而高，碟形纽与盖面间有一段实柄。残高4.7厘米。

③筒形纽器盖　数量甚少。夹砂灰陶。复原1件。T68①CH62:4（图5－2－14，11；图版一六二，3），器表不平整，有刮削痕迹。直口，外卷厚圆唇，坦顶，筒形纽中空，纽顶边缘外凸。高10.4、口径28、纽径7、胎厚0.7厘米。

④双角形纽器盖　数量甚少。泥质灰陶。复原1件。T80①C:4（图5－2－14，9；图版一六二，4），敞口，斜方唇，斜壁，尖顶，双角形纽。高5.7、口径7.5、胎厚0.4厘米。

⑤三纽器盖　数量较少。泥质黑陶。复原1件。T72①C:76（图5－2－14，10），敞口，圆唇，弧壁，圜顶，三纽均近似鹰嘴状。高2.3、口径8.5、胎厚0.2厘米。

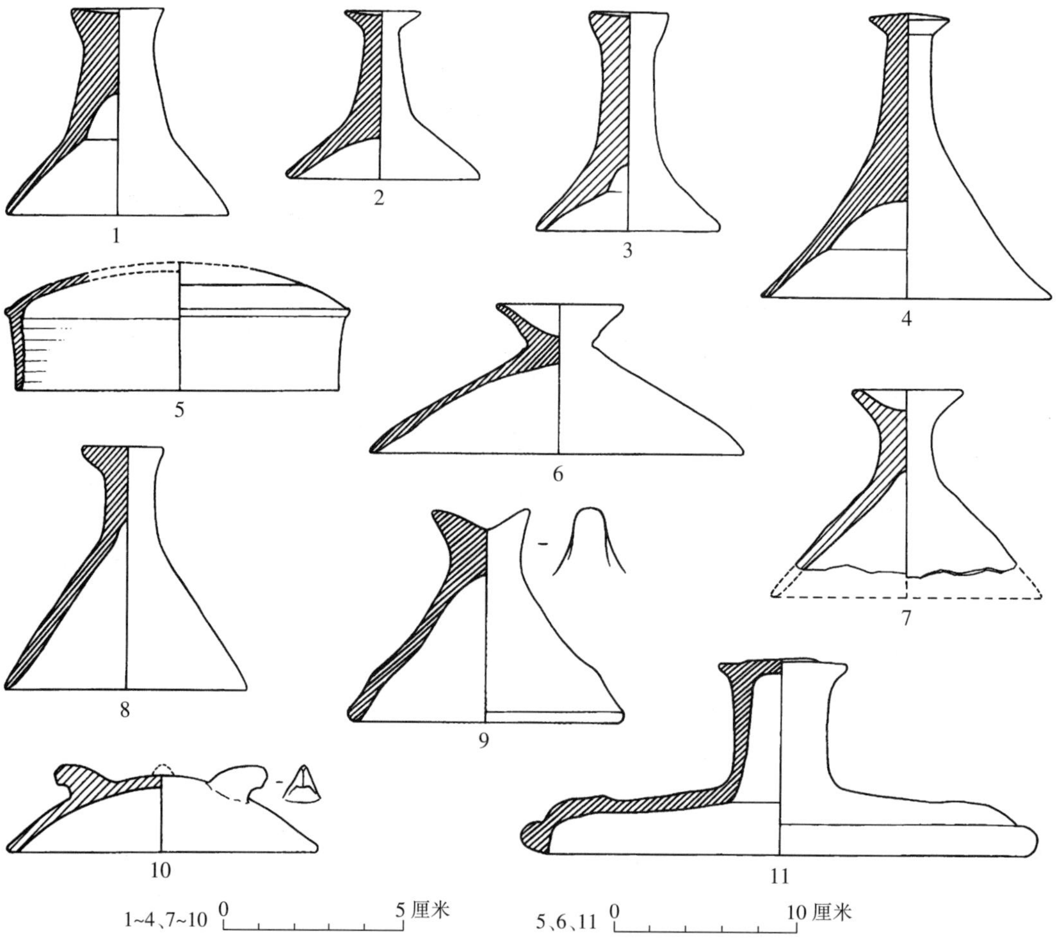

图 5－2－14 陶器盖

1. Ⅰ式钉帽形纽器盖（T22②A∶5） 2. Ⅱ式钉帽形纽器盖（T33②∶21） 3. Ⅰ式钉帽形纽器盖（T67①C∶30） 4. Ⅲ式钉帽形纽器盖（T68①C∶88） 5. 覆钵形器盖（T67①C∶143） 6. Ⅰ式碟形纽器盖（T51 扩①H51∶45） 7. Ⅱ式碟形纽器盖（T68①C∶30） 8. Ⅳ式钉帽形纽器盖（T211 附近 M142∶3） 9. 双角形纽器盖（T80①C∶4） 10. 三纽器盖（T72①C∶76） 11. 筒形纽器盖（T68①CH62∶4）

⑥覆钵形器盖 数量甚少。泥质灰陶。T67①C∶143（图 5－2－14，5），内表有螺旋式拉坯指痕。长直口，平方唇，转折成圜顶，转折处有凸棱 1 周，器身似覆钵形，器盖顶部残。盖面有凹弦纹 1 周。口径 17.6 厘米。

［二］陶纺轮

共 71 件，其中完整 44 件，残破 27 件。均泥质。红色、浅红色合占 70%，其他红黄、红褐、灰褐、黑色合占 30%。纹饰有三种，合占 43%，其中以均饰于周边的篦点连线纹占绝对多数，有 2 件彩纹纺轮十分突出；素面的占 57%。按最长直径为准，2.4～4 厘米的小型个体占 97%，极少的为中型，缺乏大型个体。详见石家河文化陶纺轮颜色、纹饰、直径统计表（表 5－2－2）。

先以周边特征分型，再以最长直径长短（大小）、厚薄不同而分式。可分为 5 型。

1 型 22 件（内整 13，残 9）。周边等分折角起棱。分为 4 式。

Ⅰ式 8 件（内整 4，残 4）。小型，较厚。均素面。T54③A∶34（图 5－2－15，1），浅红色。

表 5－2－2 石家河文化陶纺轮颜色、纹饰、直径统计表

颜色		数量（件）	比例
红		45	63.38
浅红		5	7.04
红黄		1	1.41
红褐		9	12.68
灰褐		6	8.45
黑		5	7.04
合计		71	100%
素面和纹饰		数量	比例
素面		40	56.34
凹弦纹		1	1.41
篦点连线纹		28	39.44
彩纹		2	2.81
合计		71	100%
最长直径（厘米）		数量	比例
小型	2.4～3	10	14.08
	3.1～4	59	83.10
中型	4.1～5	2	2.82
合计		71	100%

正面有 12 条很细的划道呈辐射状排列。背面圆孔周围有轻刮痕，孔边微凸呈大半个圆圈。直径 3.3、厚 1.2 厘米。T68①CH62∶26（图 5－2－15，2），红褐色。正面孔边有凸起的圆圈。背面微低平。直径 3.1、厚 1 厘米。T33②∶2（图 5－2－15，3），红褐色。直径 3.7、厚 1.4 厘米。

Ⅱ式 10 件（内整 6，残 4）。小型，较薄。1 件有纹饰。T68①CH62∶1（图 5－2－15，6），红色。正、背面微低平，两面边缘微凸。周边饰 1 圈篦点连线纹。直径 3、厚 0.7 厘米。T68①CH62∶13（图 5－2－15，4），灰褐色。正、背面平，边缘均微凸，正面孔边有凹下的圆圈。直径 3.5、厚 0.6 厘米。

Ⅲ式 1 件（整）。T68①C∶56（图 5－2－15，5），红黄色。中型，很薄。正面有 3 组红彩平行弧线纹，周边也残存红彩。直径 4.2、厚 0.5 厘米。

Ⅳ式 3 件（内整 2，残 1）。小型，很薄。1 件有纹饰。T68①C∶32（图 5－2－15，7），红色。正面孔边有凸起的圆圈。周边有 1 圈篦点连线纹。直径 3.6、厚 0.5 厘米。

2 型 13 件（内整 4，残 9）。周边圆弧。分为 3 式。

Ⅰ式 1 件（残）。T68①C∶14（图 5－2－15，8），红色。稍残。中型，较薄。直径 4.2、厚 0.8 厘米。

Ⅱ式 3 件。（内整 1，残 2）。小型，较薄。均素面。T53①∶7（图 5－2－15，9），黑色。两面边缘明显高凸，正面孔边有略凸起圆圈。直径 3.3、厚 0.8 厘米。T68①CH62∶21（图 5－2－15，

11)，浅红色。两面边缘均稍凸，正面孔边有微凸圆圈。直径3.4、厚0.6厘米。

Ⅲ式 9件（内整3，残6）。小型，很薄。2件分别饰篦点连线纹和彩纹。T68①CH62:5（图5-2-15，12），红色。正面边缘微凸，背面微凹。直径3.6、厚0.4厘米。T39②:18（图5-2-15，10），红色。正、背面中部都微鼓。正面有4组红彩平行弧线纹，周边也涂红彩。直径3.5、厚0.5厘米。

3型 3件（内整2，残1）。周边不等分折角起棱。分为2式。

Ⅰ式 2件（内整1，残1）。小型，较薄。均素面。T70①CH59:1（图5-2-15，13），红褐色。稍残损。直径3.4、厚0.8厘米。

Ⅱ式 1件（整）。T68①CH62:18（图5-2-15，14），红色。小型，很薄。正面边缘微凸。周边饰1圈篦点连线纹。直径3.6、厚0.5厘米。

4型 15件（内整9，残6）。周边斜弧。分为2式。

Ⅰ式 5件（内整1，残4）。小型，较薄。3件饰篦点连线纹。T68①C:26（图5-2-15，15），红色。正面边缘凸起。周边饰2圈篦点连线纹。直径2.6、厚0.7厘米。

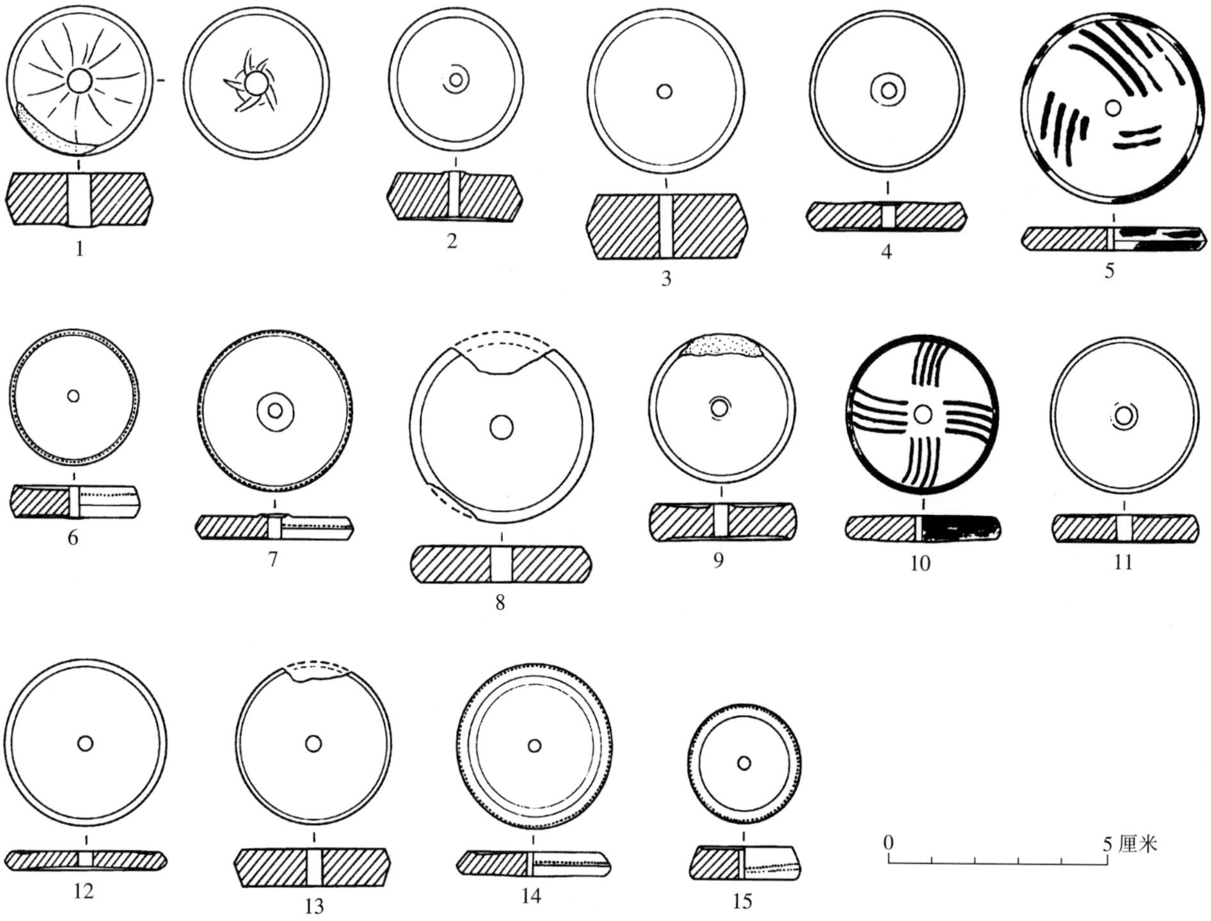

图5-2-15 陶纺轮（之一）

1.1型Ⅰ式（T54③A:34） 2.1型Ⅰ式（T68①CH62:26） 3.1型Ⅰ式（T33②:2） 4.1型Ⅱ式（T68①CH62:13） 5.1型Ⅲ式（T68①C:56） 6.1型Ⅱ式（T68①CH62:1） 7.1型Ⅳ式（T68①C:32） 8.2型Ⅰ式（T68①C:14） 9.2型Ⅱ式（T53①:7） 10.2型Ⅲ式（T39②:18） 11.2型Ⅱ式（T68①CH62:21） 12.2型Ⅲ式（T68①CH62:5） 13.3型Ⅰ式（T70①CH59:1） 14.3型Ⅱ式（T68①CH62:18） 15.4型Ⅰ式（T68①C:26）

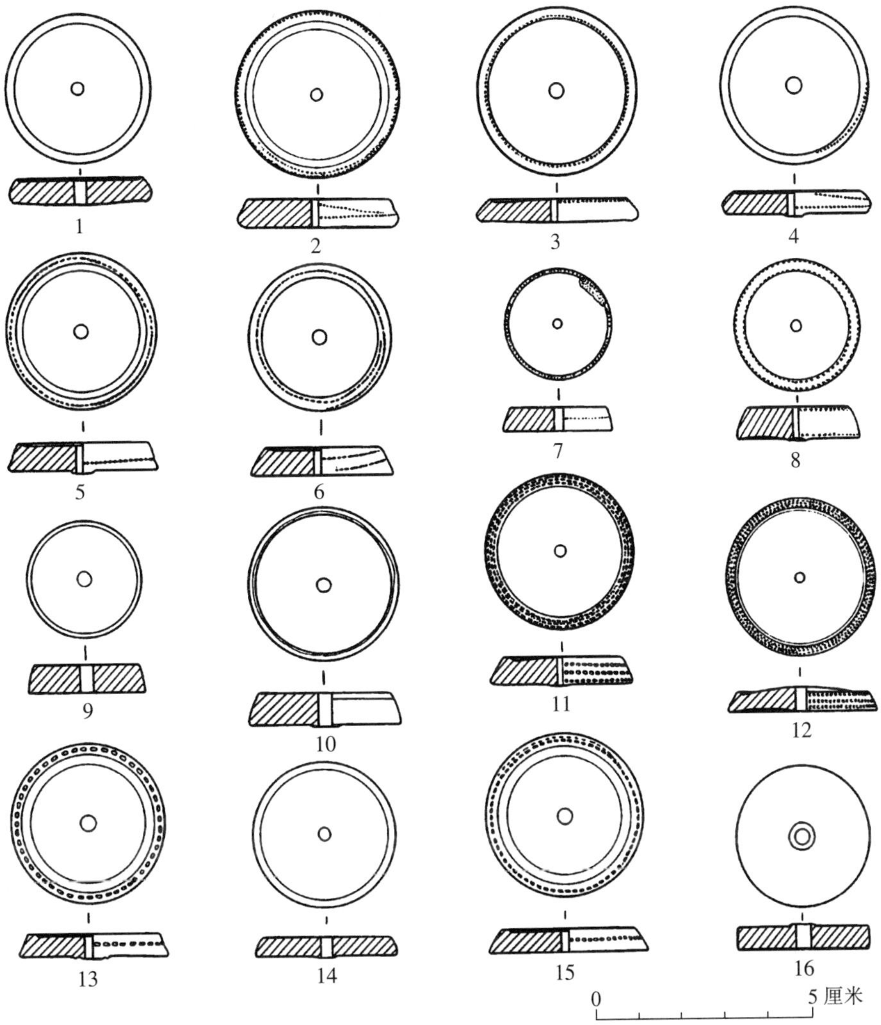

图5－2－16　陶纺轮（之二）

1. 4型Ⅱ式（T67①CH62∶38）　2. 4型Ⅱ式（T68①CH62∶22）　3. 4型Ⅱ式（T67①CH62∶39）　4. 4型Ⅱ式（T68①C∶19）　5. 5型Ⅰ式（T68①CH62∶9）　6. 5型Ⅰ式（T68①C∶16）　7. 5型Ⅰ式（T68①C∶87）　8. 5型Ⅰ式（T67①C∶31）　9. 5型Ⅰ式（T51扩①H51∶15）　10. 5型Ⅰ式（T68①C∶13）　11. 5型Ⅰ式（T68①CH62∶16）　12. 5型Ⅱ式（T68①CH62∶15）　13. 5型Ⅱ式（T68①CH62∶8）　14. 5型Ⅱ式（T51扩①H51∶7）　15. 5型Ⅱ式（T68①CH62∶11）　16. 6型（T35②∶6）

Ⅱ式　10件（内整8，残2）。小型，很薄。9件饰篦点连线纹。T67①CH62∶38（图5－2－16，1），红色。正面平，边缘凸起，背面稍鼓。直径3.3、厚0.5厘米。T67①CH62∶39（图5－2－16，3），红色。正面边缘凸起，背面中部微鼓。周边有1圈篦点连线纹。直径3.7、厚0.5厘米。T68①CH62∶22（图5－2－16，2），灰褐色。周边有1圈、局部有2圈篦点连线纹。直径3.7、厚0.6厘米。T68①C∶19（图5－2－16，4），红色。正面边缘微凸，背面孔边有凸起的圆圈。周边压印篦点连线纹，约半周为双线，约半周为单线。直径3.4、厚0.5厘米。

5型　17件（内整15，残2）。周边斜直。分为2式。

Ⅰ式　10件（内整9，残1）。小型，较薄。7件饰篦点连线纹，1件饰凹弦纹。T51扩①H51∶15（图5－2－16，9），红色。直径2.6、厚0.6厘米。T67①C∶31（图5－2－16，8），红色。背面边缘微凸，孔边有凸起的圆圈。周边饰2圈篦点连线纹。直径2.9、厚0.7厘米。T68①C∶13（图5－2－16，10），灰褐色。背面孔边有凸起的圆圈。周边饰1圈凹弦纹。直径3.4、厚0.7厘米。

T68①C:16（图5-2-16，6），红色。正面边缘凸起。周边压印篦点连线纹，大部为单线，局部为双线。直径3.2、厚0.6厘米。T68①C:87（图5-2-16，7），红色。局部稍损。周边浅压1圈篦点连线纹。直径2.4、厚0.5厘米。T68①CH62:9（图5-2-16，5），红色。正面边缘凸起，背面孔边有凸起的圆圈。周边压印1圈篦点连线纹。直径3.4、厚0.6厘米。T68①CH62:16（图5-2-16，11），红色。正、背面中部微鼓，正面边缘凸起。周边饰3圈篦点连线纹。直径3.4、厚0.6厘米。

Ⅱ式 7件（内整6，残1）。小型，很薄。5件饰篦点连线纹。T51扩①H51:7（图5-2-16，14），红色。背面孔边有凸起的圆圈。直径3.2、厚0.4厘米。T68①CH62:8（图5-2-16，13），红色。正面边缘明显凸起，背面孔边有微凸起的圆圈。周边饰1圈篦点连线纹，长方形篦点较大。直径3.5、厚0.5厘米。T68①CH62:11（图5-2-16，15），红色。正面边缘凸起，背面中部微鼓。周边有1圈、局部有2圈篦点连线纹。直径3.6、厚0.5厘米。T68①CH62:15（图5-2-16，12），红色。正面较鼓，其边缘凸起，背面边缘微凸。周边饰3圈篦点连线纹。直径3.5、厚0.5厘米。

6型 1件（整）。周边竖直。T35②:6（图5-2-16，16），灰褐色。小型，很薄。正面孔边凸起圆圈。直径3.1、厚0.5厘米。

［三］陶球

共9件。包括空心和实心两类。均泥质。除素面的外，纹饰有五种。

（一）空心陶球

6件。其中完整2件，较残4件。圆径3~4厘米。

素面 2件（内整1，残1）。T37②:1，红色。摇动有声。圆径3.1厘米。

规则刻划（压划）条纹 1件（残）。T68①C:109（图5-2-17，1），红黄色。3股较宽的压划条纹规则地分别环绕球面，在交汇点上有圆孔或圆窝，现因球残，仅存孔、窝各2个。圆径3.1、胎厚0.5~0.8厘米。

刻划（压划）米字形三角纹 1件（残）。T77①C:2（图5-2-17，2），黑色。宽道双线压划米字形三角纹，残存3组圆窝，每组4个。圆径3.8厘米。

篦点连线米字形三角纹 2件（内整1，残1）。T37②:28（图5-2-17，3），浅红色。摇动有沙沙响声。篦点双线米字形三角纹，在交汇点上有6个圆孔。其中一处1/8球面上仅戳印1条直道篦点双线而未形成规则三角形。圆径3厘米。

（二）实心陶球

3件。其中完整1件，较残2件。

素面 1件（残）。T39②:7，红色。不整圆。圆径2.6~3厘米。

窝点纹 1件（整）。T39②:10（图5-2-17，4），红褐色。密布小窝点，排列不规则。圆径3.1厘米。

规则篦点连线纹 1件（残）。T33②:3（图5-2-17，5），红色。篦点单线约17条并列规则环绕；同时存有10个圆窝，表面缺损处至少还应有1个。圆径3厘米。

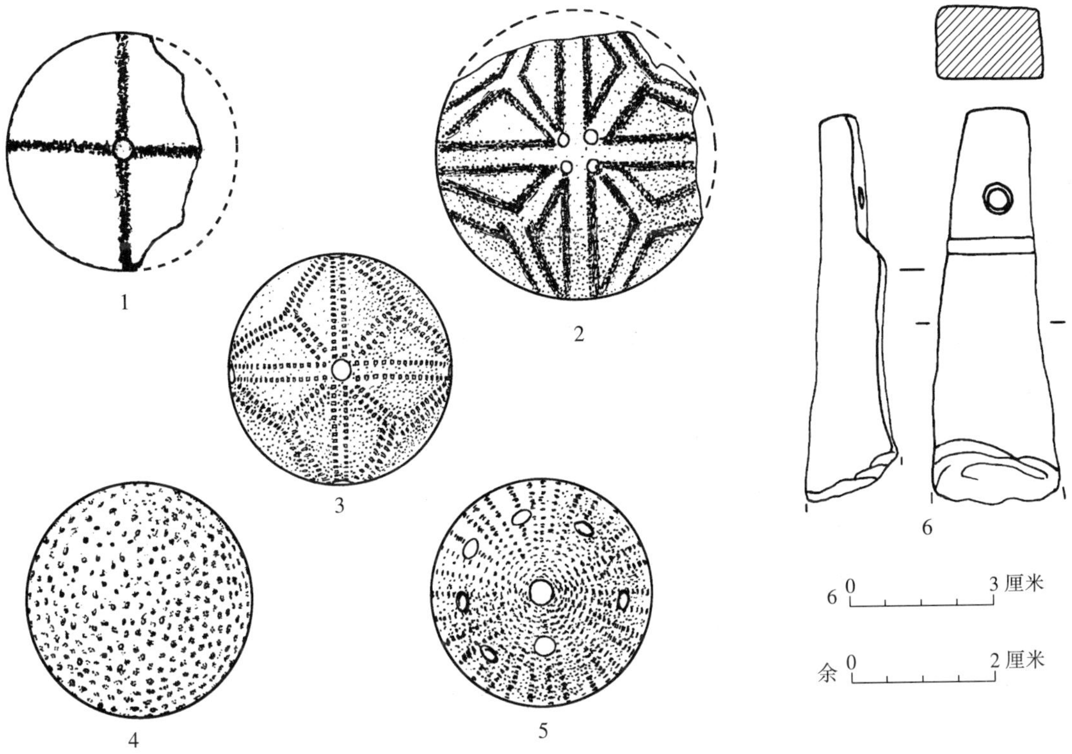

图 5－2－17　陶球和其他陶制品

空心陶球：1. T68①C∶109　2. T77①C∶2　3. T37②∶28　实心陶球：4. T39②∶10　5. T33②∶3　其他陶制品：6. 穿孔块状物（T53①∶11）

［四］其他陶制品

穿孔块状物　T53①∶11（图 5－2－17，6），泥质灰陶。表面较光。残件近似有段石锛形，上部扁平较薄，穿有一圆孔；中、下部稍厚，正、背面均稍外撇；下端残断，端面向里凹进，原可能有小腹腔。残长 7.7、宽 2.7、厚 1.9 厘米。

二　石器

总数 33 件。其中完整、较完整的 16 件，残破 17 件。有斧（大斧、中斧、小斧）、小锛、凿、圭形凿、镞、圆锥形器、杵、磨石等 8 种。前六种均系磨制或精细磨光。

1. 石斧

共 16 件。其中较完整的 7 件，残破 9 件。在中、小两型内又各分为双刃斧、单刃斧两类，因数量少，在每类内即予分式。

（1）大型石斧　1 件。T31②∶3（图 5－2－18，1），灰绿色，闪长岩。现存下半段，两侧面圆弧，正面左刃角处残存少量弧形刃面，背面刃部缓收，刃缘全缺失。残长 8.9、宽 9.2、厚 2.8 厘米。

（2）中型双刃石斧　共 6 件。其中较完整的 2 件，残破 4 件。分为 3 式。

Ⅰ式　2 件（内较完整 1，残 1）。长梯形，中厚体。两侧面齐平，一面磨出刃面，另面刃部缓收。T68①C∶8（图 5－2－18，2），灰绿色，闪长玢岩。弧顶，顶端全是磨蚀糙面，两面有少量磨蚀的麻点。正面刃部磨出弧形刃面，背面刃部缓收，刃缘全缺失。残长10.4、宽6.8、厚2.6厘米。

Ⅱ式 2件（残）。T53①:1（图5-2-18，4），绿色，帘石透闪石—阳起石岩。长梯形，厚体。平顶，顶缘全剥落，两侧面齐平，正面磨出宽横条刃面，背面刃部缓收，右半边刃缘稍损，今十分钝厚，接近原边。残长11.9、宽6.8、厚3.2厘米。

Ⅲ式 2件（内完整1，残1）。长条形，厚体。弧顶，两侧面圆弧，两面刃部缓收。T53①:55（图5-2-18，3），绿色，辉绿玢岩。正、背面和侧面有很多小麻点状琢痕，重点磨光刃部。弧顶顶端全剥落碎屑不平整，正、背面弧曲，两侧面圆弧，两面刃部缓收对称，刃缘锋利。长10、宽5、厚3厘米。

（3）中型单刃石斧 共5件。其中较完整的1件，残破4件。平面呈长梯形。分为4式。

Ⅰ式 1件（残）。T34②:5（图5-2-18，5），灰色，高岭石黏土岩。磨光。中厚体，斜平顶，右顶角缺，两侧面齐平，右侧面和侧缘多崩落，两面刃部缓收不对称，左半边刃缘钝厚。长9.6、宽5.6、厚2.2厘米。

Ⅱ式 1件（较完整）。T68①CH62:3（图5-2-18，6），棕色，石英斑岩。厚体，弧顶，顶端光面无损，两侧面圆弧，右侧缘多崩落，两面刃部缓收不对称，刃缘全缺损。残长11.1、宽5.9、厚3.1厘米。

Ⅲ式 2件（残）。厚体，两侧面齐平，两面刃部缓收。T51①:3（图5-2-18，7），绿色，绿泥石钠黝帘石化辉长辉绿岩。磨光。弧顶，两侧面齐平，侧缘清楚，正面刃部竖直缓收，背面刃部斜直缓收，刃缘缺失。残长10、宽6.4、厚3厘米。

Ⅳ式 1件（残）。T68①CH62:2（图5-2-18，8），灰绿色，闪长玢岩。厚体，弧顶，左顶角缺失，两侧面齐平，正面磨出宽刃面，背面刃部缓收，刃缘缺失。残长10.5、宽6.1、厚2.9厘米。

（4）小型双刃石斧 共2件。分为2式。

Ⅰ式 1件（较完整）。T34②:1（图5-2-19，1），白色，石英岩。磨光，滑润。宽长方形，中厚体。两侧面齐平，侧缘清楚，正、背面分别磨出稍宽、稍窄的横条刃面，刃缘中段缺损，左、右段的锋利。长3.8、宽3.3、厚0.9厘米。

Ⅱ式 1件（较完整）。T35②:3（图5-2-19，2），灰绿色，弱透闪帘石化辉长岩。长方形，厚体。背面上部崩落较多，正面平，背面弧，两侧面齐平，两面刃部缓收不对称，刃缘锋利。长6.3、宽3.3、厚1.5厘米。

（5）小型单刃石斧 共2件。分为2式。

Ⅰ式 1件（完整）。T53①:41（图5-2-19，3），黄绿色，钠黝帘石化绿泥石化辉绿玢岩。磨光。宽梯形，中厚体。正、背面均略平，两侧面齐平，侧缘圆拐并多磨蚀，两面刃部缓收不对称，刃缘锋利。长8.2、宽6.3、厚1.9厘米。

Ⅱ式 1件（较完整）。T35②:8（图5-2-19，4），黄绿色，弱透闪帘石化辉长岩。长方形，中厚体。顶端缺损，正面拱弧，背面略平，两侧面齐平，左、右侧缘不同程度磨蚀或剥落，两面刃部缓收不对称。残长8.3、宽5.9、厚2厘米。

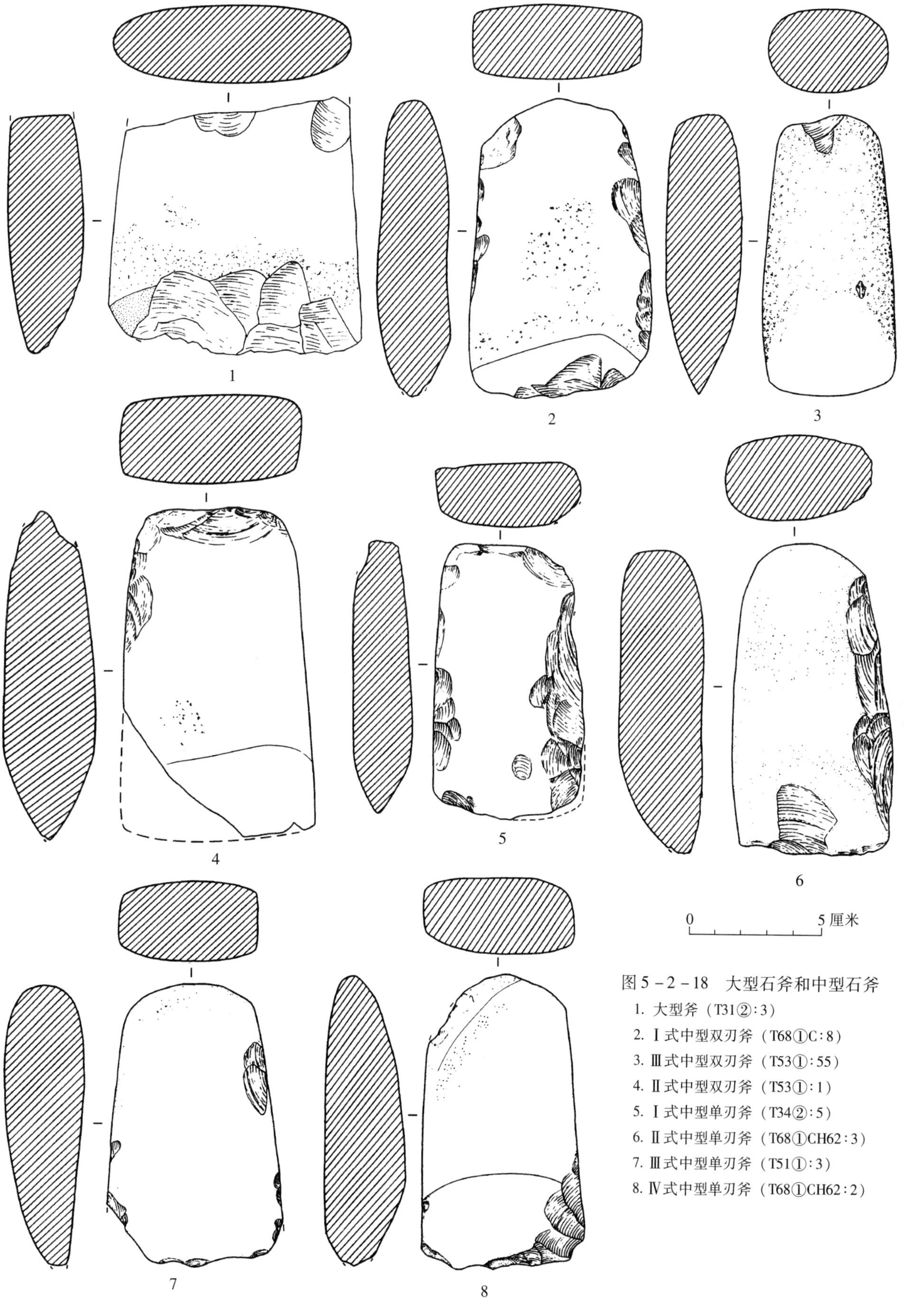

图5－2－18　大型石斧和中型石斧

1. 大型斧（T31②:3）
2. Ⅰ式中型双刃斧（T68①C:8）
3. Ⅲ式中型双刃斧（T53①:55）
4. Ⅱ式中型双刃斧（T53①:1）
5. Ⅰ式中型单刃斧（T34②:5）
6. Ⅱ式中型单刃斧（T68①CH62:3）
7. Ⅲ式中型单刃斧（T51①:3）
8. Ⅳ式中型单刃斧（T68①CH62:2）

2. **小型石锛**

共7件。其中较完整的5件，残破2件。平面呈长方形或长梯形。分为4式。

Ⅰ式 2件（内完整1，残1）。中厚体，两侧面齐平。T39②:1（图5-2-19，5），白色，石英岩。磨光。弧顶顶端光滑，正、背面顶边坡斜，右刃角缺，刃缘锋利。长4.4、宽2.8、厚0.7厘米。T39②:2（图5-2-19，6），灰色，弱透闪帘石化辉长岩。磨光。刃缘锋利。长3.3、宽2.5、厚0.7厘米。

Ⅱ式 3件（内完整2，残1）。中厚体，两侧面齐平，形体比Ⅰ式为大。T53①:37（图5-2-19，7），灰绿色，辉绿岩。磨光。正、背面略弧，两侧面齐，背面的左、右侧缘清楚，正面的左、右侧缘多剥落，右刃角略损，刃缘锋利。长6、宽3.6、厚1.3厘米。T53①:40（图5-2-19，8），棕绿色，钠黝帘石化辉绿岩。磨光。侧缘剥落较多。长7.6、宽4.5、厚1.1厘米。

Ⅲ式 1件（较完整）。T37②:25（图5-2-19，9），灰白色，硅岩。磨光，滑润。呈长方形，厚体。左、右顶角缺失，两侧面齐平，刃缘绝大部分残缺。长8.7、宽5.7、厚2厘米。

Ⅳ式 1件（完整）。T33②:1（图5-2-19，10；图版一六二，5），灰绿色，斜长角闪岩。磨光，滑润。厚体，两侧面齐平，正面中部有段脊，背面刃部磨出横条刃面，近似有段石锛，刃缘锋利。长5.4、宽2.8、厚1.4厘米。

3. **石凿** 1件。

T53①:196（图5-2-20，1），灰绿色，闪长玢岩。两侧面齐平，背面剥落很大一块，正面刃部磨出弧形刃面，刃缘全缺失。残长9.3、宽5.3、厚3.9厘米。

4. **圭形石凿**

3件（均残）。正、背面平，两侧面齐平，至下段急收成对称的刃部。T51扩①H51:9（图5-2-20，6），黄绿色，帘石化辉绿岩。横剖面呈较窄长方形，刃缘完整锋利。残长5.2、宽2.2、厚1.2厘米。T37②:26（图5-2-20，2），绿色，斜长角闪岩。横剖面呈较宽长方形，刃缘基本完整、较钝。残长8.3、宽2.9、厚2.3厘米。

5. **石镞** 1件。

T51扩①:3（图5-2-20，8；图版一六二，6），深灰色，绢云泥质板岩。磨光。前锋尖端微损，器身上段为三棱形，下段为圆形，器身与圆铤之间分界明显，铤末断失尖头。残长6.1、宽0.9厘米。

6. **石圆锥形器** 2件。

T53①:8（图5-2-20，3），黑色，硅岩。磨制，器身有许多细竖条磨棱。器身圆体尖锥形，锥体后部围绕一条深槽，短圆柄的末端磨齐。长6、宽1.6厘米。T39②:14（图5-2-20，5；图版一六二，7），黄色，石英砂岩。磨光。器身椭圆体尖锥形，背面中部稍有剥落。后端残缺，后部斜面有磨制时遗留的浅显的竖条棱脊。前端钝尖，尖头部分围以横向平行细密的旋痕，旋痕底缘一圈有条小浅槽。可能为石钻头。残长5.7、宽2.1厘米。

7. **石杵** 2件。

直接采用短柱状自然河卵石，横剖面呈椭圆形或近圆形，其下端或上、下端遗留捣磨痕迹。T68①CH62:40（图5-2-20，4），黑色，硅岩。上端较光滑，下端全为磨蚀糙面，局部剥落碎

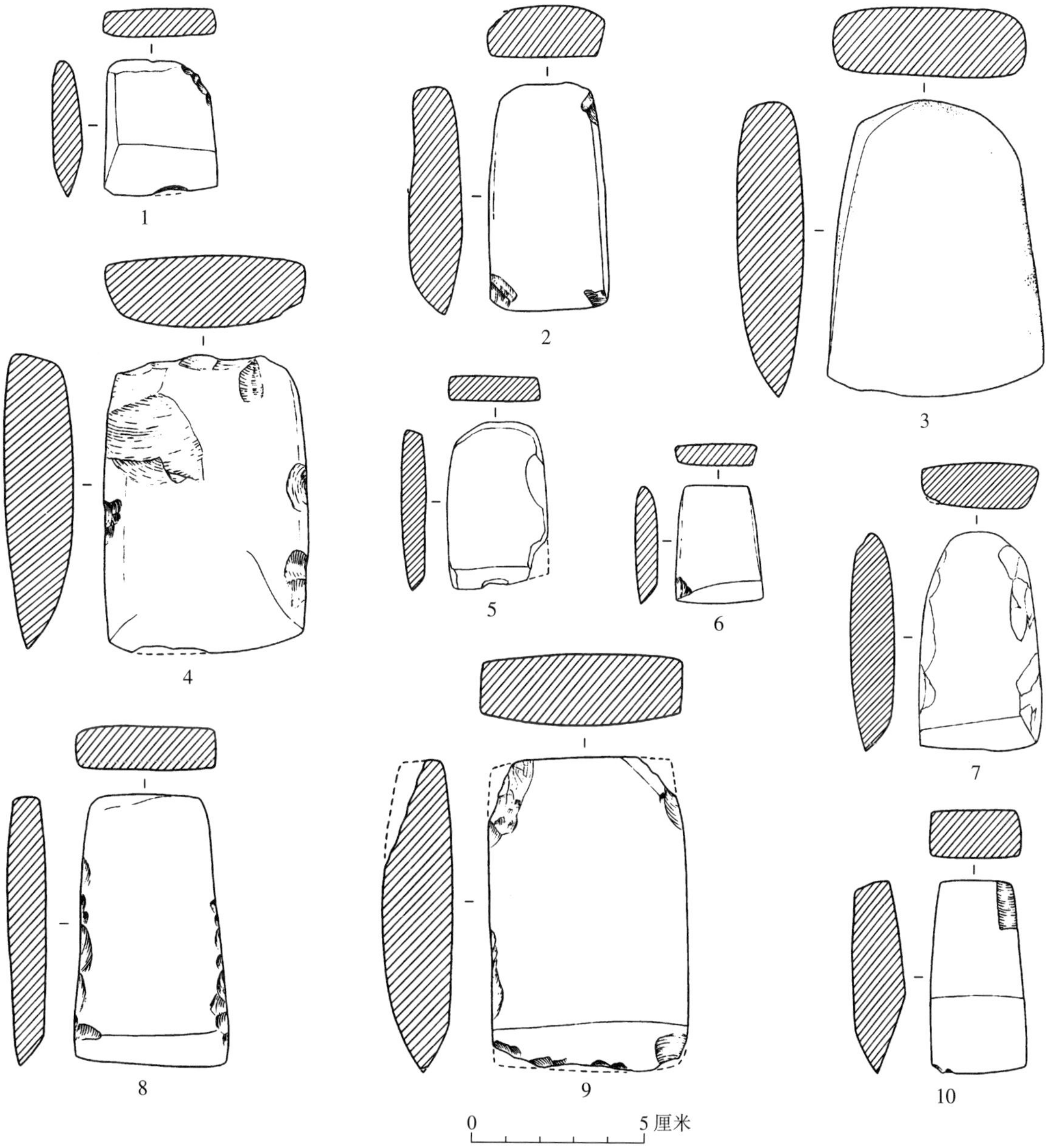

图 5－2－19　小型石斧和小型石锛

1. Ⅰ式小型双刃斧（T34②∶1）　2. Ⅱ式小型双刃斧（T35②∶3）　3. Ⅰ式小型单刃斧（T53①∶41）　4. Ⅱ式小型单刃斧（T35②∶8）　5. Ⅰ式小型锛（T39②∶1）　6. Ⅰ式小型锛（T39②∶2）　7. Ⅱ式小型锛（T53①∶37）　8. Ⅱ式小型锛（T53①∶40）　9. Ⅲ式小型锛（T37②∶25）　10. Ⅳ式小型锛（T33②∶1）

屑。长 8、宽 3.8、厚 2.6 厘米。T32②∶10（图 5－2－20，9），黄绿色，帘石化辉绿岩。上、下端均经磨蚀，下端尤甚已磨平并在周边剥落碎片。长 9.4、径 5.1～4.7 厘米。

8. **磨石**　1 件。

T68①C∶113（图 5－2－20，7），浅红色，泥质长石石英粉砂岩。两面光平均经砥磨使用，右侧面为齐平的原边，其他三侧面为断口。残长 9.6、残宽 8.8、厚 1.7 厘米。

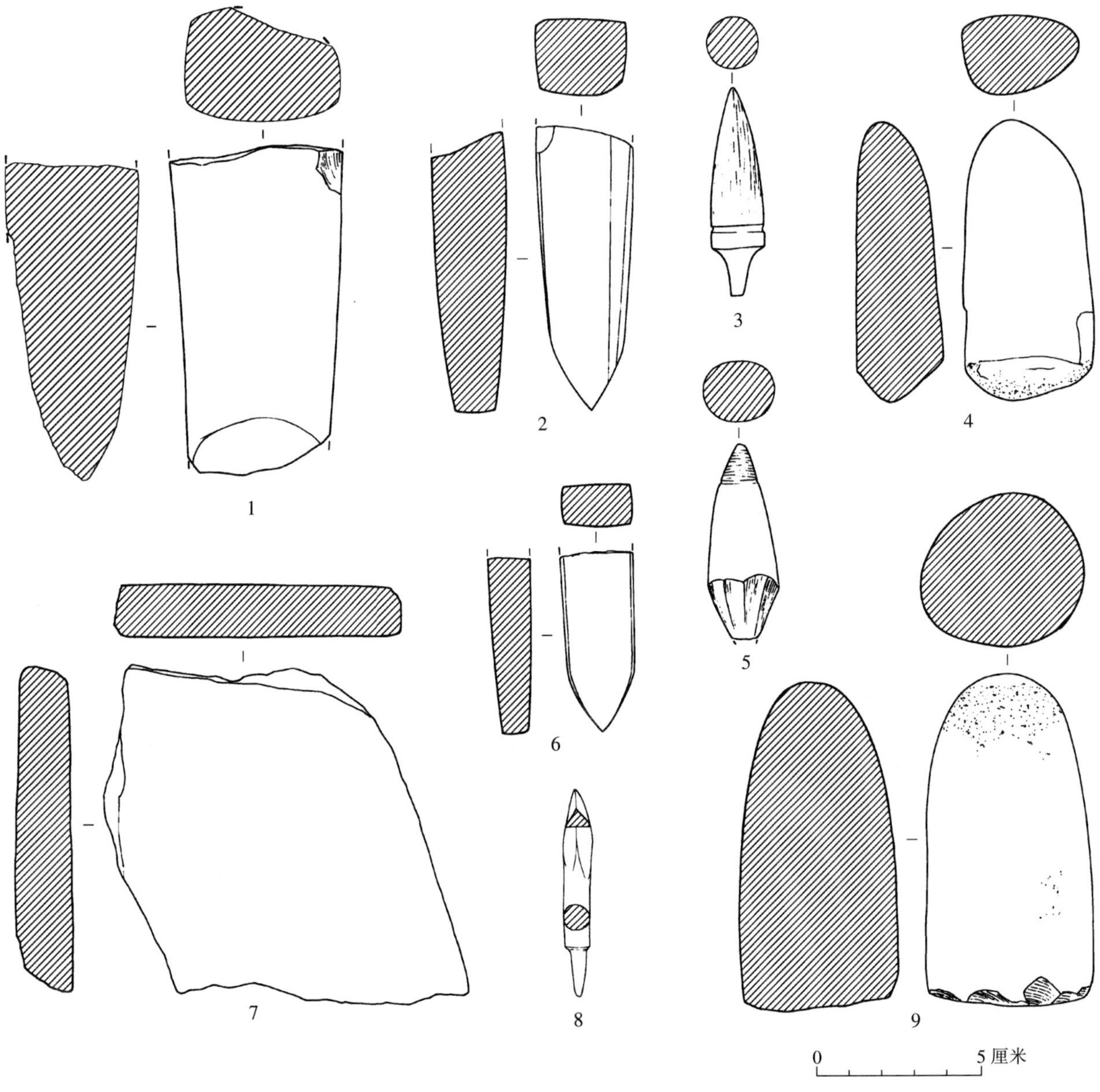

图5-2-20 其他石器

1. 凿（T53①:196） 2. 圭形凿（T37②:26） 3. 圆锥形器（T53①:8） 4. 杵（T68①CH62:40） 5. 圆锥形器（T39②:14） 6. 圭形凿（T51扩①H51:9） 7. 磨石（T68①C:113） 8. 镞（T51扩①:3） 9. 杵（T32②:10）

三 串珠

珠子 133粒，均出于M204，总编号M204:1。形状分两种：第一种略呈半球形，有114粒，一端凸出一个尖，一侧有一条棱脊，另一侧鼓出，外表呈白色，有光泽，胎薄，中空。直径2.5毫米。第二种呈球形，有19粒，表面呈灰色，中空。直径3.5毫米。两种珠子的两端都磨平，出现圆形小孔，孔径1毫米，可以用细线穿成串珠。值得注意的是，本墓的第一种珠子与屈家岭文化M205的第一种珠子的形状相同，而两墓内的第二种珠子形状则各不相同。

第六章　关庙山大溪文化遗存考察

前几章分别叙述了关庙山遗址的大溪文化、屈家岭文化晚期、石家河文化三种文化遗存的具体内容。本考古发掘报告以大溪文化为着重点，本章则从文化特征、文化分期、内涵与年代、聚落形态与社会发展状况、经济技术与精神文化、与相关文化的关系五个方面对大溪文化遗存进行考察，以期提出一些带有总结性或探索性的观点和认识。

第一节　文化特征

关庙山大溪文化遗存的特征主要反映在房屋建筑和陶器两方面，其中，以房屋建筑最有特色，因此，首先讨论房屋建筑的特征，然后讨论陶器的特征。

一　红烧土房屋建筑的特征

由于发掘面积有限，目前在大溪文化第一期早段的遗迹当中，只发现 3 个灰坑，暂时未发现房址。在第一期晚段至第四期已发现红烧土房址 25 座。其中，形状清楚的有 13 座，即 F34、F33、F9、F1、F30、F35、F25、F36、F22、F26、F2、F28、F29；形状不清楚的残房址 12 座，即 F3、F24、F27、F31、F32、S11、S23、S34、S40、S46、S47、S50。在形状清楚的 13 座房址中，只有 F36 为一座简易的木竹篱笆墙建筑物，推测没有屋顶，可能是饲养家畜的圈栏；其余 12 座都有屋顶，均为供给人居住的房屋。红烧土房屋建筑的特征如下：

［一］红烧土房屋的建筑形式

由于房屋是立体的，建筑形式应是一个立体概念，既包括房址平面、剖面的形式，又包括屋顶的形式。在 12 座形状清楚、供给人居住的房址中，有长方形 7 座，占 58%；方形 2 座，占 17%；圆形 2 座，占 17%；椭圆形 1 座，占 8%。可见以长方形占多数。有地面建筑 11 座，占 92%；半地穴建筑 1 座（F28），占 8%。可见以地面建筑占绝大多数。有 2 座（F33、F35）因残缺不全，难以准确地计算建筑面积，其余 10 座均为完整的房址。在 10 座完整的房址中，有 50～80 平方米的大型房址 5 座，占 50%；35～49 平方米的中型房址 3 座，占 30%；7～8平方米的小型房址 2 座，占 20%。可见以 50～80 平方米的大型房址占半数。若将 35～80 平方米的大、中型房址合在一起，共占 80% 即占大多数，从总体上看，房址的规模较大。根据目前掌握的资料，屋顶有四面坡、两面坡、锥状尖顶三种形式。

大溪文化的房址均为单体建筑，门向不一，以门向东稍多，一般只有一个门，个别（F26）有两个门。目前在第一期晚段和第二期的房址内未见屋面倒塌的红烧土块，推测都采用茅草屋面，烧烤技术只用于墙壁、居住面及屋内设施，这可暂称之“不完全”的红烧土房屋。第三期的F22和F30房址内都出土了屋面倒塌的红烧土块，假定屋面也经人工烧烤，可暂称之“完全”的红烧土房屋。但是略晚于F22的F9未见屋面倒塌的红烧土块，推测仍然沿用茅草屋面，换言之，在红烧土屋面出现之后，它与茅草屋面还并存一段时期。第四期仍沿用红烧土屋面（见图3－1－92，屋檐红烧土块S4:57）。如此，红烧土房屋似经历了由“不完全”到“完全”的发展过程。根据第三期F30:45屋面红烧土块（见图3－1－44，7）上的有关痕迹，计算出屋顶的坡度为17°；根据第四期S4:57原先某座房屋屋檐红烧土块（见图3－1－92）上的有关痕迹，计算出屋顶的坡度为16°～17°，二者都属于缓坡。这些数据为复原红烧土屋顶的形式提供了依据。至于茅草屋顶的坡度应属于陡坡，以便排水较快，防止茅草被雨水沤烂。

[二] 红烧土房屋的工程做法

工程做法包括以下三个方面。

（一）所用的建筑材料

建筑材料有两类：一类是天然的材料，包括植物类和土类，这些是自然界原先就有的材料。植物类有木材、竹材、茅草等。其中木材有圆木、半圆木、枋木。圆木比较粗，作为墙体内部的木柱、屋内的木柱、脊檩、檩条等。半圆木用圆木劈裂而成，枋木横断面呈方柱形，是将圆木劈裂后加工而成，二者都比较细，作为墙体内部的骨架、屋顶的椽子、泥屋脊内部的骨架。竹材有圆竹、半圆竹、竹片。圆竹、半圆竹作为屋顶的椽子。竹片排列成竹笆夹在两层居住面之间，或者粘贴在外墙的抹面上。茅草用于覆盖屋面，或者作为屋顶椽间空当中的填充材料。土类有生土和熟土，以生土为主，几乎都用黏土，将土练成泥料之后，用于构筑墙壁、抹成居住面和屋内火塘、灶等设施，还抹成“泥背顶”。

另一类是人工制造的材料即红烧土，这是自然界原先没有的建筑材料，它突出地反映出大溪文化房屋建筑的特征，因此引人注目。就关庙山遗址而言，木骨泥墙、居住面及屋内设施都经过人工烧烤，陶土发生了物理、化学变化，达到陶化的程度，变成红烧土的墙壁、居住面及屋内设施。另外，废弃房屋倒塌之后所产生的红烧土块也得到利用：由于红烧土块大小不一、形状很不规整，不能（像后世的砖那样）用于砌墙，但是经常将它作为“熟料”，掺和在黏土泥料中用于构筑墙壁；又普遍用它填实墙基、铺设屋内居住面之下的垫层和屋外的散水，还用它铺设屋外的红烧土场地和红烧土道路。

（二）建造房屋所用的工具

所用的工具都十分简陋。砍伐和加工木材、竹材的工具有石斧、石楔、石锛、石刀等。其中石斧用于砍伐木材、竹材；由于石楔的形制与石斧相近，二者难以分开，常用石楔将圆木劈裂成半圆木或枋木；石斧也可能作为砍伐和劈裂两用的工具；石锛用于加工枋木，使其表面平整；石刀用于将圆竹劈裂成半圆竹、竹片或竹篾。运土的工具有竹筐，例如F9:4墙壁红烧土块（见图

3－1－32，2）上留有竹筐底部的印痕。在墙壁和屋面上抹泥所用的工具应是木质的抹子，例如F22：85屋面红烧土块（见图3－1－57，7）上留有细密的弧线状纹理，就是用抹子刮抹泥料时遗留的痕迹；又如F30：45（见图3－1－44，7）、F30：46（见图3－1－45，1）的泥屋面上用剥去树皮、两端呈圆头的木棍压成凹槽，这种木棍的形状简单，类似现在的擀面杖，应是最原始的抹子。有时甚至不用工具，直接用手抹泥，例如F30：46屋面红烧土块（见图3－1－45，1）上留有一道道手指抹泥的痕迹。

（三）建造房屋的工艺流程

以F22为例，根据各部分构件之间的连接、叠压或打破关系可以推断工艺流程如下：

第一道工序是构筑外墙。先挖成条形基槽，在基槽内竖立木柱或竹柱之后，再用掺和大量红烧土渣的黏土将基槽填实，在地下形成稳固的条形墙基。在墙基内发现圆形柱洞20个。大多数柱洞位于墙基中间，但是，35、36号柱洞位于墙基朝屋内一侧，半个柱洞处于居住面之内，可以设想半根柱子裸露在墙身之外。另外，在F22以东约10米处发现一块墙壁倒塌的红烧土（T53④：222），其外表有一道凹槽，是半根竹柱遗留的痕迹，竹节直径5厘米，证实了F22半根柱子裸露在墙身之外的情况。由此可以推论：墙身内的柱子只在筑墙的过程中临时起支撑作用，却没有承载屋顶重量的作用，外墙经过烧烤成为红烧土墙壁之后，其硬度、抗压强度和承重能力都有明显提高，可以直接承载屋顶的重量，因此，即使墙身内部的柱子被烧毁也不会影响墙身的承重能力。墙身的做法是：中间以纵向并排的半圆木和半圆竹作为骨架，再以横向的半圆竹夹住骨架，还用绳索将骨架绑扎在一起，再固定在木柱上。然后在木柱和骨架两面用掺和大量红烧土渣的黏土泥料筑成墙身。F22：129墙头红烧土块（见图3－1－54，4）上遗留的痕迹表明，先筑朝屋内半壁，后筑朝屋外半壁。墙头朝屋内一面设有二层台，二层台外侧呈拱形的高出部分用于堵塞椽头之间的空当子，使这里不透风，高出部分左、右两侧的凹槽是放置椽头的地方。墙身内、外两面都有抹面1层或2层，用较纯的黏土泥料抹成，其作用是保护墙身，提高墙身防雨防潮、防风化的能力，增强墙身的耐久性。在朝屋内的抹面上从墙头至墙脚普遍粉刷黄泥浆1～11层不等，黄泥浆用浅灰色黏土淘洗而成，粉刷之后与墙身一起经过烧烤，由于烧成温度偏低，泥浆变成黄色，粉刷黄泥浆可以使屋内显得比较明亮，墙面更加整洁而美观。从倒塌的墙身上测量出，北墙和西墙的高度均为175厘米，约一人高；北墙的墙脚厚31厘米，墙头厚13厘米，由于下厚上薄，比较稳固。西墙中部设有门口，供屋主人出入。在门口外侧用掺和红烧土渣的黏土泥料筑成一道门坎，门坎外侧留有一层抹面，经过烧烤。门坎可以防止雨水流入屋内。

第二道工序是在屋内普遍铺设垫层。垫层用大量红烧土块掺和少量黏土铺成，红烧土块较大，横七竖八，很不整齐，因此垫层的表面很不平整，铺设之后未经烧烤。

第三道工序包括两个项目：首先在屋内中部至北墙之间筑一堵南北向的隔墙。隔墙建在红烧土垫层之上，其做法是：既没有挖条形基槽，墙基内也没有柱洞，但是在墙身中间用纵向并排的圆木作为骨架，在骨架两面用掺和红烧土渣的黏土泥料筑成墙身，墙头上面平整，没有二层台，墙脚厚24.5厘米，墙头厚14厘米。推测隔墙约一人高，达不到屋顶，是半截子墙，墙头南北方向应与地面平行。墙身两面和墙头上都有抹面1层，东面和墙头的抹面上粉刷黄泥浆1层。隔墙的做法比外墙要简单得多。隔墙将屋内空间分隔为东、西两间，西间（外间）是厅，面积较大；

东间（内间）已初步具备了卧室的功能，面积较小。然后在屋内中央建一个方形的火塘，这是下层火塘。火塘也建在红烧土垫层之上，其周围用黏土泥料抹成埂，经过烧烤变成红烧土埂。

第四道工序也包括两个项目：首先在屋内的红烧土垫层之上抹居住面。居住面用掺和大量粉砂的黏土泥料抹成，有4层，都经过烧烤，成为红烧土居住面。在火塘北侧、隔墙西侧抹居住面时，故意抹成凹槽状，以凹槽作为储藏所，可用于储藏食物，也可堆放柴草。然后在下层火塘的基础上建中层火塘和上层火塘。火塘可用于炊事和冬季烤火取暖，火塘四周的红烧土埂可将火源与居住面上放置的物件隔开，防止引燃失火。此外，在上层火塘的东南角外侧增设一个红烧土台，其顶部呈锅底状，有抹面1层，可以放置圜底陶器（圜底罐或釜）。

第五道工序是在屋内地面（包括垫层和居住面）上挖成圆形柱坑16个，都是为栽木柱而挖成的坑穴。挖得较深者（如12、14号），既打破居住面，又打破垫层。有2个柱坑（1、2号）位于火塘东、西两侧，柱坑内竖立木柱承托正脊，根据这两个柱坑之间的距离，推测正脊长约3米。其余14个柱坑（3～16号）在平面上排列呈方形，形成柱网，柱坑内竖立木柱承托檩条。为了就地回填保护F22，发掘时只解剖过一个柱坑（11号），其周壁和底部都有一层抹面，表面光滑，抹面的顶部与第2层居住面连为一体，是从第2层居住面延伸下来的，并且与居住面一起经过烧烤，其作用是保护柱坑，可称为“护坑抹面”。在各柱坑之内都有圆形柱洞，这是柱脚腐朽后遗留下来的洞穴。柱脚周围的空当中都用红烧土渣掺和少量黏土夯实，以便增强柱脚的稳定性，防止木柱歪斜或柱脚下沉。

第六道工序是等待外墙、隔墙、居住面及柱坑、火塘都干燥透彻之后进行烧烤，使其变成红烧土的外墙、隔墙、居住面及柱坑、火塘，从而成为红烧土房屋。

第七道工序是首先在屋内竖立木柱，然后架设屋顶上的木竹结构层。根据外墙四壁等高和屋内柱坑的分布状况以及屋面红烧土块上遗留的痕迹，可以断定屋顶的结构层由一条不长的正脊（架在屋顶最高处，呈水平状的脊檩），四条戗脊（架在正脊和四个墙角之间，呈倾斜状脊檩），檩条（架在屋内木柱上端），椽子（架在正脊与檩条、墙头之间）以及椽间空当中填充的茅草组成。

第八道工序是在屋顶结构层上面覆盖泥屋面，形成“泥背顶”。在火塘附近出土正脊倒塌的红烧土1块，在西南散水上出土屋面倒塌的红烧土49块，从这些资料中得知屋面的做法是：用掺和少量稻草截段和稻壳的黏土泥料抹成“泥背顶”，有些地方只有1层，有些地方有2层，局部有3层。上层的表面平整，下层的下面留有圆木椽子、圆竹椽子和茅草的痕迹。椽子排列稀疏，茅草是平铺的，排列比较整齐，其方向多与椽子平行，作为椽间空当中的填充材料。此外，还有半圆竹痕迹，它压在茅草之上，一般与茅草呈直角相交，个别呈斜角相交，用竹篾或细麻绳将半圆竹与茅草绑扎在一起，并且固定在椽子上。这里需要指出一点：在关庙山遗址所发现的屋面红烧土块当中，目前只见在木竹结构层的上面（朝天空）抹泥，未见在木竹结构层的下面（朝屋内）抹泥。

第九道工序，假定屋面红烧土也是人工烧烤而成的，就应当在“泥背顶”上面进行烧烤。例如F22∶105屋面红烧土块（见图3－1－57，8）有3层，上层和中层的质地比下层稍硬，即上层和中层的烧成温度略高于下层，应是在“泥背顶”上面进行烧烤所致。

第十道工序是在屋外用较小的红烧土块铺成散水。散水厚5~15厘米，上面比较平整，周围稍低，略呈斜坡状，便于往外排水，保护外墙的墙基。

如上所述，建造房屋的工艺流程复杂。建造房屋是聚落内部的大事，应有较多具有建造房屋和烧制陶器经验的人参与，事先应有周密计划，现场应有统一指挥。第六和第九道工序都是从烧制陶器的技术中移用来的，是制陶技术的伸展，如果在斜坡上面露天烧烤“泥背顶”，则比在陶窑之内烧制陶器要困难得多。

［三］红烧土房屋的部分成因探索

目前考古界对红烧土房屋的成因看法不一，有些学者认为是人工烧烤而成的，也有些学者认为是发生火灾所致，还有的学者认为是出于某种原因故意焚毁的。各文化、各遗址的具体情况有所不同，不能一概而论。但是，就关庙山遗址而言，从大溪文化第一期晚段至第四期的25座房址全部是红烧土房址，如果都是失火或有意焚毁所致，难以完全解释。大量事实表明，红烧土墙壁和居住面以及屋内设施都是人工烧烤而成的。例如F22外墙的墙脚厚31厘米，墙头厚13厘米，隔墙的墙脚厚24.5厘米，墙头厚14厘米；F30外墙的墙脚厚28厘米，高80厘米处厚24厘米。这些墙壁从外表至内部都已经烧烤成为红烧土墙壁，应是经过较长时间烧烤所致。

1980年11月24日，中国社会科学院考古研究所夏鼐所长来到关庙山遗址视察，看到F22和F30都保存良好，两座房址都普遍经过均匀烧烤，他对考古队的李文杰说：“应当测一下红烧土的烧成温度”[①]。后来李文杰从这两座房址出土的墙壁、屋面、屋檐红烧土块当中挑选出数块标本请宜昌市陶瓷研究所测定烧成温度，结果是F22墙壁和屋面红烧土块的烧成温度均为600℃；F30墙壁红烧土块的烧成温度为900℃，屋檐红烧土块的烧成温度为620℃（详见附录二）。值得注意的是，F30墙壁红烧土块与屋檐红烧土块的烧成温度相差悬殊，这表明墙壁和屋檐是先后分别烧烤的，不是一次烧烤而成的。

又如S7是一片残存的红烧土居住面，属于第四期，面积约30平方米。居住面之下没有铺设垫层，这一点明显不同于其他房址的居住面。S7西北部（1号柱坑附近）的居住面有3层：下层厚0.5~1厘米，用掺和大量稻壳的黏土泥料抹成，烧烤之后为橙黄色；中层厚12.5~17.5厘米，用掺和很多红烧土块的黏土泥料抹成，红烧土块长7~15厘米不等，这些红烧土块“复烧”之后为橙黄色，泥料烧烤之后为橙红色，这两种红烧土的颜色不同，界限分明；上层厚1厘米，用质地较纯的黏土泥料抹成，烧烤之后为红褐色。3层共厚约18厘米，都被烧烤透彻，显然是经过长时间烧烤所致，各层颜色不同，应是先后三次分别抹泥和烧烤的缘故。残居住面上存有柱坑2个，即1、2号柱坑。其中1号柱坑（见图3-1-81，2）呈圆形，侈口，直壁，圜底状，近底部略内收，口部直径25.5、深42.5厘米，柱洞深37厘米。从坑壁至坑底普遍有抹面1层，厚0.6~0.7厘米，表面光滑，质地与上层居住面相同，是从上层居住面延伸下来的，抹面的颜色自上而下由橙红色逐渐变为橙黄色，质地由稍硬逐渐变为松软，这是自上而下烧成温度逐渐降低所致。从柱坑各部位（包括坑壁和坑底）取下来数块抹面浸在水中试验都没有解体，没有化成泥，这表明抹

① 李文杰：《大溪文化之最》，《江汉考古》1988年第1期。

面经过烧烤，虽然烧成温度偏低，但是已经初步陶化。竖立木柱之前，在柱坑底部（即柱洞之下）垫一层灰白色黏土，竖立木柱之后，灰白色黏土被柱脚压实，起到“暗础”的作用。从灰白色黏土上取下来数块浸在水中试验都立刻解体，化成泥，这表明灰白色黏土未经烧烤。在柱坑底部，未经烧烤的灰白色黏土叠压在经过烧烤的红烧土抹面之上，这一事实表明，柱坑周壁至底部的红烧土抹面是在竖立木柱之前经过人工烧烤所致，确切地说，柱坑周壁至底部的红烧土抹面是与上层居住面一起烧烤而成的，并非房屋失火或有意焚毁房屋所致，这是人工烧烤居住面的直接证据。2号柱坑呈圆形，斜壁，圜底，口径15、深9厘米，周壁和底部都有红烧土抹面1层。这两个柱坑的做法完全相同，可互相印证。此外，第三期F22屋内的11号柱坑周壁的抹面（见图3－1－56，11）也是与居住面一起经过烧烤的；第三期的长方形房址F1的14号柱坑（见图3－1－34，14），周壁有白黏土抹面1层，是从上层居住面延伸下来的，与居住面一起经过烧烤。第三期的红烧土场地S28南边中部红烧土地面上有一个簸箕形灶即1号灶（见图3－1－88B），其南部被③B层（属于第四期）的一个圆形锅底状柱坑打破，柱坑直径14、深11厘米，周壁有抹面1层，用灰白色黏土抹成，经过烧烤。这些柱坑内的红烧土抹面都经过烧烤，也是人工烧烤居住面的直接证据。

F22的建房者遗留在居住面上（见图3－1－51）的1件器盖（11型Ⅱ式F22:42，见图3－4－154，9），陷在第1层居住面内，呈红色、龟裂状是（烧烤居住面时）复烧所致，这件器盖可以间接地证明红烧土居住面是人工烧烤而成的。

上述直接证据和间接证明聚集于一点：红烧土居住面是人工烧烤所致。由于墙脚与居住面紧密相连，墙壁当然应是与居住面一起烧烤而成的。

至于第三、四期的红烧土屋面是否人工烧烤所致，目前尚难断定，这里提出一些假设性看法。屋面也是人工烧烤而成的，应当采用二次烧烤法：第一次烧烤只限于墙壁、居住面及屋内设施；在屋内竖立木柱，覆盖屋顶的结构层，在屋顶上抹泥形成泥屋面即“泥背顶”之后，在“泥背顶”上面进行第二次烧烤。由于红烧土房屋是建筑技术与制陶技术巧妙结合的产物，建房时应很好地参考烧陶技术或直接有制陶者参与，必须像烧制陶器那样，等待墙壁、居住面、屋内设施、屋面的泥料都干燥透彻之后再进行烧烤，开始要用小火（俗称“文火”，火不猛烈之意），然后逐渐加大火力；烧烤墙壁和居住面时，可以达到较高的烧成温度，其上限可以达到900℃（例如F30的墙壁），墙壁烧烤成坚硬的红烧土之后，可以与屋内木柱一起承载屋顶的重量；烧烤“泥背顶”时，必须将烧成温度的上限控制在620℃左右（例如F30的屋檐），既要使“泥背顶”变成红烧土屋面，又不致将屋顶的木竹结构层烧毁，导致屋顶坍塌。二者达到矛盾的统一，其难度之大可想而知。

F30屋檐的烧成温度（620℃）明显低于墙壁的烧成温度（900℃），有两种原因：一是自然原因，如果在“泥背顶”上面进行烧烤时，由于“泥背顶”呈斜坡状，坡度约17°，只能堆积较少木柴，烧烤时间较短，并且难以形成比较封闭的空间，保温效果较差，烧成温度也就较低；二是人为原因，建房者有意识控制烧成温度的上限、防止烧毁屋顶的木竹结构层，这是“泥背顶”烧烤成功的关键。

墙壁的烧成温度较高，也有两种原因：一是自然原因，由于地面较平坦、墙壁较高，可以从墙脚至墙头堆积较多木柴，烧烤时间较长，并且形成相对封闭的空间，保温效果较好，烧成温度也就较高；二是人为原因，建房者有意识提高烧成温度的上限，使墙壁具有较高的硬度、抗压强度和承重能力。

F30 屋檐的烧成温度明显低于墙壁的烧成温度是建房者在实践中积累经验的结果，是符合烧烤红烧土房屋原理的正常现象。红烧土屋面能否烧烤成功，这是建筑考古学中尚未解决的一个疑难问题，只有继续采用科技手段测试出土的红烧土构件，并且通过仿造红烧土房屋的模拟实验才能够得出恰当的结论。

总之，大溪文化房屋的显著特征是：墙壁、居住面及屋内设施都经过人工烧烤，从而成为红烧土房屋。红烧土是人工制造的第一种建筑材料，具有防雨防潮、坚固耐久的优点，在多雨潮湿环境中，这是当时人们最适宜居住的一种房屋，因此，在大溪文化中延续千年之久。红烧土房屋既是建筑技术与制陶技术巧妙结合的产物，又是大溪文化的人们适应环境和改造环境的优秀成果，在中国古代建筑史上占有一定的地位。

二　陶器的特征

大溪文化陶器的质料有泥质、夹炭、夹蚌、夹砂四类，其中以泥质陶数量最多，夹炭陶次之，夹蚌陶再次之，夹砂陶最少；颜色有橙黄、红、红褐、灰、灰褐、黑、白七类，其中以红陶为主，黑陶次之，灰陶再次之，白陶最少。七类颜色可以归纳为四个陶系即红陶系（包括橙黄陶、红陶、红褐陶）、灰陶系（包括灰陶、灰褐陶）、黑陶系、白陶系。将质料和颜色综合在一起，可以分为泥质橙黄陶、泥质红陶、泥质红褐陶、泥质灰陶、泥质黑陶、泥质白陶；夹炭红陶、夹炭红褐陶、夹炭灰褐陶、夹炭灰蚌红陶（两种羼和料混合在一起使用）、夹蚌红褐陶；夹砂红陶、夹砂红褐陶、夹砂灰陶、夹砂黑陶、夹砂白陶等。

红陶是氧化烧成所致，第一期至第三期都以红陶占大多数，第四期红陶明显减少，但仍超过半数。泥质红陶和夹炭红陶普遍涂刷红陶衣，有些夹蚌红陶和夹砂红陶也有红陶衣。部分彩陶上红陶衣与白陶衣并用。涂刷陶衣后都经过磨光。部分红陶局部器表经过窑外渗碳而呈黑色，有外红内黑、上红下黑、数条竖向黑道三种情况。外红内黑的器物有圈足盘、圈足碗、曲腹杯、簋、圈足罐和器盖等，其中以圈足盘数量最多，圈足碗次之。上红下黑系指第二至四期有些泥质红陶的平底碗和圈足碗，其内壁黑色，外表腹中部以上红色，以下黑色。数条竖向黑道见于第一、二期有些泥质红陶的圈足碗和器盖，其内壁黑色，外表有三条或四条距离相近的竖向黑道。

黑陶是窑内渗碳所致，第一期晚段出现个别黑陶，第二期有少量黑陶，至第四期有较多小型薄胎黑陶。

灰陶是烧制后期改用还原气氛所致，第二期出现少量灰陶，第四期灰陶有所增加。

白陶数量很少，其原料有两种：一种含氧化硅、氧化铝较多，接近高岭土；另一种含氧化硅、氧化镁较多，属于滑石质黏土。两种原料的共同点是氧化铁（Fe_2O_3）含量都很低，烧制后都呈白色。

大溪文化陶器的成型方法，从总体上看，以手制为主，轮制较少。具体地说，第一至第三期的陶器全部为手制，普遍采用泥条筑成法（包括泥条圈筑法、泥条盘筑法）成型，个别小型器物采用捏塑法成型；第四期出现轮制法，但是多数器物仍为手制。

大溪文化的陶器以素面为主，占85.38%，施加纹饰的仅占14.62%。纹饰可以分为普通纹饰和彩陶两类。在陶片总数当中，施加普通纹饰的占12.96%，彩陶仅占1.66%；在施加纹饰的陶片当中，普通纹饰占88.65%，彩陶仅占11.35%。上述情况表明，大溪文化陶器的施纹不很普遍，彩陶数量很少。

普通纹饰的纹样有凹弦纹、凸弦纹、戳印纹、暗纹等。其中，戳印纹是最常见的典型纹样，暗纹是施纹工艺最细致的一种纹样。

彩陶当中，黑彩占91.69%，红彩占2.27%，棕彩占5.79%，灰彩占0.25%，可见以黑彩占绝大多数。以外彩为主，只有少数圈足碗以晕染法绘内彩。纹样有宽带纹、平行条纹、点纹、曲线纹、曲线网格纹、绳索纹、横人字纹、弧边三角纹等。其中，曲线纹由数个点连成，曲线网格纹由数条曲线靠拢而成，草叶纹由三条弧线连成。曲线网格纹、绳索纹、横人字纹是大溪文化彩陶中的典型纹样。弧边三角纹是受中原地区庙底沟文化彩陶影响而产生的纹样，是文化交流的反映。

从完整和复原的器物来看，大溪文化陶器的器形有圈足碗、平底碗、三足碗、碟、圈足盘、白陶圈足盘、三足盘、圜底盘、豆、簋、平底盆、圈足盆、圜底大盆、平底钵、圈足钵、曲腹杯、杯、筒形瓶、小口尖底瓶、小口瓶、细颈壶、圈足罐、平底罐、圜底罐、小口广肩罐、釜、鼎、甑、研磨器、瓮、尊、臼、器座、支座、器盖等35类。

可将大溪文化的陶器归纳成圈足器、圜底器、平底器、三足器、其他器形五大类。根据表3-4-8可以进一步计算出圈足器占47.88%，圜底器占22.98%，平底器占18.73%，三足器占4.48%，其他器形占5.93%。其中圈足器和圜底器共占70.85%。从表3-4-10可以看到，在圈足器当中，圈足盘占27.62%；从表3-4-11可以看到，在圜底器当中，圜底罐占72.04%。由此可见，大溪文化陶器在形制上的显著特征是：以圈足器和圜底器为主，圈足盘和圜底罐数量极多。

引人注目的是，大溪文化第二期的陶器在形制上发生了较大变化，表现如下：

第一，第二期出现一群新的圈足器，有圈足盘、豆、簋、曲腹杯、薄胎单耳杯、圈足甑、草帽形器座。这些器物是由第一期的圈足器发展和演变而来的，换句话说，是大溪文化陶器自身发展的结果。其中，圈足盘、豆、簋、曲腹杯、圈足甑都一直延续到第四期，薄胎单耳杯只见于第二期，草帽形器座只见于第二、三期。

第二，第二期出现一群平底器，有平底碗、平底盆、平底钵、筒形瓶、平底罐、平底小罐、平底瓮，这些器物都一直延续到第四期。有些平底器的出现与受中原地区庙底沟文化的影响有一定关系。其中，筒形瓶在造型上模仿竹筒的形状，具有鲜明的本地区特色，是大溪文化标志性的器物。

大溪文化第四期的陶器在形制上也发生了较大变化，表现如下：

第一，第四期出现了细颈壶，它以细颈、鼓腹为特征，有的为小平底，有的在小平底下面附加矮圈足。

第二，第四期出现了快轮制陶技术，利用快轮拉坯成型和快轮慢用修整，制作出一批薄胎器物，有圈足碗、豆、曲腹杯、圈足罐、细颈壶等。其中，一部分圈足罐口沿的细部特征发生了变化：口沿甚窄、甚至外卷之后落叠在肩上，这是快轮慢用修整所致。

概括起来，大溪文化陶器的特征是：陶质以泥质陶最多，陶色以红陶为主；窑外渗碳而成的

"外红内黑""上红下黑""数条竖向黑道"具有独特风格；成型方法以手制为主，轮制较少；器表以素面为主；纹饰当中以普通纹饰占大多数，以戳印纹为典型纹样，彩陶数量不多，但工艺水平较高，以曲线网格纹、绳索纹、横人字纹为典型纹样；器形以圈足器和圜底器为主，以薄胎的彩陶圈足碗和单耳杯、圈足盘、三足盘、圜底大盆、曲腹杯、筒形瓶、细颈壶、鼓形大器座为典型器物，其中，彩陶筒形瓶是大溪文化中具有标志性的器物。

总之，关庙山遗址大溪文化遗存的内涵十分丰富，历时长久，尤其是以陶器为核心的文化特征鲜明，发展脉络清楚，具有较强的代表性，与其他地区（比如湖南北部）的大溪文化遗存之间有明显差别，由此可以确立为一种文化类型——大溪文化关庙山类型。

第二节　文化分期、内涵与年代

一　分期的依据和标准

（一）以各发掘区普遍存在的地层叠压关系，尤其是Ⅳ区和Ⅴ区的地层叠压关系作为分期的主要依据。

（二）以Ⅳ区和Ⅴ区几组典型单位的打破或叠压关系作为分期的重要依据。第四期与第三期的关系：H180打破F30，G3打破F9和F22，F9叠压在F22之上；第三期与第二期的关系：H107打破G5，H190打破H141，H98打破G6；第二期与第一期晚段的关系：H141打破F34，G6打破F33和H142，F33叠压在H142和F34之上；第一期晚段与第一期早段的关系：G8打破T57⑧。

现以"↓"符号表示打破关系，"——"符号表示叠压关系，列表如下。

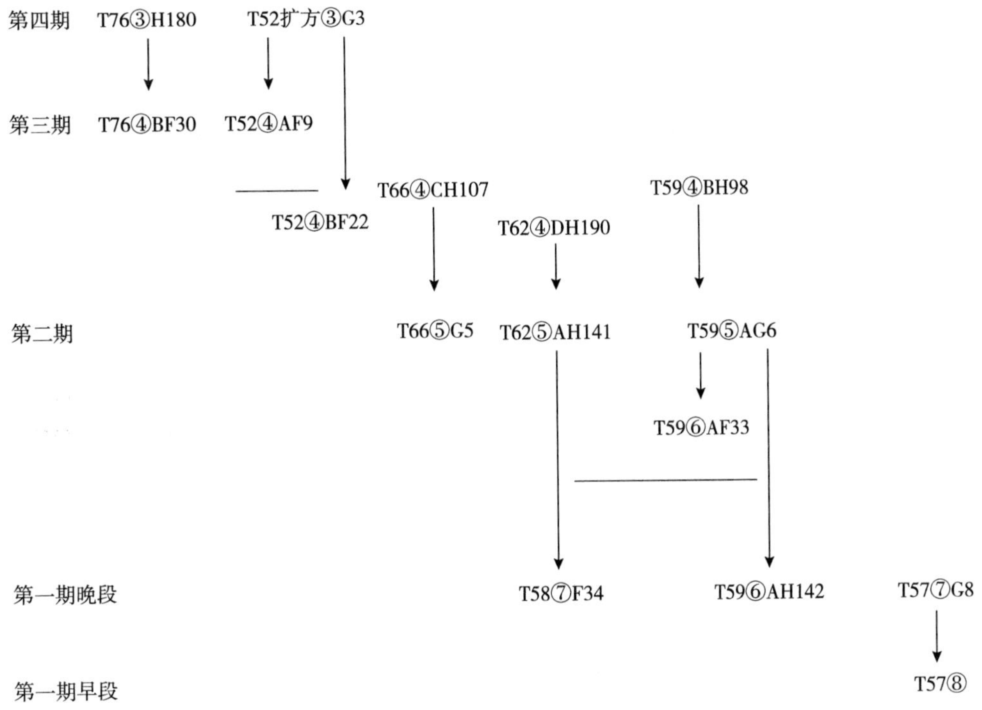

以上16个单位中，除F9、G8、T57⑧以外，其余单位都有复原的陶器，可用于比较各期器物的形制特征。

（三）以存在时期较短、阶段性较明显、甚至为某期所特有的器物，尤其是各期典型遗迹单位内出土的器物作为分期的典型器物。

（四）以新器物群（而不是个别器物）的出现作为新时期开始的主要标志。

（五）以时期特征明显的瓮棺盖和随葬陶器作为瓮棺断代的依据。

总之，以地层关系和器物共存关系作为分期的依据，以典型单位和典型器物作为分期的标准，将关庙山遗址的大溪文化遗存分为四期是综合研究上述因素的结果。

二　陶器的分期、内涵

关庙山遗址的大溪文化遗存可分四期，其中第一期可分早、晚两段。本报告第三章中将各期的遗迹、遗物综合在一起叙述，将器物分类分型分式之后，还在器物前面冠以“×期地层标本”。本节为了展现各期各类器物的共存关系和形制发展演变状况，将各类各型的器物详细列成分期表（表6－2－1～表6－2－35），既可从纵向看到各类各型器物的发展演变状况，又可从横向看到各期各类各型器物的共存关系，还便于读者检索各期各类各型器物，为深入研究关庙山遗址大溪文化的分期提供线索。考虑到型的不同是在器物形制上发生较大变化，分期意义比较明显，式的不同是细微变化，分期意义不太明显，因此分期表中只涉及型，没有涉及式。由于篇幅有限，分期表中只列入完整和复原的器物及少量比较重要的残片。

现在分别叙述各期陶器的特征，其中，各期的典型器物系指存在时期较短、形制独特、甚至是某期所特有的器物（图6－2－1），这些器物可以作为断代的标准器。

［一］第一期早段的陶器

典型单位有T57⑧层，T36⑦BH13，T61⑦H144。

出土陶器很少，以夹炭红陶较多，占65.3%；泥质红陶次之，占16.67%；夹炭红褐陶再次之，占8.44%（见表3－4－1）。坯体均为手制成型，口沿普遍经过慢轮修整，据此推测，在江汉地区慢轮制陶技术应起源于大溪文化第一期早段之前。器表常涂刷红陶衣，陶衣较厚，不易脱落，多呈深红色，有些呈红褐色是渗入少量炭粒、致使红颜色不纯的缘故。器表多经磨光，凡是涂刷红陶衣的部位都经过磨光。若干夹炭红陶釜的口沿内外表先涂刷红陶衣，后在慢轮旋转的条件下，利用刮板将口沿外表中部和肩上部的红陶衣刮削掉，保留口沿上部和颈部两周带状红陶衣，刮削红陶衣与保留红陶衣之间形成鲜明对照，这些带状红陶衣具有装饰作用。器表除素面外，纹饰有线纹、钻窝纹、戳印纹和镂孔。器表滚压线纹后又经磨光，线纹往往只留下痕迹。钻窝纹呈尖底状，是在接近干燥的坯体上用钻头钻成的，孔的周壁留有细密钻痕。戳印纹呈圆点状，一般以两个点为一组。有些圈足碗的外表、外底及圈足内表为红色，器身内表呈黑色，这些黑色是在陶器刚出窑时，趁陶胎尚处于红热状态就迅速进行渗碳即“窑外渗碳”所致。有些圈足碗的外表有三条或四条距离相近的竖向黑道，黑道的边缘模糊不清，竖向黑道亦是窑外渗碳的结果，具有装饰作用。

表 6－2－1　　大溪文化陶圈足碗分期表

型 / 期	1 型	2 型	3 型	4 型	5 型	6 型
四期			T8②CW79∶3			T52 扩③∶4
三期	T22③∶49			T52④AH41∶10	T64④A∶88 T61④H130∶5 T8③B∶10 T37④A∶36	T11③∶84 T64④B∶89 T69④AH97∶1
二期	T1④H2∶73 T22④H22∶3 T11④∶57	T75⑤∶132 T36⑥B∶40	T51⑥∶316 T65⑥∶76 T64⑤AH102∶58 T62⑤AH141∶16 T72⑤AH153∶6	T23④H20∶2	T59⑥A∶85 T65⑤AS35∶50 T65⑤AS35∶82 T11④∶66	T53⑥∶217 T62⑤AH141∶8 T62⑤AH141∶9 T70⑤H111∶3 T77⑥∶77 T52⑤AH43∶5 T53⑤BH49∶176 T53⑤BH49∶276 T63⑤B∶63 T64⑤AH102∶54 T36⑤H12∶1 T59⑥A∶65 T51⑥∶369 T51⑤B∶378 T67⑤A∶52 T75⑥∶176 T22④H22∶1 T64⑤A∶64 T68⑥H164∶2 T69⑥∶118 T10④∶30 T31⑤∶44
一期晚	T71⑦G9∶56 T11④G1∶73 T11④G1∶78	T71⑦G9∶4		T64⑦∶68 T73⑦∶77		T64⑦S45∶108 T69⑦∶126 T56⑦∶81
一期早						T36⑦BH13∶6

续表 6－2－1

型 期	7 型	8 型	9 型	10 型	11 型	12 型
四期	T64③B：147				T75③BH70：19	
三期	T65④AH87：2 T3③H1：15 T52④BF22：38	T21③：10	T2③：64 T51④A：130			T51扩④AF9：26 T62④DH190：30 T64④A：83
二期	T59⑤AG6：11 T59⑤AG6：12 T63⑤B：38 T11④：67 T59⑥BH142：3 T73⑤：52 T51⑤BH45：313 T56⑤：55	T77⑥：58 T5④B：35 T59⑥AF33：1 T3④：49 T11④：62	T67⑥：76 T5④B：53 T55⑥：29	T22④：42 T24④：36 T37⑥H17：24 T211附近采：011 T211附近采：025	T52⑥：156 T67⑥：90 T59⑤AG6：7 T64⑤A：50 T64⑤AH102：59 T64⑤AH102：46	T64⑤A：60 T67⑥：87
一期晚		T11④G1：74 T69⑦：164			T69⑦H170：1	
一期早				T57⑧：118	T61⑦H144：1 T61⑦H144：2	

续表 6－2－1

型/期	13 型	14 型	15 型	16 型	17 型	18 型	19 型
四期	T75③BH70:10 T75③BH70:9 T57③B:16 T76③H180:1 T8②CW79:2		T71③BH147:1 T54④:41 T59③:21 T6②C:45 T8②CW83:2		T71③AF24:17 T72③B:15 T70③:11 T71③A:2 T74③:20 T63③B:33 T71③BH93:4 T71③BH93:2 T51③:104 T71③AF24:16 T71③AF24:23	T57③B:29	T41④H55:22 T52③:222 T65③A:33 T52扩③G3:36
三期	T74④B:60 T34④A:42 T74④A:48 T11③:19 T68④B:72 T69④A:87 T69④C:94 T9③:42 T59④AH91:7 T3③H1:5 T61④:51 T211③:17 T66④B:46 T73④C:57 T63④A:52					T64④C:49	T64④C:125
二期	T70⑤G5:21 T72⑤AH153:1 T61⑤AH108:1 T67⑤AG5:14 T62⑤A:50 T58⑤:46 T60⑤AH158:1	T39⑥A:34 T69⑥:158 T72⑤B:71 T5④B:42 T11④:77 T22④H22:2	T55⑤:24 T51⑤A:293 T53⑤A:153 T1④H2:59 T4④:36 T55⑤H112:6 T69⑤B:101	T55⑤H112:4 T55⑤H112:5			
一期晚							
一期早							

表6－2－2　大溪文化陶平底碗分期表

期＼型	1型	2型
四期	T66③A∶9	
三期	T57④A∶78，T65④CH120∶7，T71④C∶97	T51④A∶143，T73④C∶62，T51④A∶388，T73④C∶55、56，T23③∶17
二期	T51⑤B∶308、327，T59⑤AG6∶13，T51⑤A∶194	

表6－2－3　大溪文化陶三足碗分期表

三期	T59④AH91∶2
一期晚	T56⑦H182∶1

表6－2－4　大溪文化陶碟分期表

期＼型	1型	2型	3型
四期			T51③∶93、102、162、167、379，T52扩③∶5，T51③∶81，T76③∶16
三期		T24③∶40，T70④B∶32	T71④C∶47，T71④CH99∶4
二期	T39⑦B∶30，T59⑥A∶92，T61⑤B∶44，T22④H22∶7，T72⑤B∶61，T23④H24∶1，T37⑥H17∶29	T63⑤BH171∶1、2，T71⑤G5∶130，T10④∶47，T36⑥B∶30，T66⑤∶56	
一期晚	T66⑧∶55，T68⑦F35∶103，T59⑦F34∶96、97，T55⑦F34∶39，T59⑦F34∶94、100，T68⑦H181∶1，T11④G1∶75	T69⑦∶125	
一期早	T57⑧∶116		

表6－2－5　大溪文化白陶圈足盘分期表

三期	T31④∶41，T52④A∶217，T54⑤∶61
二期	T68⑤∶93，T53⑤B∶187，T1④H2∶71，T11④∶41
一期晚	T11④G1∶58

表 6－2－6　大溪文化陶圈足盘分期表

期＼型	1 型	2 型	3 型	4 型	5 型	6 型
四期					T63③B:13	T57③A:50
三期	T64④B:87		T9③:10，T58④A:65，T66④CH107:6，T74④A:58，T11③:30	T70④B:24，T211④:9，T55④:21，T56④A:42，T65④CH120:2，T74④B:71，T40④BF1:17	T51④A:222，T57④BH96:5，T69④CH133:2，T211④:7，T59④AH101:9，T74④B:72，T6③:56，T9③:23，T62④A:48	T70④AM202:4，T2③:86，T59④BH98:3，T65④C:68，T69④CH133:4，T9③:25，T211 附近采:029，T57④BH96:6，T61④H130:3，T74④A:52，T51④BF22:44，T56④BH89:1，T59④AH101:1，T75④C:170，T6③:57，T211 附近采:022
二期	T51⑥:356，T51⑤A:375，T53⑤A:120，T64⑤AH102:61，T69⑥:168，T11④:80	T3④:46，T1④H2:62，T11④:49	T51⑤A:260，T51⑤B:294，T58⑥:44，T3④:30，T5④B:63，T53⑤A:290，T51⑤A:245，T64⑤A:43，T77⑤B:43，T211 附近采:012、035，T51⑤B:265，T51⑤BH48:362，T61⑤B:34	T51⑤BH45:300，T51⑤A:492，T60⑤AH158:4，T62⑤AH141:5，T74⑤AH113:1 T74⑤AH113:9，T211 附近采:013，T51⑤B:290，T59⑤A:71，T62⑤AH141:3，T11④:65，T211 以北采:016、026、043，T59⑥BH142:87，T68⑤H117:2，T72⑤A:153:5	T51⑤B:276、278，T56⑤H100:4，T67⑤AG5:11，T211 附近采:010、018，T211 以北 W127:2，T51⑤B:266，T51⑤BH45:346，T59⑤A:66，T6④:36，T211 附近采:015、023、027、030，T62⑤A:27，T63⑤B:28，T11④:45	T51⑤A：236、336，T55⑤:38，T55⑤H148:4，T61⑤B:37，T62⑤A:26，T70⑤:49，T74⑤AH113:10，T77⑤B:44，T51⑤A:201、233、255，T59⑤:70，T62⑤AH141:6、12，T70⑥:79，T74⑤AH113:22，T77⑤B:40，T51⑤A:198、202、232，T51⑤B:281，T52⑤A:108，T55⑤H148:2，T57⑤:88，T67⑤AG5:10，T74⑤B:124，T77⑤A:30，T211 附近采:031，T53⑤A:140、178，T66⑤：34，T62⑤AH141:13，T67⑤A:64，T77⑤A:59，T211 以北 W127:3，T55⑤H148:3，T67⑤A:51，T67⑤B:56，T71⑤H129:1

续表6－2－6

期＼型	7型	8型	9型
四期	T58③AG7：66，T75③B：27，T57③A：34，T61③B：16、18，T75③BH70：18，T7③B：6	T51③：1	T55③：13
三期	T59④AH91：1，T63④C：35，T67④D：39，T3③H1：4，T54⑤H56：1，T59④AH91：6，T59④BH98：1，T60④BH126：1，T61④H130：2，T71④E：46，T74④A：51，T74④B：62，T75④B：164，T77④E：23，T51扩④A：43，T51④A：215，T75④B：81，T211附近采：015，T69④C：95，T11③：23，T75④C：125，T3③：43，T6③：21，T40④BF1：4，T51④A：124、157，T52④AH42：5，T59④AH91：40，T61④H130：1，T67④C：26，T75④C：57，T75④CH119：2，T76④BF30：24，T5③B：26，T6③：19，T211附近采：028、033	T51④A：186，T51④A：174	T52④AH41：8，T53④：145，T59④AH101：3，T5③B：19，T211③：2，T211④：8，T51④A：377，T56④BH94：2，T74④B：70，T75④C：50，T75④B：109，T75④CH119：10、16，T61④H95：1，T67④C：27，T75④B：163，T75④CH119：3、4、9
二期	T1④：91，T51⑤B：270，T57⑤：87，T67⑤A：91，T68⑤H117：1，T53⑤A：142，T6④：24	T51⑤A：200、256，T51⑤BH45：305，T75⑥：150，T75⑤：151，T77⑤A：83，T59⑤A：67，T51⑤A：204	T51⑤A：205、254、261、367，T51⑤BH45：296，T72⑤AH118：1，T51⑤A：230，T59⑤A：115，T67⑤B：104

表6－2－7 大溪文化陶三足盘分期表

期＼型	1型	2型	3型	4型
三期				T66④D：65
二期	T53⑥：180，T59⑥AF33：2	T53⑥：182，T54⑥：31	T64⑤B：133，T22④：46	T70⑤G5：19
一期晚	T58⑦F34：63	T77⑦：31，T77⑦：48，T70⑧：130	T211附近采：045，T11④G1：63	

表6－2－8 大溪文化陶圜底盘分期表

二期	T5④B：41
一期晚	T77⑦：33

表 6-2-9　大溪文化陶豆分期表

型／期	1型	2型	3型	4型	5型
四期					
三期	T60④BH104:1 T66④CH107:4 T2③:69	T65④C:51 T68④D:82 T74④B:76	T57④BH96:9 T65④AH87:4 T70④AM201:1 T59④B:52 T59④BH98:6 T73④C:46 T51④A:217 T69④BS32:1 T69④C:179		
二期	T70⑤G5:28 T72⑤A:54 T72⑤AH153:2、4 T51⑤A:196、238 T51⑤BH48:322 T55⑤H148:1 T62⑤AH141:14 T62⑤A:49 T1④H2:72 T64⑤B:128	T11④:39 T65⑤B:56 T70⑥:51 T58⑤H177:1 T65⑤B:55 T65⑤AS35:57	T60⑤A:65 T51⑤B:269 T56⑤:78	T64⑥:129	T65⑤AS35:58、83 T68⑤H117:7 T37⑤:16 T59⑤AG6:2

型／期	6型	7型	8型	9型	10型
四期	T70③:131	T52扩③G3:19 T71③BH93:3 T52③:219 T53③F10:8 T75③B:76 T22②C:11 T41④H55:20	T51③:76 T52扩③G3:32 T52③:218 T52扩③G3:27、29		T51③:100 T52扩③G3:24 T52扩③G3:25
三期	T65④C:52 T24③:41 T40④A:1				
二期	T65⑤AS35:53		T51⑤A:192	T11④:48	T67⑤A:55

表 6-2-10 大溪文化陶簋分期表

期＼型	1型	2型	3型
三期	T51④A∶191	T51④BF22∶48，T34④A∶40，T57④A∶62，T65④C∶67，T4③∶3，T211④∶10	T51④A∶386
二期		T55⑤H112∶2，T62⑤AH141∶1、11，T59⑤AG6∶16，T10④∶17，T51⑤B∶351，T51⑤BH48∶329，T52⑤A∶128，T62⑤AH141∶20，T67⑤AG5∶16、96，T211 西北 W133∶2	T6④∶34 T38⑥∶31

表 6-2-11 大溪文化陶平底盆分期表

期＼型	1型	2型	3型	4型	5型	6型
四期	T57③B∶22 T74③∶5 T11 西断崖 W24∶2	T63③B∶31 T74③∶14 T7③B∶15	T51③∶57 T51③∶156	T75③BH70∶12	T57③A∶14 T7②CW16∶2 T8②CW73∶2	T71③BH93∶1 T6②C∶52
三期	T42④A∶7 T59④BH98∶4 T60④A∶32 T65④CH120∶3 T11③∶13 T52④A∶107	T56④BH94∶1 T60④A∶33 T7③CH5∶23	T51④A∶133			T9③∶32 T9③∶51
二期	T2④∶38 T11④∶93 T53⑤A∶156 T53⑥∶220 T56⑤H100∶5 T70⑤∶53 T77⑥∶64	T56⑤H100∶6 T69⑤BH134∶1 T74⑤AH113∶15			T52⑤A∶78 T53⑤A∶215 T53⑤A∶289 T56⑥∶79	

表 6-2-12 大溪文化陶圈足盆分期表

期＼型	1型	2型
四期	T201 附近 W124∶2，T11 西侧断崖 W24∶2	
三期	T53④∶92，T75④B∶184，T9③∶20，T71④CH99∶1	T11③W37∶2
二期		T65⑤AS35∶59，T57⑤∶90

表 6－2－13　大溪文化陶圜底大盆分期表

期＼型	1 型	2 型
二期	T53⑤A:286，T64⑤AH102:119	T21④:18
一期晚	T11④G1:108	

表 6－2－14　大溪文化陶平底钵分期表

期＼型	1 型	2 型	3 型	4 型	5 型
四期					
三期	T53④:114、123、148	T51④A:145 T64④AH110:93 T66④D:60	T51④A:180 T52④AH41:5 T75④CH119:12 T8③B:4	T60④BH126:5	T57④BH96:11 T64④AH110:96
二期		T67⑤A:107	T53⑤A:154、161 T51⑤BH48:331	T51⑤A:258 T55⑤H112:1 T1④:67 T32⑤:15 T211 附近采:09 T77⑥:63	T51⑤BH48:324

期＼型	6 型	7 型	8 型	9 型	10 型
四期			T74③:19		T56③:72
三期	T75④BH73:9 T11③:6	T64④AH110:95 T9③:16	T79④A:4		T3③H1:14
二期	T74⑤AH113:35	T69⑥:13		T53⑤A:143 T59⑥BH142:5 T63⑥B:49 T57⑤:86 T59⑥BH142:4	T52⑤A:84 T53⑤A:218 T66⑤:37 T67⑤B:111 T77⑤B:37 T2④:41 T211⑤:12 T211 西北 W131:2

表 6－2－15　大溪文化陶圈足钵分期表

期＼型	1 型	2 型
二期	T51⑤A:491，T72⑥BH163:1	T63⑤B:29，T61⑤AH108:2
一期晚	T71⑦G9:1、2、3，T77⑦:52，T5④G1:51	
一期早		T36⑦BH13:9

表 6－2－16 大溪文化陶曲腹杯分期表

型 期	1 型	2 型	3 型	4 型
四期			T52扩③G3：10，T71③AF24：7、8，T74③：1，T61③A：6，T53③：71	
三期	T63④AF36：25，T64④A H110：97，T75④C：61，T42④A：6	T211③：1	T52④BF22：37、41	T61④H95：2，T63④AF36：20
二期	T52⑥：176，T52⑤A：149		T53⑥：216，T56⑤：50，T74⑤AH113：24，T75⑤A：175	T6④：32

表 6－2－17 大溪文化陶杯分期表

型 期	1 型	2 型	3 型	4 型	5 型	6 型	7 型
四期				T75③A：12			
三期				T53④：120，T57④A：65，T55④：25，T22③：51，T51④A：530	T69④A：60		
二期	T58⑤H177：4，T63⑤B：64，T64⑤AH102：53，T38⑤：42，T53⑤B：275，T53⑤B H49：298，T64⑤AH102：48，T68⑤：136，T10④：38，T53⑤BH49：277，T58⑤H177：2，T65⑤AS35：63、69	T55⑥：79，T57⑤：152，T64⑤B：67	T59⑤AG6：4，T68⑤：92，T2④：85，T211 附近采：020	T55⑤H112：9	T77⑤A：35，T51⑤B：98	T11④：107	T58⑤H177：3，T38⑤：10

表 6－2－18 大溪文化陶筒形瓶分期表

型 期	1 型	2 型	残片
四期		T51③：318，T75③A：22	
三期	T60④AF26：21，T64④AH110：80，T65④A：41、86，T71④B：108，T34④A：6、37，T53④：219，T3③H1：1，T65④A H87：5、7，T34④A：51，T34④BF1：8、10、11，T75④C：143，T34④A：50		T52④A：121、205、214，T52④B F22：154、155、156，T53④：146、242，T66④D：28，T68④C：135，T72④D：39，T72④D：100，T75④B H73：1，T34④C：43，T37④A：6
二期			T51⑤B：366

表 6－2－19　大溪文化陶小口尖底瓶残片分期表

四期	T7③B∶21
二期	T63⑤A∶27

表 6－2－20　大溪文化陶小口瓶残片分期表

四期	T57③A∶172
二期	T52⑤A∶224，T62⑤AH141∶21

表 6－2－21　大溪文化陶细颈壶分期表

型 期	1 型	2 型	残片
四期	T66③B∶5、49	T53③F10∶1、2	T57③∶156，T68③∶137，T69③B∶188

表 6－2－22　大溪文化陶圈足罐分期表

型 期	1 型	2 型	3 型	4 型	5 型
四期		T75③BH70∶14，T52③∶34、207，T74③∶125，T75③BH70∶4、5、25，T59③∶9，T51③∶79，T52③∶28、221，T75③BH70∶7，T59③∶27，T51③∶385		T72③B∶10	
三期		T51④A∶155，T52④A∶102，T75④B∶165，T76④B∶20，T77④D∶60，T56④A∶26，T9③∶19，T71④F∶121，T66④B∶47，T75④CH119∶18		T6③∶58	T63④B∶19，T64④AF26∶19
二期	T23④H20∶1，T52⑥∶155	T4④∶25，T5④B∶32，T52⑤A∶80，T53⑤A∶149，T53⑤A∶150、160，T74⑤B∶54，T69⑤AS35∶181	T2④∶49	T51⑤A∶171，T70⑤H111∶4	T51⑥∶516，T38⑥H30∶1，T51⑤A∶387，T70⑤G5∶18、27
一期晚	T11④G1∶55，T70⑦∶78				T11④G1∶99
一期早		T57⑧∶165			

第一期早段陶器的器形多为圈足器和圜底器，三足器很少。

第一期早段的典型器物（图 6－2－1，第一期早段）。其中，圈足罐 2 型Ⅰ式（T57⑧∶165）和釜残器（T57⑧∶166，T36⑦BH13∶14，T61⑦H144∶11）的共同点是涂刷陶衣后，将外表局部的陶衣刮削掉，留下带状红陶衣作为装饰，这表明刮衣是第一期早段陶器的特征。小口广肩罐（T36⑦BH13∶10，T61⑦H144∶10）的特点是肩部内壁用弧刃刮板刮成数周带状凹槽；器盖 1 型Ⅲ式（T61⑦H144∶4，T36⑦BH13∶7）的特点是双折壁，盖纽呈实心圆饼状。

表 6－2－23 大溪文化陶平底罐分期表

期＼型	1 型	2 型	3 型	4 型	5 型	6 型	7 型
四期	T53③:210，T211 附近采:02，T69③B:174，T51③F8:211，T57③A:23，T74③:166，T69③B:198，T1②C:11，T41④H55:42，T53③F10:5，T57③A:158，T52 扩③:31，T73③B:87	T53③:274，T69③B:45，T51③:112，T58③A:12	T59③:8	T61③B:73			T60③A:19，T74③:16
三期	T4③:66，T23③:43，T68④A:134，T73④C:54，T6③:27，T65④A:42，T69④A:199，T71④B:112，T75④BH73:10，T3③H1:10，T22③:20，T53④:283，T71④CH99:6	T62④DH190:20，T70④A:69，T74④A:21，T211③:11，T52 扩④AF9:1，T52④AH41:11，T69④A:63，T75④C:89 T9③:52		T52④A:120，T76④BF30:22	T57④B H96:13	T52④B F22:39、40，T42④A:5	T51④A:122，T35④:30，T40④A:16
二期	T51⑥:507、T51⑤A:517，T53⑥:299，T61⑤AH108:5，T70⑤G5:6，T32⑤:16，T51⑤BH48:325，T52⑤A:162，T6④:23	T74⑤AH113:38	T77⑤B:36				

表 6－2－24 大溪文化陶圜底罐分期表

期＼型	1 型	2 型	3 型	4 型
四期	T7②CW16:1，T6②CW2:2，T8②CW72:1，T11 南断崖 M21:1		T56③:22	T57③A:136
三期		T10③W44:1	T75④CH119:7，T51④A:189，T58④A:17，T69④A:77，T74④A:26，T60④A:42，T64④B:30	
二期	T6④W104:1，T10④W45:1，T51⑤BH48:323，T63⑤BW145:1，T11 西断崖 W25:1	T55⑤H121:36，T51⑤A:374	T53⑤B:173，T24④:33	
一期晚		T6④G1:53	T69⑦:123，T73⑦:64	

表 6－2－25 大溪文化陶小口广肩罐分期表

二期	T53⑥:301，T55⑤H122:7
一期晚	T56⑦:117
一期早	T61⑦H144:10，T36⑦BH13:10、15

表 6－2－26 大溪文化陶釜分期表

型 期	1 型	2 型	3 型	4 型	残片
四期		T7②CW8:1，T7②CW29:1，T8②CW73:1，T8②CW77:1，T8②CW80:1，T8②CW81:1，T8②CW89:1，T8②CW92:1，T41③B:11，T7②CW7:2，T7②CW26:1，T7西扩②CW34:1，T8②CW59:1，T8②CW91:1，T8②CW93:1，T9②CW95:1，T9②CW96:1，T7②CW7:1，T7西扩②CW35:1，T8②CW82:1，T8②CW86:1			T68③:138，T6②CW1:1，T7②CW56:1，T7②CW57:1，T8②CW67:1，T9②CW97:1，T11南断崖W19:1
三期	T51④A:487			T59④BH98:2	
二期	T65⑤AS35:93、60	T211西北W132:1，T1④H2:61，T68⑥H164:1，T55⑤H122:35，T1④H2:55，T4④:59，T11④W50:1，T39⑥A:31	T74⑤A:96	T10④:45，T211以北W126:1，T211以北W128:1，T211以北W129:1，T211西北W130:1，T211西北W131:1，T211西北W133:1，T211以南W137:1，T211以北W127:1，T211西北W134:1，T211以南W135:1，T211以南W136:1	T53⑥:300，T67⑥:142，T2④:52，T211东北W144:1
一期晚		T11④G1:76			T57⑦G8:164
一期早					T57⑧:166，T61⑦H144:11，T36⑦BH13:14

表 6－2－27 大溪文化陶鼎分期表

型 期	1 型	2 型	3 型	4 型	5 型
四期					T76③:13
三期	T39④A:32，T4③:68		T51④A:177，T22③:47	T70④B:118，T74④A:35，T75④CH119:11，T9③:29	
二期	T55⑤:80	T11④:81、82，T51⑤BH45:299，T4④:69	T72⑥B:97，T51⑤A:498，T4④:15，T5④B:52		
一期晚	T57⑦:113		T67⑦:80，T11④G1:100		

表 6－2－28 大溪文化陶甑分期表

型 期	1 型	2 型	3 型	4 型
四期			T55③:8	
三期	T75④CH119:20		T64④AH110:15，T67④B:137，T74④B:170，T76④BF30:23	T64④AH110:117
二期	T72⑤AH118:2	T69⑤B:184，T77⑤B:46、78	T67⑤AG5:139，T69⑤B:185	T65⑤B:112

表 6－2－29 大溪文化陶研磨器分期表

型 期	1 型	2 型
四期		T52 扩③:18，T6②C:1，T64③B:164，T67③B:147，T1②C:8
三期	T51④AH39:350，T9③:44，T71④F:93	T75④B:211，T1③:19，T39④A:35
二期	T53⑤A:305	

表 6－2－30 大溪文化陶瓮分期表

型 期	1 型	2 型
四期	T51③:62，T76③H180:2	T7②CW15:1
三期	T1③:21，T2③:94，T37④A:9，T52④A:104，T38④A:43，T69④CH133:8，T34④C:45，T71④F:125，T52④A:200、223，T66④C:72，T51④A:218，T53④:247，T67④D:133，T71④C:116，T75④E:206	
二期	T53⑤A:261，T56⑥:116，T61⑤AH115:75，T62⑤A:16，T62⑤AH141:22，T64⑤A:44，T53⑤A:296，T1④:93，T77⑤A:82，T67⑤B:141	

表 6-2-31　大溪文化陶尊分期表

三期	T51④A:489	
二期	T52⑤B:152，T55⑥:34，T61⑥CH136:1，T64⑤AH102:151，T70⑥:53，T1④:94，T23④:42，T51⑤BH45:504，T5④B:36，T8④:59，T23④:25，T11④:79	白陶尊残片：T51⑥:460，T51⑤B:549，T57⑥B:101，T3④:73，T11④:64

表 6-2-32　大溪文化陶臼分期表

三期	T62④A:65，T75④CH119:15，T9③:53
二期	T51⑤B:283，T53⑤B:297，T61⑥CH136:2，T64⑤B:152，T211 附近采:060

表 6-2-33　大溪文化陶器座分期表

型 期	1 型	2 型	3 型	4 型	5 型
四期					
三期		T60④BH103:1，T65④C:106，T69④A:79，T72④C:73，T77④C:66	T56④A:113，T54⑤H56:6，T54⑤:6，T71④C:129	T51④BF22:151，T54⑤:40	
二期	T65⑥H149:1，T75⑥:186，T4④:76，T11④:31，T36⑥B:48，T56⑤:115，T65⑥:121，T68⑤:130，T68⑤H117:6	T57⑤:161	T34⑤:46，T36⑥B:46，T11④:96，T74⑥:101，T5④B:40，T35⑤A:52，T11④:56，T34⑥:37，T36⑥B:28，T55⑥:33，T59⑤AG6:17，T65⑥:78，T68⑥H164:4，T72⑤A:94，T73⑥:60，T36⑥B:29、42、43，T66⑤G5:59，T68⑤:105，T70⑥:54、125，T71⑥:70，T72⑥B:69，T11④:95，T31⑤:42，T211⑤:36，T70⑥:81，T36⑥B:41、45，T72⑤B:96，T34⑤:46	T67⑤B:103，T73⑥:61、83，T75⑥:118，T211 附近采:034，T70⑥:58，T71⑥:72，T55⑤H112:7，T65⑤B:89，T5④B:50，T32⑤:18，T41⑤:43，T52⑥:175，T64⑤A:115	T52⑤AH44:5，T56⑤:85
一期晚	T54⑦H57:2、3		T11④G1:103，T11④G1:101	T54⑦:33、38，T56⑦:67，T66⑦:44，T73⑦:76、79、80，T36⑦AF4:5，T57⑦:127，T54⑦:39	
一期早				T57⑧:124、123，T36⑦BH13:5、8	

续表 6－2－33

期＼型	6 型	7 型	8 型	9 型	10 型
四期		T52③:115，T65③A:30，T59③:120	T59③:24，T60③A:29，T75③B:31	T61③B:49	
三期	T34④A:47	T53④:109，T55④:20，T57④B:83，T34④A:4，T38④A:39，T70④B:23，T74④A:167，T57④A:79，T57④BH96:10，T77④E:26	T52④A:72，T53④:246，T64④AH110:111，T75④A:40，T75④C:62，T34④B:31	T74④BS21:55	T11③:88
二期	T10④:46，T36⑥B:47	T53⑤A:144，T51⑤BH45:307，T51⑤BH48:320，T36⑤H12:3，T53⑤A:214	T52⑤A:112		T70⑤:122，T77⑥:81，T4④:17，T11④:98
一期晚					
一期早					

表 6－2－34 大溪文化陶器盖分期表

期＼型	1 型	2 型	3 型	4 型	5 型
四期	T53③:70				T51③:97，T52 扩③G3:30，T57③A:13，T61③B:72，T75③A:9，T51 扩③:44，T52③:133，T53③:59，T59③:19、76，T61③B:21，T67③B:13，T67③AS4:66，T69③B:13，T70③:63，T9②C:1，T65③A:13，T66③B:45，T75③B:30，T65③A:8，T73③A:18，T76③:12，T1②C:6，T24②C:38，T52③:32，T54④:12，T65③A:19，T6②C:55，T65③A:24，T70③:9，T73③B:27，T52 扩③G3:20，T59③:25，T61③AH74:1，T74③:159，T41④H55:28
三期		T64④C:47		T53④:281，T24③:39	T74④A:25，T31④:30，T59④AH101:4，T71④CH99:2，T61④H95:5，T65④AH87:3，T72④C:74，T11③:15，T64④B:39，T74④A:43，T75④A:46，T31④:2，T10③W42:2，T10③:3
二期		T71⑤:60，T36⑥B:39，T53⑤A:287，T5④B:45，T74⑤B:122	T4④:22，T4④:73	T53⑤A:164，T64⑥:130，T68⑥H164:3，T22④:32	T6④:44，T11④:94，T70⑤:41，T4④:38，T1④:32，T55⑤:42，T64⑤A:100，T1④:90，T61⑤B:35，T55⑥:30，T51⑤B:311，T62⑤AH141:4
一期晚	T73⑦:63，T77⑦:51	T11④G1:69、68，T62⑦:34			T11④G1:102，T64⑦S45:107
一期早	T61⑦H144:4，T36⑦BH13:7				

续表 6－2－34

型 期	6 型	7 型	8 型	9 型	10 型
四期	T52③:154，T60③A:26				
三期	T57④A:60，T66④CH107:5，T70④AM203:2，T75④C:166，T57④BH96:1，T71④CH99:3，T65④AH87:1，T53④:91，T57④A:54，T58④A:16，T71④E:49，T74④A:27，T75④B:111，T76④BF30:25、27，T69④A:58，T9③:4	T51④A:116，T51④BF22:43，T62④D:23，T23③:39，T56④A:111，T66④D:29，T66④CH107:8，T69④B:90	T51④A:125，T54⑤H56:4，T56④A:36，T60④A:61，T61④H95:3，T66④CH107:7，T67④DS36:38，T75④C:169，T76④BF30:26，T56④BH94:4，T8③B:19，T56④BH89:4，T59④BH98:7	T70④A:45，T51④A:484，T68④:78，T55④:75	T11③:7，T64④C:45
二期	T53⑤A:126、130、138，T73⑤:51，T3④:33，T4④:42、72，T5④B:28，T11④:61	T51⑤B:271，T69⑤A:104，T2④A:58，T55⑤H112:14，T70⑥:126，T1④:52，T5④B:33，T51⑤BH45:353，T67⑤A:71	T51⑤A:257，T53⑤B:167，T74⑤AH113:5，T211 附近采:042，T56⑤:59，T73⑤:50	T2④:48，T67⑤A:77，T60⑤AH158:2，T67⑤AG5:95，T51⑤A:287，T55⑤H148:6，T56⑤:56，T58⑤:34，T62⑤A:17，T74⑤AH113:3、18、23，T1④:48，T55④:75，T62⑤A:7	T62⑤AH141:2，T61⑤AH108:3，T71⑤:82
一期晚					
一期早					

有些器形具有鲜明的细部特征，例如：圈足碗 6 型Ⅰ式（T36⑦BH13:6，见图 3－4－15，9）的内底刮削成一个凹窝，器盖 1 型Ⅲ式（T36⑦BH13:7，见图 3－4－143，5）顶部内壁也刮削成一个凹窝，二者器形不同，但是作风相同。

［二］第一期晚段的陶器

典型遗迹单位有 T71⑦G9，T11④G1，T54⑦H57。

出土陶器比早段增多，以夹炭红陶为主，占 77.48%（见表 3－4－1）。均为手制成型，口沿普遍经过慢轮修整。陶衣多呈红褐色。新出现三角形、菱形和之字形镂孔，施于鼓形大器座上。

第一期晚段的典型器物（图 6－2－1，第一期晚段）。其中，圈足碗 1 型Ⅰ式（T71⑦G9:56）的外轮廓线呈（量器）斗形；鼎 3 型Ⅰ式（T67⑦:80）的器身呈釜形，三足呈扁锥形；器盖 2 型Ⅱ式（T11④G1:68）的器身折棱处有二层台，纽呈菌形。

续表 6－2－34

期＼型	11 型	12 型	13 型	14 型	15 型	16 型	17 型	18 型	19 型
四期	T51③:10				T69③B:28，T8③A:8				T51③:94
三期	T75④B:93，T52④BF22:42，T76④B:31，T9③:13，T10③H16:7		T64④C:51	T74④B:171，T51④A:485，T64④C:157，T4③:67	T64④AH110:94，T8③B:17		T53④:280，T57④BH96:24	T57④A:70，T52④A:124，T54⑤:18，T55④:43，T57④BH96:14、17，T67④D:101，T69④A:83，T8③B:11	
二期	T74⑤AH113:13，T51⑤A:244，T51⑤B:286，T53⑤A:159，T55⑤H148:5	T23④:26，T35⑤AG2:32，T52⑥:225，T65⑥:118，T74⑥:172	T59⑤AG6:18	T70⑤H111:6，T67⑤A:138，T55⑤H121:3，T55⑤:82	T69⑤B:186，T51⑤A:494	T73⑤:95，T36⑥B:27	T55⑤:32，T37⑥:38	T64⑤B:113，T77⑤B:41	
一期晚						T58⑦F34:62			
一期早									

表 6－2－35 大溪文化陶支座分期表

四期	T51③:16
二期	T53⑥:302，T67⑥:97，T59⑤A:114

其他新出现的器形有：圈足碗 2 型Ⅰ式（T71⑦G9:4，见图 3－4－13，7）、6 型Ⅴ式（T64⑦S45:108，见图 3－4－19，1），圈足碟 2 型Ⅳ式（T69⑦:125，见图 3－4－34，8），圜底大盆 1 型（T11④G1:108，见图 3－4－72，2），圈足罐 1 型Ⅰ式（T11④G1:55，见图 3－4－93，1），釜 2 型Ⅳ式（T11④G1:76，见图 3－4－112，2），鼎 3 型Ⅱ式（T11④G1:100，见图 3－4－119，1），器座 1 型Ⅰ式（T54⑦H57:2、3，见图 3－4－132，2、3）、3 型Ⅳ式（T11④G1:101，见图 3－4－133，13）。

有些器形具有明显的细部特征，例如圜底大盆 1 型（T11④G1:108）的特点是口沿向内卷，

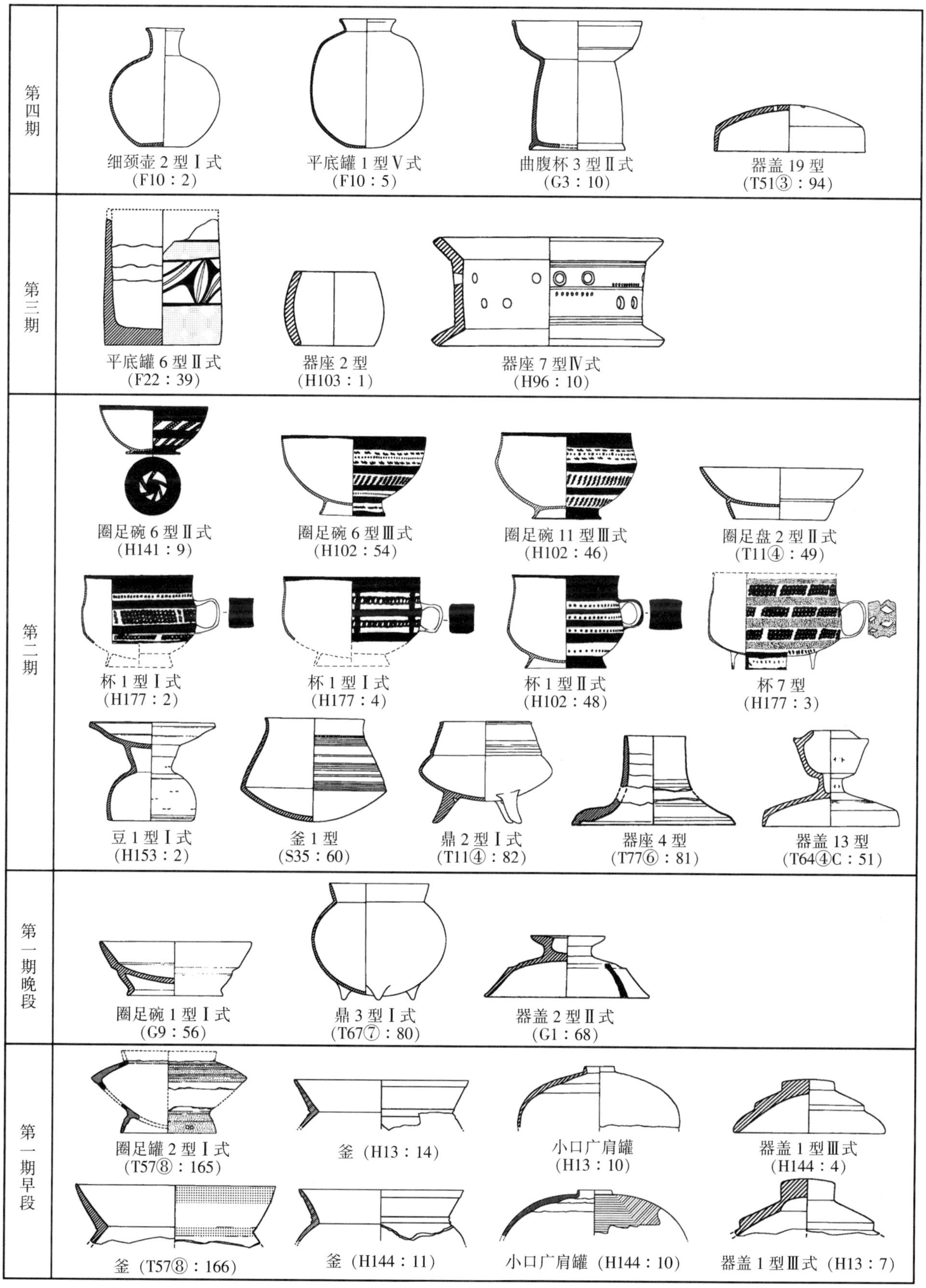

图 6－2－1　大溪文化各期典型陶器图

可称为内卷沿圜底盆；器座1型Ⅰ式（T54⑦H57:2、3）的特点是呈大鼓形，可称为鼓形大器座。

［三］第二期的陶器

典型遗迹单位有T65⑤AS35，T51⑤BH45、H48，T74⑤AH113，T62⑤AH141，T72⑤AH153，T64⑤AH102，T58⑤H177，T68⑤H117，T72⑤H112，T55⑤H148，T70⑤G5，T59⑤AG6。

出土大批陶器，陶质开始多样化，以泥质红陶最多，占46.72%；夹炭红陶次之，占25.21%；夹蚌红陶再次之，占17.65%（见表3-4-1）。均为手制成型，普遍经过慢轮修整。大多数陶器向大而厚的方向发展，圜底大盆是口径最大的器物；少数陶器向小而薄的方向发展，出现薄胎彩陶，胎厚仅1~1.5毫米。陶衣多呈鲜红色，经过精细磨光。戳印纹开始盛行，多呈C形，也有O、卜、十、I、Y、△等形状。陶豆5型Ⅰ式（T65⑤AS35:83，见图3-4-62，2）的口沿和陶釜1型（T65⑤AS35:60，见图3-4-110，1）的腹部都有纤细的暗纹，其间还有一二周细小的人字形、锯齿形或点状暗纹。陶豆1型Ⅱ式（T55⑤H148:1，见图3-4-59，2）的喇叭形圈足上装饰瓦纹。彩陶数量较多，以黑彩为主，也有少量红、棕、褐彩，常见纹样有平行条纹、圆点纹、曲线纹和曲线网格纹，后两种见于薄胎彩陶圈足碗和单耳杯上。彩陶上出现弧边三角纹，它的出现是受中原地区庙底沟文化的影响所致。“外红内黑”陶器增多，主要见于圈足碗、圈足盘、簋和器盖上。

第二期陶器多为圈足器和圜底器，三足器、平底器较少，还有个别尖底器。其中，平底器是新出现的；出土个别双唇小口尖底瓶残器，它的出现是受庙底沟文化的影响所致。流行口沿内折的作风，表现在圈足盘、豆、簋、平底钵和器盖上。

第二期的典型器物（图6-2-1，第二期）。其中，圈足碗6型Ⅱ式（T62⑤AH141:9）、6型Ⅲ式（T64⑤AH102:54）、11型Ⅲ式（H102:46）和杯1型Ⅰ式（T58⑤H177:2、4）、1型Ⅱ式（T64⑤AH102:48）、7型（T58⑤H177:3）均为薄胎彩陶，俗称蛋壳彩陶，胎厚为1~1.5毫米；圈足盘2型Ⅱ式（T11④:49）为微敛口、圆唇，是圈足盘的初期形态；豆1型Ⅰ式（T72⑤AH153:2）的圈足呈钟形；釜1型（T65⑤AS35:60）为直口、折腹；鼎2型Ⅰ式（T11④:82）为斜领、折肩，三足呈角形；器座4型（T77⑥:81）的外形类似无顶草帽，可称为草帽形器座；器盖13型（T64④C:51）的纽呈钟形，与1型Ⅰ式豆的钟形圈足作风相同。

其他新出现的器形有：平底碗1型Ⅱ式（T59⑤AG6:13，见图3-4-32，1）、1型Ⅲ式（T51⑤A:194，见图3-4-32，3），圈足盘3型Ⅲ式（T77⑤B:43，见图3-4-37，6）、8型Ⅰ式（T75⑥:150，见图3-4-51，9），豆1型Ⅱ式（T55⑤H148:1，见图3-4-59，2）、5型Ⅰ式（T65⑤AS35:83，见图3-4-62，2）、8型Ⅰ式（T51⑤A:192，见图3-4-63，8），簋2型Ⅰ式（T62⑤AH141:1，见图3-4-65，3）、2型Ⅳ式（T62⑤AH141:20，见图3-4-66，4）、3型（T6④:34，见图3-4-67，5），平底盆1型Ⅱ式（T56⑤H100:5，见图3-4-68，10），圈足盆2型Ⅱ式（T57⑤:90，见图3-4-71，7），平底钵3型Ⅱ式（T51⑤BH48:331，见图3-4-76，10），曲腹杯1型Ⅲ式（T52⑤A:149，见图3-4-81，8）、3型Ⅱ式（T75⑤:175，见图3-4-81，13），筒形瓶残片（T51⑤B:366，见图3-4-90，2），圈足罐2型Ⅴ式（T53⑤A:160，见图3-4-96，2）、5型Ⅲ式（T51⑤A:387，见图3-4-98，9），平底罐1型Ⅳ式（T51⑤BH48:325，

见图3－4－101，10），釜4型Ⅱ式（W127:1，见图3－4－116，4），甑3型Ⅰ式（T69⑤B:185，见图3－4－123，8），瓮1型Ⅱ式（T64⑤A:44，见图3－4－127，2），尊Ⅰ式（T61⑥H136:1，见图3－4－129，1）、Ⅳ式（T11④:79，见图3－4－130，1），臼Ⅰ式（T51⑤B:283，见图3－4－131，1），器座7型Ⅱ式（T51⑤BH48:320，见图3－4－138，2）、8型Ⅰ式（T52⑤A:112，见图3－4－139，8），器盖6型Ⅲ式（T73⑤:51，见图3－4－149，6）、9型Ⅲ式（T60⑤AH158:2，见图3－4－153，3）、10型Ⅱ式（T71⑤:82，见图3－4－154，13）、11型Ⅱ式（T55⑤H148:5，见图3－4－154，7）等。

有些器形具有鲜明的细部特征，例如圈足盘3型Ⅲ式（T77⑤B:43，见图3－4－37，6）为敞口，方唇，这是圈足盘的初期形态；圈足盘4型Ⅰ式（T62⑤AH141:5，见图3－4－39，1）呈宽沿内折，圈足甚外撇，其上部有明显的起棱现象，给人以稳固之感；曲腹杯1型Ⅲ式（T52⑤A:149，见图3－4－81，8）呈敛口，这是曲腹杯的初期形态。

［四］ 第三期的陶器

典型遗迹单位有T52④BF22，T76④BF30，T38④F1，T59④AF26，T3③H1，T61④H95，T57④BH96，T64④AH110，T65④AH87，T66④CH107，T59④BH98，T75④CH119，T62④DH190。

出土大批陶器，以泥质红陶数量最多，占65.43%；夹蚌红陶次之，占10.05%；泥质黑陶再次之，占7.72%（见表3－4－1）。均为手制成型，普遍经过慢轮修整，陶胎变薄。红陶衣的颜色变浅。戳印纹仍然盛行，但是种类减少，多呈长方形。圈足罐5型Ⅳ式（F26:19，见图3－4－98，5）和陶盆残器（T53④:282，见图3－4－74，1）的腹部排列很多周贴弦纹，是先将细泥条粘贴在坯体上，后在慢轮旋转的条件下用刮板修整成凸弦纹。新出现的彩陶纹样有绳索纹、横人字纹、菱形纹和草叶纹，其中以绳索纹数量最多，横人字纹最有特色。

第三期陶器以圈足器最多，圜底器略有减少，平底器略有增多。

第三期的典型器物（图6－2－1，第三期）。其中，平底罐6型Ⅱ式（F22:39）呈筒形，是本期特有的器物；器座2型（H103:1）呈小鼓形，7型Ⅳ式（T57④BH96:10）器壁呈弓形。

其他新出现的器形有：圈足碗13型Ⅶ式（T66④B:46，见图3－4－26，9）、18型Ⅰ式（T64④C:49，见图3－4－30，1），平底盆2型Ⅰ式（T56④BH94:1，见图3－4－69，4），平底钵5型（T64④AH110:96，见图3－4－76，6），曲腹杯4型Ⅰ式（T61④H95:2，见图3－4－82，9），平底罐2型Ⅲ式（T75④C:89，见图3－4－104，5），器座9型Ⅱ式（T74④BS21:55，见图3－4－141，2）等。

有些器形具有鲜明的细部特征，例如：盆残器（T53④:282，见图3－4－74，1）的口沿呈T形；甑3型Ⅰ式（T64④AH110:15，见图3－4－124，1；T76④BF30:23，见图3－4－124，2）呈勾唇；圈足罐5型Ⅳ式（T64④AF26:19，见图3－4－98，5）的领外表密布很多周凹弦纹。

［五］ 第四期的陶器

典型遗迹单位有T71③AF24、T53③F10、T75③BH70、T71③BH93、T52扩③G3。

出土陶器较少，以泥质红陶数量较多，占42.56%；泥质黑陶明显增加，跃居第二位，占

20.79%；夹炭红陶明显减少，占0.23%；但有较多夹炭灰褐陶，占9.77%。大多数瓮棺为夹炭灰褐陶，是专门为放置婴幼儿尸体而烧制的葬具陶器。出现大批细泥黑陶，例如G3的泥质黑陶中，细泥黑陶占84.96%。此外，还有细泥红陶和细泥橙黄陶（见表3-4-1）。细泥陶的泥料都经过淘洗，质地细腻，胎厚仅1～2毫米。本期出现快轮制陶技术，利用轮盘快速旋转所产生的离心力和惯性力直接将泥料拉坯成型，然后进行快轮慢用修整，使大溪文化成为我国新石器时代早一轮出现快轮制陶技术的三种文化之一①。细泥黑陶碗形豆的圈足内表、细颈壶的内底都留有螺旋式拉坯指痕，这是快轮制陶的主要证据。但是，当时尚处于轮制技术的初期，轮制器物只占少数，大多数器物仍然采用手制法成型。出现篦划纹和乳丁纹。细泥黑陶的腹下部常有凸弦纹一周。豆圈足施圆形戳印纹或圆形小镂孔、长条形镂孔、断续划纹以及乳丁纹。戳印纹和彩陶明显减少。

第四期的典型器物（图6-2-1，第四期）。其中，细颈壶2型Ⅰ式（F10:2）是第四期特有的器物；平底罐1型Ⅴ式（F10:5）的腹部呈冬瓜形；曲腹杯3型Ⅱ式（G3:10）的外形如豆，可称为豆形曲腹杯；器盖19型（T51③:94）的顶部中央施圆形小镂孔4个，用以穿绳为纽。

有些器形具有鲜明的细部特征，例如：圈足碗17型Ⅳ式（T71③AF24:23，见图3-4-30，10）的口沿甚窄，外卷后叠压在肩上；豆8型Ⅲ式（T52扩③G3:27，见图3-4-63，13）的圈足上部很细，下端相当粗，呈典型的喇叭形，这些特征的形成与快轮拉坯成型以及快轮慢用修整有关；曲腹杯3型Ⅲ式（T61③A:6，见图3-4-82，5；T74③:1，见图3-4-82，4）的腹上部甚浅，变成类似觚形；筒形瓶2型（T75③A:22，见图3-4-89，9）变成直筒形；甑3型Ⅱ式（T55③:8，见图3-4-124，3）变成深腹筒形；圈足盘7型Ⅵ式（T75③BH70:18，见图3-4-50，4）呈窄沿内折，圈足竖直，其上部没有起棱现象。

［六］小结

上述四期陶器共有35类，由于出土器物数量极多，各类中的型和式也很多，只能从圈足碗、圈足盘、三足盘、豆、圜底大盆、曲腹杯、杯、筒形瓶、细颈壶、圈足罐、平底罐、圜底罐、釜、鼎、甑、尊、器座、器盖等18类当中挑选出一部分器物，列成大溪文化陶器分期图（图6-2-2）。

在周密考察分期图中所列举的各类出土实物，产生感性认识的基础上，将其出土层位与形制发展演变的逻辑性联系起来进行理性分析，揭示出各类器形的演变规律如下：

圈足碗，见于第一期早段至第四期，均为敞口、弧壁、矮圈足。其变化是：胎壁由（第一期早段T36⑦BH13:6，第一期晚段T69⑦:126、T64⑦S45:108）较厚变成（第二期T64⑤AH102:54、T52⑤AH43:5，T62⑤AH141:8）甚薄，胎厚仅1～1.5毫米，俗称蛋壳彩陶圈足碗，是第二期的典型器物，再变成（第三期T52④BF22:38、T64④B:89）较厚，然后变成（第四期T52扩③:4）相当厚；圈足由（第一期早段T36⑦BH13:6）竖直、其上部明显起棱，变成外撇或斜直，起棱现象消失；内底由（第一期早段T36⑦BH13:6）有明显的凹坑，后来内底的凹坑消失。上述圈足碗各部位形制的变化大体上同步。根据各期的圈足碗在形制上具有明显的连续性，可以断定从第一

① 李文杰：《中国古代制陶技术史》，《走进殿堂的中国古代科技史》（中），上海交通大学出版社，2009年第1版，2010年第2次印刷。

期早段至第四期都属于大溪文化；根据各期圈足碗的形制逐渐发生变化，呈现出明显的阶段性，可以将大溪文化分为四期，其中第一期可分早段、晚段。

圈足盘，见于第二期至第四期，均为口沿内折、矮圈足。其变化是：口沿由（第二期 T75⑥:150、T62⑤AH141:5、T72⑤AH153:5）较宽、后两件口沿下部明显起棱变成（第三期 T70④AM202:4、T61④H95:1，第四期 T75③BH70:18）较窄、沿下的起棱现象消失；圈足由（第二期 T75⑥:150、T62⑤AH141:5、T72⑤AH153:5，第三期 T70④AM202:4）外撇变成（第三期 T61④95:1，第四期 T75③BH70:18）竖直；全器形象由（第二期 T75⑥:150、T62⑤AH141:5）稳固变成（第四期 T75③BH70:18）较轻盈。

三足盘，见于第一期早段至第三期，器身呈盘形，底部附有三足。其变化是：唇部由（第一期早段 T61⑦H144:9）斜方唇、唇内起棱变成圆唇；腹部由（第一期早段 T61⑦H144:9，第一期晚段 T77⑦:48）弧壁变成（第一期晚段 T11④G1:63）折腹；口部由（第一期早段 T61⑦H144:9，第一期晚段 T77⑦:48）敞口变成（第一期晚段 T11④G1:63）口沿外侈，再变成（第二期 T70⑤G5:19，第三期 T66④D:65）口沿内折；三足由（第一期早段 T61⑦H144:9，第一期晚段 T77⑦:48、T11④G1:63）矮足变成（第二期 T70⑤G5:1，第三期 T66④D:65）高足。

豆，见于第二期至第四期，底部附有高圈足。其变化是：器身由（第二期 T72⑤AH153:2）侈口、盘形变成（第二期 T11④:48、T51⑤A:192，第四期 T52 扩③G3:32）敞口、碗形，再变成（第四期 T52 扩③G3:27）敛口、盆形；口部由（第二期 T72⑤AH153:2）方唇变成（第二期 T11④:48）圆唇，再变成（第二期 T51⑤A:192）窄沿外翻，然后变成（第四期 T52 扩③G3:32、27）口沿外折；圈足由（第二期 T72⑤AH153:2）有柄钟形圈足变成（第二期 T11④:48）直筒形圈足，其上部稍微起棱，再变成（第二期 T51⑤A:192）粗喇叭形圈足，上部的起棱现象消失，然后变成（第四期 T52 扩③G3:32、27）典型的喇叭形圈足。

圜底大盆，见于第一期晚段至第二期，均为厚胎、口沿内卷。其变化是：腹壁由（第一期晚段 T11④G1:108，第二期 T64⑤AH102:119、T53⑤A:286）弧壁变成（第二期 T21④:18）折腹，腹部由较浅逐渐变成较深；口沿由（第一期晚段 T11④G1:108，第二期 T64⑤AH102:119、T53⑤A:286）略内卷变成（第二期 T21④:18）甚内卷。

曲腹杯，见于第二期至第四期，均为腹壁曲折，圈足甚矮。其变化是：口部由（第二期 T52⑤A:149）敛口变成（第二期 T75⑤:175，第三期 T52④BF22:37）敞口，再变成（第三期 T61④H95:2）侈口，然后变成（第四期 T52 扩③G3:10、T74③:1）敞口；腹部由（第二期 T52⑤A:149）上腹与下腹连成 S 形变成（第二期 T75⑤:175，第三期 T52④BF22:37）上腹与下腹连接处呈现一次转折，再变成（第三期 T61④H95:2）上腹与下腹连接处呈现两次转折，然后变成（第四期 T52 扩③G3:10）整个外形类似粗圈足的豆形，最后变成（第四期 T74③:1）整个外形类似觚形。

薄胎单耳杯，属于陶杯类当中的 1 型和 7 型，见于第二期，显著特点是薄胎，胎厚仅 1~1.5 毫米，一侧附有宽扁耳，底部附有矮圈足或矮三足，俗称蛋壳彩陶单耳杯，是第二期的典型器物。其变化是：腹部由（T64⑤AH102:53、48）弧壁变成（T10④:38）腹壁呈现一次转折，再变成（T58⑤H177:3）腹壁呈现两次转折；矮足由（T64⑤AH102:53、48，T10④:38）矮圈足变成

（T58⑤H177∶3）矮三足。

筒形瓶，见于第二期至第四期，整个外形呈竹筒状，底径稍大于口径。其变化是：由（第二期T51⑤B∶366，第三期T60④AF26∶21、T3③H1∶1）略微粗矮、呈凹腰形变成（第四期T75③A∶22）明显细长、呈直筒形。

细颈壶，只见于第四期，是第四期特有的典型器物，均为细长颈、球形腹，有的（T66③B∶49）底部附有矮圈足，有的（T53③F10∶2）为小平底。

圈足罐，见于第一期早段至第四期，底部附有矮圈足。其变化是：腹部由（第一期早段T57⑧∶165）扁折腹变成（第一期晚段T11④G1∶55，第二期T23④H20∶1）甚扁圆腹，再变成（第二期T38⑥H30∶1、T51⑤A∶171，第三期T63④B∶19）扁圆腹，然后变成（第四期T72③B∶10）球形腹，从早到晚由浅腹逐渐变成深腹；肩部由（第一期早段T57⑧∶165）斜肩、肩中部没有转折变成（第一期晚段T11④G1∶55）斜肩、肩中部有一次转折，再变成（第二期T23④H20∶1）斜肩、肩中部有二次转折，然后变成（第二期T38⑥H30∶1、T51⑤A∶171，第三期T63④B∶19）圆肩、竖直领，最后变成（第四期T72③B∶10）溜肩、竖直领；口部由（第一期晚段T11④G1∶55，第二期T23④H20∶1、T38⑥H30∶1）外侧稍微起棱变成（第二期T51⑤A∶171，第三期T63④B∶19，第四期T72③B∶10）圆唇，起棱现象消失。上述圈足罐各部位形制的变化大体上同步。根据各期的圈足罐在形制上具有明显的连续性，可以断定从第一期早段至第四期都属于大溪文化；根据各期圈足罐的形制逐渐发生变化，呈现出明显的阶段性，可以将大溪文化分为四期，其中第一期可分早段、晚段。

筒形平底罐，属于平底罐类当中的一个型，只见于第三期，是第三期特有的典型器物，腹壁略直，口径略小于底径。同时存在瘦高形（T52④BF22∶39）、矮胖形（T52④BF22∶40、T42④A∶5）两种形态。

圜底罐，见于第一期晚段至第四期，均为深腹，深腹是它与陶釜之间的主要区别。其变化是：腹部由（第一期晚段T6④G1∶53，第二期T63⑤BW145∶1，第三期T10③W44∶1）球形腹、最大径在腹中部变成（第四期T7②CW16∶1）蛋形腹、最大径在肩部，这件罐口上扣放一件陶盆作为瓮棺盖。

釜，见于第一期早段至第四期，均为浅腹，浅腹是它与圜底罐之间的主要区别。其变化是：口沿由（第一期早段T36⑦BH13∶14、T61⑦H144∶11）斜直或略微向外翻变成（第一期晚段T11④G1∶76，第二期T55⑥H122∶35、T11④W50∶1，第四期T41③B∶11）凹沿。

鼎，见于第一期晚段至第四期，底部附有三足。其变化是：器身由（第一期晚段T67⑦∶80，第二期T11④∶15，第三期T51④A∶177）釜形变成（第四期T76③∶13）圜底盆形；口沿由（第一期晚段T67⑦∶80）斜直变成（第二期T11④∶15，第三期T51④A∶177）翻沿，再变成（第四期T76③∶13）凹沿；鼎足由（第一期晚段T67⑦∶80）矮扁锥形变成（第二期T11④∶15）弯角形，再变成（第三期T51④A∶177）鸭嘴形，然后变成（第四期T76③∶13）倒梯形。

甑，见于第二期至第四期，底部有甑孔，并且附有矮圈足。其变化是：腹部由（第三期T76④BF30∶23）球形腹变成（第四期T55③∶8）长筒形腹；口沿由（第三期T76④BF30∶23）折沿、勾唇变成（第四期T55③∶8）凹沿；底部由（第二期T69⑤B∶185）中部有一个三角形大甑孔，周边设置3个梭形箅托，箅托之上应当放置（另外制作的）箅子，变成（第三期 T76④BF30：23，第四期 T55③：8）施加6个或4个圆形或椭圆形小甑孔，器底本身成为箅子。

尊，见于第二期至第三期，均为厚胎、尖底。其变化是：腹部由（第二期 T61⑥CH136：1）较浅、呈肥胖形变成（第二期 T64⑤AH102：151）较深、呈瘦长形。

鼓形大器座，属于器座类当中的一个型，见于第一期晚段至第二期，均为厚胎，上、下两个口相通，外形类似鼓，但不是鼓，应当与大型圜底器（釜或圜底罐）配套使用。其变化是：由（第一期晚段 T54⑦H57：3）瘦高形变成（第一期晚段 T54⑦H57：2，第二期 T68⑤：130、T68⑤H117：6）肥胖形；上口由（第一期晚段 T54⑦H57：3、2）圆唇变成（第二期 T68⑤：130、T68⑤H117：6）窄沿、外卷；由（第一期晚段 T54⑦H57：3、2）上口的直径明显小于下口的直径变成（第二期 T68⑤：130、T68⑤H117：6）上口的直径与下口的直径相近；腹壁由（第一期晚段 T54⑦H57：3、2）略呈弧形变成（第二期 T68⑤：130、T68⑤H117：6）略呈S形。

器盖，见于第一期早段至第四期。其变化是：口部由（第一期早段 T61⑦H144：4，第一期晚段 T77⑦：51）敞口变成（第一期晚段 T11④G1：68）侈口，再变成（第二期 T64④C：51、T71⑤：82）宽沿内折，再变成（第二期 T62⑤AH141：2、T60⑤AH158：2）窄沿内折，然后变成（第二期 T73⑤：50，第三期 T61④H95：3，第四期 T57③A：13、T59③：76）敞口；腹壁由（第一期早段 T36⑦BH13：7、T61⑦H144：4，第一期晚段 T77⑦：51）略呈弧壁、外表有明显的两次转折，其中 T36⑦BH13：7顶部内壁有明显的凹坑，变成（第一期晚段 T11④G1：68）折腹，外表有不明显的两次转折，再变成（第二期 T64④C：51）略呈弧壁，然后变成（第二期 T71⑤：82、T62⑤AH141：2）略呈凹壁，最后变成（第二期 T60⑤AH158：2）斜直壁，再变成（第二期 T73⑤：50，第三期 T61④H95：3，第四期 T57③A：13、T59③：76）略呈弧壁；盖纽由（第一期早段 T36⑦BH13：7、T61⑦H144：4，第一期晚段 T77⑦：51）实心圆饼状纽变成（第一期晚段 T11④G1：68）空心菌状纽，再变成（第二期 T64④G1：51）有柄钟形纽，又变成（第二期 T71⑤：82）有柄伞形纽、（第二期 T62⑤AH141：2）无柄伞形纽，还变成（第二期 T60⑤AH158：2）算珠形纽，然后变成（第二期 T73⑤：50，第三期 T61④H95：3）瓶口形纽，之后变成（第四期 T57③A：13）直壁碟形纽，最后变成（第四期 T59③：76）斜壁碟形纽。上述器盖各部位形制的变化大体上同步。根据各期的器盖在形制上具有明显的连续性，可以断定从第一期早段至第四期都属于大溪文化；根据各期器盖的形制逐渐发生变化，呈现出明显的阶段性，可以将大溪文化分为四期，其中第一期可分早段、晚段。

关于器盖细部特征的变化，值得注意以下六点：

第一，器盖（T36⑦BH13：7）顶部内壁故意刮削成凹坑状，与圈足碗（T36⑦BH13：6）内底故意刮削成凹坑状的风格相同，这是第一期早段特有的风格；

第二，器盖（T11④G1：68）侈口、折腹的风格，与三足盘（T11④G1：63）侈口、折腹的风格相同，这是第一期晚段特有的风格；

第三，器盖（T64④G1：51）口沿内折，与圈足盘（T75⑥：150）、三足盘（T70⑤G5：19）口沿内折的风格相同，这是第二期新出现的风格，这种风格在圈足盘中一直延续到第四期，在三足盘和器盖中延续到第三期；

第四，器盖（T64④G1：51）有柄钟形纽内部的凹坑大而深，与豆（T72⑤AH153：2）有柄钟形圈足的形制相同，这是第二期特有的风格；

第五，斜壁碟形纽（T59③∶76）其内部的凹坑呈浅窝状，与圈足碗（T52扩③∶4）圈足内部呈浅窝状相同，这是第四期特有的风格；

第六，器盖纽从有柄伞形纽（T71⑤∶82）→无柄伞形纽（T62⑤AH141∶2）→算珠形纽（T60⑤AH158∶2）→瓶口形纽（T73⑤∶50、T61④H95∶3），这类盖纽内部的凹坑由小而深，逐渐变成大而浅，纽外表的折棱由明显外凸逐渐变成不明显，折棱的位置由纽中部逐渐移至纽下部，这是第二、三期盖纽共有的风格，形制演变轨迹显而易见。

上述第一至第五点都显示出同一时期内不同器形之间的"横向联系"（或者说"共存关系"）相当密切，从而形成相同的风格。

陶器分期表中所列举的器物，根据其存在时期长短的不同，可以归纳为两大类：

第一类，是存在时期较短、形制独特、甚至为某期所特有的器物，其数量较少。器形有：薄胎单耳陶杯见于第二期；筒形平底罐见于第三期；细颈壶见于第四期。这类器物可以作为断代的标准器。

第二类，是存在时期较长（两期、三期或四期）、连续不断、各期的形制特征逐渐发生变化的器物，其数量较多。器形有：圈足碗、圈足罐、釜和器盖见于第一期早段至第四期；三足盘见于第一期早段至第三期；圜底罐和鼎见于第一期晚段至第四期；圜底大盆和鼓形大器座见于第一期晚段至第二期；圈足盘、豆、曲腹杯、筒形瓶和甑见于第二期至第四期；尊见于第二期至第三期。这些器物形制的演变具有连续性，据此可以断定关庙山遗址第一期至第四期都属于大溪文化性质；又有阶段性，据此可以将大溪文化遗存分为四期。其中，圈足碗、圈足罐和器盖是连续性与阶段性并存最明显、形制演变规律最清楚的器物，对于研究文化性质和分期具有重要意义。

然而，有些学者将关庙山遗址第一期称为"关庙山一期文化"，第二、第三期称为"大溪文化"，第四期称为"屈家岭下层文化"①，也就是说，将关庙山遗址的大溪文化遗存分为三种不同性质的文化，这种看法是在只看到关庙山遗址两篇发掘简报②中发表少量资料的情况下产生的，可以理解。现在，本报告已将关庙山遗址大溪文化遗存的全部资料如实刊布，从大量资料中可以看到以下三点：

第一，从陶色和烧制工艺上看，各期之间具有明显的连续性。第一期至第三期的陶色都以红陶占大多数，第四期虽然出现较多黑陶，说明窑外渗碳工艺比较发达，但是红陶仍然超过半数，说明以氧化烧成为主的工艺传统依然如故。此外，第一期至第四期都有外红内黑陶器，第二期至第四期都有上红下黑陶器，第一、第二期一些红陶外表有三条或四条距离相近的竖向黑道。外红内黑、上红下黑、竖向黑道中的黑色都是窑外渗碳所致，说明从第一期至第四期（具有大溪文化特色的）窑外渗碳工艺世代相传。过去研究文化性质和分期问题时往往忽略了工艺传统。

第二，从器形和纹饰上看，大溪文化的陶器以自身发展演变为主，受外来文化影响、汲取外来文化因素为辅。自身发展演变突出表现在第二期：此期出现了一群新的圈足器，有圈足盘、豆、

① 湖北省文物考古研究所、武汉大学历史系考古教研室：《湖北江陵朱家台遗址1991年的发掘》，《考古学报》1996年第4期。

② 中国社会科学院考古研究所湖北工作队：《湖北枝江县关庙山新石器时代遗址发掘简报》，《考古》1981年第4期；《湖北枝江关庙山遗址第二次发掘》，《考古》1983年第1期。

簋、曲腹杯、薄胎单耳陶杯、甑、（草帽形）器座等，这些器物都是在第一期圈足器的基础上发展演变而来的。圈足器在大溪文化陶器中占有主要地位。受外来文化影响也突出表现在第二期：此期出现了一群平底器，如平底碗、平底盆、平底钵、筒形瓶、平底罐、平底小罐、平底瓮等，有些器物的出现应与受到中原地区庙底沟文化的影响有关。汲取外来文化因素表现在：本遗址出现个别重唇小口尖底瓶残器（第二期 T63⑤A∶27，见图 3－4－91，1；第四期 T7③B∶21，见图 3－4－91，2），都与庙底沟遗址 T203∶43 尖底瓶[①]的形制相似；彩陶上出现弧边三角纹，见于豆 8 型Ⅰ式（第二期 T51⑤A∶192，见图 3－4－63，8）、圈足罐 4 型Ⅰ式（第二期 T51⑤A∶171，见图 3－4－97，6）、筒形瓶 1 型Ⅰ式（第三期 T60④AF26∶21，见图 3－4－88，1），与庙底沟遗址的彩陶弧边三角纹[②]有相似之处。上述受庙底沟文化影响而出现的有些平底器，汲取庙底沟文化因素而出现的重唇小口尖底瓶和弧边三角纹，在大溪文化陶器中都居次要地位。值得注意的是，外来影响和外来因素突出表现在大溪文化第二期，说明此期与庙底沟文化之间的关系相当密切。

第三，大溪文化与屈家岭文化早期之间具有一些共同因素。例如曲腹杯存在于关庙山遗址大溪文化遗存第二期至第四期，延续了大约七百年之久，是大溪文化的典型器物之一。在京山县屈家岭遗址[③]的屈家岭文化早期遗存中也可以见到曲腹杯，但是存在时期不长。再如关庙山遗址大溪文化第四期的圈足碗 15 型Ⅳ式（T59③∶21，见图 3－4－28，7），其口沿内折，与本遗址屈家岭文化晚期的内折沿圈足碗Ⅰ式（T69②H75∶149，见图 4－2－2，4）外形相似，若不从实物上细心观察，二者简直难以区分，唯一差别是前者加工细致，折沿的棱角鲜明，腹壁的曲率较大，剖面呈规整的弧形，后者加工粗放，折沿的棱角不鲜明，腹壁的曲率较小，剖面呈不规整的弧形。又如关庙山遗址大溪文化第四期和屈家岭文化早期都有轮制的薄胎陶器和不少黑陶。这些共同因素的存在表明屈家岭文化承袭了大溪文化。

总之，关庙山遗址的大溪文化遗存是一个统一的整体，各期的变化是在大溪文化内部逐渐发生的量变，并非文化性质上发生的突变，不能将它分割为三种不同性质的文化。

三　房屋建筑的分期、内涵

关庙山是一座略高于周围农田的土丘。经考古队多点测量的海拔高度如下：现在遗址西缘（遗址西侧断崖之下）的水田海拔 45.48 米（见图 1－2－1）。大溪文化第一期晚段房址 F35 的 5 号柱洞以东 2.3 米处垫层海拔 47.39 米（见图 3－1－47A），比上述水田高 1.91 米；第一期晚段房址 F34 的 28 号柱坑西南 88 厘米处居住面海拔 47.51 米（见图 3－1－22），比上述水田高 2.03 米。第三期房址 F30 的中火塘以北 20 厘米处居住面海拔 48.52 米（见图 3－1－35），比上述水田高 3.04 米；第三期房址 F26 的 9 号柱坑东侧地面海拔 48.61 米（见图 3－1－59A），比上述水田高 3.13 米；第三期房址 F22 上层火塘埂的西南角海拔 48.72 米（见图 3－1－51），比上述水田高 3.24 米；第三期房址 F27 的 22 号柱坑以东 46 厘米处海拔 48.78 米（见图 3－1－73），比上述水田高 3.30 米；第三期房址 F9 的 5 号柱洞以北 75 厘米处海拔 49.20 米（见图 3－1－30A），比上述水

① 中国社会科学院考古研究所：《中国考古学·新石器时代卷》，中国社会科学出版社，2010 年，图 4－3，8。
② 中国社会科学院考古研究所：《中国考古学·新石器时代卷》，中国社会科学出版社，2010 年，图 4－3，1、3。
③ 中国科学院考古研究所：《京山屈家岭》，科学出版社，1965 年。

田高 3.72 米。第四期红烧土场地 S4 西部海拔 49.34 米（见图 3-1-90），比上述水田高 3.86 米。从以上测量数据可以看到，由于大溪文化居民不断地从遗址外边取来生黏土运到遗址内，用于建造房屋等设施，致使原先不高的小土丘逐渐增高，若将第四期 S4 与第一期晚段 F35 进行比较，增高了 1.95 米。由此可见，土丘不断增高是人为因素造成的，尤其是第三期，由于房屋建筑活动频繁，土丘增高的速度也最快。

遗址附近的地势为西北高东南低，排水通畅，当地的土质是承载力较高的黏土，大溪文化的先民选择这里作为居住地点，留下丰富的建筑遗迹，目前除第一期早段未见房屋建筑遗迹外，其他时期都有房屋建筑遗迹发现。

在第三章第一节内，已将大溪文化各期的房屋建筑不分时期先后，只按照建筑形式的不同分别叙述，侧重于报道资料。这里则按照期别的不同对房屋建筑进行归纳，侧重于理性分析，以便展现各期房屋建筑的面貌。

大溪文化居民为了生存，形成了一套与当地自然环境相适应的建筑技术，建筑技术具体表现在建筑形式和工程做法上。此外，房址内出土了若干陶器。因此，房屋建筑分期的内涵有以下三个方面：

一是各期房屋的建筑形式。所谓建筑形式包括房址平面及剖面的形状，屋顶的形状，门的朝向，有无门坎或台阶，有无门道及雨棚等。要注意各期建筑形式的发展和变化，特别关注新出现的形式或设施，并且与以前的形式或设施进行比较，指明有哪些进步。

二是各期房屋的工程做法，这是主要内涵。建筑形式既与家族或家庭的结构、人们的意识形态和审美观念有关，又受到建筑技术水平的制约，如果只知建筑形式，不知工程做法，就不知房屋是如何建造起来的，知其然而不知其所以然，因此，很有必要对工程做法进行研究。工程做法系指使用何种建筑材料（包括天然材料和人工制造的材料）、建房时使用什么工具、施工方法（包括材料的加工方法和使用方法及施工程序）。既要注意各期施工方法的连续性和承袭关系，又要高度重视新出现的施工方法，并且指明有哪些进步，也就是说，只有将各期各种施工方法连贯起来思索，才能做出正确的判断。

三是各期房址内出土的陶器。包括建房奠基时埋入房址内的陶器，屋主人置于居室内外、经过使用的陶器，房屋废弃之后填土内含有的陶器，以前两种陶器作为研究分期的重点。房屋建筑的分期与陶器的分期一样，也是以地层关系和器物共存关系为依据，尤其是各期的典型陶器对于判断房屋建筑属于哪一期具有重要意义。

下面简要叙述各期房屋的建筑形式，着重叙述房屋的工程做法以及房址内出土的器物。

[一] 第一期晚段的房屋建筑

有房址 T58⑦F34（见图 3-1-22）、T68⑦F35（见图 3-1-47A），疑残房址 T70⑦S46（见图 3-1-67）等。

（一）建筑形式

F34 平面呈圆角长方形，门向西，无门道。建筑面积约 66 平方米，为大型房址。

F35 平面呈圆角长方形，门向北，有门道。残存面积约 76 平方米，为大型房址。

S46 疑为平面呈方形或长方形的残房址，门向不详。

以上均为地面上的单体建筑（单体是与联体相对而言）。

（二）外墙的做法

外墙是房屋外围的墙壁，它是承重墙，需要承载屋顶的重量，由墙基、墙身两部分构成。墙基位于地面以下，需要做好基础的加固、防潮和防水；墙身位于地面以上，是墙壁的主要部分。

F34 外墙的做法是没有挖条形基槽，只在墙基部位挖成圆形柱坑 17 个，柱坑内竖立木柱后，在木柱周围的空当中用红烧土夯实。墙身中间留有木柱痕、纵向半圆木痕，由此可知，木柱之间以并排竖立的半圆木作为骨架。然后在木柱和骨架两面用掺和少量稻草截段、稻壳和红烧土渣的黏土泥料筑成墙体，墙体外表有抹面 1 层，墙头上没有二层台，纵剖面呈拱形。西墙中部设有门口，供人们出入，在门口外侧南、北各有柱洞 1 个，可以竖立门柱，门柱顶上可以架设过木，过木上可以架设椽头，门朝屋外开。

F35 先用灰白色黏土铺好垫层及散水，后在垫层之内挖成外墙的条形基槽，在基槽内竖立木柱后，用掺和大量红烧土块的黏土将基槽填实，形成稳固的条形墙基。在西墙基和北墙基内共发现圆形柱洞 8 个。北墙基西段的东端呈弧形向北延伸，成为门道的墙基，推测门道上方设有雨棚，以门道两侧的墙身承载雨棚的重量。雨棚应为单坡顶，具有为门道挡雨的作用。

S46 残存一段外墙的条形墙基，基槽内用红烧土块掺和黏土填实。墙身中间有纵向的圆木痕、半圆木痕以及用麻绳绑扎的痕迹，在圆木、半圆木构成的骨架两面，用掺和大量稻草截段及红烧土块的黏土泥料筑成墙身，墙体朝屋内的一面有抹面 1 层或 2 层，抹面上粉刷黄泥浆 2 层，墙头上朝屋内一面设有二层台。所谓二层台是在墙头上朝屋内一面设置的台阶，二层台上可以放置檩条，檩条上可以架设椽头，二层台外侧的高出部分可以堵塞椽头之间的空当子，使这里不透风，有利于屋内保温。

如上所述，外墙的墙基有两种做法：一种以 F34 为例，先挖成柱坑，柱坑内竖立木柱后，在木柱周围的空当中用红烧土夯实，由于没有条形墙基，直接在柱坑之间的地面上筑墙身，墙身不太稳固，这种做法比较原始；另一种以 F35 和 S46 为例，先挖成条形基槽，在基槽内竖立木柱后，再用红烧土块掺和黏土将基槽填实，在地面以下形成稳固的条形墙基，然后在墙基之上筑成墙身，墙身相当稳固，这种做法比较先进。

F34 和 S46 的墙身中间都以圆木或半圆木作为骨架，在骨架两面用掺和稻草截段和红烧土的黏土泥料筑成墙身，墙体上有抹面。S46 的抹面上粉刷黄泥浆，这是目前在本遗址所见年代最早的墙壁粉刷工艺。值得注意的是，从第一期晚段开始，墙头就分为两种形式：F34 墙头没有二层台；S46 墙头设有二层台，这是目前在本遗址所见年代最早的墙头二层台。各房址的墙身从墙脚到墙头都经烧烤，成为红烧土墙身。

（三）屋内地面的做法

屋内地面由垫层和居住面两部分构成。因为房屋不宜建在松软、不平、潮湿的土层之上，所以在屋内抹居住面之前需要先铺设垫层，起到加固基础、找平、防潮等作用。

F34 屋内的垫层有两层：下层用灰白色黏土铺成，质地较松散，上层用红烧土渣掺和少量黄色黏土铺成，铺设之后未经烧烤。居住面也有两层：都用黏土泥料抹成，经过烧烤，下层为深红色，上层为橙红色。

F35 屋内的垫层用灰白色黏土铺成，未经烧烤。居住面用黏土泥料抹成，经过烧烤。

如上所述，屋内的垫层与居住面的差别在于：垫层是用黏土或红烧土铺成，铺设之后未经烧烤；居住面是用黏土泥料抹成，然后经过烧烤成为红烧土居住面。

（四）屋内支柱及屋顶的做法

F34 屋内有圆形柱坑 16 个，按南北向排列成 4 行。房址内未见屋面红烧土块，推测利用茅草覆盖屋面。柱坑周壁没有抹面，柱脚周围的空当中用碎陶片和红烧土渣夯实。

（五）屋内设施的做法

F34 屋内西南部有一组红烧土三联灶，由 9 个袋形灶按东西向排列成 3 行，每行 3 个，各灶的火膛相通，共用一个灶门，各组的灶门都朝西。经观察：每个灶口都有向内倾斜状的使用磨损痕迹，推断在灶口上面曾经放置陶釜或圜底罐。9 个灶可以同时用于炊事，以便满足多人集体用餐的需要；这种灶的缺点是没有设专门的排烟口，应是利用釜或圜底罐与灶口之间的缝隙排烟，由于排烟不畅，导致灶膛内空气流通不良，木柴燃烧不充分，这是三联灶具有原始性的表现。这组三联灶是我国目前所见年代最早的多联灶，距今已有 5800 多年的历史。20 世纪山东济南市的茶馆还使用多联灶烧开水①，可见在我国使用多联灶源远流长。F34 屋内西部偏北有圆形火塘 1 个。灶与火塘在一座房屋内同时存在，这表明二者在使用功能上有一些差别，灶是专门用于炊事的设施，而火塘是炊事、防潮和冬季烤火取暖三用的设施。

F35 南墙基北侧有圆角长方形火塘 1 个。

上述屋内设施都与屋内地面同时建成，烧烤后成为红烧土的灶或火塘。

（六）屋外散水的做法

散水是与外墙墙脚垂直交接的屋外地面设施，略向外倾斜，用于排除雨水，保护墙脚和墙基免受雨水侵蚀。

F34 的散水用红烧土渣掺和少量黏土铺成。

F35 的散水用灰白色黏土铺成。

（七）房址内出土的器物

F34 的 3 号柱坑北边墙脚之下埋入 1 根木杵作为奠基物，在本遗址木杵是与陶臼配套使用的舂米工具。另外，房址内出土圈足碗 4 型Ⅰ式 1 件、残存上半身，三足盘 1 型 1 件（F34∶63，见图 3－4－56，1），圜底碟 1 型Ⅱ式 2 件（F34∶96、97，见图 3－4－33，6、5）、1 型Ⅲ式 3 件（F34∶39、94、100，见图 3－4－33，12、13、9），器盖 16 型 1 件（F34∶62，见图 3－4－156，7）、残存盖纽。

F35 复原圜底碟 1 型Ⅰ式 1 件（F35∶103，见图 3－4－33，2）。

---

① 作者 20 世纪六七十年代曾在济南市见到当街的铺面屋内盘筑的多联灶，由 10 个左右的袋形灶排列成一行，各灶的火膛相通，最前头一个灶设有灶门，在这个灶内烧火，灶门旁边连着一个风箱，烧火者握住风箱的把手用力推拉，反复往灶内吹风，使火更旺，灶面上有 10 个左右灶口，每个灶口上放一把铁水壶，最后一个灶挨着后墙，设有垂直竖烟道，烟道上部设有烟囱，穿过后墙，将废烟气排到屋外。这种多联灶的优点是：前面壶内的水烧开了，后面壶内的水已经预热，可以依次往前提，很快就能烧开，这样烧开水既节约燃料，又节省时间。

［二］第二期的房屋建筑

有房址 T33⑤F2（见图 3－1－63A）、T63⑥AF33（见图 3－1－26），疑残房址 T39⑤AF3（见图 3－1－80），残垫层 T65⑤AS35（见图 3－1－83）等。

（一）建筑形式

F2 平面呈圆形，由于屋内地面略高于屋外散水，剖面略呈台形，门向东，有门道。建筑面积约 66 平方米，为大型房址。

F3 为平面呈圆形或椭圆形的残房址，门向不详。

F33 平面呈圆角长方形，门向东，门内有门坎，门外无门道，但有红烧土道路。残存建筑面积约 54 平方米，复原后建筑面积约 62 平方米，为大型房址。

S35 为屋内的残垫层。

以上均为地面上的单体建筑。

（二）外墙的做法

F2 外墙的做法是既没有挖基槽，也没有挖柱坑，而是在墙脚部位铺设红烧土块的同时竖立木柱或竹柱，也就是说，只在平地上用红烧土块将柱脚压实，加以固定。墙身用掺和红烧土块和大量稻草截段的黏土泥料筑成。外墙东边中部有门口，门外有门道，门道南侧存有柱洞 1 个，北侧有柱洞 3 个，推测在门道上方设有雨棚，以门道两侧的柱子承载雨棚的重量，雨棚应为单坡顶。F2 的门道和雨棚是由第一期晚段 F35 的门道和雨棚演变而来的，但是，F35 以墙身承载雨棚的重量，F2 以柱子承载雨棚的重量，相比之下，后者的做法比较简单。

F3 外墙的做法是先挖基槽，在基槽内竖立木柱后，用红烧土块和红烧土渣将基槽填实形成弧形墙基，墙基内存有圆形柱洞 2 个。

F33 的外墙建在垫层之上，没有挖基槽，在垫层上存有圆形柱坑 2 个，在柱坑内竖立木柱后，在柱脚周围的空当中用红烧土渣夯实。东壁中部偏南有门口，屋内有门坎（又称门限），用黏土泥料抹成，经过烧烤，其作用是防止雨水流入屋内，这是目前在本遗址所见年代最早的门坎。墙身用掺和少量稻草截段和稻壳的黏土泥料筑成，墙身内壁、外表及墙头上都有抹面 1 层。

如上所述，外墙的做法有三种：F2 只在墙脚部位竖立木柱或竹柱后，柱脚周围用红烧土块压实，柱子竖立得不太稳固；F3 是先挖成基槽，在基槽内竖立木柱后，用红烧土块和红烧土渣填实形成弧形墙基，柱子竖立得相当稳固；F33 是先挖成圆形柱坑，在柱坑内竖立木柱后，在柱脚周围的空当中用红烧土渣夯实，柱子竖立得也比较稳固。

（三）屋内地面的做法

F2 屋内的垫层用灰白色黏土铺成，未经烧烤。居住面分两层，下层为红色，上层为白色，都用黏土泥料抹成，经过烧烤。

F33 屋内的垫层用红烧土块掺和黄色黏土铺成，未经烧烤。居住面用掺和红烧土渣的黏土泥料抹成，经过烧烤。

S35 屋内的垫层用红烧土块和红烧土渣铺成，表面坑洼不平应是被后期扰乱所致。

（四）屋内支柱的做法

F33 屋内有圆形柱坑 18 个，按南北向排列成 5 行，柱脚周围的空当中用红烧土渣夯实。房址内未见屋面红烧土块，推测利用茅草覆盖屋面。

（五）屋内设施的做法

F33 屋内东北角设有一组红烧土四联灶，由 4 个袋形灶并排而成，各有灶门，4 个灶门都朝南。其中，24 号灶的北边设有烟道和排烟口，它们对灶内的空气形成抽力，可使灶内氧气供应充足，木柴燃烧得较充分，这是进步的表现。经观察：每个灶口都有向内倾斜的使用磨损痕迹，推测在灶口上面曾经放置陶釜或圜底罐。在四联灶南侧设有一个长方形的炊事操作坑，它与四联灶一起组成“厨房”。F33 的四联灶是由 F34 的三联灶演变而来的，但是三联灶前面没有炊事操作坑，屋主人只能蹲在地上做饭，操作不方便，而 F33 的屋主人可以站在炊事操作坑内做饭，比较方便，这也是进步的表现。

F33 屋内中央有一个大火塘，南部偏东有一个小火塘。灶与火塘在一座房屋内同时存在，再次表明灶是专用的炊事设施，火塘是炊事、防潮和冬季烤火取暖三用的设施。

（六）屋外散水、场地和道路的做法

F2 的散水用红烧土块铺成，平面呈环形，剖面呈斜坡状，有利于往外排水。门外有一片用红烧土块铺成的场地，面积约 10 平方米，便于屋主人在屋外从事活动，这是目前在本遗址所见年代最早、面积最小的红烧土场地，是第三期红烧土场地的前身之一。

F33 的散水是普通地面，不是用红烧土块铺成，这应与当时缺乏（从房屋上倒塌下来的）红烧土块有关。但是在门前用红烧土渣铺成道路，便于人们行走，这是目前在本遗址所见唯一的红烧土道路。红烧土道路也是第三期红烧土场地的前身之一。

（七）房址内出土的器物

F3 西墙基东侧一个圆坑内埋入完整的陶釜 1 件（F3∶1）作为奠基物。

F33 东南角的红烧土垫层中埋入石斧 4 件（F33∶21～24）作为奠基物。另外，出土圈足碗 8 型Ⅱ式 1 件（F33∶1，见图 3－4－21，4），三足盘 1 型 1 件（F33∶2，见图 3－4－56，2）。

S35 东北部的红烧土垫层中埋入 13 件陶器作为奠基物：圈足碗 5 型Ⅰ式 2 件（S35∶50、82，见图 3－4－15，3、2），豆 2 型Ⅲ式 2 件（S35∶57，见图 3－4－60，1；S35∶122）、5 型Ⅰ式 2 件（S35∶58，见图 3－4－61，9；S35∶83，见图 3－4－62，2）、6 型Ⅰ式 2 件（S35∶53，见图 3－4－62，7），圈足盆 2 型Ⅰ式 1 件（S35∶59，见图 3－4－71，11），杯 1 型Ⅲ式 2 件（S35∶63，见图 3－4－83，6；S35∶69，见图 3－4－83，2）、7 型 1 件（S35∶95），釜 1 型 2 件（S35∶60、93，见图 3－4－110，1、2）。另外，1 号柱抗内出土石斧 1 件。

［三］第三期的房屋建筑

有房址 T38④BF1（见图 3－1－34）、T52④AF9（见图 3－1－30A）、T52④BF22（见图 3－1－51）、T59④AF26（见图 3－1－59A）、T71④AF27（见图 3－1－73）、T57④BF28（见图 3－1－64A）、T64④BF29（见图 3－1－65A）、T76④BF30（见图 3－1－35）、T67④AF36（见图 3－1－50A）等。

（一）建筑形式

F1 平面呈长方形，由于屋内地面明显高于屋外散水，剖面呈台形，门向东，无门道。建筑面积约 80 平方米，为大型房址，是本遗址目前所见面积最大的一座房址。

F9 平面呈长方形，剖面呈台形，门向南，无门道，有檐廊，是本遗址目前所见唯一有檐廊的房址，推测屋顶为四坡顶，用茅草覆盖屋面。建筑面积约 50 平方米，为大型房址。

F22 平面呈方形，由于屋内居住面略高于屋外散水，剖面略呈台形，门向西，门外有门坎，无门道，屋内设有隔墙，分隔为东、西两间，东间（内间）是卧室，西间（外间）是厅，屋顶为四坡顶。发现正脊和屋面倒塌红烧土块，应为红烧土屋面。建筑面积约 35 平方米，为中型房址。

F26 平面呈方形，大门（前门）向南，小门（后门）向北，均无门道，这是目前在本遗址所见唯一有两个门的房址，屋内有两堵隔墙，北隔墙将屋内分隔为南、北两间，北间是卧室，南间是厅，西隔墙具有挡火作用。发现正脊倒塌的红烧土块，应为红烧土屋面。建筑面积约为 49 平方米，为中型房址。

F27 疑为平面呈方形或长方形的残房址，门向不详。残存建筑面积约 75 平方米，为大型房址。从倒塌的墙壁红烧土块上看，屋内设有隔墙，但是其位置不详。

F28 平面呈圆形，由于屋内地面低于屋外地面，为半地穴房址，门向北，门内有台阶 2 级，系用三块红烧土砌成，便于屋主人上下，有门道。推测屋顶为锥状尖顶。建筑面积仅 7 平方米，居住面积仅 4 平方米，为小型房址，这是目前在本遗址所见唯一的半地穴房址，是面积最小的一座房址。

F29 平面呈椭圆形，门向不详，推测屋顶为椭圆锥状尖顶。建筑面积约 8 平方米，为小型房址。

F30 平面呈长方形，门向东，由于屋内的居住面明显高于屋外的散水，在门外设有一级台阶，用红烧土块砌成，便于屋主人上下，无门道。屋内设有隔墙，将屋内空间分隔为南、北两间，南间（内间）是卧室，北间（外间）是厅。推测屋顶为双坡顶，发现正脊、垂脊、屋面、屋檐倒塌的红烧土块，应为红烧土屋面。建筑面积约 52 平方米，为大型房址。

F36 平面大致呈长方形，门向东，无门道，推测为简易的木竹篱笆墙建筑，没有屋顶，可能是饲养牲畜的圈栏。建筑面积约 27 平方米。

（二）外墙的做法

凡是供人居住的房屋，其外墙既是建筑物的承重墙，它和屋内支柱一起承载屋顶的重量，又是建筑物的围护墙，它和屋顶一起组成整座房屋的外壳，使房屋内部保持一定的温度，不致被风吹雨淋，因此外墙要有足够的厚度、强度和稳定性。

F1 外墙的一般部位没有挖条形基槽，只在墙脚部位铺设一层红烧土渣和少量黄褐色黏土的同时竖立木柱。墙角部位需要承载屋顶的重量较大，因此做法特殊：先挖柱坑，坑内竖立木柱后，在柱脚周围的空当中用红烧土夯实。由此可见抓重点带一般的做法。

F9 叠压在 F22 之上，利用 F22 的旧址作为地基，具有足够的强度和稳定性，承载力较大，因此外墙不需要挖基槽，只在墙脚部位铺设一层红烧土块和少量黏土的同时竖立木柱，在墙脚部位发现圆形柱洞 40 个。墙身用掺和少量稻草截段和红烧土块的黏土泥料筑成。屋檐是屋顶伸出墙外的部分，F9 南边的屋檐伸出较长，在南墙外面的屋檐下方形成一条檐廊，也就是屋檐下的走廊，这是在我国目前所见年代较早的檐廊。檐廊外侧存有圆形柱洞 8 个，竖立檐柱（又称廊柱）承载屋檐的重量。外墙的柱子排列密集，原因是外墙需要承载屋顶的重量较大，而且在筑墙过程中需要密集的柱子起支撑作用；檐柱排列稀疏，原因是檐柱需要承载屋檐的重量较小，柱子排列稀疏还有利于采光。我国各地很多宫殿、庙宇、祠堂、古典园林、古民居设有檐廊，由此可见檐廊的历史源远流长。

F22 建房的第一道工序是先挖成外墙的条形基槽，在基槽内竖立木柱或竹柱后，用掺和大量红烧土渣的黏土填实，形成稳固的条形墙基。墙基内有圆形柱洞 20 个，大多数柱洞位于墙基中间，但有少数柱洞（35、36 号）位于墙基朝屋内一侧，半个柱洞位于居住面内，可以设想，半根柱子裸露在墙身之外。在 F22 以东约 10 米处，发现一块墙身倒塌的红烧土（T53④:222），其外表有一道凹槽，是半根竹柱遗留的痕迹，证实了 F22 半根柱子裸露在墙身之外的情况。由此可以推论：墙身内部的柱子只在筑墙身的过程中起支撑作用，没有承载屋顶重量的作用，外墙烧烤成红烧土后，其硬度、抗压强度和承重能力明显提高，可以直接承受屋顶的重量。墙身中间以纵向的半圆木和半圆竹作为骨架，再以横向的半圆竹夹住骨架，用绳索将其绑扎在一起，并且固定在木柱上。然后在木柱和骨架两面用掺和大量红烧土渣的黏土泥料筑成墙身。墙壁红烧土块 F22:129（见图 3－1－54，4）表明：墙壁内外两半是先后分别筑成的，先筑朝屋内半壁，后筑朝屋外半壁。墙头是墙的顶端，在墙头朝屋内一面设有二层台，二层台上可以放置檩条，檩条上可以架设椽子，二层台的外侧有呈拱形的高出部分，可以堵塞椽间的空当子、使此处不透风、有利于屋内保温，其左、右两侧的凹槽是放置椽头的地方。墙身内、外表都有抹面 1～2层，用较纯的黏土泥料抹成，其作用是提高墙身防潮、防风化、防腐蚀的能力。在朝屋内的抹面上，从墙头至墙脚普遍粉刷黄泥浆 1～11 层不等，黄泥浆是用浅灰色黏土淘洗而成的，其含铁量较低，涂刷后与墙身一起经过烧烤，据测定，墙身红烧土块的烧成温度为 600℃，在烧成温度较低条件下泥浆层变为黄色。进行粉刷是为了使墙面更加整洁和美观，还可以改善屋内的明亮程度。上述墙头设置二层台、屋内抹面上粉刷黄泥浆是承袭第一期晚段 S46 的做法。西墙和北墙都向屋外倒塌在散水上，其高度均为 175 厘米，北墙的墙脚厚 31 厘米，往上逐渐变薄，墙头厚 13 厘米，下厚上薄的墙身比较稳固。西墙与南墙相邻，北墙与东墙相邻，其高度应当相同，即四壁等高。由此就可以断定屋顶为四坡顶。西墙中部设有门口，供主人进出，在门外设有红烧土门坎，其作用是防止雨水流入屋内。前面说过，第二期的 F33 门向东，在门内设有门坎。可见 F22 与 F33 门向不同，门坎的位置也不同。

F26 外墙的做法是：先挖成条形基槽，在基槽内竖立木柱后，再用掺和大量红烧土块的黏土将基槽填实。墙身中间以纵向的细圆竹作为骨架，再以横向的竹片夹住骨架，用绳索将骨架固定在木柱上。在骨架两面用掺和红烧土块的黏土泥料筑成墙身。

F27 外墙的做法是：没有挖条形基槽，却在墙脚部位先挖成方形、椭圆形或圆形的柱坑，其中方形柱坑是第三期新出现的，在柱坑内竖立木柱后，柱脚周围的空当中用红烧土渣夯实。墙身中间以纵向的半圆木作为骨架，再以横向的圆竹夹住骨架，用麻绳将骨架绑扎在一起，固定在木柱上。在木柱和骨架两面用掺和稻草截段及红烧土渣的黏土泥料筑成墙身。

F28 整个地基挖成锅底状，墙基以大红烧土块垫成，结合紧密。北墙基保存较好，平面呈弧形，北墙基内有圆形柱洞 2 个，它们与门道有关，门道上方应设有雨棚。

F30 外墙的做法是：先挖成条形基槽，在基槽内竖立木柱后，再用掺和大量红烧土块的黄色黏土将基槽填实，形成稳固的条形墙基。由于发掘后要将 F30 就地回填保护，只解剖一部分墙基，在墙基内发现圆形柱洞 10 个。墙身中间以纵向的半圆木、圆木、半圆竹作为骨架，再以横向的半圆竹夹住骨架，用麻绳将骨架绑扎在一起，固定在木柱上。在木柱和骨架两面用掺和少量稻草截段及红烧土渣的黏土泥料筑成墙身。墙身外表一般没有抹面，局部有抹面 1 层。抹面上没有粉刷黄泥浆。墙头上端平齐，没有二层台。墙身经过烧烤，据测定，墙身红烧土块的烧成温度为 900℃。南墙倒塌在居住面上，经测量，其残高 90 厘米，复原后应是山墙①，墙脚厚 28 厘米，往上逐渐变薄，高 80 厘米处厚 24 厘米，下厚上薄的墙身比较稳固。推测屋顶为双坡顶，由于 F30 是长方形房屋，正脊较长，可能用两根圆木连接而成。东墙中部设有门口，供人们出入，门外设有一级台阶，用大红烧土块砌成。本期 F28 门向北，门内有台阶 2 级，系用三块红烧土砌成。可见 F30 与 F28 相比，门向及台阶的位置不同，但是台阶的做法相同，都是用大红烧土块砌成的。在 F30 门口内侧，南、北各有柱洞 1 个，可以竖立门柱，门柱顶上可架设过木，过木上可架设椽子，门朝屋内开，与第一期晚段 F34 门朝屋外开恰好相反。

F36 的所在地原先是一片红烧土场地，系用红烧土块掺和少量黏土铺成。F36 外墙的做法是：在地面上先挖成 4 条基槽，大致围成长方形，基槽两壁不规整，底部凹凸不平，再用红烧土块掺和灰褐色土或者只用灰色土将基槽填实，形成不稳固的条形墙基，墙基内没有柱洞，推测为简易的木竹篱笆墙。

如上所述，外墙的墙基有五种做法：F1 和 F9 都是在墙脚部位铺设红烧土及黏土的同时竖立木柱；F22、F26、F30 都是先挖成条形基槽，在基槽内竖立木柱后，再用红烧土及黏土将基槽填实，成为稳固的条形墙基，木柱也相当稳固；F28 的墙基是用大红烧土块垫成的；F36 是在红烧土地面上挖成不规整的条形基槽，基槽内没有竖立木柱，直接用红烧土块及灰褐色土或灰色土将基槽填实，成为不稳固的条状墙基，这是草率的做法；F27 是在墙脚部位先挖成柱坑，在柱坑内竖立木柱后，再用红烧土渣将柱坑夯实，形成坑形墙基。相比之下，F27 的坑形墙基是分散的，稳固性较差；F22、F26、F30 的条形墙基都是形成一个整体，更加稳固，这是最佳的做法，因此，后世建造平房时一般都采用条形墙基，只在建造简易的围墙时才采用坑形墙基。

（三）隔墙的做法

隔墙又称隔断墙，是内墙，在房屋内部起分隔空间的作用，将大房屋分隔为不同用途的两个小房间，外间是厅，内间是卧室。在本遗址隔墙出现于第三期，见于 F22、F26、F27、F30，这是本期房屋在使用功能上的进步表现。隔墙的做法与外墙有明显差别：比外墙要薄得多、轻得多，以便减少隔墙占用屋内的面积，提高使用面积，并且降低地基的荷重；做法比外墙要简单得多，墙基内没有柱洞。

---

① 所谓山墙系指屋顶为双坡的房屋，左、右两堵墙较高称为山墙，其墙头中央高，两边矮，呈人字形；前、后两堵墙较矮称为檐墙，其墙头呈水平状。

F22北部中央有一堵南北向的隔墙，将屋内空间分隔为两个小房间，外间是厅，内间是卧室。屋主人可以从南外墙与火塘之间的空当中进入内间。隔墙建在红烧土块垫层上，做法简单：既没有挖条形基槽，墙基内也没有柱洞，墙身中间以纵向并排的圆木棍作为骨架，在骨架两面用掺和红烧土渣的黏土泥料筑成墙身，墙头上面平整，没有二层台。墙身两面和墙头上都有抹面1层。东边（朝内间）的抹面上粉刷黄泥浆，可以改善内间的明亮程度。推测隔墙约一人高，墙头南北方向大致与居住面平行，达不到屋顶，是半截子墙。经测量，墙头厚14厘米，与外墙的墙头厚度（13厘米）相近，墙脚厚24.5厘米，比外墙的墙脚厚度（31厘米）要薄得多。

F26屋内有两堵隔墙：北隔墙在北部中央，呈东西向，将屋内空间分隔为南、北两个房间，南间是厅，北间是卧室；西隔墙在西部中央，火塘西侧，呈南北向，具有隔火作用。屋主人可从北隔墙东端与东外墙之间或者西隔墙与西外墙之间的空当中行走，也可从大门进入南间，从小门进入北间。两堵隔墙的做法都比较简单：先挖成条形基槽，基槽内没有木柱和骨架，只用掺和红烧土渣的黏土将基槽填实，形成条形墙基。两堵隔墙都比外墙要薄得多：北隔墙的墙基厚30～34厘米，而北外墙的墙基厚34～40厘米；西隔墙的墙基厚30～32厘米，而西外墙的墙基厚32～42厘米。

F27的墙壁红烧土块F27:2、6（见图3－1－75，2、3）上留有外墙与隔墙相接的痕迹，相接的方法清晰可见、一目了然，由于房址南部和东部残缺，隔墙的位置不详。

F30南部从中火塘西南角至东外墙南段有东西向的隔墙，将屋内空间分隔成南、北两间，北间是厅，南间是卧室。隔墙建在红烧土块垫层上，做法简单，既没有挖条形基槽，也没有竖立木柱，只用黏土泥料筑成，残高14～24、下部厚15、上部厚10厘米，不及东外墙墙基厚度（28～56厘米）的一半。屋主人可从西外墙与中火塘之间的空当中进入南间，墙壁红烧土块F30:94（见图3－1－37，2）上有竹席印痕，可以设想，当时人是将竹席铺在居住面上睡觉的。

（四）屋内地面的做法

本期屋内地面有典型地面和普通地面之分。典型地面由垫层和居住面两部分构成：垫层的作用是加固基础，有足够的厚度和坚固性，能够承受居住面传下来的荷重，还可以防潮，垫层表面大致处于同一水平面，铺设之后都未经烧烤；居住面是屋主人直接在其上面从事各种活动和居住的地面，需要压实、抹平，能够经受磨损和撞击，居住面的特点是用黏土泥料抹成并且经过烧烤。

F1屋内有典型地面。垫层用灰褐色土铺成，未经烧烤。居住面有两层：下层用黄黏土泥料抹成，烧烤后变成红色；上层用白黏土泥料抹成，烧烤后呈白色、龟裂状。

F9屋内有普通地面，有三层：下层为垫层，用掺和少量陶片的黄色黏土铺成；中层与散水连成一片，二者同时用红烧土块掺和少量黏土铺成；上层用红烧土渣掺和少量黏土铺成，经过拍打，结构紧密，表面平整，铺设之后未经烧烤。拍打地面是第三期新出现的先进做法。

F22屋内有典型地面。垫层用大量红烧土块掺和少量黏土铺成，未经烧烤。居住面用掺和大量粉砂的黏土泥料抹成，有四层。粉砂的粒度小于细砂，而大于粗黏土。四层都经过烧烤。考古工作者在发掘现场做过试验：将水泼在居住面上会迅速渗透下去。这种居住面的优点是渗水性能良好，具有防滑作用；缺点是质地较脆，容易开裂。

F26屋内有普通地面，用红烧土块掺和少量灰褐色黏土铺成，未经烧烤。

F27 屋内有普通地面，有两层：下层为垫层，用灰褐色土铺成；上层用红烧土块掺和少量灰色土铺成，经过拍打，结构紧密，表面平整。两层都未经烧烤。

F28 先以大量红烧土块铺垫全坑，作为半地穴的基础。然后屋内铺设普通地面，有两层：下层为垫层，用红烧土碎块铺成；上层用较大较平整的红烧土块掺和黏土铺成。两层都未经烧烤。

F29 屋内有典型地面。垫层用红烧土渣掺和少量灰色黏土铺成，未经烧烤。居住面用黏土泥料抹成，经过烧烤。

F30 屋内有典型地面，由垫层和居住面两部分构成。垫层用红烧土块掺和少量黏土铺成，未经烧烤。居住面用掺和少量稻壳的黏土泥料抹成，有四层或五层，其特殊之处是：在第 1、2 层之间或第 2、3 层之间普遍夹有竹笆层，竹笆是在现场将圆竹劈成竹片后依次并排铺设而成的，均为竹黄朝下，其作用可能是为防止居住面在干燥收缩过程中产生开裂现象。这应是先民的一种新尝试，目前只见于 F30。烧烤居住面过程中，竹笆被烧成白色灰烬，只留下痕迹。

F36 所在地原先是一片红烧土场地，因此，墙内的地面与墙外的散水同时形成，连成一片。有两层：下层为垫层，用灰黄色松土铺成，未经烧烤；上层用红烧土块掺和少量黏土铺成。

上述屋内地面有两种：典型地面的做法较复杂，先铺设垫层，后在垫层上用泥料抹成居住面，有的在两层居住面之间夹竹笆层，再经过人工烧烤。普通地面是在黏土垫层之上用红烧土块掺和少量黏土铺成，或者直接用红烧土块掺和少量黏土铺成，铺设之后未经烧烤。

（五）屋内支柱的做法

屋内支柱都是承重柱，与外墙一起承载屋顶的荷重，因此支柱较粗，而且竖立稳固。

F1 屋内的居住面上存有圆形柱坑 1 个即 14 号，周壁有一层白色抹面，是从上层居住面延伸下来的，与居住面一起经过烧烤，起到保护柱坑的作用。

F9 屋内只有圆形柱洞 6 个，按东西向排列成两行。特点是没有中间一行柱坑，因此没有承托正脊的支柱，而且未见屋面倒塌的红烧土块，据此推测，屋顶的重量较轻，应是利用茅草覆盖屋面，屋顶的坡度较大，属于陡坡，以便排水速度较快，防止茅草被雨水沤烂。

F22 屋内挖成圆形柱坑 16 个，“柱坑”是为栽柱而挖成的坑穴。其中有 2 个柱坑位于火塘东、西两侧，竖立木柱承托正脊（正脊是位于四坡顶中部、屋坡的顶端、呈水平状的脊檩），推测正脊长约 3 米；有 14 个柱坑排列成方形，竖立木柱后形成柱网，承托檩条和戗脊（戗脊是架设在正脊两端与四个墙角之间呈倾斜状的脊檩）。由于发掘后要将这座房址就地回填保护，只解剖过 1 个柱坑即 11 号柱坑，其周壁有抹面 1 层，为橙红色，表面光滑，顶部与第 2 层居往面连为一体，是从第 2 层居住面延伸下来的，并且与居住面一起经过烧烤。柱坑内竖立木柱后，柱脚周围的空当中都用红烧土渣掺和少量黏土夯实，防止木柱歪斜。各柱坑内都留有柱洞，“柱洞”是柱脚腐朽之后遗留下来的洞穴。如上所述，就 F22 而言，可以将“柱坑”“柱洞”两个概念明确地区分开来，不会混淆。

F26 屋内有圆形柱坑 14 个，其中有 11 个按东西向排列成 3 行。柱坑内有柱洞，柱脚周围的空当中都用红烧土渣夯实，有的还插入较多陶片，以便增强柱脚的稳定性。

F27 屋内有柱坑 14 个，大多数呈圆形，有的呈方形或椭圆形，其中方形柱坑是第三期新出现的，有 9 个柱坑按南北向排列成两行。柱坑内都有柱洞，柱脚周围的空当中用红烧土渣掺和黏土夯实。其中24号柱坑是目前在本遗址所见最大最深的柱坑之一，口部长轴70、短轴40厘米，深80厘米，柱坑内留有柱洞，口部直径23厘米，深70厘米，底部垫一层红烧土渣，竖立木柱后，红烧土渣被柱脚压实，起“暗础”作用，可防止柱脚下沉，这是先进的栽柱方法。

F28屋内有圆形柱坑5个，其中1个位于中央，竖立中心柱（又称“都柱”）支撑尖顶，4个位于墙基内侧，竖立木柱支撑屋檐，据此推测屋顶呈圆锥状尖顶。

F29屋内中央有圆形柱坑1个，竖立中心柱支撑尖顶，柱脚周围的空当中用红烧土渣夯实。根据F29平面呈椭圆形，推测屋顶为椭圆锥状尖顶。

F30屋内有圆形锅底状柱坑10个，其中8个按南北向排列成3行，中行3个柱坑，竖立木柱承托正脊，由于F30呈长方形，南山墙与北山墙相距约9米，正脊较长，应是由南、北两根脊檩连接而成，东行2个柱坑、西行3个柱坑，竖立木柱承托檩条。柱脚周围的空当中用红烧土渣夯实。

F36墙内地面上没有柱坑，据此推测该建筑物没有屋顶。

如上所述，屋内的柱坑有两种做法：一种是柱坑周壁有抹面1层，经过烧烤，起加固和保护柱坑作用，例如F1的14号柱坑、F22的11号柱坑，这是第三期新出现的先进做法；另一种是柱坑周壁没有抹面，如F26、F27、F28、F29、F30的柱坑。

根据屋内柱坑的分布状况，推测屋顶有三种形式：第一种为四坡顶，例如F22，由于F22为方形房址，而且建筑面积较小（约35平方米），正脊较短，覆盖屋顶难度较小；第二种为双坡顶，例如F30，由于F30为长方形房址，而且建筑面积较大（约52平方米），正脊较长，覆盖屋顶难度较大，要求建房者具有较高的技术水平；第三种为锥状尖顶，例如F28为圆锥状尖顶、F29为椭圆锥状尖顶，都是小型房址，覆盖屋顶较容易。

（六）屋内设施的做法

屋内设施有火塘、灶、火种坑和贮藏所等，火塘或灶是人居房屋内不可缺少的设施。

F9屋内东部偏北有方形火塘1个。

F22屋内中央有方形火塘1个，火塘周围用黏土泥料抹成埂，烧烤后成为红烧土埂，它可以将火源与居住面上放置的易燃物隔开，防止失火。火塘北侧有凹槽状的储藏所，可用于储藏食物或堆放柴草。

F26屋内中部偏西有圆角长方形火塘1个。

F28屋内西北部地面上有一处椭圆形灶面，取代屋内设施。

F29屋内西北部设有簸箕形灶1个。

F30屋内南北向中轴线上有方形火塘3个，排列成一行，火塘周围都用黏土泥料抹成埂，烧烤后成为红烧土硬。F30火塘数量较多，规模较大，应是大家族的住房，也可能是氏族首领的驻地或集会议事的场所。火塘是炊事、防潮与冬季烤火取暖三用的设施。中火塘西侧有长方形的储藏所1个，可用于储藏食物或堆放柴草。屋内西北角有圆形火种坑1个，周壁用黏土泥料抹成，表面光滑，烧烤成青灰色，有烟熏痕迹。这是目前在本遗址所见的两个火种坑之一，另一个见于本期疑为方形或长方形残房址T74④BF31的火塘内西北角，略呈长方形（见图3-1-76）。

（七）屋顶的做法

屋顶由上、下两部分构成：下部是结构层，包括脊檩、檩条、椽子以及椽间空当中填充的茅草，用来承受屋顶的全部自重；上部是面层又称屋面，这是抗水材料部分，用来抵御雨水的侵蚀和渗透，并且将雨水排走。屋面有两种：一种用茅草覆盖而成；另一种用黏土泥料抹成“泥背顶”，假定“泥背顶”经过人工烧烤，则变成红烧土屋面。屋顶与外墙一起组成房屋的围护结构，夏季隔热，冬季保温，大溪文化居民长期生活在多雨地区，解决屋面防水问题至关重要。

屋脊（这里指正脊、戗脊）是屋面两坡的分水线，此处最容易漏水，因此在木质的脊檩之上抹泥较厚，形成泥屋脊，烧烤之后成为红烧土屋脊。四坡顶的脊檩有正脊、戗脊之分；双坡顶的脊檩有正脊、垂脊之分。木质的正脊是屋顶上最高的横向圆木，木质的戗脊是屋顶上斜对着墙角的圆木，木质的垂脊是置于山墙墙头上的圆木。

F22 火塘附近出土正脊倒塌的红烧土 1 块。西南散水上出土屋面倒塌的红烧土 49 块。屋面的做法是：用掺和少量稻草截段和稻壳的黏土泥料抹成，一般仅 1 层，有些为 2 层，局部有 3 层，上层的表面平整，下层的下面有圆木椽、圆竹椽和茅草的痕迹。椽子排列稀疏。茅草平铺，多与椽子平行，作为椽间空当中的填充材料。还有半圆竹痕迹，半圆竹压在茅草之上，一般与茅草成直角相交，个别成斜角相交，用竹篾或细麻绳将半圆竹与茅草绑扎在一起，固定在椽子上。经过测定，屋面红烧土块的烧成温度为 600℃。

F30 出土正脊倒塌的红烧土 7 块，用掺和少量稻草截段、稻壳及砂粒的黏土泥料抹成，例如 F30∶28（见图 3－1－43，5）为正脊下层，其下面留有木质正脊的痕迹，直径 15 厘米；垂脊倒塌的红烧土 5 块；屋面倒塌的红烧土 3 块，用掺和少量稻草截段的黏土泥料抹成，上面平整，下面有纵向圆木椽和半圆木椽的痕迹；屋檐倒塌的红烧土 18 块，用掺和少量稻草截段和稻壳的黏土泥料抹成，屋面部位较薄，檐口部位较厚，下面有半圆木椽、竹片椽和圆竹椽的痕迹，其中以半圆木椽为主，一般为劈裂面朝上放置，因而结构层的上面比较平整，檐口是屋面的边缘，既是排出雨水的地方，又是出头露面的地方，做得比较整齐和美观。

关于屋顶的工程做法有四点值得注意：第一，F30 椽子排列密集，椽间的空当子较小，没有茅草的痕迹，结构层相当牢固，F22 椽子排列稀疏，椽间的空当子较大，用茅草作为椽间空当子的填充材料，结构层不太牢固。相比之下，F30 的做法较为先进，F22 的做法较为原始。第二，正脊端红烧土块 F30∶31（见图 3－1－43，1）的背面，留有一层层大泥片和 8 道泥片缝隙，还有竹片痕迹和竹篾痕迹，表明采用泥片贴筑法成型，并且是在木质正脊上面现场制作的。第三，正脊红烧土块 F30∶38（见图 3－1－43，3）有上、下两层，引人注目的是下层呈凹槽状，这凹槽状的成因是同时利用方木“外模”和“内模”成型。在湖北境内，大溪文化和屈家岭文化时期的陶器都未见采用模制法成型，石家河文化才有少量陶鬶、陶盉的袋足采用内模制法成型①，由此可见，在湖北地区史前模制法先用于红烧土房屋构件的成型，后用于陶器的成型。第四，屋面红烧土块 F30∶45（见图 3－1－44，7）下部边缘的上面留有两道凹槽，排列成外八字形，是用剥去树皮、两端呈圆头状的木棍（抹子）压成的，表明泥屋面是分段抹成的，先抹高处，从屋脊附近开始，后抹低处，至屋檐结束，相邻两段之间采用互相叠压和企口接合的方式。

---

① 李文杰：《肖家屋脊遗址石家河文化制陶工艺》，见湖北省荆州博物馆、湖北省文物考古研究所、北京大学考古学系石家河考古队：《肖家屋脊》（上）附录二，文物出版社，1999 年。

经过测定，F30屋檐红烧土块的烧成温度为620℃，明显低于墙身红烧土块的烧成温度（900℃），二者相差悬殊可能是建房者采用二次烧成法所致。

假定F22和F30的“泥背顶”都是经过人工烧烤变成红烧土屋面的，则是新石器时代晚期最先进的一种屋面防水设施。大溪文化第一期晚段和第二期的房址内，未见屋面红烧土块，烧烤技术只限于墙壁和居住面及屋内设施，推测利用茅草覆盖屋面，这可暂称之“不完全”的红烧土房屋。第三期的F22和F30都出现了红烧土屋面，从墙壁、居住面、屋内设施到屋面都变成红烧土，这可暂称之“完全”的红烧土房屋，它标志着红烧土房屋的建筑技术达到高峰。红烧土屋面对后世（西周时期）瓦屋面的出现具有潜在的影响。

根据屋面红烧土块F30∶45（见图3－1－44，7）上的有关痕迹，可以计算出屋顶的坡度为17°，属于缓坡，该数据为复原屋顶的形状提供了依据。屋顶的坡度不大，既便于在屋顶上抹泥和进行烧烤，又大体上满足了屋面排水的需要。红烧土屋面出现后，茅草屋面没有立即消失，例如F9叠压在F22之上，其年代略晚于F22，却未见屋面红烧土块，推测采用茅草屋面，其屋顶的坡度应为陡坡，以便屋面排水更顺畅，防止茅草被雨水沤烂。

（八）屋外散水的做法

散水是与外墙墙脚垂直交接的屋外地面设施，用于排除雨水，保护墙脚和墙基。

F1的散水用红烧土块和红烧土渣铺成，平面呈环形，剖面呈斜坡状，便于排水。

F9的散水用红烧土块掺和少量黏土铺成，略向外倾斜。

F22的散水用较小的红烧土块铺成，上面较平整，周围稍低，略呈斜坡状。

F26的散水用红烧土块掺和灰色土铺成，略向外倾斜。

F27的散水用红烧土块铺成，结构紧密，呈缓坡状。

F30的散水用红烧土渣掺和少量黏土铺成。F30东北墙角与红烧土场地S28相距80厘米，东北边的散水与S28相连。S28用红烧土块掺和少量黏土铺成，面积约76平方米，是第三期聚落的公共活动场地。F30的屋主人前往红烧土场地参加各种活动很方便。

F36的所在地原先是一片红烧土场地，因此其散水与墙内的地面连成一片，有两层：下层为垫层，用灰黄色松土铺成；上层用红烧土块掺和少量黏土铺成。推测F36是一座简易的木竹篱笆墙建筑物，没有屋顶，可能是饲养家畜的圈栏。

第三期（按达曼表校正）距今5645年～5505年之间，或（按高精度表校正）公元前3779年～前3380年之间，先后出现5片红烧土场地，自下而上的顺序为：④DS38（见图3－1－15）、④C底部S51（见图3－1－89）、④C顶部S22（见图3－1－87）、④B底部S28（见图3－1－88A）、④B顶部S4（见图3－1－90），这些红烧土场地与房屋建筑之间具有密切关系，既是人们举行集会、祭祀、娱乐等社会活动的场所，也是人们进行打场晒粮等生产活动的场所。顺便提一下，考古工作者在安徽蒙城县尉迟寺遗址的未发掘区进行密集钻探，掌握了大汶口文化晚期（距今4800年～4500年之间）红烧土广场的确切范围为1300平方米①，其面积很大，但是其年代明显晚于关庙山遗址大溪文化第三期（的红烧土场地）。

① 中国社会科学院考古研究所、安徽省蒙城县文化局：《蒙城尉迟寺》（第二部），科学出版社，2007年。

（九）房址内出土的器物

F1 西墙脚内埋入筒形瓶 1 型Ⅳ式 3 件（F1∶8、10、11，见图 3－4－89，1、7、2）作为奠基物，筒形瓶是大溪文化最有代表性的器物；北墙脚内埋入亚洲象臼齿 1 颗作为奠基物，以象臼齿奠基在中国境内尚属首次发现。东墙基北段的椭圆形小坑内出土圈足盘 7 型Ⅴ式 1 件（F1∶4，见图 3－4－49，5），圭形石凿Ⅱ式 1 件（F1∶6，见图 3－5－45，5）。西墙脚 9 号柱洞内出土圭形石凿Ⅱ式 2 件（F1∶1、2，见图 3－5－45，4、3）。

F22 东北部居住面上放置圈足碗 7 型Ⅲ式 1 件（F22∶38，见图 3－4－20，8），曲腹杯 3 型Ⅱ式 2 件（F22∶37、41，见图 3－4－81，10、11），平底罐 6 型 2 件（F22∶39、40，见图 3－4－105，2、1），在 40 号平底罐内藏有小型石锛 CⅠ式（F22∶48，见图 3－5－42，6）、骨针、鹿角各 1 件，应是女子的缝纫用具。西南散水上集中放置圈足盘 6 型Ⅴ式（F22∶44，见图 3－4－46，1）、空心陶球第八种（F22∶45，见图 3－4－164，22）、中型双刃石斧 BⅦ式（F22∶46，见图 3－5－13，2）、中型单刃石斧 BⅡ式（F22∶47，见图 3－5－23，2）各 1 件。这些都是屋主人使用过的器物。其中平底罐 6 型是第三期的典型器物，是断代的标准器。

F26 东墙基南端外侧之下挖成一个椭圆形锅底状坑，埋入圈足罐 5 型Ⅳ式 1 件（F26∶19，见图 3－4－98，5）作为奠基物；北隔墙东端的墙基内横卧筒形瓶 1 型Ⅰ式 1 件（F26∶21，见图 3－4－88，1）作为奠基物，筒形瓶是大溪文化最有代表性的器物；屋内 18 号柱坑北侧的地面之下挖成一个椭圆形锅底状坑，埋入人头形红烧土 1 件（F26∶20，见图 3－4－178）作为奠基物，在大溪文化中尚属首次发现。

F30 储藏所南埂北侧放置大型石斧 CⅤ式 1 件（F30∶21，见图 3－5－5，3）；储藏所北侧居住面上放置平底罐 4 型（F30∶22，见图 3－4－104，10）、甑 3 型Ⅰ式（F30∶23，见图 3－4－124，2）、圈足盘 7 型Ⅵ式（F30∶24，见图 3－4－50，10）各 1 件；储藏所东北角放置器盖 6 型Ⅳ式 1 件（F30∶25，见图 3－4－150，2）；南火塘东部放置器盖 8 型Ⅰ式 1 件（F30∶26，见图 3－4－152，1）；中火塘东埂外侧放置器盖 6 型Ⅳ式 1 件（F30∶27，见图 3－4－150，1）。这些都是屋主人使用过的器物。

F36 屋内东部垫层内埋入数件黑陶，复原曲腹杯 1 型Ⅱ式（F36∶25，见图 3－4－81，2）、4 型Ⅰ式（F36∶20，见图 3－4－82，7）各 1 件，圈足小罐 1 件（F36∶19）。这些应是铺设红烧土场地时埋入的奠基物。

F1 和 F26 分别位于Ⅲ区和Ⅴ区，但是所用的奠基物中都有筒形瓶，表明两座房址所处年代相当。引人注目的是：F30 与 F22 的墙头形式不同，屋顶做法各异，技术水平高低不一，可能是由两批建房者建造的房屋，他们分别来自两个集体，各有一套独特的工程做法和技术传统。

［四］第四期的房屋建筑

有房址 T77③AF25（见图 3－1－49），疑残房址 T71③AF24（见图 3－1－79A），残居住面 T72③S7（见图 3－1－81A），残垫层 T53③F10（见图 3－1－86）。此外，在铺设红烧土场地 S4 所用的红烧土块当中有某座房屋倒塌的屋面红烧土块。

（一）建筑形式

F25 平面呈长方形，门向不详，建筑面积约 43 平方米，为中型房址。

F24 疑为平面呈方形或长方形的残房址，门向不详。

S7 为屋内的残居住面。

F10 为屋内地面的残垫层。

（二）外墙的做法

F25 的做法特殊：先挖成条形基槽，再于基槽底部挖成柱坑，存有圆形柱坑 1 个，柱坑内留有柱洞。柱坑底部用青灰色黏土逐层夯实，起“暗础”作用，防止柱脚下沉，柱坑内竖立木柱后，柱脚周围的空当中用青灰色黏土逐层夯实，防止木柱歪斜，可贵的是夯层清晰可见。最后用大量红烧土块掺和少量灰色黏土将基槽填实，形成稳固的条形墙基。这种做法的优点是：夯层和墙基对柱脚形成双重保护，使木柱竖立得更加稳固。

S7 中部的居住面上堆积很多红烧土块，都是从墙壁上倒塌下来的，墙壁中间有纵向的半圆木痕、圆竹痕和横向的圆竹痕，墙体外表有抹面 1 层。

（三）屋内地面的做法

F10 屋内的地面只残存垫层，用红烧土渣铺成。

F24 屋内的地面由垫层和居住面两部分构成：垫层用红烧土块铺成；居住面用黏土泥料抹成，特殊之处是经过烧烤和渗碳而成为黑色烧土居住面，目前在本遗址只发现这一例。本期陶器的渗碳工艺较发达，居住面的渗碳方法应是从陶器的渗碳工艺移用过来的。

S7 为残存的居住面，特殊之处是在居住面之下没有铺设垫层，就直接用黏土泥料抹成居住面，这是罕见的做法。居住面有 3 层：下层用掺和大量稻壳的黏土泥料抹成，厚 0.5～1厘米；中层用掺和很多大小不同的红烧土块的黏土泥料抹成，厚 12.5～17.5 厘米；上层用质地较纯的黏土泥料抹成，厚 1 厘米。3 层共厚约 18 厘米。从下层到上层分别为橙黄色、橙红色和红褐色，3 层颜色各异，应是分别抹泥和烧烤所致，不是一次烧烤而成。这是目前在本遗址所见抹得最厚、烧烤最透彻的居住面，表明第四期烧烤居住面的技术有明显提高。中层居住面经过烧烤后，所抹的泥料变成红烧土，作为羼和料的红烧土块成为“复烧红烧土”，断面上显示出“复烧红烧土”颜色较深，因而其边缘清晰。

（四）屋内支柱的做法

S7 的居住面上存有圆形柱坑 2 个，其中柱坑 1（见图 3－1－81B，1）纵剖面呈圜底尊形，口部直径 25.5 厘米，深 42.5 厘米，是本遗址目前所见两个最大最深的柱坑之一（另一个是第三期 F27 的 24 号柱坑）。引人注目的是：从柱坑口部至底部周壁有红烧土抹面 1 层，其质地与上层居住面相同，是从上层居住面延伸下来的，它承袭和发展了第三期 F1 和 F22 屋内柱坑周壁有红烧土抹面的做法。竖立木柱之前，在柱坑底部（柱脚之下）垫一层灰白色黏土，竖立木柱之后黏土被柱脚压实，起“暗础”作用，防止柱脚下沉。发掘者从该柱坑各部位取样做过浸水试验：柱坑周壁和底部的红烧土抹面都不会解体，不会化成泥，然而叠压在底部红烧土抹面之上的灰白色黏土会解体，会化成泥。试验结果表明：S7 柱坑 1 内的抹面在竖立木柱之前（与上层居住面一起）经过人工烧烤，灰白色黏土未经烧烤，这是再次发现人工烧烤居住面的直接证据，极为重要。

（五）屋内设施的做法

F24 的居住面上有火塘 1 个，呈椭圆形，锅底状，火塘与居住面同时建成，一起经过烧烤和渗碳，周壁成为黑色烧土，质地坚硬。火塘的特点是既可用于蒸煮食物，又可用于烧烤食物，表现在：火塘的东南壁（后壁）向上延伸形成一堵矮墙，高于火塘口部 25 厘米，宽 30 厘米，厚 8～9厘米，表面抹平，朝火塘一面用木棍捅成 9 个圆洞，每个都往里向下倾斜，没有捅透矮墙。这些圆洞内可以插入竹签，用于烧烤鱼肉等食物，此矮墙可以称为“烧烤墙”。发掘之后，将“烧烤墙”切割下来的过程中破碎成左、右两部分，1～7号圆洞保存较好，8、9 号圆洞残破，难以复原。在火塘东北 10 厘米处的居住面上挖成小坑 1 个，呈椭圆形，锅底状，小坑内并排放置 3 件圈足碗，这些碗应是屋主人的饮食器具，此小坑可以称为“碗坑”。在火塘西边有一堵南北向小隔墙，墙基内有细圆竹柱洞 3 个，南边有一堵东西向小隔墙，墙基内没有柱洞，两堵小隔墙排列成曲尺形，可将火源与居住面上的物件隔开，防止失火，因此可称之为“隔火墙”。上述火塘及其烧烤墙、碗坑和隔火墙组成 F24 屋内的“厨房”，虽然规模不大，但是设施齐全。

（六）屋顶的做法

S4 是第四期的红烧土场地，在铺设场地所用的红烧土块当中有某座房屋倒塌的屋面红烧土块，其上留有排列密集的椽子印痕，承袭了第三期 F30 架设椽子的方法。根据 S4∶57 屋檐红烧土块（见图 3－1－92）上的有关痕迹，可以计算出屋顶的坡度为 16°和 17°，与 F30 屋顶的坡度（17°）相近，再次为复原红烧土屋顶的形状提供了依据。

如上所述，F25 的条形墙基及墙基内的柱坑、S7 屋内的居住面及柱坑、F24 屋内的“小厨房”工程做法都相当讲究，这表明第四期的房屋建筑技术仍有发展。

（七）房址内出土的器物

F10 的红烧土垫层上挖成小坑 3 个，共埋入陶器 5 件作为奠基物：细颈壶 2 型 4 件（F10∶1、2，见图 3－4－92，4、2；F10∶3、6），曲腹杯 1 件（F10∶4）。还直接用红烧土块掩埋平底罐 1 型Ⅴ式 1 件（F10∶5，见图 3－4－102，4），圜底罐 1 件（F10∶7）作为奠基物。其中细颈壶是第四期的典型器物，是断代的标准器。

F24 火塘东北 10 厘米处的居住面上挖成小坑 1 个，并排放置圈足碗 17 型Ⅰ式 1 件（F24∶17，见图 3－4－29，4），17 型Ⅳ式 2 件（F24∶16、23，见图 3－4－30，9、10），这些圈足碗应是屋主人的饮食器具。在南北向小隔墙西侧的垫层内埋入完整的石斧 6 件作为奠基物；在火塘东北 70 厘米处的垫层上，挖成奠基坑 1 个，埋入曲腹杯 3 型Ⅱ式 3 件（F24∶6；F24∶7、8，见图 3－4－82，3、1）作为奠基物，三件形制相同、大小不同，依次套在一起。其中 6 号最小，仅此件未能复原。

［五］小结

通过以上分析，对大溪文化的房屋建筑有以下十一点认识：

（一）墙头形式与屋顶结构的关系

外墙的墙头与屋顶的结构层相接，墙头上有无二层台与屋顶上的椽子排列稀疏或密集有直接关系，因此形成甲乙两个不同的发展系列：

甲系列的特点是墙头上无二层台、椽子排列密集，从早到晚由 F34→F33→F30→S4 组成。无二层台的墙头见于第一期晚段 F34，第二期 F33 和第三期 F30；排列密集的椽子痕迹见于第三期 F30 的屋顶红烧土块和第四期 S4 的屋檐红烧土块。无二层台的墙头与排列密集的椽子痕迹同时见于 F30，因此甲系列以 F30 为代表。

乙系列的特点是墙头上有二层台、椽子排列稀疏，从早到晚由 S46、S47→F22→F8 组成。有二层台的墙头见于第一期晚段 S46、S47，第三期 F22，第四期 F8；排列稀疏的椽子痕迹见于第三期 F22 的屋面红烧土块。有二层台的墙头与排列稀疏的椽子痕迹同时见于 F22，因此乙系列以 F22 为代表。

上述甲乙两个发展系列反映出：在大溪文化关庙山聚落中，从第一期晚段至第四期，建房者可能分别来自甲乙两个不同的集体，他们在房屋建筑方面，各有一套独特的工程做法和技术传统，至于这些集体的性质如何还有待研究。单从技术角度看，甲系列比较先进，因为椽子排列密集，屋顶的结构层比较牢固，导致屋面也比较牢固，例如 F30 的红烧土屋面倒塌后呈大块状；乙系列比较原始，因为椽子排列稀疏，椽间的空当子要用茅草作为填充材料，屋顶的结构层不太牢固，导致屋面也不太牢固，例如 F22 的红烧土屋面倒塌后呈小块状，甚至呈碎块状。当然，二者屋面红烧土块大小不同与烧成温度的高低也有一定关系，F30 屋檐红烧土块的烧成温度为 620℃，质地稍硬，不易破碎；F22 屋面红烧土块的烧成温度为 600℃，质地稍软，容易破碎。

（二）茅草屋面与红烧土屋面的关系

目前在第一期晚段和第二期的房址中都未见屋面红烧土块，推测都以茅草覆盖屋面。第三期的 F22 和 F30 都有红烧土屋面。由此可见，由茅草屋面演变为红烧土屋面经历了一个较长的发展过程，也就是说先出现红烧土墙壁，后出现红烧土屋面，因为烧烤屋面比烧烤墙壁要困难得多，先易后难合乎（烧烤技术的发展）规律。假定（未经模拟实验证明）红烧土屋面是人工烧烤而成的，红烧土屋面乃是新石器时代晚期最先进的一种屋面防水设施。至于单纯的茅草屋面都已经腐烂，因为茅草未与泥层接触，没有留下痕迹，所以难以发现，但是，F22 以茅草作为椽间空当子的填充材料（在红烧土屋面的下面留有茅草痕迹），应是茅草屋面的遗风，从中可以看到单纯茅草屋面的影子。

（三）长江两岸大溪文化红烧土房屋的共性

位于长江北岸的枝江市关庙山遗址，在大溪文化遗存中发现红烧土房址 25 座。其中，大部分是地面建筑，其优点是空气流通好、阳光充足、不太潮湿，进出方便，最适宜人们居住；半地穴建筑仅发现 1 座（F28），建造房基时用红烧土块做了防潮处理。位于长江南岸的宜都市红花套遗址，在大溪文化遗存中也发现红烧土房址，既有地面建筑，例如 F111 为长方形房址，也有半地穴建筑，例如 F301、F302 为圆形半地穴房址。两个遗址只有一江之隔，直线距离仅 40 千米，红烧土房屋的建筑形式和工程做法基本相同。

（四）建筑材料和适宜建造红烧土房屋的季节

人类的生存与自然环境有密切关系，多雨潮湿的环境影响人类的生存。人类要适应、利用和改造环境，大溪文化居民建造红烧土房屋就是适应、利用和改造环境的具体表现。

大溪文化红烧土房屋的建筑材料有两类：

第一类，天然的建筑材料。

以天然状态存在的建筑材料有土、木、竹、茅草、稻草及稻壳等，其中，前三种是主要材料，其余是辅助性材料。以天然材料建造红烧土房屋是先民利用环境的具体表现。

建筑所用的土有生土、熟土之分，主要用生土。生土取自聚落附近的黄色黏土、灰白色黏土，熟土取自日常活动区内的灰色土、灰褐色土。经过发掘得知：本遗址的文化层厚约3米，为熟土，夹杂大量文化遗物，如陶片等。1979年经过江汉油田钻井队在本遗址Ⅱ区西侧进行钻探得知，文化层之下的生黏土层（包括黄色黏土、灰白色黏土）厚达21米，生黏土层之下为含地下水丰富的鹅卵石及砂粒沉积层。生黏土广泛用于铺设屋内的垫层，构筑墙基，还加工成泥料用于构筑墙身、居住面、屋内设施和屋面。个别房址（如F22）抹居住面时在生黏土中掺和大量粉砂，粉砂应取自距离聚落稍远的河畔或湖畔。

木材产地，聚落西南边4千米的金家大山可能是其首选之地，此山南北长2千米，东西宽1.5千米，最高处海拔58米，现在仍是枝江市东部的一片林地，出产松、杉等。建房所用木材有圆木、半圆木、枋木之分，半圆木是将圆木劈裂成两半，枋木横断面呈方柱形，是将圆木劈裂后加工而成。较粗的圆木用作墙壁内和屋内的柱子以及屋顶上的脊檩、檩条。较细的圆木、半圆木用作墙壁内部的骨架、屋顶上的椽子。枋木用作正脊内部的骨架等。

竹材产地，聚落西北边3千米的施家岗一带可能是其首选之地，这里至今还盛产竹材。建房所用竹材有圆竹、半圆竹、竹片之分，半圆竹是将圆竹劈裂成两半，竹片是将圆竹劈裂成多片。较粗的圆竹应是毛竹（又称南竹），用作墙壁内部的柱子。较细的圆竹或半圆竹用作墙壁内部的骨架、屋顶上的椽子。竹片用作居住面之间的竹笆层或粘贴在外墙的抹面上，防止居住面或抹面在干燥收缩过程中开裂。

木材、竹材常配合在一起使用，以木材为主，竹材为辅。

茅草与稻草的共同点是都具有韧性。茅草与稻草的区别有两点：一是茅草所含的纤维素高于稻草；二是虽然茅草茎和稻草茎都是空心的，但是茅草茎的胎壁较厚，稻草茎的胎壁很薄。因此茅草茎比稻草茎要硬得多，其耐水性能比稻草要强得多，用茅草覆盖屋面不易被雨水沤烂，用稻草覆盖屋面则容易被雨水沤烂，史前先民选择茅草作为覆盖屋面的建筑材料，其原因就在于此。这里顺便说一下，至今海南省海口市石山镇农村有些房屋还用茅草覆盖屋顶，由于茅草硬度较大，当地农民将茅草称为“刚草”。大溪文化第一期晚段和第二期的房屋和第三期的F9应是用茅草覆盖屋面。第三期的F22用茅草作为椽间空当子的填充材料；F30将茅草粘贴在外墙上，防止墙壁在干燥收缩过程中开裂。

大溪文化居民以种植水稻作为主要生活来源。由于稻草和生稻壳都具有韧性，他们经常将稻草切割成截段和生稻壳作为“羼和料”掺和在黏土泥料中，用于构筑墙壁、抹居住面和屋面，稻草截段和生稻壳起筋骨拉力作用，可以防止泥料在干燥收缩过程中开裂。红烧土块内存有稻草和完整的稻壳痕迹。这里需要指出的是：建造房屋时都以生稻壳作为泥料中的羼和料，制作陶器时都以炭化稻壳作为泥料中的羼和料，二者泾渭分明。

第二类，人工制造的建筑材料。

红烧土是自然界原先没有的、人工制造的第一种建筑材料，建造红烧土房屋是先民改造环境的具体表现。红烧土有两种存在状态：

一种是整体的一次性的红烧土房屋构件。大溪文化居民利用经过加工的黏土泥料筑成特定形状的房屋构件，经过人工烧烤之后黏土发生了物理、化学变化，达到陶化的程度，成为整堵墙壁、整片居住面、整个屋内设施。红烧土房屋构件是砖瓦出现之前唯一的人工制造的建筑材料，在中国古代建筑史上占有一定的地位。

红烧土房屋构件与后世的砖瓦有两点区别：一是红烧土房屋构件的烧成温度、致密度和硬度往往低于砖瓦，具有原始性；二是红烧土房屋构件倒塌之后就成为形状不规则、大小不一的红烧土块，不能直接用红烧土块组装成整体的房屋构件，因此具有一次性。砖瓦的形状和大小规范化，可以直接用砖瓦组装成整体的房屋构件（墙壁、屋面、灶等），房屋倒塌后，可以将砖瓦拆下来，重新组装成整体的房屋构件。

另一种是房屋倒塌后产生的红烧土块。大溪文化居民将红烧土块“变废为宝”。由于红烧土块大小不一、形状不规则，不能直接用它组装成整体的房屋构件，只能用它填实墙基，夯实柱子与柱坑之间的空当子，铺设屋内居住面之下的垫层，或者直接用它铺设屋内的地面，屋外的散水、道路和场地，还用它作为黏土泥料中的“熟料”用于构筑墙体。由于“熟料”已经陶化，具有一定的硬度和强度，可以防止墙体在成型过程中往下坍塌；还由于“熟料”受热时膨胀系数较小，可以防止墙体在烧烤过程中开裂。

秋季气温适宜、气候干燥，有利于房屋构件所用的泥料干燥透彻、然后进行烧烤。秋季又是砍伐木材、竹材和割取茅草的最佳季节。F30:125、126 墙壁红烧土块（见图 3－1－39，7、4）上的树叶印痕应是人们正在筑墙时，“秋风扫落叶”将树叶吹来，飘落在墙壁上所致。由此推测，秋季是适宜建造红烧土房屋的季节。

（五）建造房屋时所用的工具

砍伐和加工木材、竹材的工具有石斧、石楔、石锛、石刀等。石斧用于砍伐木材、竹材。石楔可以插入圆木的裂缝之内，然后敲击石楔的顶部，将圆木劈裂（实际上是胀裂）成半圆木或方木。石楔的形状与石斧相近，石斧当中有一些可能是砍伐与劈裂两用的工具，因此石楔与石斧难以区分。石锛用于加工枋木，使其表面显得平整。石刀用于加工半圆竹、竹片、竹篾。运土的工具有竹筐等，F9:4 墙壁红烧土块（见图 3－1－32，2）上留有竹筐底部的印痕。在墙壁、居住面、屋顶上抹泥的工具应是木质的抹子，F22:85 屋面红烧土块（见图 3－1－57，7）上面留有一道道细密的呈弧线状的抹泥痕迹。抹子的形状可能是剥去树皮、两端呈圆头状的木棍，F30:45、46 屋面红烧土块（见图 3－1－44，7；图 3－1－45，1）上留有圆头状木棍抹子的印痕。有时徒手抹泥，F30 若干屋面红烧土块和屋檐红烧土块上留有一道道手指抹痕。大溪文化的居民使用简陋的工具，甚至徒手抹泥，建造起一座座红烧土房屋。

（六）红烧土房屋的工程做法

从建筑分类学上讲，红烧土房屋属于土木建筑范畴。土质构件以红烧土的形式留存至今，木竹构件虽已消失，但在红烧土上留有若干痕迹。所谓“工程做法”系指先民采用哪些方法将红烧土房屋建造起来。现在从两个方面阐明工程做法。

第一，土质构件的工程做法。包括构件复合成型法和构件二次烧烤法。

构件复合成型法。红烧土房屋是庞然大物，结构复杂，因为各部位的功能不同，对构件的要求有很大差异，所以在构件成型过程中采用了多种方法：烧土填筑法，用于填筑墙基；泥料垒筑法，用于垒筑墙身或墙身内部的墙体；泥料抹成法，用于抹成墙体上的抹面、屋内的居住面、屋顶上的“泥背顶”；泥片贴筑法，用于贴筑泥屋脊；企口接合法，用于泥屋脊各段之间、泥屋面各段之间的接合；模具成型法，用于泥屋脊成型，隔墙局部成型；烧土铺设法，用于铺设屋内的垫层，屋外的散水、道路和场地。上述方法中以烧土填筑法、泥料垒筑法、泥料抹成法、烧土铺设法为主。多种成型方法结合起来使用，总称为构件复合成型法。

构件二次烧烤法。墙壁竖立在地面上，不会烧垮，屋顶是架空的，如果烧烤方法不当，就会烧垮，因此推测分两次烧烤：第一次在墙壁、居住面及屋内设施成型之后进行烧烤；第二次在“泥背顶”成型之后进行烧烤。两次总称为构件二次烧烤法，也就是说成型→烧烤→再成型→再烧烤，成型与烧烤交替进行，并非（墙壁、居住面及屋内设施与“泥背顶”）连续成型、（这些构件）一起烧烤。

第二，木竹构件的工程做法。由于没有直观的实物形象，研究的难度较大。

研究木竹构件的工程做法时，应当跳出单个痕迹的小圈子，站在高处，“俯视”全部痕迹，将各种痕迹连贯起来思索，查明隐藏在痕迹背后的真相，对其工程做法做出正确的判断。具体做法有两个步骤：首先要辨认是什么构件遗留的痕迹，例如（墙体内部的）木柱、竹柱、半圆木、圆木、枋木，（屋顶结构层上的）正脊、圆木椽、半圆木椽、圆竹椽的痕迹，还有茅草、竹篾、麻绳的痕迹。然后推断各种构件的关系，从而得知其工程做法。辨认正确是推断正确的前提。例如用横向圆竹夹住纵向半圆木，再用麻绳绑扎在一起，固定在木柱上，形成墙体内部的骨架；用茅草作为圆木椽之间的填充材料，用半圆竹压住茅草，再用竹篾或细麻绳将半圆竹与茅草绑扎在一起，固定在圆木椽上，形成屋顶的结构层。

大溪文化层内出土了大、中型石凿（见图3-5-43），小型石凿（见图3-5-44），圭形石凿（见图3-5-45），从理论上讲，建房时可用石凿在木质构件上凿孔，采用榫卯接合的方法，但是至今未见木质构件上凿孔、榫卯接合的痕迹，因此绘房址F30复原侧视示意图（见图3-1-46下图）、房址F22复原侧视示意图（见图3-1-58下图）时，都绘成正脊、檩条架设在屋内木柱上端的枝杈上，再用绳索绑扎在一起。今后考古工作者应当注意大溪文化房屋构件上有无凿孔、榫卯接合的痕迹。

从目前掌握的资料来看，建房时在墙壁内部骨架和屋顶结构层上都经常采用麻绳绑扎法，将分散的木竹构件结合成牢固的整体。土质构件与木竹构件的关系是：如果说土质构件是“肉”，那么，木竹构件则是“龙骨”，对土质构件起支撑和承重作用，二者骨肉相连，互为依存，缺一不可。从总体上看，大溪文化的建房者灵活地运用木竹构件麻绳绑扎法、土质构件复合成型法和土质构件二次烧烤法，建成了一座座红烧土房屋，这就是红烧土房屋工程做法的内涵。

上述工程做法是红烧土房屋研究当中的重点和难点，值得考古工作者高度重视。

（七）红烧土房屋部分成因的探索

各文化、各遗址红烧土房屋的成因可能有所不同，需要具体分析。目前我国考古界对史前红烧土房屋的成因看法不一，大致有三种观点：一是被火烧毁[①]，二是人工烧烤[②]，三是出于某种习俗焚毁房屋[③]。各文化各遗址的情况有所不同，其成因不能一概而论。然而，就关庙山遗址而言，大量事实表明，大溪文化红烧土房屋的墙壁和居住面及屋内设施肯定都是人工烧烤而成的。至于红烧土屋面是否人工烧烤而成目前尚难断定，这是红烧土房屋建筑技术中的“奥秘”，还有待探索，本报告只将屋面红烧土块如实地报道出来，对其成因问题未下结论。假定屋面也是人工烧烤所致，就应当采用二次烧烤法：第一次只烧烤墙壁、居住面及屋内设施；第二次是在屋内竖立木柱，覆盖屋顶的木竹结构层，在结构层上面抹泥形成“泥背顶”之后，在“泥背顶”上面进行烧烤。还必须像烧制陶器那样等待房屋构件都干燥透彻之后再进行烧烤，开始要用文火（比较弱的火），然后逐渐加大火力。烧烤墙壁和居住面时烧成温度的上限可以达到900℃；烧烤“泥背顶”时必须将烧成温度的上限控制在600℃左右，既要使“泥背顶”变成红烧土屋面，又不致将屋顶的木竹结构层烧毁，导致屋顶坍塌，二者达到矛盾的统一，其难度很大。如果现在考古工作者和科技工作者一起做（仿建红烧土房屋的）模拟实验时，设想也应采用二次烧烤法，通过模拟实验发现问题、解决问题。

（八）建筑技术与制陶技术的关系

这个问题涉及以下三个方面。

第一，红烧土房屋建筑技术当中有若干是从制陶技术中“移用”过来的，具体表现如下：一部分红烧土房屋构件以生稻壳和稻草截段作为“羼和料”，起筋骨拉力作用，这种原料制备工艺是从夹炭陶的原料制备工艺中“移用”过来的，房屋构件中的生稻壳形状依旧，稻草截段依然呈短条状，但是，夹炭陶中却用炭化稻壳作为“羼和料”，并且已被揉成头发渣状或粉末状。有些房屋（如第一期晚段的S46、第三期的F22）在屋内的抹面上粉刷黄泥浆，这种粉刷墙壁的工艺是从涂刷陶衣的工艺中“移用”过来的，粉刷墙壁之后都未经磨光，但是，涂刷陶衣之后都要经过磨光。红烧土房屋的墙壁和居住面及屋内设施的烧烤技术是关键性技术，它决定了红烧土房屋能否建造成功，这种烧烤技术是从烧制陶器的技术中“移用”过来的，由于房屋构件的体积大、胎壁厚，各部位烧烤的程度（包括烧成温度和硬度）会有差异，但是，陶器的体积小、胎壁薄，烧制后各部位烧制的程度基本相同。第四期F24的居住面经过烧烤和渗碳成为黑色烧土居住面，其渗碳方法是从陶器的渗碳工艺中“移用”过来的，房屋构件渗碳只见于第四期，是个别现象，具有偶然性，但是，陶器渗碳是各期常见的现象。上述表现说明，红烧土房屋建筑技术与制陶技术之间既有若干共同点和相近点，又有明显差别。据此可以说：如果当时的建房者不熟悉制陶技术（或没有制陶者参与建房），就难以建成红烧土房屋，但是，“移用”制陶技术并不是死板地抄袭制陶技术，而是根据房屋建筑的实际情况灵活地运用制陶技术。

第二，建造红烧土房屋与制陶的经营方式不同，具体表现如下：第三期屋檐红烧土块F30∶116（见图3－1－45，2）上有完整的田螺壳印痕1个；墙壁红烧土块F30∶112（见图3－1－38，3）

① 巩启明、严文明：《从姜寨早期村落布局探讨其居民的社会组织结构》，《考古与文物》1981年第1期。
② 杨鸿勋：《中国早期建筑的发展》，《建筑历史与理论》第一辑，江苏人民出版社，1980年。
③ 李新伟：《再论史前时的弃屋居室葬》，《考古》2007年第5期。

和 F30:105（见图 3-1-38，5）上都含有个别陶片。这些田螺壳和陶片应是建房者在房址附近不干净的地面上和泥时无意中混入的。这表明先民对建造红烧土房屋所用的泥料要求不太严格，即使混入一部分“熟土”（熟土内含有田螺壳、陶片等杂质）也没有什么关系。与此相反，先民制作陶器时，对所用的泥料要求比较严格，其主要原料（黏土）必须是生黏土，不能用“熟土”，除人工加入适量的“羼和料”（炭末、蚌壳末、砂粒）外，不宜含有其他杂质。如果说建造红烧土房屋这种庞然大物属于“粗放经营”，那么，制作陶器这种小型器物则属于“集约经营”。由于二者的经营方式不同，所得产品的质地（结构的性质）也有明显差别，因此不能将红烧土称为陶器。

第三，红烧土房屋属于土木建筑范畴，确切地说，是土木建筑当中的一种特殊形态，具体表现如下：若干红烧土块上留有木、竹、茅草、绳索等痕迹以及手指抹痕、工具抹痕或压痕等现象，这些痕迹和现象都是红烧土与木竹结构接触或结合时遗留下来的，是红烧土上特有的痕迹和现象，它们能够反映出（实物已经消失、再也看不见摸不着的）墙壁内部木竹骨架、屋顶上木竹结构层的状况，可以利用这些痕迹和现象来解释红烧土房屋的建筑形式、工程做法和工艺流程，因此十分宝贵、极其重要，值得特别关注。本报告如实地、详细地报道了这些痕迹和现象，并且用比例尺、比例规、三角板从各个不同角度进行测量，将红烧土块绘成俯视、仰视、侧视、剖视等线图，在线图上按照比例具体地表现出红烧土块的形状、各种痕迹和现象，这种研究方法在国内考古界尚属首次采用。

总之，红烧土房屋是建筑技术与制陶技术巧妙结合的产物，考古工作者应当运用考古学、建筑学和制陶工艺学知识对红烧土房屋进行综合研究，多学科互相渗透配合，根据红烧土上遗留的痕迹和现象，探明红烧土房屋建筑的工程做法和工艺流程，终将揭破“奥秘”、露出真相，本报告在这方面大胆地进行了尝试。

（九）红烧土房屋建筑技术的源流

红烧土房屋起源于新石器时代中期。湖南临澧县胡家屋场①一处残房基硬面，含有较多的铁锰结核、细砂、碎石屑和陶末，其东缘铺垫有大量红烧土碎块。残存 11 个柱洞呈直角形排列。岳阳坟山堡一座房址房基面由黄黏土和少量红烧土、木炭屑铺垫而成，室内分设 2 个火塘。这两处遗存均属皂市下层文化。皂市下层文化晚于彭头山文化、早于大溪文化，其绝对年代约在公元前 5900 年至前 5500 年之间。

到新石器时代晚期，在大溪文化遗址中常见红烧土房址，以湖北枝江市关庙山遗址和宜都市红花套遗址最典型。关庙山遗址的红烧土房屋始见于大溪文化第一期晚段，出现红烧土的墙壁和居住面，以 F34 为代表。第三期出现红烧土屋面，以 F22 和 F30 为代表；有些屋内柱坑周壁出现红烧土抹面。此期红烧土房屋的数量多，分布广，质量好。这表明第三期是红烧土房屋建筑技术繁荣鼎盛的时期。第四期居住面和屋内柱坑的烧烤技术有所发展。在屈家岭文化晚期地层中发现疑残（红烧土）房址 F23（见图 4-1-9）。

在江汉地区，红烧土房屋建筑技术延续到新石器时代末期（即铜石并用时代）的石家河文

① 湖南省文物考古研究所：《湖南临澧县胡家屋场新石器时代遗址》，《考古学报》1993 年第 2 期。

化，其绝对年代约在公元前 2500 年至前 2000 年之间。湖北石首市走马岭城址发现红烧土房址 1 座，为一曲尺形多间地面建筑①；天门市石家河遗址群的罗家柏岭遗址发现一组规模庞大、形制复杂的红烧土建筑遗迹②。

如上所述，红烧土房屋上起皂市下层文化，下至石家河文化，前后约达 3900 年，是新石器时代中期、晚期和末期房屋建筑的显著特征之一，在新石器时代晚期达到发展高峰，以关庙山遗址大溪文化的红烧土房屋和安徽蒙城县尉迟寺遗址大汶口文化晚期的红烧土排房③最具代表性。红烧土房屋在中国古代建筑史上占有一定的地位。

（一〇）建造房屋时的奠基习俗

建造房屋是聚落内部的大事，要举行奠基仪式，然后将一些奠基物如生产工具、生活用具或其他物品埋入垫层或墙基之内。

第一期晚段 F34 的 3 号柱坑北边墙脚之下埋入木杵 1 根作为奠基物，木杵是与陶臼配套使用的舂米工具。

第二期的 F3 西墙基东侧一个圆坑内埋入完整的陶釜 1 件作为奠基物。F33 东南角的红烧土垫层中埋入石斧 4 件作为奠基物。S35 东北部的红烧土垫层中埋入 11 件陶器作为奠基物：有圈足碗 5 型Ⅰ式 2 件，豆 2 型Ⅲ式 1 件、5 型Ⅰ式 2 件、6 型Ⅰ式 1 件，圈足盆 2 型Ⅰ式 1 件，杯 1 型Ⅲ式 1 件、1 型Ⅳ式 1 件，釜 1 型 2 件。

第三期的 F1 西墙脚内埋入筒形瓶 1 型Ⅳ式 3 件作为奠基物；北墙脚内埋入亚洲象臼齿 1 颗作为奠基物，以象臼齿奠基在中国尚属首次发现。F26 东墙基南端外侧之下挖成椭圆形锅底状坑 1 个，埋入圈足罐 5 型Ⅳ式 1 件作为奠基物；在北隔墙东端的墙基内横卧筒形瓶 1 型Ⅰ式 1 件作为奠基物；在屋内 18 号柱坑北侧的地面之下挖成椭圆形锅底状坑 1 个，埋入人头形红烧土 1 件作为奠基物，在中国亦属首次发现。

第四期 F10 的红烧土垫层上挖成小坑 3 个，共埋入陶器 5 件作为奠基物：细颈壶 2 型 4 件，曲腹杯 1 件。还直接用红烧土块掩埋平底罐 1 型Ⅴ式 1 件，圜底罐 1 件作为奠基物。F24 在南北向小隔墙西侧的垫层内埋入完整的石斧 6 件作为奠基物；在火塘东北 70 厘米处的垫层上，挖成奠基坑 1 个，埋入曲腹杯 3 型Ⅱ式 3 件作为奠基物，3 件形制相同、大小不同，套在一起。

（一一）屋主人放置在房屋内外的器物

第三期 F22 东北部居住面上放置圈足碗 7 型Ⅲ式 1 件，曲腹杯 3 型Ⅱ式 2 件，平底罐 6 型 2 件，在 40 号平底罐内藏有小石锛、骨针、麂角各 1 件，这些应是女子的缝纫用具。西南散水上集中放置圈足盘 6 型Ⅴ式 1 件，空心陶球 1 件，石斧 2 件。上述器物都是屋主人使用过的。其中平底罐 6 型是第三期的典型器物，是断代的标准器。F30 储藏所南埂北侧放置大石斧 1 件；储藏所北侧居住面上放置平底罐 4 型、甑 3 型Ⅰ式、圈足盘 7 型Ⅵ式各 1 件；储藏所东北角放置器盖 6 型Ⅳ式

① 荆州博物馆、石首市博物馆、武汉大学历史系考古专业：《湖北石首市走马岭新石器时代遗址发掘简报》，《考古》1998 年第 4 期。

② 湖北省文物考古研究所、中国社会科学院考古研究所：《湖北石家河罗家柏岭新石器时代遗址》，《考古学报》1994 年第 2 期。

③ 中国社会科学院考古研究所、安徽省蒙城县文化局：《蒙城尉迟寺》（第二部），科学出版社，2007 年。

1 件；南火塘东部放置器盖 8 型Ⅰ式 1 件；中火塘东埂外侧放置器盖 6 型Ⅳ式 1 件。上述器物都是屋主人使用过的。

第四期 F24 火塘东北 10 厘米处的居住面上挖成小坑 1 个，并排放置圈足碗 17 型Ⅰ式 1 件，17 型Ⅳ式 2 件，这些圈足碗应是屋主人使用过的饮食器具。

上述房屋内外放置的器物都是屋主人使用过的，真实地反映出先民的生活情景。

四　灰坑和灰沟的分期、内涵

灰坑和灰沟分期的内涵体现在三个方面：一是形状，二是工程做法和使用功能，三是出土的陶器群。其中后两个方面是主要内涵。

共有灰坑 143 个、灰沟 8 条，它们是分布在各期房屋周围的附属设施。

［一］第一期早段的灰坑

只发现灰坑 3 个。

（一）灰坑的形状

有圆形、弧壁、平底灰坑 2 个，即 H13、H14；圆形、锅底状灰坑 1 个，即 H144。

（二）灰坑的工程做法和使用功能

3 个灰坑都很浅，挖成后坑壁未经仔细加工，坑内填土为灰色松土或黄褐色松土，含有生活废弃物和毁坏的陶器，这些灰坑应是生活垃圾坑。

（三）灰坑内出土的陶器群①

典型单位有 H13、H144，出土陶器群的情况如下：

H13，出土圈足碗 6 型Ⅰ式 1 件（H13∶6，图 6－2－3，1），三足盘下半身 1 件（H13∶12，图 6－2－3，3），圈足钵 2 型Ⅰ式 1 件（H13∶9，图 6－2－3，4），釜口沿 1 件（H13∶14，图 6－2－3，5），小口广肩罐上半身 2 件（H13∶10、15，见图 3－4－109，2、3），器座 4 型Ⅳ式 2 件（H13∶5，图 6－2－3，2；H13∶8，见图 3－4－136，16），器盖 1 型Ⅲ式上半身 1 件（H13∶7，见图 3－4－143，5）。

H144，出土圈足碗 4 型Ⅱ式上半身 2 件（H144∶5、6）、11 型Ⅰ式 1 件（H144∶1，图 6－2－4，1）、11 型Ⅱ式 1 件（H144∶2，图 6－2－4，2），三足盘残器 1 件（H144∶9，图 6－2－4，6），圈足罐 2 型肩腹部 2 件（H144∶17、18），釜口沿肩部 1 件（H144∶11，见图 3－4－117，7），小口广肩罐上半身 1 件（H144∶10，图 6－2－4，5），器盖 1 型Ⅲ式 1 件（H144∶4，图 6－2－4，3）。

［二］第一期晚段的灰坑和灰沟

发现灰坑 19 个，灰沟 3 条。

---

① 关于器物群需要说明四点：第一，统计件数时只包括陶质器皿，不包括陶球、陶纺轮等；第二，只包括出土陶器数量较多或较重要的典型单位出土器物；第三，在典型单位的陶器组合图当中，由于第一期早段出土陶器太少，除完整和可复原的器物外，还包括一部分残片，第一期晚段至第四期出土陶器较多，只选用完整或可复原的器物。在陶器组合图上可以横向看到器物之间的共存关系；第四，一部分陶器尚未包括在典型单位陶器组合图之内，标明这些陶器“见图×××”，供读者检索。

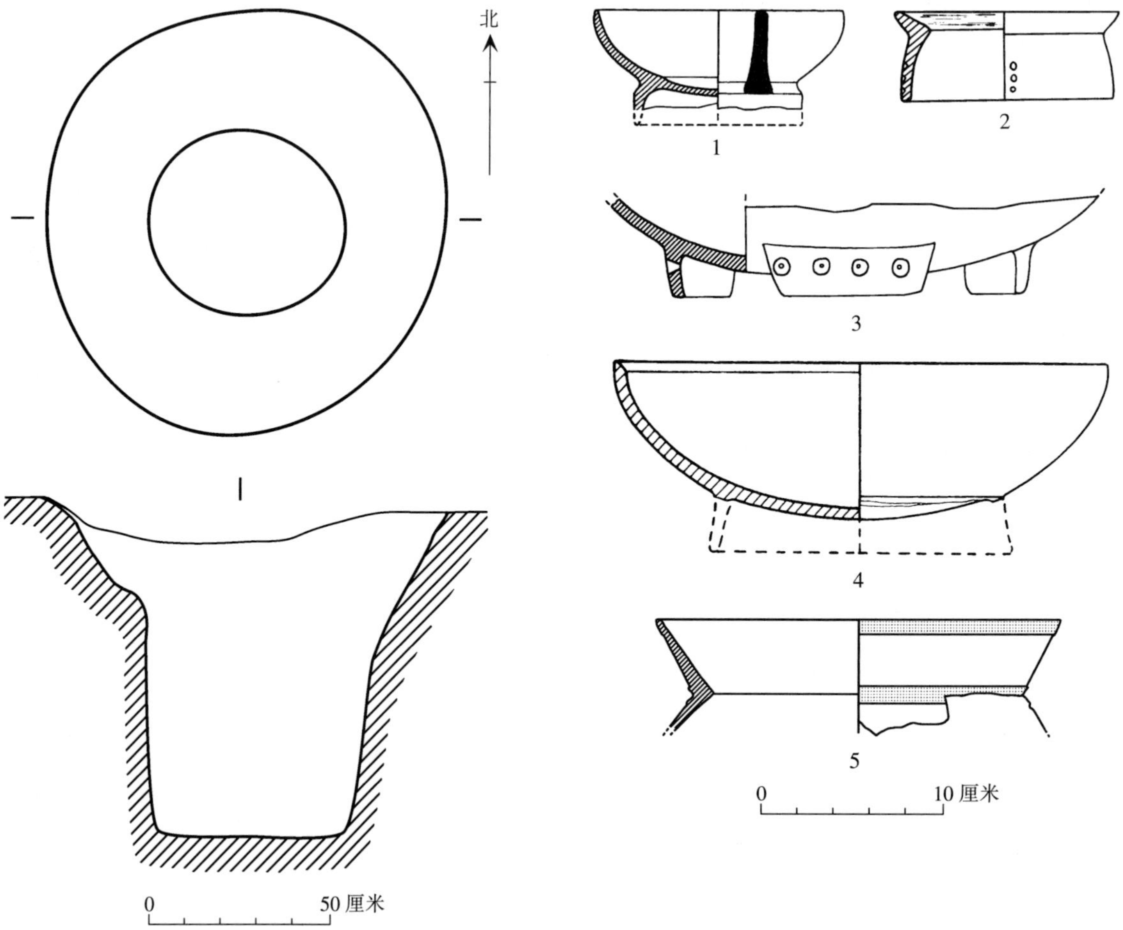

图6－2－3　第一期早段灰坑H13平面、剖视图和出土陶器组合图

1. 圈足碗6型Ⅰ式（H13∶6）　2. 器座4型Ⅳ式（H13∶5）　3. 三足盘（H13∶12）　4. 圈足钵2型Ⅰ式（H13∶9）　5. 釜（H13∶14）

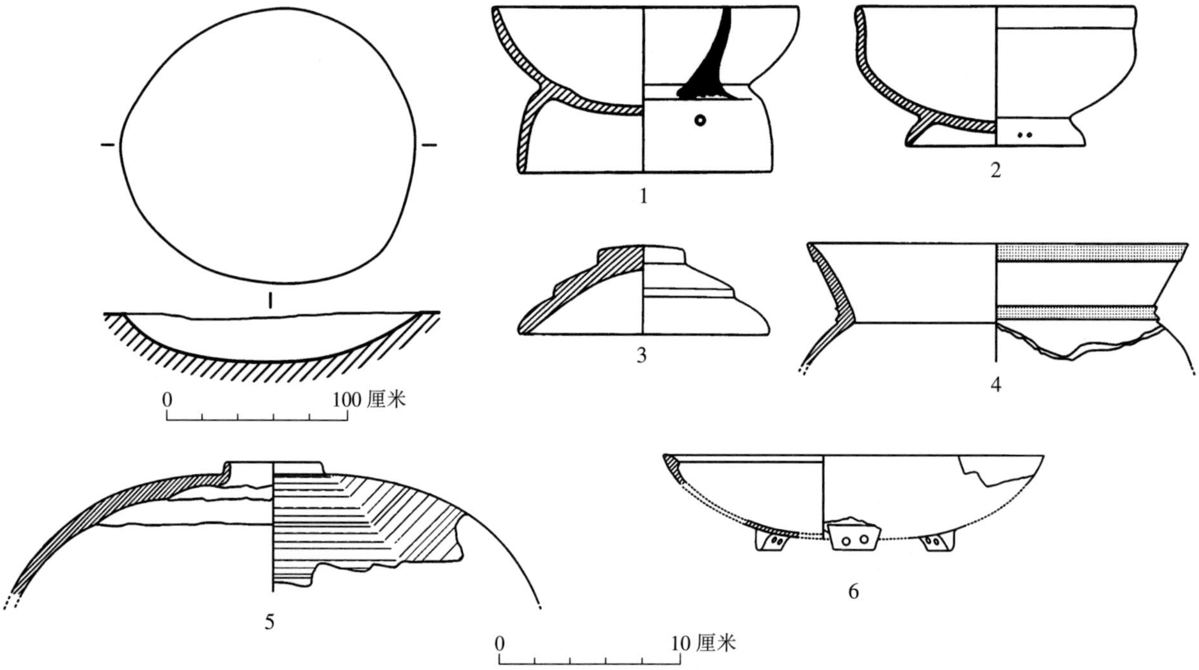

图6－2－4　第一期早段灰坑H144平面、剖视图和出土陶器组合图

1. 圈足碗11型Ⅰ式（H144∶1）　2. 圈足碗11型Ⅱ式（H144∶2）　3. 器盖1型Ⅲ式（H144∶4）　4. 釜（H144∶11）　5. 小口广肩罐（H144∶10）　6. 三足盘（H144∶9）

（一）灰坑和灰沟的形状

有长方形、直壁、平底灰坑4个，即H160、H161、H170、H182；圆形、弧壁或斜壁或凹壁、平底灰坑4个，即H145、H155、H175、H181；椭圆形、直壁、平底灰坑2个，即H167、H169；椭圆形、斜壁或弧壁、平底灰坑2个，即H162、H166；椭圆形、锅底状灰坑2个，即H57、H159；凹腰形、坑底中部有隔梁灰坑2个，即H168、H172；不规则形灰坑3个，即H178、H183、H184。

有长条形、弧壁、平底灰沟1条，即G1；长条形、壁近直、底不平灰沟1条，即G8；长条形、直壁、平底灰沟1条，即G9。

（二）灰坑与灰沟的工程做法和使用功能

圆形灰坑H175（见图3-2-4，2）的坑壁经过仔细修整，表面光滑。凹腰形灰坑H168（见图3-2-10，1）、H172（见图3-2-10，2）挖坑时都在坑底中部故意留成一道隔梁，隔梁两边可以储藏不同物品。上述灰坑原先都应作为窖穴使用。

灰沟G1（见图3-2-13，1）位于聚落日常活动区的东部边缘，经考古队钻探得知，它还向东边的未发掘区延伸，已发掘部分沟口东西长20.50米，沟底东西长20.25米，是本遗址目前所见最长的一条灰沟。可分三段，东、西两段较宽，中段较窄，平面呈凹腰形。西段南、北两壁呈缓坡状，西壁呈陡坡状；中段和东段的南壁呈缓坡状，北壁呈陡坡状。沟底从西向东呈缓坡状逐渐降低。这表明G1是一条在天然水沟基础上经过人工修整的排水沟，局部呈陡坡状是人工修整所致。

灰沟G8（见图3-2-13，2）位于聚落中心区北部，已发掘部分东西长2.60米，底部凹凸不平，西端为一个圆坑，从剖面上看，好像一把勺子，推测是一条渗水沟，西端的圆坑是渗水井。

（三）灰坑和灰沟内出土的陶器群

典型单位有G1、G9，出土陶器群的情况如下：

G1，出土圈足碗1型Ⅲ式2件（G1:73、78，见图3-4-13，8、6）、8型Ⅲ式1件（G1:74）、10型Ⅱ式1件（G1:57），碟1型Ⅲ式1件（G1:104）、1型Ⅳ式1件（G1:75，图6-2-5，6），三足盘3型Ⅱ式1件（G1:63，图6-2-5，5），圜底大盆1型1件（G1:108，见图3-4-72，2），圈足钵1型1件（G1:51，见图3-4-80，5），圈足罐1型Ⅰ式1件（G1:55，图6-2-5，7），圜底罐2型Ⅰ式1件（G1:53，图6-2-5，1），釜2型Ⅳ式1件（G1:76，图6-2-5，2），鼎3型Ⅱ式残器1件（G1:100，见图3-4-119，1），器座3型Ⅲ式1件（G1:103，图6-2-5，3）、3型Ⅳ式1件（G1:101，见图3-4-133，13），器盖2型Ⅰ式1件（G1:69，见图3-4-143，6）、2型Ⅱ式1件（G1:68，图6-2-5，4）、5型Ⅰ式1件（G1:102，图6-2-5，8）。

G9，出土圈足碗1型Ⅰ式1件（G9:56，图6-2-6，1）、2型Ⅰ式1件（G9:4，图6-2-6，2），碟1型Ⅲ式1件（G9:6），圈足钵1型3件（G9:1、2，见图3-4-80，3、8；G9:3，图6-2-6，3）。

［三］第二期的灰坑和灰沟

发现灰坑62个，灰沟3条。

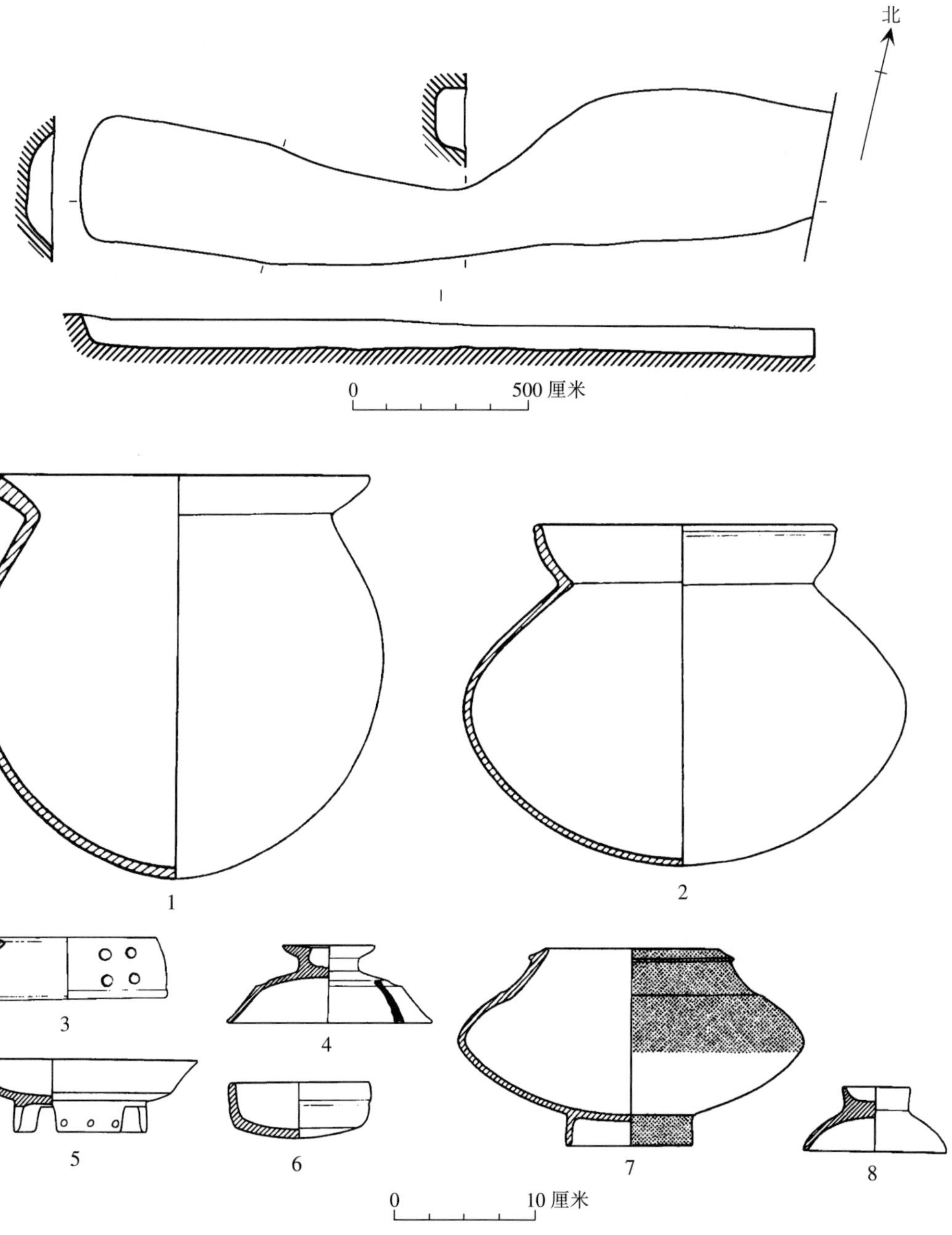

图6-2-5 第一期晚段灰沟G1平面、剖视图和出土陶器组合图

1. 圜底罐2型Ⅰ式（G1:53） 2. 釜2型Ⅳ式（G1:76） 3. 器座3型Ⅲ式（G1:103） 4. 器盖2型Ⅱ式（G1:68） 5. 三足盘3型Ⅱ式（G1:63） 6. 碟1型Ⅳ式（G1:75） 7. 圈足罐1型Ⅰ式（G1:55） 8. 器盖5型Ⅰ式（G1:102）

（一）灰坑的形状

有长方形、直壁、平底灰坑12个，即H22、H24、H25、H27、H100、H142、H148、H150、H152、H164、H165、H179；长方形、弧壁或斜壁、平底灰坑3个，即H118、H149、H156；长方形、弧壁或直壁、圜底灰坑2个，即H49、H158；长方形、袋状、平底灰坑1个，即H151；圆形、直壁、平底灰坑4个，即H20、H21、H131、H146；圆形、斜壁、平底灰坑2个，即H18、H177；圆形、锅底状灰坑11个，即H2、H43、H45、H47、H48、H50、H53、H121、H134、H135、H137；圆形、袋状、近似平底灰坑1个，即H113；椭圆形、直壁、平底灰坑3个，即H19、

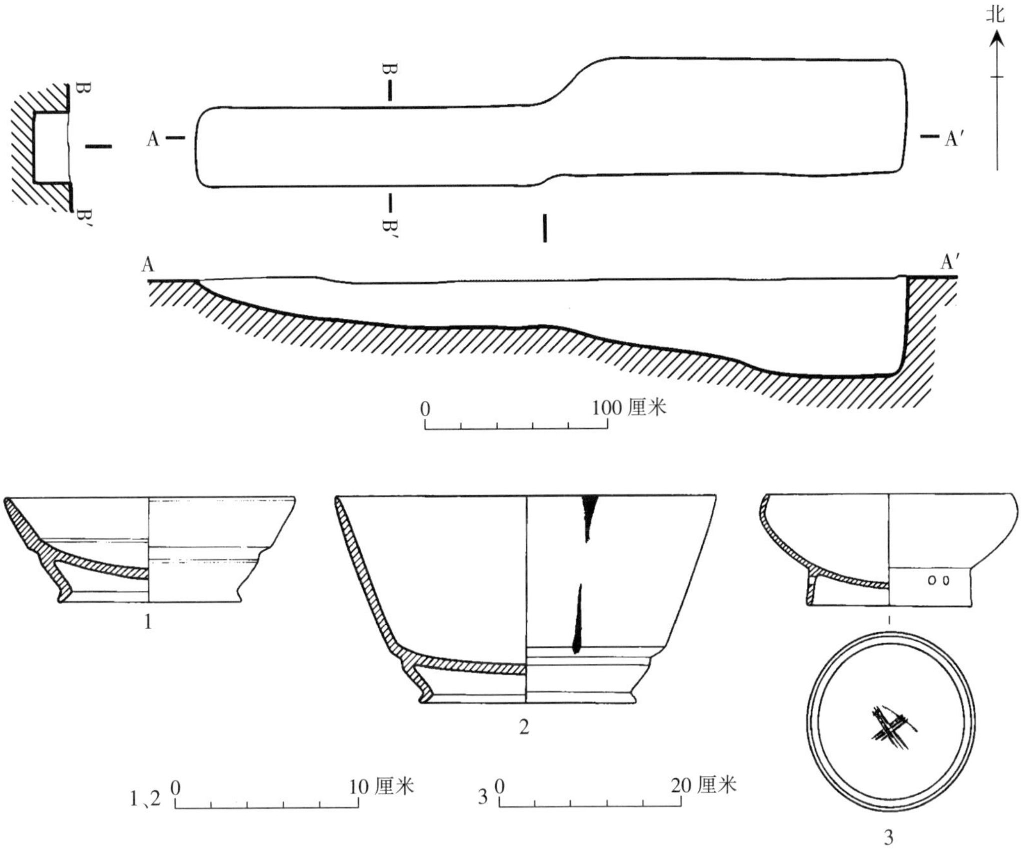

图 6－2－6　第一期晚段灰沟 G9 平面、剖视图和出土陶器组合图

1. 圈足碗 1 型Ⅰ式（G9:56）　2. 圈足碗 2 型Ⅰ式（G9:4）　3. 圈足钵 1 型Ⅰ式（G9:3）

H28、H136；椭圆形、斜壁或弧壁、平底灰坑 4 个，即 H29、H123、H141、H153；椭圆形、锅底状灰坑 7 个，即 H12、H44、H102、H111、H114、H117、H171；椭圆形、袋状灰坑 2 个，即 H17、H30；半圆形、平底灰坑 1 个，即 H129；半圆形、锅底状灰坑 1 个，即 H138；不规则形灰坑 8 个，即 H7、H108、H112、H115、H116、H122、H132、H163。

有长条形、斜壁、平底灰沟 1 条，即 G2；不规则形、斜壁、平底灰沟 1 条，即 G5；不规则形、弧壁、平底灰沟 1 条，即 G6。

（二）灰坑与灰沟的工程做法和使用功能

值得注意以下四点：

第一，坑壁经过仔细修整。圆形灰坑 H113（见图 3－2－5，4），呈袋状，形状规整、坑壁经过仔细修整，原先应作为窖穴使用。

第二，坑壁、坑底设有抹面。长方形灰坑 H100（见图 3－2－1，2）的坑壁和坑底有抹面 1 层，用掺和少量红烧土渣的黄色黏土泥料抹成，坑壁抹面厚 3～6厘米，坑底抹面厚 5～10 厘米，未经烧烤。长方形灰坑 H148（见图 3－2－1，1）位于 H100 西边，二者相距 62 厘米，坑壁和坑底有抹面 1 层，坑壁抹面厚 4～8厘米，坑底抹面厚 4 厘米，做法与 H100 相同，未经烧烤。这两个灰坑是“姊妹坑”，应属于同一座房屋的附属设施。长方形灰坑 H158（见图 3－2－3，1）的坑壁和坑底都有抹面 1 层，用黄白色黏土泥料抹成，未经烧烤。以上灰坑都有未经烧烤的抹面，这种抹面是第二期新出现的，可以设想，坑口上应当有用木、竹、茅草等编成的坑盖，起遮蔽作用，假如没有坑盖，一旦下大雨，坑内积水，未经烧烤的抹面就会解体，会化成泥，因而前功尽弃。

第三，坑内有一些特殊设施。长方形灰坑 H142（见图 3－2－1，3），坑壁较整齐，挖坑时在坑底西部偏北故意留成一级台阶，呈圆角梯形，台面较平整，台阶上放置两块红烧土作为“垫脚石”，便于主人上下。半圆形灰坑 H129（见图 3－2－9，1），挖坑时在南壁故意留成一级台阶便于主人上下。这些灰坑原先都应作为窖穴使用。

第四，窖穴废弃后作为墓坑。长方形灰坑 H165（见图 3－2－1，4），废弃后作为婴儿瓮棺葬的墓坑，目前在本遗址只见这一例，在坑内底部偏东埋入一座瓮棺 W145，葬具为夹炭红陶圜底罐，罐内存有一具婴幼儿尸骨。不规则形灰沟 G6（见图 3－2－14，3），位于聚落中心区北部，平面类似侧卧人形，南北长 630 厘米，原先应作为窖穴使用，废弃后作为成年人的乱葬坑，目前在本遗址只见这一例，在沟内南部西侧出土成年人牙齿 1 颗，在牙齿以东 50 厘米处有一堆人骨腐朽后遗留的痕迹，直径约 35、厚 3 厘米，呈酱黄色，身首分离，应是非正常死亡的现象。

（三）灰坑和灰沟内出土的陶器群

典型单位陶器群的情况如下：

H113，出土圈足盘 3 型Ⅳ式 2 件（H113∶11、12）、4 型Ⅰ式 2 件（H113∶1，见图 3－4－39，3；H113∶9，图 6－2－7，1）、6 型Ⅰ式 1 件（H113∶10，图 6－2－7，2）、6 型Ⅱ式 1 件（H113∶22，见图 3－4－43，9），平底盆 2 型Ⅰ式 1 件（H113∶15，图 6－2－7，3），平底钵 6 型 1 件（H113∶35，图 6－2－7，5），曲腹杯 3 型Ⅱ式 1 件（H113∶24，图 6－2－7，4），器盖 8 型Ⅱ式 1 件（H113∶5，见图 3－4－152，8）、9 型Ⅳ式 3 件（H113∶3、18、23，见图 3－4－153，11、9、12）、11 型Ⅰ式 1 件（H113∶13，图 6－2－7，7）。

H141，出土圈足碗 3 型Ⅲ式 1 件（H141∶16，图 6－2－8，1）、6 型Ⅱ式 1 件（H141∶9，图 6－2－8，2），圈足盘 4 型Ⅰ式 1 件（H141∶5，图 6－2－8，3）、4 型Ⅱ式 1 件（H141∶3，图 6－2－8，4）、6 型Ⅱ式 2 件（H141∶6，图 6－2－8，5；H141∶12，见图 3－4－44，5）、6 型Ⅴ式 1 件（H141∶13，见图 3－4－46，4），豆 1 型Ⅱ式 1 件（H141∶14，图 6－2－8，6），簋 2 型Ⅰ式 2 件（H141∶1，图 6－2－8，8；H141∶11，见图 3－4－65，4）、2 型Ⅳ式 1 件（H141∶20，图 6－2－8，7），瓮 1 型Ⅱ式 1 件（H141∶22，见图 3－4－127，5），器盖 5 型Ⅹ式 1 件（H141∶4，图 6－2－8，9）、10 型Ⅰ式 1 件（H141∶2，图 6－2－8，10）。

H153，出土圈足碗 3 型Ⅳ式 1 件（H153∶6，图 6－2－9，1）、13 型Ⅰ式 1 件（H153∶1，图 6－2－9，3），圈足盘 4 型Ⅲ式 1 件（H153∶5，图 6－2－9，2），豆 1 型Ⅰ式 2 件（H153∶2、4，图 6－2－9，4、5）。

H102，出土圈足碗 3 型Ⅱ式 1 件（H102∶58，图 6－2－10，1）、6 型Ⅲ式 1 件（H102∶54，图 6－2－10，2）、11 型Ⅱ式 1 件（H102∶59，见图 3－4－23，9）、11 型Ⅲ式 1 件（H102∶46，图 6－2－10，3），圈足盘 1 型 1 件（H102∶61，见图 3－4－36，2），圜底大盆Ⅰ型 1 件（H102∶119，图 6－2－10，6），杯 1 型Ⅱ式 1 件（H102∶48，图 6－2－10，4），尊Ⅰ式 1 件（H102∶151，图 6－2－10，5）。H102 显示出本期陶器有一个显著特点：一部分器物向大型、厚胎、粗犷（如圜底大盆）的方向发展，另一部分器物向小型、薄胎、精细（如彩陶圈足碗和单耳杯）的方向发展。两部分

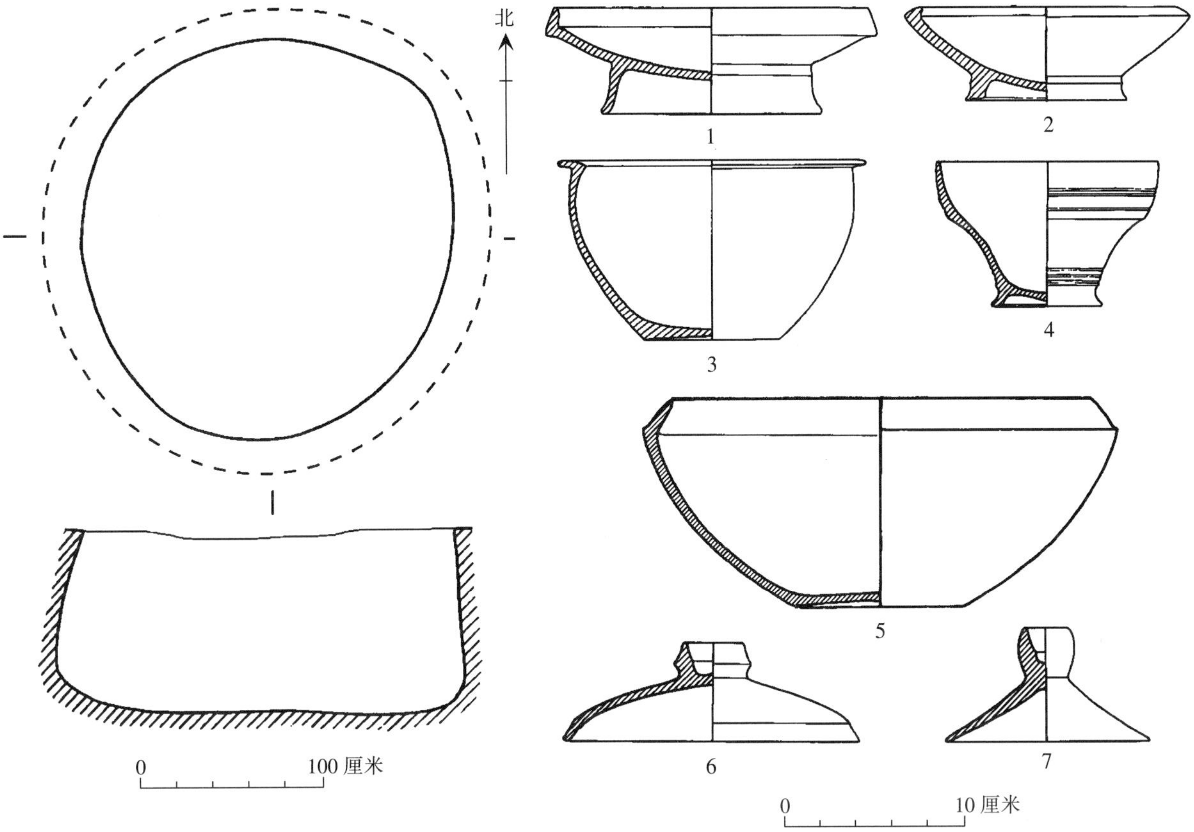

图 6－2－7　第二期灰坑 H113 平面、剖视图和出土陶器组合图

1. 圈足盘 4 型 Ⅰ 式（H113∶9）　2. 圈足盘 6 型 Ⅰ 式（H113∶10）　3. 平底盆 2 型 Ⅰ 式（H113∶15）　4. 曲腹杯 3 型 Ⅱ 式（H113∶24）　5. 平底钵 6 型（H113∶35）　6. 器盖 9 型Ⅳ式（H113∶18）　7. 器盖 11 型 Ⅰ 式（H113∶13）

器物相差悬殊、对比强烈，应是由不同的制陶者分别制作的，这表明第二期的制陶者之间出现了分工现象。分工协作有助于制陶技术的发展。

H112，出土圈足碗 15 型Ⅴ式 1 件（H112∶6，见图 3－4－28，10）、16 型 2 件（H112∶4、5，见图 3－4－29，1、2），簋 2 型 Ⅰ 式 1 件（H112∶2，图 6－2－11，2），平底钵 4 型 Ⅰ 式 1 件（H112∶1，图 6－2－11，3），杯 4 型Ⅳ式 1 件（H112∶9，图 6－2－11，4），器座 4 型Ⅳ式 1 件（H112∶7，图 6－2－11，5）。

H148，出土圈足盘 6 型Ⅰ式 1 件（H148∶4，图 6－2－12，1）、6 型Ⅲ式 1 件（H148∶2，图 6－2－12，2）、6 型Ⅵ式 1 件（H148∶3，见图 3－4－47，2），豆 1 型Ⅱ式 1 件（H148∶1，见图 3－4－59，2），器盖 9 型Ⅳ式 1 件（H148∶6，图 6－2－12，3）、11 型Ⅱ式 1 件（H148∶5，图 6－2－12，4）。

G5，出土圈足碗 13 型Ⅰ式 1 件（G5∶21，图 6－2－13，1）、13 型Ⅱ式 1 件（G5∶14，图 6－2－13，2），碟 2 型 Ⅱ 式 1 件（G5∶130，图 6－2－13，4），圈足盘 4 型 Ⅰ 式 1 件（G5∶5）、5 型 Ⅰ 式 1 件（G5∶11，见图 3－4－41，1）、6 型 Ⅲ 式 1 件（G5∶10，图 6－2－13，3），三足盘 4 型 1 件（G5∶19，图 6－2－13，5），簋 2 型Ⅳ式 2 件（G5∶16，图 6－2－13，6；G5∶96，见图 3－4－66，6），圈足罐 5 型 Ⅲ 式 2 件（G5∶18、27，见图 3－4－98，7、10），平底罐 1 型 Ⅱ 式 1 件（G5∶6，见图 3－4－100，7），器座 3 型Ⅵ式 1 件（G5∶59，见图 3－4－134，14），器盖 9 型Ⅲ式 1 件（G5∶95，见图 3－4－153，4）。

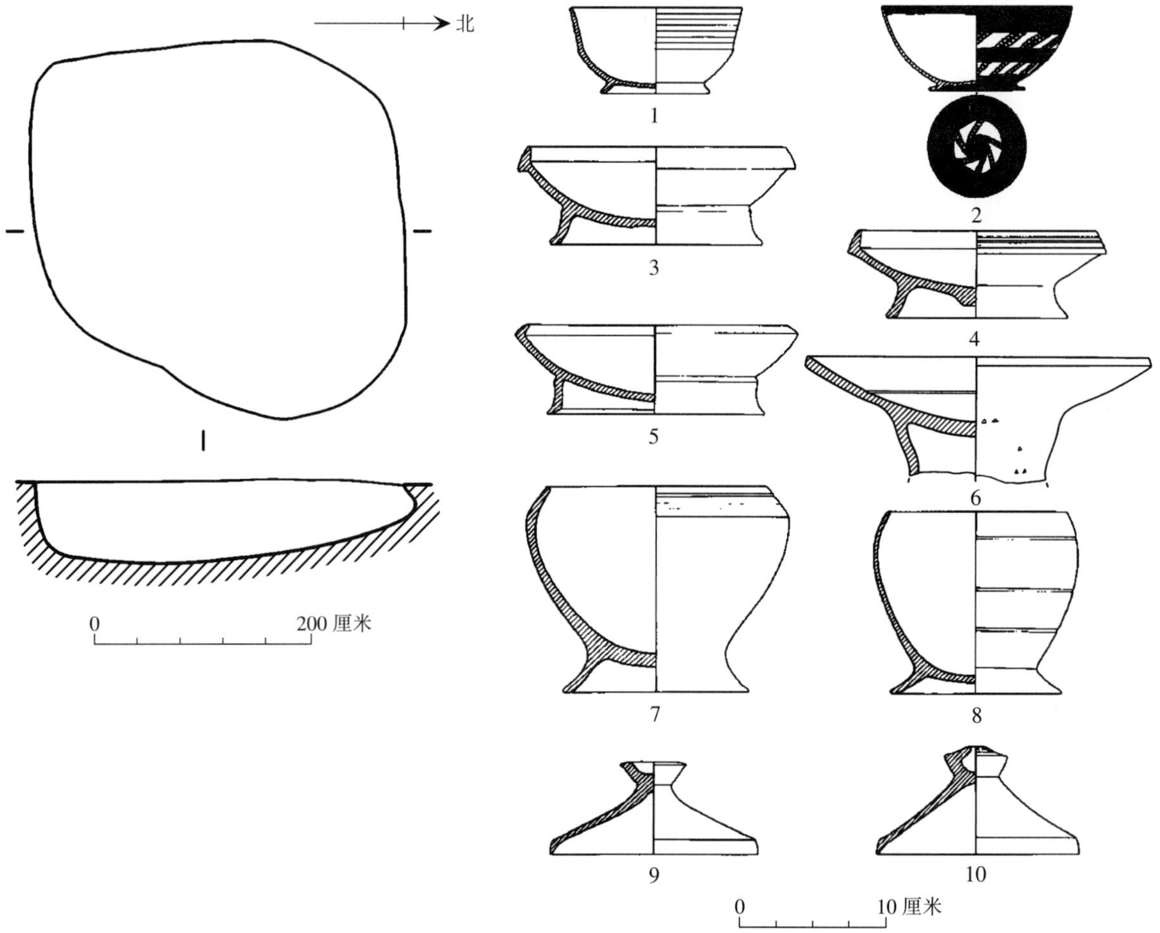

图6-2-8　第二期灰坑H141平面、剖视图和出土陶器组合图

1. 圈足碗3型Ⅲ式（H141:16）　2. 圈足碗6型Ⅱ式（H141:9）　3. 圈足盘4型Ⅰ式（H141:5）　4. 圈足盘4型Ⅱ式（H141:3）　5. 圈足盘6型Ⅱ式（H141:6）　6. 豆1型Ⅱ式（H141:14）　7. 簋2型Ⅳ式（H141:20）　8. 簋2型Ⅰ式（H141:1）　9. 器盖5型Ⅹ式（H141:4）　10. 器盖10型Ⅰ式（H141:2）

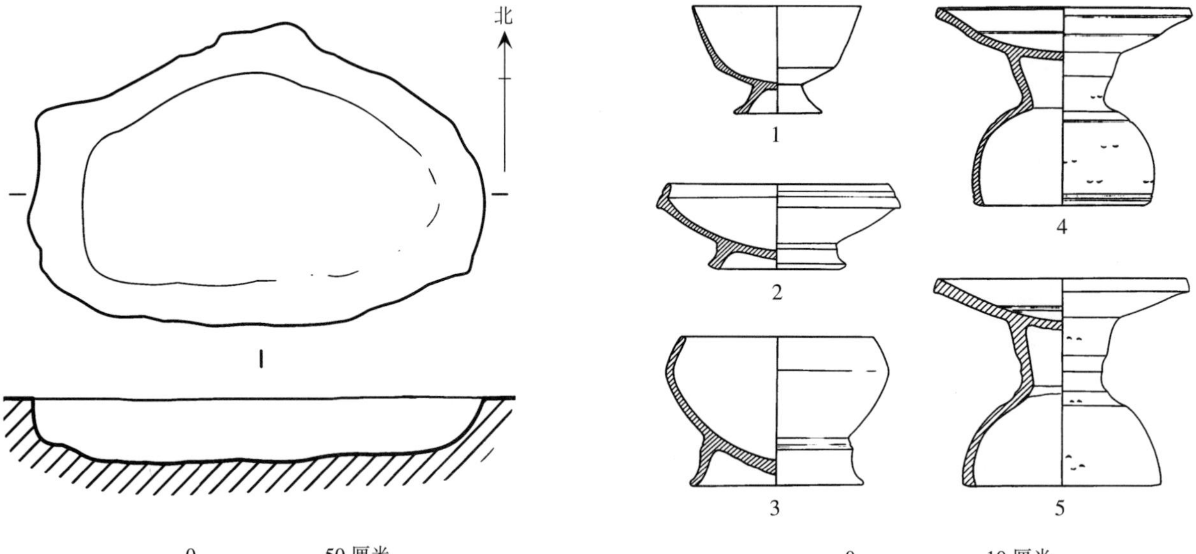

图6-2-9　第二期灰坑H153平面、剖视图和出土陶器组合图

1. 圈足碗3型Ⅳ式（H153:6）　2. 圈足盘4型Ⅲ式（H153:5）　3. 圈足碗13型Ⅰ式（H153:1）　4. 豆1型Ⅰ式（H153:2）　5. 豆1型Ⅰ式（H153:4）

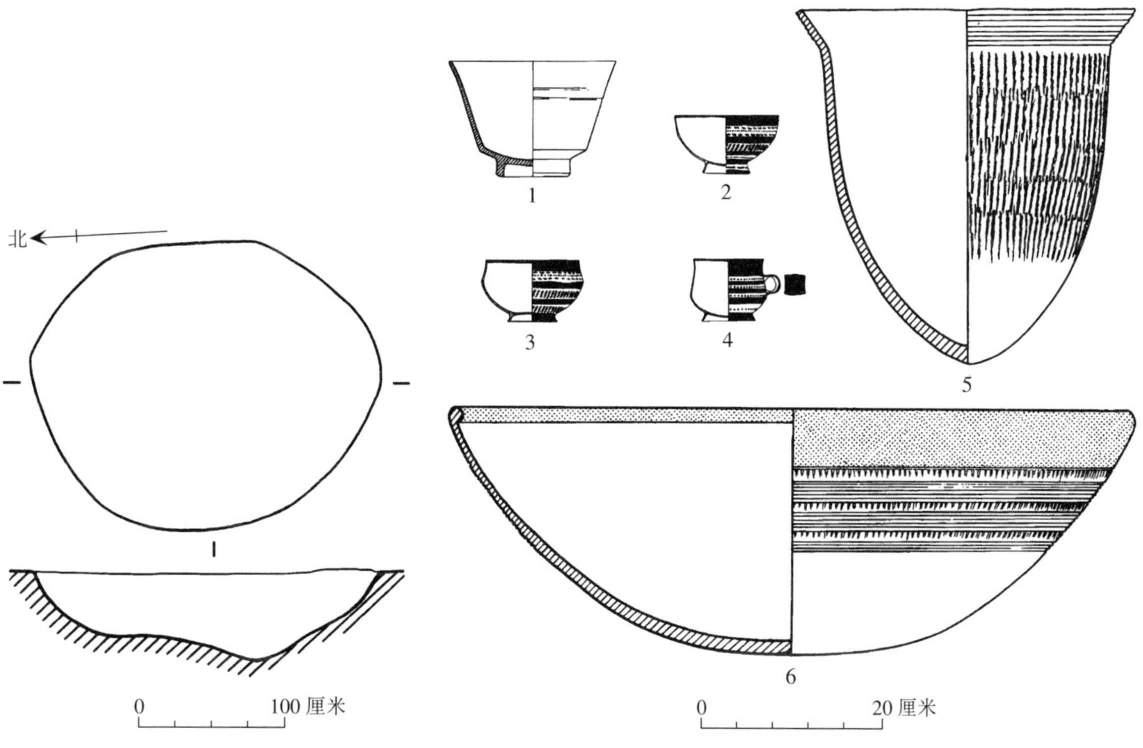

图 6－2－10　第二期灰坑 H102 平面、剖视图和出土陶器组合图

1. 圈足碗 3 型Ⅱ式（H102∶58）　2. 圈足碗 6 型Ⅲ式（H102∶54）　3. 圈足碗 11 型Ⅲ式（H102∶46）　4. 杯 1 型Ⅱ式（H102∶48）　5. 尊Ⅰ式（H102∶151）　6. 圜底大盆Ⅰ型（H102∶119）

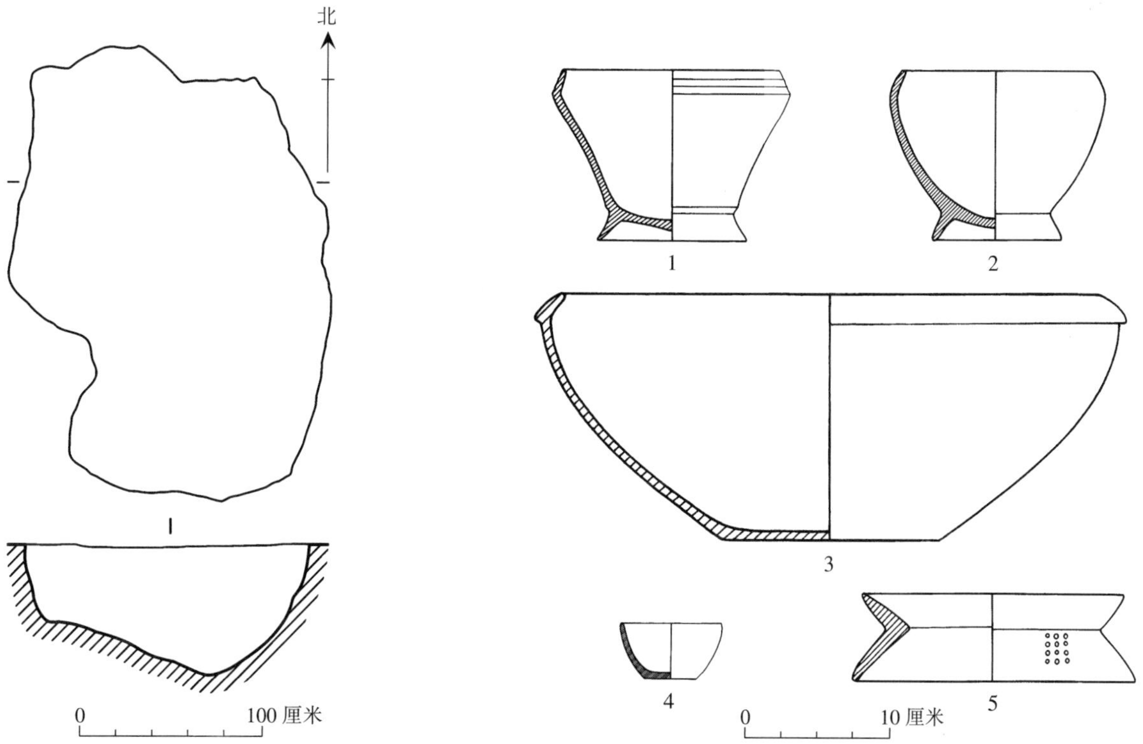

图 6－2－11　第二期灰坑 H112 平面、剖视图和出土陶器组合图

1. 圈足碗 16 型（H112∶5）　2. 簋 2 型Ⅰ式（H112∶2）　3. 平底钵 4 型Ⅰ式（H112∶1）　4. 杯 4 型Ⅳ式（H112∶9）　5. 器座 4 型Ⅳ式（H112∶7）

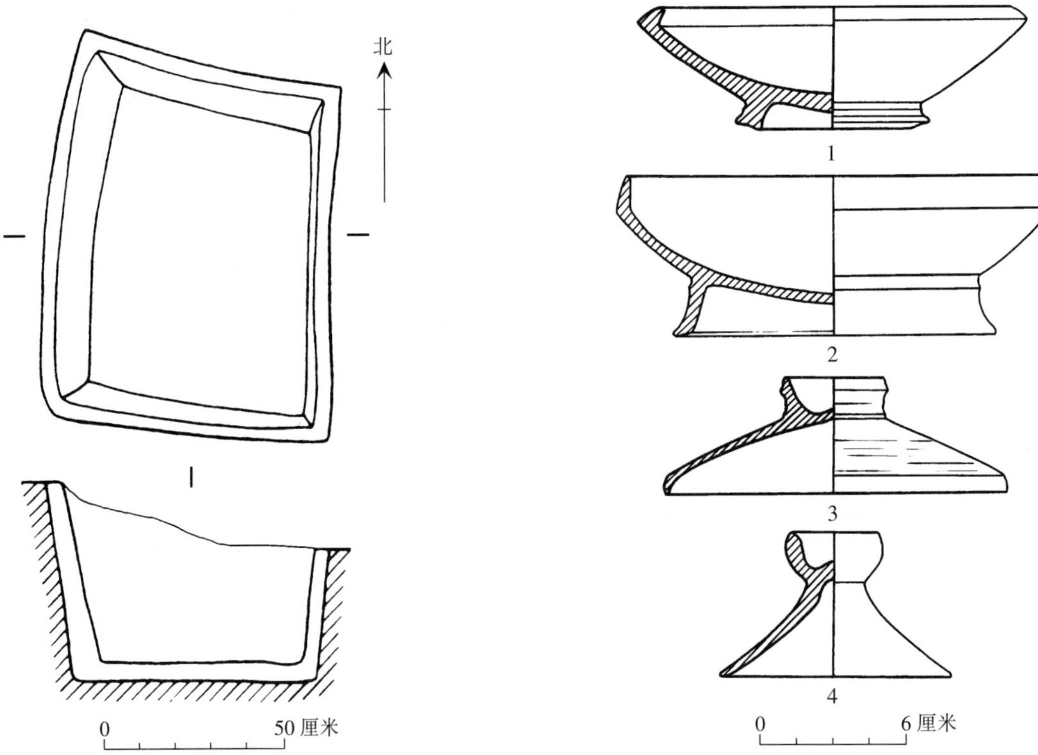

图 6-2-12　第二期灰坑 H148 平面、剖视图和出土陶器组合图

1. 圈足盘 6 型 Ⅰ 式（H148∶4）　2. 圈足盘 6 型 Ⅲ 式（H148∶2）　3. 器盖 9 型 Ⅳ 式（H148∶6）　4. 器盖 11 型 Ⅱ 式（H148∶5）

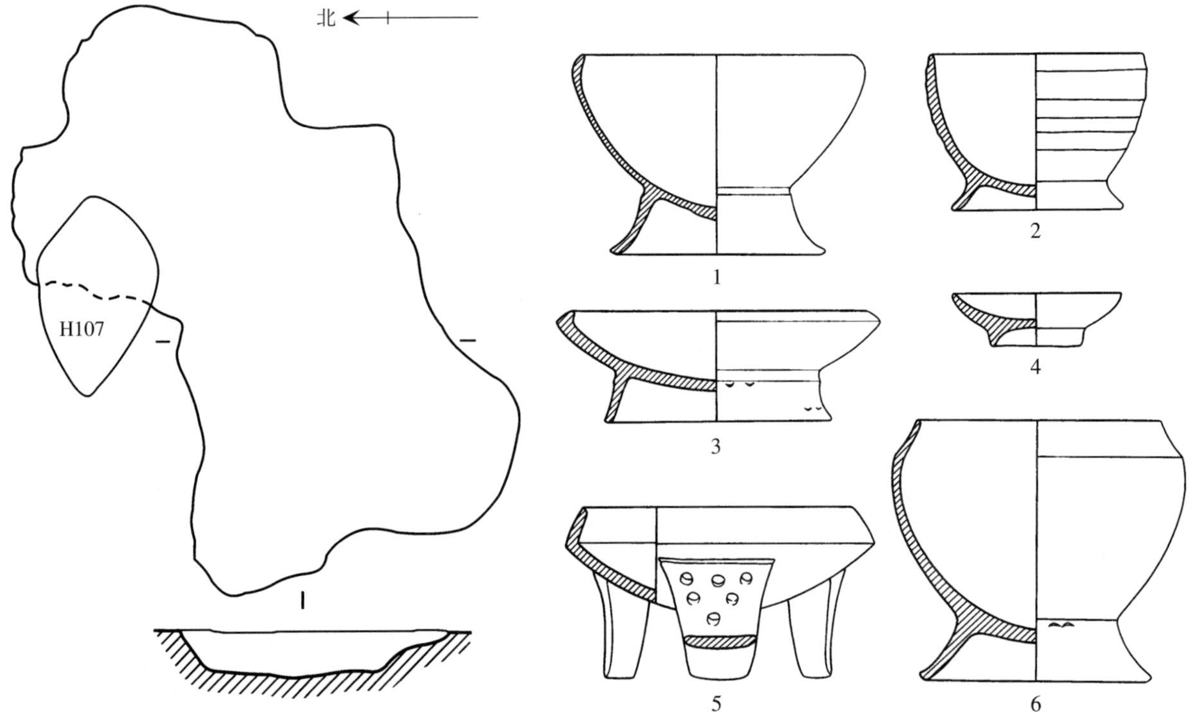

图 6-2-13　第二期灰沟 G5 平面、剖视图和出土陶器组合图

1. 圈足碗 13 型 Ⅰ 式（G5∶21）　2. 圈足碗 13 型 Ⅱ 式（G5∶14）　3. 圈足盘 6 型 Ⅲ 式（G5∶10）　4. 碟 2 型 Ⅱ 式（G5∶130）　5. 三足盘 4 型（G5∶19）　6. 簋 2 型 Ⅳ 式（G5∶16）

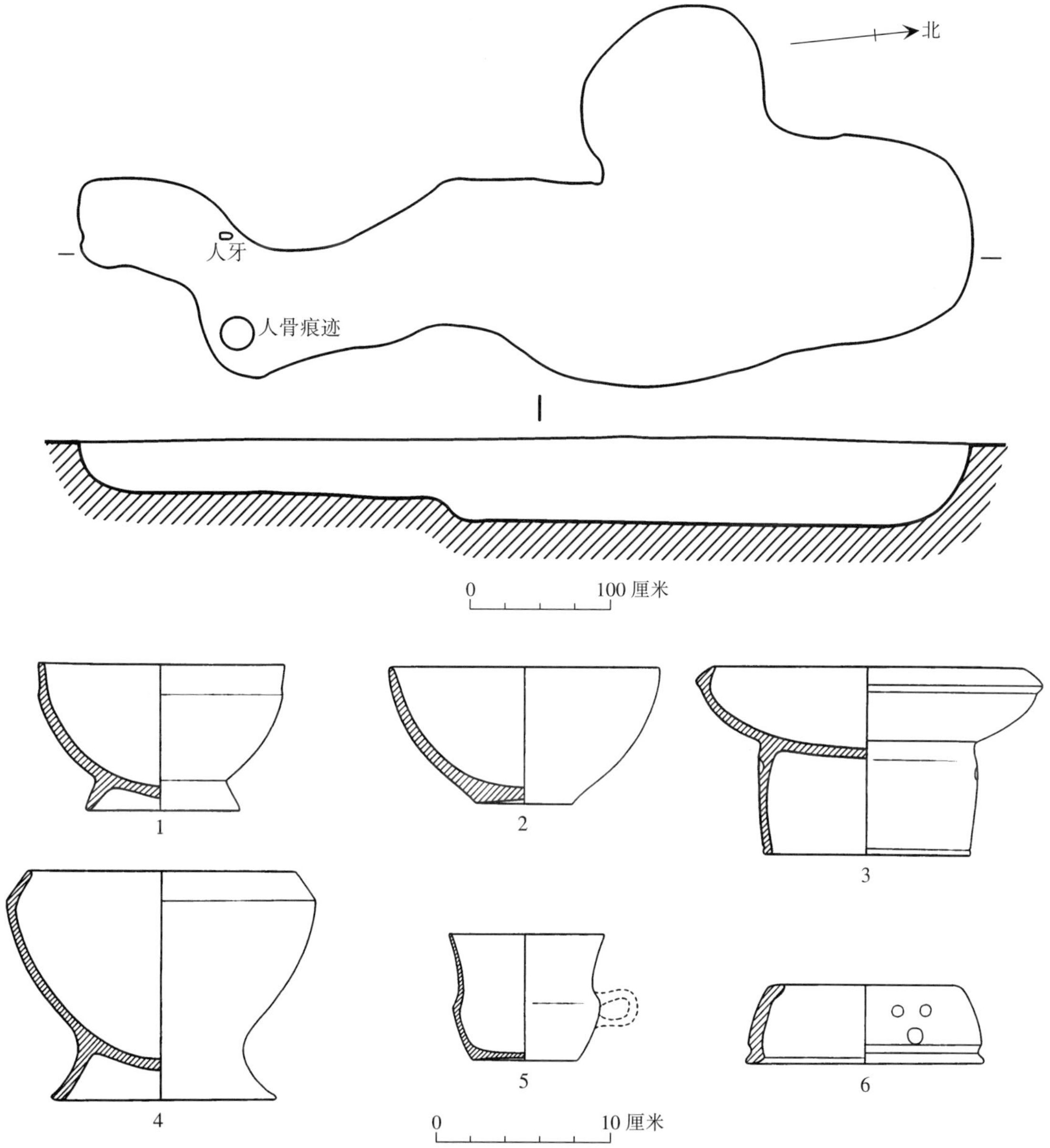

图6－2－14 第二期灰沟G6平面、剖视图和出土陶器组合图

1. 圈足碗11型Ⅱ式（G6:7） 2. 平底碗1型Ⅱ式（G6:13） 3. 豆5型Ⅱ式（G6:2） 4. 簋2型Ⅱ式（G6:16）
5. 杯3型（G6:4） 6. 器座3型Ⅴ式（G6:17）

G6，出土圈足碗7型Ⅰ式2件（G6:11、12，见图3－4－19，12、2）、11型Ⅱ式1件（G6:7，图6－2－14，1），平底碗1型Ⅱ式1件（G6:13，图6－2－14，2），豆5型Ⅱ式1件（G6:2，图6－2－14，3），簋2型Ⅱ式1件（G6:16，图6－2－14，4），杯3型1件（G6:4，图6－2－14，5），器座3型Ⅴ式1件（G6:17，图6－2－14，6），器盖13型1件（G6:18，仅存盖纽，见图3－4－155，7）。

［四］第三期的灰坑

发现灰坑43个。

（一）灰坑的形状

有长方形、直壁、平底灰坑3个，即H41、H91、H120；长方形、弧壁或斜壁、平底灰坑4个，即H95、H105、H109、H128；长方形、弧壁或直壁、圜底灰坑2个，即H97、H101；圆形、斜壁或弧壁、平底灰坑3个，即H1、H5、H96；圆形、锅底状灰坑9个，即H16、H36~H39、H42、H104、H126、H139；椭圆形、直壁、平底灰坑1个，即H133；椭圆形、斜壁或弧壁、平底灰坑2个，即H56、H188；椭圆形、锅底状灰坑4个，即H4、H87、H92、H94；半圆形、锅底状灰坑1个，即H103；菱形、弧壁、平底灰坑2个，即H106、H107；菱形、锅底状灰坑1个，即H110；凸字形灰坑1个，即H189；不规则形灰坑10个，即H73、H88、H89、H98、H99、H119、H124、H130、H140、H190。其中半圆形、菱形、凸字形的灰坑是本期新出现的，以凸字形灰坑最特殊。

（二）灰坑的工程做法和使用功能

值得注意以下五点：

第一，坑壁设有抹面。不规则形灰坑H119（见图3-2-12，2）的西壁和坑底都有抹面1层，用黄色黏土泥料抹成，厚3~4厘米，未经烧烤。长方形灰坑H105（见图3-2-2，2）的东壁有贴附层，用掺和少量红烧土块的灰色黏土泥料筑成，厚20~40厘米，其顶面有厚5厘米的黏土抹面，未经烧烤。北壁贴附层用掺和大量红烧土渣的黏土泥料筑成，厚10~20厘米，其顶面有厚2厘米的黏土抹面，经过烧烤成为红烧土抹面。此坑的抹面呈现由不烧烤向烧烤过渡的状态。红烧土抹面是第三期新出现的，这是进步的表现，它具有加固、保护窖穴和防潮的作用，从而增强了储藏物品的功能。

第二，坑底铺设红烧土层。H105坑底用红烧土渣掺和少量灰色黏土铺成，厚2厘米，起防潮作用。菱形灰坑H110（见图3-2-9，4）的坑口南北长690、东西宽406厘米，坑自深170厘米，是一个大型窖穴，坑底普遍铺一层红烧土块，起防潮作用，在红烧土层内埋入完整的彩陶筒形瓶1型Ⅱ式1件（H110:80，见图3-4-88，5）作为奠基物，可见主人对此窖穴相当重视。

第三，坑内有一些特殊设施。长方形灰坑H109（见图3-2-2，3）挖坑时在东壁北部故意留成一级台阶便于主人上下。长方形灰坑H128（见图3-2-2，4）挖坑时在南壁故意留有二层台，宽60、深30、高60厘米，作为台阶使用，便于主人上下。凸字形灰坑H189（见图3-2-10，3）的坑口呈圆角长方形，西北—东南长530厘米，东北—西南宽310~410厘米；坑底呈不规则形，西北—东南长约500厘米，东北—西南宽210~260厘米；坑自深105厘米；坑东部设有一条甬道，西北—东南长395厘米，东北—西南宽130~280厘米，甬道底部由西至东呈斜坡状上升，东端放置大块红烧土作为台阶，便于主人上下。此灰坑全长925厘米，是目前在本遗址所见规模最大、设施最完备的一个窖穴，应是某座大型房屋的附属设施。

第四，坑内留有储存食品的遗迹。椭圆形灰坑H94（见图3-2-8，1）在坑底中央先垫一层厚5厘米的土，再放置完整的平底盆2型Ⅰ式1件（H94:1，见图3-4-69，4），盆口上用器盖8型Ⅱ式1件（H94:4，见图3-4-152，5）盖严，但是已经被压碎；盆内存有许多破碎的兽骨，表明此灰坑原来应是储存肉类食品的窖穴。圆形灰坑H104（见图3-2-9，2右）在坑中央接近底部扣放陶簋2型Ⅳ式1件（H104:2），其腹部外表刻划似龟纹图案，器内留有鱼骨，此灰坑原来可能是用于存储鱼龟类食品的窖穴。

第五，窖穴上方应设有雨棚。半圆形灰坑 H103（见图 3－2－9，2 左）的坑底中央挖成一个圆形柱坑，口径 40、深 6 厘米，这是在柱坑内竖立木柱，在窖穴上方设有雨棚的遗迹，雨棚的结构比一般的坑盖要复杂一些。

（三）灰坑内出土的陶器群

典型单位陶器群的情况如下：

H95，出土圈足盘 9 型Ⅲ式 1 件（H95∶1，图 6－2－15，1），曲腹杯 4 型Ⅰ式 1 件（H95∶2，图 6－2－15，2），器盖 5 型Ⅲ式 1 件（H95∶5，图 6－2－15，3）、8 型Ⅰ式 1 件（H95∶3，图 6－2－15，4）。

H96，出土圈足盘 5 型Ⅰ式 1 件（H96∶5，见图 3－4－40，12）、6 型Ⅳ式 1 件（H96∶6，图 6－2－16，1），豆 3 型Ⅰ式 1 件（H96∶9，见图 3－4－60，5），平底钵 5 型 1 件（H96∶11，图 6－2－16，3），平底罐 5 型 1 件（H96∶13，图 6－2－16，5），器座 7 型Ⅳ式 1 件（H96∶10，图 6－2－16，6），器盖 6 型Ⅱ式 1 件（H96∶1，图 6－2－16，4）、18 型Ⅱ式 2 件（H96∶14、17，见图 3－4－157，8、7）。

H110，出土圈足盘 7 型Ⅱ式 1 件（H110∶6），平底钵 2 型Ⅰ式 1 件（H110∶93，图 6－2－17，1）、5 型 1 件（H110∶96，图 6－2－17，2）、7 型Ⅰ式 1 件（H110∶95，图 6－2－17，3），曲腹杯 1 型Ⅲ式 1 件（H110∶97，图 6－2－17，4），筒形瓶 1 型Ⅱ式 1 件（H110∶80，图 6－2－17，5），甑 3 型Ⅰ式 1 件（H110∶15，图 6－2－17，8）、4 型Ⅰ式 1 件（110∶117，见图 3－4－123，3），器座 8 型Ⅱ式 1 件（H110∶111，图 6－2－17，6），器盖 15 型Ⅱ式 1 件（H110∶94，图 6－2－17，7）。

H87，出土圈足碗 7 型Ⅱ式 1 件（H87∶2，图 6－2－18，1），圈足盘 9 型Ⅱ式 1 件（H87∶8），豆 3 型Ⅰ式 1 件（H87∶4，图 6－2－18，2），筒形瓶 1 型Ⅳ式 2 件（H87∶5，图 6－2－18，3；H87∶7，见图 3－4－89，3），器盖 5 型Ⅳ式 1 件（H87∶3，图 6－2－18，4）、6 型Ⅲ式 1 件（H87∶1，图 6－2－18，5）。

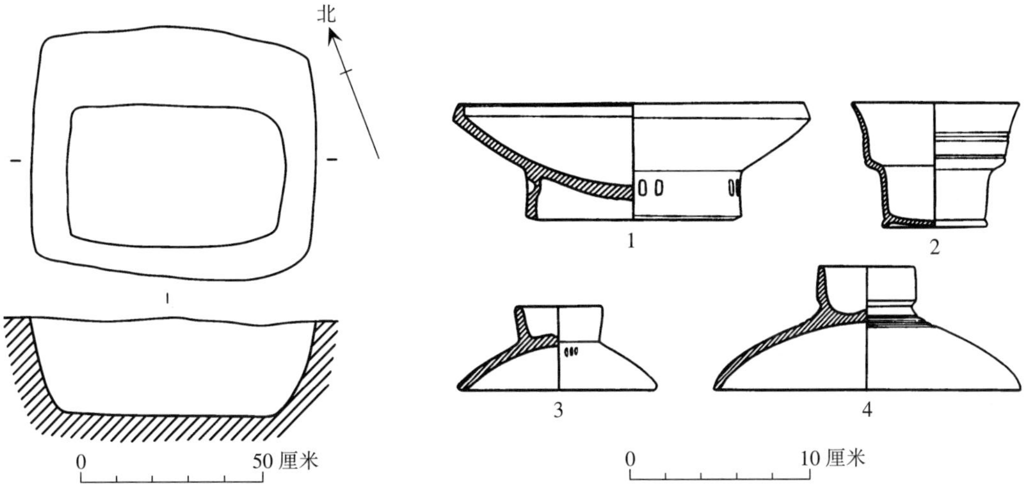

图 6－2－15　第三期灰坑 H95 平面、剖视图和出土陶器组合图

1. 圈足盘 9 型Ⅲ式（H95∶1）　2. 曲腹杯 4 型Ⅰ式（H95∶2）　3. 器盖 5 型Ⅲ式（H95∶5）　4. 器盖 8 型Ⅰ式（H95∶3）

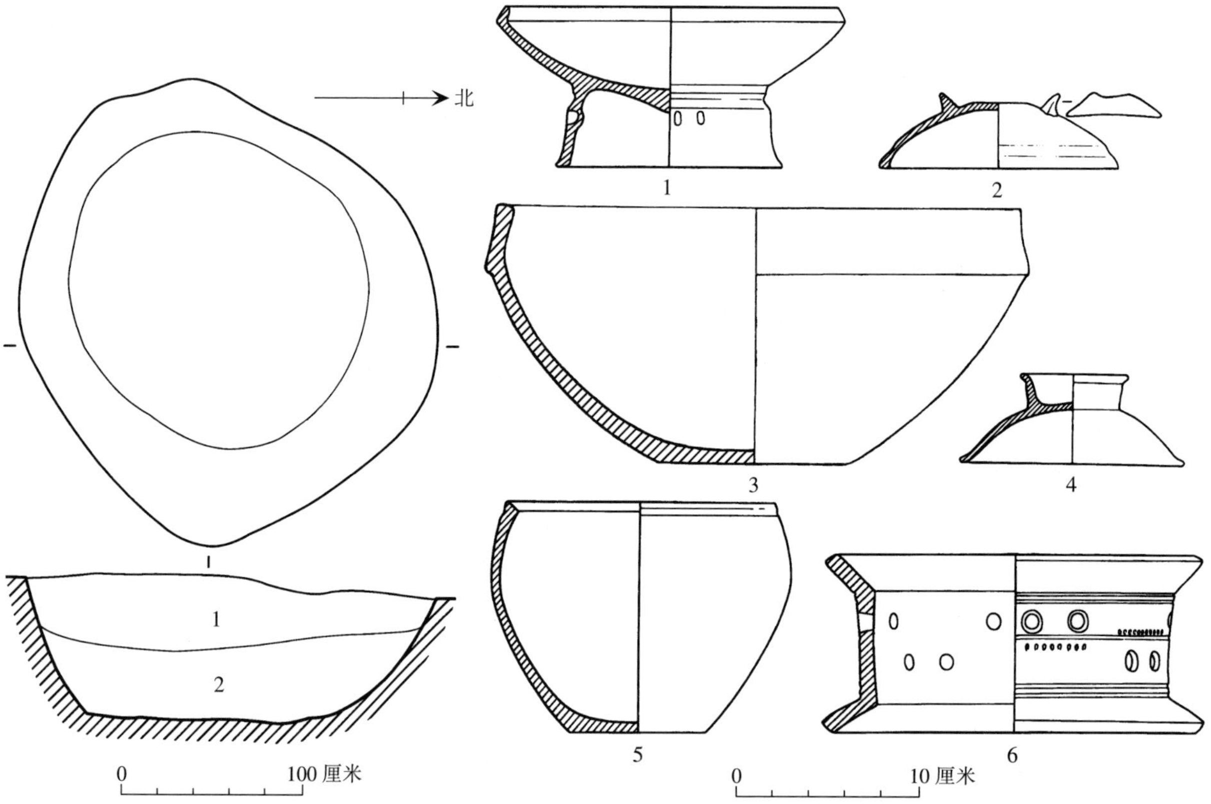

图6－2－16　第三期灰坑H96平面、剖视图和出土陶器组合图

1. 圈足盘6型Ⅳ式（H96∶6）　2. 器盖18型Ⅱ式（H96∶14）　3. 平底钵5型（H96∶11）　4. 器盖6型Ⅱ式（H96∶1）　5. 平底罐5型（H96∶13）　6. 器座7型Ⅳ式（H96∶10）

H107，出土圈足盘3型Ⅳ式1件（H107∶6，图6－2－19，1），豆1型Ⅱ式1件（H107∶4，见图3－4－58，8），器盖6型Ⅰ式1件（H107∶5，图6－2－19，2）、7型Ⅳ式1件（H107∶8，图6－2－19，3）、8型Ⅰ式1件（H107∶7，图6－2－19，4）。

H98，出土圈足盘6型Ⅱ式1件（H98∶3，见图3－4－44，2）、7型Ⅱ式1件（H98∶1，图6－2－20，1），豆3型Ⅱ式1件（H98∶6，图6－2－20，2），平底盆1型Ⅱ式1件（H98∶4，图6－2－20，3），釜4型Ⅰ式1件（H98∶2，见图3－4－116，6），器盖8型Ⅲ式1件（H98∶7，图6－2－20，4）。

H119，出土圈足盘7型Ⅵ式1件（H119∶2，见图3－4－51，2）、9型Ⅱ式2件（H119∶10，见图3－4－53，12；H119∶16，见图3－4－54，2）、9型Ⅲ式3件（H119∶3、4、9，见图3－4－54，6、7、8），平底钵3型Ⅰ式1件（H119∶12，图6－2－21，2），圈足罐2型Ⅶ式1件（H119∶18，图6－2－21，4），圜底罐3型Ⅰ式1件（H119∶7，图6－2－21，3），鼎4型1件（H119∶11，图6－2－21，5）。

［五］第四期的灰坑和灰沟

发现灰坑16个，灰沟2条。

（一）灰坑和灰沟的形状

有长方形、直壁、平底灰坑1个，即H180；长方形、弧壁、平底灰坑1个，即H79；梯形、

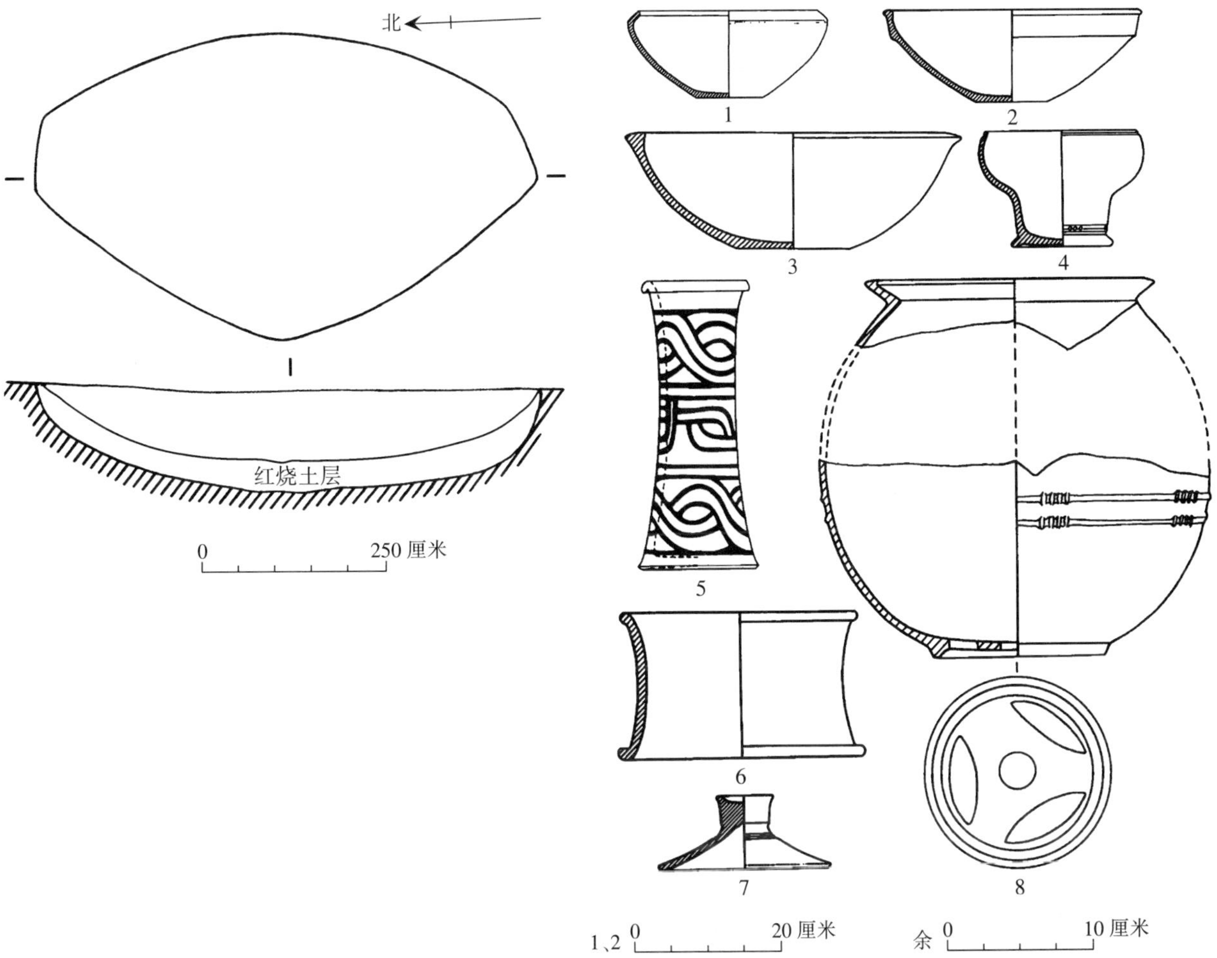

图 6－2－17　第三期灰坑 H110 平面、剖视图和出土陶器组合图

1. 平底钵 2 型Ⅰ式（H110∶93）　2. 平底钵 5 型（H110∶96）　3. 平底钵 7 型Ⅰ式（H110∶95）　4. 曲腹杯 1 型Ⅲ式（H110∶97）　5. 筒形瓶 1 型Ⅱ式（H110∶80）　6. 器座 8 型Ⅱ式（H110∶111）　7. 器盖 15 型Ⅱ式（H110∶94）　8. 甑 3 型Ⅰ式（H110∶15）

直壁、平底灰坑 1 个，即 H147；圆形、直壁、平底灰坑 1 个，即 H55；圆形、弧壁、平底灰坑 1 个，即 H74；圆形、锅底状灰坑 1 个，即 H78；椭圆形、直壁、平底灰坑 2 个，即 H67、H76；椭圆形、锅底状灰坑 4 个，即 H3、H68、H83、H187；不规则形灰坑 4 个，即 H69、H70、H82、H93。

有长条形、弧壁、底不平灰沟 1 条，即 G3；长条形、斜壁、底不平灰沟 1 条，即 G7。

（二）灰坑与灰沟的工程做法和使用功能

值得注意以下三点：

第一，坑壁经过仔细修整。梯形灰坑 H147（见图 3－2－3，3）坑壁经过仔细修整，十分整齐，原先应作为窖穴使用。

第二，坑壁、坑底设有抹面。椭圆形灰坑 H187（见图 3－2－8，3）坑壁和坑底都有抹面 1 层，用掺和大量红烧土渣的黏土泥料抹成，表面光滑，未经烧烤，原先应作为窖穴使用。

第三，沟底有特殊设施，沟内沉积细泥。G3（见图 3－2－13，4）位于Ⅳ区（聚落内一般居住区）中部偏北，南北全长 662 厘米，沟的口部南边明显低于北边，形成水位落差。此灰沟由三部分构成：一是主沟的北部，为椭圆形坑，南北长轴 135、东西短轴 100 厘米，坑自深 82 厘米，

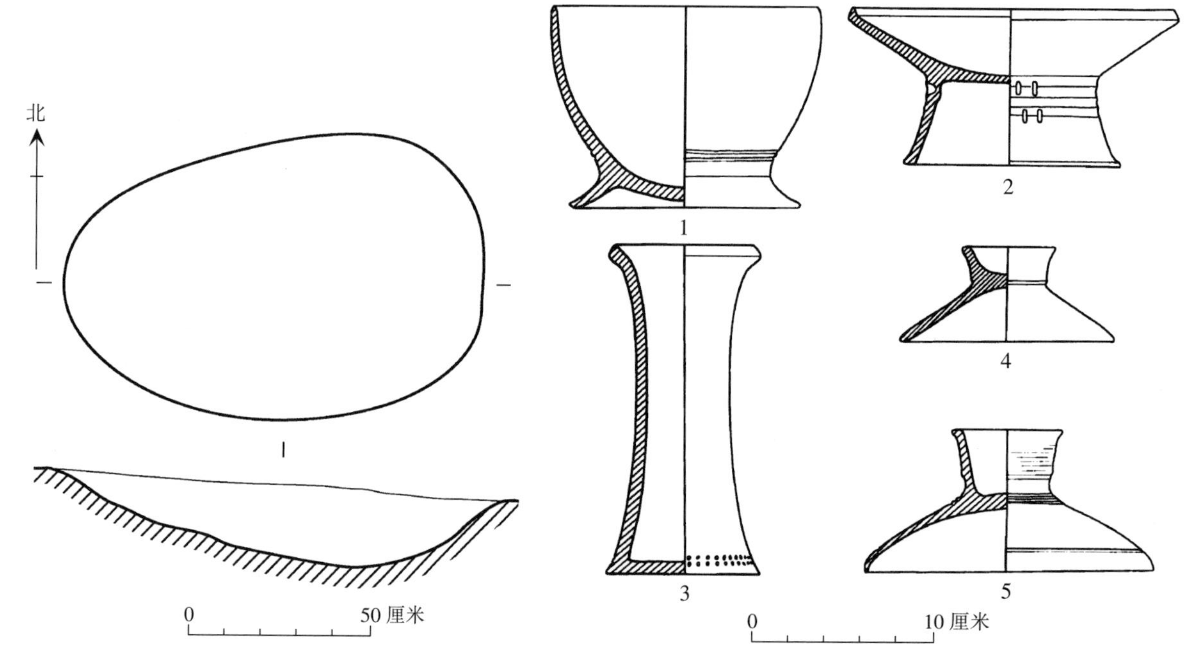

图6－2－18　第三期灰坑H87平面、剖视图和出土陶器组合图

1. 圈足碗7型Ⅱ式（H87:2）　2. 豆3型Ⅰ式（H87:4）　3. 筒形瓶1型Ⅳ式（H87:5）　4. 器盖5型Ⅳ式（H87:3）　5. 器盖6型Ⅲ式（H87:1）

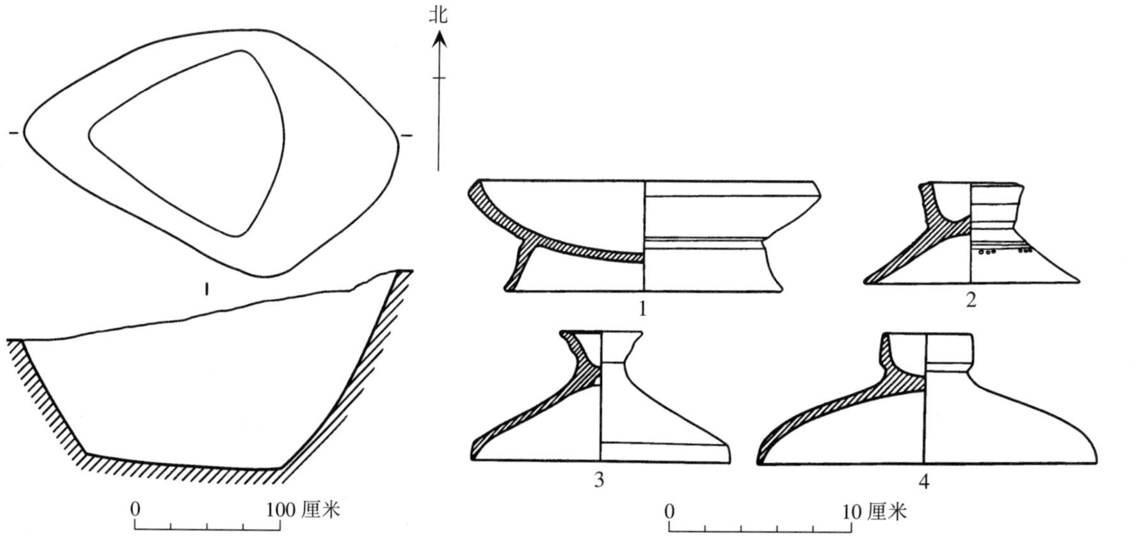

图6－2－19　第三期灰坑H107平面、剖视图和出土陶器组合图

1. 圈足盘3型Ⅳ式（H107:6）　2. 器盖6型Ⅰ式（H107:5）　3. 器盖7型Ⅳ式（H107:8）　4. 器盖8型Ⅰ式（H107:7）

挖沟时在近底部故意留有二层台作为台阶，便于主人上下；二是主沟的南部，为长条形沟，南北长527、东西宽57～67厘米，沟自深20厘米，南端呈圆角方形，横断面呈锅底状；三是主沟的南部西侧，为梯形支沟，较宽一端与主沟连接，东西长192厘米，南北宽35～72厘米，沟自深50厘米。主沟的南部和支沟内都沉积浅灰色细泥，质地纯净，没有陶片等杂质；椭圆形坑分为两层，下层为沉积的浅灰色细泥，厚20厘米，只出土1件细泥黑陶豆圈足，应是无意中掉进去的，没有其他陶片。这表明G3原先是浅灰色黏土的淘洗池，目前在本遗址只见这一例。主人在椭圆形坑里用水淘洗浅灰色黏土，利用此坑与主沟南部的长条形沟以及支沟之间的水位落差，使泥浆往沟里

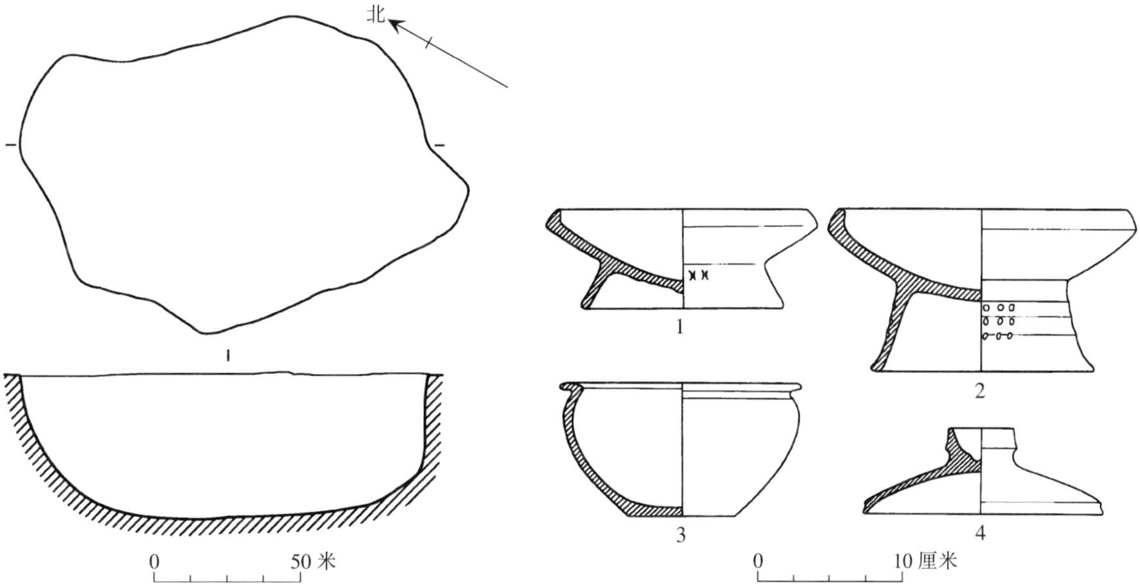

图6-2-20 第三期灰坑H98平面、剖视图和出土陶器组合图

1. 圈足盘7型Ⅱ式（H98:1） 2. 豆3型Ⅱ式（H98:6） 3. 平底盆1型Ⅱ式（H98:4） 4. 器盖8型Ⅲ式（H98:7）

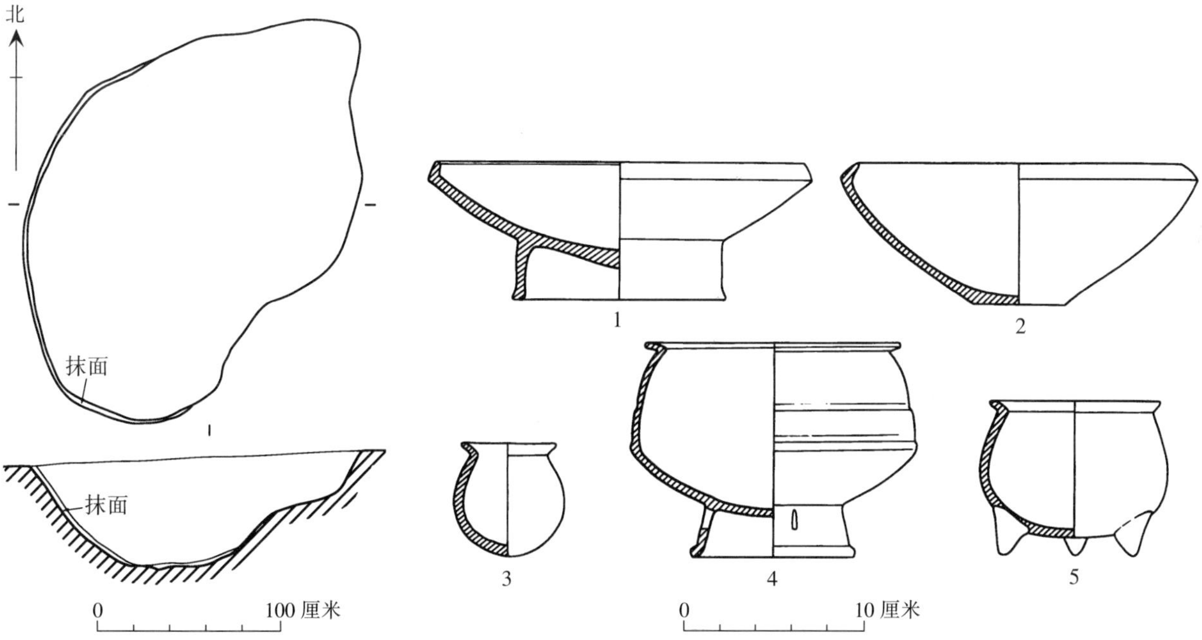

图6-2-21 第三期灰坑H119平面、剖视图和出土陶器组合图

1. 圈足盘9型Ⅲ式（H119:9） 2. 平底钵3型Ⅰ式（H119:12） 3. 圜底罐3型Ⅰ式（H119:7） 4. 圈足罐2型Ⅶ式（H119:18） 5. 鼎4型（H119:11）

流，沉淀在沟内。浅灰色黏土内氧化铁的含量较低，淘洗后质地细腻而纯净，可用于制作细泥橙黄陶和细泥黑陶，或在屋内的墙壁上粉刷黄泥浆。废弃后，椭圆形坑内的上层堆积黑灰色松土，出土陶片2422片，其中有泥质黑陶738片，占陶片总数的30.47%，在738片泥质黑陶中，有细泥黑陶627片，占泥质黑陶总数的84.96%。由此可见，第四期的泥料淘洗工艺和陶器渗碳工艺都比较发达。

（三）灰坑和灰沟内出土的陶器群

典型单位陶器群的情况如下：

H70，出土圈足碗11型Ⅳ式1件（H70∶19，图6－2－22，1）、13型Ⅱ式1件（H70∶10，见图3－4－25，2）、13型Ⅴ式1件（H70∶9，图6－2－22，2），圈足盘7型Ⅵ式1件（H70∶18，图6－2－22，3），平底盆4型2件（H70∶12，图6－2－22，4；H70∶29），圈足罐2型Ⅱ式1件（H70∶14，图6－2－22，6）、2型Ⅲ式3件（H70∶4，图6－2－22，5；H70∶5、25，见图3－4－95，2、3）、2型Ⅴ式1件（H70∶7，见图3－4－96，4）。

G3，出土圈足碗19型Ⅲ式1件（G3∶36，图6－2－23，1），豆7型Ⅰ式1件（G3∶19，图6－2－23，2）、8型Ⅱ式1件（G3∶32，图6－2－23，3）、8型Ⅲ式2件（G3∶27、29，见图3－4－63，13、12）、10型2件（G3∶24，见图3－4－64，5；G3∶25，图6－2－23，4），曲腹杯3型Ⅱ式1件（G3∶10，图6－2－23，5），器盖5型Ⅰ式1件（G3∶30，见图3－4－144，7）、5型Ⅷ式1件（G3∶20，图6－2－23，6）。

［六］小结

通过以上分析，对大溪文化的灰坑和灰沟有以下几点认识：

（一）灰坑的数量和规模

第一期早段有3个，第一期晚段有19个，第二期有62个，第三期有43个，第四期有16个，其中，以第二期灰坑数量最多。第三期虽然少于第二期，但是灰坑规模明显大于第二期，出现大型灰坑，例如菱形灰坑H110，坑口长690、宽406厘米，坑自深170厘米；凸字形灰坑H189，坑口长530、宽310～410厘米，坑自深105厘米，包括甬道全长925厘米。灰坑规模变大与房屋数量猛增相适应，也反映出原始农业和家畜饲养业有较大发展，需要有较大的“地下仓库”用于储

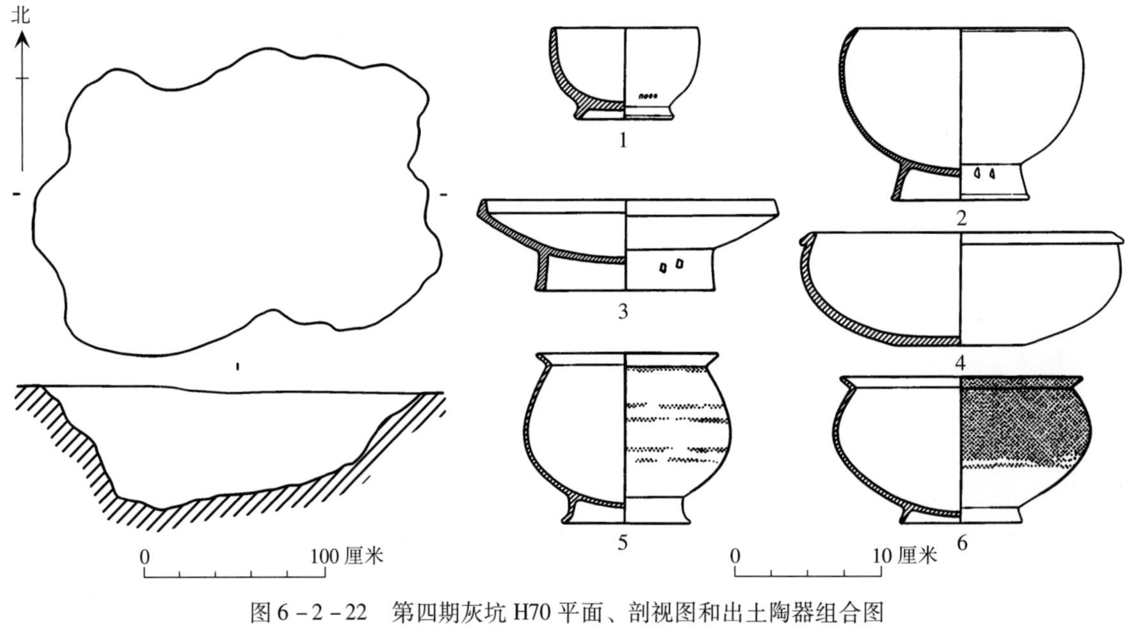

图6－2－22　第四期灰坑H70平面、剖视图和出土陶器组合图

1. 圈足碗11型Ⅳ式（H70∶19）　2. 圈足碗13型Ⅴ式（H70∶9）　3. 圈足盘7型Ⅵ式（H70∶18）　4. 平底盆4型（H70∶12）
5. 圈足罐2型Ⅲ式（H70∶4）　6. 圈足罐2型Ⅱ式（H70∶14）

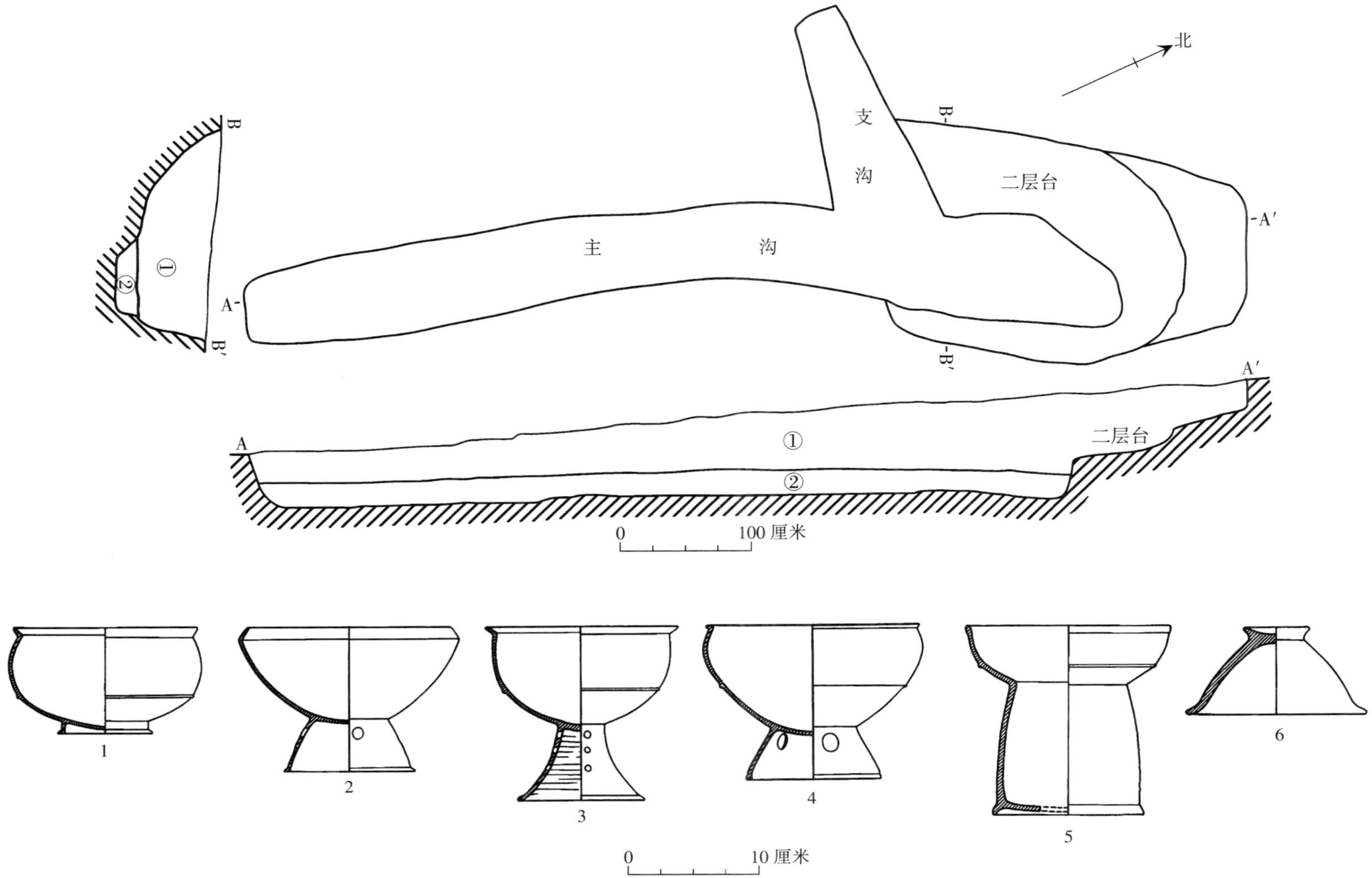

图 6－2－23　第四期灰沟 G3 平面、剖视图和出土陶器组合图

1. 圈足碗 19 型Ⅲ式（G3∶36）　2. 豆 7 型Ⅰ式（G3∶19）　3. 豆 8 型Ⅱ式（G3∶32）　4. 豆 10 型（G3∶25）　5. 曲腹杯 3 型Ⅱ式（G3∶10）　6. 器盖 5 型Ⅷ式（G3∶20）

藏物品，尤其是粮食和肉类食品。隐藏在这些现象背后的本质是：第三期是大溪文化的繁荣期，关庙山聚落人口的数量猛增。

（二）灰坑的工程做法和使用功能

这里仅指灰坑当中曾经作为窖穴使用的部分，也就是指专门用于储藏物品的“地下仓库”。仓库设在地下的优点是冬暖夏凉，夏凉可以延长物品的“保质期”；缺点是比较潮湿，物品容易霉烂，因此有些窖穴内壁设有抹面，甚至有些抹面经过人工烧烤成为红烧土抹面，烧烤窖穴抹面的做法是烧烤墙壁和居住面技术的拓展，烧烤之后内壁明显加固，并且提高了窖穴的防潮能力。H110 窖穴底部铺设红烧土，具有防止地下水返潮的作用，引人注目的是红烧土层内埋入完整的彩陶筒形瓶 1 型Ⅱ式 1 件作为奠基物。

窖穴使用年限短，其工程做法比较简单，大多数在挖坑之后仅仅稍加修整，但是少数设有抹面，以便加固和防潮，一些窖穴内有特殊设施，便于主人上下。例如：第一期晚段的凹腰形灰坑 H168、H172 坑底中部都设有隔梁。第二期的长方形灰坑 H100、H148、H158 的坑壁和坑底都有抹面，未经烧烤；长方形灰坑 H142 和半圆形灰坑 Hl29 的坑底或坑壁都设有一级台阶。第三期的不规则形灰坑 H119 坑壁和坑底都有抹面，未经烧烤；椭圆形灰坑 H188 坑壁的抹面经过烧烤；长方形灰坑 H105 和菱形灰坑 H110 的坑底都铺设红烧土；长方形灰坑 H109、H128 的坑壁都设有一级台阶，凸字形灰坑 H189 东部设有甬道，甬道东端放置大块红烧土作为台阶；半圆形灰坑 H103 在坑底中央挖成一个圆形柱坑。第四期的椭圆形灰坑 H187 坑壁和坑底都有抹面，未经烧烤。其中，第三期窖穴内的设施最完善，最适宜储藏物品。

窖穴废弃之后的用途有两种：

一种是倾倒生活垃圾或红烧土。绝大多数用于倾倒生活垃圾，成为垃圾坑，填土内含有大量陶片，包括各期的典型陶器；少数用于倾倒多余的红烧土，成为红烧土坑，例如第三期的不规则形灰坑 H124 和凸字形灰坑 H189、第四期的不规则形灰坑 H69 均为红烧土坑。

另一种是作为婴幼儿瓮棺葬的墓坑，例如第二期的长方形灰坑 H165，坑内底部埋葬了一座瓮棺 W145，葬具圜底罐内存有一具婴幼儿骨骼，目前在本遗址内只见这一例。

（三）灰沟的工程做法和使用功能

灰沟多数是人工挖成的，个别是在天然水沟基础上人工修整而成的。主要用于排水、渗水，有的原先是窖穴，还有的用于淘洗泥料。例如第一期晚段的长条形灰沟 G1 是在天然水沟基础上经过人工修整的排水沟；长条形灰沟 G8 是人工挖成的渗水沟，以西端的圆坑作为渗水井。第二期的不规则形灰沟 G6 原先是人工挖成的窖穴。第四期的长条形灰沟 G3 是人工挖成的泥料淘洗池。

灰沟废弃之后的用途有两种：

一种是倾倒生活垃圾，填土内含有大量陶片，例如第一期晚段 G1 和第四期 G3 圆坑上层的填土内都含有大量陶片。

另一种是作为乱葬沟，例如第二期的不规则形灰沟 G6 出土一颗成年人牙齿，还有一堆人骨腐朽后遗留的痕迹，身首分离，这是罕见的乱葬现象。

（四）灰坑和灰沟内出土陶器群的意义

灰坑和灰沟都有明确的层位，灰坑大多数开口在某层底部，是在某层堆积刚开始时挖成的，少数开口在某层顶部，是在某层堆积刚结束时挖成的；灰沟全部开口在某层底部，是在某层堆积刚开始时挖成的。一部分灰坑、灰沟之间有打破关系，或者与红烧土房址之间有打破关系。许多灰坑和灰沟内出土成群陶器。众所周知，陶器容易制造，容易改变形制，使用时容易破碎，因此其形制容易更新换代；灰坑和灰沟使用年限不长，废弃后倾倒生活垃圾、形成堆积的年限很短，换句话说，堆积中所包含的陶器存在的年限不长。总之，灰坑和灰沟内出土的陶器群具有明确的层位，明显的时期特征和共存关系，一部分器物成为某期的典型器物，有的器物为某期所特有，可以作为断代的标准器，有些器物是某期新出现的，这些都从地层学和类型学上为研究大溪文化的分期提供了可靠依据，具有重要意义。

五　成年人墓葬

只发现3座，即M201～M203，都位于Ⅴ区（聚落中心区）西南部，属于第三期。关庙山遗址的土壤呈酸性，经过测定，pH值为6.45～6.75，因此，人骨都已被土壤中的酸腐蚀，只残存零散的骨头，葬式不明。M201随葬石斧、陶豆3型Ⅰ式（M201：1，见图3－4－60，8）、猪下颌骨各1件。M202随葬石斧2件，圈足盘6型Ⅰ式（M202：4，见图3－4－43，1）、鹿角各1件。M203随葬石斧、器盖6型Ⅰ式（M203：2，见图3－4－148，10）各1件。

六　婴幼儿瓮棺葬的分期、内涵

发现婴幼儿瓮棺葬107座。其中，只有10座瓮棺有明确的层位：T10、T11③层顶部有3座，即W40、W46、W52，属于大溪文化第四期；③层底部有6座，即W36～W39、W47、W48，属于大溪文化第三期；T63⑤BH165之内有1座，即W145，属于大溪文化第二期。其余97座瓮棺出土层位都不明确，只好将瓮棺葬具（包括直接安放婴幼儿尸体的主要葬具和瓮棺盖）和瓮棺内及其附近随葬的陶器与Ⅳ区、Ⅴ区各期出土的同类陶器进行比较之后，来判断它们属于哪一期。

107座瓮棺葬分别属于第二、第三、第四期，均为先挖成小墓坑，在墓坑内以陶器作为葬具，放入婴幼儿尸体之后用土掩埋。由于发掘面积有限，未见第一期的瓮棺葬。

[一] 第二期的瓮棺葬

19座。其中，分布在Ⅰ区有5座，即W25、W41、W45、W50、W104；Ⅴ区有1座，即W145；T211附近有13座，即W126～W137、W144。

（一）葬具

主要葬具（系指直接安放婴幼儿尸体的葬具，不包括瓮棺盖。下同）可以分为釜、圜底罐两类。其中，釜有14座，圜底罐有5座。将上述葬具的陶质、陶色、厚度、制法、器形、硬度诸方面跟Ⅳ区、Ⅴ区第二期地层内出土的同类陶器进行比较之后，断定它们原先都是实用器。陶釜为浅腹、圜底，圜底罐为深腹、圜底。葬具的放法：W45为口朝西北横卧，W128、W132、W145为口朝下，其余均为口朝上。少数瓮棺上有盖，原先也是实用器：W131陶釜口上斜扣一件泥质红陶平底钵10型（W131：2，见图3－4－78，6）作为盖，它与T59⑥BH142：1平底钵的形制相似；

W133 釜口上扣放一件夹炭红陶簋2型Ⅳ式（W133∶2，见图3－4－67，3）作为盖，它与陶簋2型Ⅲ式（T51⑤B∶351，见图3－4－66，2）的形制相似。据此断定这些瓮棺都属于第二期。

（二）人骨保存状况

W127 陶釜内壁粘附婴幼儿头骨；W131 陶釜内底粘附婴幼儿头骨；W41 圜底罐内底粘附婴幼儿头骨，还残存一段下肢骨；W145 圜底罐内存有婴幼儿骨骼一具。其余瓮棺内的尸骨都已腐朽。

（三）随葬品

W127 陶釜内随葬圈足盘 2 件，其中 W127∶2 为圈足盘 5 型 Ⅰ 式（见图 3－4－40，10），与 T62⑤AH141∶5 圈足盘 4 型 Ⅰ 式（见图 3－4－39，1）的形制相似，据此断定 W127 属于第二期；W144 陶釜内随葬石锛 1 件。其余瓮棺内无随葬品。

［二］第三期的瓮棺葬

11 座，都分布在Ⅰ区，即 W20、W36～W39、W42～W44、W47、W48、W105。

（一）葬具

主要葬具可以分为圜底罐、釜、罐形鼎三类，其中，圜底罐有 8 座，釜有 2 座，罐形鼎仅 1 座。将上述葬具陶器跟Ⅳ区、Ⅴ区第三期地层内出土的同类陶器进行比较之后，断定它们原先都是实用器。葬具的放法：W36 为口朝西北横卧，W42 为口朝下，其余均为口朝上。少数瓮棺口上有盖：W37 圜底罐口上正放泥质红陶圈足盆 2 型 Ⅰ 式作为盖，已掉入罐内；W39 圜底罐口上扣放泥质灰陶平底碗作为盖。W42 葬具为扣放的陶釜，先故意将陶釜底部打破形成一个孔洞，再从孔洞放入器盖 5 型 Ⅸ 式堵住釜的口部，以器盖替代瓮棺的底，然后放入婴幼儿尸体，这种做法特殊。

（二）人骨保存状况

W38 罐肩部内壁粘附婴幼儿头骨，可知尸体头朝上。其余瓮棺内的尸骨都已腐朽。

（三）随葬品

虽然瓮棺内没有随葬品，但是在瓮棺附近随葬 7 头整猪。在 T10 和 T11③层底部及 T11 南侧断崖上分布有 10 座瓮棺即 W20、W36～W39、W42～W44、W47、W48 和随葬的 7 具猪骨架（见图 3－3－5；图 3－3－12），即猪 1～猪7，其分布范围约 50 平方米。猪的埋法均为挖浅坑之后用土掩埋在坑内。猪肢体的姿势均为侧身，头向、面向不一，都是捆绑后掩埋的，四肢整体捆绑的有 6 具，前肢、后肢分别捆绑的有 1 具。其中，有成年猪 4 头，幼年猪 3 头。用 7 头整猪为瓮棺墓群随葬，供集体享用，表明这里是第三期某个氏族或家族的婴幼儿瓮棺墓地，随葬所用的猪应是氏族或家族的公有财产，也反映出本期的原始农业和家畜饲养业有较大发展。

（四）填土中所含的陶片

W39 圜底罐内填土中含有钟形豆圈足。

［三］第四期的瓮棺葬

77 座。其中，分布在Ⅰ区有 74 座，即 W1、W2、W4、W5、W7～W19、W21～W24、W26～W35、W40、W46、W52、W54～W62、W64～W68、W72、W73、W76、W77、W79～W86、

W89～W93、W95～W102、W106；T201及其附近有3座，即W115、W121、W124。可见第四期婴儿瓮棺葬主要分布在Ⅰ区。

（一）瓮棺葬所处的层位

1978年发掘Ⅰ区西片和T201时，刚揭掉耕土层就暴露出大批瓮棺，分布密集，从土质土色上难以辨认这批瓮棺所处的层位有什么差别，只好都作为第②层的瓮棺。1979年发掘Ⅳ区、1980年发掘Ⅴ区时，已经辨认出大溪文化第四期与屈家岭文化晚期之间在陶器的形制上存在差别，回过头来看Ⅰ区西片和T201第②层的瓮棺，就辨认出这批瓮棺也有大溪文化第四期和屈家岭文化晚期之分，换言之，Ⅰ区西片和T201的第②层实际上包括②B、②C两小层。于是采取两项对策：第一，在整理资料和编写本报告的过程中，将大溪文化第四期的瓮棺归属②C层，将屈家岭文化晚期的瓮棺归属②B层，以便区分两种不同文化；第二，在T5西壁剖面图（见图2－0－1）和T201东壁剖面图（见图2－0－13）上，仍然保留着1978年发掘时所划分的第②层，没有绘出②B与②C之间的地层线。这两项对策都本着实事求是的原则，都是必要的。

（二）葬具

主要葬具可分釜、圜底罐、小口矮领瓮三类，其中釜有61座，圜底罐有15座，小口矮领瓮有1座。

第四期大多数陶釜和圜底罐瓮棺葬具是夹炭褐陶，其胎壁较薄、烧成温度较低、硬度较小、容易破碎，与遗址内出土的同期同类实用器相比有明显差别，这些瓮棺葬具应是专门为安放婴幼儿尸体而烧制的葬具陶器，反映出第四期人们的意识形态和婴幼儿瓮棺葬的习俗已经发生了明显变化。只有少数葬具陶器原先为实用器，例如W15葬具为泥质红陶瓮，其烧成温度较高、质地较硬，与遗址内出土的同类实用器没有什么差别。该瓮棺底部中央和器盖中央分别凿出一个孔洞，表示死者的灵魂可以自由出入。其口沿的特征与T52扩方③G3出土的同类器物相同，据此断定W15属于第四期瓮棺。

葬具的配置和放法：W7、W8都是两件陶釜口对口横卧，W40为圜底罐，口朝东横卧，其余葬具陶器均为口朝上。少数瓮棺口上有盖：W26陶釜口上正放泥质红陶平底盆作为盖；W28陶釜口上扣放泥质黑陶平底盆作为盖；W73陶釜口上正放泥质红陶平底盆5型作为盖；W80陶釜口上也正放泥质红陶平底盆作为盖；W82和W84陶釜口上分别扣放较小的陶釜作为盖；W85陶釜口上扣放细泥黑陶碗作为盖；W2圜底罐口上扣放较小的圜底罐作为盖；W16圜底罐口上扣放泥质红陶平底盆作为盖；W24圜底罐口上扣放泥质黑陶圈足盆1型Ⅲ式作为盖，该盆口沿的特征与T52扩方③G3出土的同类器物相似，据此断定属于第四期瓮棺；W65圜底罐口上正放泥质红陶平底盆1型Ⅱ式作为盖；W83圜底罐口上扣放细泥黑陶圈足碗15型Ⅳ式作为盖；W15泥质红陶瓮内有泥质黑陶器盖，原来应盖在瓮口上。上述瓮棺盖（包括盆、碗、器盖）不但与主要葬具（釜、圜底罐）同时共存，而且具有鲜明的第四期特征，因此，瓮棺盖是断定这批瓮棺葬属于大溪文化第四期的重要依据。

（三）人骨保存状况

W32圜底罐内存有两个婴幼儿头骨，应为双胞胎婴幼儿死者合葬；W52釜内残存婴幼儿肢骨3段。其余瓮棺内的尸骨都已腐朽。

（四）随葬品

W7∶1 陶釜内存有残陶环4件；W8∶1 陶釜内有完整的陶环5件，排列较整齐。这些陶环原先应套在婴幼儿的手腕上，作为装饰品。W79 陶釜内随葬2件陶器：一件是细泥黑陶圈足碗，口朝下；另一件也是细泥黑陶圈足碗，腹下部饰凸弦纹一周，口朝上。W92 陶釜口部中心往上8厘米处随葬一对细泥黑陶圈足碗，碗口上下相对。W106 圜底罐之外东南角随葬一件泥质黑陶圈足碗，碗口上扣放一件泥质黑陶器盖。其余瓮棺均无随葬品。上述随葬陶器不但与主要的葬具（釜、圜底罐）同时共存，而且具有鲜明的第四期特征，因此，随葬陶器也是断定这批瓮棺属于大溪文化第四期的重要依据。

（五）葬具内填土中所含的陶片

W7∶2 陶釜内填土中含有细泥黑陶碗形豆的腹片（饰凸弦纹一周）和细泥橙黄陶喇叭形豆圈足（饰圆形小镂孔和断续划纹），都与 T52 扩③G3 出土的碗形豆的形制和纹饰相同。W8∶1 陶釜内填土中含有细泥橙黄陶窄沿圈足碗口沿；W8∶2 圜底罐内填土中含有泥质红陶内折沿钵口沿。W26∶1 陶釜内填土中含有泥质红陶小口高领罐口沿。W28∶1 陶釜内填土中含有细泥红陶圈足罐口沿。W80∶1 陶釜内填土中含有细泥黑陶窄沿圈足碗口沿。W86 陶釜内填土中含有泥质红陶弇口瓮口沿。W92∶1 陶釜内填土中含有细泥红陶窄沿圈足罐口沿，与 G3 出土的同类器物形制相同。W93 陶釜内填土中含有泥质灰陶腹片（饰贴弦纹）。W97∶1 陶釜内填土中含有泥质灰陶小口高领罐和弇口瓮口沿。W2∶1 圜底罐内填土中含有泥质黑陶豆圈足（饰镂孔）。W21 圜底罐内填土中含有夹炭红陶倒梯形鼎足，足上部有三个横排的指窝纹。W32 圜底罐内填土中含有泥质红陶圈足罐口沿。上述瓮棺内填土中所含的陶片，从陶质、陶色、器形、纹饰上看，都具有第四期的特征，可以作为这批瓮棺属于大溪文化第四期的参考。

如上所述，对主要葬具、瓮棺盖、随葬陶器的形制特征进行了综合研究，参考了填土中所含陶片的特征，并且与Ⅳ区、Ⅴ区第③层出土的同类器物进行了比较，结果断定这批瓮棺属于大溪文化第四期。

七 大溪文化各期的年代

关庙山遗址大溪文化遗存的发展经历了四个时期。第一期是大溪文化初步形成的时期，可分早、晚两段；第二期是大溪文化蓬勃发展的时期；第三期是大溪文化繁荣鼎盛的时期；第四期是大溪文化走向衰落并且孕育着新的文化（屈家岭文化）因素的时期。本遗址测定过10个碳十四年代数据，尚未测定出第一期准确的碳十四年代数据，推测第一期距今6200年～6100年之间。其中有6个数据与地层关系相符，比较准确：第二期，据（ZK－0892、ZK－0992）碳十四年代测定，（按达曼表校正）距今（以公元1950年为起点）5940年～5830年之间（公元前3990年～前3880年之间），或（按高精度表校正）公元前4319年～前3544年之间；第三期，据（ZK－0685、ZK－0891）碳十四年代测定，（按达曼表校正）距今5645年～5505年之间（公元前3695年～前3555年之间），或（按高精度表校正）公元前3779年～前3380年之间；第四期，据（ZK－0832、ZK－0991）碳十四年代测定，（按达曼表校正）距今5330年～5235年之间（公元前3380年～前3285年之间），或（按高精度表校正）公元前3606年～前3101年之间（详见附录六）。总之，关庙山遗址大溪文化的年代约在距今6200年～5200年之间，延续了大约1000年左右。

第三节　聚落形态与社会发展状况

聚落系指人群聚居的地方，即“按一定规则组织在一起的人群居住在一定区域，构成聚落”①，或者说“人总是要组成社会的，而在物质遗存中能够观察到的有形的社会单元就是聚落”②。反过来说，现在可以透过聚落形态去探讨当时人群的社会发展状况。需要说明的是，文化与聚落这两个概念的内涵不同，但是二者互相关联。从文化角度看有考古学文化，考古学文化之下有若干类型，类型之下有若干遗址；从聚落角度看有聚落群，聚落群之下有若干中心聚落，中心聚落之下有若干一般聚落。

一　聚落形态

聚落形态反映在三个方面：第一，房屋建筑的布局。如果说研究房屋的建筑形式和工程做法是从技术角度进行研究，那么，研究房屋的布局则是从社会角度进行研究。将二者结合起来即可了解技术和社会的全貌。关庙山遗址已发现的房屋都分布在Ⅴ区、Ⅳ区和Ⅲ区。经过钻探，在Ⅴ区和Ⅳ区周围还有大面积的红烧土地层，推测还有若干座房址。第二，灰坑（窖穴）、灰沟和红烧土场地的布局。第三，成年人墓葬和婴幼儿瓮棺墓地的布局。

从总体上看，关庙山聚落由中心区、一般居住区和日常活动区三个部分构成。

中心区内有大量单体房屋建筑，其中有核心建筑，房屋周围附有大量窖穴，房屋之间有数片场地，偶尔埋有成年人墓葬和婴幼儿瓮棺葬。一般居住区内有单体房屋建筑和附属的窖穴，其数量少于中心区。日常活动区内有少量窖穴，还有婴幼儿瓮棺墓地及个别成年人墓葬。整个聚落布局呈现由中心区向一般居住区、日常活动区扩展的态势。中心区内房屋数量最多，居住的人口最多，人们的活动最频繁，文化堆积层最厚，建筑遗迹和文化遗物最丰富；离中心区越远的地方人们的活动越少，文化堆积层越薄，建筑遗迹和文化遗物越少。目前未发现制陶作坊，但是发现了泥料淘洗池（第四期的G3），还有个别制陶工具——陶转盘（T64④C∶85、T69⑥∶187、T55⑥∶83，见图3－4－162，10、11、12）；未发现成年人墓地。第一期早段的生活遗迹发现甚少，无法探讨聚落形态。第一期晚段至第四期的生活遗迹发现较多，可以探讨聚落形态，从总体上看，关庙山聚落经历了一个发展、调整和完善的过程。各期聚落形态的具体情况如下。

［一］第一期晚段的聚落形态

第一期晚段的生活遗迹有房址、残居住面或残垫层、红烧土堆积、灰坑、灰沟（见图3－1－3～图3－1－6），主要分布在Ⅴ区，这里开始成为聚落的中心区，其北部有圆角长方形房址F34（见图3－1－22），疑为方形或长方形残房址F32（见图3－1－66，Ⅰ）；南部有圆角长方形房址

① 俞伟超、张爱冰：《考古学新理解论纲》，《中国社会科学》1992年第6期。

② 严文明：《关于聚落考古的方法问题》，见中国社会科学院考古研究所、郑州市文物考古研究院编：《中国聚落考古的理论与实践》（第一辑），科学出版社，2010年。

F35（见图3－1－47A）、疑为方形或长方形残房址S46（见图3－1－67）、S47（见图3－1－69）。从总体上看，此段房址和灰坑的数量不多，说明当时人口不多，生产不发达，可以储藏的物品较少，这是大溪文化初步形成时期聚落的面貌。

值得注意的是：在Ⅴ区南、北的建筑遗迹之间，有一片由东北至西南走向、由灰土构成的空地，这是人们在规划聚落布局时故意留出来的普通场地（与后来第三、四期的红烧土场地相对而言），作为聚落成员在户外进行各种集体活动的场所。沿着普通场地南、北两侧布置房屋建筑和窖穴，这标志着聚落中心区的格局已经初步形成。这种普通场地的缺点是地面欠平整，雨天地上泥泞，不便于人们行走和活动。

F34位于普通场地西北侧，建筑面积约66平方米，属于大型房址；屋内有三行三联灶和一个火塘，可供多人同时进行炊事活动和冬季烤火取暖。这表明F34是第一期晚段聚落的核心建筑，应是大家族的住房，也可能是氏族首领驻地或集会议事的场所。

［二］第二期的聚落形态

第二期的生活遗迹明显增多，有房址、残居住面或残垫层、红烧土堆积、灰坑、灰沟（见图3－1－7～图3－1－11），本期灰坑的数量居各期之首，这是大溪文化蓬勃发展时期的聚落的面貌。Ⅲ区（见图3－1－9）开始成为一般居住区，出现圆形房址F2（见图3－1－63A），建筑面积约66平方米，为大型房址，门外有一片红烧土地面，面积约10平方米，它是第三期红烧土场地的前身之一，门外还有一些灰坑，应是屋主人储存物品的窖穴。Ⅴ区（见图3－1－11）的遗迹最多，仍然是聚落的中心区。其北部遗迹分布较密集，南部遗迹较少，东南角有疑为圆形或椭圆形残房址S50；中部有从西北至东南走向的普通场地，这是人们进行集体活动的场所。

在普通场地西北侧有圆角长方形房址F33（见图3－1－26），残存建筑面积约54平方米，复原后建筑面积约62平方米，为大型房址，门向东；屋内有四联灶和两个火塘，可供多人同时进行炊事活动和冬季烤火取暖。这表明F33是第二期聚落的核心建筑，应是大家族的住房，也可能是氏族首领驻地或集会议事的场所。值得注意的是门外有一条红烧土道路，它也是第三期红烧土场地的前身之一，在这条道路前方约5米处有5个灰坑（即⑥层底部的H149～H152、H156）与F33处于同一层位，形状规整，均为长方形、平底，坑口距地表深为265～270厘米，略低于F33（露出时距地表深216～250厘米），这组灰坑应是F33屋主人用于储存物品的窖穴。红烧土道路则是房址与窖穴之间的必经之路。

第二期的瓮棺葬有19座，主要分布在T211附近（见图3－3－4），比较密集，这里是日常活动区的边缘；其次分布在Ⅰ区（见图3－3－2），比较稀疏，这里是日常活动区；个别位于Ⅴ区（见图3－3－3），这里是中心区。本期婴幼儿死者埋葬地点离人们的居住地点较远。

［三］第三期的聚落形态

第三期的房屋建筑及相关遗迹明显增多，分布密集，有房址、残居住面或残垫层、红烧土场地、红烧土堆积、灰坑（见图3－1－12～图3－1－16），主要分布在Ⅴ区（中心区）。本期房址的数量居各期之首，意味着人口数量较多；灰坑规模变大，反映出原始农业和家畜饲养业有较大发展，需要有较大的窖穴用于储藏物品，尤其是粮食和肉类食品。这就是大溪文化繁荣鼎盛时期聚落的面貌。Ⅲ区（见图3－1－13）仍是一般居住区，有长方形房址F1（见图3－1－34），建筑面积约80平方米，是本遗址目前所发现面积最大的房址，门向东。Ⅳ区（见图3－1－14）开始成为一般居住区，出现方形房址F22（见图3－1－51），建筑面积约35平方米，属于中型房址，门向西；F9（见图3－1－30A），建筑面积约50平方米，属于大型房址，门向南。Ⅴ区（见图3－1－15）仍是聚落中心区。引人注目的是：在南、北两片建筑之间先后出现5片红烧土场地，即④D层S38、④C层底部S51（见图3－1－89）、④C层顶部S22（见图3－1－87）、④B层底部S28（见图3－1－88A）、④B层顶部S24，这些红烧土场地大致处于从前普通场地的位置，表明是由普通场地演变而来的，人们在红烧土场地上进行集体（打场、晒粮）生产、聚会、娱乐、原始宗教、祭祀等活动。与从前的普通场地相比，红烧土场地的显著优点是地面平整，雨天不会产生泥泞现象，便于人们行走和从事各种集体活动。

红烧土场地S28面积约76平方米，用红烧土渣掺和少量黏土铺成，经过拍打，结构紧密，表面相当平整，便于人们在场地上活动。场地南、北两侧共设有6个灶，其中有簸箕形灶、圆形灶各3个，可以同时用于炊事活动。S51残存面积约30平方米，场地东南部附设三组多联灶，共有13个条形灶，可以同时用于炊事活动，西北部附设一个窝棚（凉棚），可供人们临时休息。这些情况充分表明，红烧土场地是氏族或家族成员进行各种集体活动的重要场所，而集体活动是维系氏族或家族成员之间血缘纽带的重要方式。

红烧土场地与其他遗迹的上下叠压关系比较复杂（见图3－1－15），可以分为两组：

第一组，S22、S24、S51处于西部，呈东西走向，与其他遗迹的叠压关系如下：④A层顶部F36、④A层顶部F27、④A层底部F26、④B层顶部S24、④C层顶部S22、④C层底部S26、④C层底部S51、④D层顶部S29、④D层顶部S36、④D层底部H106、④D层底部H190。值得注意的是：F26位于红烧土场地S22北侧，其南部叠压在红烧土场地S51之上。F26东边有一个大型灰坑H110，与F26处于同一层位，与其东墙基相距约1.5米，坑口距地表深140～160厘米，略低于F26（露出时距地表深55～132厘米），这是由于F26在建房时铺设了屋内地面所致。F26北隔墙的墙基内横卧1件1型Ⅰ式筒形瓶（F26∶21，见图3－4－88，1）作为奠基物。H110坑底普遍铺设一层红烧土块，厚20～30厘米，起防潮作用，在红烧土层内横卧1件1型Ⅱ式筒形瓶（H110∶80，见图3－4－88，5）作为奠基物。F26与H110都用筒形瓶作为奠基物，表明二者奠基的方式相似。H110应是F26的附属设施，是供屋主人储藏物品的窖穴。

第二组，S28、S38处于东南部，呈西北至东南走向，与其他遗迹的叠压关系如下：④A层顶部F27、④B层底部S28、④B层底部H189、④C层底部H128、④D层S38。值得注意的是：F30位于红烧土场地S28的南侧，建筑面积约52平方米，属于大型房址；居住面之间夹竹笆层的做法特殊；屋内有三个规模较大的火塘，可供多人同时进行炊事活动和冬季烤火取暖；似人头形和似鱼头形的屋脊端装饰可能意味着人与自然的和谐相处。这表明F30是第三期聚落的核心建筑，应是大家族的住房，也可能是氏族首领驻地或集会议事场所。F30东北墙角与S28相距仅80厘米，F30北边的散水与S28南边相连，屋主人前往场地进行活动很方便。

本期出现大面积红烧土场地有三个原因：一是承袭了第二期F2（见图3－1－63A）门外铺设小

面积红烧土场地、F33（见图3－1－26）门前铺设红烧土道路的技术；二是房屋建筑活动频繁，废弃的红烧土块甚多，为铺设红烧土场地提供了充足的原料；三是人们的集体活动明显增多，需要有大面积的红烧土场地。第三期同时具备了铺设大面积红烧土场地的技术水平、原料供应、集体活动需要三个条件，大面积的红烧土场地也就应运而生。大面积红烧土场地的出现是关庙山聚落日臻完善、基本定型的重要标志。房屋建筑分布在红烧土场地南、北两侧是关庙山聚落布局的显著特征。与陕西临潼姜寨仰韶文化村落遗址的房屋分布在中心广场周围的布局相比，二者明显不同。

第三期发现成年人墓葬3座，均分布于Ⅴ区（见图3－3－1）。未发现成年人墓地。

第三期房址的数量较多，意味着聚落内居住的人口明显增多，但是瓮棺葬的数量反而较少，仅11座，比第二期（19座）明显减少，这是正常现象，可能与第三期居民的生活有所改善、婴幼儿死亡率明显降低有关，恰好是大溪文化繁荣鼎盛的一种反映。瓮棺葬主要分布于Ⅰ区东部（见图3－3－5），分布密集，形成瓮棺墓群，表明这里是第三期某个氏族或家族的婴幼儿瓮棺墓地，反映出婴幼儿死者以血缘关系为纽带聚族而葬。值得注意的是，在瓮棺所处层位内发现整猪骨架7具（见图3－3－12），用7头整猪当是作为瓮棺墓群共同的随葬品，供婴幼儿死者“集体享用”，这表明猪是氏族或家族的公有财产，换句话说，至大溪文化第三期尚未出现贫富分化的现象。本期婴幼儿死者埋葬地点离人们的居住地点较近。

［四］第四期的聚落形态

第四期的房址保存较差，发现遗迹较少，有房址、残居住面或垫层、红烧土场地、红烧土堆积、灰坑、灰沟（见图3－1－17～图3－1－21），由于发掘面积有限，未发现核心建筑。在Ⅴ区（见图3－1－20）中部偏西发现一片红烧土场地即③A层S4（见图3－1－90），大致呈东西向。在S4南边有一座疑为方形或长方形残房址③A层F24（见图3－1－79A），与S4相距约2.5米，S4露出时距地表深10～20厘米，F24距地表深10厘米，二者处于同一层位，屋主人前往红烧土场地进行活动很方便。

第四期房址的数量较少，意味着聚落内居住的人口明显减少，但是瓮棺葬的数量反而很多，有77座，居各期之首，主要分布于Ⅰ区西部（见图3－3－6），分布很密集，产生这种“反常”现象可能与当时婴幼儿死亡率明显上升有关，这恰好是大溪文化走向衰落的一种反映；少数分布于T201及其附近（见图3－3－7），这里是日常活动区的西南边缘。

从Ⅴ区来看，第一期晚段至第三期，聚落内的核心建筑有逐渐由北向南迁移的趋势：第一期晚段的F34、第二期的F33都位于普通场地北侧；第三期的F30位于红烧土场地的南侧。这表明整个聚落的重心向南迁移，其原因可能是聚落南部离水源（河、湖）较近，离种植水稻和捕鱼、狩猎的地点也较近，更适宜人们的生活和从事各种生产活动。

［五］关庙山聚落与周边聚落的关系

据枝江县博物馆调查简报[①]和湖北省文物地图集[②]，在枝江市关庙山遗址附近及其外围，分布

① 枝江县博物馆：《湖北枝江新石器时代遗址调查》，《考古》1992年第2期。

② 《中国文物地图集·湖北分册（上）》，第58页“大溪文化遗存图”，西安地图出版社，2002年。

着若干新石器时代遗址（见图1－1－1）。现举3处大溪文化遗址情况如下。

马家溪遗址　位于猇亭镇（古老背）西约500米处的长江北岸堤下，在马家溪入江口处东侧（猇亭镇原属于枝江县，现划归宜昌市猇亭区古老背街道，猇亭区是宜昌市五个城区之一），面积约5000平方米，文化层厚约1米。该遗址东距关庙山遗址40千米，采集的内卷沿圜底盆、鼓形大器座与关庙山遗址大溪文化第一期晚段及第二期的同类器物形制相似。

新庙子遗址　位于枝江市董市镇西北9千米处的泰洲中学北墙外坡地上，东邻公路，西距玛瑙河约500米，原为河岸台地，面积约10000平方米，文化层厚近3米。该遗址东北距关庙山遗址20千米，采集的三足盘与关庙山遗址大溪文化第一期晚段同类器物形制相似，内卷沿圜底盆、鼓形大器座与关庙山遗址大溪文化第一期晚段及第二期同类器物形制相似。

施家坡遗址　位于（枝江市政府所在地）马店镇白家岗村第七组与第八组交界处的坡地上，原为长江北岸台地，面积约30000平方米，文化层厚约3米。该遗址东北距关庙山遗址将近8千米，采集的折壁圜底碟与关庙山遗址大溪文化第一期晚段同类器物形制相似。

从上述3处遗址采集的陶器上看，其年代上限至关庙山遗址大溪文化第一期晚段，下限至大溪文化第三期。目前只有关庙山遗址经过大面积发掘，得知其延续年代较长，规模较大，房屋、窖穴、红烧土场地等设施完备，文化遗物丰富，这是关庙山聚落群在长江北岸最有代表性的中心聚落，马家溪、新庙子、施家坡这三个遗址则是该聚落群之下的一般聚落，这四个聚落之间具有密切联系。

马家溪遗址对岸是宜都市红花套遗址，其规模仅次于关庙山遗址，应是关庙山聚落群在长江南岸的一个中心聚落，出土的红烧土房屋及相关遗迹和陶器、石器等遗物相当丰富，其年代大致相当于关庙山遗址大溪文化第二期至第四期。

江陵县纪南乡朱集村的朱家台遗址①，面积约20000平方米。该遗址西北距关庙山遗址约35千米，第一期遗存出土的陶釜、三足盘、小口圜底罐等器物与关庙山遗址大溪文化第一期的同类器物形制相似，有些圈足碗外表有“黑色竖带”，与关庙山遗址大溪文化圈足碗外表的“竖向黑道”完全相同，从该报告图版肆·4上看“黑色竖带”边缘模糊，应是窑外渗碳所致。这些现象表明该遗址与关庙山遗址有密切联系，朱家台遗址是关庙山聚落群在东部地区的一个规模较大的中心聚落。

综上所述，在大溪文化关庙山类型的中心地带，从关庙山遗址西边的红花套遗址至东南边的朱家台遗址，在直线距离约75千米的范围内分布着10余个聚落，形成了关庙山聚落群，该聚落群之下有枝江市关庙山、宜都市红花套、江陵县朱家台三个规模较大的中心聚落，在每个中心聚落之下有若干规模较小的一般聚落。大溪文化关庙山类型可能包括数个聚落群，今后随着考古发掘和研究工作的深入，会逐渐地显现出来。

二　社会发展状况

大溪文化处于新石器时代晚期。下面根据关庙山聚落的房屋建筑、制陶手工业和婴幼儿瓮棺

---

① 湖北省文物考古研究所、武汉大学历史系考古教研室：《湖北江陵朱家台遗址1991年的发掘》，《考古学报》1996年第4期。

墓群随葬整猪等资料，探讨当时的社会组织及社会发展状况。

大溪文化的房屋均为单体建筑，即各座房屋单独存在。根据10座完整房址的统计，建筑面积为50～80平方米的大型房址有5座，即F34（第一期晚段）、F2（第二期）、F1（第三期）、F30（第三期）、F9（第三期），占50%，这些应是大家族的住房；35～49平方米的中型房址有3座，即F26（第三期）、F22（第三期）、F25（第四期），占30%，这些应是小家族的住房；7～8平方米的小型房址有2座，即F28、F29（皆第三期），占20%，这些应是家庭或临时性家庭的住房。由此可见，从第一期晚段至第四期大、中型住房共占80%，即以家族的住房占大多数，第三期出现个别家庭或临时性家庭的住房。家庭是最小的社会单位，家族是高一级的社会单位，再由若干家族组成氏族。

引人注目是，从第一期晚段至第三期都已发现核心建筑：F34是第一期晚段聚落的核心建筑，F33是第二期聚落的核心建筑，F30是第三期聚落的核心建筑，它们应是大家族的住房，也可能是氏族首领驻地或集会议事的场所。第三和第四期的红烧土场地是氏族或家族成员进行各种集体活动的重要场所，而集体活动是维系氏族或家族成员之间血缘纽带的重要方式。

第二和第三期为安放婴幼儿尸体的葬具陶器都是实用器。第三期用7头整猪当是作为瓮棺墓群共同的随葬品，供婴幼儿死者“集体享用”，这表明猪是氏族或家族的公有财产，换句话说，至第三期尚未出现贫富分化的现象。

第四期的生产力有较大发展，表现在：出现快轮制陶技术（快轮装置是当时最先进的生产工具），烧烤居住面的技术有明显提高。本期出现专门为安放婴幼儿尸体而烧制的葬具陶器，在生者与死者之间划出了明确界限，反映出人们的意识形态发生了变化。在生产力得到发展和意识形态发生变化的同时，作为一种考古学文化却在走向衰落，即将演变成另一种考古学文化（屈家岭文化），社会组织也可能发生一定的变化。

第四节　经济技术与精神文化

一　以原始稻作农业为主的综合经济状况

[一] 稻谷生产和加工

当时的生产经济以原始稻作农业为基础。最主要的发现是有大量的农作物稻壳遗存：一是在房屋遗迹诸如地面下部垫层、墙壁、屋面、散水等的红烧土中，普遍夹有稻草截段和稻壳，两者是原先在黏土中有意掺加的材料，主要为调和黏土的黏性和增加其硬化强度。对房址F30红烧土块中的谷壳残存物进行“灰像法”观察研究，判定是稻（Oryza sative）。又在F30∶108红烧土墙壁残块外表抹面上，留有完整的5粒稻壳印痕。二是在一件空心陶球T3④∶37（见图3-4-166，19）表面，留有1粒较大的稻壳印痕，印痕长9、宽3.7毫米。三是在广泛使用的夹炭陶器中，其羼和料就是未经充分燃烧的稻壳碎末。

农具中典型的翻松土工具有石铲和石锄，当以两种翻铲土方式使用在不同的劳作场合，器形均较大，都系弧刃缘，能较好地发力提高劳动效率。关庙山缺乏诸如陶刀、石刀、石镰等明确的收割类农具，其他大溪文化遗址也大体如此。参考近代有的少数民族收获水稻的方法，推测大溪文化先民与之同样，既不是用工具掐割稻穗，更不是连秆割取稻禾，而是在田间直接用手带䓞取拔稻穗，并捆扎成稻把，便于下一步横串挂起晾晒和保存。稻谷的脱壳器具发现有陶臼（有的报告统称"陶缸"），夹粗砂，大口、深腹、小圜底，器物大型厚重，当浅埋于土中以使其平稳，配合长木杵得以舂米。使用陶臼脱去稻壳，较为干净和方便，与宜都红花套遗址发现的地臼遗迹相比要进步一些，其附近还发现有木杵痕迹①。还有一类以内壁刻槽为特征的陶研磨器，数量和型式都不少，当配合石杵或石球使用，推测可能是研磨、加工薯类等食物的。

［二］家畜饲养与渔猎经济

动物骨骼标本中可肯定是家养动物的仅家猪一种，从家猪的牙齿、头骨的骨缝、肢骨的骨干与骨骺的愈合程度来分析，以幼猪及青年个体为主。家猪散骨数量221件，陆生野兽散骨总数148件，两者之比约6∶4。出土时可分以下几种情况，不仅有先民食肉后分散丢弃在文化层各处的猪骨散块；还发现在一座成人墓、一座婴幼儿瓮棺中各分别用1副、1块猪下颌骨随葬；特别是在一个瓮棺葬墓地旁历年集中埋放7只幼年和成年整猪，可能属祭祀遗存；此外又有陶塑猪面、猪体的实物。养猪已经比较普遍，当时人们从肉食需要为根本，延及信仰意识以至艺术制品等方面，都体现出家猪的作用。

渔猎是重要的辅助经济。为获取更多肉食，还需充分利用野生动物资源，长年进行渔猎活动。狩猎的主要对象是马鹿，其次是牛，此外还有麂、野猪、猕猴、獴以及亚洲象等大、中、小型多种兽类，其中有的可能属于偶遇而得的猎物。这些野兽生存栖息在亚热带山地、丘陵、平原等地域的森林、灌木、丛草和林草混杂环境中，从遗址现在远近的几种地形观察，推测那时人们狩猎活动当扩大至数十千米开外较广阔的范围。遗址附近的江河湖塘水域，又为先民进行捕鱼采捞提供了方便条件。鱼类有青鱼、草鱼和白鲢，以青鱼最多。另有些特征不明显的鱼骨和大量鱼鳞层，难辨其种属。还有鳖、龟和蚌、螺，后两种的产量丰富且容易采捞。值得注意的是灰坑H113，出土动物骨骸5种79件，即家猪40件、马鹿13件、獴2件、青鱼23件、鳖1件，物种和件数之多属唯一特例，其他所有遗迹单位和文化层地块均未见如此集中出土动物骨骸的现象。

［三］纺织与编结

纺织工具主要是发现大量的陶纺轮，存在大小、厚薄及轻重的差别，当为适应纺捻出粗细不同的线条。直径3～4厘米的小型个体32件，占23.02%，其中内很厚者1件，较厚15件，较薄14件，很薄2件。直径4.1～6厘米的中型个体98件，占70.51%，其中内很厚者8件，较厚37件，较薄51件，很薄2件。直径6.1～7.6厘米的大型个体9件，占6.47%，其中内较薄者8件，很薄1件。中型个体最多，小型个体较少，大型个体很少。中、小型内的较薄、较厚两种各自合计，在其本型内都各占90%左右；中、小型内的很厚、很薄两种，都是很少或极少。发现陶质线轴2

① 陈振裕：《湖北农业考古概述》，《农业考古》1983年第1期。

件，当用于缠线。在陶器附加堆纹的捺窝内遗留有平纹粗布印痕，1 平方厘米经纬线各 9 根。一件小口尖底瓶（T7③B:21）口片唇面压印大花边纹，捺窝中也留有布纹痕迹。

编结物都只见在红烧土块上发现的印痕，包括直观所定麻绳、竹席和竹筐底三种。这些红烧土块，有些是直接属于本处房址的残块，也有的比如垫层、场地中的红烧土块应是利用了另处建筑的残块。双股麻绳印痕见于房屋结构的多处部位，麻绳是为房屋木竹构件之间的牢固结合而普遍使用的捆扎材料。例如：F30:95（见图 3－1－39，1）为墙角烧土块。有麻绳印痕 6 段，多呈横向，绳粗 0.7～1.2 厘米，应是用麻绳将作为墙骨架的半圆木与墙内木柱相捆绑固定。F22:142（见图 3－1－53，5）为墙壁烧土块。在作为墙骨架的半圆木上，捆绑有横向的麻绳印痕一条，长 5、粗 0.7 厘米。F26:24（见图 3－1－62，1）为屋脊烧土块。印痕所示是在屋脊的上层纵向并排的两根圆竹上，用麻绳捆绕，绳粗 0.9～1.1 厘米。S46:1（见图 3－1－68，1）为墙头烧土块。印痕所示应是用麻绳将横向圆木与纵向半圆木（墙骨架）绑在一起，圆木上有麻绳印痕 4 道，绳粗 0.5～0.8 厘米。F27:2（见图 3－1－75，2）为外墙与隔墙相接处烧土块。在外墙里的一根横向圆竹上绕有两条麻绳，绳粗 1～1.2 厘米。F27:6（见图 3－1－75，3）为外墙与隔墙相接处烧土块。在两根横向圆竹与两根纵向半圆木垂直相交处，用很粗的麻绳缠绕捆绑在一起，绳粗 1～2 厘米。S4:57（见图 3－1－92）为屋檐烧土块。用麻绳将檐口的圆竹与方木椽捆绑一起，绳粗 0.8～1.1 厘米。S4:60（见图 3－1－91，2）为屋脊烧土块。屋脊内的骨架——方木上侧有麻绳印痕两条，绳粗 0.8～1.1 厘米。

竹席印痕见于 F30:94（见图 3－1－37，2），为墙壁烧土块。在墙外表留有少许竹席印痕，竹篾宽 2.5～3、厚 0.5、间距 2.5 毫米，编成较稀疏的人字形席纹。

竹筐底印痕见于 F9:4（见图 3－1－32，2），为墙壁烧土块。系用 4 条纵向竹片与 5 条横向竹片编出筐形，该竹片宽 0.5～1 厘米不等；再穿插一条较宽的斜向竹片加固，终成竹筐底，斜向竹片宽 1.8 厘米。

二　石器工具的岩性、制作、类别和使用

［一］石器岩性和石材可能产地

完整、较完整和残破石器工具总共 1589 件，内经鉴定石器岩石的有 1211 件。各种石器所用岩石的综合情况是：岩浆岩石器 949 件，占 78.4%，所用主要岩石有辉长岩、辉长辉绿岩、辉绿岩类、辉绿玢岩类、玄武岩、闪长岩类、闪长玢岩类等。沉积岩石器 153 件，占 12.6%，所用主要岩石有石英砂岩类、粉砂岩类、石英粉砂岩类、硅岩等。变质岩石器 109 件，占 9%，所用主要岩石有石英片岩类、透闪—阳起石片岩、石英岩类、帘石透闪—阳起石岩等。

有代表性且数量较多的几类石器所用岩石的情况是：大型斧 66 件，其中岩浆岩 60 件占 90.9%，变质岩 6 件占 9.1%，主要用岩石为辉绿岩类、闪长岩类、闪长玢岩等。中型斧 632 件，其中岩浆岩 574 件占 90.8%，沉积岩 27 件占 4.3%，变质岩 31 件占 4.9%，主要用岩石为辉长辉绿岩、辉绿岩类、辉绿玢岩类、闪长岩类、闪长玢岩等。小型斧 188 件，其中岩浆岩 132 件占 70.2%，沉积岩、变质岩各 28 件，各占 14.9%，主要用岩石为辉绿岩类、辉绿玢岩类、闪长岩

类、石英岩等。小型锛 69 件，其中岩浆岩 48 件占 69.6%，沉积岩 12 件占 17.4%，变质岩 9 件占 13.0%，主要用岩石为辉长辉绿岩、辉绿岩类、辉绿玢岩类等。凿、圭形凿 54 件，其中岩浆岩 44 件占 81.5%，沉积岩 7 件占 12.9%，变质岩 3 件占 5.6%，主要用岩石为辉绿岩类、闪长岩类、细粒玄武岩等。打制蚌形器 52 件，其中岩浆岩 31 件占 59.6%，沉积岩 17 件占 32.7%，变质岩 4 件占 7.7%，主要用岩石为闪长玢岩、石英砂岩等。

石器材料的主要来源产地当是鄂西黄陵侵入岩体（黄陵斜背），它地处宜昌—秭归间的长江西陵峡内，属于由武当山、荆山、大巴山和巫山等山脉组成的鄂西山地。在黄陵斜背地区，涉及岩浆岩、沉积岩和变质岩中诸类岩石均有出露，种类多样，存量较丰，有被称作“天然地质博物馆”的美誉。其他少量的石器岩石产地，可能来自鄂西山地东缘的低山丘陵区以及远至四川峨眉山区。这些岩石经风化破碎或激流切割，往往顺着江河水流的冲击滚动而下，长年累月，以大小砾石的形式分布在枝江、沙市等地的滩涂。

［二］石器的制作加工

制作石器，在岩石构造和硬度需符合功能要求的条件下，又为了制作省力方便提高效率，一般都选择大小形状比较适中的天然砾石块加工。成型后使用的石器，从制法角度可分为磨制石器、打制石器、直用砾石工具三大类。

第一类磨制石器，在全部石器中占绝大多数，它先要多次剥片打出石器的雏形，然后经不同程度加磨最终成为普通磨制石器或通体精细磨光石器两种。磨制过程中，主要为节省砥磨工夫，往往兼用琢制方法，即敲琢表层剥落碎屑，微量削减多余部分，这样较易于把握形成规整的器形。在普通磨制石器中，器身经常遗留许多大麻点状琢痕，有的甚至连打击破裂面痕迹都未全磨去，不过普通磨制石器的刃部一般都经重点磨光，现存完整的刃缘也都显得薄利。

以下从大中小型斧、小型锛和圭形凿等器类中，分别列举多件半成品标本实例，由此呈现各类磨制石器制作加工不同阶段的样式及其印记。大型斧如 T52⑤AH44∶2（见图 3－5－4，1），取材是一块大小、形体很相宜的天然砾石，现仅在两侧面打片已基本齐直，其他在正、背两面和上、下两端都仍是砾石自然光面，更无任何磨、琢痕迹，是刚初始加工的半成品，当属拟加工成长方形厚体大石斧的雏形。还有长梯形、长条形大型斧的半成品，如 T60③A∶23（见图 3－5－3，4），两侧面已打成齐直，正、背面的下段因体过厚经过敲琢而密布琢痕，两面的上段大部因体相宜便未加敲琢，全身尚未作任何加磨。T5③B∶12（见图 3－5－4，6），两侧面打齐，左侧面局部磨平；背面为砾石自然光面，但不甚规整；正面为打击劈裂面，表面很不平整，厚处已经加磨，正面的整体加工远未完成；背部的刃部处稍有磨过的痕迹。与前述 2 件大型斧半成品相比，这件大型斧半成品主要因受所选砾石自然形体的制约，会增加加工劳动量。又如长条形中型双刃斧 T70③∶9（见图 3－5－18，3），选用了长度相宜的扁平砾石，上、下端为自然圆弧面，正、背面大部保留着砾石自然光面，两侧面打成圆弧面未磨，仅在正面刃部的小片稍经加磨而远未成刃缘。长方形中型单刃斧 T39④A∶29（见图 3－5－23，9），为选用人工剥落下的石片未全部完成加工的半成品，正面中部为自然光面，背面为打片劈裂面已经粗磨而不光，顶端和左、右两侧基本打齐直，左侧面粗磨，刃部尚未加磨。小型双刃斧 T53③：227（见图 3－5－29，10），采用一件全面光滑的薄体天然小砾石，在正面磨出条形刃面，但正凸弧形的刃缘仍钝厚，左侧面下端稍磨，再经少许加工即可使用。小型单刃斧 T74④A：141（见图 3－5－31，9），背面为自然光滑面，正面为劈裂面，顶部和左、右两侧均打齐直，刃部经剥落碎片已成正凸弧形刃缘形状，全器尚未经一点磨过，属于刚打制成形的小石斧原样。小石锛 T70③：82（见图 3－5－39，3），背面为光滑的天然砾石面，正面为很平整的劈裂面，正面打击和敲琢出横条刃面，全器尚未经加磨，为一件形制规整的宽长方形、中厚体的小石锛半成品。有 2 件圭形凿半成品，都采用了弧顶棱形砾石，外形已较接近圭形凿，表面为自然光滑面。T58④A：58（见图 3－5－45，2），正面左侧有一竖条圆脊，致使器身左边较厚、右边较薄尚未磨平，仅在右侧面经打击齐直。T58④A：20（见图 3－5－45，11），这件天然砾石原状尤为理想，在背面的上部和两侧面的上段稍经加磨，斜直的刃部已砥磨成形但尚未磨出刃缘。

此外，还有现在归入新类的少量磨制石器，是属于原来另一种磨制石器残损后再次利用的改制品或改用品，这真切地显示了当时人们爱惜石器残物、巧作新用的情况。例如有中型凿 2 件，为原中型石斧的改制品。切割器更是多属石斧带刃下半段的改制品。石杵中，如 T74⑤A：131（见图 3－5－54，1）是缺刃长条中型斧的改用品，T53⑤B：198（见图 3－5－55，1）是缺刃圭形凿的改用品。还有一类体厚中等、平面近宽椭圆形的石锤中，如 T70⑤：48（见图 3－5－57，8）、T51④AH39：424、T70④B：33、T74④A：144（见图 3－5－58，1、3、5）等多件石锤，都为缺刃中型宽长方形石斧的改用品。

第二类打制石器，绝大多数集中在暂称为打制蚌形器的一类，约占石器总数的近 16%。打制蚌形器多属石片石器，其打制技术熟练，打制方法具有一定之规，选择较大的砾石块，根据需要打下或大或小完整的一件石片，一面保留砾石的自然光面，另一面为劈裂面，石片大部分弧形边缘还存留不少疤痕，明显经过再加工和使用。成品个体大小约 5～16 厘米左右，一般 10 厘米左右，形状比较规整，有横椭圆形、竖椭圆形、圆形、半圆形、近长方形和不规则形等，其中前两种最为常见。推测当是直接手握使用，可能主要用于切割、刮削、剖劈等。总之，一定数量打制石器的存在，是关庙山大溪文化石器的重要组成部分。

第三类直用砾石工具，包括杵、锤、饼、球、锉等石器，约占全部石器的 13% 左右。尽量利用了外形与之相应的天然砾石，除很少的以外，普遍未作人为打击加工修理便直接使用，既省工又实用，在石器群中发挥了其固有功能。

［三］石器功能、形制主要特征及其变化线索

全部石器工具分为 7 类功能、22 种器形，即翻土工具铲、锄，砍劈戗凿工具斧（又细分大斧、双刃中斧、单刃中斧、双刃小斧、单刃小斧）、穿孔斧、钺、锛（又细分中锛、小锛）、凿、圭形凿，切削剖刮工具刀、切割器、打制蚌形器，研捣敲击工具杵、锤、饼、球、砧、尖锥状器，射击工具镞，捻纺工具纺轮，砥磨锉磨工具磨石、钻头形器、锉（参见表 3－3－1）。从大形制角度，它们又可归纳为有刃或带尖类工具、使用器面类工具两大类。

其中，双刃石斧正、背面略弧，两面刃部基本对称，适宜于砍伐、剁断木材；正、背

面都成弧面，比平面的较厚硕、耐震，从而可减低断裂概率。单刃石斧一面略弧，一面较平直，两面刃部不对称，使用时可把石斧的平直面贴紧木材，便于劈薄、砍削木材。石斧刃缘绝大多数为有左、右刃角的正凸弧线形，重点在刃口中间用力，着力面较宽；特意磨成斜弧刃缘者，适用于砍削木材拐角处；特意磨成无刃角的舌形刃缘者，适用于砍挖木材弧槽底的部位。

石凿基本用途为在木材上凿出卯孔、做榫头、挖凹槽。长方柱体或方柱体普通石凿使用时，有斜刃面的一面朝里（安装竖木柄或垫隔木条），间接敲击石凿顶端，凿松木质，要剔出木渣时需转换位置，把有斜刃面的一面朝外。圆口小凿专用于挖凿弧形或圆形的卯孔。圭形凿系专门的窄刃缘平凿，可能适于挖凿较长的凹槽、角槽。

有刃或带尖类工具中，13 种器形的代表性形制及其主要特征是：石铲为近宽长方形，扁平，弧刃缘。石锄为圆角宽梯形或凹腰椭圆形，舌形刃缘。大型石斧为弧顶，近长方形或长梯形、长条形，齐平侧面，厚体，对称刃面（即双刃），弧刃缘；中型石斧为弧顶（很少量近平顶），宽长方形或宽梯形、长方形、长梯形、长条形，齐平侧面，体厚中等或厚体，对称刃面（即双刃）或少量不对称刃面（即单刃），弧刃缘；小型石斧为弧顶（很少量近平顶），宽长方形或宽梯形、长方形、长梯形，齐平侧面，体厚中等（少量厚体），对称刃面（即双刃）或少量不对称刃面（即单刃），弧刃缘。穿孔石斧为近长梯形，圆弧侧面，弧刃缘。石钺为平顶，宽长方形或双斜肩长方形，扁平，弧刃缘，中等圆孔。小石锛为近平顶或弧顶，宽长方形或宽梯形、长方形、长梯形、长条形，齐平侧面，薄体或体厚中等，在平直的一面下方均有斜刃面，直刃缘（少量稍弧刃缘）。大、中、小型石凿为窄长条形，近长方柱体或方柱体；圆口小石凿为窄长条形，扁平，一面刃部向里凹进。圭形石凿为平顶或稍弧顶，扁平长方体，正、背面宽，两侧面窄至下部斜收成短直刃缘。石刀为长条梳形或竖三角形，无孔。打制蚌形器为椭圆形或圆形、半圆形、近长方形、不规则形，大弧刃缘。打制尖锥状石器为厚硕的尖锥体形。石镞为柳叶形，一面起脊，无铤。暂名的“钻头形器”为近长核形，两端钝尖。

与关庙山钻头形器相近似的同类工具，在浙江桐乡罗家角①出土 2 件，分别有 1 个、2 个乳状凸起，称之“砺石钻”，认为手持使用可能与石器钻孔技术有关。属马家浜文化前期，估计年代约公元前 4700 ~ 前4500 年左右。安徽含山凌家滩② 1 件 M23∶6，称之“石钻”，两端各有一细一粗的钻头，认为“使用时要有一个皮带装置旋转以带动钻头钻孔”。同墓还随葬有玉环、石芯、砺石等。年代约公元前 3650 ~ 前3350 年左右。珠海宝镜湾③出土 18 件，统称之“环砥石”，使用年代大约起自公元前 2500 年左右，或可延至青铜时代早期。这类工具长短、粗细存在差别，长 3.2 ~ 8 厘米以上，有些形体呈较规整的近椭圆形、近长圆形、扁圆形、长核形等，但也有些形体并不规则，共同的主要特征是都有一个或两个高矮、大小、粗细不等的乳状凸起，乳凸都匀称规则，上均有摩擦而生的同心圆旋线。推测其用途可能并不单一，或可分类再作具体解析。有的可能作为钻具用于直钻孔，有的可能作为环砥石用于砥磨玉石环、玦类的内沿，有的可能作为固定的轮轴

① 罗家角考古队：《桐乡罗家角遗址发掘报告》，《浙江省文物考古所学刊·1981》，文物出版社，1981 年。
② 安徽省文物考古研究所：《凌家滩》，文物出版社，2006 年。
③ 广东省文物考古研究所、珠海市博物馆：《珠海宝镜湾》，科学出版社，2004 年。

（轴心）使用。无论哪种用法，直接手持操作都难以得力用劲，恐还需安接其他繁简不同的配件。尤其如果作为轮轴，则构成有小台面的一种机械装置，利用稍高的乳凸发挥其较快旋转功能，或许可在石（玉）器制作中进行管钻孔、剖割石（玉）片的作业。总之，这类特殊工具值得重视，其确切用途有待进一步探究。

使用器面类工具8种。其中2种是专门磨制加工成型的，为纺轮和扁平圆形石砧。6种是基本利用砾石自然形体直用的（很少量的略经打制），有长条形椭圆体石杵，馒头形球体或椭圆形厚体、长椭圆形中厚体、宽椭圆形中厚体石锤，扁饼形或厚饼形石饼，扁球形或圆球形石球，椭圆形扁体、极糙自然面的石锉，大小、厚薄不等的磨石。

现列举10种石器的形制主要变化线索如下。

大型石斧：一至四期均有，较多的出于二、三期。一期的两侧面为圆弧。二期起两侧面有稍窄或较宽的齐平面。

中型石斧：三期数量最多，约占全部中型斧的近45%，二期次之，四期居第三，一期极少。一期的两侧面圆弧。二期起除很少量的仍是两侧面圆弧外，两侧面齐平者占绝对优势。

小型石斧：三期数量最多，约占全部小型斧的49%，其后依次为四期、二期，一期偶见。总的是两侧面齐平者数量远多于两侧面圆弧者。

石钺：一至四期均有，稍多的分别出于三、四期。一般呈宽长方形，四期多为稍窄长方形；两侧面变化趋势是由很窄面或仅为脊棱未成齐平面，演变到多为侧面稍宽的齐平面。

小石锛：三期数量最多，约占全部小锛的53%，四期其次，二期居三，一期稀少。各期的小锛两侧面均齐平，绝大多数正、背面平直；多为体厚中等。四期偶见体薄或特厚者。

石凿：在一期偶见，主要出于三期，约占43%。一、二期中的横剖面有近椭圆形者较为原始。三、四期的横剖面多作宽长方形或正方形。三期的2件圆口小凿代表了新出现的一种先进性石凿工具。

圭形石凿：过半的出于三期，约占53%。一、二期只见两侧面下段至刃缘为弧曲缓收的一种；因其正、背面多略起凸弧，故横剖面很少呈规整的长方形。三期出现一部分圭形凿的两侧面下段近刃缘处斜直急收形成一段斜面，三期的横剖面呈规整长方形者有所增加。

打制蚌形石器：二期数量最多，约占51%，三期较多，四期较少，一期偶见。多种形体在二、三、四期均有出现。

石饼：三期数量最多，约占40%，二期居次，四期居三，一期偶见。都是圆形的扁饼或厚饼远多于椭圆形的扁饼或厚饼。形制无明显变化。

石球：三期数量最多，占62%，二期次之，四期极少，一期未见。各期扁球形远多于圆球形。

［四］石器的安柄和残破率举例

许多石器当是安装木柄后持柄使用的。今在有的石器标本上发现有安横柄后磨蚀的痕迹，例如，大型石斧T51④A：210（见图3－5－3，6），在器身偏上部的正、背面相对应的位置和范围，集中分布有一条因磨蚀形成的麻点宽带，宽约5厘米，其相应部位的左侧面也有麻点，侧缘剥落碎屑。中型双刃石斧T69③B：39（见图3－5－7，4），正、背面中部相对应位置各有一条带状的磨蚀痕迹。小型单刃石斧 T74⑤AH113:21（见图 3-5-33，9），两侧面的偏中段都经磨蚀，位置相对应。它们的形体都是顶部窄，中下部宽或稍宽，从表面磨蚀痕迹的位置和呈条带状的情况看，应是套接木柄后因使用而形成的。参考江苏吴县澄湖遗址良渚文化的一件带木柄石斧的实物①，其原配木柄全长 76 厘米，略呈拱背弯弧，后半段稍细，前半段粗，在粗端的上、下侧面纵向挖凿一个上小下大的长方形透孔，石斧由下向上套入并卡紧，石斧顶端略露出木柄。河南临汝阎村遗址仰韶文化彩陶缸上的“鹳鱼石斧图”②，所画一件穿孔石斧也是套接在木柄粗端的透孔内并外露斧顶。青海乐都柳湾墓地马厂类型墓中也出土过同类的带横木柄石斧实物③。上述关庙山的石斧以及穿孔石斧标本，推定也应都是把它套插、卡紧在横木柄粗端纵向透孔内使用的，其形体特点使之在用力向下砍劈时石斧不致脱落而会更牢。同时，还可能有另一种柄端凿孔方式，就是在木柄粗端下侧面纵向挖凿一个长方形凹孔（未透孔），似乎适宜于把一些平顶（或近平顶）长方形或宽长方形的中小石斧嵌入、卡紧在横木柄下侧面的凹孔内加以使用；关庙山有些同类石斧上部存留琢痕、磨蚀痕者，可能透露出这种安柄的迹象。还有至少一些小石凿、小圭形石凿也需安竖木柄才能使用，推测可能是在短木柄的下端面凿出凹孔，嵌入并卡紧小凿，使用时再需用锤类工具敲击竖木柄上端面。

全部石器中石斧的数量最多（约占 57%），又有大、中、小之分。现以石斧为例，从两方面观察：一是大、中、小三种石斧的数量配置比重。大型斧 73 件占 8%。中型斧共 642 件占 71%，数量占绝对优势，使用最为广泛；其中中型双刃斧 585 件，中型单刃斧 57 件，前者数量远大于后者，两者之比约 10:1。小型斧共 194 件占 21%；其中小型双刃斧 120 件，小型单刃斧 74 件，两者之比约 1.6:1。二是从完整较完整件与残破件的比例，大致可见石器已完全不能使用的最低残破率情况。大型斧完整较完整 10 件占 13.70%，残破 63 件占 86.30%。中型斧完整较完整 124 件占 19.31%，残破 518 件占 80.69%；其中中型双刃斧的残破比例（约 81%）较大于中型单刃斧的（约 75%）。小型斧完整较完整 105 件占 54.12%，残破 89 件占 45.88%；其中小型双刃斧的残破比例（约 53%）远大于小型单刃斧的（约 35%）。从小斧、中斧到大斧，其残破率有明显增加的趋势，这主要当与使用过程中的不同劳动操作方式和用力大小密切相关。

三　制陶工艺技术

［一］陶质器皿的制法

当时普遍采用泥条盘筑手制成型，再加慢轮修整。先揿捺泥饼做出器底，向上盘筑泥条形成器壁，同时逐段在器壁内外表抹平、拍打或刮削。在旋转状态下使用慢轮修整陶器坯体的结果是，从器物体形到口径都会比较规整匀称，口部内外表往往遗留有细密整齐环绕的轮旋纹道；还有一些纹饰，突出的例如凹凸弦纹、刮衣露胎带纹、彩陶平行条纹等等，以均衡等距的平行线为特征，明显反映出施加该类纹饰时，需在器物旋转状态下操作修饰，才能既

① 南京博物院、吴县文管会：《江苏吴县澄湖古井群的发掘》，《文物资料丛刊 9》，文物出版社，1985 年。
② 临汝县文化馆：《临汝阎村新石器时代遗址调查》，《中原文物》1981 年第 1 期。
③ 青海省文管处考古队、中国社会科学院考古研究所：《青海柳湾》上册第 87～88 页，文物出版社，1984 年。

如此规则又便捷易行。

同时，发现了慢轮制陶装置的部件——陶转盘（见图3－4－162，10～12），直径大、壁厚、体重，形似一顶翻沿矮平顶礼帽。关庙山出土的礼帽式陶转盘与仰韶文化的同类物十分相似。有学者将仰韶文化的陶转盘参照少数民族较原始的慢轮手制陶器装置进行了研究①，在云南景洪傣族，于地下挖一小坑竖立木桩，上部套入一段直径稍大于木桩的竹管，再在上面安接木转盘，便形成可旋转的装置，即为慢轮制陶（包括手制成型和慢轮修整）的工作台，陶工自己用手或脚趾拨动使之转动。在云南丽江纳西族，其制陶装置转轴已采用轴承，木转盘分上小、下大的两层，由于轴承的使用，在这种制陶装置上进行慢轮制陶和快轮制陶两者均可，只是后者还需另有一人从旁协助提高木转盘的转速。新石器时代若在木转盘面上再放置厚重的陶转盘，当因旋转惯性而可延长其转动时间，或又可以增加其他一些功能，例如承接泥末，便于陶坯倒置加工，必要时连盘端起搬移陶坯等。

在关庙山的大溪文化第四期，很少的陶器已属快轮拉坯成型（即轮制）。在快轮快速旋转运动状态下把泥料提拉成型，如果后期未予细致加工抹得光平，陶器内表底部和器壁往往会留下拉坯时形成的规则起伏的螺旋形指痕。这种快轮制陶痕迹，见于有的细泥黑陶杯、细颈壶和豆圈足内表等；但没有同时发现因从转盘上拉线割离平底器陶坯所形成的平底外表偏心涡纹标本。

［二］陶质、羼和料与烧成技术

关庙山大溪文化陶器除白陶之外，绝大多数泥质红陶、灰陶和黑陶片标本的分子式，与采自枝江白洋镇善溪窑的红黏土相近，经本院考古所化验后提出，似可认为该红黏土是关庙山遗址制陶的塑性原料（陶土）之一。又与关庙山遗址当地的黄黏土（生土）的分子式相对比，经本院考古所化验后提出，可认为该黄黏土是关庙山制陶用的另一种塑性原料。善溪窑在关庙山之西，两地直线距离约34千米。一般情况下，当地若有适宜材料时当会就地取材。

在制陶基本原料（陶土）无明显差别的情况下，由于羼和料和烧成气氛的不同，使陶质、陶色以及陶器使用性能都发生了较大变化。

关庙山陶器质料有泥质、夹炭、夹蚌和夹砂四种。泥质陶器即不另添加羼和料者，可分为普通泥质陶和细泥陶两类，后者选用特细的现成黏土或者还经过某种程度的淘洗。因羼和料的不同，分别形成夹炭、夹蚌和夹砂陶。陶器羼和料的共同作用在于：减少黏土泥料的黏性，即调整其塑性，以便于制作成型；在黏土中加入稍大的颗粒结构，使陶器坯体内部水分易于排除，提高干燥速度，又可使其体积收缩（又称干燥收缩）变小（反之颗粒越细收缩越大）；提高胎壁强度，增强成品使用过程中的耐温度急变性能。另一方面，三种羼和料的具体性能还各有一定的差别和特点。

夹炭陶中的炭末，是稻谷壳经不完全燃烧后的渣末，质轻，具有发达的气孔结构，因而有甚强的吸附力，在常温下较稳定。其耐高温性能差，仅在600℃以下，陶器强度也较低。如果直接使用未经半焦化的稻谷壳末作羼和料，烧成后的器表欠平整，胎内产生小孔隙而不紧密，强度也略

① 李仰松：《仰韶文化慢轮制陶技术研究》，《考古》1990年第12期。

降低。关庙山大溪文化中无论炊器、存储器还是饮食盛容器，都较普遍使用夹炭陶。特别是第一期夹炭陶比例高达88.53%，二期还有较多使用。当时广泛使用夹炭陶器，反映出先民在制陶工艺比较原始的条件下，充分利用了农作物的剩余资源稻谷壳，以满足大量的生活用陶需要，这当是适应技术水平、资源供给和生活需求的一种较好的社会发展途径。

夹蚌陶的羼和料呈白色不规则形片状，主要成分是碳酸钙，可断定是蚌螺壳末，而非其他以碳酸钙为主要成分的物质。经测试，关庙山遗址文化层乃至生土，土样的酸碱度均呈酸性。夹蚌陶埋藏在酸性土层中，其蚌壳末经过数千年的腐蚀分解，逐渐变为易溶于水的碳酸氢钙随水流失，致使陶片胎内留下大量孔洞，依腐蚀程度不一，形成泡状或半泡状夹蚌陶。而有很少的夹蚌陶埋藏在厚层草木灰里，因草木灰中含较多呈碱性的碳酸钾，使土壤原有的酸性减弱，接近于中性土壤，蚌壳碳酸钙便不易分解，或仅表面略有侵蚀而胎内无孔洞，成为基本保存原样的密实夹蚌陶。夹蚌陶的耐高温性能比夹炭陶的提高些。推定夹蚌陶的烧成温度低于碳酸钙的分解温度（825℃）。

夹砂陶中加入的砂粒（石英）成分为氧化硅，吸水性差，熔点高（1600℃～1750℃），可降低坯料的热膨胀率，减少结构变形的程度，增加强度，抑制破裂。夹砂陶与夹炭陶、夹蚌陶相比，明显具有强度高、热稳定性良好的优点。

总观各期陶质的变化，从中表现出制陶技术的总体水平和逐渐进步的趋势。泥质陶在第一期较少（占8.99%），在第二、三、四期已都居主要地位（分别占50.87%、80.41%、79.48%）。夹炭陶在第一期占绝大多数（88.53%），在第二期明显下降，但仍居羼和料陶器的首位（27.07%），在第三期很少（2.46%），在第四期略升但还属较少（10%）。夹蚌陶在第一期很少（1.12%），在第二、三期略多（18.14%、12.37%），特别在第三期已居羼和料陶器的首位；在第四期又变少（9.67%），与夹炭陶比例接近。夹砂陶始终都很少，烧成温度高，在各期的羼和料陶器中都未被推广使用（分别占1.36%、3.92%、4.76%、0.85%）。

大溪文化陶器颜色以外表为准，可分为红、橙黄、红褐、灰、灰褐、黑和白陶七种。无论是总体上还是在各期，红陶都居首位，可占52.49%～92.18%。一期红褐陶14.15%，四期黑陶骤增至21.30%，除这两项外，其他几种颜色陶在各期占0.01%～9.87%不等，数量都较少或极少。陶器的颜色，总体来说取决于泥料的化学组成、窑内气氛和烧成温度三方面的因素，但也并非三者都需兼备才能决定陶色，若是其中关键性的一种或两种存在不同便可形成不同颜色的陶器。经测定，关庙山灰陶的化学组成与红陶类同，灰陶的含铁量比红陶还高，关键在于灰陶是在还原气氛中烧成，如果在充分燃烧的氧化气氛中便可烧成红陶，而并非是使用了两种不同泥料的结果。

黑陶是渗碳所致，坯体在窑内升温阶段，当陶胎的温度低于炭的燃烧点时，未经燃烧的炭粒被充分吸入陶胎的孔隙之内，便形成陶器内外表和胎里均黑的黑陶，同时起着坚固器壁的作用。这种纯黑陶在第一、二期罕见或极少，第三期占9.20%，在第四期猛增至21.30%。它的较多量地出现是陶器烧造技术取得较大进步的结果。

还有相当数量的泥质红陶和很少量的夹炭红陶，在其有的部位特殊地呈黑色。具体可细分为三种情况：第一种是红陶的外表红色，内表为黑色。例如，第三期泥质红陶，外红内黑的30.94%，外红内红的69.06%；夹炭红陶，外红内黑的0.31%，外红内红的99.69%。第二种是泥质红陶的外表上红下黑，内表为黑色。第三种是泥质红陶的外表有三或四条等距离的竖黑道，其内表为黑色。以上三种红陶器上各在不同部位有黑色，其成因何在？经实验模拟，认为都是在陶器刚出窑、于窑外立刻趁红热渗碳的结果①。

窑外渗碳实验具体做法分别如下：第一种是陶器单件渗碳，在电炉内烧成的红陶器取出后，趁其在红热状态，于腹内放入稻壳作为陶器渗碳剂。随所盛稻壳量多少的深浅线，可使器腹内表呈全黑色或下部黑色上部红色。如果渗碳时陶器的温度已较低，渗碳量少，则器内表为灰褐色。第二种是陶器叠放渗碳，至少有2件红热状态的同类陶器上下叠放，并要贴合较紧密，上一件空腹的陶器叠放在下一件盛有稻壳的陶器上，下一件陶器呈外表红、内表黑色，上一件陶器则外表上红下黑、内表红色。第三种是陶器贴木渗碳，把一件红热状态的较小陶器，叠放在常温状态的较大陶器之上，在两器接合部位等距离竖插入3根或4根木条，木条烧焦产生黑烟即行渗碳，便可在上一件陶器外表的相应处形成竖黑道。

［三］引人注目的白陶

关庙山出土很少的白陶器（片），始见并稍多的是在第一期晚段，第二、三期仍有极少的存在但数量递减，第四期未见。泥质白陶略多于夹砂白陶；主要器形为尊，圈足盘次之，还有极少的罐、豆；绝大多数系素面，有纹饰者较多见的是并不复杂的戳印纹，偶见单施或兼施的红彩、红褐彩纹。突出的如一件白陶圈足盘 T68⑤:93（见图3-4-55，13），饰有横列小圆形戳印纹、红褐彩平行条纹和大圆形镂孔纹，三种纹饰兼施，仅见此一例较完整的精美白陶器。

经检测分析（表6-4-1），关庙山5件白陶化学组成可分为两类，第一类2件的主量二氧化硅分别为68.12%、69.71%，次之较多量的氧化铝分别为20.57%、22.12%，其他少量和微量成分中氧化镁为0.09%、0.81%，三氧化二铁为2.68%、1.54%。第二类3件的主量二氧化硅为66.46%~68.33%，次之较多量的氧化镁为18.01%~23.97%，其他少量和微量成分中氧化铝为3.68%~5.57%，三氧化二铁为1.33%~3.41%。这两类白陶器物同时存在和使用，而其成分区别很大，器形、用途也有相应差别。第一类白陶以二氧化硅和氧化铝为主要原料，属高铝质耐火黏土即高岭土类，烧成的白陶质硬较细和洁净，适宜于豆、圈足盘等饮食用器。第二类白陶以二氧化硅和氧化镁为主要原料，属高镁质易熔黏土即硅酸镁类，烧成的白陶稍发亮，触摸有似滑石样的滑腻感，用作尊等储存器。两者的共同点是含铁量均较低，一般都不足3%（其他陶器含铁量在5%~8%），故烧成陶器可呈白色。

经模拟实验，用枝江雅畈的白黏土仿新石器时代器形与纹饰做成圈足盘坯体，在氧化气氛中焙烧到950℃，即成为泥质白陶圈足盘②。雅畈白黏土的化学组成不属于硅酸镁类，也与关庙山高岭土类白陶成分的差异比较显著。白洋镇雅畈位于同安镇关庙山遗址西南，两地直线距离约30千米。目前，关庙山的大溪文化白陶原料产地尚不清楚。

长江中下游及珠江三角洲地区，与大溪文化基本同时期及其以前的几种新石器文化中均含有白陶，数量虽不多，但都是该文化中的一项重要内涵且较为醒目。这些考古学文化是：长江中游

① 李文杰、黄素英：《大溪文化的制陶工艺》，《中国原始文化论集》，文物出版社，1989年。
② 李文杰、黄素英：《大溪文化的制陶工艺》，《中国原始文化论集》，文物出版社，1989年。

表 6－4－1　关庙山等地新石器时代白陶及现用陶土的化学组成

序号	地点	单位材料	文化性质	SiO_2 二氧化硅	Al_2O_3 氧化铝	Fe_2O_3 三氧化二铁	TiO_2 二氧化钛	CaO 氧化钙	MgO 氧化镁	K_2O 氧化钾	Na_2O 氧化钠	MnO 氧化锰	P_2O_5 五氧化二磷	烧失量	总量（%）
1	枝江 关庙山	T70③：110 泥白陶尊	大溪文化	68. 33	5. 57	1. 33		0. 53	19. 31	0. 34	0. 41			3. 27	99. 09
2	枝江 关庙山	T11④：42 泥白陶尊	大溪文化	67. 79	5. 52	3. 41		1. 18	18. 01	0. 61	0. 69			未测	97. 21
3	枝江 关庙山	T11④：83 泥白陶豆	大溪文化	68. 12	20. 57	2. 68		1. 85	0. 09	2. 43	0. 75			未测	96. 49
4	枝江 关庙山	T11④：64 白陶尊	大溪文化	66. 46	3. 68	1. 64	0. 01	0. 37	23. 97	0. 15	0. 04	0. 03	0. 17	3. 45	99. 97
5	枝江 关庙山	T74⑤A H113 白陶圈足盘	大溪文化	69. 71	22. 12	1. 54	1. 00	0. 21	0. 81	3. 08	0. 13	0. 01	0. 06	1. 27	99. 94
6	澧县 三元宫	三元宫 中期白陶	大溪文化	68. 92	3. 28	1. 35		0. 98	23. 38	0. 13	0. 09			2. 11	100. 24
7	澧县 三元宫	白陶	大溪文化	70. 35	20. 04	1. 63	1. 10		0. 80	3. 57	0. 48			2. 39	100. 36
8	宜都 城背溪	T6③：100 夹砂白陶罐	城背溪文化	62. 94	5. 52	2. 01		0. 88	23. 89	0. 24	0. 75			3. 75	99. 86
9	珠海 后沙湾	T2⑥ 泥白陶片	咸头岭文化	65. 58	5. 84	2. 09		1. 26	19. 34	0. 03	0. 91			3. 98	99. 03
10	桐乡 罗家角	第二层 白陶	马家浜文化	58. 25	6. 35	2. 01	0. 28	9. 39	21. 48	0. 47	0. 16	0. 04	0. 57	0. 94	99. 94
11	桐乡 罗家角	第一层 白陶	马家浜文化	59. 08	8. 20	3. 32	0. 45	7. 48	18. 94	0. 72	0. 11	0. 05	1. 10	1. 44	100. 89
12	桐乡 罗家角	第一层 白陶	马家浜文化	52. 13	5. 53	1. 98	0. 40	9. 49	19. 62	0. 18	0. 12	0. 09	3. 88	6. 38	99. 80
13	上海 广富林	99SGH42 白陶鬶	广富林文化	65. 78	26. 18	2. 66	0. 67	0. 55	1. 02	1. 38	0. 77		0. 023		99. 033

续表 6－4－1

序号	地点	单位材料	文化性质	SiO_2 二氧化硅	Al_2O_3 氧化铝	Fe_2O_3 三氧化二铁	TiO_2 二氧化钛	CaO 氧化钙	MgO 氧化镁	K_2O 氧化钾	Na_2O 氧化钠	MnO 氧化锰	P_2O_5 五氧化二磷	烧失量	总量（%）
14	泰安大汶口	白陶	大汶口文化	66.24	25.30	2.42	1.05	1.54	0.44	1.61	0.28			1.74	100.62
15	章丘城子崖	白陶	龙山文化	49.48	27.75	1.71	1.09	5.23	6.15	1.79	0.44			5.91	99.65
16	章丘城子崖	白陶	龙山文化	63.03	29.51	1.59	1.47	0.74	0.82	1.48	0.18	0.03		1.45	100.30
17	淄博桐林	白陶鬶 6 例	龙山文化	59.6－71.04 63.62	15.77－30.44 23.65	1.84－2.99 2.33	0.41－0.88 0.62	0.63－14.54 4.37	0.87－1.31 1.09	2.35－3.21 2.88	0.07－0.70 0.39				
18	日照两城镇	白陶鬶 7 例	龙山文化	56.66－76.53 64.83	18.46－34.52 27.59	1.90 4.59 2.83	0.44－1.20 0.81	0.62－1.99 1.07	0.29－0.67 0.51	0.39－2.38 1.06	0.07－0.76 0.27				
19	枝江雅畈	白黏土		76.57	13.33	0.93		0.07	0.91	1.26	0.69			3.86	97.62
20	枝江雅畈	白黏土		78.34	11.47	2.57		0.23	0.68				其他 1.67	4.86	

注：①表序号 1、2、3，引自本书附录一，中国社会科学院考古研究所李敏生等测。
②表序号 4、5，中国社会科学院考古研究所湖北工作队资料，中国科学院上海硅酸盐研究所张福康测。
③表序号 6，湖南省博物馆资料，转引自《中国原始文化论集》第 427 页，湖南醴陵陶瓷研究所测。
④表序号 7，引自中国硅酸盐学会编：《中国陶瓷史》第 49 页，唐山市陶瓷工业公司研究所测。
⑤表序号 8，引自《宜都城背溪》第 294 页，中国社会科学院考古研究所黄素英测。
⑥表序号 9，引自《珠海考古发现与研究》第 314 页，中国社会科学院考古研究所黄素英测。
⑦表序号 10、11、12，引自《浙江省文物考古所学刊·1981》第 55 页，上海硅酸盐研究所张福康测。
⑧表序号 13，引自《科技考古》第三辑第 250、261 页，上海硅酸盐研究所王海圣等测。
⑨表序号 14、15、16，引自《中国陶瓷史》第 48 页，14、15 由湖南醴陵陶瓷研究所测，16 由上海硅酸盐研究所李家治测。
⑩表序号 17，引自《科技考古》第三辑第 227 页，上海硅酸盐研究所王海圣等测。共 6 例，第 1、2 数为最低、最高值，第 3 数为 6 例的平均值。
⑪表序号 18，引自《科技考古》第三辑第 233 页，上海硅酸盐研究所王海圣等测。共 7 例，第 1、2 数为最低、最高值，第 3 数为 7 例的平均值。
⑫表序号 19，引自本书附录一，中国社会科学院考古研究所李敏生等测。
⑬表序号 20，引自《中国原始文化论集》第 426 页，枝江县陶瓷厂测。

湘鄂毗邻地区的皂市下层文化、城背溪文化、汤家岗文化、大溪文化，长江中游沅江中上游地区的高庙文化，长江下游鄂皖接壤地区的黄鳝嘴文化，长江下游太湖地区的马家浜文化，珠江三角洲地区的咸头岭文化。

以上考古学文化中出土白陶的化学组成，经过检测分析的遗址中（表6－4－1），除关庙山明确存在高岭土类和硅酸镁类两种原料的白陶器外，在同属大溪文化的澧县三元宫遗址也发现有同样两种原料的白陶器。城背溪文化宜都城背溪遗址经检测分析的一件夹砂白陶罐，原料即属于硅酸镁类陶土；同时，城背溪等遗址也另有一种无滑腻感的夹砂白陶罐、釜片，惜未选取标本进行检测①。汤家岗文化安乡汤家岗遗址2件白陶盘经测定其成分都属高岭土类②。在马家浜文化桐乡罗家角遗址和咸头岭文化珠海后沙湾遗址都出土有硅酸镁类的白陶器。

可以认为，长江中下游和珠江三角洲地区新石器时代白陶除高岭土类外另有一种属硅酸镁类，后者成为该广大地区一个时期史前白陶成分的一大鲜明特色，这是该地区史前先民对选用白陶原料的一项新开发，而至今在黄河流域史前白陶中则尚未发现过。

上述诸考古学文化的年代大体在公元前6000～前3300年左右，所含白陶遗存以汤家岗文化和高庙文化的最为兴盛，特别是装饰有几何图案、动物形象的篦点戳印纹白陶，纹样繁缛、细密、规则，器表印痕较深、具有浅浮雕式效果。这种典型纹饰的独特风格和精湛工艺，影响远播至珠三角的咸头岭文化、浙江沿海的马家浜文化以及陕南地区南郑龙岗寺遗址和关中地区临潼零口村遗址的仰韶文化早期遗存。初步认为，长江中下游地区最初开始略多地出现白陶要早于黄河流域，尤其重点在洞庭湖周围及沅江中上游为其起源和发达地区，它在中国新石器时代中期和晚期前段白陶工艺领域独占前沿地位。

四　艺术类实物和人体饰品

艺术类实物有两种。一种是陶质乐器，发现有陶鼓腔口部残片，实柄、梯形腹体的陶铃，平顶、双角、椭圆形腹体的陶铃，带把单圆响球，带把双圆响球，共6件。除2件实柄陶铃系素面外，余者均有纹饰。都属拍击、摇击类乐器，或用于生活娱乐场合，或用于娱神祭祀活动。

还有408件空心陶球，完整者近90%均发现在体内放置砂粒或细泥丸，摇动时前者发出沙沙响声，后者发出咯咯响声。另有很少量的完整空心陶球，摇动时无声响，但球体似并不像纯空心那样稍轻，可能体内仍有包含物但被填塞故难发出响声。空心陶球表面多戳有数个小透孔，约87%的施有繁简不同的纹饰；尤其是数量较多的刻划（压划）米字形三角纹和篦点连线米字形三角纹两种纹饰，构图规则、复杂、美观，在几条纹线的交会点上往往戳出小透孔；还有2件画黑彩纹者也很突出。

关庙山出土的空心陶球基本上都属陶响球。关于陶响球的功用，有学者提出它是具有多种用途的娱乐工具，也是一种原始的乐器，并列举我国民族学实例说明其可能的几种使用方式方法③。例如，古代苗族集体娱乐活动时，男吹芦笙于前，女振“金锋”于后，互相配合，盘旋跳舞。

① 李文杰、黄素英：《城背溪文化的制陶工艺》，《宜都城背溪》第295页，文物出版社，2001年。

② 郭伟民：《新石器时代澧阳平原与汉东地区的文化和社会》第146页，文物出版社，2010年。

③ 宋兆麟：《陶响球和古球戏》，《史前研究》1987年第1期。

“金锋”者，初为陶响球，后改为金属球，女子手持摇动作为舞蹈的伴奏乐器。仡佬族有打“花龙”（竹篾空心球内置瓦片、砂粒、铜钱等物摇之有声）游戏，分组相对，掷接花龙不使落地。该文作者推想，或可仿照打花龙游戏，将陶响球放在网兜内，并系挂穗带，互相掷接娱乐。关庙山空心陶响球普遍制作精良，数量很多，使用相当广泛。我们认为，陶响球主要当属一种摇击乐器，广泛用于集体性娱乐场合，很可能近似古代苗族那样，内有一群女子双手持握陶响球，有节奏地摇动振响，部分类似现代乐队中“沙球”的作用，而数量比之更多，气氛更显热烈，在几种器乐伴奏下，众人载歌载舞尽情活动。在这类传统性娱乐交游场合，往往还是青年男女物色对象的美辰良机。

另一种艺术类实物是陶塑和红烧土像。陶塑动物可辨别物种的有龟、猪、鹰面形和鳝鱼，共8件。陶龟整、残有4件，均稍高的弧背、空腹，腹腔保存较完好者其腹中尚存随龟一并烧过的小泥丸，摇之咯咯作响；均只安接三足，易于放平。一件完整陶龟T53③:65的眼、嘴、鼻孔甚至肛门都一一刻示，细部都不忽略；龟背上刻有篦点连线纹，但未尽模仿龟背规则纹样；尾端略断失，残长7.9厘米。当时对龟类，或许还隐含着民俗信仰的一些意识。陶猪一件为作正视猪面的圆饼形物，另一件为已残的实心较瘦长躯体。鹰面形器鼻，为陶容器的附饰。陶鳝的塑造，以双眼位置为关键特征，与蛇类相区别，略可窥见先民的一种观察力和重点表现方法。一件人头形泥塑已烧成红烧土但未达陶质，橙红色，在脸面涂有泥浆；仅在面部做出鼻梁和深戳两个眼窝，嘴和下颚部未塑，头顶为圆弧光面。出土现象表明它是一座房址的奠基物，有意埋放在室内地面下。人头形红烧土塑像较为简单，似重在表示较强的象征性意义。

人体饰品有耳饰、项饰、腕饰三种。

耳饰有耳珰，又称耳栓。关庙山一件陶耳珰（见图3－4－173，3），细泥黑色光润。中透空呈滑轮状，一端为稍宽斜沿面，上有5条纤细的凹弦纹围绕，另一端为稍窄平沿面光平无纹，佩戴时当把有纹饰的斜沿面朝前。有学者将长江下游新石器时代玉耳珰的形制分为三类，即实心蘑菇状、半空蘑菇状和中空喇叭状，并认为三者间存在演变发展过程①。喇叭状者相当本文所称滑轮状。长江中游新石器时代耳珰实物发现地点和物件数量似都不及长江下游。在大溪文化，除关庙山一件滑轮状陶耳珰外，例如巫山大溪墓葬出土滑轮状石质骨质耳珰9件②，澧县城头山出土有实心蘑菇状石耳珰、一大一小近滑轮状石耳珰共3件③。耳珰的佩戴方式当为直接嵌入耳垂的穿孔之中。从石家河文化天门肖家屋脊出土的玉人、玉神人头像，可见其双耳垂就嵌戴了滑轮状的大耳珰。在大溪文化其他遗址还有另一种耳饰玉（石）玦，要比耳珰较为多见。

项饰有石璜，仅出土2件残段，为扁体较窄、两头稍弯的浅凹字形。

腕饰有石环和陶环。石环2件，其中残石环的环体较细，剖面呈长方形；完整石环的环体较宽厚，剖面呈厚三角形。陶环出土完整或部分缺失的8件，残段460余件。绝大多数为灰黑陶占86.4%，其次红陶浅红陶占6.8%，特别有1件泥质白陶环残段。基本上都系素面。饰纹陶环11件占2.3%，有彩纹、凹弦纹、篦点纹和高凸棱四种。彩纹颜色有灰黑、灰绿、棕红和白彩，分别

---

① 费玲伢：《长江下游新石器时代玉耳珰初探》，《东南文化》2010年第2期。

② 四川省博物馆：《巫山大溪遗址第三次发掘》，《考古学报》1981年第4期。

③ 湖南省文物考古研究所：《澧县城头山》中册第483、484页，文物出版社，2007年。

饰在红陶或浅灰陶上，并不显得明丽，现也都严重脱落。陶环外直径以六七厘米左右的中号者最多，还有一些四五厘米左右的小号和个别八九厘米左右的大号。环体剖面形状可细分10余种，最多的一种是环体纵剖面呈方形或近方形，占42%；其次是环体纵剖面呈横长方形或近梯形，占25%强；另有些环体纵剖面分别呈横椭圆形、竖长方形、竖椭圆形、等腰三角形者，分别占5%～7%左右；其他还有环体纵剖面呈圆形、圆角等边三角形、近新月形、半豆瓣形、近双叠圆形等，数量都很稀少，合占约7%强。成年人和小孩都可腕戴陶环。例如在瓮棺葬W8中随葬陶环5件，幼儿骨骸全朽无存。

五　生活类建筑置物奠基遗存

在整、残10座房址和1座大灰坑中，共发现奠基遗存20处，详见“关庙山遗址生活类建筑置物奠基遗存一览表”（表6－4－2）。

归纳起来，一些房址无论其面积大小、室内结构多样或简单，存在着建房时以物奠基的现象，这类房址占已发现整、残房址总数的约20%。放置奠基物的部位并不完全划一，具体置物点更不精准固定，可分别置物于墙基槽内、墙脚内、室内地面下、室内地面下的垫层土中；但又相对集中，大都把物件埋放在室内地面之下的垫层土中，其他部位则很少见或仅属个例。大多数是在上述诸部位直接埋放物件，也有近1/3是在室内地面下和垫土层中修个小坑再埋入物件。一处若有数件物品摆放时，或紧凑一起，或略加疏散。较常见一座建筑内设1处或2处奠基遗存，仅个别的有3处甚至4处。一座建筑内的奠基物1～11件不等。

房址奠基物种类包括日用陶器、日用石器、人头形红烧土和兽骨四类。以陶器最为常见，合计8座10处30件，器形11种即圈足碗3件、圈足盆1件、豆4件、曲腹杯6件、杯2件、筒形瓶4件、细颈壶4件、小口高领圈足罐1件、小口高领平底罐1件、圜底罐1件、釜3件。石器仅见斧一类，共3座3处11件。陶器有些可复原，有些残缺严重，石器多属残破者。房主似乎习惯上把日常用过的旧物——那些与人们生活紧密相连的饮食炊储器皿和生产工具——作为奠基品，可能意味着住屋同日用物一样，都与本屋的人员长久相依相存融和于一体，以此保障基本生活。

除日用陶器、工具外，还发现罕见特例。一是以兽骨奠基，推测其动因之一，可能与房主在捕象等狩猎活动中勇猛有为、作用突出有关，个人引以为自豪。另一例是用一件人头形红烧土奠基，出土时人脸面朝上，据其形状、遗留印痕以及下脸面低垂姿态等方面观察，推测它原来应是外露附筑在一座早于F26的房屋上的构件，当属具有外示标志物和求其保佑的用意。此房后来可能废弃不用，有可能即原房主移用了人头形红烧土构件改作为新建F26的特殊奠基品，埋放在南大门附近。

推测在奠基物掩埋之前，或许在现场还举行了简短而庄重的祝祷仪式，祈求安居生活。这种建房时以物奠基现象在关庙山长期延续流行，当已成为具有民间信仰内涵的一种社会习俗。目前所知，关庙山大溪文化房屋建筑中日用品奠基遗存数量在国内新石器时代中是最多的。

在关庙山遗址以外，新石器时代其他地方也有房屋奠基现象发现。例如，仰韶文化西安半坡大房子F1居住面下特意埋放一件带盖陶罐。良渚文化苏州彭家墩遗址一处建筑物台基的红烧土层

表 6－4－2 关庙山遗址生活类建筑置物奠基遗存一览表

遗迹	期别	种类、面积	置物部位概况	奠基物	插图
F1	三期	长方形房址，门向东，含墙建筑面积约80平方米	用黄褐色黏土混合红烧土渣筑墙宽约60厘米，不挖墙基槽。西墙脚内埋陶器3件。北墙脚内埋象臼齿1颗	筒形瓶3件（F1:8、10、11），亚洲象臼齿1颗	图3－1－34 图3－4－89
F33	二期	长方形房址，门向东，室内复原面积约62平方米	居住面下用红烧土块掺黄黏土铺成垫层。室内东南角垫层中并排埋放石斧4件	大、中型石斧4件（含残件）	图3－1－26 图3－5－3、4、18
F36	三期	长方形房址，门向东，含墙建筑面积约27平方米	红烧土地面下为灰黄色土垫层。房内东部垫层奠基坑中埋有数件黑陶，内复原2件	侈口曲腹杯、敛口曲腹杯（F36：20、25）等	图3－1－50A 图3－4－81、82
F26	三期	方形房址，大门向南，小门向北，含墙建筑面积约49平方米	外墙和隔墙均有基槽，内用黏土掺红烧土渣填实。室内地面用红烧土块掺少量灰褐色黏土铺成。在外墙东墙基南端一小坑内埋1件小口高领圈足罐。在屋内北隔墙基东端横卧1件彩陶筒形瓶，瓶口朝西。室内17、18号柱坑之间的地面下，一小坑内埋放1件人头形红烧土，脸面朝上	小口高领圈足罐（F26:19）、彩陶筒形瓶（F26:21）、人头形红烧土（F26:20）各1件	图3－1－59A 图3－4－88、98、178
F31	三期	疑方形或长方形残房址，残存面积约6平方米	在室内的红烧土垫层中埋放小石斧1件	小型石斧1件	图3－1－76
F24	四期	疑方形或长方形残房址，残存垫层面积约16平方米	在火塘东北处垫层中一小坑内套放3件敛口曲腹杯；在火塘西边垫层中散放6件石斧，分布范围近0.5平方米	敛口曲腹杯3件（F24:6、7、8），形制相同而大小不一；石斧6件	图3－1－79A 图3－4－82
F3	二期	疑圆形或椭圆形残房址，残存面积约24平方米	墙基槽内填实红烧土块。在西墙基东侧一小坑内埋放陶釜1件	釜1件	图3－1－80

续表6-4-2

遗迹	期别	种类、面积	置物部位概况	奠基物	插图
F10	四期	残房址红烧土渣垫层，残存面积约9平方米	垫层中直接横卧埋放陶罐2件。又在垫层中修3个小坑共放陶器5件，分别为细颈壶F10:1口朝上；细颈壶F10:2横卧，口向东北；细颈壶F10:6横卧，口向西北；细颈壶F10:3口向上；曲腹杯F10:4横卧，口向西南	平底罐F10:5、圜底罐F10:7、细颈壶4件（F10:1、2、3、6）、曲腹杯F10:4	图3-1-86 图3-4-92、102
S35	二期	残房址红烧土垫层，残存面积约25平方米	东北部垫层内埋放陶器11件	圈足碗2件、豆4件、圈足盆1件、杯2件、直口釜2件	图3-1-83 图3-4-15、60、62、71、110
S48	二期	残房址红烧土和黄土垫层，残存面积约5.5平方米	南部垫层中并排埋放3根动物肢骨，其西边埋放圈足碗1件	动物完整肢骨3根，单根长24厘米；圈足碗（S48:1）1件	图3-1-82A
H110	三期	菱形锅底状灰坑，坑口4.06×6.9米	坑自深1.7米，坑底普遍铺垫厚20~30厘米的红烧土块层。垫层内横埋1件彩陶筒形瓶，口朝东	彩陶筒形瓶（H110:80）1件	图3-2-9 图3-4-88

中埋放有陶器①。到中原龙山文化时期，建筑奠基遗存中则新出现了人牲遗骸，例如河南安阳后冈在房屋墙基下或柱础下埋放幼童，禹州瓦店一处建筑基址的堆筑土中埋有人头骨②，登封王城岗夯土建筑基址下发现人牲奠基坑10多个，永城王油坊F20室内地基中发现3具皆被齐平截去头盖骨的人骨架，等等，此与大溪文化时期以物为房奠基的平和情状已不可同日而语，当属社会性质已发生重大变化的一种尖锐反映。

六 葬俗和瓮棺墓地集中埋猪遗存

发现婴幼儿瓮棺葬107座。其中，仅W145埋放在Ⅴ区H165坑底，当视为埋在住地核心区灰坑的一个特例，余者都分布在3个墓地或墓区。换言之，关庙山大溪文化先民埋葬婴幼儿死者基本不采用散葬于居所近旁的方式。主要瓮棺墓地是在遗址东南部（Ⅰ区），第二、三、四期一直沿用并数量逐渐增多，尤其在第四期瓮棺达74座，这里应属专辟的瓮棺群葬墓地，大体处于生活区的旁边，同时发现有数座灰坑和一条20米长、较宽的灰沟。其他在遗址东北边缘（T211附近），

① 苏州市考古研究所：《苏州地域考古的新探索》，《中国文物报》2012年11月23日。
② 方燕明：《中华文明探源工程“禹州瓦店遗址聚落形态研究”子课题成果》，《中国文物报》2012年9月28日。

配合修建灌溉渠工程取土，清理发现第二期瓮棺13座；在遗址西南边缘（T201附近），试掘发现第四期瓮棺3座，两处已都在整个遗址边缘，地层文化遗物显得贫乏。

瓮棺葬都挖有小墓坑，绝大多数为圆形圜底或锅状底，很少量的圆形坑底略平，另有极少的儿座主要因葬具横放所以墓坑略呈椭圆形。墓坑自深普遍在30厘米上下，参考W92随葬品出土于正放的葬具陶釜口上方堆土中的情况，估计埋葬后其上方一般都会略用薄土掩盖。

葬具包括多种陶器器形。第一类葬具为单件较大陶器者81座，分别是釜57座、圜底罐23座、罐形鼎1座；其中，75座的釜、圜底罐、罐形鼎器口均朝上正放，1座釜、2座圜底罐器口朝下扣放，3座为圜底罐横放。比照下述第二类主体葬具正放埋置还另用一件陶器作棺盖的情况，第一类的75座单件主体葬具正放埋置坑中似不可能任凭敞口，推测可能用枝条、茎秆等类物遮掩后再予盖土。第二类葬具为双件陶器者26座，其中，11座是在正放着的主体葬具釜口之上，分别配置碗（1座）、簋（1座）、盆（5座）、钵（1座）、釜（2座）、器盖（1座）作为棺盖。10座是在正放着的主体葬具圜底罐口之上，分别配置碗（3座）、圈足盘（1座）、盆（4座）、圜底罐（2座）作为棺盖。当作主体葬具棺盖的陶器，除部分陶盆明确是正放的外，余者一般为扣放，即与下方的釜或圜底罐上下对口相合而立。3座是2件釜左右对口相合横放埋葬的。还有较特殊的2座，W42陶釜口朝下扣放，以器盖垫在釜的口部。W15葬具小口矮领瓮口朝上，原置瓮口的器盖已掉入瓮内，瓮底和盖纽中央各凿出一个不规则形孔。这是在葬具上专加凿孔的一种明显表达形式，象征死者灵魂以此为出入的孔道。葬具大部分利用了实用陶器皿，而部分的釜和圜底罐胎薄质酥，与同类实用器相比形制相同而质量明显存在差别，当属仿日用器形制而专门烧造的一些瓮棺葬器具。

婴幼儿骨骼保存情况很差，共17座（占总墓数近16%）的葬具内分别残存人骨粉末（10座），极少的头骨肢骨（5座），1具婴儿骨骼（1座），两个婴儿头骨（W32一座）。后者同挤在一件口朝上的圜底罐内，可能是双胞胎死者。

有随葬品的瓮棺墓8座，占总墓数的7.47%。其中，6座墓的随葬品置于葬具内，1座墓置物于坑内，1座墓的随葬品放在单件葬具器口之上薄层堆土中。随葬品总共20件，其种类和数量分别是：陶圈足碗5件、陶圈足盘2件、陶器盖1件、小石锛1件、陶环9件、猪下颌骨1块、陶片1片。其中，单座墓内随葬品多的有圈足碗2件或圈足盘2件，又较特别地给一名婴儿死者随葬了猪下颌骨和陶片。按期别而言，二期墓3座随葬品共5件，四期墓5座随葬品共15件，从二期到四期的墓平均随葬品绝对数量似稍有增加。

值得注意的是，在Ⅰ区墓地的第三期10座瓮棺墓处于同一层位，发现7具完整猪骨架，多位居墓地西部，占地约50平方米。均先挖有浅坑，以成年或幼年的整猪侧身埋放，四肢并靠（捆绑）一起或是前、后肢分别并靠，头向不一，当系先后分次埋入的。专在婴幼儿瓮棺葬墓地多次埋放整猪，这种非同寻常之举实属罕见。推测其用意，一种可能是作为这群婴幼儿死者的共享随葬物，而这里的单座瓮棺内一概不再另置随葬品；或者另有一种更大的可能是，以整猪为牺牲多次隆重祭拜某种神灵祈求施恩，为了让夭亡婴幼儿灵魂早日实现投胎转生、重获生命，即这里或是一处祭祀神灵的遗存，这些整猪属于祭祀用牲。

第五节　关庙山大溪文化与相关文化遗存的关系

一　与城背溪文化的关系

目前所知，分布在江汉平原西缘长江沿岸至三峡东部地区的城背溪文化明确早于大溪文化。宏观而言，城背溪文化前期，以宜都城背溪遗址①为代表。陶质普遍为夹砂夹炭陶，极少较纯的泥质陶。陶色以褐色为主。素面陶很少。纹饰中绳纹占绝大多数，炊储饮食多种器形遍体饰有绳纹，还有很少的镂孔、刻划纹、锥刺纹等，偶见有彩陶，为简单的红彩带纹。制陶采用泥片贴筑成型，一般陶器胎壁多厚薄不均。主要器形有大口翻沿矮体釜、中口翻沿高体釜、无耳罐、口肩或腹部双耳罐、浅腹或深腹圜底钵、侈口坦腹大圈足盘、稍弯体空心大支座等，较少的器形有耸肩扁壶、有领瓮、圈足碗、平底或大圜底盆等。总体文化面貌明显有别于大溪文化。值得注意的是，城背溪遗址存在一些打制蚌壳形石片石器，一面保留砾石面，另一面都有打落石片疤痕，发掘者认为是刮削器。相类的实物在关庙山暂称作打制蚌形石器，数量很多，形制规整，其薄利的边缘常见留有掉落碎屑的使用痕迹，它绝非制作石器过程中产生的石片废料，而是与磨制石器共存的专门一类打制石器，简便且实用，可使用的刃缘长度多较长，当属一种多功能石器，推测可分别用于切割、刮削和剖劈等。这种石器颇具特色，关庙山打制蚌形石器的渊源可推及城背溪文化。还有城背溪遗址发现的2件红彩纹与镂孔结合的大圈足盘，其重要地位在于开启了本地区彩陶的先河。

城背溪文化后期，以宜都孙家河遗址②、秭归朝天嘴③新石器时代一期文化遗存和秭归柳林溪④新石器时代一、二期遗存等为代表。制陶基本上继续采用泥片贴筑法，在朝天嘴稍晚阶段出现少量陶器已用泥条盘筑法制成。前、后期陶器器形有明显变化，以绳纹陶釜为例，高、矮体两种绳纹陶釜的变化重点在口沿，前期为翻沿，后期变为斜折沿，两者演变关系清晰，变化又相当突出。发展到大溪文化中，素面斜折沿陶釜和与之相近的素面圜底罐一直在传统性主要陶器群之列。还新出有敞口折腹圈足碗、敛口弧腹平底钵（碗）等。纹饰仍以绳纹为主，而绳纹普遍变细较浅。刻划纹数量增加，纹样也多样，有压刻的平行篦点连线纹，刻划的平行条纹、平行波折纹、网格纹、并列曲折短竖条纹、并列曲折横人字形纹等，其中有的刻划纹单元样式经由变动在其后大溪文化中以彩陶纹出现。彩陶变为红衣黑彩，有宽或窄平行条带纹、网格纹、弧线纹、波折纹等，多施于折沿罐和钵上。还有很少的戳印纹，常见于支座上，有平列短细长方形、小圆形、重圈形等。戳印纹在大溪文化中无论数量和种类都表现出进一步的兴盛发达。继续存在一些打制蚌壳形石片石器。新出现磨制规整的圭形石凿，为本地区富有特色的一种石器工具，在大溪文化得到承袭。柳林溪出土的打制束腰弧刃石锄，与关庙山大溪文化打制磨制结合的一种石锄形体也相近似。

总之，城背溪文化当为三峡和江汉地区大溪文化的直系主干来源，在它的前、后期阶段就有文化因素长期延续，终被大溪文化直接继承或者再经变动发展。其后，整体性文化面貌当逐渐演

① 湖北省文物考古研究所：《宜都城背溪》，文物出版社，2001年。
② 湖北省文物考古研究所：《宜都城背溪》，文物出版社，2001年。
③ 国家文物局三峡考古队：《朝天嘴与中堡岛》，文物出版社，2001年。
④ 国务院三峡工程建设委员会办公室、国家文物局：《秭归柳林溪》，科学出版社，2003年。

变发展为本地区大溪文化，但目前从所见器形种类和变化趋势观察，中间似尚存在较多缺环。

二　与仰韶文化的关系

首先，关庙山出土大溪文化陶器中明显包含有一些仰韶文化元素。这表现在两个方面：一是在少量陶器上装饰有相同、相近或略经变动的仰韶文化式彩陶花纹，其纹样主要为弧线三角圆点纹、平展花瓣纹两大类，还有极少的旋纹，以黑彩为主，偶有配合使用红彩和白衣，装饰在七大类器形上，而这些彩陶的器形则是大溪文化器物群所固有的，具有较鲜明的大溪文化特征。饰有仰韶式弧线三角圆点纹、平展花瓣纹的彩陶器，例如：碗形豆（T51⑤A:192），折敛口平底钵（口沿 T51④A:449，口沿 T51④A:450），筒形瓶（T60④AF26:21，T34④BF1:8，残片 T52④BF22:154，残片 T52④:214），直领扁腹圈足罐（T51⑤A:171，口沿 T70⑤H111:4），直领鼓腹平底罐（残片 T3③H1:10，残片 T75④BH73:107），敛口鼓腹平底罐（T61③B:73），筒形平底罐（T52④BF22:39），弇口鼓腹平底瓮（口沿 T37④A:9，口沿 T1③:21，口沿 T62⑤A:16），器座（残片 T51④BF22:151）。还有旋纹彩陶罐片（T4③:9），与甘肃东部相当于仰韶文化晚期的甘谷灰地儿彩陶壶局部纹饰相近。二是关庙山有几种陶器形制具有较明显的仰韶文化陶器外形特点，但从其陶质和细部观察并非仰韶文化原物，应是受仰韶文化影响，属于大溪文化先民的仿制品。例如：小口尖底瓶口沿（T63⑤A:27，T7③B:21），即是仿制品。釜形鼎残片（T39④:32），与陕县庙底沟遗址[①]釜形鼎（0:01）相似。礼帽式陶转盘残片（T64④C:85，T69⑥:187，T55⑥:83），与仰韶文化西安半坡[②]、秦安大地湾[③]、郑州大河村[④]等遗址的同类器相近。尤其在大地湾发现的礼帽式陶转盘较多，属仰韶文化的早期和中期阶段，绝对年代约在公元前 4900～前3500 年左右。继三峡东段宜昌中堡岛遗址[⑤]大溪文化出土 1 件残陶转盘之后，关庙山出土礼帽式陶转盘是在长江中下游新石器时代的初次发现，分属关庙山大溪文化二、三期地层，年代在公元前 3960～前3550 年左右，其开始使用的时间要晚于仰韶文化。陶鼓腔残片（T75④A:216），颈上部一周有 20 个鹰嘴状小钩纽，这类陶器多见于仰韶文化诸遗址，或与大河村遗址仰韶第三、四期的一种相近似。鹰面形陶塑（T66⑤G5:57）为陶器的附件，同类物在华县泉护村遗址[⑥]较多见，称隼形陶塑，如H1024:02；其他在陕县庙底沟[⑦]、南郑龙岗寺[⑧]、夏县西阴村[⑨]、秦安大地湾[⑩]也有出土。鹰面形陶塑附件在仰韶文化庙底沟类型较为常见，附饰在不同器形上，其数量远多于大溪文化。

其次，在仰韶文化中也见有很少的大溪文化元素的器物，还在我国腹地南北史前文化接触带，与仰韶文化有关联的地域性文化遗存中，同样发现有大溪文化元素器物的存在，它们都不属于出

① 中国科学院考古研究所：《庙底沟与三里桥》第 46 页，科学出版社，1959 年。
② 中国科学院考古研究所、西安半坡博物馆：《西安半坡》第 117 页，科学出版社，1963 年。
③ 甘肃省文物考古研究所：《秦安大地湾》上册第 177～178、337～338 页，文物出版社，2006 年。
④ 郑州市文物考古研究所：《郑州大河村》上册第 115 页，科学出版社，2001 年。
⑤ 国家文物局三峡考古队：《朝天嘴与中堡岛》第 143 页，文物出版社，2001 年。
⑥ 北京大学考古学系：《华县泉护村》第 41～42 页（图版 15－10），科学出版社，2003 年。
⑦ 中国科学院考古研究所：《庙底沟与三里桥》第 26 页（图版玖），科学出版社，1959 年。
⑧ 陕西省考古研究所：《龙岗寺》第 44 页，文物出版社，1990 年。
⑨ 山西省考古研究所：《西阴村史前遗存第二次发掘》，《三晋考古》第二辑，山西人民出版社，1996 年。
⑩ 甘肃省文物考古研究所：《秦安大地湾》上册第 327 页，文物出版社，2006 年。

自大溪文化本土的实物。这里仅以关庙山出土的大溪文化本体固有遗物为参照，体现大溪文化元素对外界考古学文化发生了影响传播的东西，主要的有彩陶纹样绳索纹（绞索纹）、彩陶曲线网格纹、曲腹杯、筒形瓶、圭形石凿等等。现列举遗址及其所含大溪文化元素的实物如下：在枣阳雕龙碑遗址①第二期文化遗存中出有素面筒形瓶（F6:11），薄胎彩陶器上所饰并排短条曲线纹、绳索纹也当系大溪文化的影响。在郧县青龙泉遗址②下层（“仰韶文化”）出有泥质灰陶瘦体凹弧曲腹杯（T67⑱:34），小口直领鼓腹平底罐（T59⑰:26，T8⑯:102）颈、肩部所饰乳丁纹当系大溪文化的影响，还有圭形石凿（T63⑱:37，T7⑩:105）。在淅川下王岗遗址③仰韶文化一、二、三期遗存中都出有圭形石凿，仰韶二期彩陶圈足杯（M294:1）上所饰分块的曲线网格纹当系大溪大文化的影响，仰韶三期还有泥质红陶曲腹杯（T6③:137）。在郑州大河村遗址④仰韶文化第四期遗存彩陶小口高领瓮（罐）片（T25⑥:21）上所饰弧线形绳索纹当系大溪文化的影响。陕县庙底沟遗址⑤彩陶碗片（T301:25）、彩陶敛口罐片上都饰有绳索纹。夏县西阴村⑥出土彩陶碗片2件，分别饰单股、双股绳索纹，原报告分别描述为“链子”和“辫”，后者双股绳索纹与上述庙底沟T301:25的很相似。秦安大地湾遗址⑦仰韶文化晚期遗存出有彩陶绳索纹的盆片（H842:25，T703②:46，T703②:94）、钵片（H859:7），还开始出现圭形石凿（T811③:41，QD0:167）。

总之，仰韶文化与关庙山大溪文化之间，从工具、陶质器皿的形态与纹饰等实物遗存反映的手工业技艺、日用器皿和精神文化等方面，都互相交流和传播，互有借鉴和促进，既不是单向，又非完全均等，两者相比，仰韶文化的影响力量则要强于大溪文化许多。特别在仰韶文化中期的庙底沟类型，掀起了中原新石器文化向四方大范围强力量施展辐射影响的第一次大高潮。其中，鲜明地表现在仰韶式彩陶花纹上的，别的考古学文化的人们似不是单纯地表面模仿美化实用品，更重要的可能在于对仰韶文化花纹包含的某种象征意义的认同和推崇，若此，或透露出这是史前很大地区族群间精神文化领域点滴元素的融会与趋同。总体来看，以庙底沟类型仰韶文化为主导，出现了诸新石器文化间的交流、互补、共进的一次大高潮。

三　与油子岭文化、屈家岭文化早期遗存的关系

在汉水中下游以东至涢水以西的汉东地区，分布有油子岭文化，以京山油子岭⑧第一期遗存、天门谭家岭⑨第一二三期遗存、天门龙嘴⑩、京山屈家岭遗址⑪第三次发掘第一期遗存等为代表。陶系基本上以红陶为主，但从早到晚其所占比例渐趋下降，红陶上普遍涂有红衣。纹饰中常见有凹凸弦纹、刻划纹、镂孔、捺窝等，还存在一些薄胎彩陶和常规胎厚彩陶十分醒目突出，绳纹则

① 中国社会科学院考古研究所：《枣阳雕龙碑》第121、129页，科学出版社，2006年。
② 中国社会科学院考古研究所：《青龙泉与大寺》第43、45、55页，科学出版社，1991年。
③ 河南省文物研究所、长办考古队河南分队：《淅川下王岗》第41、132、154、188、194页，文物出版社，1989年。
④ 郑州市文物考古研究所：《郑州大河村》上册第350页，科学出版社，2001年。
⑤ 中国科学院考古研究所：《庙底沟与三里桥》第30页，图版伍-10，科学出版社，1959年。
⑥ 李济：《西阴村史前的遗存》，转载于《三晋考古》第二辑，山西人民出版社，1996年。
⑦ 甘肃省文物考古研究所：《秦安大地湾》上册第479、493、500、596页，文物出版社，2006年。
⑧ 湖北省荆州地区博物馆：《湖北京山油子岭新石器时代遗址的试掘》，《考古》1994年第10期。
⑨ [湖北省荆州博物馆、北京大学考古学系、湖北省文物考古研究所] 石家河考古队：《谭家岭》，文物出版社，2011年。
⑩ 湖北省文物考古研究所：《湖北省天门市龙嘴遗址2005年发掘简报》，《江汉考古》2008年第4期。
⑪ 屈家岭考古发掘队：《屈家岭遗址第三次发掘》，《考古学报》1992年第1期。

缺乏。典型陶器组合有圆腹罐形鼎、大口折沿罐、中口或小口直领罐、直领圈足壶、宽厚唇敛口平底盆、宽高圈足盘、小直口折肩罐形细腰喇叭圈足豆、波浪形口边缘宽圈足豆、敛口簋、薄胎彩陶圈足碗、弧曲或棱折曲腹杯以及长喇叭形纽、聚集三短角形纽和空心塔形纽器盖等。其中陶鼎代表了本地区先后诸考古学文化绵延不断的一种特质性文化传统。

油子岭文化大部分时段与关庙山大溪文化二、三期遗存大体相当。现以特色鲜明的薄胎彩陶和常规胎厚彩陶为例，具体比较两者在关庙山大溪文化和油子岭文化中的异同之处。

关庙山薄胎彩陶有圈足碗和杯两大类。杯类中又可细分为圈足单耳杯、圈足（无耳）杯和三足单耳杯三种。两类薄胎彩陶器盛行于第二期，第三期很少，第一、四期未见。

关庙山薄胎彩陶碗基本形制为敞口或微直口，斜弧壁，较浅腹，下附圈足分为较宽稍低、较窄稍高两种。陶质系细泥橙黄陶和细泥红陶。彩纹颜色以黑彩较多，还有红彩、棕彩、褐彩。个别为细泥灰陶外施灰色彩纹（T62⑤AH141:9）。外壁画彩的构图格式是，从口沿到圈足均有2～5条或宽或窄的条带纹环绕，将外壁上下分为1～4个宽度并非划一的区段，再在每个区段中填入纹样形成花纹带，往往几种纹样搭配使用显出变化而不单调。具体纹样有：横行或宽或窄条带，横行连点（圆点、卵点），横行链条，横行长曲线，横行分段短曲线，竖行分组并列短直线，斜行连续并列短直线，斜行连续并列短曲线，斜行密连小圈成条，块状曲线网格，块状菱形格等。其中，斜行短道纹样绝大多数都从右上方朝左下方倾斜。只限于在较宽稍低圈足的外底面，一般也有纹饰，常见为五六叶涡轮状纹、双条或多条线构成的大十字形纹等。还偶见既在细泥橙黄陶或红陶碗的外壁饰黑彩纹样，又同时在其内壁以晕染法施浓淡交错全黑彩（7型碗内T51⑤BH45:313、T56⑤:55），这表明初用简易技法开始出现内壁无图案晕染全黑彩。

关庙山三种薄胎彩陶杯的陶质为细泥红陶或橙黄陶，彩纹颜色绝大多数为黑彩，另有极少的棕彩、褐彩、红彩。外壁画彩的构图格式，也是以或宽或窄条带纹上下分隔成几个区段，其内填入几种纹样，主要有横行连点、横行密连小圈成条、斜行密连小圈成条、块状曲线网格、连续变体曲线网格等纹样。单耳和三足外侧面也都有纹饰，而圈足的外底面都不施纹饰。还发现个别细泥红陶杯片（T57④B:151），既外饰黑彩纹样，又同时在内壁以晕染法施无图案浓淡交错全黑彩。

谭家岭薄胎彩陶碗在第一、二、三期遗存都有发现，较长期流行，唯第三期的纹样种类骤少。基本形制为微直口，斜弧壁，深腹，下附宽矮圈足。陶质多属细泥橙黄陶，也有细泥红陶。外壁彩纹颜色绝大多数为黑色，还有青灰、褐、橘红、红色等。有的彩陶可能受局部因素影响，使外壁上下或外壁与圈足底外的彩色并不一致。外壁画彩的构图格式，一般是从上到下形成几个花纹带，花纹带之间有的以或宽或窄条带纹相隔，有的则无明晰的条带纹。具体纹样有：密排小方格内填加圆点或细小方格，横行连续长圆形、不规则形小块内填加圆点、长圆点或短条，块状菱形格，竖行分组并列短直线，斜行连续并列短直线，左右向交替斜行分组并列短直线，斜行密连小圈成条等。在宽矮圈足外底面普遍兼有纹饰，常见为四至七叶涡轮状纹，双条或多条构成的大十字形纹，等分四组垂直相交多条直线纹等。还在碗腹内壁普遍涂成黑色或深灰色，以致不露橙黄陶的本色（从报告的简述，还不属于以晕染法所施浓淡交错全色彩）。较突出的，一是在第二期有一件附凸弦纹薄胎彩陶碗，外壁为密排小方格内填加圆细小方格，内壁为密排小方格内填加圆点，已属典型的内外几何纹彩陶器标本；二是在第三期较晚层位中新出现数片薄胎彩陶喇叭形杯片，内外壁都以晕染法涂刷彩色，效果如同彩霞，同时内外还施连点、条带、格形等纹样，彩色有黑、褐和橘红色等。这种在薄胎彩陶杯内外壁施晕染彩色并有几何彩纹的技法，已较复杂和进步。

油子岭遗址除有薄胎彩陶圈足碗片外，还发现薄胎彩陶圈足杯残片。屈家岭遗址出土有极少的薄胎彩陶碗、杯残片。

关庙山与谭家岭、油子岭分别代表的考古学文化所含薄胎彩陶器，两者相比较，相同、相似性在于：陶质、胎厚度相仿，都以黑彩较多，部分外彩的构图格式都有一种以明晰条带纹相隔形成的花纹带。部分纹样相同或相似，例如，饰于外壁的横行连点、块状菱形格、斜行密连小圈成条、竖行分组并列短直线等，饰于宽矮圈足外底面的涡轮状纹和双条或多条构成的大十字形纹。

两者差异性在于：关庙山薄胎彩陶碗普遍较浅腹，同时存在薄胎彩陶圈足单耳杯和三足单耳杯。彩纹布列一般比较疏朗，所留陶器地色醒目，使画面比较明亮。特有纹样如斜行连续并列短曲线、块状曲线网格、连续变体曲线网格等。还较早出现在极少的碗杯内壁以晕染法施无图案浓淡全黑彩。谭家岭薄胎彩陶碗普遍深腹，目前尚未明确发现有两种薄胎彩陶单耳杯。外彩的构图格式还另有一种无明晰条带纹相隔的花纹带。部分彩陶碗上施彩画面较满，所留陶器地色很少，纹样密集，有的纹样主要以阴纹形式表现。特有纹样如密排小方格内填加圆点或细小方格，横行连续长圆形、不规则形小块内填加圆点、长圆点或短条，左右向交替斜行分组并列短直线等。碗内壁普遍涂成黑色或深灰色。第二期存在个别典型的繁缛几何纹内外彩陶碗。在第三期较晚层位新出现了薄胎彩陶喇叭形杯，内外壁均施晕染法彩色并有几何形彩纹。

相对于薄胎彩陶，还有一类胎壁为常规厚度的彩陶，这里专称为常规胎厚彩陶，以资明确区分。常规胎厚彩陶与薄胎彩陶在器类、大小、厚薄、做工等方面都不同，两者的彩纹样式、构图和风格差别也很大，可谓两个陶艺系列。

关庙山的常规胎厚彩陶较为常见，大都出现在第三期，第四期少量，第二期很少。除个别泥质橙黄陶外，基本都属泥质红陶。主要器形有平底盆、平底钵、筒形瓶、圈足罐、平底罐、瓮、器座等，还有很少的豆、圈足盆等。基本都是黑彩，很少量彩陶上主纹黑彩搭配红彩或兼用白衣，偶有单施棕彩的。主要纹样有弧线三角圆点纹、平展花瓣纹、旋涡纹、细长草叶纹、横人字形纹、绞索纹、菱形纹、横条带纹等。

谭家岭的常规胎厚彩陶系泥质红陶，都出于第三期，数量较少，散见于豆、罐、盆、壶、瓶形器、器座、器盖等上。绝大多数黑彩，偶见单施褐彩，还有个别的是主纹黑彩搭配白彩条纹。主要纹样有横条平行线纹、竖短条平行线纹、斜条平行线纹、左右向斜短条平行线合成折波纹、网格纹、半圆同心平行弧线纹、圆圈中心圆点纹、圆圈夹井字形纹等。关庙山与谭家岭两者常规胎厚彩陶，无论器形还是纹饰，差异性明显较大。

在油子岭遗址出土极少的常规胎厚彩陶片中有黑彩弧线三角圆点纹的，还偶见黑彩白衣陶片，透露出与仰韶文化有关联。

通过对几个遗址的仔细对比，我们初步认为，关庙山大溪文化和油子岭文化中的薄胎彩陶，差异性要大于相同、相似性；两个考古学文化中的常规胎厚彩陶，其差异性更大。此外，其他陶器也存在着既有一个考古学文化独特的、又有两个考古学文化相近相似的东西。例如，关庙山大溪文化的筒形瓶、三足盘、敞口折腹内敛圈足碗、尊等，目前所知均不见于油子岭文化。关庙山大溪文化的折敛口圈足盘大量和持久使用，不同于油子岭遗址所见的圈足盘形制，而关庙山仅有的一件厚圆唇宽高镂孔圈足盘（2型内T3④∶46），恰恰与油子岭遗址的T1⑤B∶22很相似，当受油子岭文化影响所致。关庙山大溪文化器座数量和型式都很多，与器座相配套使用的圜底器如釜和圜底罐也较多，反映在炊器方面是釜远多于鼎，这与油子岭文化鼎远多于釜的情况截然有别。关庙山的高筒鼓形器座和大草帽形器座有多种形式，尤其前者制作精良，油子岭遗址见有相近的该两种大型器座，当是受了大溪文化的影响。另有一种较常见的折沿或卷沿、直腰凹腰或凸腰矮筒形器座，以相近的形制共同存在于两个考古学文化之中。还有一些在两个考古学文化中形制相近的陶器，如曲腹杯、弧敛口或折敛口簋、折沿盆、折沿扁鼓腹圈足罐、直领罐等。其中，曲腹杯在关庙山大溪文化第二期较早阶段就出现，形制丰富多样，持续不断，泥质红、灰、黑陶均有，个别的还分别施黑彩和朱绘，曲腹杯当是起源于大溪文化的，并在长江中游几个考古学文化中持久使用。总之，关庙山大溪文化与油子岭文化相邻而处，并立共存，各自分别发展，同时两者关系密切，始终不同程度地进行互动交流发生双向影响。

在江汉地区和三峡东区，东部先后存在有油子岭文化和屈家岭文化早期遗存的遗址如京山油子岭、京山屈家岭、钟祥六合①等，西部先后存在有大溪文化和屈家岭文化早期遗存的遗址如公安王家岗②、宜昌杨家湾③等。从这些遗址的器物演变轨迹观察，油子岭文化、大溪文化两者的最晚期，逐渐融合为一体，最终共同形成屈家岭文化早期遗存。分处东、西部的屈家岭文化早期遗存，当在其前身分别为油子岭文化和大溪文化大部时段并存之际，从上文对谭家岭、油子岭两遗址油子岭文化与关庙山遗址大溪文化陶器的比较中便可看到，两者的相异相似状况和相互关联程度。后来，在延续并演变发展相似性的同时，又产生了一些新器形，最终以文化面貌基本一致的屈家岭文化早期遗存出现。至于关庙山遗址大溪文化第四期遗存，极少器物如折敛口圈足碗、曲腹杯、折沿扁鼓腹圈足罐中有的标本特别是细颈壶等，当已包含有向屈家岭文化早期遗存过渡的成分。屈家岭文化早期遗存陶器以黑陶为主，这是与其前身显著不同的一个突出变化，代表性陶器有凿形足、鸭嘴形足或卷边足鼓腹罐形鼎，有领平底或圈足罐，折沿扁鼓腹圈足罐，小口短颈或长颈、平底或圈足壶，中口短颈或长颈圈足壶，弧敛口钵形豆，凸弧仰折口斜壁浅盆形高筒圈足豆（饰戳点纹），卷沿或小折沿稍高圈足簋，折敛口圈足碗，小折沿圈足碗，微凹弧斜折沿圈足碗，曲腹杯，凹弧折沿釜等。屈家岭文化早期遗存的跨年可能不很长，由于原来两个考古学文化的融合随之地域扩大和实力互补增强，较快走向繁荣强盛，便形成屈家岭文化晚期遗存，几种新器形的出现更彰显其鲜明的文化特征。这时大规模扩张分布区域，以江汉和洞庭湖地区为主区，向北拓展范围最大，包括了鄂西北和豫西南，影响达豫中甚至黄河沿岸，东界至鄂东地区，西至三峡巫峡东口，西南方个别遗址远抵湘西怀化。屈家岭文化晚期遗存成为长江中游第一个分布地域最大的新石器文化，也是在全国范围内较早营建成批城址聚落的考古学文化之一。

---

① 荆州地区博物馆、钟祥县博物馆：《钟祥六合遗址》，《江汉考古》1987年第2期。
② 湖北省荆州地区博物馆：《湖北王家岗新石器时代遗址》，《考古学报》1984年第2期。
③ 湖北省文物考古研究所：《宜昌杨家湾》上、下册，科学出版社，2013年。

附表 1

关庙山遗址房址登记表

编号	位置	建筑形式	距地表深、海拔	门向、门道	房屋方向	外墙、隔墙	屋内地面、屋内支柱	屋顶	屋内设施	散水	建筑面积	出土器物	打破或叠压关系	文化分期
F1	主要位于T38、T39④B层，延伸到T32、T34、T36、T37、T40、T42	平面呈长方形，剖面呈台形	露出时距地表深0.64米	门向东，无门道	西墙脚方向北偏东5°	外墙无条形基槽，一般只在墙脚和散水部位铺一层红烧土渣以及少量黄褐色黏土，同时竖立墙壁的木柱，在地面上形成条形墙基。在房址的东南角、西南角、西北角分别存有圆形柱坑1个。南墙脚残长3.4、宽约0.6米。西墙脚残长7、宽0.6米，存有圆形柱洞6个，西墙脚外侧有圆形柱洞3个，供竖立擎檐柱。北墙脚残长1.9、宽0.52～0.64米，存有圆形柱洞1个。东墙脚中部有门口，东墙脚南段残缺	用灰褐色土铺设垫层。南部存一片居住面，有两层。居住面上有1个圆形柱坑			平面略呈环形，剖面呈斜坡状，用红烧土块和红烧土渣铺成	不包括散水南北长10.6、东西宽约7.6米，建筑面积约80平方米	西墙脚内埋入筒形瓶1型Ⅳ式3件（F1∶8、10、11）作为奠基物。北墙脚内埋入亚洲象臼齿一颗作为奠基物。东墙基北段的椭圆形小坑内出土圈足盘7型Ⅴ式1件（F1∶4），圭形石凿Ⅱ式1件（F1∶6）。西墙脚8号柱洞内出土圭形石凿Ⅱ式2件（F1∶1、2）	屋内西南部被③A底H9、H10打破，西墙脚被③A底H11打破，西南散水被③A底H8打破	大溪三期

续附表 1

编号	位置	建筑形式	距地表深、海拔	门向、门道	房屋方向	外墙、隔墙	屋内地面、屋内支柱	屋顶	屋内设施	散水	建筑面积	出土器物	打破或叠压关系	文化分期
F2	主要位于T31、T33⑤层，延伸到T32、T34、T35、T36、T41	平面呈圆形，剖面略呈台形	露出时距地表深1.25米	门向东，有门道		外墙无基槽，只在墙脚部位铺一层红烧土块，平面略呈环形，宽0.6~1.6米。南边有圆形柱洞1个，北边有圆形柱洞4个。东边中部有门口，门道南侧有圆形柱洞1个，北侧有圆形柱洞3个。门外有一片红烧土地面，面积约10平方米	垫层用灰白色黏土铺成。居住面仅残存一片，有两层			散水用红烧土块铺成，平面呈环形，剖面略向外倾斜	包括散水在内总面积约76平方米。包括门道和墙壁柱洞分布范围内的建筑面积约66平方米	废弃后的填土内小石锛BV式1件		大溪二期
F3	T39南部⑤A层顶部	疑为圆形或椭圆形残房址	露出时距地表深1.4米	门向不详		残存西墙基、南墙基各1段，呈环形，西墙基内存有圆形柱洞2个	屋内残存居住面1片				残存建筑面积约24平方米	西墙基东侧挖成一个圆形奠基坑，坑内埋入陶釜1件		大溪二期

续附表1

编号	位置	建筑形式	距地表深、海拔	门向、门道	房屋方向	外墙、隔墙	屋内地面、屋内支柱	屋顶	屋内设施	散水	建筑面积	出土器物	打破或叠压关系	文化分期
F9	主要位于T51东部、T52西部④A层底部，延伸到T51扩、T52扩	平面呈长方形	距地表深0.8米。5号柱洞以北0.75米处海拔49.2米	门向南，无门道	西壁的方向为北偏东14°	外墙无条形基槽。外墙有圆形柱洞40个，从四个墙角柱洞之间的距离测量，东墙长6.05、南墙长9.67、西墙长4.92、北墙长8.62米。南墙中部有门口，南墙外侧有檐廊，存有圆形柱洞8个	下层为垫层，用黄色黏土铺成；中层与散水连成一片，用红烧土块掺和少量黏土铺成；上层用红烧土渣掺和少量黏土铺成，三层共厚12~35厘米。屋内有圆形柱洞6个，按东西向排列成两行，每行3个	未见屋面倒塌的红烧土块，推测为茅草屋面	屋内东部偏北有1个方形火塘，其东南角有火塘门	用红烧土块掺少量黏土铺成，略向外倾斜	不包括檐廊和散水，建筑面积约50平方米	圈足碗12型Ⅱ式1件（F9：26），平底罐2型Ⅱ式1件（F9：1），穿孔石斧1件（F9:178）	东北部被③底G3打破，南边散水被④A顶H36、H37和④A底H39、H41打破，整座房址叠压在④B F22之上，东部叠压在红烧土堆积④A F16之下	大溪三期

续附表1

编号	位置	建筑形式	距地表深、海拔	门向、门道	房屋方向	外墙、隔墙	屋内地面、屋内支柱	屋顶	屋内设施	散水	建筑面积	出土器物	打破或叠压关系	文化分期
F22	主要位于T51东北部、T52西北部④B层，延伸到T52扩	平面呈方形，剖面略呈台形	距第①层（石家河文化层）地面深1.28米。上层火塘埂的西南角海拔48.72米	门向西，无门道	西壁的方向为北偏西3°	外墙条形基槽内用黏土掺和大量红烧土渣填实。东墙基残长5.8米；南墙基长5.67米；西墙基长5.74米，中部有门口，门口外侧有门坎；北墙基长6.4米。墙基的四个墙角都呈直角。在墙基内发现圆形柱洞20个。墙身四壁向外倒塌在散水上。北墙西段有大块墙身，高175、墙头厚13、墙脚厚31厘米。门口北侧的墙身高175厘米。北墙和西墙的墙头上都设有二层台。 隔墙位于下层火塘东北角与北墙中部之间，将屋内空间分隔为内外两间。隔墙建在垫层上，无条形基槽，无柱洞，残长1.36米，复原后长2米，墙脚厚24.5、墙头厚14厘米	外墙的范围内用大量红烧土块掺和少量黏土铺成垫层。居住面建在火塘之外的垫层上，用掺和大量粉砂的黏土泥料抹成。 屋内有圆形柱坑16个，其中14个柱坑排列呈方形，竖立木柱承托檩条；2个柱坑位于火塘东、西两侧，竖立木柱承托脊檩	西墙与北墙高度相近。火塘东西两侧的柱洞中心至中心距离2.5米，据此推测屋顶有一条东西向的正脊和四条戗脊，屋顶呈四面坡的形式	火塘位于屋内中央，平面略呈方形，有三层火塘。火塘北侧、隔墙两侧有一个凹槽状储藏所	散水宽2～3米，厚5～15厘米，用红烧土块铺成，周围稍低，略呈斜坡状	包括外墙在内建筑面积约35平方米	圈足碗7型Ⅲ式1件（F22：38），圈足盘6型Ⅴ式1件（F22：44），簋2型Ⅰ式1件（F22：48），曲腹杯3型Ⅱ式2件（F22：37、41），平底罐6型2件（F22：39、40），器座4型Ⅰ式1件（F22：151），器盖7型Ⅰ式1件（F22：43）、11型Ⅱ式1件（F22：42），空心陶球第八种1件（F2：45），中型双刃石斧BⅦ式1件（F22：46），中型单刃石斧BⅡ式1件（F22：47）。平底罐（F22：40）内有小石锛CⅠ式（F22：48）、骨针、麂子角各1件。其中簋2型Ⅰ式（F22：48），器座4型Ⅰ式（F22：151）是房屋废弃后的填土内出土的	整座房址叠压在④A底F9之下，东北角被③底G3打破	大溪三期，^{14}C测年ZK891为距今5505±135年（经树轮校正）

续附表1

编号	位置	建筑形式	距地表深、海拔	门向、门道	房屋方向	外墙、隔墙	屋内地面、屋内支柱	屋顶	屋内设施	散水	建筑面积	出土器物	打破或叠压关系	文化分期
F23	T64、T65②层顶部	平面疑为方形或长方形残房址	露出时距地表深0.62米	门向不详		地面上有一些墙壁倒塌后产生的红烧土块	仅存屋内垫层，用红烧土块铺成，东西残长7.3、西部残宽3.3米。垫层上有椭圆形或圆形柱坑6个，按东西向排列成一行				残存面积约9平方米	红烧土块垫层内夹杂细泥橙红陶双腹碗Ⅱ式残器，内折沿圈足碗Ⅱ式口沿1件，双腹豆，外折沿盘形豆残片，以上都是“复烧橙红陶”		屈家岭晚期
F24	主要位于T71、T75③A层，延伸到T74东北角	平面疑为方形或长方形残房址	露出时距地表深10厘米	门向不详			垫层有两层：下层用黄黏土铺成，上层用红烧土块铺成。居住面呈黑色，用掺和稻壳的黏土泥料抹成。垫层上残存居住面两片		椭圆形火塘周壁为黑色烧土，东南壁向上延伸形成“烧烤墙”，朝火塘一面捅出9个圆洞。火塘西边、南边各有一堵小隔墙，排列成曲尺形，起隔火作用		南北两片地面共残存约16平方米	在火塘东北边垫层上挖一坑埋入曲腹杯3型Ⅱ式3件（F24:6～8），作为奠基物；在南北向小隔墙西侧垫层中埋入石斧6件作为奠基物。在火塘东北边的居住面上挖成一个小坑，坑内并排放置圈足碗17型Ⅰ式1件（F24:17）、17型Ⅳ式2件（F24:16、23），应属屋主人的饮食器具。填土内出土磨石1件（F24:51）		大溪四期

续附表1

编号	位置	建筑形式	距地表深、海拔	门向、门道	房屋方向	外墙、隔墙	屋内地面、屋内支柱	屋顶	屋内设施	散水	建筑面积	出土器物	打破或叠压关系	文化分期
F25	T72、T73、T76、T77③A层底部	平面呈圆角长方形	露出时距地表深0.65～0.75米	门向不详	东墙基的方向为北偏东21°	外墙条形基槽内用大量红烧土块掺和少量灰色黏土填实。东墙基长7.2米，南墙基东段残长2.7米，西墙基北段残长15.4米，北墙基长5.98米。墙角呈圆角。在西北角的墙基内存有圆形柱坑及柱洞1个	在屋内东南部残存一片红烧土居住面，居住面之下为灰白色黏土垫层				包括墙基在内东北至西南7.6米，西北至东南最宽处6米，建筑面积约43平方米		被①CG11、②H65、③底H180打破，叠压在残居住面③A顶S7之下	大溪四期

续附表1

编号	位置	建筑形式	距地表深、海拔	门向、门道	房屋方向	外墙、隔墙	屋内地面、屋内支柱	屋顶	屋内设施	散水	建筑面积	出土器物	打破或叠压关系	文化分期
F26	主要位于T59南部、T63北部④A层底部，延伸到T60西南部、T64西北部	平面呈方形	露出时距地表深0.55～1.32米。9号柱坑东侧地面海拔48.61米	大门向南，小门向北，均无门道	东壁的方向为北偏东1°	外墙基槽内用黏土掺和大量红烧土块填实。东墙基长7米；南墙基长7.36米，中部偏西有大门；西墙基长6.94米；北墙基长6.9米，中部偏西有小门。北墙基东段和东墙基北段保存圆形柱洞3个。北墙基东段的北侧有圆形柱洞1个，用于竖立擎檐柱。屋内有两堵隔墙，基槽内用黏土掺和红烧土渣填实。北隔墙位于屋内中部偏东北，东西长2.8米，将屋内分隔为南、北两间。西隔墙位于屋内西部，南北长1.46米，起挡火作用	屋内地面用红烧土块掺和少量灰褐色黏土铺成。屋内有圆形柱坑14个，其中11个按东西向排列成三行		火塘位于西隔墙东侧，略呈圆角长方形	用红烧土块掺和灰褐色黏土铺成，略向外倾斜。南边散水与T67④CS22相连。S22是红烧土场地，面积约72平方米，用红烧土掺和灰褐色黏土铺成	不包括散水建筑面积约49平方米	东墙基南端外侧之下挖坑埋入圈足罐5型Ⅳ式1件（F26：19），北隔墙的墙基内埋入筒形瓶1型Ⅰ式1件（F26：21），18号柱坑北侧地面之下挖坑埋入人头形红烧土1件(F26:20)，以上三件都作为奠基物。废弃后的填土内出土陶纺轮1型Ⅱ式1件（F26:18）	西边散水被③A底G7打破，南部叠压在红烧土堆积④C底S26、红烧土场地④C底S51之上，北墙基打破④A底H91、H101，叠压在④B底H98之上，东北墙基叠压在红烧土堆积④B顶S33、④B底H103、H104之上，东南墙基叠压在椭圆形房址④B底F29之上	大溪三期

续附表1

编号	位置	建筑形式	距地表深、海拔	门向、门道	房屋方向	外墙、隔墙	屋内地面、屋内支柱	屋顶	屋内设施	散水	建筑面积	出土器物	打破或叠压关系	文化分期
F27	主要位于T70东部、T71④A层顶部，延伸到T66～T68、T72、T74～T76	平面疑为方形或长方形残房址	露出时距地表深0.6～0.85米。22号柱坑以东46厘米处海拔48.78米	门向不详		外墙无条形墙基，保存柱坑11个。在倒塌的墙体中有隔墙与外墙相接处的红烧土块	有两层：下层为垫层，用灰褐色土铺成，上层用红烧土块掺和少量灰土铺成地面。屋内发现柱坑14个，其中9个南北向排列成两行：东行4个，西行5个			散水用红烧土铺成，表面呈缓坡状	包括散水在内残存面积约100平方米。外墙柱坑分布范围内残存建筑面积约75平方米		被②H64、③B顶H93、③B底H82打破，叠压在④A顶F36之下，④A底M201、M202、M203、红烧土场地④B顶S24、④B底S28、④BF30、④B底H189、④C底H99、H107、H119、H128、H139、④F底H124之上	大溪三期

续附表1

编号	位置	建筑形式	距地表深、海拔	门向、门道	房屋方向	外墙、隔墙	屋内地面、屋内支柱	屋顶	屋内设施	散水	建筑面积	出土器物	打破或叠压关系	文化分期
F28	主要位于T57西南部④B层顶部，延伸到T56东南部、T60西北部	平面呈圆形，为半地穴房址	露出时距地表深1.05米	门向北，门外有门道，门内有红烧土块砌成的台阶二级		整个地基挖成圆形锅底状，外墙基用大红烧土块垫成，南北直径3.2米，东西直径2.9米。北墙基内有圆形柱洞2个，竖立木柱支撑门道雨棚	屋内垫层用红烧土碎块铺成，垫层之上用较平整的红烧土块掺和黏土铺成地面。屋内有柱坑5个，其中1个位于中央，为中心柱，4个位于墙基内侧	推测屋顶呈圆锥状即尖顶	屋内西北部地面上有木炭堆积，是长时间烧火所致		包括门道、墙基在内，建筑面积约7平方米。居住面积约4平方米	有曲腹杯、圈足盘、平底钵等残片	叠压在疑为方形或长方形残房址④A S11之下，④B底H96之上	大溪三期
F29	T64西南部④B层底部	平面呈椭圆形	露出时距地表深1.35米	门向不详			有两层：下层为垫层，用红烧土渣掺和少量灰色黏土铺成；上层为残存的居住面，用黏土泥料抹成，经过烧烤。屋内中央有圆形柱坑1个，供竖立中心柱	推测屋顶呈椭圆锥状即尖顶	西北部有1个灶，平面呈梯形，灶门向南		包括垫层在内西北—东南长轴3.88、东北—西南短轴2.66米，建筑面积约8平方米		叠压在方形房址④A底F26东南角墙基之下，在④B底H188之上	大溪三期

续附表1

编号	位置	建筑形式	距地表深、海拔	门向、门道	房屋方向	外墙、隔墙	屋内地面、屋内支柱	屋顶	屋内设施	散水	建筑面积	出土器物	打破或叠压关系	文化分期
F30	主要位于T76、T80④B层，延伸到T75、T79	平面呈长方形	中火塘北埂以北20厘米处的居住面海拔48.52米，距地表深1.3米	门向东，无门道	东壁的方向为北偏东15°	外墙条形基槽内用掺和大量红烧土块的黄黏土泥料填实成为墙基。东墙基长9.25米，中部有门口，门外用红烧土块砌成台阶。南墙基残长4.86、复原后长5.7米。西墙基残长8、复原后长9.4米。北墙基长5.76米。墙基内已解剖部分发现圆形柱洞10个。墙身倒塌在屋内。南墙基北侧残存大块墙身，倒在居住面上。墙头上面略平，没有二层台。 隔墙位于房址南部，将屋内分隔成南、北两间，南间屋内面积约10平方米，北间屋内面积约32平方米	在外墙的范围内用红烧土块掺和少量黏土铺成垫层。居住面建在中火塘之外的垫层上，用掺和少量稻壳的黏土泥料抹成。南间的居住面有四层，①、②层之间有竹笆痕迹。北间的居住面，北火塘以南原来有五层，①层已脱落，②层上面有竹笆痕迹；北火塘以北有四层，②、③层之间有竹笆痕迹。 屋内有圆形柱坑10个，按南北向排列成三行，东行2个，中行3个，西行3个。中行柱坑内竖立木柱承托脊檩，东行、西行柱坑内	出土正脊、垂脊、屋面、屋檐红烧土共33块，推测屋顶呈两面坡形式	屋内南北向的中轴线上有方形火塘3个。中火塘位于北间南端、隔墙北侧，有上下两层火塘。南火塘位于南间北部偏东、隔墙南侧，有上下两层火塘。北火塘位于北间的中部偏北。屋内西北角有火种坑1个。储藏所建在中火塘西侧	散水宽约1米，厚约10厘米，用红烧土渣掺和少量黏土铺成。 F30北边的散水与红烧土场地④B S28南边相连，F30东北墙角与S28相距80厘米，S28面积约76平方米	包括墙基在内，建筑面积约52平方米	屋内放置圈足盘7型Ⅵ式1件（F30:24），平底罐4型1件（F30:22），甑3型Ⅰ式1件（F30:23），器盖6型Ⅳ式2件（F30:25、27）、8型Ⅰ式1件（F30:26），大型石斧CⅤ式1件（F30:21）。填土内出土中型双刃石斧CⅦ式1件（F30:13），小型单刃石斧BⅥ式1件（F30:16）	北火塘被③底H180打破，西北墙基叠压在④A顶疑为方形或长方形残房址F27之下	大溪三期

续附表1

编号	位置	建筑形式	距地表深、海拔	门向、门道	房屋方向	外墙、隔墙	屋内地面、屋内支柱	屋顶	屋内设施	散水	建筑面积	出土器物	打破或叠压关系	文化分期
F30							竖立木柱承托檩条。门口内侧有小柱坑2个，可竖立门柱，门柱顶上可架设过木，门朝屋内开							
F31	T74西部④B层顶部，西部在发掘区之外	疑为方形或长方形残房址	露出时距地表深1米	门向不详		外墙残存北墙基，长2.5米，基槽内用红烧土块掺和黏土填实。残存墙身高15厘米，是坚硬的红烧土	在火塘南北两边残存红烧土垫层。在屋内残垫层上存有圆形柱坑2个，按南北向排列		南部有圆角长方形火塘1个，四边有红烧土埂，西南角开1个门，便于出灰，门外设有1个储灰坑。火塘内西北角设1个略呈长方形的火种坑		包括北墙基和屋内垫层及火塘在内残存面积约6平方米	红烧土垫层内埋入小型双刃石斧1件作为奠基物	叠压在④B底H140之上	大溪三期

续附表1

编号	位置	建筑形式	距地表深、海拔	门向、门道	房屋方向	外墙、隔墙	屋内地面、屋内支柱	屋顶	屋内设施	散水	建筑面积	出土器物	打破或叠压关系	文化分期
F32	位于T56东北角、T57北部⑦层顶部，北部在发掘区之外	疑为方形或长方形残房址	露出时距地表深2.3米	门口向南，门口内侧有门坎，门坎外侧有门道	南墙基方向为北偏西75°	从屋内地面至墙基部位普遍用橙黄色烧土块掺和少量灰黄色黏土铺成，南墙基内存有柱坑8个，大致排列成一行。南墙基分为东、西两段，东段残损严重，西段保存较好，两段之间设有门口。门道两侧存有红烧土柱础5个，用掺和红烧土块的黏土泥料筑成，大致排列成两行，用于竖立木柱支撑门道上方的雨棚	屋内地面与墙基部位铺设的红烧土块连成一片。屋内存有柱坑1个		在屋内东部，门口内侧设有一道门坎，用掺和红烧土块的黏土泥料筑成	在7号柱坑南边残存一部分散水，用红烧土块掺和少量黏土铺成，散水低于墙基部位	已揭露部分略呈三角形，残存建筑面积约13平方米	屋内堆积中出土圆锥形鼎足	南墙基叠压在⑦底G8之上。在南墙基北边有一条同时期的东西向扰沟，两条南北向扰沟打破屋内地面，并且将3号柱坑附近的墙基切割成东、西两段。一个同时期的椭圆形扰坑打破屋内地面	大溪一期晚段

续附表1

编号	位置	建筑形式	距地表深、海拔	门向、门道	房屋方向	外墙、隔墙	屋内地面、屋内支柱	屋顶	屋内设施	散水	建筑面积	出土器物	打破或叠压关系	文化分期
F33	主要位于T59、T63⑥A层，还延伸到T58、T60、T62、T64	平面呈圆角长方形	露出时距地表深2.16～2.5米	门向东，无门道	东壁的方向为北偏东4°	外墙无条形基槽，墙壁直接建在垫层上。采用挖柱坑的方式，保存圆形柱坑2个。东壁中部偏南有门口，门内设有门坎。门口东边有一条红烧土道路，首先挖成沟槽，然后用红烧土渣将沟槽填实作为路面	垫层用红烧土块掺和黄色黏土铺成，南北长12.2、东西宽5.16米。在火塘东北边残存一片居住面，用掺和红烧土渣的黏土泥料抹成，经过烧烤。屋内存有圆形柱坑18个，按南北向排列成5行，其中第三行位于屋内的纵向中轴线上		屋内东北角设有四联灶，由4座袋形灶按东西向联系在一起，四联灶南边设有1个长方形炊事操作坑。屋内中央设1个大火塘，屋内南部设1个小火塘，二者平面都略呈椭圆形	F33周围的散水为普通地面，没有用红烧土块铺成的散水	包括屋内垫层，不包括门前道路，残存建筑面积约54平方米，画虚线复原后建筑面积约62平方米	圈足碗8型Ⅱ式1件（F33：1），三足盘1型Ⅰ式1件（F33：2）。石斧4件，并排埋在东南角的红烧土垫层内作为奠基物，其中大型石斧BⅡ式1件（F33：3）、CⅠ式1件（F33：4），中型双刃石斧CⅠ式1件（F33：5），残存石斧刃部1件（F33：6）。还出土圜底大盆和鼓形大器座残片	北部被⑤A底G6打破，南部被⑤B底H165、H171、H179打破，叠压在疑为方形或长方形残房址⑤A顶S40、⑤A底H114、残垫层⑤B顶S48之下，⑥B顶H142之上，西部垫层叠压在⑦顶F34东南的散水之上	大溪二期

续附表1

编号	位置	建筑形式	距地表深、海拔	门向、门道	房屋方向	外墙、隔墙	屋内地面、屋内支柱	屋顶	屋内设施	散水	建筑面积	出土器物	打破或叠压关系	文化分期
F34	主要位于T55、T58⑦层顶部，延伸到T56、T59、T62、T63⑦层顶部	平面呈圆角长方形	28号柱坑西南0.88米处的居住面距地表深2.02米，海拔47.51米	门向西，无门道	西壁的方向为北偏东10°	外墙无条形基槽，采用挖柱坑的方式竖立木柱。有圆形柱坑17个。根据四个墙角柱坑的位置测量出东墙长10.36米，南墙残长5.5米，西墙残长6.8米，北墙长6.74米。若将西南角复原，南墙、西墙长分别为6.5米和9.6米。西墙中部有门口，门口两侧各有柱坑1个，可竖立门柱，门柱顶上可架设过木，门朝屋外开	垫层可分两层：下层用灰白色黏土铺成，上层用红烧土渣掺和少量黄色黏土铺成。保存两片居住面，均为两层，都用黏土泥料抹成，经过烧烤。屋内有圆形柱坑16个，按南北向排列成四行，其中西起第二行位于屋内纵向中轴线附近		屋内西南部设有东西向排列的三行三联灶，共9座灶。屋内西部偏北设有一个圆形火塘	散水用红烧土渣掺和少量黏土铺成，平面呈环状，剖面呈缓坡状	不包括散水，建筑面积约66平方米	碟1型Ⅱ式2件（F34：96、97）、1型Ⅲ式3件（F34：39、94、100），三足盘1型1件（F34：63），器盖16型的纽1件（F34：62），残存盖纽，还有鼓形大器座残片	南边中部的散水被⑤A底H141打破，屋内西北部被⑤底H112打破，屋内东北部叠压在⑦底H182之上，东南角的散水叠压在⑥AF33的垫层之下	大溪一期晚段

续附表1

编号	位置	建筑形式	距地表深、海拔	门向、门道	房屋方向	外墙、隔墙	屋内地面、屋内支柱	屋顶	屋内设施	散水	建筑面积	出土器物	打破或叠压关系	文化分期
F35	T68、T69、T72、T73⑦层顶部	仅存西部半座房址，复原后平面应呈圆角长方形	露出时距地表深2.25米。5号柱洞以东2.3米处垫层海拔47.39米	门向北，有门道	西壁内侧的方向为北偏西2°	外墙的墙基建在垫层内，用掺和大量红烧土块的黏土泥料将条形基槽填实。南墙基残长4.56米，西墙基长8.06米。北墙基西段长5.52米。西南角、西北角呈圆角。北墙基西段的东端呈弧形向北延伸，成为门道的墙基。门口东侧存有柱洞1个。西墙基和北墙基内共有圆形柱洞8个	垫层用灰白色黏土铺成。东部存有一片居住面，面积约14平方米，用黏土泥料抹成，经过烧烤		南墙基以北有1个圆角长方形火塘，南边开口，中部有一条红烧土埂，将大火塘分隔为东、西两个长条形小火塘	散水用灰白色黏土铺成，与屋内的垫层相连	包括墙基在内南北宽9.8米，东西残长9.95米，残存建筑面积约76平方米	碟1型Ⅰ式1件（F35∶103）	屋内中部被⑤B底H134打破，屋内西南部叠压在⑥B底H163之下	大溪一期晚段

续附表 1

编号	位置	建筑形式	距地表深、海拔	门向、门道	房屋方向	外墙、隔墙	屋内地面、屋内支柱	屋顶	屋内设施	散水	建筑面积	出土器物	打破或叠压关系	文化分期
F36	T62东南部、T63西南部、T66东北部、T67西北部④A层顶部	平面大致呈长方形	露出时距地表深1～1.2米	门向东，无门道	东墙基的方向为北偏东10°	在废弃的红烧土场地上挖成四条墙基的基槽，大致围成长方形，东墙基长3.24米，南墙基长7.2米，西墙基残长2.96米，北墙基残长4.7米。东墙基北端与北墙基之间有门口。墙基内没有柱洞	地面与散水连成一片，有两层：下层为垫层，用灰黄色松土铺成，上层用红烧土块掺和少量黏土铺成。 屋内没有柱坑	推测没有屋顶		散水与地面连成一片，同时铺成	墙基范围内建筑面积约27平方米，若包括散水在内总面积约60平方米，这里原先是一片红烧土场地，后来建成F36	在墙基范围内东部的垫层之内挖成一个奠基坑，坑内埋入数件黑陶，其中有曲腹杯1型Ⅱ式1件（F36:25）、4型Ⅰ式1件（F36:20），应是在铺设红烧土场地时埋入作为奠基物	东北角门口外被③A底H69打破，西北角被红烧土堆积③B顶S12下部的坑打破，东南角叠压在④A顶F27之上，西北部叠压在④D底H190之上	大溪三期
S5	T68东部②A层底部，南段延伸到T72东北部	疑为3座方形或长方形残房址	露出时距地表深0.4～0.7米			残存长条形墙基南段、中段、北段，北段打破中段的西北角，三段都用大红烧土块掺和少量黏土将基槽填实而成。根据三段墙基的走向不同，北段打破中段，疑分别属于三座残房址	残存红烧土垫层，用红烧土块掺和黏土铺成。 在南段墙基东北边的垫层上和中段墙基东边的垫层上，各存有圆形柱坑1个				包括三段墙基和残垫层在内残存面积20平方米	垫层内出土双腹碗、彩陶残壶形器1件（S5:142）、圈足杯残片，小型单刃石斧BⅢ式1件（S5:111）	北段被②A顶H72打破	屈家岭晚期

续附表1

编号	位置	建筑形式	距地表深、海拔	门向、门道	房屋方向	外墙、隔墙	屋内地面、屋内支柱	屋顶	屋内设施	散水	建筑面积	出土器物	打破或叠压关系	文化分期
S11	T57南部④A层	疑为方形或长方形残房址	露出时距地表深0.7米	门向不详		从屋内地面至墙基部位普遍用红烧土块铺成。没有挖墙基的基槽，直接在地面上用红烧土块掺和黏土筑成东墙基，残长约1.4米，墙基中部有圆形柱洞1个	残存地面呈不规则形，有三层：①层为红烧土面，用红烧土块铺成；②层为垫层，用黄色黏土铺成；③层为均匀散布的碎陶片，起加固基础作用。屋内红烧土地面上有柱坑4个，在地面以南的灰土层中有柱坑1个，其中有3个按东西向排列成行				包括东墙基在内残存建筑面积约12平方米	填土内出土彩陶筒形瓶残片	屋内地面被③B顶H68打破，墙基西侧有一条④A层南北向的扰沟打破S11的屋内地面，叠压在④B顶F28、④B底H96之上	大溪三期
S23	T61南部④层顶部	疑为2座方形或长方形残房址	墙基露出时距地表深1.4米	门向不详		红烧土堆积层之下有两条墙基：一条南北走向，另一条东西走向，二者呈十字交叉，表明年代略有早晚。两条墙基内共有圆形柱坑12个	南北向墙基东边存有圆形柱坑1个，东西向墙基北边存有圆形柱坑3个					填土内出土石斧1件	一条东西向小沟打破南北向的墙基	大溪三期

续附表1

编号	位置	建筑形式	距地表深、海拔	门向、门道	房屋方向	外墙、隔墙	屋内地面、屋内支柱	屋顶	屋内设施	散水	建筑面积	出土器物	打破或叠压关系	文化分期
S34	T55、T56南部⑥层顶部，延伸到T58、T59北部	疑为方形或长方形残房址	露出时距地表深1.75～1.85米	门向不详			残存的地面用红烧土块掺和黄色黏土铺成，东部和东北部的边缘呈直线状，东北角略呈直角。 屋内存有圆形柱坑10个，其中9个按东西向排列成4行				东西残长8.2米，南北残宽0.46～4.4米，残存面积约22平方米		东南部被⑤A底G6打破，东部被④B底H94打破，叠压在⑥底H116之上，8号柱坑西南侧被⑤B圆形扰坑打破	大溪二期
S40	主要位于T60西南部⑤A层顶部，延伸到T59东部、T64北部	疑为方形或长方形残房址	露出时距地表深1.54米	门向不详			残存屋内地面有两层：下层为垫层，用红烧土块铺成，平面略呈曲尺形；上层为居住面，仅存一小片，用纯黏土泥料抹成，经过烧烤。 屋内垫层上存有圆形柱坑7个				残垫层面积约17平方米		北部被④B底H103、H104打破，西部叠压在⑥AF33之上	大溪二期

续附表1

编号	位置	建筑形式	距地表深、海拔	门向、门道	房屋方向	外墙、隔墙	屋内地面、屋内支柱	屋顶	屋内设施	散水	建筑面积	出土器物	打破或叠压关系	文化分期
S46	T70、T74⑦层顶部	疑为方形或长方形残房址	露出时距地表深2.4米	门向不详		有一段条形墙基，东西残长2.6米，在基槽内用红烧土块掺和黏土填实而成。墙身残高2厘米。在墙身倒塌的红烧土块上，墙头设有二层台	地面东西残长6.1米，南北残宽1.9~3.2米，用红烧土块掺和黏土铺成				已清理部分面积残约14平方米		西南部被⑤A底H113打破，叠压在⑦底H178、H183、H184、⑧底H172之上	大溪一期晚段
S47	T74、T75⑦层	疑为方形或长方形残房址	露出时距地表深2.4米	门向不详		南部残存一段条形墙基，西南至东北长约4.5米，在基槽内用红烧土块填实而成，墙基东端向北拐。南墙基西端存有圆形柱洞1个。在墙身倒塌的红烧土块上，墙头设有二层台	屋内地面残存若干小片，用红烧土块掺和灰黄色黏土铺成。屋内西南部有圆形柱洞1个			南墙基南侧存有一段散水，用红烧土块铺成	包括墙基和屋内地面残存面积约20平方米		一条⑥层南北向的扰沟打破屋内地面	大溪一期晚段

续附表1

编号	位置	建筑形式	距地表深、海拔	门向、门道	房屋方向	外墙、隔墙	屋内地面、屋内支柱	屋顶	屋内设施	散水	建筑面积	出土器物	打破或叠压关系	文化分期
S50	主要位于T77中部⑤A层，延伸到T72东南角、T73西南角	疑为圆形或椭圆形残房址	露出时距地表深2~2.7米	门向不详		中部有一段环形墙基，残长5.4米，基槽内下部用大红烧土块垫底，上部用小红烧土块掺和少量黏土填实。墙基内未见柱洞	环形墙基以西存有红烧土垫层，用大红烧土块铺成			散水从墙基延伸下来，呈斜坡状，用小红烧土块铺成	露出部分包括散水在内残存面积约23平方米。墙基以内残存建筑面积约14平方米		叠压在红烧土场地④DS38之下	大溪二期

附表 2　关庙山遗址残居住面和残垫层登记表

编号	名称	位置	露出时距地表深	残长、残宽、残存面积	屋内地面	屋内支柱	倒塌墙壁	出土器物	打破或叠压关系	文化分期
F4	残垫层	T36 西北部⑦A层，延伸到T34南部	2.2米	残长约3.4、残宽约1.2米，残存面积约4平方米	残存屋内垫层一片，略呈弧形，用红烧土块铺成。垫层北部存有圆形火塘1个	在垫层东南部存有圆形柱坑1个，在火塘与柱坑之间有圆形柱洞1个，在垫层以东和东南共有圆形柱洞4个			西部叠压在⑦B底H13之上	大溪一期晚段
F6	残垫层	T39 东南部⑦A层	1.95米	东西残长3.4、南北残宽2.2米，残存面积约3平方米	残存屋内垫层呈不规则三叉形，用红烧土块铺成	在残垫层南边存有椭圆形柱坑1个，残垫层北边存有圆形柱坑3个，这4个柱坑中央都存有圆形柱洞，柱脚周围的空当中都用红烧土填实			叠压在红烧土堆积⑥BF5之下	大溪二期
F7	残垫层	T51 西北部②层底部	0.63米	南北长3.4、东西宽1米，残存面积约2.5平方米	残垫层露出部分呈半月形，用红烧土块铺成	残垫层北部存有圆形柱坑1个				屈家岭晚期
F8	残垫层	T51 西北部③层底部，西部在发掘区之外	0.7米	南北长4.8、东西宽3.2米，残存面积约10平方米	残垫层露出部分呈长方形，用红烧土块铺成	残垫层南部存有圆形柱坑3个，按东西向排列成1行	东南角有墙身倒塌的红烧土块，墙头上设有二层台	平底罐1型Ⅳ式1件（F8∶211），残带把单圆响球1件（F8∶209），中型双刃石斧BⅦ式1件（F8∶220）		大溪四期

续附表2

编号	名称	位置	露出时距地表深	残长、残宽、残存面积	屋内地面	屋内支柱	倒塌墙壁	出土器物	打破或叠压关系	文化分期
F10	残垫层	T53 东北部③层顶部	0.35 米	南北残长 4、东西残宽 2.7 米，残存面积约 9 平方米	残垫层用红烧土渣铺成，表面高低不平			在垫层内埋入 7 件陶器作为奠基物：细颈壶 2 型 4 件（F10∶1、2、3、6），其中 3、6 未能复原；曲腹杯 1 件（F10∶4），未能复原；平底罐 1 型Ⅴ式 1 件（F10∶5）；圜底罐 1 件（F10∶7），未能复原。在垫层上出土陶豆 7 型Ⅱ式 1 件（F10∶8），陶环 1 件（F10∶9）	表面被第②层（屈家岭文化层）扰乱	大溪四期
F18	残居住面	T52 东部⑤A 层底部	1.9 米	包括 F18 之一、之二、之三，三片总面积约 8 平方米	残存居住面 3 片，都呈不规则形，都用黏土泥料抹成，经过烧烤。在南部的居住面上有椭圆形火塘 1 个，火塘内出土木炭渣 750 克				F18 之一叠压在⑤A 顶 H43 之下、残居住面⑥底 F20 之上，F18 之二、之三叠压在残垫层⑤B 底 F19 之上	大溪二期
F19	残垫层	T52 东部⑤B 层底部	2.2 米	南北残长约 9 米，东西最宽处 2.4、最窄处 0.6 米，残存面积共约 10 平方米	残垫层呈不规则形，用红烧土渣铺成	在垫层上存有圆形柱坑 4 个			东北部被⑤A 底 F18 之三叠压，南部叠压在⑤A 底 H47、H50 之下	大溪二期

续附表 2

编号	名称	位置	露出时距地表深	残长、残宽、残存面积	屋内地面	屋内支柱	倒塌墙壁	出土器物	打破或叠压关系	文化分期
F20	残居住面	T52 南部⑥层底部	2.6 米	南北残长 1.45、东西残宽 1.25 米，残存面积约 2 平方米	残居住面略呈菱形，用黏土泥料抹成，经过烧烤				残居住面⑤A 底 F18 之一叠压在 F20 之上	大溪二期
F21	残垫层	T51 西南角⑤B 层底部	2.1 米	露出部分东西长 4 米，南北最宽处 2.85、最窄处 1.5 米，残存面积约 9 平方米	残垫层用红烧土块铺成	西部有圆形柱坑 4 个			东部被④BF22 叠压，未发掘	大溪二期
S1	残垫层	T61 南部②层顶部，东部在发掘区之外	0.2 ~ 0.45 米	东西长 5.4、南北宽 0.8 ~ 1.14 米，残存面积约 4.5 平方米	残垫层主要部分呈长条形，用红烧土块掺和少量灰黄色土铺成，北边还有 4 小片残垫层			圈足杯等残片		屈家岭晚期
S2	残垫层	T61 南部③A 层顶部	0.7 ~ 0.8 米	东西最长处 4.1、南北最宽处 3.8 米，残存面积约 8 平方米	残垫层呈不规则形，用红烧土块掺和少量黄灰色土铺成				被③A 顶 H74 打破，叠压在残垫层③B 顶 S13 之上	大溪四期
S7	残居住面	主要位于 T73、T77③A 层顶部，延伸到 T72 东部	0.3 ~ 0.85 米。北部海拔 49.36 米	南北残长 11、东西残宽 4 米，残存面积约 30 平方米	1 号柱坑附近的居住面有三层：下层用掺和大量稻壳的黏土泥料抹成，中层用掺和很多大小不同红烧土块的黏土泥料抹成，上层用质地较纯的黏土泥料抹成，三层都经过烧烤	在西北部的居住面上存有柱坑 2 个。1 号柱坑呈圆形，从坑口至底部普遍有一层抹面，是从上层居住面延伸下来的，经过烧烤。2 号柱坑在 1 号柱坑北边，也呈圆形，其做法与 1 号柱坑相同	在 S7 中部的居住面上堆积很多墙壁倒塌的红烧土块		西南部被①CG11 打破，南部叠压在③A 底 F25 之上	大溪四期

续附表 2

编号	名称	位置	露出时距地表深	残长、残宽、残存面积	屋内地面	屋内支柱	倒塌墙壁	出土器物	打破或叠压关系	文化分期
S8	残垫层	T76 中部偏南②层顶部	0.15 ~ 0.2 米	南北残长 4.7、东西残宽 1.25 ~ 2.2 米，残存面积约 7 平方米	残垫层略呈长条形，用红烧土渣铺成	中部偏北的垫层上存有圆形柱坑 1 个		柱坑内出土细泥橙黄陶斜壁凹底杯 1 件		屈家岭晚期
S9	残居住面	T55 东北部③层底部	0.7 米	现存东、西两片，均呈不规则形。东片南北长 2、东西宽 1.25 米，残存面积约 2 平方米；西片东西长 1.6、南北宽约 1.35 米，残存面积约 1.5 平方米	居住面用黏土泥料抹成，经过烧烤	东片和西片居住面上各有圆形柱坑 1 个				大溪四期
S10	残垫层	T58 西部③B 层顶部，延伸到 T55 西南部	0.65 ~ 0.7 米	南北最长处 5.75、最短处 2.3 米，东西最长处 3.8、最短处 2.1 米，残存面积约 11.5 平方米	形状不规则，用红烧土块铺成，表面凹凸不平			空心陶球第十一种 1 件（S10:55）	西部叠压在残垫层④A S16 之上	大溪四期
S13	残垫层	主要位于 T61 ③B 层顶部，延伸到 T60 东部、T65 北部	0.2 ~ 0.3 米	露出部分东西长 6.75、南北宽约 5.75 米，残存面积约 32 平方米	露出部分略呈方形，垫层用红烧土渣掺和浅灰褐色土铺成，表面不平整	红烧土垫层上存有两行柱坑，呈西北至东南方向排列成行，每行 3 个			北部被③A 底 H78 打破，南部被③A 顶 H74 打破，东南部被③A 底 H79 打破，叠压在残垫层③A 顶 S2 之下	大溪四期

续附表2

编号	名称	位置	露出时距地表深	残长、残宽、残存面积	屋内地面	屋内支柱	倒塌墙壁	出土器物	打破或叠压关系	文化分期
S16	残垫层	T58南部④A层	0.95米	被后期扰乱，分割成东、西两片。西片呈不规则长条形，东西长3.88米，南北最宽处2.6、最窄处1.3米，残存面积约8平方米。东片呈不规则形，南北长约1.4、东西宽约0.7米，残存面积约1平方米	两片均用红烧土块铺成	两片垫层上留有柱坑4个，由西南至东北方向大致排列成行		中型双刃石斧BⅦ式2件（S16：25、39），小型双刃石斧CⅠ式1件（S16:23），小型单刃石斧BⅧ式1件（S16:24）	叠压在残垫层③B顶S10之下	大溪三期
S21	残垫层	T74东南部④B层顶部，南部在发掘区之外	1米	东西最长处3.2、最短处2.3米，南北最宽处2.1、最窄处1.2米，残存面积约4平方米	垫层用红烧土块掺和黏土铺成，表面不平整。S21南部存有两级台阶，均用黏土泥料抹成，经过烧烤。台阶以东残存居住面一片，最长处22厘米，最宽处11厘米；台阶以西残存居住面一片，最长处38厘米，最宽处32厘米。居住面用黏土泥料抹成，经过烧烤	在垫层上存有圆形柱坑2个		在第2级台阶上先铺红烧土，再放置器座9型Ⅱ式1件（S21：55）。台阶附近摆放砂岩砺石、石斧各1件		大溪三期

续附表2

编号	名称	位置	露出时距地表深	残长、残宽、残存面积	屋内地面	屋内支柱	倒塌墙壁	出土器物	打破或叠压关系	文化分期
S29	残垫层	T66 西南部④D层顶部	1.32米	东西残长4米，南北最宽处3.8、最窄处0.36米，残存面积约7平方米	垫层用红烧土块掺和黏土铺成，表面凹凸不平	垫层西部存有圆形柱坑1个			叠压在红烧土场地④C顶S22之下，④D底H105、H106之上	大溪三期
S35	残垫层	主要位于T65西南部、T69西北部⑤A层，延伸到T64东南角、T68东北角	1.63～1.8米	南北残长6.65、东西残宽5米，残存面积约25平方米	残垫层用红烧土块、红烧土渣铺成，表面坑洼不平	东部有柱坑10个，呈圆形或椭圆形		东北部的红烧土垫层内埋入11件陶器作为奠基物：圈足碗5型Ⅰ式2件（S35∶50、82），豆2型Ⅲ式1件（S35∶57）、5型Ⅰ式2件（S35∶58、83）、6型Ⅰ式1件（S35∶53），圈足盆2型Ⅰ式1件（S35∶59），杯1型Ⅲ式2件（S35∶63、69），釜1型2件（S35∶60、93）。1号柱坑内出土石斧1件	东北部叠压在⑤B底H137、H138、红烧土堆积⑥顶S44、⑥底H151、H152之上	大溪二期
S41	残垫层	T61东部⑥B层	2.2米	残垫层南北长3.8、东西宽0.6～1.8米，残存面积约4平方米	残垫层呈不规则长条形，用红烧土渣掺和少量黄褐色土铺成，表面不平整	在残垫层以西发现圆形锅底状柱坑5个，呈南北向排列成2行，这些柱坑原先与残垫层属于同一座房址			西北部叠压在⑤A底H115之下，西部叠压在红烧土堆积⑤B顶S39之下	大溪二期

续附表2

编号	名称	位置	露出时距地表深	残长、残宽、残存面积	屋内地面	屋内支柱	倒塌墙壁	出土器物	打破或叠压关系	文化分期
S45	残居住面	T64 南部⑦层顶部	2.5 ~ 2.75 米	东西最长处约 2.6 米，南北最宽处约 2.5、最窄处 1 米，残存面积约 4.5 平方米	屋内残存地面呈不规则形，有二层：下层为垫层，用黑灰色土铺成，夹杂很多陶片；上层为居住面，用黏土泥料抹成，经过烧烤	居住面上存有圆形柱坑 1 个		圈足碗 6 型Ⅴ式 1 件（S45：108），器盖 5 型Ⅴ式 1 件（S45：107）		大溪一期晚段
S48	残垫层	T59 东部⑤B 层顶部	1.65 ~ 1.75 米	南北长 5.5 米，东西最宽处 1.6、最窄处 0.92 米，残存面积约 5.5 平方米	残垫层有二层：下层用黄色黏土铺成，上层用红烧土块掺和黄色黏土铺成。北部残存火塘 2 个	残垫层上存有圆形柱坑 7 个，其中 6 个南北向排列成 1 行		南部的垫层内并排竖直埋入完整的动物肢骨 3 根、圈足碗 8 型Ⅱ式 1 件（S48：1）作为奠基物	西北部被④B 底 H98 打破，南部偏东被⑤A 扰坑打破，叠压在⑥AF33 之上	大溪二期

附表 3

关庙山遗址红烧土场地登记表

编号	位置	露出时距地表深、海拔	形状、长度、宽度、面积	结构及附属设施	出土器物	与其他遗迹关系	文化分期
S4	主要位于T63、T64、T66、T67③A层，延伸到T68北部	深0.1～0.2米，西部海拔49.34米	东西长14.25、南北宽8.25米，面积约41平方米	下层为垫层，用灰褐色松土铺成；上层用红烧土块掺和少量黏土铺成，结合紧密，表面比较平整，厚10～20厘米	器盖5型Ⅱ式1件（S4:66）	东南部被①CH62打破，北部叠压在③A底H69之上	大溪四期
S22	主要位于T62、T63、T66、T67④C层顶部，延伸到T68西北部、T70北部，西端在发掘区之外	深度不一，在北部为1～1.4米，在南部为1.25～2.4米	已发掘部分东西长12.4、南北最宽处8.3米，呈不规则形，面积约72平方米	下部为垫层，用黄色黏土铺成，结合较松散，厚约5～10厘米；上部用红烧土块掺和灰褐色黏土铺成，结合不够紧密，但表面较平整，厚5～70厘米。西南部有柱坑2个		西北部被红烧土堆积③B顶S12下部的坑打破，叠压在④D底H190之上；东北部叠压在③A底H69之下、红烧土场地④C底S51之上，与④A底F26南边的散水相连，与F26南门相距1.6米；西部叠压在④A顶F36之下；西南部叠压在残垫层④D顶S29、④D底H106之上；东部叠压在红烧土场地④B顶S24之下、红烧土堆积④D顶S36之上	大溪三期
S24	主要位于T63、T67④B层顶部，延伸到T62东南部、T66东北角、T68西北部	深0.95～1.25米	西北至东南长约10米，东北至西南最宽处约4、最窄处约2.5米，残存面积约30平方米	呈不规则长条形，用红烧土块掺和少量黏土铺成，结合紧密，表面较平整，西部厚5～15厘米，中部厚5～55厘米，东部厚10～95厘米	含有少量陶片	中部被③A底H69打破，西部叠压在F36之下、红烧土场地④C顶S22、④C底S51、红烧土堆积④D顶S36之上	大溪三期

续附表3

编号	位置	露出时距地表深、海拔	形状、长度、宽度、面积	结构及附属设施	出土器物	与其他遗迹关系	文化分期
S28	主要位于T67、T71～T73、T77④B层底部，延伸到T76东北角	深0.98～1.38米	呈不规则长条形，东西长17、南北宽2.8～8米，面积约76平方米	厚约4～25厘米，下部用红烧土块掺和少量黏土铺成，表层用红烧土渣掺和少量黏土铺成并经拍打，结合紧密，相当平整。S28南边中部的红烧土面上有一条小沟，曾作为排水沟。在小沟西南，紧挨红烧土表层有一个簸箕形灶，S28东部北侧的灰土层中有两个簸箕形灶和三个圆形灶坑		西南部被③B底H82打破，叠压在③B顶H93、④A顶F27之下，④B底H189、④C底H128之上；南边与④BF30北边的散水相连，与F30东北墙角相距80厘米；东南部叠压在红烧土场地④DS38之上	大溪三期
S38	主要位于T77西南部④D层，还延伸到T76	深1.75～2米	露出部分略呈三角形，南北最长处5.6、东西最宽处4.1米，面积约12平方米	用红烧土碎块掺和少量灰色土铺成，结合紧密，表面平整，厚4～10厘米。东部边缘有一个簸箕形灶，灶底建在红烧土场地上，灶门朝东		西部叠压在④BF30之下，东部叠压在圆形或椭圆形残房址⑤AS50之上	大溪三期
S51	主要位于T63④C层底部，延伸到T62东部、T64西北部	深1.32～1.6米	东西长约6.7、南北宽约6.4米，残存面积约30平方米	平面略呈梯形，用红烧土渣铺成，结合紧密，表面平整，东北部较高，西南部较低，厚4～5厘米。在红烧土场地东南部分布三组条形多联灶：第一组由四个条形灶和一条烟道组成，第二组由五个条形灶和一条烟道组成，第三组由四个条形灶和一条烟道组成。三组多联灶的烟道由西南至东北大致排列呈弧形。在第三组多联灶的北边存有三个用掺和红烧土块的黏土泥料筑成的柱础和两个柱坑。这是一处在多联灶附近建造的窝棚遗迹	灶内出土10余块陶片，多为红陶，个别为橙黄陶	叠压在④A底F26、红烧土堆积④C底S26之下	大溪三期

附表4

关庙山遗址红烧土堆积登记表

编号	位置	露出时距地表深	形状	长度	宽度	面积	堆积厚度	堆积状况及遗迹	包含物	与其他遗迹关系	文化分期
F5	T39中部⑥B层，东端延伸到T42	2米	长条形	东西长3.8米	南北最宽处0.66、最窄处0.4米	约2平方米	约12厘米	由红烧土块堆积而成		叠压在残垫层⑦AF6之上	大溪二期
F15	T52东部④A层，延伸到T53西部	0.7米	不规则三角形	东西最长处约4.5米	南北最宽处约3.85米	约12平方米	50～130厘米	红烧土堆积由南向北倾斜，夹杂较多黄褐色土	含有少量陶片		大溪三期
F16	T52中部偏西④A层	0.62米	不规则形	南北最长处3.7米	东西最宽处2.5米	约5平方米	10～56厘米	由红烧土块堆积而成		叠压在④A底F9之上	大溪三期
S3	T57北部③A层，北部在发掘区之外	0.1米	露出部分呈长条形	东西长3.3米	南北宽0.35～1.2米	约2平方米	20～60厘米	由大红烧土块堆积而成，中部较高、东西两边较低	含有薄胎黑陶豆口沿		大溪四期
S12	T62南部③B层顶部	0.85米	不规则形	东西最长处2.4米	南北最宽处2.1米	约2.5平方米	最厚处90厘米，最薄处10厘米	下部是一个坑，坑内填满红烧土块；上部堆积大而坚硬的红烧土块	含有少量陶片	下部的坑打破长方形房址④A顶F36的西北角、红烧土场地④C顶S22的西北部	大溪四期
S15	主要位于T57西南角③B层，延伸到T56东南角、T60西北角	0.28～0.35米	略呈长方形	东西长约1.35米	南北宽约1米	约1平方米		由大红烧土块堆积而成，堆积之下有一个椭圆形柱坑			大溪四期

续附表4

编号	位置	露出时距地表深	形状	长度	宽度	面积	堆积厚度	堆积状况及遗迹	包含物	与其他遗迹关系	文化分期
S17	T65东北部③B层顶部，东部在发掘区之外	0.5米	露出部分呈不规则三角形	东西最长处1.45米	南北最宽处1.4米	近2平方米	约50厘米	红烧土堆积表面凹凸不平，烧土块大多数质地坚硬			大溪四期
S18	T77东南角②B层顶部，大部分在发掘区之外	0.15米	露出部分呈扇形	南北最长处0.9米	东西最宽处0.7米	约0.5平方米	20厘米	由红烧土块堆积而成			屈家岭晚期
S19	T65东部③B层底部	0.75米	略呈梯形	东西长1.1~1.58米	南北宽0.96~1.1米	约1.5平方米	约10厘米	由红烧土块堆积而成			大溪四期
S20	T69南部④A层顶部	0.98~1.13米	分成两片，都呈不规则长条形	东片南北长4.6米，西片南北长2.5米	东片东西宽0.3~0.95米，西片东西宽0.3~0.9米	两片共约5平方米	8~10厘米	由质地较硬的红烧土块堆积而成，夹杂灰色土，结合松散，表面不平整	含有陶片	南片叠压在④A底H97、红烧土堆积④BS32之上	大溪三期
S26	T63北部④C层底部	1.1米	呈不规则形，南缘和西缘不整齐	东西最长处1.9米	南北最宽处1米	约1平方米	约2~3厘米	由质地较松软的红烧土块堆积而成，东北高、西南低，表面不平整		叠压在④A底F26之下、红烧土场地④C底S51之上	大溪三期
S27	T65西北部④B层顶部	1.55米	略呈圆角方形	东西长约2.5米	南北宽约2.5米	约6平方米	20~50厘米	由质地坚硬的红烧土块堆积而成，表面不平整			大溪三期

续附表4

编号	位置	露出时距地表深	形状	长度	宽度	面积	堆积厚度	堆积状况及遗迹	包含物	与其他遗迹关系	文化分期
S32	T69东南部④B层，东部在发掘区之外	1.5～1.63米	露出部分略呈三角形	东西最宽处2.9米	南北最长处3.3米	约5平方米	10～70厘米	由质地坚硬的红烧土块堆积而成，表面不平整	豆3型Ⅲ式1件（S32:1）	西北部被④A底H97打破	大溪三期
S33	T60西南部④B层顶部	1.37米	被扰沟分割成东西两片，均为不规则长条形	西片南北长3.58米，东片南北长2.94～4.13米	西片东西宽1～2.3米，东片东西宽0.98～1.28米	西片约6平方米，东片约3平方米	10～15厘米	由红烧土块堆积而成，西片密集、东片稀疏，表面都凹凸不平		西片叠压在④A底F26东北墙基之下，④B底H103、H104之上；东片叠压在④B底H126之上	大溪三期
S36	主要位于T67北部④D层顶部，延伸到T66东北部、T68西北部	1.25～1.9米	东西向略呈亚铃形	东西长9.5米	南北最宽处4.1、最窄处1.7米	约22平方米	15～100厘米	红烧土多数为大块，质地松软，夹杂大量黏土。堆积表面很不平整	器盖8型Ⅰ式1件（S36:38），纺轮7型Ⅵ式1件（S36:85）	东端打破⑤顶H117，叠压在④A顶F36、红烧土场地④B顶S24、④C顶S22之下	大溪三期
S39	T61中部偏西⑤B层顶部	1.9米	不规则形	东西最长处3.1米	南北最宽处2.5米	约3.5平方米	15～20厘米	由红烧土渣堆积而成，夹杂较多灰褐色土	含有陶片	西部被⑤A底H108打破，东北部被⑤A底H115打破，东南部叠压在残垫层⑥BS41之上	大溪二期
S42	T75西部⑤层顶部	约2.2米	不规则形	东西最长处2.8米	南北最宽处1.48、最窄处0.8米	约2.5平方米	25～50厘米	由质地较硬的红烧土块和红烧土渣堆积而成，边缘不整齐			大溪二期

续附表4

编号	位置	露出时距地表深	形状	长度	宽度	面积	堆积厚度	堆积状况及遗迹	包含物	与其他遗迹关系	文化分期
S43	T70中部⑦层顶部	2.25米	东西向呈不规则长条形	东西长约4.26米	南北最宽处1.36米，最窄处0.05米	约3平方米	约10厘米	由质地松软的红烧土块和红烧土渣堆积而成，边缘不整齐		北部被⑤底G5打破，西部被⑤底H111打破	大溪一期晚段
S44	T65西南角⑥层顶部	2.55米	不规则形	东西长2米	南北最宽处1.9米	约3平方米	10厘米	由红烧土块堆积而成		叠压在残垫层⑤AS35之下	大溪二期

附表5 关庙山遗址灰坑登记表 （长度单位：厘米）

坑号	坑口位置	形状	坑口距地表深	坑口尺寸	坑底尺寸	坑自深	坑内堆积	出土遗物	叠压或打破关系	文化分期	备注
H1	T3北部③底	圆形，斜壁，平底	170	128	118	50	灰色松土，含有炭屑	圈足碗7型Ⅱ式1件、13型Ⅴ式1件，圈足盘7型Ⅰ式1件，平底钵10型1件，筒形瓶1型Ⅲ式1件，平底罐1型Ⅳ式1件，大型石斧BⅣ式1件，中型双刃石斧BⅦ式1件，小型双刃石斧CⅠ式1件		大溪三期	
H2	T1东南部④底，延伸到T2西南部、T4东北部	圆形，锅底状	195	340		45	黑灰色松土	圈足碗1型Ⅰ式1件、15型Ⅳ式1件，白陶圈足盘的圈足1件，豆1型Ⅱ式1件，釜2型Ⅱ式1件、2型Ⅳ式1件，鼎足Ⅶ式1件，打制蚌形石器Ⅴ式1件		大溪二期	
H3	T5西部②C底，延伸到T4东部	椭圆形，锅底状	30	长轴195、短轴175	110	92	灰色松土	圈足碗、圈足盘口沿，篦划纹腹片		大溪四期	
H4	T8北部③B底，延伸到T5南部	椭圆形，锅底状	135	东西长轴390、南北短轴215		70		圈足盘口沿		大溪三期	
H5	T7西南部③C底，延伸到T7西扩	圆形，弧壁，平底	150	150		20	黑灰色松土	平底盆2型Ⅲ式1件，空心陶球第十三种1件，小型双刃石斧AⅨ式1件		大溪三期	

续附表5

坑号	坑口位置	形状	坑口距地表深	坑口尺寸	坑底尺寸	坑自深	坑内堆积	出土遗物	叠压或打破关系	文化分期	备注
H6	T35西部③A底	椭圆形，弧壁，平底	97	东西长轴250、南北短轴180	东西长轴180、南北短轴130	60	灰色松土	双腹圈足碗Ⅰ式1件，翻沿圈足盆1件，翻沿凹底盆Ⅰ式1件，深腹圈足杯Ⅰ式1件，翻沿扁鼓腹罐1件，深腹矮圈足小罐Ⅰ式1件，喇叭形纽器盖Ⅰ式1件，纺轮1型Ⅱ式1件、1型Ⅳ式1件		屈家岭晚期	
H7	T35东南部⑤A底	不规则形，斜壁，平底	200	东西65		25	灰黑色土			大溪二期	
H8	T39扩西南角③A底，延伸到T36扩东南角	圆形，锅底状	10	140		50	灰色土，含有草木灰	中型双刃石斧BⅡ式1件，石锛1件，石凿Ⅱ式1件	打破④BF1	屈家岭晚期	
H9	T39西部③A底	椭圆形，锅底状	50	东西长轴120、南北短轴100		50	灰色土	内折沿圈足碗Ⅰ式1件，双腹碗口沿	打破④BF1	屈家岭晚期	
H10	T39南部③A底	椭圆形，锅底状	60	东西长轴140、南北短轴96		50	灰色土	无	打破④BF1	屈家岭晚期	
H11	T38西南角③A底，延伸到T39西北角	椭圆形，直壁，平底	60	南北长轴211、东西短轴169		69	深灰色硬土	双腹圈足碗Ⅰ式1件、Ⅱ式1件，子母口碟1件，双腹豆Ⅱ式1件，折沿深腹凹底盆1件，凹沿圜底罐Ⅰ式1件，深腹矮圈足小罐Ⅱ式2件，折沿尖底缸1件，矮皿形纽器盖Ⅱ式1件，陶纺轮1型Ⅱ式1件、1型Ⅳ式2件、2型Ⅳ式1件，石镰1件	打破④BF1	屈家岭晚期	

续附表5

坑号	坑口位置	形状	坑口距地表深	坑口尺寸	坑底尺寸	坑自深	坑内堆积	出土遗物	叠压或打破关系	文化分期	备注
H12	T36北部⑤底	椭圆形，锅底	180	南北长轴160、东西短轴117		25	黑灰色土	圈足碗6型Ⅲ式1件，杯碎片1件		大溪二期	
H13	T36西北部⑦B底，延伸到T35东北部	圆形，弧壁，平底	215	110	54	90	灰色松土	圈足碗6型Ⅰ式1件，三足盘的下半身1件，圈足钵2型Ⅰ式1件，小口广肩罐的上半身2件，釜口沿1件，器座4型Ⅳ式2件，器盖1型Ⅲ式的上半身1件	叠压在残垫层⑦AF4之下	大溪一期早段	
H14	T36东北部⑦B底，延伸到T34东南部	圆形，弧壁，平底	215	140		85	深灰色松土			大溪一期早段	
H15	T51西南部②底	椭圆形，锅底状	50	南北长轴160、东西短轴107		40	黑灰色松土	双腹碗口沿，折沿尖底缸1件		屈家岭晚期	
H16	T10西南部③底	圆形，锅底状	48	110				器盖11型Ⅱ式1件		大溪三期	
H17	T37东北部⑥底	椭圆形，袋状	237	西北—东南长轴124、东北—西南短轴96	西北—东南131	48	黑灰色土，含有炭屑	圈足碗10型Ⅰ式1件，碟1型Ⅳ式1件		大溪二期	

续附表5

坑号	坑口位置	形状	坑口距地表深	坑口尺寸	坑底尺寸	坑自深	坑内堆积	出土遗物	叠压或打破关系	文化分期	备注
H18	T22中部偏南④底	圆形，斜壁，平底	215	100	50	70	灰色土	双折壁圈足碗、鼓形大器座口沿		大溪二期	
H19	T22东南部④底	椭圆形，直壁，平底	230	东西长轴140、南北短轴90		90	灰色土	圈足碗、圜底大盆口沿		大溪二期	
H20	T23西部④底，西部在发掘区之外	圆形，直壁，平底	210	72～78		60	灰色土	圈足碗4型Ⅱ式1件，圈足罐1型Ⅱ式1件		大溪二期	
H21	T24西北部④底，延伸到T22西南部	圆形，直壁，平底	215	78		100	灰色土	罐口沿	打破H22	大溪二期	
H22	T22西南部④底，延伸到T24西北部	长方形，直壁，平底	215	南北150、东西100		52	灰色土	圈足碗1型Ⅰ式1件、6型Ⅴ式1件、14型Ⅱ式1件，碟1型Ⅲ式1件	被H21打破	大溪二期	
H24	T23东北部④底	长方形，直壁，平底	225	南北75、东西65		35	灰色土	碟1型Ⅳ式1件，圜底大盆口沿，鼎足Ⅴ式1件，鼓形大器座口沿		大溪二期	
H25	T23东部④底	长方形，直壁，平底	225	南北75、东西66	南北64、东西60	46	灰色土	圜底大盆口沿，鼓形大器座口沿，铲形鼎足，圆柱形支座		大溪二期	

续附表 5

坑号	坑口位置	形状	坑口距地表深	坑口尺寸	坑底尺寸	坑自深	坑内堆积	出土遗物	叠压或打破关系	文化分期	备注
H27	T24 西北部④底，延伸到 T23 东北部	园角长方形，直壁，平底	225	南北 110、东西 65		70	灰色土	鹿角 1 件		大溪二期	
H28	T24 西部偏南④底	椭圆形，直壁，平底	230	南北 115	南北长轴 115、东西短轴 65	40	灰色土	圈足盘口沿		大溪二期	
H29	T39 西南部⑥A 底，延伸到 T36 东南部	椭圆形，斜壁，平底	176	东西长轴 200、南北短轴 100		94	黑色松土	鼓形大器座口沿，圈足盘口沿	叠压在⑤A 顶 F3 西墙基之下	大溪二期	
H30	T38 东北部⑥底	椭圆形，袋状	225	西北—东南长轴 100、东北—西南短轴 80	西北—东南长轴 104、东北—西南短轴 80	62	灰黑色松土	圈足罐 5 型Ⅰ式 1 件		大溪二期	
H31	T52 西南角②底	椭圆形，锅底状	40	东西 180		58	黑灰色黏土			屈家岭晚期	
H32	T52 西部②底	圆形，锅底状	30	180		50	黑灰色松土	小型石锛 B 型Ⅱ式 1 件，石凿Ⅱ式 1 件		屈家岭晚期	

续附表5

坑号	坑口位置	形状	坑口距地表深	坑口尺寸	坑底尺寸	坑自深	坑内堆积	出土遗物	叠压或打破关系	文化分期	备注
H33	T52北部②底	圆角长方形，锅底状	30	南北160、东西150		35	黑灰色松土	带管状流盆1件，斜折沿罐Ⅰ式1件，穿孔石斧1件		屈家岭晚期	
H34	T52西北角②底，延伸到T52扩西南部	圆形，锅底状	30	120		45	黑灰色松土	深腹矮圈足小罐Ⅰ式1件（H34∶4），菱形网格纹直口圜底缸残片，外折沿盘形豆残片		屈家岭晚期	
H35	T52南部②底	不规则形，锅底状	54	180		80	黑灰色硬土			屈家岭晚期	
H36	T52西南部④A顶	圆形，锅底状	70	160		50	浅灰色土	圈足盘口沿，倒梯形鼎足	叠压在④A底H39、F9南边散水之上	大溪三期	
H37	T52西南部④A顶	圆形，锅底状		110		20	浅灰色土	曲腹杯口沿	叠压在④A底H41、F9南边散水之上	大溪三期	
H38	T52东北部④A顶	圆形，锅底状		110		30	黑灰色松土	无		大溪三期	

续附表5

坑号	坑口位置	形状	坑口距地表深	坑口尺寸	坑底尺寸	坑自深	坑内堆积	出土遗物	叠压或打破关系	文化分期	备注
H39	T51 东南部④A 底	圆形，锅底状	120	170		60	浅灰色松土	研磨器1型Ⅰ式1件，筒形瓶残片，空心陶球第十三种3件，中型双刃石斧BⅢ式1件，石锤Ⅴ式2件	叠压在④A顶H36之下，打破F9南边散水	大溪三期	
H41	T52 西南部④A 底	长方形，直壁，平底		东西 110、南北100		84	浅灰色土	圈足碗4型Ⅲ式1件，圈足盘9型Ⅰ式1件，平底钵3型Ⅰ式1件，平底罐1型Ⅵ式1件，陶臼底部，空心陶球第十三种1件，小型石凿Ⅰ式1件	叠压在④A顶H37之下，打破F9南边散水	大溪三期	
H42	T52 东北部④A 底	圆形，锅底状		115		30	黑灰色土	圈足盘7型Ⅵ式1件，平底钵10型Ⅱ式1件		大溪三期	
H43	T52 南部⑤A 顶	圆形，锅底状	150	东西420		50	黑色土	圈足碗6型Ⅲ式1件	残居住面⑤A底F18之一、⑥底F20叠压在H43之下	大溪二期	
H44	T52 东南部⑤A 底	椭圆形，锅底状	220	南北长轴230、东西短轴194		60	黑色土	器座6型Ⅰ式1件，圈足盘口沿，簋口沿，倒梯形鼎足，大型石斧BⅣ式1件		大溪二期	
H45	T51⑤B 底	圆形，锅底状	190	150		75	灰色黏土	圈足碗7型Ⅲ式1件，圈足盘4型Ⅰ式1件、5型Ⅱ式1件、8型Ⅰ式1件、9型Ⅰ式1件，豆1型Ⅱ式1件，圜底罐残器1件，鼎2型Ⅱ式1件，大口尊Ⅱ式1件，器座7型Ⅱ式1件，大型石斧CⅤ式1件，中型双刃石斧BⅣ式2件、BⅦ式1件、CⅤ式1件	打破⑤B底H48	大溪二期	

续附表5

坑号	坑口位置	形状	坑口距地表深	坑口尺寸	坑底尺寸	坑自深	坑内堆积	出土遗物	叠压或打破关系	文化分期	备注
H47	T52 西南部⑤A 底，南部在发掘区之外	圆形，锅底状	195	152		90	黑色土		叠压在残垫层⑤B 底 F19 之上	大溪二期	
H48	T51 西北部⑤B 底，西部在发掘区之外	圆形，锅底状	235	380		55	黑灰色松土	圈足盘3 型Ⅳ式1 件，豆1 型Ⅱ式1 件，簋2 型Ⅲ式1 件，平底钵3 型Ⅱ式1 件、5 型1 件，平底罐1 型Ⅳ式1 件，圜底罐1 型Ⅱ式1 件，器座7 型Ⅱ式1 件，空心陶球第十四种1 件，小型石锛 CⅣ式1 件	被⑤B 底 H45 打破	大溪二期	
H49	T53 西北部⑤B 底，北部在发掘区之外	长方形，弧壁，圜底	260	南北 320 东西 160		38	黑灰色松土	圈足碗6 型Ⅲ式2 件，杯1 型Ⅰ式1 件、1 型Ⅱ式1 件，空心陶球第十四种1 件，小型石锛 CⅣ式1 件		大溪二期	
H50	T52 中部⑤A 底	圆形，锅底状		185		73	黑色土	无	叠压在残垫层⑤B 底 F19 之上	大溪二期	
H51	T51 扩南部①底	椭圆形，锅底	13	东西长轴 159、南北短轴 130		36	黑灰色松土	凹腰圈足钵形豆1 件，外卷扁唇圈足盆1 件，三角沿圈足盆1 件，翻沿深腹盆1 件，翻沿矮领罐1 件，小口直领罐1 件，凹沿圜底罐Ⅰ式1 件，麻面鼎足1 件，碟形纽器盖Ⅰ式1 件，纺轮5 型Ⅰ式1 件、5 型Ⅱ式1 件，圭形石凿1 件		石家河文化	
H52	T51 扩北部①底	圆形，锅底状	13	南北 116 东西 108		26	黑灰色松土	三角沿小口高领罐Ⅱ式1 件，鼓形器座残器1 件，麻面鼎足		石家河文化	

续附表5

坑号	坑口位置	形状	坑口距地表深	坑口尺寸	坑底尺寸	坑自深	坑内堆积	出土遗物	叠压或打破关系	文化分期	备注
H53	T53南部⑥底	圆形，锅底状	275	125		130	灰黑色松土			大溪二期	
H54	T54东南角③B顶，大部分在探方之外	圆形，锅底状	75	南北195、东西120		50	灰色松土	双腹碗残片，花边口沿罐残片，纺轮1型Ⅳ式1件、2型Ⅰ式1件，空心陶球第十三种1件，中型单刃石斧B型Ⅰ式1件		屈家岭晚期	
H55	T41西北角④底，大部分在发掘区之外	圆形，直壁，平底	110	露出部分东西120		50	黑灰色松土	圈足碗19型Ⅰ式1件，豆7型Ⅱ式1件，平底罐1型Ⅳ式1件，器盖5型Ⅷ式1件，纺轮1型Ⅳ式1件		大溪四期	
H56	T54东南部⑤底，南部在探方之外	椭圆形，斜壁，平底	200	东西长轴235、南北短轴180		50	灰色土	圈足盘7型Ⅱ式1件，器座3型Ⅴ式1件，器盖8型Ⅰ式1件		大溪三期	
H57	T54西部⑦底	椭圆形，锅底状	285	南北长轴120、东西短轴85		65	深灰色松土	圜底大盆口沿，鼎足Ⅰ式1件，器座1型Ⅰ式2件		大溪一期晚段	
H59	T70东北部①C底	长方形，斜壁，平底	12	南北206、东西131	南北174、东西108	52	灰色松土	方格纹盆口沿，纺轮3型Ⅰ式1件		石家河文化	

续附表5

坑号	坑口位置	形状	坑口距地表深	坑口尺寸	坑底尺寸	坑自深	坑内堆积	出土遗物	叠压或打破关系	文化分期	备注
H60	T76东部①C底	长方形，斜壁，平底	30	东西170、南北140	东西150、南北120	60	黑色松土	交错篮纹、方格纹罐腹片		石家河文化	
H61	T73东部②底，东端在发掘区之外	不规则形，平底	56	东西248、南北168		56	深灰色松土，含有炭屑、红烧土渣	双腹豆口沿，斜腹鼎2件，纺轮2型Ⅱ式1件		屈家岭晚期	
H62	T68西部①C底，延伸到T67东部	不规则形，斜壁，底高低不平	35	东西最长处456、南北最宽处400		66	深灰色松土，含有木炭渣、红烧土渣	翻沿圈足碗1件，三角沿圈足碗1件，敞口斜壁豆Ⅰ式1件，粗直高领罐1件，大口折沿罐Ⅰ式1件、Ⅱ式1件，鬶鋬1件，斜沿尊Ⅰ式1件，筒形纽器盖1件，纺轮1型Ⅱ式2件、2型Ⅱ式1件、2型Ⅲ式1件、3型Ⅱ式1件、4型Ⅱ式3件、5型Ⅰ式2件、5型Ⅱ式3件，中型单刃石斧Ⅱ式1件、Ⅳ式1件，石杵1件，还有大量陶片和少量蚌壳、兽骨	打破红烧土场地③AS4	石家河文化	为自然形成的凹坑
H63	T61西北部②顶	椭圆形，弧壁，平底	60	东西长轴100、南北短轴90	东西长轴74、南北短轴70	20	黄灰色松土，含有炭屑	厚圜底缸Ⅱ式1件		屈家岭晚期	
H64	T70东部②底	不规则形，直壁，圜底	28	南北120、东西110	南北66、东西74	64	黑色松土	罐形鼎残器1件，空心陶球第七种1件，小型石锛A型Ⅱ式1件，还有双腹碗和圈足杯口沿、瓦形鼎足	打破④A顶F27	屈家岭晚期	

续附表5

坑号	坑口位置	形状	坑口距地表深	坑口尺寸	坑底尺寸	坑自深	坑内堆积	出土遗物	叠压或打破关系	文化分期	备注
H65	T77西北部②顶，延伸到T76东北部	三角形	25	南北216、东西138		南坑20、北坑86	灰黑色松土	直壁圜底缸片（饰菱形网格纹）	打破残居住面③A顶S7、③A底F25	屈家岭晚期	坑底筑一隔梁
H66	T72西南部②顶	椭圆形，锅底状	70	南北长轴170、东西短轴140		25	灰黑色松土，含有炭屑	双腹碗口沿，柳叶形箅孔甑Ⅱ式1件		屈家岭晚期	
H67	T72中部③B顶	椭圆形，直壁，平底	66	东北—西南长轴125、西北—东南短轴110	东北—西南长轴100、西北—东南短轴80	59	浅灰色土	彩陶片；兽骨，鹿角	叠压在S28之上	大溪四期	
H68	T57西南部③B顶	椭圆形，锅底状	60	西北—东南长轴265、东北—西南短轴140		46	灰黄色松土	豆口沿，篦划纹陶片	打破疑为方形或长方形残房址④AS11	大溪四期	
H69	T63南部③A底	不规则形，锅底状	40	东西250、南北155		70	红烧土		叠压在红烧土场地③AS4之下，打破④A顶F36	大溪四期	

续附表5

坑号	坑口位置	形状	坑口距地表深	坑口尺寸	坑底尺寸	坑自深	坑内堆积	出土遗物	叠压或打破关系	文化分期	备注
H70	T75东南部③B底	不规则形，锅底状	45	东西220、南北160		65	黑灰色松土，含有炭屑、红烧土渣	圈足碗11型Ⅳ式1件、13型Ⅱ式1件、13型Ⅴ式1件，圈足盘7型Ⅵ式1件，平底盆4型1件，圈足罐2型Ⅱ式1件、2型Ⅲ式3件、2型Ⅴ式1件，纺轮1型Ⅳ式1件，空心陶球第九种1件，兽1件，圆锥形器1件，石钺Ⅱ式1件	南部、西部被③A两个柱坑打破	大溪四期	
H71	T68东南部②A顶	椭圆形，锅底状	85	西北—东南长轴134、东北—西南短轴96		52	深灰色松土，含有红烧土块	壶形器Ⅰ式1件，纺轮1型Ⅳ式1件		屈家岭晚期	
H72	T68东北部②A顶	椭圆形，斜壁，平底	42	南北长轴150、东西短轴120	南北长轴114、东西短轴102	43	深灰色松土，含有草木灰、木炭	小口高领罐口沿	打破残房址S5北段	屈家岭晚期	
H73	T75西南部④B顶，延伸到T74东南部	不规则形，锅底状	65	东西310、南北225		60	黑灰色土	平底钵6型1件，平底罐1型Ⅳ式1件，空心陶球第十三种2件		大溪三期	
H74	T61中部偏南③A顶	圆形，弧壁，平底	80	75	60	25	黄色土	器盖5型Ⅷ式1件	打破残垫层③A顶S2、③B顶S13	大溪四期	

续附表5

坑号	坑口位置	形状	坑口距地表深	坑口尺寸	坑底尺寸	坑自深	坑内堆积	出土遗物	叠压或打破关系	文化分期	备注
H75	T69东南角②底，延伸到T73东北角，东部在发掘区外	梯形，斜壁，平底	57	南北196～286、东西115		95	深灰色松土，含有炭屑	子母口小碗1件，内折沿圈足碗Ⅰ式1件，外折沿圈足碗1件，T形口沿豆器身1件，豆圈足1件，折腹盆残器1件，深腹圈足杯Ⅳ式1件，花边口沿罐1件，喇叭形纽器盖Ⅰ式1件，纺轮1型Ⅳ式1件		屈家岭晚期	靠近西壁有一台阶
H76	T59南部③底	椭圆形，直壁，平底	70	长轴84、短轴60		35	灰黑色松土	圈足碗口沿		大溪四期	
H77	T62西北角②底，西部在发掘区之外。②层被扰已无存	不规则形，平底	95	南北300、东西70		57	黑灰色松土	壶形器残片，宽条形鼎足1件，纺轮1型Ⅳ式1件		屈家岭晚期	
H78	T61北部③A底，大部分在发掘区之外	圆形，锅底状	90	露出部分东西120、南北20		40	灰色松土		打破残垫层③B顶S13	大溪四期	
H79	T61东南角③A底	长方形，弧壁，平底	95	东西100、南北80	东西70、南北60	30	灰黄色松土	圈足罐残片	打破残垫层③B顶S13	大溪四期	

续附表5

坑号	坑口位置	形状	坑口距地表深	坑口尺寸	坑底尺寸	坑自深	坑内堆积	出土遗物	叠压或打破关系	文化分期	备注
H82	T72西部③B底	不规则形，锅底状	75	东西170、南北120		70	灰色松土		打破④A顶F27、红烧土场地④B底S28	大溪四期	
H83	T55东北角③底	椭圆形，锅底状	90	南北长轴70、东西短轴50		35	黑色黏土	圈足盘口沿		大溪四期	
H84	T68西南部②B底	三角形，斜壁，底略平	95	东西168、南北114		东坑32、西坑28	灰黑色松土，含有炭屑	深腹矮圈足小罐Ⅰ式1件，矮皿形纽器盖Ⅱ式1件，中型双刃石斧B型Ⅵ式1件，纺轮1型Ⅱ式1件，还有双腹碗口沿	打破③层，落座在红烧土场地④B顶S24之上	屈家岭晚期	坑底有一隔梁
H85	T68西北部②A底	不规则形	85	南北114、东西108		52	深灰色松土	双腹碗口沿，小棒形器1件		屈家岭晚期	
H86	T73东南部②底，延伸到T77东北部	椭圆形，直壁，平底	30	南北长轴141、东西短轴132		88	深灰色松土	双腹碗、圈足杯残片		屈家岭晚期	
H87	T65东北部④A顶	椭圆形，锅底状	100	东西长轴115、南北短轴74		20	灰色松土，含有炭屑	圈足碗7型Ⅱ式1件，豆3型Ⅰ式1件，筒形瓶1型Ⅳ式2件，器盖5型Ⅳ式1件、6型Ⅲ式1件，纺轮3型Ⅰ式1件	叠压在④B底H109之上	大溪三期	
H88	T58东部④A底	不规则形，斜壁，平底	103	100		26	灰黑色松土			大溪三期	

续附表5

坑号	坑口位置	形状	坑口距地表深	坑口尺寸	坑底尺寸	坑自深	坑内堆积	出土遗物	叠压或打破关系	文化分期	备注
H89	T56南部④B底	不规则形，直壁，平底	140	东西158、南北90	东西140、南北80	40	灰黑色松土，含有炭屑	圈足盘6型Ⅴ式1件，器盖8型Ⅲ式1件，中型双刃石斧BⅦ式1件；兽骨		大溪三期	
H90	T69西北角②底	梯形，直壁，平底	45	东壁108、南壁85、西壁110、北壁60		56	灰色松土	双腹豆口沿		屈家岭晚期	
H91	T59东北部④A底	长方形，直壁，平底	83	75～85		40	灰黑色土	圈足碗13型Ⅴ式1件，三足碗1件，圈足盘7型Ⅰ式1件、7型Ⅱ式1件、7型Ⅵ式1件	被④A底F26北墙基打破，叠压在④B底H98之上	大溪三期	
H92	T56东部④B底	椭圆形，锅底状	150	南北长轴50、东西短轴45		20	黑色松土			大溪三期	
H93	T71东部③B顶	不规则形，直壁	30	西北—东南145、东北—西南28～93		63	灰色松土，含有炭屑	圈足碗17型Ⅲ式2件，豆7型Ⅰ式1件，平底盆6型1件	打破④A顶F27，叠压在红烧土场地④B底S28之上	大溪四期	
H94	T56西南部④B底	椭圆形，锅底状	173	南北长轴85、东西短轴70		20	黑灰色松土	圈足盘9型Ⅱ式1件，平底盆2型Ⅰ式1件，鼎足Ⅶ式1件，器盖8型Ⅱ式1件	打破疑为方形或长方形残房址⑥顶S34	大溪三期	

续附表5

坑号	坑口位置	形状	坑口距地表深	坑口尺寸	坑底尺寸	坑自深	坑内堆积	出土遗物	叠压或打破关系	文化分期	备注
H95	T61西北部④顶，延伸到T60东北部	长方形，弧壁，平底	135	西北—东南156、东北—西南130	西北—东南120、东北—西南74	50	红烧土块、黄褐色土	圈足盘9型Ⅲ式1件，曲腹杯4型Ⅰ式1件，器盖5型Ⅲ式1件、8型Ⅰ式1件，空心陶球第九种1件，打制蚌形石器Ⅰ式1件	叠压在④底H130之上	大溪三期	
H96	T57西南部④B底	圆形，弧壁，平底	170	230	164	75	1层为黑灰色松土，2层为灰褐色松土	圈足盘5型Ⅰ式1件、6型Ⅳ式1件，豆3型Ⅰ式1件，平底钵5型1件，平底罐5型1件，鼎足Ⅷ式1件，器座7型Ⅳ式1件，器盖6型Ⅱ式1件、17型1件、18型Ⅱ式2件，空心陶球第十三种2件，中型双刃石斧BⅠ式1件，小型石锛CⅢ式1件，石饼Ⅱ式1件	叠压在④B顶F28之下	大溪三期	
H97	T69东南部④A底	长方形，弧壁，圜底	155	东西110、南北94		23	灰色松土	圈足碗6型Ⅶ式1件	打破红烧土堆积④BS32	大溪三期	
H98	T59东北部④B底	不规则形，圜底	145	南北150、东西108		46	灰黑色松土，含有炭屑	圈足盘6型Ⅱ式1件、7型Ⅱ式1件，豆3型Ⅱ式1件，平底盆1型Ⅱ式1件，釜4型Ⅰ式1件，器盖8型Ⅲ式1件，筒形瓶残片；兽骨，鱼骨	打破⑤A底G6，叠压在④A底F26北墙基、H91之下	大溪三期	
H99	T71西南部④C底	不规则形，平底	102	南北170、东西130		40	灰黑色松土，含有炭屑	碟3型Ⅰ式1件，圈足盆1型Ⅰ式1件，平底罐1型Ⅵ式1件，器盖5型Ⅱ式1件、6型Ⅱ式1件，空心陶球第十三种1件，中型双刃石斧CⅦ式1件；兽骨	叠压在④A顶F27之下	大溪三期	

续附表5

坑号	坑口位置	形状	坑口距地表深	坑口尺寸	坑底尺寸	坑自深	坑内堆积	出土遗物	叠压或打破关系	文化分期	备注
H100	T56 西北部⑤底，向 T56 北壁之外延伸 10 厘米	长方形，直壁，平底	183	南北 100、东西 80		40	黑色松土	圈足盘 5 型Ⅰ式 1 件，平底盆 1 型Ⅱ式 1 件、2 型Ⅰ式 1 件，空心陶球第四种 1 件		大溪二期	坑壁坑底抹泥未烧烤
H101	T59 西北部④A 底	长方形，直壁，圜底	100	南北 210、东西 145		46	灰黑色松土	圈足盘 5 型Ⅱ式 1 件、6 型Ⅴ式 1 件、9 型Ⅰ式 1 件，器盖 5 型Ⅱ式 1 件，小型单刃石斧 BⅥ式 1 件，小型双刃石斧 BⅣ式 1 件	叠压在④A 底 F26 之下	大溪三期	
H102	T64 南部⑤A 底	椭圆形，锅底状	185	南北长轴 235、东西短轴 190		55	黑灰色松土，含有炭屑、兽骨渣	圈足碗 3 型Ⅱ式 1 件、6 型Ⅲ式 1 件、11 型Ⅱ式 1 件、11 型Ⅲ式 1 件，圈足盘 1 型 1 件，圜底大盆 1 型 1 件，杯 1 型Ⅱ式 1 件，尊Ⅰ式 1 件，鼓形大器座残器，小型双刃石斧 BⅦ式 1 件	被④B 底 H188 打破	大溪二期	
H103	T60 西部④B 底	半圆形，锅底状	154	西北—东南 140、东北—西南 98		36	1 层为红烧土，2 层为灰色土，3 层为红烧土	器座 2 型 1 件	打破④B 底 H104，叠压在④A 底 F26 东北墙基、红烧土堆积④B 顶 S33 之下	大溪三期	坑底中央有一柱坑
H104	T60 西部④B 底	圆形，锅底状	190	60		41	灰褐色松土，含有大量草木灰	豆 1 型Ⅱ式 1 件，簋 1 件，筒形瓶残器	被④B 底 H103 打破，叠压在④A 底 F26 东墙基、红烧土堆积④B 顶 S33 之下	大溪三期	

续附表5

坑号	坑口位置	形状	坑口距地表深	坑口尺寸	坑底尺寸	坑自深	坑内堆积	出土遗物	叠压或打破关系	文化分期	备注
H105	T66西南角④D底，西部在发掘区之外	呈不规则长方形，斜壁，平底	165	南北残205～228、东西残80～108，坑壁加筑较厚贴附层	南北142、东西50	42	1层为灰色松土，2层为灰黑色松土，3层为含砂灰色土	薄胎黑点纹彩陶单耳杯片，残石锛；牛骨盆	叠压在残垫层④D顶S29之下	大溪三期	
H106	T66西部④D底，西部在发掘区之外	菱形，弧壁，平底	185	东西300、南北260	东西266、南北220	55	黑色松土	圈足盘残片，筒形瓶残片，空心陶球第七种1件；兽骨，鹿牙	叠压在残垫层④D顶S29之下	大溪三期	
H107	T66东南部④C底	菱形，弧壁，平底	155	东西260、南北160	东西136、南北122	100	灰黑色松土，含有炭屑	圈足盘3型Ⅳ式1件，豆1型Ⅱ式1件，器盖6型Ⅰ式1件、7型Ⅳ式1件、8型Ⅰ式1件，筒形瓶残器，中型双刃石斧B Ⅶ式1件；兽骨	叠压在④A顶F27、红烧土场地④C顶S22之下，打破⑤底G5	大溪三期	
H108	T60东南部⑤A底，伸入到T61西南部	不规则形，弧壁，平底	190	东西200、南北120		40	灰黄色松土	圈足碗13型Ⅵ式1件，圈足钵2型Ⅱ式1件，平底罐1型Ⅱ式1件，器盖10型Ⅱ式1件	打破红烧土堆积⑤B顶S39，叠压在⑥C底H131之上	大溪二期	
H109	T65东北部④B底	长方形，斜壁，平底	190	南北260、东西175	南北250、东西110	80	1层为浅灰色松土，2层为灰色松土	圈足盘口沿	叠压在④A顶H87之下	大溪三期	东壁有一台阶

续附表5

坑号	坑口位置	形状	坑口距地表深	坑口尺寸	坑底尺寸	坑自深	坑内堆积	出土遗物	叠压或打破关系	文化分期	备注
H110	T64东北部④A底，延伸到T60、T61、T65	菱形，锅底状	140～160	南北690、东西406		170	1层为黄褐色土，含有炭屑、兽骨；2层为灰烬	圈足盘7型Ⅱ式1件，平底钵2型Ⅰ式1件、5型1件、7型Ⅰ式1件，曲腹杯1型Ⅲ式1件，筒形瓶1型Ⅱ式1件，甑3型Ⅰ式1件、4型Ⅰ式1件，器座8型Ⅱ式1件，器盖15型Ⅱ式1件，纺轮1型Ⅳ式1件，空心陶球第十三种1件，中型双刃石斧BⅡ式1件，小型单刃石斧BⅤ式1件，小型石锛BⅡ式1件	叠压在④底H130、红烧土堆积④B顶S33东片、④B底H188之上	大溪三期	坑底铺红烧土
H111	T70西南部⑤底，西部在发掘区之外	椭圆形，锅底状	185	南北315、东西108		74	黑色松土	圈足碗6型Ⅱ式1件，圈足罐4型Ⅰ式1件，器盖14型Ⅰ式1件，线轴1件，小型单刃石斧BⅥ式1件		大溪二期	
H112	T55中部偏东⑤底	不规则形，底部向东倾斜	190	南北290、东西170	南北260、东西150	70	黑色黏土，含有草木灰、炭渣	圈足碗15型Ⅴ式1件、16型2件，簋2型Ⅰ式1件，平底钵4型Ⅰ式1件，杯4型Ⅳ式1件，鼎足Ⅴ式1件，器座4型Ⅳ式1件，器盖7型Ⅲ式1件，空心陶球第十七种1件；墙头红烧土1块；兽骨	打破⑦顶F34	大溪二期	
H113	T74西北部⑤A底	圆形，袋状，近似平底	175	南北265、东西250	南北285、东西265	120	1层为黑色淤泥；2层为黑色松土，含有炭屑；3层为黑色淤泥	圈足盘4型Ⅰ式2件、6型Ⅰ式1件、6型Ⅱ式1件，三足盘的足1件，平底盆2型Ⅰ式1件，平底钵6型1件，曲腹杯3型Ⅱ式1件，鼎足Ⅵ式1件，器盖8型Ⅱ式1件、9型Ⅳ式2件、11型Ⅰ式1件，圆陶片1件，空心陶球第八种1件，中型单刃石斧AⅢ式1件，小型单刃石斧BⅢ式1件，石锤Ⅱ式1件，打制蚌形石器Ⅰ式1件、Ⅳ式1件，石球Ⅰ式1件，骨镞1件；大量兽骨	打破疑为方形或长方形残房址⑦顶S46	大溪二期	坑壁光滑

续附表5

坑号	坑口位置	形状	坑口距地表深	坑口尺寸	坑底尺寸	坑自深	坑内堆积	出土遗物	叠压或打破关系	文化分期	备注
H114	T63北部⑤A底	椭圆形，锅底状	171	东西长轴135、南北短轴50		56	灰褐色黏土	圜底大盆残器	叠压在⑥AF33之上	大溪二期	
H115	T61北部⑤A底，北部在发掘区之外	不规则形，直壁，平底	190	南北200、东西100		50	黑灰色松土	圈足盘、圜底大盆残器，瓮1型Ⅱ式1件	打破红烧土堆积⑤B顶S39，叠压在残垫层⑥BS41之上	大溪二期	
H116	T56东南部⑥底	不规则形	227	南北130、东西70		30	黑色松土	豆圈足	叠压在疑为方形或长方形残房址⑥顶S34之下	大溪二期	
H117	T68西北部⑤顶	椭圆形，锅底状	160	西北—东南长轴132、东北—西南短轴114		56	灰黑色松土	圈足盘4型Ⅲ式1件、7型Ⅱ式1件，豆5型Ⅰ式1件，器座1型Ⅱ式1件，打制蚌形石器Ⅰ式1件；大量兽骨	被红烧土堆积④D顶S36打破	大溪二期	
H118	T72西南角⑤A底	长方形，弧壁，平底	235	南北140、东西130	南北90、东西65	32	灰黑色松土	圈足盘9型Ⅰ式1件，甑1型Ⅰ式1件		大溪二期	
H119	T75东北角④C底	不规则形，锅底状	200	南北220、东西180		60	灰黑色松土，含有炭屑	圈足盘7型Ⅵ式1件、9型Ⅱ式2件、9型Ⅲ式3件，平底钵3型Ⅰ式1件，圈足罐2型Ⅶ式1件，圜底罐3型Ⅰ式1件，鼎4型1件，甑1型Ⅱ式1件，臼1件，残勺1件，三齿器1件，中型单刃石斧CⅡ式1件	叠压在④A顶F27之下	大溪三期	坑壁西部和坑底抹泥未烧烤

续附表 5

坑号	坑口位置	形状	坑口距地表深	坑口尺寸	坑底尺寸	坑自深	坑内堆积	出土遗物	叠压或打破关系	文化分期	备注
H120	T65 东南角④C 底	长方形，直壁，平底	215	东西 300、南北 223		120	灰色松土	平底碗 1 型Ⅰ式 1 件，圈足盘 4 型Ⅱ式 1 件，平底盆 1 型Ⅱ式 1 件，鼎足Ⅴ式 1 件		大溪三期	
H121	T55 西南角⑤底，西部在发掘区之外	圆形，锅底	210	120		45	黑色松土，含有草木灰	圜底罐 2 型Ⅰ式 1 件，器盖 14 型Ⅳ式 1 件；兽骨		大溪二期	
H122	T55 西北角⑥底，西部在发掘区之外	不规则形	230	115		90	深灰色松土	圈足碗口沿，小口广肩罐 1 华，釜 2 型Ⅳ式 1 件，石饼Ⅰ式 1 件		大溪二期	
H123	T66 西部⑥底，西部在发掘区之外	椭圆形，斜壁，平底	232	东西长轴 285、南北短轴 226	东西长轴 250、南北短轴 215	32	褐色黏土	平底碗口沿，圈足盘口沿，尖锥状石器 1 件		大溪二期	
H124	T71 南部④F 底，延伸到 T75 北部	不规则形	170	南北 140	南北 85	130	红色烧土	平底碗口沿，圈足盘口沿		大溪三期	

续附表5

坑号	坑口位置	形状	坑口距地表深	坑口尺寸	坑底尺寸	坑自深	坑内堆积	出土遗物	叠压或打破关系	文化分期	备注
H126	T60 中部④B 底	圆形，锅底状	170	300		77	1 层为红烧土，2 层为灰色土，3 层为红烧土，4 层为灰色土，5 层为灰白色土	圈口盘7型Ⅱ式1件，平底钵4型Ⅰ式1件，石斧1件；兽骨，鹿角	叠压在红烧土堆积④B 顶 S33 东片之下，打破疑为方形或长方形残房址⑤A 顶 S40	大溪三期	
H128	T71 北部偏西④C 底	长方形，斜壁，平底	125 ~ 190	东西 300、南北 270	东西 250、南北 180	160	红烧土	陶球1件，石斧2件，石凿1件，砂岩磨石1件	叠压在④A 顶 F27、红烧土场地④B 底 S28、④B 底 H189 之下	大溪三期	南壁有台阶
H129	T71 西南部⑤底	半圆形，平底	230	南北 232、东西 150	直径 90	70	灰黑色松土，含有草木灰、兽骨	圈足盘6型Ⅵ式1件；兽骨		大溪二期	南壁有台阶
H130	T61 西南部④底，延伸到 T60 东南部	不规则形	140 ~ 300	南北 365、东西 235	南北 285、东西 155	180	黄褐色土、红烧土	圈足碗5型Ⅱ式1件，圈足盘6型Ⅳ式1件、7型Ⅱ式1件、7型Ⅵ式1件	叠压在④顶 H95、④A 底 H110 之下，⑥C 底 H131 之上	大溪三期	

续附表5

坑号	坑口位置	形状	坑口距地表深	坑口尺寸	坑底尺寸	坑自深	坑内堆积	出土遗物	叠压或打破关系	文化分期	备注
H131	T61西南部⑥C底，延伸到T60东南部	圆形，直壁，平底	340	130		50	黄褐色松土	石斧1件	叠压在⑤A底H108之下	大溪二期	
H132	T61东南部⑥C底，东部在发掘区之外	不规则形，直壁，平底	260	东西100、南北95		75	黄褐色松土	圜底大盆口沿		大溪二期	
H133	T69东南部④C底，延伸到T73东北部	椭圆形，直壁，平底	220	南北长轴203、东西短轴113		70	1层为灰色松土；2层为黑色黏土，含有炭屑	圈足盘5型Ⅰ式1件、6型Ⅲ式1件，瓮1型Ⅲ式1件	叠压在红烧土堆积④B S32之下	大溪三期	
H134	T69西南部⑤B底，延伸到T68东南部	圆形，锅底状	220	南北190、东西185		70	黑色松土	三足盘足1件，平底盆2型Ⅰ式1件，器座1型Ⅱ式1件，鼓形大器座口沿	打破⑦顶F35	大溪二期	
H135	T61西南部⑥C底，延伸到T65西北部	圆形，锅底状	250	65		85	黄褐色松土			大溪二期	

续附表5

坑号	坑口位置	形状	坑口距地表深	坑口尺寸	坑底尺寸	坑自深	坑内堆积	出土遗物	叠压或打破关系	文化分期	备注
H136	T61东部⑥C底，东部在发掘区之外	椭圆形，直壁，平底	260	南北长轴75、东西短轴60		70	黄褐色松土	圜底大盆口沿，大口尊Ⅰ式1件，陶臼底部1件		大溪二期	
H137	T65中部⑤B底	圆形，锅底状	260	124		52	灰色松土		叠压在残垫层⑤AS35之下	大溪二期	
H138	T65南部⑤B底	半圆形，锅底状	260	东北—西南118、西北—东南63		30	灰色松土		叠压在残垫层⑤AS35之下，⑥底H151、H152之上	大溪二期	
H139	T75西北部④C底	圆形，锅底状	220	180		48	深灰色松土	圈足盘口沿，簋2型Ⅳ式1件	叠压在④A顶F27之下	大溪三期	
H140	T74西南部④B底，西端在发掘区之外	不规则形，袋状，平底	125	南北100、东西80	南北115、东西85	39	黑色松土		叠压在疑为方形或长方形残房址④B顶F31之下	大溪三期	
H141	T62北部⑤A底	椭圆形，斜壁，平底	220	东北—西南长轴400、西北—东南短轴320	东北—西南长轴320、西北—东南短轴260	75	1层为黑灰色松土，2层为红烧土渣、黏土	圈足碗3型Ⅲ式1件、6型Ⅱ式1件，圈足盘4型Ⅰ式1件、4型Ⅱ式1件、6型Ⅱ式2件、6型Ⅴ式1件，豆1型Ⅱ式1件，簋2型Ⅰ式2件、2型Ⅳ式1件，小口瓶1件，瓮1型Ⅱ式1件，器盖5型Ⅹ式1件、10型Ⅰ式1件，石杵Ⅰ式1件	被④D底H190打破，打破⑥AF33、⑦顶F34	大溪二期	

续附表 5

坑号	坑口位置	形状	坑口距地表深	坑口尺寸	坑底尺寸	坑自深	坑内堆积	出土遗物	叠压或打破关系	文化分期	备注
H142	T59 北部⑥B 顶	长方形，直壁，平底	230	南北 325、东西 140 ~ 170		35	灰黑色松土	圈足碗 7 型Ⅱ式 1 件，圈足盘 4 型Ⅲ式 1 件，平底钵 9 型Ⅰ式 1 件、9 型Ⅱ式 1 件	叠压在⑥AF33 之下，被⑤A 底 G6 打破	大溪二期	底部有台阶
H144	T61 东北角⑦底，延伸到发掘区之外	圆形，锅底状	310	150		25	黄褐色松土	圈足碗 11 型Ⅰ式 1 件、11 型Ⅱ式 1 件，三足盘残器 1 件，釜口沿肩部 1 件，小口广肩罐上半身 1 件，器盖 1 型Ⅲ式 1 件		大溪一期早段	
H145	T57 东北部⑦底	圆形，弧壁，平底	240	90	60	60	灰褐色松土	三足盘口沿	叠压在疑为方形或长方形残房址⑦顶 F32 之下	大溪一期晚段	
H146	T55 西北部⑤底，北部在发掘区之外	圆形，直壁，平底	185	东西 95		50	黑色松土	臼口沿，纺轮 3 型Ⅲ式 1 件		大溪二期	
H147	T71 东北部③B 底	梯形，直壁，平底	70	东壁 58、南壁 112、西壁 82、北壁 110		26	灰黄色松土	圈足碗 15 型Ⅲ式 1 件	打破疑为方形或长方形残房址④A 顶 F27	大溪四期	坑壁很整齐

续附表5

坑号	坑口位置	形状	坑口距地表深	坑口尺寸	坑底尺寸	坑自深	坑内堆积	出土遗物	叠压或打破关系	文化分期	备注
H148	T55东北角⑤底，向T55北壁之外延伸40厘米，位于H100的西边，二者相距62厘米	长方形，直壁，平底	183	南北90、东西70	南北75、东西60	55	黑色松土，含有炭屑	圈足盘6型Ⅰ式1件、6型Ⅲ式1件、6型Ⅵ式1件，豆1型Ⅱ式1件，器盖9型Ⅳ式1件、11型Ⅱ式1件；兽骨		大溪二期	坑壁坑底抹泥未烧烤
H149	T65中部⑥底	长方形，斜壁，平底	270	东西85、南北60	东西75、南北38	20	灰色松土	器座1型Ⅰ式1件，盘状石器1件，石砧1件		大溪二期	
H150	T65中部偏东北⑥底	长方形，直壁，平底	270	南北80、东西70	南北78、东西67	35	灰色松土			大溪二期	
H151	T65中部偏南⑥底	长方形袋状，平底	265	东西114、南北104	东西122、南北114	54	灰色松土	薄胎彩陶单耳杯残片	叠压在残垫层⑤AS35、⑤B底H138之下	大溪二期	
H152	T65西南部⑥底	长方形，直壁，平底	270	东西70、南北58	东西65、南北50	40	灰色松土		叠压在⑤AS35、⑤B底H138之下	大溪二期	

续附表 5

坑号	坑口位置	形状	坑口距地表深	坑口尺寸	坑底尺寸	坑自深	坑内堆积	出土遗物	叠压或打破关系	文化分期	备注
H153	T72 东北部⑤A 底，延伸到 T73 西北部	椭圆形，弧壁，平底	220	东西长轴 156、南北短轴 98	东西 122、南北 68	20	黑灰色松土，含有草木灰、红烧土渣	圈足碗 3 型Ⅳ式 1 件、13 型Ⅰ式 1 件，圈足盘 4 型Ⅲ式 1 件，豆 1 型Ⅰ式 2 件		大溪二期	
H155	T71 中部偏南⑦底	圆形，斜壁，平底	300	100	35	90	灰色土			大溪一期晚段	
H156	T65 中部⑥底	长方形，斜壁，平底	270	东西 100、南北 70	东西 85、南北 60	32	灰色松土		叠压在⑤B 底 H137 之下	大溪二期	
H158	T60 东北角⑤A 底，延伸到 T57 东南角	长方形，直壁，圜底	179	南北 114、东西 98		88	灰褐色土	圈足碗 13 型Ⅶ式 1 件，圈足盘 4 型Ⅰ式 1 件，器盖 9 型Ⅲ式 1 件		大溪二期	坑壁坑底抹泥未烧烤
H159	T73 东部⑦底	椭圆形，锅底状	310	东西 48、南北 44		42	深灰色松土			大溪一期晚段	
H160	T73 东南部⑦顶，还延伸到 T77 北部	长方形，直壁，平底	290	南北 64、东西 54	东西 44	50	深灰色松土			大溪一期晚段	
H161	T73 中部⑦底	长方形，直壁，平底	310	南北 107、东西 76	东西 66	60	深灰色松土	圈足碗口沿，大型石斧 BI 式 1 件		大溪一期晚段	

续附表5

坑号	坑口位置	形状	坑口距地表深	坑口尺寸	坑底尺寸	坑自深	坑内堆积	出土遗物	叠压或打破关系	文化分期	备注
H162	T73 东南部⑦底	椭圆形，斜壁，平底	310	南北长轴116、东西短轴100	东西76	42	深灰色松土			大溪一期晚段	
H163	T72 中部⑥B底	不规则形，锅底状	260	东西75、南北65		17	黄色砂土	圈足钵1型Ⅰ式1件	叠压在⑦顶F35之上	大溪二期	
H164	T68 西北部⑥底	长方形，直壁，平底	250	东西85、南北65		64	灰色松土	圈足碗6型Ⅵ式1件，釜2型Ⅲ式1件，器座3型Ⅴ式1件，器盖4型1件		大溪二期	
H165	T63 西北部⑤B底	长方形，直壁，平底	240	东北—西南110～130、西北—东南88～96		72	黑灰色黏土	圜底罐1型Ⅱ式1件（为灰坑底部偏东所埋的婴幼儿瓮棺葬W145:1）	打破⑤B底H179、⑥AF33	大溪二期	
H166	T69 西北部⑦底	椭圆形，弧壁，平底	315	东西长轴50、南北短轴45		60	灰色松土			大溪一期晚段	
H167	T69 北部⑦底	椭圆形，直壁，平底	315	南北长轴60、东西短轴50		28	灰色松土	鼓形大器座口沿		大溪一期晚段	

续附表 5

坑号	坑口位置	形状	坑口距地表深	坑口尺寸	坑底尺寸	坑自深	坑内堆积	出土遗物	叠压或打破关系	文化分期	备注
H168	T69中部偏西⑦底	凹腰形，弧壁	315	西北—东南134、东北—西南68		30	灰色松土	圜底罐口沿		大溪一期晚段	坑底中部留隔梁
H169	T69中部偏东⑦底	椭圆形，直壁，平底	315	南北长轴55、东西短轴50		25	灰色松土			大溪一期晚段	
H170	T69东部⑦底	长方形，直壁，平底	315	南北95、东西82		30	灰色松土	圈足碗11型Ⅱ式1件，三足盘的足1件，圜底大盆口沿，鼎足Ⅴ式1件，打制蚌形石器Ⅰ式1件		大溪一期晚段	
H171	T63西北部⑤B底	椭圆形，锅底状	240	东北—西南长轴103、西北—东南短轴60		90	黑色黏土	碟2型Ⅰ式2件，圜底大盆口沿	打破⑥AF33	大溪二期	
H172	T74东北部⑧底，东端延伸到T75西部	凹腰形，弧壁	320	东西170、南北75		60	深灰色黏土		叠压在疑为方形或长方形残房址⑦顶S46之下	大溪一期晚段	坑底中部有隔梁
H175	T75中部偏西⑦底	圆形，凹壁，平底	280	160	100～110	120	褐色土	圈足碗口沿	叠压在疑为方形或长方形残房址⑦S47之下	大溪一期晚段	坑壁光滑

续附表5

坑号	坑口位置	形状	坑口距地表深	坑口尺寸	坑底尺寸	坑自深	坑内堆积	出土遗物	叠压或打破关系	文化分期	备注
H177	T58 东部⑤底，延伸到T59 西部	圆形，斜壁，平底	205	100	80	65	灰黑色松土	豆2型Ⅲ式1件，杯1型Ⅰ式2件、7型1件；鱼骨	叠压在⑥AF33之上	大溪二期	
H178	T74 北部⑦底	不规则形，尖底	262	东西80、南北50		43	灰黄色松土		叠压在疑为方形或长方形残房址⑦顶S46之下	大溪一期晚段	
H179	T63 西北部⑤B底	长方形，直壁，平底	240	东西80、南北50		42	灰褐色松土		被⑤B底H165打破，打破圆角长方形房址⑥AF33	大溪二期	
H180	T76 西部③底	长方形，直壁，平底	120	南北88、东西73	南北63、东西55	82	黑色松土，含有炭屑	圈足碗13型Ⅵ式1件，瓮1型Ⅷ式1件	打破④BF30的北火塘，被③层一个柱坑打破	大溪四期	
H181	T68 北部偏东⑦底	圆形，斜壁，平底	300	100	84	70	深灰色松土	圈足碗口沿，碟1型Ⅲ式1件		大溪一期晚段	
H182	T56 西部⑦底	长方形，直壁，平底	245	东西70、南北60	东西64、南北54	40	黑色松土	三足碗1件	叠压在⑦顶F34之下	大溪一期晚段	

续附表 5

坑号	坑口位置	形状	坑口距地表深	坑口尺寸	坑底尺寸	坑自深	坑内堆积	出土遗物	叠压或打破关系	文化分期	备注
H183	T74 西北角⑦底，西端在发掘区之外	不规则形	260	东西 200、南北 70		22	灰黄色松土		叠压在疑为方形或长方形残房址⑦顶 S46 之下	大溪一期晚段	
H184	T74 东北部⑦底	不规则形	267	东西 130、南北 85	42	44	灰黄色松土		叠压在⑦顶 S46 之下	大溪一期晚段	
H185	T80 东南部②顶，东部、南部在发掘区外	不规则形，锅底状	15	南北 300、东西 190		50	红烧土渣			屈家岭晚期	
H187	T41 西南部④底	椭圆形，锅底状	75	南北长轴 192、东西短轴 56		54	黑灰色松土	少量灰陶片、黑陶片		大溪四期	坑壁坑底抹泥未经烧烤
H188	T64 中部偏北④B 底	椭圆形，弧壁，平底	160	南北长轴 254、东西短轴 118		40			叠压在④A 底 H110、④B 底 F29 之下，打破⑤A 底 H102	大溪三期	坑壁抹泥经烧烤，坑底铺烧土

续附表5

坑号	坑口位置	形状	坑口距地表深	坑口尺寸	坑底尺寸	坑自深	坑内堆积	出土遗物	叠压或打破关系	文化分期	备注
H189	T67、T71、T72④B底	由圆角长方形主坑和长条形甬道两部分构成凸字形	105～140	西北—东南530、东北—西南310～410	西北—东南500、东北—西南210～260	105	红烧土	中型双刃石斧BⅧ式1件	叠压在④A顶F27、红烧土场地④B底S28之下，④C底H128之上	大溪三期	甬道出口有小台阶
H190	T62中部偏南④D底	长方形，弧壁，圜底	200	东西366、南北294		80	1层为红烧土，2层为草木灰，3层为红烧土	圈足碗12型Ⅱ式1件，平底罐2型Ⅰ式1件，还有筒形瓶残片	叠压在④A顶F36之下，打破⑤A底H141	大溪三期	

附表 6

关庙山遗址灰沟登记表

（长度单位：厘米）

沟号	沟口位置	形状	沟口距地表深	沟口尺寸	沟底尺寸	沟自深	沟内堆积	出土遗物（复原器计件数，余为残片）	叠压或打破关系	文化分期
G1	主要位于T2、T3、T5、T6、T11④底，延伸到T1东南角、T4东北角、T10南部，东端延伸到发掘区之外	长条形，弧壁，平底	100～135	长2050、西段宽300～340、中段宽180～300、东段宽290～400	长2050、西段宽160～170、中段宽120～150、东段宽240～340	一般65～80，局部95	灰黄色黏土，湿度较大	圈足碗1型Ⅲ式2件，碟1型Ⅳ式1件，白陶圈足盘口沿，三足盘3型Ⅱ式1件，圜底大盆1型1件，圈足钵1型1件，圈足罐1型Ⅰ式1件、5型Ⅰ式1件，圜底罐2型Ⅰ式1件，釜2型Ⅳ式1件，鼎3型Ⅱ式1件，器座3型Ⅲ式1件、3型Ⅳ式1件，器盖2型Ⅰ式1件、2型Ⅱ式1件、5型Ⅰ式1件；鹿角、蚌壳、螺壳		大溪一期晚段
G2	T35北部⑤A底，两端未发掘	长条形，斜壁，平底	210	南北75、东西400	南北65、东西400	25	黄色砂土	器盖12型式1件，纺轮7型Ⅴ式1件、7型Ⅵ式1件		大溪二期
G3	T52西北部、T52扩③底	由主沟、支沟两部分构成。长条形，弧壁，底不平	28～50	主沟南北长662、北部东西宽100、南部东西宽57～67；支沟东西长192、南北宽35～72		主沟北部深82、南部深20；支沟深50	主沟北部1层为黑灰色松土，2层为浅灰色细泥。主沟南部及支沟为浅灰色细泥	圈足碗19型Ⅲ式1件，豆7型Ⅰ式1件、8型Ⅱ式1件、8型Ⅲ式2件、10型2件，曲腹杯3型Ⅱ式1件，器盖5型Ⅰ式1件、5型Ⅷ式1件	打破④A底F9、④BF22	大溪四期

续附表6

沟号	沟口位置	形状	沟口距地表深	沟口尺寸	沟底尺寸	沟自深	沟内堆积	出土遗物（复原器计件数，余为残片）	叠压或打破关系	文化分期
G5	T66、T67、T70、T71⑤底（其中T67⑤层分为⑤A、⑤B两小层，G5开口在⑤A层底部）	不规则形，斜壁，平底	220～260	东北—西南830、西北—东南315～490		60～95	黑色淤泥，含有草木灰	圈足碗13型Ⅰ式1件、13型Ⅱ式1件，碟2型Ⅱ式1件，圈足盘5型Ⅰ式1件、6型Ⅲ式1件，三足盘4型1件，豆1型Ⅰ式1件，簋2型Ⅳ式2件，圈足罐5型Ⅲ式2件，平底罐1型Ⅱ式1件，鼎足Ⅱ式1件、Ⅳ式1件，甑3型Ⅰ式1件，器座3型Ⅵ式1件，器盖9型Ⅲ式1件，鹰面形器鼻1件，中型双刃石斧CⅦ式1件，打制蚌形石器Ⅳ式1件、Ⅶ式1件，石饼Ⅰ式1件，尖锥状石器1件；兽骨	被④C底H107打破	大溪二期
G6	T59⑤A底	不规则形，弧壁，平底	175	南北630、东西60～260		32～55	黑灰色松土，含有大量木炭	圈足碗7型Ⅰ式1件、11型Ⅱ式1件，平底碗1型Ⅱ式1件，豆5型Ⅱ式1件，簋2型Ⅱ式1件，杯3型1件，器座3型Ⅴ式1件，器盖13型1件，实心陶球第五种1件，中型双刃石斧BⅧ式1件、CⅢ式1件，打制蚌形石器Ⅲ式1件。沟内南部西侧出土一颗成年人的牙齿，人牙以东50厘米处留有一堆人骨腐朽后的痕迹，呈酱黄色，直径约35、厚3厘米	打破⑥AF33、疑为方形或长方形残房址⑥顶S34、⑥B顶H142，被④B底H98打破	大溪二期

续附表6

沟号	沟口位置	形 状	沟口距地表深	沟口尺寸	沟底尺寸	沟自深	沟内堆积	出土遗物（复原器计件数，余为残片）	叠压或打破关系	文化分期
G7	T55、T56、T58、T62③A底	长条形，斜壁，底不平	25～30	南北1065、东西200～280		125～250	红烧土渣、黄色黏土	填土内出土纺轮5型Ⅱ式1件，中型单刃石斧BⅢ式1件，小型单刃石斧AⅡ式1件，石杵Ⅱ式1件，环状石芯1件	打破④A底F26西边的散水，南部被现代坑打破	大溪四期
G8	T57东部⑦底，东端在发掘区之外	长条形，壁近直，底不平	260	东西260、南北38～52		8～60	1层为灰褐色硬土，2层为深灰色松土	圈足碗口沿，三足盘口沿，圜底大盆口沿	叠压在疑为方形或长方形残房址⑦顶F32南墙基之下	大溪一期晚段
G9	T71东部⑦底	长条形，直壁，平底	300	东西380、南北40～60		5～50	灰色土	圈足碗1型Ⅰ式1件、2型Ⅰ式1件，圈足钵1型3件		大溪一期晚段
G10	T53东南部②底	弧形	47	南北长约500、宽95～145		70	灰色松土	泥质灰陶片		屈家岭晚期
G11	T72中部①C底	长条形，斜壁，平底	25	东西512、南北110～210	东西450、南北84～98	34～102	灰黑色松土，含有红烧土渣、炭屑	麻面鼎足、研磨器残片	打破③A顶残居住面S7、③A底长方形房址F25北墙基	石家河文化

附表 7　　关庙山遗址成年人墓葬登记表　　（长度单位：厘米）

墓号	位置	墓坑形状	墓口或墓底距地表深	墓坑长、宽	墓坑自深	人骨保存状况及有关遗迹	随葬品	墓内填土	叠压或打破关系	文化分期
M142	T211 东北15米，农民发现，考古队清理					残存成年人下肢骨两根	小口直领罐1件，垂腹圜底罐1件，钉帽形纽器盖Ⅳ式1件			石家河文化
M201	T70南部④A底	平面呈长方形	墓底距地表深130	墓底南北长198、东西宽60～90		人骨绝大多数已朽，留有零散骨骼。一颗人牙出在墓底南部偏东，据此推测头向南，葬式不明	豆3型Ⅰ式1件，中型双刃石斧BⅦ式1件，猪下颌骨1件	灰色土，含有木炭屑	叠压在④A F27之下，墓口被F27破坏	大溪三期
M202	T70西南部④A底	平面呈不规则形	墓底距地表深115	墓底南北长168、东西宽150		人骨绝大多数已朽，留有零散骨骼，头向及葬式不明	圈足盘6型Ⅰ式1件，中型双刃石斧BⅦ式1件，小型双刃石斧BⅧ式1件，鹿角1件	黑色淤泥	叠压在④A F27之下，墓口被F27破坏	大溪三期
M203	T70东部④A底	平面呈圆角长方形	墓底距地表深160	墓底东西长148、南北宽60～70		人骨绝大多数已朽，留有零散骨骼，头向及葬式不明	器盖6型Ⅰ式1件，小型单刃石斧BⅤ式1件	黑色淤泥	叠压在④A F27之下，墓口被F27破坏	大溪三期
M204	T77东部①C底，东端在发掘区之外未扩方	T77之内部分平面呈圆角长方形	墓口距地表深25	墓口东西长182、南北宽103；墓底东西长182、南北宽94	76	墓坑近底部中央分布有珠子133粒和朱砂，分布范围呈圆角长方形，东西长98、南北宽42厘米。墓内残存人肢骨一根，残长约10厘米，葬式不明		灰色土，质地坚硬，出土陶片较少，有麻面鼎足、方格纹罐腹片，还有残陶球2件、残石斧1件		石家河文化
M205	T73东南部②底，东端在发掘区之外未扩方	T73之内部分平面呈长方形	墓口距地表深61	东西长140南北宽50	15	人骨都已朽。墓坑内分布珠子660粒，中部和西部较多，东部较少，珠子上普遍撒一层朱砂		深灰色黏土	打破③B层	屈家岭晚期

附表 8　关庙山遗址婴幼儿瓮棺葬登记表

编号	位置	墓坑形状	现存墓口距地表深	墓坑口径	墓坑自深	葬具	人骨保存状况	随葬品	葬具之内填土及所含陶片	打破关系	文化分期
W1	T6 西北部②C 底	圆形，锅底状	25	46	36	W1:1 为口朝上放置的夹炭灰褐陶釜，残存肩部和底部	已朽	无	深灰色硬土		大溪四期
W2	T6 北部②C 底	圆形，锅底状	25	47	38	W2:1 为口朝上放置的夹炭红褐陶圜底罐 1 型Ⅱ式，残存口沿肩部和底部；W2:2 为扣放较小的夹炭红褐陶圜底罐 1 型Ⅱ式作为盖，残存上半身，已掉入 W2:1 之内	已朽成粉末状	无	深灰色硬土，含有泥质黑陶豆圈足，饰镂孔		大溪四期
W4	T5 西南部②C 底	圆形，弧壁，底略平	15	54	19	W4:1 为口朝上放置的夹炭灰褐陶圜底罐，残存底部；W4:2 为正放在罐口上的泥质黑陶圈足碗作为盖，残存下半身，已掉入罐内	已朽	无	深灰色松土		大溪四期
W5	T5 西南部②C 底	圆形，弧壁，底略平	15	43	16	W5:1 为口朝上放置的夹炭灰褐陶圜底罐，残存底部；W5:2 为扣放较小的夹炭灰褐陶圜底罐作为盖，残存底部，已掉入 W5:1 之内	已朽	无	深灰色松土		大溪四期
W7	T7 西部②C 底	椭圆形，锅底状	8	长轴 58 短轴 45	35	W7:1 为口朝东北的夹炭灰褐陶釜 2 型Ⅴ式，W7:2 为口朝西南的夹炭灰褐陶釜 2 型Ⅲ式，两件口对口横卧	已朽	W7:1 内有残陶环 4 件	深灰色松土，含有细泥黑陶碗形豆腹片、细泥橙黄陶喇叭形豆圈足		大溪四期

续附表8

编号	位置	墓坑形状	现存墓口距地表深	墓坑口径	墓坑自深	葬具	人骨保存状况	随葬品	葬具之内填土及所含陶片	打破关系	文化分期
W8	T7北部②C底	椭圆形，锅底状	8	长轴54 短轴35	32	W8:1为口朝南的夹炭灰褐陶釜2型Ⅰ式，W8:2为口朝北的夹炭灰褐陶圜底罐，两件口对口横卧	已朽	W8:1内有陶环Ⅳ式2件、Ⅺ式3件，共5件，排列整齐	深灰色松土，含有细泥橙黄陶窄沿圈足碗口沿、泥质红陶内折沿钵口沿		大溪四期
W9	T7西北部②C底	椭圆形，锅底状	18	长轴59 短轴38	20	W9:1为口朝西南的夹炭灰褐陶釜，W9:2为口朝东北的夹炭灰褐陶釜，两件口对口横卧，残存下半身	已朽	无	深灰色松土，含有细泥黑陶喇叭形豆圈足残片		大溪四期
W10	T7中部②C底	椭圆形，锅底状	8	长轴54 短轴44	29	口朝上放置的夹炭灰褐陶釜，口沿残缺	已朽	无	深灰色松土，含有贴弦纹、篦划纹陶片		大溪四期
W11	T7西南部②C底	圆形，锅底状	10	40	23	口朝上放置的夹炭灰褐陶釜，口沿残缺	已朽	无	深灰色松土		大溪四期
W12	T7西南部②C底	圆形，锅底状	12	37	16	口朝上放置的夹炭红褐陶釜，仅存底部	已朽	无	深灰色松土，含有细泥橙黄陶窄沿罐口沿、残陶环		大溪四期
W13	T7东北部②C底	圆形，锅底状	8	30	13	口朝上放置的夹炭灰褐陶釜，仅存底部	已朽	无	深灰色松土		大溪四期
W14	T7东北部②C底	圆形，锅底状	22	41	17	口朝上放置的夹炭红褐陶釜，仅存底部	已朽	无	深灰色松土		大溪四期

续附表 8

编号	位置	墓坑形状	现存墓口距地表深	墓坑口径	墓坑自深	葬具	人骨保存状况	随葬品	葬具之内填土及所含陶片	打破关系	文化分期
W15	T7 北壁西部②C 底，延伸到 T4 西南部	圆形，锅底状	20	57	27	W15∶1 为口朝上放置的泥质红陶瓮 2 型，肩部已破碎，口沿已掉入瓮内，底部中央凿一孔；W15∶2 为泥质黑陶器盖，仅存纽，纽中央凿一孔，器盖也已掉入瓮内，原来应置于瓮口上	已朽	无	深灰色松土		大溪四期
W16	T7 南壁西部②C 底	圆形，弧壁，圜底	16	50	65	W16∶1 为口朝上放置的夹炭灰褐陶圜底罐 1 型 Ⅰ 式；W16∶2 为扣放在罐口上的泥质红陶平底盆 5 型作为盖，底部略残	已朽	无	深灰色松土		大溪四期
W17	T7 西南部②C 底	圆形，锅底状	32	38	18	口朝上放置的夹炭红褐陶釜，仅存底部	已朽	无	深灰色松土，含有细泥黑陶内折沿圈足碗口沿		大溪四期
W18	T7 西北角②C 底	圆形，锅底状	41	44	25	口朝上放置的夹炭灰褐陶釜，仅存底部	已朽	无	深灰色松土		大溪四期
W19	T11 南断崖	圆形，弧壁，圜底	20	43	37	W19∶1 为口朝上放置的夹炭灰褐陶釜	已朽成粉末状	无	深灰色松土		大溪四期
W20	T11 南断崖	圆形，直壁，圜底	50	42	38	口朝上放置的夹蚌红陶圜底罐形鼎，口沿已残，鼎足呈倒梯形，平装于器身底部	已朽成粉末状	无	深灰色土		大溪三期
W21	T11 南断崖	圆形，直壁，圜底		43	35	W21∶1 为口朝上放置的夹炭灰褐陶圜底罐 1 型 Ⅲ 式	已朽成粉末状	无	深灰色松土，含有夹炭红陶倒梯形鼎足		大溪四期

续附表8

编号	位置	墓坑形状	现存墓口距地表深	墓坑口径	墓坑自深	葬具	人骨保存状况	随葬品	葬具之内填土及所含陶片	打破关系	文化分期
W22	T11 南断崖	圆形，锅底状		40	25	口朝上放置的夹炭红褐陶釜，口沿残缺	已朽成粉末状	无	深灰色松土		大溪四期
W23	T11 西断崖	圆形，锅底状		38	28	口朝上放置的夹炭灰褐陶圜底罐，仅存下半身	已朽	无	深灰色松土		大溪四期
W24	T11 西断崖	圆形，弧壁，圜底	55	44	40	W24∶1 为口朝上放置的夹炭灰褐陶圜底罐；W24∶2 为扣放在罐口上的泥质黑陶圈足盆 1 型Ⅲ式作为盖，破碎后掉入罐内，已复原	已朽成粉末状	无	深灰色松土		大溪四期
W25	T11 西断崖	圆形，直壁，圜底	50	38	41	W25∶1 为口朝上放置的夹炭灰陶圜底罐 1 型Ⅲ式	已朽成粉末状	无	深灰色松土		大溪二期
W26	T7 东南部②C 底	圆形，锅底状	18	47	34	W26∶1 为口朝上放置的夹炭灰褐陶釜 2 型Ⅳ式，口沿残缺；W26∶2 为正放在釜口上的泥质红陶平底盆作为盖，已掉入釜内，口沿残缺	已朽	无	深灰色松土，含有泥质红陶小口高领罐口沿	打破 W29	大溪四期
W27	T7 东北部②C 底	圆形，锅底状	42	33	15	口朝上放置的夹炭红褐陶釜，仅存底部	已朽	无	深灰色松土		大溪四期
W28	T7 西壁南部②C 底，延伸到 T7 西扩	圆形，锅底状	16	38	28	W28∶1 为口朝上放置的夹炭灰褐陶釜；W28∶2 为扣放的泥质黑陶平底盆作为盖，已掉入釜内，仅存底部	已朽	无	深灰色松土，含有细泥红陶圈足罐口沿		大溪四期

续附表8

编号	位置	墓坑形状	现存墓口距地表深	墓坑口径	墓坑自深	葬具	人骨保存状况	随葬品	葬具之内填土及所含陶片	打破关系	文化分期
W29	T7东南部②C底	圆形，锅底状	18	55	41	W29∶1为口朝上放置的夹炭红褐陶釜2型Ⅰ式	已朽	无	深灰色松土	被W26打破	大溪四期
W30	T10西南部③顶，打破③层	圆形，斜壁，底近平		45	29	W30∶1为口朝上放置的夹砂红陶釜；W30∶2为盖在釜口上的器盖，纽已残破	已朽	无	深灰色松土		大溪四期
W31	T10西北部③顶，打破③层	圆形，锅底状		45		口朝上放置的夹蚌红陶圜底罐		无	深灰色土，较硬，含有内折沿圈足盘口沿		大溪四期
W32	T10西北部③顶，打破③层	圆形，锅底状		35		口朝上放置的泥质红陶圜底罐	罐内存有两个白色婴幼儿头骨，应为双胞胎婴幼儿合葬	无	深灰色土，较硬，含有泥质红陶圈足罐口沿		大溪四期
W33	T10西部③顶，打破③层	圆形，锅底状		40		口朝上放置的夹砂红陶釜		无	深灰色松土		大溪四期
W34	T7西扩西北部②C底	圆形，锅底状	16	43	34	W34∶1为口朝上放置的夹炭红褐陶釜2型Ⅳ式	已朽	无	深灰色松土，含有泥质灰陶凸弦纹陶片	打破W35	大溪四期

续附表8

编号	位置	墓坑形状	现存墓口距地表深	墓坑口径	墓坑自深	葬具	人骨保存状况	随葬品	葬具之内填土及所含陶片	打破关系	文化分期
W35	T7西扩西北部②C底	圆形，锅底状	21	37	32	W35∶1为口朝上放置的夹炭灰褐陶釜2型Ⅴ式	已朽	无	深灰色松土，含有细泥黑陶内折沿碗、窄沿圈足碗、曲腹杯、喇叭形豆圈足等残片	被W34打破	大溪四期
W36	T11东南部③底，打破④层	圆形，弧壁，圜底	距③层地面深20	32	28	口朝西北横卧的夹蚌红陶圜底罐	已朽成粉末状	无	深灰色土，较硬		大溪三期
W37	T11北部③底，打破④层	圆形，弧壁，圜底	距③层地面深45	36	27	W37∶1为口朝上放置的夹蚌红陶圜底罐，口沿残缺；W37∶2为正放的泥质红陶圈足盆2型Ⅰ式作为盖，已掉入罐内	已朽成粉末状	无	深灰色土，较硬		大溪三期
W38	T11北部③底，打破④层	圆形，锅底状	距③层地面深25	33	16	口朝上放置的夹蚌红陶圜底罐，底部保存较好，口沿至腹部已经破成碎片	罐肩部内壁粘附婴幼儿头骨	无	深灰色土，较硬		大溪三期
W39	T11中部③底，打破④层	圆形，锅底状	距③层地面深20	38	26	W39∶1口朝上放置的夹蚌红陶圜底罐，残存腹部至底部，口沿已经掉入罐内；W39∶2为扣放在罐口上的泥质灰陶平底碗作为盖，已残，掉入罐内，口朝下	已朽成粉末状	无	深灰色土，较硬，含有钟形豆圈足		大溪三期
W40	T11西部③顶，打破③层	圆形，锅底状		45	21	口朝东横卧的夹蚌红陶圜底罐，仅残存半个	已朽	无	深灰色松土		大溪四期

续附表8

编号	位置	墓坑形状	现存墓口距地表深	墓坑口径	墓坑自深	葬具	人骨保存状况	随葬品	葬具之内填土及所含陶片	打破关系	文化分期
W41	T10东南部④底	圆形，锅底状		35		口朝上放置的夹蚌红陶圜底罐	罐内底部粘附婴幼儿头骨，还有残下肢骨一段	无	灰色土		大溪二期
W42	T10西南部③底，打破④层	圆形，锅底状		35	25	W42:1为口朝下扣放的夹炭红陶釜，故意敲破釜的底部；W42:2为器盖5型Ⅸ式，纽已残，将器盖从破口放入釜内，堵塞釜的口部，以器盖替代瓮棺的底，再放入婴幼儿尸体，此法特殊	已朽	无	灰色土		大溪三期
W43	T10南部③底，打破④层	圆形，锅底状		15		口朝上放置的夹砂红陶釜	已朽	无	深灰色松土		大溪三期
W44	T10南部③底，打破④层	圆形，斜壁，底略平		75	57	W44:1为口朝上放置的夹炭红陶圜底罐2型Ⅱ式	已朽	无	深灰色松土		大溪三期
W45	T10东北部④底	椭圆形，斜壁，底略平		长轴95 短轴55	50	W45:1为口朝西北横卧的夹炭红陶圜底罐1型Ⅰ式	已朽	无	灰色土		大溪二期

续附表8

编号	位置	墓坑形状	现存墓口距地表深	墓坑口径	墓坑自深	葬具	人骨保存状况	随葬品	葬具之内填土及所含陶片	打破关系	文化分期
W46	T11西南部③顶，打破③层	圆形，锅底状		36	15	口朝上放置的圜底罐，仅存底部	已朽	无	深灰色松土		大溪四期
W47	T11西北部③底，打破④层	圆形，锅底状	距③层地面深30	35	20	口朝上放置的圜底罐，仅存下半身；用泥质红陶圈足盘作为盖，已掉入罐内，甚残	已朽	无	深灰色土，较硬		大溪三期
W48	T11东南部③底，打破④层	圆形，锅底状	距③层地面深50	28	12	口朝上放置的圜底罐	已朽	无	深灰色土，较硬		大溪三期
W50	T11西壁北部④底	圆形，锅底状	85	35	31	W50∶1为口朝上放置的夹炭红陶釜2型Ⅳ式	已朽	无	灰色土		大溪二期
W51	T3东壁北部②B底，延伸到发掘区之外	圆形，直壁，圜底	55	43	30	口朝上放置的夹砂灰陶釜，口沿残缺	已朽成粉末状	残存陶环2件	深灰色松土		屈家岭晚期
W52	T11西北部③顶，延伸到T10西南部，打破③层	圆形，斜壁，圜底		37	22	口朝上放置的夹炭红褐陶釜，口沿残缺	残存婴幼儿肢骨3段	无	深灰色松土		大溪四期

续附表8

编号	位置	墓坑形状	现存墓口距地表深	墓坑口径	墓坑自深	葬具	人骨保存状况	随葬品	葬具之内填土及所含陶片	打破关系	文化分期
W54	T5西南角②C底	圆形，斜壁，底略平	15	42	18	口朝上放置的夹炭红褐陶釜，口沿残缺	已朽	无	深灰色松土，含有细泥橙黄陶圈足碗口沿		大溪四期
W55	T5西南部②C底	圆形，斜壁，底略平	15	48	17	口朝上放置的夹炭灰褐陶釜，口沿残缺	已朽	无	深灰色松土，含有泥质浅灰陶篦划纹罐腹片		大溪四期
W56	T7东北角②C底，延伸到T4东南角、T8西北角	圆形，锅底状	15	50		W56∶1为口朝上放置的夹炭深灰陶釜2型，残存口沿和肩部	已朽	无	深灰色松土	打破W57	大溪四期
W57	T7东北角②C底	圆形，锅底状	15	27		W57∶1为口朝上放置的夹炭灰褐陶釜，残存口沿和肩部	已朽	无	深灰色松土	被W56打破	大溪四期
W58	T8北壁西部②C底，延伸到T5西南部	圆形，锅底状	15	35		口朝上放置的夹炭灰褐陶釜，口沿残缺	已朽	无	深灰色松土，含有泥质红陶窄沿圈足罐口沿		大溪四期
W59	T8北壁西部②C底，延伸到T5西南部	圆形，锅底状	16	40		W59∶1为口朝上放置的夹炭灰褐陶釜2型Ⅳ式，口沿残缺	已朽	无	深灰色松土，含有外表灰内壁橙黄碗圈足		大溪四期

续附表8

编号	位置	墓坑形状	现存墓口距地表深	墓坑口径	墓坑自深	葬具	人骨保存状况	随葬品	葬具之内填土及所含陶片	打破关系	文化分期
W60	T7 东北部②C 底	圆形，锅底状	16	40		口朝上放置的夹炭灰褐陶釜	已朽	无	深灰色松土		大溪四期
W61	T7 东北部②C 底	圆形，锅底状	16	40		口朝上放置的夹炭灰褐陶釜，口沿残缺	已朽	无	深灰色松土，含有细泥黑陶喇叭形豆圈足、泥质灰陶篦划纹小口高领罐残片		大溪四期
W62	T8 西壁北部②C 底，延伸到 T7 东北部	圆形，锅底状	16	40		口朝上放置的夹炭灰褐陶釜，口沿残缺	已朽	无	深灰色松土		大溪四期
W64	T8 西北部②C 底	圆形，锅底状		40		口朝上放置的夹炭灰褐陶釜	已朽	无	深灰色松土，含有泥质红陶圈足盘口沿		大溪四期
W65	T8 西壁中部②C 底	圆形，锅底状		50		W65∶1 为口朝上放置的夹蚌灰褐陶圜底罐，口沿残缺；W65∶2 为正放在罐口上的泥质红陶平底盆 1 型Ⅱ式作为盖，底部残缺	已朽	无	深灰色松土		大溪四期
W66	T8 西南部②C 底	圆形，锅底状		35		口朝上放置的夹炭灰褐陶釜，口沿残缺	已朽	无	深灰色松土，含有细泥黑陶内折沿圈足碗口沿		大溪四期
W67	T8 西南部②C 底	圆形，锅底状		45		W67∶1 为口朝上放置的夹炭灰褐陶釜 2 型，仅存口部	已朽	无	深灰色松土，含有泥质橙黄陶翻沿小罐口沿		大溪四期

续附表 8

编号	位置	墓坑形状	现存墓口距地表深	墓坑口径	墓坑自深	葬具	人骨保存状况	随葬品	葬具之内填土及所含陶片	打破关系	文化分期
W68	T8 东南部②C 底	圆形，锅底状		43		口朝上放置的夹炭灰褐陶釜，口沿残缺	已朽	无	深灰色松土，含有泥质黑陶篦划纹、贴弦纹陶片	西边被近代墓打破	大溪四期
W69	T8 西南部②B 底	椭圆形，弧壁，底略平		长轴 90 短轴 47	22	口朝上放置的夹炭红褐陶釜，口沿残缺	已朽	无	深灰色松土	与 W70 同埋一坑，该墓坑打破 W71	屈家岭晚期
W70	T8 西南部②B 底	椭圆形，弧壁，底略平		长轴 90 短轴 47	22	W70∶1 为口朝上放置的夹炭红褐陶釜；W70∶2 为正放在釜口上的泥质黑陶折沿深腹平底盆作为盖	已朽	无	深灰色松土，含有泥质红陶碗口沿	与 W69 同埋一坑，并且打破 W71	屈家岭晚期
W71	T8 西南部②B 底	圆形，弧壁，底略平		45	39	W71∶1 为口朝上放置的夹炭红褐陶釜；W71∶2 为扣放在釜口上完整的夹砂灰陶盆形鼎作为盖	已朽	空心陶球第七种 1 件（W71∶3），实心陶球第四种 1 件（W71∶4）	深灰色松土	被 W70 打破	屈家岭晚期
W72	T8 西部②C 底	圆形，斜壁，底略平		50	40	W72∶1 为口朝上放置的夹炭灰褐陶圜底罐 1 型Ⅲ式	已朽	无	深灰色松土		大溪四期

续附表 8

编号	位置	墓坑形状	现存墓口距地表深	墓坑口径	墓坑自深	葬具	人骨保存状况	随葬品	葬具之内填土及所含陶片	打破关系	文化分期
W73	T8 西部 ②C 底	圆形，斜壁，底略平		55	40	W73∶1 为口朝上放置的夹炭灰褐陶釜 2 型Ⅰ式，口沿残；W73∶2 为正放在釜口上的泥质红陶平底盆 5 型作为盖	已朽	无	深灰色松土		大溪四期
W74	T8 西北部 ②B 底	椭圆形，斜壁，底略平		长轴 85 短轴 45	40	W74∶1 为口朝上放置的夹炭黑陶釜；W74∶2 为扣放在釜口上的泥质灰陶折沿浅腹平底盆作为盖	已朽	无	深灰色松土	与 W75 同埋一坑	屈家岭晚期
W75	T8 西北部 ②B 底	椭圆形，斜壁，底略平		长轴 85 短轴 45	40	W75∶1 为口朝上放置的夹炭灰褐陶釜	已朽	无	深灰色松土	与 W74 同埋一坑	屈家岭晚期
W76	T8 北部 ②C 底	圆形，锅底状		45		口朝上放置的夹炭灰褐陶釜	已朽	无	深灰色松土，含有泥质黑陶窄沿圈足碗、喇叭形豆圈足、夹炭灰褐陶碟形纽器盖残片		大溪四期
W77	T8 北部 ②C 底	圆形，斜壁，底略平		60	33	W77∶1 为口朝上放置的夹炭灰褐陶釜 2 型Ⅱ式	已朽	无	深灰色松土，含有泥质灰陶碗圈足		大溪四期
W78	T8 中部 ②B 底	圆形，斜壁，底略平		75	50	W78∶1 为口朝上放置的夹炭灰褐陶釜；W78∶2 为扣放在釜口上的泥质灰陶折沿浅腹平底盆作为盖	已朽	无	深灰色松土		屈家岭晚期

续附表8

编号	位置	墓坑形状	现存墓口距地表深	墓坑口径	墓坑自深	葬具	人骨保存状况	随葬品	葬具之内填土及所含陶片	打破关系	文化分期
W79	T8中部②C底	圆形，斜壁，底略平		40		W79：1为口朝上放置的夹炭灰褐陶釜，口沿残缺	已朽	W79：2为细泥黑陶圈足碗13型Ⅷ式，口朝下；W79：3为细泥黑陶圈足碗3型Ⅳ式，口朝上	深灰色松土		大溪四期
W80	T8东北部②C底	圆形，斜壁，底略平		45	32	W80：1为口朝上放置的夹炭灰褐陶釜2型Ⅱ式，口沿残；W80：2为正放在釜口上的泥质红陶平底盆作为盖，已残	已朽	无	深灰色松土，含有细泥黑陶圈足碗口沿	被W81打破	大溪四期
W81	T8东北部②C底	椭圆形，斜壁，底略平		长轴80 短轴50	32	W81：1为口朝上放置的夹炭灰褐陶釜2型Ⅱ式	已朽	无	深灰色松土	与W82同埋一坑，并且打破W80、W86	大溪四期
W82	T8东北部②C底	椭圆形，斜壁，底略平		长轴88 短轴50	33	W82：1为口朝上放置的夹炭红褐陶釜2型Ⅴ式；W82：2为扣放在W82：1口上的夹炭红褐陶釜2型Ⅴ式作为盖，个体较小	已朽		深灰色松土	与W81同埋一坑，并且打破W86	大溪四期
W83	T8北壁东部②C底，延伸到T5东南部	圆形，斜壁，底略平	16	45	35	W83：1为口朝上放置的夹炭灰褐陶釜，口沿残缺；W83：2为扣放在釜口上的细泥黑陶圈足碗15型Ⅳ式作为盖	已朽		深灰色松土		大溪四期

续附表8

编号	位置	墓坑形状	现存墓口距地表深	墓坑口径	墓坑自深	葬具	人骨保存状况	随葬品	葬具之内填土及所含陶片	打破关系	文化分期
W84	T8 东北部②C 底	圆形，斜壁，底略平		50		W84∶1 为口朝上放置的夹炭夹蚌灰褐陶釜；W84∶2 为扣放在 W84∶1 口上的夹炭灰褐陶釜作为盖，个体较小	已朽		深灰色松土	被 W91 打破	大溪四期
W85	T8 东南部②C 底	圆形，斜壁，底略平		35		W85∶1 为口朝上放置的夹蚌灰褐陶釜；W85∶2 为扣放在釜口上的细泥黑陶圈足碗 15 型Ⅳ式作为盖	已朽		深灰色松土		大溪四期
W86	T8 东北部②C 底	圆形，斜壁，底略平		60	54	W86∶1 为口朝上放置的夹炭灰褐陶釜 2 型Ⅴ式	已朽	无	深灰色松土，含有泥质红陶弇口瓮口沿	被 W82 打破	大溪四期
W87	T8 东部②B 底	圆形		45		W87∶1 为口朝上放置的夹蚌红褐陶釜	已朽	随葬 W87∶2 为薄胎细泥灰陶大口杯，腹下部残	深灰色松土	打破W88	屈家岭晚期
W88	T8 东部②B 底	圆形，斜壁，底略平		55	35	W88∶1 为口朝上放置的夹炭夹蚌红褐陶釜，含有炭化稻壳和蚌壳末两种羼和料	已朽	无	深灰色松土，含有细泥黑陶外折沿器盖残片	被 W87 打破	屈家岭晚期
W89	T8 东北部②C 底	圆形		45		W89∶1 为口朝上放置的夹炭灰褐陶釜 2 型Ⅱ式	已朽	无	深灰色松土	打破 W90	大溪四期
W90	T8 东北部②C 底	圆形		37		口朝上放置的夹炭灰褐陶釜，口沿残缺	已朽	无	深灰色松土	被 W89 打破	大溪四期

续附表 8

编号	位置	墓坑形状	现存墓口距地表深	墓坑口径	墓坑自深	葬具	人骨保存状况	随葬品	葬具之内填土及所含陶片	打破关系	文化分期
W91	T8 东北部②C 底	圆形，斜壁，底略平		50	30	W91∶1 为口朝上放置的夹炭灰褐陶釜 2 型Ⅳ式，口沿残缺	已朽	无	深灰色松土	打破 W84	大溪四期
W92	T8 东北部②C 底	圆形，斜壁，底略平		60	55	W92∶1 为口朝上放置的夹炭灰褐陶釜 2 型Ⅱ式	已朽	在墓坑之内、釜口中心往上 8 厘米处，埋有两件细泥黑陶圈足碗 W92∶2、3 作为随葬品，碗口上下相对	深灰色松土，含有细泥红陶窄沿圈足罐口沿		大溪四期
W93	T8 东北部②C 底	圆形		45		W93∶1 为口朝上放置的夹炭灰褐陶釜 2 型Ⅳ式	已朽	无	深灰色松土，含有泥质灰陶片，饰贴弦纹		大溪四期
W94	T8 东南角②B 底	圆形，斜壁，底略平		75	40	W94∶1 为口朝上放置的夹蚌红褐陶釜；W94∶2 为扣放在釜口上的夹砂灰陶盆形鼎作为盖，腹上部、足下部残	已朽	无	深灰色松土		屈家岭晚期
W95	T9 西北角②C 底	圆形，锅底状	15	40		W95∶1 为口朝上放置的夹炭灰褐陶釜 2 型Ⅳ式	已朽	无	深灰色松土		大溪四期
W96	T9 西北部②C 底	圆形，锅底状	15	45		W96∶1 为口朝上放置的夹炭灰褐陶釜 2 型Ⅳ式	已朽	无	深灰色松土		大溪四期

续附表8

编号	位置	墓坑形状	现存墓口距地表深	墓坑口径	墓坑自深	葬具	人骨保存状况	随葬品	葬具之内填土及所含陶片	打破关系	文化分期
W97	T9西北部②C底	圆形，锅底状	16	45		W97∶1为口朝上放置的夹炭红褐陶釜，残存口沿和肩部；W97∶2为扣放在釜口上的泥质浅灰陶平底盆作为盖，残存底部	已朽	无	深灰色松土，含有泥质灰陶小口高领罐、弇口瓮口沿		大溪四期
W98	T9西北部②C底	圆形，锅底状	15	40		口朝上放置的夹炭灰褐陶釜，口沿残缺	已朽	无	深灰色松土，含有细泥黑陶窄沿圈足罐、泥质红陶窄沿盆口沿		大溪四期
W99	T9西北部②C底	圆形，锅底状	15	40		口朝上放置的夹炭红褐陶釜，口沿残缺	已朽	无	深灰色松土，含有细泥黑陶内折沿碗口沿、豆圈足		大溪四期
W100	T9东北部②C底	圆形，锅底状	16	50		口朝上放置的夹炭灰褐陶釜	已朽	无	深灰色松土，含有细泥黑陶内折沿碗口沿		大溪四期
W101	T9东北角②C底，延伸到发掘区之外	圆形，锅底状	16	40		口朝上放置的夹炭灰褐陶釜，口沿残缺	已朽	无	深灰色松土，含有泥质灰陶罐口沿		大溪四期
W102	T7南扩南壁中部②C	圆形，锅底状	18	46	30	口朝上的夹炭红褐陶圜底罐，仅存底部	已朽	无	深灰色松土		大溪四期
W104	T6西北角④底	圆形，直壁，圜底	195	27	27	W104∶1为口朝上放置的夹炭红陶圜底罐1型Ⅰ式	已朽	无	深灰色松土		大溪二期

续附表 8

编号	位置	墓坑形状	现存墓口距地表深	墓坑口径	墓坑自深	葬具	人骨保存状况	随葬品	葬具之内填土及所含陶片	打破关系	文化分期
W105	T3 西部③底	圆形，直壁，圜底	230	35	33	口朝上放置的圜底罐	已朽	无	深灰色松土		大溪三期
W106	T6 西南角②C 底	圆形，锅底状	40	44	22	W106∶1 为口朝上放置的夹炭夹蚌红褐陶圜底罐，残存下半身	已朽	墓坑之外东南角埋入 2 件器物作为 W106 的随葬品：W106∶2 为正放的泥质黑陶圈足碗，其上 W106∶3 为扣放的泥质黑陶器盖，盖纽残缺	深灰色松土，含有泥质灰陶盆口沿		大溪四期
W110	T201 北部②B 底	圆形，斜壁，底略平		42	26	口朝上放置的夹炭灰褐陶釜，仅存下半身	已朽	无	灰色土，含有泥质橙黄陶外折沿豆残片、泥质黑皮陶豆腹片		屈家岭晚期
W111	T201 中部②B 底	圆形，斜壁，底略平		42	30	W111∶1 为口朝上放置的夹炭灰褐陶釜；W111∶2 为正放在釜口上的泥质黑陶盆作为盖，破损严重	已朽	无	灰色土		屈家岭晚期
W112	T201 中部②B 底	圆形，斜壁，底略平		55	28	W112∶1 口朝上放置的夹蚌灰褐陶圜底罐，胎芯红色，含有白色片状蚌壳末	已朽	填土内有 W112∶2，为泥质黑皮陶近直口豆Ⅱ式残器	灰色土，含有泥质黑皮陶（红胎）近直口豆Ⅱ式残片	打破 W114	屈家岭晚期

续附表8

编号	位置	墓坑形状	现存墓口距地表深	墓坑口径	墓坑自深	葬具	人骨保存状况	随葬品	葬具之内填土及所含陶片	打破关系	文化分期
W113	T201东壁南部②B底，延伸到东壁之外	圆形，斜壁，圜底		45	34	W113:1为口朝上放置的夹蚌红褐陶圜底罐，胎内含有白色片状蚌壳末，饰横篮纹，罐下垫一个残圈足；W113:2为泥质深灰陶双腹圈足碗Ⅱ式作为盖，原先应正放在罐口上，已掉入罐内，碗底中央凿一孔，表示灵魂可以出入	已朽	无	灰色土		屈家岭晚期
W114	T201中部②B底	圆形，斜壁，底略平		55	42	W114:1为口朝上放置的夹蚌红褐陶T形口沿罐，胎内含有白色片状蚌壳末，饰横篮纹；W114:2为泥质灰胎黑皮陶凹底盆作为盖，残存底部，已掉入罐内，原先应置于罐口上	已朽	无	灰色土	被W112打破	屈家岭晚期
W115	T201西南11.35米。农民发现，考古队清理	圆形，斜壁，圜底		57	32	口朝上放置的夹蚌灰褐陶釜，残存口沿	已朽	无			大溪四期

续附表8

编号	位置	墓坑形状	现存墓口距地表深	墓坑口径	墓坑自深	葬具	人骨保存状况	随葬品	葬具之内填土及所含陶片	打破关系	文化分期
W119	T201东壁北部②B底，延伸到东壁之外	圆形，弧壁，底略平		65	30	W119:1为口朝上放置的夹炭褐陶釜，上半身已残；W119:2为正放在釜口上的泥质灰陶折沿小口高领罐Ⅲ式的上半身作为盖，存有凸弦纹5组，每组4周，下半身被当时人故意敲掉，此罐原先应为实用器。在高领罐口上又用一块夹砂红陶罐腹片盖住罐口，腹片内壁朝上	已朽	无	灰色土	打破W121	屈家岭晚期
W121	T201东壁北部②C	圆形，锅底状				口朝上放置的夹炭灰褐陶釜	已朽	无	深灰色土	被W119打破	大溪四期
W123	T201东北角②B底	圆形，斜壁，底略平		31	20	W123:1为口朝上放置的夹砂红陶釜；W123:2为放在釜口上的泥质黑皮陶翻沿凹底盆Ⅰ式残片作为盖，盆内壁朝上	已朽	无	灰色土		屈家岭晚期
W124	T201西南9米。农民发现，考古队清理					W124:1为口朝上放置的夹砂深灰陶釜；W124:2为扣放在釜口上的泥质灰陶圈足盆1型Ⅱ式作为盖	已朽	无			大溪四期

续附表8

编号	位置	墓坑形状	现存墓口距地表深	墓坑口径	墓坑自深	葬具	人骨保存状况	随葬品	葬具之内填土及所含陶片	打破关系	文化分期
W125	T211 西北 10 米。农民发现，考古队清理					W125∶1 为口朝上放置的夹蚌红褐陶凹沿圜底罐Ⅱ式，腹部呈袋状，表面有不规则形凹坑	罐内底部残存白色片状婴幼儿头骨及下肢骨 2 根	罐内底部随葬 2 件器物：W125∶2 为泥质浅灰陶双腹圈足碗Ⅱ式器身，斜置于一侧；W125∶3 为泥质灰陶直领折肩罐腹片，置于另一侧	灰色土，含有 W125∶4 为细泥浅灰陶子母口碗口沿		屈家岭晚期
W126	T211 西北 8.6 米。农民发现，考古队清理		100			口朝上放置的夹蚌红陶釜 4 型Ⅰ式	已朽	无			大溪二期
W127	T211 西北 5.35 米。农民发现，考古队清理		100			W127∶1 为口朝上放置的夹蚌红陶釜 4 型Ⅱ式	在圈足盘 W127∶3 左侧、釜的内壁粘附婴幼儿头骨	釜内随葬 2 件器物：W127∶3 为泥质红陶圈足盘 6 型Ⅴ式，置于底部中央；W127∶2 为泥质红陶圈足盘 5 型Ⅰ式，叠压在 W127∶3 之上，置于右侧			大溪二期

续附表 8

编号	位置	墓坑形状	现存墓口距地表深	墓坑口径	墓坑自深	葬具	人骨保存状况	随葬品	葬具之内填土及所含陶片	打破关系	文化分期
W128	T211 北 8 米。农民发现，考古队清理		100			口朝下放置的夹蚌红陶釜 4 型 Ⅰ式	已朽	无			大溪二期
W129	T211 北 5 米。农民发现，考古队清理		130			口朝上放置的夹蚌红陶釜 4 型 Ⅰ式	已朽	无			大溪二期
W130	T211 西北 10.5 米。农民发现，考古队清理					口朝上放置的夹蚌红陶釜 4 型 Ⅰ式	已朽	无			大溪二期
W131	T211 西北 9 米。农民发现，考古队清理		70			W131:1 为口朝上放置的夹蚌红陶釜 4 型Ⅰ式，釜口上仰放一块夹蚌红陶釜的腹片，内壁朝上；W131:2 为扣放在釜腹片之上的泥质红陶平底钵 10 型作为盖	釜内底部粘附婴幼儿头骨	无			大溪二期
W132	T211 西北 11.5 米。农民发现，考古队清理					W132:1 为口朝下放置的泥质红陶釜 2 型Ⅰ式	已朽	无			大溪二期

续附表8

编号	位置	墓坑形状	现存墓口距地表深	墓坑口径	墓坑自深	葬具	人骨保存状况	随葬品	葬具之内填土及所含陶片	打破关系	文化分期
W133	T211 西北 11.7 米。农民发现，考古队清理		50			W133∶1 为口朝上放置的夹蚌红陶釜4型Ⅰ式；W133∶2 为扣放在釜口上的夹炭红陶簋2型Ⅳ式作为盖	已朽	无			大溪二期
W134	T211 西北 13 米。农民发现，考古队清理		20			W134∶1 为口朝上放置的夹砂红陶釜4型Ⅱ式	已朽	无			大溪二期
W135	T211 南 18 米。农民发现，考古队清理		50			W135∶1 为口朝上放置的夹砂红陶釜4型Ⅱ式	已朽	无			大溪二期
W136	T211 南 0.2 米。农民发现，考古队清理		70			W136∶1 为口朝上放置的夹砂红陶釜4型Ⅱ式	已朽	无			大溪二期
W137	T211 南 0.5 米。农民发现，考古队清理		70			口朝上放置的夹蚌红陶釜4型Ⅰ式	已朽	无			大溪二期

续附表8

编号	位置	墓坑形状	现存墓口距地表深	墓坑口径	墓坑自深	葬具	人骨保存状况	随葬品	葬具之内填土及所含陶片	打破关系	文化分期
W143	T211东北14米。农民发现，考古队清理					W143:1为口朝上放置的夹砂黑陶外卷圆唇深腹盆	盆内残存婴幼儿骨骼	无			石家河文化
W144	T211东北16.5米。农民发现，考古队清理					W144:1为口朝上放置的夹炭灰褐陶釜，残存口部	已朽	W144:2为小型石锛			大溪二期
W145	T63⑤B底H165之内底部偏东北					W145:1为口朝下扣放、略向东倾斜的夹炭红陶圜底罐1型Ⅱ式	罐内存有完整的婴幼儿骨骼1具	罐内放置一块猪下颌骨和一块泥质红陶片作为随葬品			大溪二期

附表 9

关庙山遗址大溪文化白陶登记表

分期	器名单位	陶质陶色							器形											纹饰								数量
		泥质		夹砂					圈足盘			豆圈足	大口尊				罐		其他器形腹片									
		白色	外表灰色，内表胎芯白色	白色	外层白色，内层灰色	内外表白色，胎芯灰色	黄白色	内外表白色，胎芯黄白色	口沿	圈足	腹片		口沿	肩部	腹片	底部	口沿	腹片		戳印纹	压印纹	线纹	红褐彩	戳印纹+篦点纹	凹弦纹+红彩	镂孔+戳印纹+褐彩	素面	
二	T2④:59		√												√												√	2
二	T2④:81		√										√														√	1
一晚	陶尊 T3④G1:73						√							√								√						4
二	陶尊Ⅲ式 T5④:36			√									√														√	1
三	T7③D:14		√												√												√	1
二	陶尊Ⅲ式 T8④:59	√											√														√	1
二	T11④:36	√											√														√	4
二	T11④:41	√								√										√							√	2
二	T11④:43					√										√											√	1
二	陶尊 T11④:46			√										√						√								2
二	陶尊 T11④:64	√													√												√	1
二	陶豆圈足 T11④:83	√										√												√				3

续附表9

分期	器名单位	陶质陶色 泥质 白色	陶质陶色 泥质 外表灰色，内表胎芯白色	陶质陶色 夹砂 白色	陶质陶色 夹砂 外层白色，内层灰色	陶质陶色 夹砂 内外表白色，胎芯灰色	陶质陶色 夹砂 黄白色	陶质陶色 夹砂 内外表白色，胎芯黄白色	器形 圈足盘 口沿	器形 圈足盘 圈足	器形 圈足盘 腹片	器形 豆圈足	器形 大口尊 口沿	器形 大口尊 肩部	器形 大口尊 腹片	器形 大口尊 底部	器形 罐 口沿	器形 罐 腹片	器形 其他器形腹片	纹饰 戳印纹	纹饰 压印纹	纹饰 线纹	纹饰 红褐彩	纹饰 戳印纹+篦点纹	纹饰 凹弦纹+红彩	纹饰 镂孔+戳印纹+褐彩	纹饰 素面	数量
三	陶尊 T21③:13			√									√							√								2
三	T23③			√															√								√	1
二	T23④:23			√											√												√	1
二	陶尊Ⅳ式 T23④:25			√									√							√								1
二	陶尊Ⅰ式 T23④:42			√									√							√							√	1
三	T51④A	√													√												√	1
二	陶尊 T51⑤B:549			√										√						√								1
二	陶尊 T51⑥:460			√										√						√								1
二	陶尊 T53⑤B:273						√							√						√								1
二	T53⑤B:187	√							√														√					1
三	T54⑤:60	√							√																√			1

续附表9

分期	器名单位	陶质陶色							器形											纹饰								数量
		泥质		夹砂					圈足盘			豆圈足	大口尊				罐		其他器形腹片	戳印纹	压印纹	线纹	红褐彩	戳印纹+篦点纹	凹弦纹+红彩	镂孔+戳印纹+褐彩	素面	
		白色	外表灰色，内表胎芯白色	白色	外层白色，内层灰色	内外表白色，胎芯灰色	黄白色	内外表白色，胎芯黄白色	口沿	圈足	腹片		口沿	肩部	腹片	底部	口沿	腹片										
二	陶尊Ⅰ式 T55⑥:34							√					√												√		√	1
二	T57⑤ H96:12			√											√												√	2
二	陶尊 T57 ⑥B:101	√											√							√								3
二	T57⑥B:103				√														√								√	1
四	T59③北隔梁	√																	√								√	1
二	陶豆1型Ⅱ式 T63⑤A:47																											
二	T64⑤B:66	√														√											√	1
二	T66⑤:36	√																	√								√	1
二	陶圈足盘 T68⑤:93	√							√	√	√															√		1件
二	T69⑤B:147	√																	√								√	1

续附表9

分期	器名单位	陶质陶色							器形											纹饰								数量
		泥质		夹砂					圈足盘			豆圈足	大口尊				罐		其他器形腹片									
		白色	外表灰色，内表胎芯白色	白色	外层白色，内层灰色	内外表白色，胎芯灰色	黄白色	内外表白色，胎芯黄白色	口沿	圈足	腹片		口沿	肩部	腹片	底部	口沿	腹片		戳印纹	压印纹	线纹	红褐彩	戳印纹+篦点纹	凹弦纹+红彩	镂孔+戳印纹+褐彩	素面	
二	T69⑥:129			√											√												√	2
二	T70⑤ G5:10	√									√																√	1
二	T70⑤G5	√													√												√	1
二	陶尊Ⅰ式 T70⑥:53			√									√								√							1
二	陶尊 T70⑥:107						√						√									√						1
二	T70⑥			√											√												√	3
二	T70⑥			√															√			√						1
三	陶尊 T71 ④A:99			√									√														√	1
三	陶尊 T71 ④D:127			√										√								√						
二	陶尊 T72⑤B			√											√												√	5
二	陶尊 T73⑤:47	√											√														√	1

续附表9

分期	器名单位	陶质陶色							器形											纹饰								数量
		泥质		夹砂					圈足盘			豆圈足	大口尊				罐		其他器形腹片									
		白色	外表灰色，内表胎芯白色	白色	外层白色，内层灰色	内外表白色，胎芯灰色	黄白色	内外表白色，胎芯黄白色	口沿	圈足	腹片		口沿	肩部	腹片	底部	口沿	腹片		戳印纹	压印纹	线纹	红褐彩	戳印纹+篦点纹	凹弦纹+红彩	镂孔+戳印纹+褐彩	素面	
二	陶圈足盘 T74⑤BH113	√									√																√	1
三	T77④C							√											√								√	1
二	T77⑥			√														√									√	1

说明：①T68⑤:93 为件，其余均为片。

②此外，还有平底碗2型Ⅱ式1件（T23③:17，见图3-4-32，11），细泥白陶，内外表白色，胎芯灰色，腹上部施圆形戳印纹1周和褐彩条纹2周。圈足盘的圈足1件（T31④:41，见图3-4-55，8），泥质白陶，内外表、胎芯皆白色，施戳印纹。二者均属第二期。

附录一

湖北枝江关庙山新石器时代遗址陶片的初步研究

李敏生　黄素英　武亦文
（中国社会科学院考古研究所）

关庙山遗址位于湖北省枝江县城东北 11.5 千米，遗址比周围农田高出约 4 米，据民间一种口传其上原有关公庙一座，故称“关庙山”。中国社会科学院考古研究所湖北工作队于 1978 年秋季至 1980 年冬季对其进行了五次发掘。该遗址文化层自下而上为大溪文化、屈家岭文化晚期、石家河文化的堆积，以大溪文化遗存为主①。大溪文化可分四期，推测第一期距今 6200 ~ 6100 年之间；据^{14}C 年代测定（经树轮校正，下同）为：第二期距今 5940 ~ 5830 年（公元前 3990 ~ 前3880 年），第三期距今 5645 ~ 5505 年（公元前 3695 ~ 前 3555 年），第四期距今 5330 ~ 5235 年（公元前 3380 ~ 前3285 年）②。屈家岭文化晚期遗存，距今约 4600 年；石家河文化遗存，距今约 4300 年。本文通过对三种文化遗存的陶片所做的化学分析及物理测试，从一个侧面对关庙山遗址三种文化遗存制陶工艺的特点进行初步研究。

一　三种文化陶器的概况

大溪文化的陶器，从陶质上分有泥质陶、夹炭陶、夹蚌陶和夹砂陶四类。其中以泥质陶最多，夹砂陶最少。泥质陶以饮食器比较多见。泥质陶又可分为普通泥质陶和细泥陶两种：普通泥质陶内含有少量砂粒，是陶土中原来就含有的；细泥陶经过淘洗，质地细腻而纯净，多见于薄胎小型器物。夹炭陶胎芯均呈黑色，可见到炭末，多为盛储器和炊食器。夹蚌陶绝大多数作为炊器。发掘者根据出土时陶片内保存蚌壳末的多寡，将夹蚌陶细分为密实陶、半泡陶和泡陶三种，其中以泡陶最多。夹砂陶所掺入的砂粒有粗细之分。粗砂陶均为大型厚胎器物，细砂陶除作盛储器外还作炊食器。

大溪文化的陶器，从陶色上可分为红、黑、灰、褐、橙黄和白六种。其中以红陶为主，黑陶

① 中国社会科学院考古研究所湖北工作队：《湖北枝江县关庙山新石器时代遗址发掘简报》，《考古》1981 年第 4 期。中国社会科学院考古研究所湖北工作队：《湖北枝江关庙山遗址第二次发掘》，《考古》1983 年第 1 期。

② 李文杰：《大溪文化的类型与分期》，《考古学报》1986 年第 2 期。

次之，白陶最少。泥质和夹炭红陶上普遍涂刷红陶衣，少数夹蚌和夹砂红陶也有红陶衣。彩陶数量不多，多数彩陶有红陶衣，有些彩陶有红、白两种陶衣。彩色有黑、棕、褐、红、灰五种，其中以黑彩为主，红彩很少，灰彩罕见。白陶有泥质和夹砂两种。灰陶有泥质、夹砂、夹炭三种。黑陶内外表皆黑，一般胎芯亦呈黑色。

屈家岭文化晚期的陶器以泥质灰陶和黑陶为主，还有泥质橙黄陶、夹炭褐陶、泥质红陶和夹砂红陶。

石家河文化的陶器以泥质灰陶为主，还有泥质黑陶、泥质红陶和夹砂红陶。

二 实验部分

（一）样品来源及外貌观察

为了解关庙山新石器时代遗址陶器的制作和烧成工艺，对该遗址不同时期各种陶片进行了化学组成、吸水率等方面的测定，并对该遗址各文化层堆积土的酸碱度进行了分析。此外还测定了遗址周围陶土的化学组成。

中国社会科学院考古研究所湖北工作队李文杰提供了地层可靠、有代表性的陶片标本 37 片，其中夹炭红陶 4 片，夹砂红陶 1 片，夹砂灰陶和细砂黑陶各 2 片，泥质黑陶、灰陶和红陶各 4 片，泥质白陶 3 片，泥质黄陶和橙黄陶各 1 片，夹蚌红陶 9 片和夹蚌灰陶 2 片。从遗址周围采集白黏土、灰白黏土、红黏土和黄黏土四种。测酸碱度的土样标本 8 个。测定彩料和陶衣成分的陶片 7 片。关于这些标本的序号、原编号、名称、陶质陶色、文化分期、内外表及胎芯颜色等外貌特征都详细列入表 f－1－1。

（二）陶片的化学组成和分子式

我们采用容量分析法和火焰光度法进行陶片内氧化硅（SiO_2）、氧化铝（$A1_2O_3$）、氧化铁（Fe_2O_3）、氧化钙（CaO）、氧化镁（MgO）、氧化钾（K_2O）和氧化钠（Na_2O）含量的定量分析。此外，又对陶片的烧失量进行测定，并对氧化铁的存在状态进行分析。其结果列入表 f－1－2。夹砂陶和夹蚌陶中的羼和料无法取出，其化学成分是它们的混合组成。为了便于比较各文化层陶片在化学组成上的差异，以及各类陶质和有关黏土在化学成分上是否有密切联系，我们将陶片及黏土的化学组成换算成分子式列入表 f－1－2。以氧化铝的分子数作为 1 进行计算，R_xO_y 代表钙、镁氧化物（RO）和钾、钠氧化物（R_2O）以及高铁氧化物（Fe_2O_3）的分子数之和。RO_2 代表氧化硅（SiO_2）的分子数。并以 R_xO_y 为纵坐标，RO_2 为横坐标绘成陶器化学组成分布图（图 f－1－1）。其中夹蚌陶的分子式是将其氧化钙的百分含量都作为 1% 计算得出的近似值。

（三）陶衣和彩料的测定

为了解陶衣和彩料的成分，我们用刀片刮取彩陶上的彩料和陶片表面的陶衣，进行原子发射光谱定性测定。其结果列入表 f－1－3。

表 f－1－1 关庙山遗址陶片的外貌观察

序号	原编号	名称	陶质陶色	文化分期	内外表及胎芯颜色	其他
1	T57⑧:154	小口广肩罐	夹炭红陶	大溪一期早段	外表深红色陶衣，内表土红色，胎芯黑色	外表磨光，内表刮削，有炭末痕迹
2	T57⑧:155	斜沿罐口沿	夹炭红陶	大溪一期早段	内外表土红色，胎芯黑色	外表经刮衣，颈部有红陶衣一周
3	T64⑤AH102:119	圜底大盆腹片	夹炭红陶	大溪二期	内外表浅土红色，胎芯黑色	胎内部有针状炭化稻壳痕迹
4	T1④H2:89	凹沿罐腹片	夹炭红陶	大溪二期	外表土红色陶衣，内表土红色，胎芯黑色	外表磨光，内表有头发渣状炭末痕迹
5	T64⑤B:145	大口尊腹片	夹砂灰陶	大溪二期	内外表灰色，胎芯灰黑色	掺和粗砂粒，含有云母片
6	T51④A:467	大口尊口沿	夹砂红陶	大溪三期	内外表红色，胎芯深灰色	掺和砂粒，含有云母片
7	T51④A:468	大口尊腹片	夹砂灰陶	大溪三期	内外表浅灰色，胎芯深灰色	掺和砂粒，含有云母片，内表刮削
8	T51④A:469	平沿盆口沿	细砂黑陶	大溪三期	内外表黑色，胎芯黑色	掺和细砂粒
9	T51④A:470	小口高领罐肩部	细砂黑陶	大溪三期	内外表黑色，中间红色，胎芯黑色	掺和细砂粒，内表刮削
10	T64④AH110:16	曲腹杯底部	泥质黑陶	大溪三期	通体黑色	外表磨光
11	T64③A:143	卷沿圈足碗	细泥黑陶	大溪四期	通体黑色	内外表磨光
12	T64②:140	双腹豆圈足	细泥黑陶	屈家岭晚期	通体黑色	外表磨光
13	T68①CH62:41	卷沿盘口沿	泥质黑陶	石家河	内外表深灰色，胎芯黑色	内外表磨光
14	T51⑤B:478	折沿折腹罐腹部	泥质灰陶	大溪二期	通体灰色	内外表磨光
15	T51⑤A:473	折沿罐口沿	泥质浅灰陶	大溪二期	通体浅灰色	内外表磨光
16	T64②:141	双腹碗腹片	泥质浅灰陶	屈家岭晚期	通体浅灰色	内外表磨光
17	T68①CH62:42	罐腹片	泥质浅灰陶	石家河	内外表浅灰色，胎芯灰色	
18	T58⑦B:85	罐腹片	泥质红陶	大溪一期晚段	外表深红色陶衣，内表土红色，胎芯灰色	外表磨光
19	T65⑥:110	敞口弧壁碗圈足	泥质红陶	大溪二期	外表鲜红色陶衣，内表黑色，胎芯灰色	外表磨光
20	T51④A:471	曲腹簋圈足	泥质红陶	大溪三期	外表鲜红色陶衣，内表黑色，胎芯红色	外表磨光
21	T51①:461	罐腹片	泥质红陶	石家河	内外表土红色，胎芯灰色	含有少量砂粒
22	T51③:463	卷沿圈足碗	泥质橙黄陶	大溪四期	外表橙黄色，内表浅灰色，胎芯灰色	胎致密
23	T65②:108	高圈足杯腹部	泥质黄陶	屈家岭晚期	内外表土黄色，胎芯深灰色	
24	T11④:83	豆圈足	泥质白陶	大溪二期	通体白色	外表磨光

续表 f－1－1

序号	原编号	名称	陶质陶色	文化分期	内外表及胎芯颜色	其他
25	T11④:42	大口尊腹片	泥质白陶	大溪二期	通体白色	手摸内外表有滑腻感
26	T70⑥:110	大口尊腹片	泥质白陶	大溪二期	外表银白色，胎芯白色泛黄	手摸内外表有滑石粉感
27	T51⑤A:474	斜沿罐口沿	夹蚌红陶	大溪二期	通体土红色	内外表有大量不规则形凹坑，胎内含大量白色蚌壳末，为密实陶
28	T51⑤A:475	斜沿罐口沿	夹蚌红陶	大溪二期	通体土红色	外表有大量不规则形凹坑，胎内含有大量白色蚌壳末，为密实陶
29	T74④C:164	翻沿罐口沿	夹蚌红陶	大溪三期	通体土红色	内外表有大量不规则形凹坑，胎芯含有大量白色蚌壳末，为半泡陶
30	T75④B:207	侈沿高领罐口沿	夹蚌红陶	大溪三期	通体土红色	内外表有大量不规则形凹坑，胎芯含有大量白色蚌壳末，为半泡陶
31	T51⑤B:477	倒梯形鼎足	夹蚌红陶	大溪二期	通体土红色	内外表及胎内有大量不规则形凹坑，胎芯深处留有少量白色蚌壳末，为泡陶
32	T51④AH39:472	倒梯形鼎足	夹蚌红陶	大溪三期	通体土红色	外表有大量不规则形凹坑，胎内含有大量白色蚌壳末，为密实陶
33	T51⑤A:476	倒梯形鼎足	夹蚌红陶	大溪二期	通体土红色	外表有大量不规则形凹坑，胎内有大量不规则形孔洞，为泡陶，质轻
34	T64③B:144	倒梯形鼎足	夹蚌红陶	大溪四期	通体土红色	外表有大量不规则形凹坑，胎内含有少量白色蚌壳末，为泡陶，质轻
35	T64②:142	凹沿罐口沿	夹蚌红陶	屈家岭晚期	通体土红色	外表有大量不规则形凹坑，胎内含有少量白色蚌壳末，为泡陶，质轻
36	T65②:109	凹沿罐口沿	夹蚌灰陶	屈家岭晚期	外表深灰色，内表及胎芯土红色	内外表有不规则形凹坑，为泡陶
37	T52③:364	弧壁器盖口沿	夹蚌灰陶	大溪四期	通体深灰色	内外表有不规则形凹坑，为泡陶
38	枝江善溪窑	红黏土				
39	枝江雅畈	白黏土				
40	枝江关庙山	黄黏土				
41	枝江关庙山	灰白黏土				

表 f-1-2 关庙山遗址陶片及有关原料的化学组成、分子式及吸水率

序号	原编号	陶质陶色	化学组成 %									氧化铁的存在状态%		分子式	吸水率
			SiO_2	Al_2O_3	Fe_2O_3	CaO	MgO	KaO	NaO	烧失量	总和	Fe_2O_3	FeO		
1	T57⑧:154	夹炭红陶	58.65	16.78	7.76	0.92	1.83	2.12	0.73	8.69	97.48			0.82RxOy : Al_2O_3 : 5.94RO_2	20.43
2	T57⑧:155	夹炭红陶	59.05	18.88	8.55	0.89	1.14	1.68	0.37	6.91	97.47			0.66RxOy : Al_2O_3 : 5.32RO_2	20.55
3	T64⑤AH102:119	夹炭红陶	63.88	17.84	6.84	1.11	1.35	1.79	0.96	5.39	99.16			0.75RxOy : Al_2O_3 : 6.07RO_2	21.11
4	T1④H2:89	夹炭红陶	61.66	19.13	7.32	1.09	1.45	2.02	0.95	6.73	100.35			0.74RxOy : Al_2O_3 : 5.48RO_2	17.25
5	T64⑤B:145	夹砂灰陶	67.47	16.90	5.30	0.93	1.08	2.27	0.84	5.02	99.81			0.68RxOy : Al_2O_3 : 6.77RO_2	8.77
6	T51④A:467	夹砂红陶	66.41	17.90	5.21	0.95	1.05	1.79	0.81	5.13	99.25			0.62RxOy : Al_2O_3 : 6.31RO_2	9.63
7	T51④A:468	夹砂灰陶	63.62	18.40	3.06	0.45	1.08	2.43	1.59	5.11	95.74			0.59RxOy : Al_2O_3 : 5.87RO_2	10.18
8	T51④A:469	细砂黑陶	66.77	15.78	6.21	0.85	1.23	1.54	0.97	6.07	99.42			0.76RxOy : Al_2O_3 : 7.17RO_2	7.81
9	T51④A:470	细砂黑陶	66.84	16.78	5.66	1.06	1.52	1.51	1.17	4.69	99.23			0.78RxOy : Al_2O_3 : 6.76RO_2	
10	T64④AH110:16	泥质黑陶	62.71	18.26	3.63	1.50	1.06	2.03	0.89	7.43	97.51			0.63RxOy : Al_2O_3 : 5.85RO_2	
11	T64③A:143	细泥黑陶	54.62	21.39	6.32	1.73	1.42	2.03	1.27	8.35	97.13			0.71RxOy : Al_2O_3 : 4.34RO_2	
12	T64②:140	细泥黑陶	61.42	19.01	4.43	0.90	0.79	1.87	1.51	5.31	95.24			0.58RxOy : Al_2O_3 : 5.49RO_2	15.06
13	T68①CH62:41	泥质黑陶	64.83	17.83	5.17	0.54	1.44	1.83	0.94	6.04	98.62	3.17	1.80	0.64RxOy : Al_2O_3 : 6.16RO_2	7.42
14	T51⑤B:478	泥质灰陶	60.21	19.21	8.36	1.31	1.85	2.69	0.93	3.68	98.24	2.00	6.00	0.88RxOy : Al_2O_3 : 5.32RO_2	19.47
15	T51⑤A:473	泥质浅灰陶	60.45	22.56	8.09	0.69	2.74	2.92	1.07	1.03	99.55	0.78	6.59	0.80RxOy : Al_2O_3 : 4.53RO_2	15.64
16	T64②:141	泥质浅灰陶	59.31	23.28	8.20	0.48	1.17	2.56	0.97	1.71	97.68	2.14	5.50	0.57RxOy : Al_2O_3 : 4.32RO_2	15.37
17	T68①CH62:42	泥质浅灰陶	68.05	19.60	6.33	0.67	0.99	2.27	0.80	1.39	100.10	0.27	5.45	0.59RxOy : Al_2O_3 : 5.83RO_2	15.54
18	T58⑦B:85	泥质红陶	63.90	18.83	5.15	0.81	1.17	2.03	0.73	5.04	97.66			0.59RxOy : Al_2O_3 : 5.77RO_2	10.82
19	T65⑥:110	泥质红陶	64.17	17.98	6.69	0.84	1.22	1.96	1.59	4.25	98.70			0.75RxOy : Al_2O_3 : 6.04RO_2	10.62
20	T51④A:471	泥质红陶	63.71	17.32	5.07	1.11	1.05	1.60	1.23	6.65	97.74	2.98	1.88	0.68RxOy : Al_2O_3 : 6.26RO_2	13.18
21	T51①:461	泥质红陶	61.22	21.07	6.79	0.94	1.66	1.23	1.49	2.49	96.84			0.67RxOy : Al_2O_3 : 4.93RO_2	12.45
22	T51③:463	泥质橙黄陶	65.92	18.97	5.17	0.89	1.19	1.71	1.49	4.85	100.19			0.65RxOy : Al_2O_3 : 5.90RO_2	11.77

续表 f－1－2

序号	原编号	陶质陶色	化学组成%									氧化铁的存在状态%		分子式	吸水率
			SiO_2	Al_2O_3	Fe_2O_3	CaO	MgO	KaO	NaO	烧失量	总和	Fe_2O_3	FeO		
23	T65②:108	泥质黄陶	66.96	14.94	3.14	0.82	0.83	1.54	1.79	4.72	94.74			0.69RxOy : Al_2O_3 : 7.65RO_2	
24	T11④:83	泥质白陶	68.12	20.57	2.68	1.85	0.09	2.43	0.75	未测	96.49			0.45RxOy : Al_2O_3 : 5.59RO_2	
25	T11④:42	泥质白陶	67.79	5.52	3.41	1.18	18.01	0.61	0.69	未测	97.21			9.37RxOy : Al_2O_3 : 20.81RO_2	
26	T70⑥:110	泥质白陶	68.33	5.57	1.33	0.53	19.31	0.34	0.41	3.27	99.09			9.30RxOy : Al_2O_3 : 20.81RO_2	
27	T51⑤A:474	夹蚌红陶	55.68	14.52	6.25	6.60	1.06	1.03	1.34	10.50	96.53			0.82RxOy : Al_2O_3 : 6.51RO_2	25.08
28	T51⑤A:475	夹蚌红陶	52.27	12.41	5.45	9.61	2.26	1.19	1.62	12.58	97.39			0.93RxOy : Al_2O_3 : 7.31RO_2	22.41
29	T74④C:164	夹蚌红陶	55.81	10.97	6.29	6.46	1.55	1.41	1.35	10.11	93.95			1.23RxOy : Al_2O_3 : 8.62RO_2	36.87
30	T75④B:207	夹蚌红陶	56.87	13.29	6.85	4.12	2.84	1.38	1.23	8.77	95.35			1.28RxOy : Al_2O_3 : 7.27RO_2	26.85
31	T51⑤B:477	夹蚌红陶	63.77	14.80	5.32	2.05	1.26	1.54	1.19	7.32	97.25			0.80RxOy : Al_2O_3 : 7.33RO_2	21.36
32	T51④AH39:472	夹蚌红陶	55.54	14.01	7.47	7.70	0.49	1.10	1.37	10.50	98.18			0.79RxOy : Al_2O_3 : 6.71RO_2	32.12
33	T51⑤A:476	夹蚌红陶	61.28	15.05	7.65	2.97	0.74	1.42	1.45	6.74	97.30			0.83RxOy : Al_2O_3 : 6.89RO_2	35.25
34	T64③B:144	夹蚌红陶	56.38	13.24	7.32	3.45	0.80	2.34	1.53	15.17	100.23			1.03RxOy : Al_2O_3 : 7.24RO_2	50.35
35	T64②:142	夹蚌红陶	61.45	14.85	7.03	2.31	1.48	1.50	1.50	6.64	96.76			0.96RxOy : Al_2O_3 : 7.02RO_2	22.59
36	T65②:109	夹蚌灰陶	62.22	16.25	7.27	2.29	1.46	1.36	1.25	7.50	99.60			0.85RxOy : Al_2O_3 : 6.51RO_2	
37	T52③:364	夹蚌灰陶	58.36	13.78	7.00	2.31	1.97	1.59	1.50	9.98	96.49			1.11RxOy : Al_2O_3 : 7.17RO_2	
38	枝江善溪窑	红黏土	62.29	17.66	9.58	0.16	0.99	1.54	0.21	8.02	100.45			0.63RxOy : Al_2O_3 : 6.00RO_2	
39	枝江雅畈	白黏土	76.57	13.33	0.93	0.07	0.91	1.26	0.69	3.86	97.62			0.45RxOy : Al_2O_3 : 9.78RO_2	
40	枝江关庙山	黄黏土	67.43	16.39	4.39	0.61	1.11	1.79	0.60	5.40	97.72			0.59RxOy : Al_2O_3 : 6.98RO_2	
41	枝江关庙山	灰白黏土	74.82	11.67	4.67	1.68	0.13	1.69	1.54	未测	96.20			0.92RxOy : Al_2O_3 : 10.91RO_2	

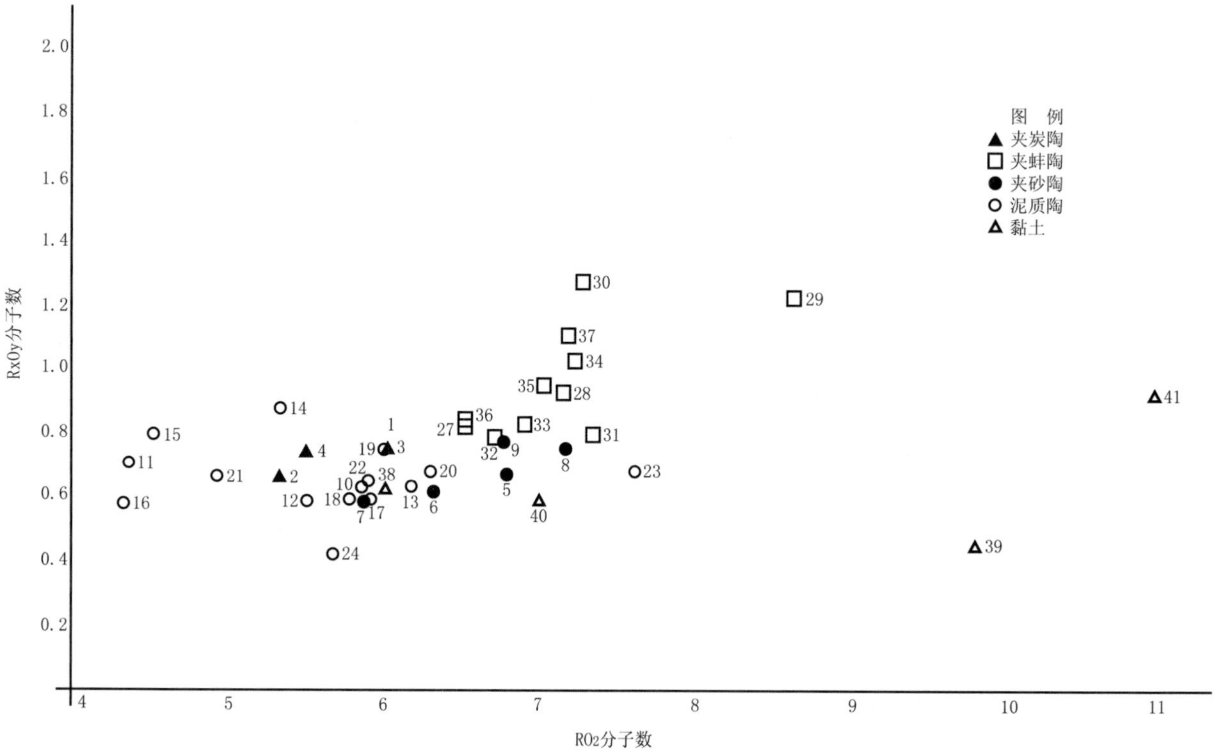

图 f－1－1 关庙山遗址陶器化学组成分布图

表 f－1－3 彩料和陶衣成分的元子发射光谱定性测定

原编号	名称	文化分期	彩料或陶衣	主量	较多量	少量和微量
枝江雅畈	白黏土		白色	Si、Al		Fe、Ti、Ni、Mg、Na
T52④A:102	泥质红陶斜沿罐口沿	大溪三期	灰彩平行条纹	Si、Al		Fe、Ti、Ni、Mg、Na、Mn
T52④A:102	泥质红陶斜沿罐口沿	大溪三期	棕彩平行条纹	Si、Al	Mn、Fe	Ti、Ni、Cr、Co、Cu、Mg、Na
T51③:465	泥质红陶罐腹片	大溪四期	红彩平行条纹	Si、Al	Fe	Ti、Ni、Mn、Cr、Ca、Mg、Na
T51④A:466	泥质红陶罐腹片	大溪三期	黑彩平行条纹、弧边三角纹	Si、Al	Mn、Fe	Ti、Ni、Cr、Co、Ca、Mg、Na、Cn
T56④A:108	泥质红陶筒形瓶	大溪三期	白陶衣	Si、Al		Fe、Ti、Ni、Mn、Ca、Mg、Na
T64⑦:146	夹炭红陶凹沿罐口沿	大溪一期晚段	红陶衣	Si、Al	Fe	Ti、Ni、Mn、Ca、Mg、Na
T2④B:93	夹炭褐陶豆圈足	大溪二期	褐陶衣	Si、Al	Fe	Ti、Ni、Mn、Cr、Ca、Mg、Na
枝江市柳林村	铁锰结核			Fe、Mn	Si、Al	Co、Ni、Ti、Cn、Cr、Mg、Na

表 f-1-4　关庙山遗址各文化期土质的酸碱度

序号	原编号	名称	文化分期	pH 值
1	T68①CH62	灰坑内填土	石家河	6.5
2	T71③B	文化层土	大溪四期	6.45
3	T67④AF27	居住面之下土	大溪三期	6.55
4	T57④BH96	灰坑内填土	大溪三期	6.65
5	T63⑤BH165 之内 W145	圜底罐瓮棺内淤土	大溪二期	6.51
6	T58⑦B	F34 居住面之下垫层土	大溪一期晚段	6.55
7	遗址西南角	大溪文化层土	大溪	6.75
8	遗址西南角	黄黏土（生土）		6.55

（四）吸水率的测定

吸水率是陶片的物理性能之一。一般地说，烧成温度和致密度较低的陶片，吸水率较高，相反，烧成温度和致密度较高的陶片，吸水率则较低。

我们测定了 28 片陶片的吸水率，其数值列入表 f-1-2。

（五）土样 pH 值的测定

pH 代表氢离子浓度的负对数，pH 值表示酸碱度，pH 值大于 7 呈碱性，小于 7 呈酸性。我们采用 pH 玻璃电极测定了关庙山遗址各文化层、房址、灰坑、瓮棺内的土以及生土共 8 个土样的 pH 值，示于表 f-1-4。

三　实验结果与讨论

（一）陶片的化学组成

由表 f-1-2 看出，关庙山新石器时代遗址陶片的化学组成可分三类。

第一类以氧化硅、氧化铝为主要成分，氧化铁含量较高，为 5%～8%，其中碱金属和碱土金属的含量都较低，如大部分陶片氧化钠和氧化钙的含量在 1% 左右，氧化镁的含量不大于 1.5%，氧化钾为 2% 左右。该遗址绝大多数的陶片属于此类。又如夹炭红陶、夹砂红陶、夹砂黑陶、夹细砂黑陶、泥质黑陶、泥质红陶、泥质橙黄陶和夹蚌陶，其中夹蚌陶中氧化钙的含量为 2%～9%，高于其他陶片，原因是作为羼和料的蚌壳末，其主要成分是碳酸钙。

第二类虽仍以氧化硅、氧化铝为主要成分，但氧化铁含量较低，不足 3%，并且氧化硅和氧化铝的含量略高于第一类。如序号 24 的白陶豆圈足，氧化硅含量为 68%，氧化铝含量为 20.57%，应为高岭土类。

第三类以氧化硅、氧化镁为主要成分，氧化硅含量为 68%，氧化镁含量为 18%～19%，而氧化铝含量仅 5%，氧化铁含量亦较低，为 1%～3%。氧化钾、氧化钠和氧化钙含量在 1% 左右。这种土质应是硅酸镁类。如序号 25、26 的白陶大口尊腹片，触摸有滑腻感，应属滑石类。滑石是一种含水硅酸镁。天然滑石不纯净，含有铝、铁和钙等。它的特征之一是具有“滑腻感”。一般白陶多以氧化硅和氧化铝为主要成分的高岭土为原料，以氧化硅和氧化镁为原料的不多见。浙江省桐乡市罗家角遗址①和湖南省澧县三元宫遗址②，也有一种白陶的化学组成与此类同。

（二）各类陶片的烧失量

物体经高温灼烧时，一方面所含吸附水、化学结合水、有机物、碳酸盐、硫酸盐和硫化物等受热分解产生气体逸去而失量，另一方面物体化学组成中铁或锰低价氧化物部分氧化成高价氧化物却增重。因此，测得的烧失量实际上是物体经高温灼烧后减轻重量与增加重量的代数和。通过烧失量的测定可以近似地求出化学结合水量，了解其中有机物和碳酸盐等的近似含量，也可以推测陶制品的烧成气氛和致密度。

经测定，关庙山遗址各类陶片的平均烧失量：夹蚌陶为9.58%，有的高达15.17%；夹炭陶为6.93%；夹砂陶为5.2%；泥质黑陶为6.78%；泥质红陶为4.67%；泥质白陶（仅一件）为3.27%；泥质灰陶为1.95%。

陶制品的烧失量与其化学组成、所含杂质及物理性能有关。陶片在灼烧时，大约从100℃开始失掉吸附水；600℃以上发生氧化作用，黏土中的有机物氧化成一氧化碳（CO）、二氧化碳（CO_2）而逸出；低价氧化物如铁或锰氧化成高价氧化物，碳酸盐或硫酸盐的分解，碳和硫氧化成一氧化碳、二氧化碳和二氧化硫（SO_2）气体而挥发，这些化合物的氧化作用，不到900℃以上是不会完全的。

夹蚌陶的烧失量，除黏土中水、有机质等的损失外，尚有羼和料蚌壳末即碳酸钙的分解，产生二氧化碳气体的挥发而失量。也因夹蚌陶质地疏松，吸附了较多量的水、气体和杂质等，致使烧失量增多。

夹炭陶内掺和吸附性较强的炭末，在灼烧时，不仅炭被氧化成二氧化碳气体而逸失，被炭末所吸附的水和杂质等也一并损失。

在泥质陶当中，以黑陶的烧失量最多，红陶次之，白陶较少，灰陶最少。它们的陶胎致密程度相差不大，但是，黑陶有炭粒渗入，虽提高了致密度，但在高温下，炭被氧化成二氧化碳而失掉，因此烧失量最多。红陶外表附有陶衣，陶衣上经过磨光，使其表面更加密实，因此吸附性较少。白陶的烧失量也较少，因为白陶是以一种质地较纯的白黏土为原料烧制而成的，其中含有较少的有机质和易分解的盐类等。灰陶的烧失量最少，其原因是：虽然由于水分的烧失，各种盐类分解等引起的失量，但是陶片化学组成中亚铁氧化物被氧化成高铁氧化物却增加一定的重量（见表f-1-2，序号14~17），4件泥质灰陶所含亚铁的量都超过高铁的量。

夹砂陶的烧失量少于夹炭陶和泥质黑陶的烧失量，可能由于砂粒的吸附力弱，它的掺入减少了单位体积中黏土的量，吸附性也相应降低，黏土中的有机物、可分解盐也减少了，抵消了因掺入砂粒导致气孔增加而吸附水和气体等损失的量。

① 张福康：《罗家角陶片的初步研究》，《浙江省文物考古研究所学刊》，1981年，第54页。

② 湖南省博物馆：《澧县梦溪三元宫遗址》，《考古学报》1979年第4期，第467页。

(三)关于夹蚌陶问题

夹蚌陶见于关庙山遗址大溪文化各期和屈家岭文化晚期，在长江流域一带新石器时代文化中有较多的发现。所谓“夹蚌陶”是考古工作者对一种夹有白色片状物羼和料的陶片的称谓。但其中的白色片状物究竟是何种物质，学术界的说法不一，需要对它进行成分测定和探讨。

关庙山遗址的夹蚌陶一般呈土红色，少量为灰褐色。根据陶胎内白色片状物保存状况的不同，大致可分三种：密实陶含有大量的白色片状物；半泡陶仅在陶胎中间部位（胎芯）保留有白色片状物；泡陶内外表及胎芯都布有大量不规则的孔洞，质轻。

经测定，夹蚌陶的氧化钙含量远比其他质料的陶片为多，最多高达9.61%，11片夹蚌陶氧化钙的平均含量为4.53%。其中密实陶平均含量为7.91%，半泡陶为5.29%，泡陶为2.56%。

我们将酸滴在夹蚌陶内的白色片状物上，立即有气泡产生。因此可以断定白色片状物为碳酸钙。

在自然界以碳酸钙为主要成分的物质有方解石、大理石、石灰石和白垩以及蚌壳等。方解石呈菱形体和偏三角体，常呈白色。大理石是颗粒状方解石的密集块体，具有粒状变晶结构，块状结构。白垩是由方解石质点与有孔虫、软骨动物和球菌类的方解石碎屑组成，松软而易碎，外表与硅藻土相似，呈土状。石灰石主要是由方解石组成的一种矿石，常混有白云石、石英和黏土矿物，因含杂质的不同而呈灰色、灰白色、灰黑色、浅黄色或浅红色。总之，大理石、石灰石和白垩等都由方解石组成，都具有一定的晶形、块状或土状，唯有蚌壳末才呈白色不规则形片状。因此，可以断定这类陶片中的羼和料是蚌壳末。

蚌壳的主要成分是难溶于水的碳酸钙，遇酸易分解成钙盐、二氧化碳和水；又在大量二氧化碳水中变成易溶于水的碳酸氢钙［$Ca(HCO_3)_2$］。其反应式如下：

$$CaCO_3 + 2H^+ = Ca^{2+} + H_2O + CO_2\uparrow$$
$$CaCO_3 + CO_2 + H_2O = Ca(HCO_3)_2$$

表f－1－4中示出，关庙山遗址的土壤呈酸性。经过数千年，夹蚌陶中的蚌壳末在酸性土壤的腐蚀下，逐渐变为易溶于水的碳酸氢钙随水流失，留下孔洞，成为泡陶或半泡陶。

通常制陶所用的黏土中，不宜混有碳酸钙类的物质，如石灰或石灰石，因为碳酸钙的分解温度为825℃，一经加热到达分解点，碳酸钙就会转变为氧化钙（即生石灰），氧化钙在大气中不安定，易吸收水分或水化作用。这种水化作用进行很慢，即使有小石灰粒包在陶胎内，因石灰的膨胀而对此石灰粒四周的熟黏土施以压力，陶胎就会开裂，或者使部分陶胎剥落。这种开裂或剥落现象出现的早晚，视陶胎的孔隙度以及陶胎放置处的湿度而定，短则烧制后数日，长则几个月。我们观察了关庙山遗址出土的夹蚌陶，没有发现裂纹或剥落现象。由此推定夹蚌陶的烧成温度低于碳酸钙的分解温度（825℃）。

(四)关于制陶用的塑性原料（黏土）

黏土大部分由铝氧化物和硅氧化物构成，而其他氧化物概被认为不纯物。黏土的种类很多，随地质情况的不同而有各种化学组成和不同物理结构。

从表 f-1-2 陶片的分子式和关庙山遗址陶器化学组成分布图（图 f-1-1）可以看到：红陶、黑陶和灰陶的分子式在（0.55～0.8）R_xO_y∶Al_2O_3∶（4.3～7.4）RO_2 范围内，R_xO_y 范围较小，也就是说，它们的碱金属和碱土金属以及铁、铝的含量相差不大，相比之下 RO_2 即氧化硅分子数差别较大。夹砂陶由于掺入砂粒使氧化硅的分子数略增。泥质陶如果经过淘洗，去掉砂粒和可溶性杂质，使杂质成分（R_xO_y）略低，RO_2 减少。枝江善溪窑的红黏土含铁量较高，为 9.58%。它与绝大多数夹炭陶、泥质黑陶、泥质红陶和泥质灰陶的分子式相近，分布较集中，可以认为红黏土是该遗址制陶的塑性原料之一。

为了便于计算夹蚌陶泥料的分子式，依据该遗址夹炭陶、夹砂陶和泥质陶等化学组成中含氧化钙量的平均近似值为 1，将夹蚌陶含氧化钙的量亦定为 1，以便除去蚌壳引入的氧化钙的量。夹蚌陶的化学组成分布较为集中，氧化硅分子数较高，与夹砂陶的化学组成相近。关庙山黄黏土含氧化铁量较低，为 4.39%，氧化钙的含量甚少，氧化硅的分子数与夹蚌陶接近，可以认为黄黏土是该遗址制陶的另一种塑性原料。

前面已提及白陶的化学组成有两类，即硅铝类和硅镁类。高岭土是含硅铝高、含铁甚低的原生黏土，是制作白陶的重要原料。序号 24 泥质白陶豆圈足含氧化硅为 68.12%，氧化铝为 20.57%，氧化铁仅为 2.68%，属高岭土类。但是，关庙山的灰白黏土含氧化硅为 74.82%，含氧化铝的量较低，为 11.67%；枝江市雅畈的白黏土含氧化硅为 76.57%，氧化铝为 13.33%，与泥质白陶豆圈足相比，其含氧化硅量较高，氧化铝量较低。泥质白陶尊（序号 25、26）是以硅、镁为主要成分的黏土，属滑石质。看来关庙山新石器时代遗址大溪文化制作白陶所用的高岭土和滑石质黏土有另外的来源。

（五）关于制陶用的瘠性原料（即羼和料）

如上所述，关庙山遗址出土的陶片，其羼和料有炭末、蚌壳末和砂粒，即所谓夹炭陶、夹蚌陶和夹砂陶。

黏土中加入羼和料，其目的在于调整黏性，改善黏土的成型性能，防止坯体在干燥和烧成时因收缩导致开裂，并且增强成品在使用过程中的耐温度急变性能。

坯体干燥时，黏土颗粒之间的水膜因蒸发而被除掉，产生体积收缩又称干燥收缩。其收缩率的大小常和黏土的颗粒结构有关，颗粒越细收缩率越大。为避免因干燥收缩而引起的变形和开裂，可往黏土中加入各种羼和料，使坯体结构更加疏松，内部水分易于排除。

另外，坯体在烧制时，被融体填充空隙，引起体积的再收缩，称为烧成收缩。减少烧成收缩率可往黏土中加入已经烧制过的不会再收缩的材料（陶末），即“熟料”。

坯体在烧制过程中，表面膨胀速度比内部要快，使表面受到压缩应力，而内部受到内应力，如果发生的应力超过坯体的强度就会发生开裂。为了提高热稳定性，就需要加入膨胀系数较小的物料，即炭末、蚌壳末或砂粒。

夹炭陶中的炭末，是稻壳经过不完全燃烧的残渣，质轻（比重 1.8～2.1），具有发达的气孔结构，因而有甚强的吸附力，在常温下化学性质较稳定。夹蚌陶中的蚌壳末（$CaCO_3$，比重 2.72～

2.95)，具有粗大的颗粒。它们的加入，可以降低黏土的黏性，易于成型。同时由于气孔率的增加，疏松土质，提供敞开的孔，水分就可从它们颗粒之间渗到表面，加快干燥速度，减少干燥收缩。作为炊器使用时，多气孔的炭末和蚌壳末，可防止裂纹的延伸。在加热时，炭末和蚌壳末不会收缩，所起的作用与陶末（“熟料”）相当。而在600℃以上，炭极易与氧结合为一氧化碳或二氧化碳而挥发，造成孔洞，可以缓和体积收缩。但是由于气孔率的大增，必然导致强度下降，易破裂。蚌壳末在低温时变化不大，一旦达到碳酸钙的分解温度（825℃），置于大气中，易因水化作用而胀裂。由此可见，夹炭陶和夹蚌陶的强度低，耐高温性能差，作为炊器有其不足之处。

夹砂陶中的砂粒（石英）成分为氧化硅，为瘠性物质，吸水性差。熔点高（1600℃～1750℃），比重2.2～2.65。膨胀系数小。它有几种不同晶形，视温度而定，当温度上升到573℃，由α－石英转变为β－石英时，体积稍有增加，抵消了一部分体积收缩。它的加入可以降低坯料的热膨胀率，减少结构变形的程度，增加强度，抑制破裂。总体来看，夹砂陶与夹炭陶、夹蚌陶相比，具有强度变高、热稳定性强等优点。

在关庙山遗址自下而上的文化堆积中，夹炭陶和夹蚌陶逐渐减少，夹砂陶逐渐增加，说明先民在烧制陶器和使用陶器的长期实践中，得知夹炭陶与夹蚌陶的强度低、耐高温性能差的缺点和夹砂陶强度高、热稳定性良好的优点。

（六）关于陶衣和彩料

陶衣是一种施于坯体表面的着色黏土泥浆，其作用是变更陶质的原色，强化装饰，并增强器表的致密度。经原子发射光谱定性测定，该遗址的红陶衣和褐陶衣是由一种含铁量较高的可塑性黏土淘洗而成的泥浆。红陶衣和褐陶衣的含铁量相近，一些褐陶衣料内尚含有未氧化的炭粒，这表明陶衣呈褐色是渗入少量炭粒所致。白陶衣的原料是用含铁量极低的白黏土淘洗而成的泥浆。

该遗址大溪文化彩陶的彩料是无机矿物类。红彩和褐彩的着色元素是铁，黑彩和棕彩的着色元素是锰和铁。由表f－1－3看出，黑彩和棕彩除含有较多量的锰和铁外，并含有微量元素钴（CO）等，与铁锰结核所含的元素相同。因此可以认为铁锰结核是黑彩的原料，棕彩可能是红黏土加部分铁锰结核的混合彩料。铁锰结核是分布于土壤中的团块，大小不一，其成分与周围的土壤不同，含有较多的铁和锰。

（七）关于陶质、陶色的变化

关庙山遗址三种文化遗存以及大溪文化各期陶器的化学组成没有明显的差别。然而，陶质、陶色的变化较为突出。陶质的变化是各时期陶器的羼和料发生变化所致，陶色的变化是由于各时期陶器的烧成气氛发生变化的缘故。

在大溪文化中，灰陶的数量不多，但其陶胎的致密度较高，质地坚硬；在屈家岭文化晚期和石家河文化中，灰陶的数量较多。经测定，关庙山遗址出土的灰陶，其化学组成和红陶类似，灰陶的含铁量比红陶还高；其烧失量比红陶低。表f－1－2中示出，序号14、15大溪文化泥质灰陶的低铁氧化物（FeO）含量都大于高铁氧化物（Fe_2O_3）含量，具有较高的还原比值，这些现象证实了灰陶是在还原气氛中烧成的，并不是原料的改变，说明大溪文化的先民已经掌握在还原气氛中烧制灰陶的技术。序号16屈家岭文化晚期灰陶、序号17石家河文化灰陶的低铁氧化物（FeO）含量也都大于高铁氧化物（Fe_2O_3）含量，具有较高的还原比值，这些现象表明屈家岭文化晚期和石家河文化烧制灰陶的技术得到了进一步发展。

黑陶是在窑内渗碳所致，具体地说是坯体在窑内升温时，由于水分、有机杂质和气体的排出，在陶胎内留下孔隙；当窑内的温度下降至低于炭的燃烧点时，未经燃烧的炭粒被吸入陶胎的孔隙之内，这就是窑内渗碳。渗碳起着变更颜色、加固器壁、防止液体渗漏的作用。

通过以上研究，对该遗址先后三种文化遗存的陶片所用原料、化学组成、烧失量、吸水率以及彩料的成分等有了基本了解，为研究当时的制陶工艺提供了一定的数据资料；另一方面，从测定的结果来看，制陶的基本原料无明显变化，但是由于人们在烧制陶器的过程中，不断地总结实践经验，选用更优越的羼和料，改变烧成气氛，改进烧制工艺，使陶质、陶色以及陶器的使用功能都有了较大的变化。这从一个侧面反映了江汉地区不同文化制陶手工业的发展水平，对进一步探索当时的人类社会经济活动不无裨益。

（原载田昌五、石兴邦主编:《中国原始文化论集——纪念尹达八十诞辰》，文物出版社，1989年，第428~440页。现在转载，经与作者商量，同意由李文杰在文字上略加修改，其中将原文中的“青龙泉文化”更名为“石家河文化”。）

附录二

关庙山遗址大溪文化夹蚌陶和红烧土块物理测试报告

吴崇隽　庞金艳
（宜昌市陶瓷研究所）

序号	原编号	名称	文化分期	烧成温度（℃）	吸水率（%）
1	T74⑤B	夹蚌红陶圜底罐	大溪二期	850 ±25	19.87
2	T75④C	夹蚌红陶圜底罐	大溪三期	870 ±25	20.31
3	T51④BF22 ：148	墙壁红烧土块	大溪三期	600 ±25	23.11
4	T51④BF22 ：118	屋面红烧土块	大溪三期	600 ±25	22.22
5	T76④BF30 ：76	墙壁红烧土块	大溪三期	900 ±25	79.23 （由于烧流，多孔洞、质地发泡）
6	T76④BF30 ：52	屋檐红烧土块	大溪三期	620 ±25	27.99

1986 年 6 月 3 日

附录三

关庙山遗址出土白陶片和本县白土的鉴定

刘玉秀
（湖北省地质局鄂西地质实验站）

1. 粗白陶片

白色略带淡黄色，厚约10毫米±，断口粗糙。出土单位T74⑥，地质站编号83－543A。

显微镜观察：泥质结构（显微鳞片状结构），定向构造。陶片由定向排列的显微鳞片状水云母组成，其间零星分布着长石、石英、岩屑等（粒度直径d＝0.1～0.2毫米），岩屑矿物主要有长英岩，少量绢云片岩等。

水云母95%，石英1%，岩屑2%，斜长石0.5%，钾长石0.5%，褐铁矿0.5%。

光谱结果：Al：4%，K：1%，Si＞10%，P_2O_5：1.5%。

定名：水云母黏土陶片。

2. 细泥硬白陶片

白色，坚硬，较薄胎，厚约5毫米。出土单位T74⑥，地质站编号83－543B。

显微镜观察：粉砂质泥质结构。陶片由下列矿物较均匀分布所组成，矿物长轴多定向排列。黏土主要为显微粒状显微鳞片状高岭石，而水云母亦呈显微鳞片状混布在高岭石黏土矿物中。粉砂一般为次棱角状石英、长石，其d＝0.005～0.1毫米，部分达砂级d＝0.1～0.5毫米，较均匀分布。

高岭石60%，水云母15%，石英、斜长石、钾长石合占25%。

定名：粉砂质水云母高岭石陶片。

3. 枝江熊家窑灰白黏土

熊家窑位于城关马家店镇西2千米，当地枝江马家店镇陶器厂即用此陶土。地质站编号83－541。

显微镜观察：泥质粉砂结构。岩石由棱角—次棱角状石英长石粉砂（d＝0.005～0.05毫米）和显微粒状高岭石、显微鳞片状水云母较均匀分布所组成。钾长石多风化成高岭石，斜长石多风化成水云母。

高岭石24%，水云母15%，绢云母0.1%，钾长石、斜长石、石英合占60%。

光谱结果：Al：8%，K≤1%，Si＞10%。

定名：黏土质粉砂岩。

4. 枝江雅畈白土

白洋镇雅畈位于县城城关西约18千米。白洋镇善溪窑位于县城城关西约27千米，该地所设枝江县陶器厂即使用雅畈所产白土作为制陶原料。地质站编号83－542。

显微镜观察：粉砂泥质结构，定向构造。岩石由显微粒状高岭石和显微鳞片状略呈定向排列的水云母及棱角状—次棱角状长英质粉砂（d＝0.005～0.1毫米，个别达0.2毫米）较均匀分布所组成。岩石中见鲕绿泥石形成圆形、椭圆形颗粒（d＝0.3～2.5毫米），内部分布着石英碎屑。

高岭石、水云母合占74%，石英、钾长石、斜长石合占25%，鲕绿泥石0.3%，褐铁矿0.1%，绢云母<0.2%。

光谱结果：Al：8%，K：1%，Si>10%。

定名：粉砂质黏土岩。

附录四

关庙山遗址石器的岩石鉴定和综合分析

刘玉秀

（湖北省地质局鄂西地质实验站）

湖北省枝江县关庙山遗址出土的石器，种类繁多，岩性复杂，保存一般较好。据介绍，绝大多数是新石器时代大溪文化遗物，少量的属于屈家岭文化和青龙泉三期文化（后者现称石家河文化）。1983 年 4 月，我们应中国社会科学院考古研究所湖北工作队的邀请，接受了对该遗址石器矿物岩石学的鉴定工作。在考古队驻地（枝江县文化馆内），对 1618 件的整、残石器（含半成品）作了较详细的放大镜观察和初步定名；同时，以石器的不同类型，分别选出有代表性的岩石样品残石器 34 件。接着在室内通过切片和显微镜观察，正确确定了岩石样品的矿物成分、结构构造、岩石定名以及硬度级别（硬度级别的划分，是依照表 f－4－1 中的 10 种矿物硬度作为标准的摩氏硬度计而测定的）。同年 6 月，再返回考古队驻地，参照切片样品，重新核对并校正最初的岩石定名。然后，进行室内整理归纳。通过全面整理和分析，我们对各类岩石和砾石的产地、分布作了探讨；主要根据大溪文化各种石器所用岩石的详细统计结果，对各种石器的选材问题予以扼要的说明。在考古队现场和最后的整理统计工作中，均得到考古队任式楠同志的配合与协助。

表 f－4－1 摩氏硬度计

矿物名称	摩氏硬度	矿物名称	摩氏硬度
滑石 $Mg_3[Si_4O_{10}](OH)_2$	1	正长石 $K[AlSi_3O_8]$	6
石膏 $CaSO_4 \cdot 2H_2O$	2	石英 SiO_2	7
方解石 $CaCO_3$	3	黄晶 $Al_2[SiO_4][F, OH]_2$	8
萤石 CaF_2	4	刚玉 Al_2O_3	9
磷灰石 $Ca[PO_4]_3(F, Cl)$	5	金刚石 C	10

一　石器的岩石特征

岩石类型以岩浆岩为主，有少量沉积岩和变质岩。现结合切片显微镜观察的代表性岩石样品，分述如下。

（一）岩浆岩类（参见表 f-4-2）

辉长岩：灰黑色。变余辉长结构，略呈定向构造。主要由不同程度黝帘石化细柱粒状斜长石（粒度直径 d=0.05×0.3～0.15×0.6 毫米）和绿泥透闪石化粒状辉石（d=0.01～0.45 毫米）较均匀分布所组成。其间零星分布着自形粒状磁铁矿（d=0.01～0.08 毫米）。该岩因有不同程度蚀变作用，根据蚀变矿物的含量划分为"弱透闪帘石化辉长岩"（如标本中型斧，考古编号 T61⑤B∶46，地质站切片编号 83-522）等。岩石硬度 6 级。易沿定向破裂成厚薄不等的片。

辉长辉绿岩：灰绿色。辉长结构、含长结构，略呈定向构造。主要由绿泥石化柱粒状辉石和帘石化柱粒状斜长石较均匀分布所组成，辉石、斜长石 d=0.05～0.35 毫米。微细柱粒状斜长石常包于辉石内，则形成含长结构。副矿物为粒状榍石和磁铁矿。该岩因有蚀变作用，又可根据蚀变矿物的多寡划分为"绿泥石钠黝帘石化辉长辉绿岩"（如标本小型斧，考 T52⑤AH43∶1，地 83-513）等。岩石硬度 6 级。易沿定向破裂成厚薄不等的片。

辉绿岩：绿、灰绿、黄绿色。辉绿结构，定向构造。主要由不同程度绢云帘石化柱粒状板粒状斜长石（d=0.02×0.2～0.3×1.5 毫米）、粒状辉石（d=0.01～0.3 毫米）以及榍石、磁铁矿、片状绿泥石等组成。斜长石往往组成三角架，架内充填粒状帘石、辉石、绿泥石等。局部有绿帘石或斜长石聚斑（d=1～3毫米）。该岩可根据蚀变矿物划分为"帘石化辉绿岩"（如标本石凿，考 T56④B∶89，地 83-539；又考 T71④E∶32，详见下文）、"钠黝帘石化辉绿岩"、"绿泥石绢云帘石化辉绿岩"（如标本石凿，考 T52④B∶170，地 83-515）等。岩石硬度 6 级。易沿定向破裂成厚薄不等的片。

帘石化辉绿岩：标本中型斧，考 T71④E∶32，地 83-527（图版一六三，1）。黄绿色。辉绿结构，局部似斑状结构，定向构造。绢云黝帘石化柱粒斜长石（d=0.1×0.35～0.3×1 毫米）组成三角架，架间充填粒状帘石辉石（d=0.25～0.3 毫米）、绿泥石等。局部有绿帘石或斜长石聚斑（d=1～3毫米）。岩石硬度 6 级。

辉绿玢岩：标本中型斧，考 T73④C∶38，地 83-530（图版一六三，2）。灰黄、黄绿色。斑状结构，基质具辉绿结构，略呈定向构造。斑晶 d=1～5毫米，稀疏分布，约占岩石 3%，成分为不同程度帘石、绢云化板状斜长石或斜长石聚合体和绿泥石化暗色矿物。基质为绢云帘石化柱粒状斜长石（d=0.02×0.1～0.1×0.3 毫米）和粒状辉石（d=0.03～0.3 毫米）以及帘石、榍石、磁铁矿、绿泥石等均匀分布所组成。该岩又可依蚀变矿物的含量进一步划分为不同的亚类，如：帘石化辉绿玢岩（如标本中型斧，考 T77⑤A∶32，地 83-536）、绿泥帘石化辉绿玢岩（如标本中型斧，考 T74⑤B∶123，地 83-534）、钠黝帘石化绿泥石化辉绿玢岩（如标本大型凿，考 74⑤A∶85，地 83-531）等等。岩石硬度 6 级。易裂成厚薄不等的片。

绿泥帘石绢云化中基性脉岩：标本石凿，考 T36③B∶7，地 83-507。灰绿色。全晶质斑状结构，定向构造。斑晶约占岩石 5%，成分为帘石化暗色矿物（d=0.5～4毫米）。基质为呈定向分布的绿泥绢云化板条状斜长石（d=0.02×0.1～0.04×0.2 毫米）和微细纤柱状浅色角闪石、粒状帘石等。由矿物粗细相间而形成定向构造。该岩石为由中性向基性过渡型，出现不多。岩石硬度 6 级。易沿粗细相间面裂开形成扁片。

表 f－4－2 岩浆岩一览表

岩石类型		岩石名称	颜色	矿物成分			粒度（mm）	结构	构造	硬度
				主要	次要	副矿物				
基性岩类	深成岩	辉长岩	灰黑	帘石化斜长石、辉石	透闪石、绿泥石	榍石磁铁矿	0.05～0.6	变余辉长	略呈定向	6
	浅成岩	辉长辉绿岩	灰绿	帘石化斜长石、绿泥化辉石		榍石磁铁矿	0.05～0.35	辉长、含长	略呈定向	6
		辉绿岩	绿、灰绿	帘石化斜长石、辉石	绿泥石	榍石磁铁矿	0.2～1.5	辉绿	定向	6
		辉绿玢岩	灰黄、黄绿	绢云帘石化斜长石、辉石	绿泥石	榍石磁铁矿	斑晶1～5 基质0.1～0.3	斑状 基质具辉绿	略呈定向	6
		中基性脉岩	灰绿	斜长石、浅色闪石	绿帘石、绿泥石、绢云母	榍石磁铁矿	斑晶0.5～4 基质0.1～0.2	全晶质斑状	定向	6
	喷出岩	细粒玄武岩	灰绿	斜长石、浅色闪石	绿泥石、帘石	榍石	残斑0.5～3	变余交织 局部残斑	定向	6.5
中性岩类	深成岩	闪长岩	绿、灰绿	绿泥浅色闪石化角闪石、绢云化斜长石		榍石磁铁矿	0.15～1.5 个别2.4	自形—半自形粒状	定向	6
	浅成岩	闪长玢岩	绿	斜长石、普通角闪石	绿泥石	榍石磁铁矿	斑晶1～3 基质0.03～1.2	全晶质斑状	定向	6
	喷出岩	安山岩	黑、灰绿	斜长石、角闪石、辉石	玻璃质碳酸盐	钛磁铁矿	斑晶0.5～2 基质＜0.2	斑状	块状	6
		角闪粗安岩	蓝黑	钾长石、斜长石、角闪石	辉石、石英	榍石磁铁矿	斑晶0.5～5	斑状 基质具粗面	杏仁状	6
酸性岩类	深成岩	花岗岩	灰白	石英、长石	黑云母	榍石锆石	1～3	花岗	块状	6.5
	浅成岩	花岗斑岩	红	长石、石英	绢云母		斑晶0.3～1	斑状 基质显微花岗	块状	6.5
		石英斑岩	肉红、灰、红	长石、石英			斑晶0.1～1.5	斑状 基质具显微嵌晶	块状	6.5
	喷出岩	流纹岩	绿、黄、灰	长石、石英			斑晶0.5～3 基质＜0.3	斑状 基质具隐—微晶	流纹状	6.5
		霏细岩	灰、黄、绿	长石、石英			斑晶0.02～0.05 基质＜0.01	斑状 基质具霏细	流纹状	6.5

绿泥闪石帘石化细粒玄武岩：标本圭形凿，考 T53⑤B：149，地 83 – 518（图版一六三，3）。黄绿色。变余交织结构，局部残斑结构，定向构造。岩石经强烈蚀变。斜长石多粒状帘石化，暗色矿物为纤状浅色闪石和鳞片状绿泥石取代，局部硅化，偶有闪石残斑晶（d = 0.5 ~ 3 毫米）。岩石硬度 6.5 级。易沿定向破碎，经长途水动力搬运相互撞击、磨蚀，形成大小不等、形状各异的砾石。

绿泥闪石帘石化细粒玄武岩：标本圭形凿，考 T56⑦：96，地 83 – 520。矿物成分、结构、构造等特征基本上与上述地 83 – 518 同，不同的是闪石斑晶均被基质溶蚀取代，仅残留一些痕迹（d = 0.5 ~ 3毫米）。

闪长岩：标本中型斧，考 T51④B：141，地 83 – 511（图版一六三，4）。绿、灰绿色。自形—半自形粒状结构，局部似斑状结构，定向构造。主要由弱绢云母化柱粒状斜长石（d = 0.15 × 0.3 ~ 0.3 × 1.5 毫米，个别 1.2 ~ 1.5 毫米）和弱绿泥石局部浅色闪石化粒柱状普通角闪石（d = 0.15 ~ 0.35 毫米，个别 1 毫米）较均匀分布所组成，部分岩石中有板条状斜长石斑晶（d = 1 ~ 2.5 毫米）。矿物长轴多定向排列。粒状磁铁矿和榍石（d = 0.08 ~ 0.15 毫米）遍布岩石。岩石硬度 6 级。易碎成厚薄不等的片石，再经水力搬运磨蚀，表面光滑。

暗色细粒闪长岩：标本中型斧，考 T75④C：141，地 83 – 535。绿色。自形—半自形粒状结构，略呈定向构造。岩石由柱粒状斜长石（d = 0.1 × 0.35 ~ 0.25 × 1 毫米）和自形—半自形粒状角闪石（d = 0.15 ~ 0.5 毫米）较均匀分布所组成。磁铁矿呈自形粒状（d = 0.025 ~ 0.05 毫米）遍布岩石。岩石硬度 6 级。

闪长玢岩：标本大型斧，考 T58③B：13，地 83 – 521（见图 3 – 5 – 4；图版一六三，5）。绿色。全晶质斑状结构，定向构造。主要由弱绢云母化粒状或板条状斜长石（d = 0.03 × 0.15 ~ 0.15 × 1.2 毫米）和纤状柱粒状普通角闪石（d = 0.15 ~ 0.3 毫米）沿定向较均匀分布所组成。岩石中稀疏地分布着约 5% 的绢云母化柱粒状或板条状斜长石斑晶或聚斑晶（d = 1 ~ 3毫米），部分岩石中出现绿泥石化短柱状闪石斑晶。岩石硬度 6 级。此岩在水流搬运过程中易沿定向裂开。

安山岩：灰、黑、灰绿等色。斑状结构，块状构造。斑晶约 15%，由 d = 0.5 ~ 2毫米的板柱状中性斜长石和短柱状角闪石、辉石组成。基质为 d < 0.2 毫米的柱粒状斜长石、辉石、角闪石及少量玻璃质、粒状尘状钛磁铁矿等。部分岩石中富含绿泥石碳酸盐矿物。此类岩石出现较少。岩石硬度 6 级。该岩经水流搬运距离长，磨损度大，扁片和圆柱状者均有。

角闪粗安岩：标本小型斧，考 T62④B：47，地 83 – 523（图版一六三，6）。蓝黑色。斑状结构，基质具粗面结构，杏仁构造。斑晶为板状钾长石单晶或复晶（d = 0.5 ~ 5毫米），并有少量短柱状辉石（d = 0.5 ~ 2.55 毫米），有被基质溶蚀取代。基质为略具定向的微晶斜长石、钾长石和纤状闪石及隐晶榍石组成。圆形气孔（d = 0.15 ~ 0.6 毫米）里充填隐晶石英。该岩石出现较少。岩石硬度 6 级。

花岗岩：灰白色。花岗结构，块状构造。成分以半自形粒状斜长石、钾长石和他形石英（d = 1 ~ 3毫米）为主，少量黑云母等矿物。岩石硬度 6.5 级。由于呈块状构造，在水流搬运中多形成球状体，随形而就，便于做成球形工具。

花岗斑岩：红色。斑状结构，基质显微花岗结构，块状构造。斑晶约 10%，d = 0.3 ~ 1毫米，多为自形钾、钠长石和石英。基质由大小近于相等的石英和钾长石、斜长石组成。斜长石有绢云母化现象。岩石硬度6.5级。因呈块状，在水流搬运过程中多呈球形砾石，便于做成球形工具。

石英斑岩：肉红色、红灰色。斑状结构，基质具霏细状和球粒状结构，块状部分定向构造。除斑晶（d＝0.1～1.5毫米）以石英为主和基质较细而外，其他特征与花岗斑岩同。岩石硬度6.5级。

流纹岩：绿、黄、灰色。斑状结构，基质隐晶—微晶结构，流纹构造。斑晶约占5%，d＝0.5～3毫米，以半自形石英为主，少量柱粒状斜长石，个别斑晶有被溶蚀现象。基质主要由d＜0.3毫米的隐晶—微晶石英、斜长石呈流纹状相间。岩石硬度6.5级。此岩一般易沿流纹面裂开，经长途水动力搬运形成扁片和圆柱形体。

霏细岩：标本小型斧，考T51④A∶106，地83－510（图版一六四，1）。灰、黄、绿色。斑状结构，基质具霏细结构，略呈流纹构造。斑晶约占10%，d＝0.02～0.05毫米，成分为粒状石英和短柱状斜长石，有被基质不同程度的溶蚀现象。基质为d＜0.01毫米的隐晶石英和斜长石，少量绿泥石。岩石硬度6.5级。此岩在流水搬运过程中相互撞击，易沿流纹面裂开、磨薄。

（二）沉积岩类（参见表f－4－3）

火山角砾岩：灰、红、绿色。角砾结构，压结型胶结。角砾呈尖棱角状，d＝2～15毫米，个别更大，成分以流纹岩、霏细岩为主，少量安山岩。胶结物为d＜2毫米具角砾成分的岩屑和长英、绿泥、绿帘石晶屑及隐晶长石、石英、绿泥石、帘石、火山灰等。此岩多产于四川省。岩石硬度6.5级。

含铁石英砂砾岩：褐红色。砂砾状结构，孔隙—接触式胶结。碎屑呈次圆—棱角状，直径多为砂砾级（d＝0.25～4毫米），少量粉级（d＜0.1毫米），成分为长石、石英晶屑和岩屑。碎屑间由黏土和氧化铁充填。此岩多产于白垩系地层中。岩石硬度6.5级。此岩在流水搬运过程中常形成圆棒状体，例如可做成石锉等。

石英粗砂岩、含黏土质石英砂岩：浅黄、灰绿、褐灰色。砂状结构，孔隙—接触式胶结，层状构造。主要由d＝0.25～1毫米的棱角—次棱角状砂级石英及少量斜长石、岩屑和黏土质等沿层面不均匀分布所组成。此岩多产于白垩系地层中。岩石硬度6.5级。此岩易沿层面裂开成片，适宜制作磨石。

石英砂岩：白、灰、红、黄色。砂状结构，层状构造。主要由d＝0.1～1毫米的次棱角—次圆状砂级石英，少量斜长石、硅岩屑，以及微量黏土、氧化铁等紧密堆积而组成。大部碎屑多直接接触，且有自生加大，部分碎屑间有黏土和氧化铁等充填，则形成接触—孔隙式胶结。此岩多产于泥盆系地层。岩石硬度7级。易沿层面破碎，经流水搬运磨蚀，多成扁圆形或扁片、柱状等砾石。

石英粉砂岩、黏土质粉砂岩：白、灰、绿色。粉砂结构或泥质粉砂结构，层状构造。主要由d＝0.01～0.1毫米的棱角—次棱角状粉砂级石英及少量斜长石和黏土等沿层面不均匀分布所组成。此岩多产于侏罗系和白垩系地层。岩石硬度6.5～5.5级。此岩易沿层面裂开。

黏土质长石石英粉砂岩：标本磨石，考T74⑤A∶106，地83－532（图版一六四，2）。灰绿色。

表 f-4-3 沉积岩一览表

岩石类型	岩石名称	颜色	矿物成分			粒度（mm）	结构	构造	硬度
			主要	次要	重矿物				
火山碎屑岩类	火山角砾岩	灰、红、绿	火山碎屑	长石、石英、云母、帘石、辉石、闪石晶屑		不等粒	角砾状	压结型胶结	6~7
正常碎屑岩类	含铁石英砂砾岩	褐、红	石英、长石、岩屑	褐铁矿、黏土	电气石、锆石	0.25~4	砂砾状	孔式—接触式胶结	6.5
	含黏土石英砂岩	灰绿、褐灰	石英	斜长石、黏土	电气石、锆石	0.25~1	中粗砂状	孔式—接触式胶结	6.5
	石英粗砂岩	浅黄	石英	斜长石、黏土	电气石、锆石	0.5~1	粗砂状	孔式—接触式胶结	6.5
	石英砂岩	灰、白、红、黄	石英	斜长石、黏土	电气石、锆石	0.1~1	砂状	直接接触部分孔式—接触式胶结	7
	石英粉砂岩	白、灰	石英	斜长石、黏土	电气石、锆石	0.05~0.1	粉砂状	层状	6.5
	黏土质粉砂岩	灰、绿	石英、长石	黏土	电气石、锆石	0.05~0.1	泥质粉砂状	层状	5.5
黏土岩类	高岭石黏土岩	灰、棕	高岭石	黏土、石英、绢云母			泥质	层状	1
	黏土页岩	黑	水云母、高岭石	石英			泥质	层状	2
碳酸盐类	鲕状灰岩	灰	方解石	白云石		0.5~1.5	鲕状	层状	3
硅岩类	硅岩（燧石）	灰黑、灰白、灰绿	石英	石髓、玉髓			隐晶、含粉砂隐晶	层状	6~7

泥质粉砂结构，层状构造。岩石由粉砂和水云母均匀相混所组成，碎屑长轴定向，d=0.01~0.1毫米，成分为棱角状石英和绢云母化斜长石及鳞片状云母等。岩石硬度5.5级。

高岭石黏土岩：标本小型斧，考T35③AH6:3，地83-538。灰棕色。泥质结构，层状构造，细水平层理。主要由泥状高岭石黏土、微量石英细粉砂（d<0.008毫米）和绢云母等组成。岩石硬度1级。质软，量轻，推测只适合于制作“石器模型”，成品数量很稀少。

黏土页岩：黑色。泥质结构，层状构造。主要由水云母、高岭石和微量石英等沿层面较均匀分布组成。岩石硬度2级。质软，例如宜于加工成石纺轮等。

鲕状灰岩：灰色。鲕状结构，层状构造。主要由d=0.25~1.5毫米的圆形方解石鲕粒和亮晶方解石胶结物及少量次生白云石等组成。此岩多产于奥陶系地层中。岩石硬度3级。

硅石（燧石）：白、灰黑色。泥状（隐晶）结构，含粉砂泥状结构，层状构造。主要由隐晶石英（d<0.01毫米）及少量黏土质和长石、石英粉砂等组成。该岩石可按次要矿物含量进一步划分为黏土质硅岩、含粉砂质硅岩等。岩石硬度6~7级。

黏土质硅岩：标本小型斧，考T74④A:56，地83-533（图版一六四，3）。褐色。泥状（隐晶）结构，层状构造。由泥状石英（d<0.008毫米）和呈定向分布的细显微鳞片状水云母沿层面较均匀分布所组成。岩石硬度6级。

含粉砂质硅岩：标本小型斧，考T54⑤H56:5，地83-519。黄绿色。含粉砂隐晶结构，层状构造，波状水平层理。由隐晶石英（d=0.01毫米）和棱角状石英粉砂、长石粉砂（d=0.01~0.1毫米）沿层面混布所组成。氧化铁沿层面分布。岩石硬度6.8~7级。

（三）变质岩类（参见表f-4-4）

云母板岩：标本石钺，考T53②:195，地83-517（见图4-2-35）。灰、灰绿色。显微鳞片变晶结构，板状构造。主要由定向排列的显微鳞片状绿泥石、绢云母、黑云母、黏土及微量石英粉砂等组成。石英粉砂（d=0.01~0.05毫米）沿片理面不均匀分布。岩石硬度3级。此岩易沿板理劈开。

炭质绿泥绢云千枚岩：黑色。显微鳞片变晶结构，千枚状构造。主要由定向排列的显微鱼鳞片状绿泥石、绢云母及少量黑云母和呈渲染状的炭质组成。岩石硬度3级。

片岩类：呈灰、绿等色。主要由显微鳞片状绢云母、绿泥石、粒状石英、纤柱状普通角闪石、透闪—阳起石及少量斜长石、帘石等矿物定向分布所组成。并呈现明显的片状构造。按上述矿物的不同含量，又可进一步细分为绢云片岩、石英片岩、绿泥石英片岩、角闪石英片岩、绿泥角闪片岩、透闪—阳起石片岩和透闪—阳起绿泥片岩等。上列亚类的岩石硬度，分别为3、7、5、6.5、5、6、5级。该类岩石易沿片理面撞击裂开成片。因岩石软硬不同，其代表性石器亦依不同用途而有显著差异。

透闪—阳起石片岩：标本石铲，考T38④:23，地83-508（见图3-5-1；图版一六四，4）。绿灰色。纤状结构，片状构造。岩石由微细纤状透闪—阳起石沿片理面定向分布而组成，粒状帘石和白钛石化榍石较均匀分布。片理面间夹有晶体稍粗的闪石，易于沿此面或片理面裂开形成薄片。岩石硬度6级。

透闪—阳起绿泥片岩：标本石钺，考T51③:68，地83-509（见图3-5-37）。绿色。花岗柱粒鳞片变晶结构，片状构造。暗色和浅色两种矿物沿片理面略各自分别集中，则形成片状构造。暗色矿物有鳞片状绿泥石和柱粒状阳起石（d=0.3~1.2毫米，个别3毫米），绿泥石有明显的取代阳起石。浅色矿物为他形粒状石英和绢云葡萄石化斜长石（d=0.02~0.3毫米，少数0.5毫米，个别1.5毫米）。磁铁矿（d=0.12~0.6毫米）遍布岩石。岩石硬度5.2级。

表 f-4-4 变质岩一览表

岩石类型		岩石名称	颜色	矿物成分		结构	构造	变质程度	硬度	原岩恢复
				主要	次要					
区域变质岩	板岩类	云母板岩	灰、绿	绢云母 黑云母	绿泥石、石英	显微鳞片变晶	板状	低级	3	黏土岩
		绢云黏土质板岩	灰	黏土、绢云母	绿泥石、石英	显微鳞片变晶	板状	低级	3	黏土岩
	千枚岩类	炭质绿泥绢云千枚岩	黑	绢云母、绿泥石	黑云母、炭质	显微鳞片变晶	千枚状	低级	3	炭质黏土岩
	片岩类	绢云片岩	灰	绢云母	绿泥石、黑云母	显微鳞片变晶	片状	低－中级	3	黏土岩
		绿泥石英片岩	浅绿	石英、绿泥石	斜长石	显微鳞片花岗变晶	片状	低－中级	5	黏土质砂岩
		石英片岩	浅绿	石英	绿泥石	花岗变晶	片状	低－中级	7	含黏土质砂岩
		角闪石英片岩	浅绿	石英、角闪石	绿泥石、绢云母	纤状花岗变晶	片状	低－中级	6.5	中酸性岩浆岩
		石英长石角闪片岩	绿	角闪石、长石、石英	绿泥石、绢云母	花岗纤柱变晶	片状	低级	6.5	中基件岩浆岩
		绿泥角闪片岩	绿	角闪石、绿泥石	石英	鳞片纤柱变晶	片状	低级	5	基性岩浆岩
		透闪—阳起石片岩	灰、绿	透闪—阳起石	帘石、榍石	纤状变晶	片状	中级	6	基性岩浆岩
		透闪—阳起绿泥片岩	灰、绿	绿泥石、透闪—阳起石	石英、斜长石、磁铁矿	花岗柱粒鳞片变晶	片状	中级	5	基性岩浆岩
	片麻岩类	黑云斜长片麻岩	灰白	斜长石、石英	黑云母、黏土	鳞片花岗变晶	片麻状	中－高级	6.5	中性岩浆岩
		二云石榴斜长片麻岩	浅绿	斜长石、石英	石榴石、黏土、黑云母、白云母	鳞片花岗变晶	片麻状	中－高级	6.5	含云母石榴石及铝土矿物、黏土砂岩
		斜长角闪岩	绿	角闪石、斜长石	帘石、石英	花岗柱粒变晶	定向	中－高级	6.5	基性岩浆岩
		石英岩	白	石英		花岗变晶	定向	低－高级	7	石英砂岩、硅岩
蚀变岩		叶蛇纹石岩	绿	叶蛇纹石	绿泥石、单辉石、磁铁矿	叶片变晶	定向	强	3.5	超基性岩浆岩
		帘石透闪—阳起石岩	黄绿	透闪石、黝帘石	斜长石、绿泥石	花岗纤状变晶	定向	强	6	基性岩浆岩

黑云斜长片麻岩：灰白色。鳞片花岗变晶结构，片麻状构造。主要由定向排列的粒状斜长石、石英及少量黑云母等组成。岩石硬度6.5级。此岩易沿片麻理裂开呈薄片。

二云石榴斜长片麻岩：标本石钺，考T52③:43，地83－514（图版一六四，5）。浅绿色。鳞片花岗变晶结构，片麻状构造。主要由他形粒状斜长石、石英（d＝0.3～5毫米）和少量粒状石榴石（d＝0.5～10毫米）等沿片麻理不均匀分布。斜长石除钠长石外，多不均匀的绢云母化。石榴石沿其裂隙分布着绿泥石，此外绿泥石还取代片状云母。岩石硬度6.5级。

斜长角闪岩：绿色。花岗柱粒变晶结构，定向构造。主要由定向排列的柱粒状普通角闪石、斜长石及少量石英、帘石等组成。岩石硬度6.5级。此岩易沿定向裂开。

石英岩：白色。花岗变晶结构，定向构造。主要由粒状变晶石英紧密堆积而组成。岩石硬度7级。

叶蛇纹石岩：标本石钺，考T66④DH106:1，地83－524（图版一六四，6）。浅绿色。叶片变晶结构，定向构造。主要由叶片状叶蛇纹石（d＝0.01×0.05～0.05×0.4毫米）定向分布所组成。岩石硬度3.5级。此岩易于裂开常呈薄片状。

帘石透闪—阳起石岩：标本大型斧，考T69⑥:119，地83－525。黄绿色。花岗纤状变晶结构，定向构造。主要由纤状透闪—阳起石和粒状帘石及榍石等组成。透闪—阳起石似取代等轴粒状辉石（d＝0.5～1.5毫米），而帘石则取代板条状斜长石，并有长石残余（d＝0.15×0.5～0.5×1.5毫米），片状绿泥石不均匀取代阳起石，榍石呈自形晶（d＝0.15～1毫米）。岩石硬度6级。此岩易沿定向击开成片，在水动力搬运下形成扁圆而光的片石。

二 常见石器的岩石产地和石料（砾石）分布

（一）岩浆岩类

此类岩石产地在长江水系，大致可分两处：一处为四川峨眉山侵入岩体和喷出岩体，由长江激流切割、搬运，顺水到枝江等地。由于搬运距离长，磨损度大，故只能保存数量少且直径较小的各种坚硬砾石，特别是硬度较大的喷出岩砾石。另一处，也就是石器材料的主要来源地，即为鄂西黄陵侵入岩体，经破碎由三斗坪、莲沱沿长江河道顺水而下，到枝江、沙市等地均有分布，越向下游磨蚀越甚，则砾石越小，而片石也越薄，稍微加工即可成各种类型的石器。

（二）沉积岩类

除火山角砾岩产于四川外，此类岩石多产于泥盆系、下二叠系、侏罗系和白垩系地层中。按长江水系和岩石出露点，大致可确定关庙山此类石器材料来源于秭归（泥盆系）、宜昌—枝江（白垩系）、当阳（侏罗系、白垩系）、长阳（泥盆系、下二叠系）等地，且多由长江水流搬运到枝江河滩。

（三）变质岩类

在地质体上一般多产于鄂西黄陵背斜南端的有关不同程度和不同类型的变质岩系中。地理上的分布，系沿长江上自秭归、下至宜昌段，因各种动力崩塌和水流切割搬运至枝江等地均有分布。

上述各种石器材料，除少部分磨石和部分质软的黏土岩可在就地不远的地方取材外，一般多来源于长江河道，特别是在枝江一带河流的转弯处，为制作各种类型石器提供了丰富的物质基础和良好的条件。

三 常见石器材料的选择加工

如前所述，关庙山遗址出土的三种新石器文化的主要石器材料，都是来源于长江河道的砾石。现将鉴定的1211件大溪文化石器，就其各种器形和岩石种类，全部作了统计，结果见表f－4－5、6、7。从三表中可以看出，因各种石器的主要用途不同，所选择的石材也多有一定差别。

石铲和石钺，其形态扁平，长又较宽，为便于加工，故一般多寻找具扁片形的砾石，或经打击易成片状开裂的，如各种片岩、片麻岩、叶蛇纹石岩、闪长岩等，其中以片岩类、叶蛇纹石岩较常见。在岩石硬度方面则并不一概要求很硬的。

作为砍劈戗凿用的大中小型斧、锛和凿、圭形凿等，一般多选用大小适宜且多呈扁鹅卵形和圆柱形的坚硬砾石（硬度6～7级），经打制琢磨即成工具。此类砾石以岩浆岩为主，少量沉积岩和变质岩。在岩浆岩砾石中，以辉绿岩、辉绿玢岩、闪长岩、闪长玢岩居多，少量辉长岩、辉长辉绿岩、玄武岩、流纹岩和霏细岩等，偶有石英斑岩、角闪粗安岩和安山岩等。在沉积岩砾石中，以石英砂岩和硅岩较普遍。还有数件中、小型石斧，是用质软量轻的高岭石黏土岩磨制而成的，据考古队同志介绍，此种石器并非属于墓中的随葬器物，鉴定者本人怀疑其似无多大实用价值，推测是作为模型以便于仿造和推广，但也有可能是用于切割软物的。在变质岩砾石中，一般多为石英岩、透闪—阳起石片岩和帘石透闪—阳起石岩等。

作为研捣敲击工具的杵、锤、饼、球等，绝大多数是直接采用自然形成的圆柱状、块状和球形体砾石，多属于坚硬的岩浆岩和沉积岩，极少的为变质岩。

砥磨石器、骨器用的磨石，一般多选用胶结疏松、砂粒易于脱落、并含不等量黏土的石英砂岩和粉砂岩。修整锉磨用的石锉，选用表面粗糙的石英砂砾岩、含铁石英砂砾岩等。

其他石器，也都根据器物用途，选择不同岩性的石料和相宜的自然磨蚀形态砾石，分别进行加工。

我们长期在鄂西地区从事地质工作，以目前积累的资料和认识，对关庙山遗址出土石器的岩石情况作了较完整的记录和初步的探析。在工作全过程中，得到我站领导和有关同志的支持协助。限于本人水平，难免有误，恳请指正。

1983年9月27日完稿于宜昌

表 f－4－5 关庙山大溪文化岩浆岩类石器统计表

石器器形 / 数量 / 岩石名称	铲	锄	大斧	中斧	小斧	穿孔斧	钺	中锛	小锛	凿	圭形凿	刀	切割器	打制蚌形器	杵	锤	饼	球	砧	尖锥状器	镞	纺轮	磨石	锉	合计（件）	比例（%）
弱透闪帘石化辉长岩			1	26	2			1	1				2												33	3. 48
绿泥石钠黝帘石化辉长辉绿岩			1	45	12				7	2															67	7. 06
辉绿岩	1		8	56	9			1	9	3	3			3											93	9. 80
绿泥绢云帘石化辉绿岩			1	5					1	1															8	0. 84
钠黝帘石化辉绿岩			5	78	32				3	3	3		1			1									126	13. 28
弱透闪帘石化辉绿岩				1																					1	0. 10
辉绿玢岩			3	86	16				5	2			2		3	2									119	12. 54
绿泥帘石化辉绿玢岩			1	30	7				2		1														41	4. 32
钠黝帘石化辉绿玢岩			2	18	2						1		1												24	2. 53
钠黝帘石化绿泥石化辉绿玢岩				22	5				1	1															29	3. 06
绿泥帘石绢云化中基性脉岩				1																					1	0. 10
玄武岩														1		1									2	0. 21
绿泥闪石帘石化细粒玄武岩				4	6				6		11				2	4	2								35	3. 69
闪长岩	3	2	16	103	10	1		1	1	4	2		2	3		3				1			1		153	16. 12
细粒闪长岩			4	16	2					1	2		1	1											27	2. 84
暗色细粒闪长岩			4	14	4				2	2			1			1									28	2. 95
闪长玢岩			14	54	6			1	2	2		1	2	13	3	2							1		101	10. 64
石英闪长玢岩														1			1								2	0. 21
安山岩				2	1									1		1									5	0. 53
角闪粗安岩				1	3				1																5	0. 53
花岗斑岩														3		1	2	1							7	0. 74
石英斑岩				1	2									1	1										5	0. 53
流纹岩				3	6				5					2				1							17	1. 79
霏细岩				8	7				2					2		1									20	2. 11
合　计	4	2	60	574	132	1	0	4	48	21	23	1	12	31	9	17	5	2	0	1	0	0	2	0	949	100

表 f－4－6 关庙山大溪文化沉积岩类石器统计表

石器器形 / 数量 / 岩石名称	铲	锄	大斧	中斧	小斧	穿孔斧	钺	中锛	小锛	凿	圭形凿	刀	切割器	打制蚌形器	杵	锤	饼	球	砧	尖锥状器	镞	纺轮	磨石	锉	合计（件）	比例（%）
火山角砾岩				1	1				1					3		2									8	5.23
石英砂砾岩																								1	1	0.65
含铁石英砂砾岩																								1	1	0.65
砂岩															1										1	0.65
石英砂岩		1		10	2				3	1	3			13	4	4	7	6	1				9		64	41.83
粗粒石英砂岩															1								3		4	2.62
细粒石英砂岩				3																					3	1.96
含铁石英砂岩																							1		1	0.65
含铁细粒石英砂岩					1																				1	0.65
含黏土质石英砂岩																							1		1	0.65
长石石英砂岩					1													1							2	1.31
石英长石砂岩		1																						2	3	1.96
石英粉砂岩									2	1							1						2		6	3.93
黏土质粉砂岩	1			2	1				1																5	3.27
含黏土质粉砂岩					1																				1	0.65
黏土质石英粉砂岩																							1		1	0.65
含黏土质石英粉砂岩				3	7																				10	6.54
黏土质长石石英粉砂岩																							2		2	1.31
高岭石黏土岩				1	2																				3	1.96
蒙脱石黏土岩							1																		1	0.65
黏土页岩																						1			1	0.65
硅岩				3	5		1		2	1				1		4					1				18	11.77
黏土质硅岩				4	5				1	1															11	7.19
含粉砂质硅岩					2				2																4	2.62
合　计	1	2	0	27	28	0	2	0	12	4	3	0	0	17	6	10	8	7	1	0	1	1	19	4	153	100

表 f－4－7 关庙山大溪文化变质岩类石器统计表

石器器形 / 数量 / 岩石名称	铲	锄	大斧	中斧	小斧	穿孔斧	钺	中锛	小锛	凿	圭形凿	刀	切割器	打制蚌形器	杵	锤	饼	球	砧	尖锥状器	镞	纺轮	磨石	锉	合计（件）	比例（%）
云母板岩							1		1			1													3	2.75
石英云母板岩																							1		1	0.92
石英片岩				1																					1	0.92
绿泥石英片岩					1																				1	0.92
绢云录泥石英片岩				1																					1	0.92
角闪石英片岩					1						1														2	1.83
含角闪石英片岩				1																					1	0.92
透闪—阳起石片岩	3			3	3		3		1		1														14	12.84
透闪—阳起绿泥片岩							3																		3	2.75
黑云斜长片麻岩						1																			1	0.92
二云石榴斜长片麻岩							2																		2	1.83
斜长角闪岩				1											1								1		3	2.75
石英岩				13	22				6		1	1		4	1	1		1		1					51	46.79
长石石英岩									1																1	0.92
叶蛇纹石岩	1				1		5																		7	6.42
帘石透闪—阳起石岩			6	11																					17	15.60
合　计	4	0	6	31	28	1	14	0	9	0	3	2	0	4	2	1	0	1	0	1	0	0	2	0	109	100

附录五

湖北枝江关庙山新石器时代遗址的动物遗存

周本雄
（中国社会科学院考古研究所）

笔者于1981年3月，应本所湖北考古队的要求，与任式楠等同志一道前往关庙山遗址，现场鉴定从那里发掘出土的动物遗存。3月24日由北京出发，乘火车、长途汽车辗转旅途数日，到达目的地后即开始工作，至4月6日笔者返抵北京，前后历时14天。

关庙山遗址位于湖北省当时行政区划的枝江县问安公社金联大队。遗址坐落在高出四周地面约4米的一片土台地上，现集中保存较好的部分，总面积约3万平方米。自1978年起至1980年，本所湖北考古队在这里进行了5次发掘，揭露面积2000余平方米。

一　动物骨骸鉴定概况

据介绍，关庙山遗址新石器时代的文化遗存包括大溪文化、屈家岭文化和石家河文化三种，以大溪文化遗存最为丰富。经考古队收集、提供给鉴定的动物骨骸，除2种14件属屈家岭文化的之外，其他463件均属大溪文化。关庙山的动物骨骸标本，质地大都很酥脆，又与黏土胶结，除非特殊处置，否则不易取得完好的标本。但有些经过当时人们用火烧灼过的鹿角和骨骼，质地都较坚固，保存完好。

经笔者检视、统计过的，可鉴定的动物标本总共477件。以家猪的标本最多，从家猪的牙齿、头骨的骨缝以及肢骨的骨干与骨骺的愈合程度来分析，表明这批猪骨及牙齿以幼猪及青年个体为主。野猪则以1件保存有巨大獠牙的头骨为代表。其次是马鹿类的遗骸较多，对其鉴定和统计均以鹿角、头骨、下颌骨等较典型的解剖部位为依据，其余一些很残破的骨片则未统计在内。对其他的各种动物也按此方法，均以该种具典型特征的解剖部位作为鉴定的依据，例如哺乳动物的牙齿，龟鳖类甲壳和腹板，鱼类的鳃盖骨和咽喉齿。因此，受诸多因素的限制，对遗址动物骨骸统计出的数量远低于实际的数量。由于动物骨骸出自我们发掘的探方地层或灰坑，是当时人们食物剩余的垃圾，其中包含有当时人们的选择取舍以及保存环境条件不同等成因。最为突出的是H113，出土动物骨骸5种79件，数量之多居所有灰坑之首，其中家猪40件、马鹿13件、獏2件、青鱼23件、鳖1件，而绝大多数灰坑内则未见存留骨骸。所以本文所做的鉴定和讨论，只是反映人们养畜和渔猎状况的一个侧面，窥见当时自然生态环境之一斑。

此外，在T74⑤G5出土人残骨盆1件，T66⑤出土人右侧臼齿1枚，未作统计，志此备查。

经笔者鉴定登记的动物标本，至少可代表以下种属15种，总计477件（见表f－5－1、2、3）。

猕猴	*Macacus* sp.	1件
家猪	*Sus scrofa domesticus*	232件（内屈家岭11件）
野猪	*Sus scrofa*	1件
马鹿	*Cervus* sp.	122件（内屈家岭3件）
麂	*Muntiacus* sp.	4件
牛	*Bos* sp.	18件
獴	*Herpestes* sp.	3件
亚洲象	*Elephaus maximus*	2件
青鱼	*Mylopharyngodon piceus*	66件
草鱼	*Ctenopharyngdon idellus*	12件
白鲢	*Hyophthalmichthys molitrix*	4件
龟	*Chinemys* sp.	1件
鳖	*Trionyx sinensis*	4件
蚌	*Corbicula* sp.	5件
螺	*Cipangopaludina* sp.	2件

二　家畜饲养与渔猎经济

以上15种动物，仅家猪肯定是家畜，其余均为野生动物。从大溪文化动物遗骸的数量统计（463件）看，家猪占47.73%，家猪的数量占全部兽骨总量的近1/2，是当时主要的家畜。但是这个比例并不算很高，因为同时期黄河流域一些新石器时代遗址里出土的家猪等家畜骨骸数量，远比关庙山的多得多。这或许说明当时关庙山一带先民为获取肉食，投入了较多的时间从事渔猎经济活动。

发掘出土的野猪、马鹿等动物大都是平原和沼泽地带的野生动物。关庙山遗址位于江汉平原西部，接近鄂西山地，所以也有冬季从山地走下到平原地区活动的动物，如马鹿和麂等。这里还出土有亚洲象的巨大肱骨和臼齿，表明当时江汉平原上生活着野生的亚洲象群，它们也是当时人们狩猎的对象。

遗址距长江干流不远，附近还有小河、湖塘等水域，所以有鱼、鳖、蚌、螺之类的水生动物遗骸。对这些水生动物种属的鉴定，曾得到中国科学院武汉水生生物研究所、我的同窗好友曹文宣教授的大力协助，特此致谢。我们赖以统计的标本大都是鱼的鳃盖骨、咽喉齿、脊刺和鳖类的壳等质地坚硬、特征明显的部分。其中，对鱼类鉴定出青鱼、草鱼和鲢鱼这些长江流域习见的鱼种，而为数众多的鱼鳞层，腐朽甚重，既无法鉴定其种属，更不可能估算出鱼的数量。估计当时捕鱼的实际数量要远远高出现有的统计数量。至于蚌、螺的统计数量，因收集到的标本过少，也不足以反映当时的实况。

综观关庙山的多种陆生水生动物骨骸，正与遗址处于平原、水畔以及远处还有山林的自然环境相吻合，反映了当时人们“靠山吃山、靠水吃水”的渔猎经济的存在并且较为兴旺。重要的是，当时以稻作农业为基础，结合家畜饲养业和渔猎业，得以创造出较为繁荣发达的社会经济和文化生活。

三 关于亚洲象

关庙山遗址出土的野生动物遗存中，值得一提的是野生象的遗骸。从T71④C层出土的象的巨大肱骨以及T38④BF1出土的象的臼齿，明白无误的证明象的存在。出土地层均属关庙山大溪文化第三期，年代约在公元前3700～前3500年。

象是现代躯体最大的陆生哺乳动物，属于哺乳动物纲、长鼻目、象科。现代象类仅存两种：亚洲象和非洲象，分别生活在亚洲和非洲的热带地区。关庙山的象类，属于亚洲象（*Elephas maxmus L.*）。现代象外露的一对大象牙，是上门牙发育成的，没有牙根，可以终生持续生长。大象牙常是制作工艺品的原料。象的口腔内还有前臼齿和臼齿，统称颊齿或磨齿，是象类臼磨食物的器官。关庙山出土的是象的臼齿。每一个磨齿由数目不等的“齿脊板”组成，齿脊板外层是釉质层，包围着内部齿质层。齿脊板与齿脊板之间充填着白垩质。釉质、齿质和白垩质硬度不一样，所以磨齿经使用磨耗一段时间后，就会在磨齿面上出现一条条横列的沟棱。这种齿面上的沟棱图案，叫作“齿脊式”，古生物学者就是根据齿脊式对象类作动物分类，定出其种属。

亚洲象的齿脊式是：DP2 $\frac{4}{4}$；DP3 $\frac{8}{8}$；DP4 $\frac{12}{12}$；M1 $\frac{12}{12}$；M2 $\frac{16}{16}$；M3 $\frac{20-24}{20-24}$，齿脊频率是7～8。齿板磨蚀后呈点、线、点，或点、点、点的图案。

从关庙山遗址的象磨齿的齿脊图型，可以准确无误的鉴定其为亚洲象。

亚洲象在我国有长达数十万年的历史。在旧石器时代、新石器时代，野生象群生存范围一直都很广阔。旧石器时代如北京周口店中国猿人遗址，新石器时代如河南淅川下王岗、湖北黄梅塞墩、浙江余姚河姆渡遗址等都曾有象类遗存发现。这次又在关庙山遗址发现亚洲象的历史踪迹。上述新石器时代横向分布的诸遗址都处在北纬30度左右或偏北。在商代，河南安阳殷墟出土的象的遗骸，则属于人工饲养的小象。据文献记载，迟至战国时期或者更晚时期，长江中游地区还有亚洲象生存。而到现代，我国的野生亚洲象则仅局限在云南省西双版纳地区，尚存有小群野生象类。

关庙山遗址地处江汉平原与鄂西山地的过渡地带，为林草混杂地区。所在的地理区域属于亚热带季风气候带，雨量丰沛，光照充足，温暖湿润，四季分明，无霜期长，现代年平均气温在15.9℃～16.5℃之间。从这里发掘出土的猕猴，说明当时有茂密的森林，滨江一带水草丰盛鱼虾繁衍，貘等小型食肉动物也很多。这样的自然生态环境是很适合野生象类生活的。在这种环境中，野生亚洲象不会自然消亡或迁往更南的地区。

但是随着气候的变化和人类社会的发展，尤其是新石器时代以后大片垦田、砍林和人口速增，对自然生态环境过度开发和破坏，迫使经历过数十万年历史的亚洲象群，现已迁徙到西双版纳地区狭小之一隅，长此以往，或将面临灭绝险境。可见人类对其自身生活环境破坏力之巨大。考古发掘资料不止一次地向人们真切地揭示了这种历史事实。保护自然环境，维持生态平衡，保护众多生物物种，这关系到人类自身生死存亡的头等大事，理当引起更多人们的严重关注。

2010 年 1 月完稿

表 f-5-1 关庙山遗址家猪骨骸鉴定登记表

期别	单位（数量／骨名）	头骨	下颌骨	肩胛骨	肱骨	桡骨	尺骨	掌骨	骨盆	股骨	胫骨	肋骨	上犬齿	上前臼齿	上臼齿	下前臼具	下臼齿	合计（件）	
大溪一期	T57⑧		1															1	7
	T57⑦	1	1													2	1	5	
	T70⑦		1															1	
大溪二期	T56⑤	1	1	1	1								1			1	1	7	118
	T57⑤				2													2	
	T59⑤	1																1	
	T65⑤		1															1	
	T66⑥																1	1	
	T66⑥H123	1								1								2	
	T66⑤	1	1						1								1	4	
	T68⑤H117				1										2			3	
	T69⑥		1															1	
	T69⑤B	1																1	
	T70⑥		2	1	2					1	1		1	2			2	12	
	T70⑤	2	3	3	4	3	1											16	
	T70⑤G5												1				1	2	
	T71⑤	1	1		1						1			1	1			6	
	T71⑤H129				1													1	
	T72⑥		1												1			2	
	T74⑥														1			1	
	T74⑤		3							1				3				7	
	T74⑤AH113	6	5	5	7				3	3		10	1					40	
	T77⑤B													2				2	
	T2④															1		1	
	T5④	1	3															4	
	T10④																1	1	
大溪三期	T51④								1	1	1							3	
	T52④AH36				1													1	
	T57④				2	1	1											4	
	T64④			1	1	1			1								1	5	
	T66④B		1														1	2	
	T66④CH107	1																1	

续表 f-5-1

期别	单位（数量/骨名）	头骨	下颌骨	肩胛骨	肱骨	桡骨	尺骨	掌骨	骨盆	股骨	胫骨	肋骨	上犬齿	上前臼齿	上臼齿	下前臼具	下臼齿	合计（件）	
大溪三期	T68④		1															1	78
	T69④CH133			1														1	
	T70④			1	5	4	3		1	1			2		6		1	24	
	T70④AM201												1	2				3	
	T71④			1	2													3	
	T74④	1	1	3	7	3	3	1	2	3	2							26	
	T75④C			1	1													2	
	T77④C													2				2	
大溪四期	T57③																1	1	18
	T63③														1			1	
	T65③														3			3	
	T69③				1									2	2			5	
	T72③																1	1	
	T74③															1	2	3	
	T77③B									2							2	4	
合计（件）		18	28	18	39	12	8	1	9	13	5	10	7	14	17	5	17	221	
屈家岭	T65②		1												4			5	11
	T66②															1		1	
	T69②H90		1														1	2	
	T72②														3			3	
	合计（件）		2												7	1	1	11	

表 f－5－2　关庙山遗址陆生野兽骨骸鉴定登记表

期别	单位（数量／骨名）	猕猴下颌骨	野猪头骨	马鹿 头骨	马鹿 下颌骨	马鹿 肩胛骨	马鹿 掌骨	马鹿 骨盆	马鹿 股骨	马鹿 距骨	马鹿 跟骨	马鹿 肋骨	马鹿 上犬齿	马鹿 上前臼齿	马鹿 上臼齿	马鹿 下门齿	马鹿 下前臼齿	马鹿 下臼齿	马鹿 角	鹿 下颌骨	鹿 角	牛 肱骨	牛 桡骨	牛 掌骨	牛 腕骨	牛 骨盆	牛 胫骨	牛 距骨	牛 肋骨	牛 上臼齿	獐 下颌骨	獐 下犬齿	獐 下前臼齿	象 肱骨	象 臼齿	合计
大溪一期	T68⑦H181																											1								2种 2件
	T72⑦																		1																	
大溪二期	T53⑤																		1																	5种 68件
	T56⑥																1		1																	
	T56⑤																		4			1														
	T57⑤																		1																	
	T59⑥											1							4																	
	T59⑤A																		2																	
	T59⑤AG6		1																1																	
	T60⑤																		1																	
	T61⑤B																		1																	
	T63⑥A																		1																	
	T63⑤B																		1								1									
	T66⑥																										1									
	T66⑤				1														1																	
	T68⑤H117																							1												
	T70⑥																		1																	
	T70⑤				1										1				2				1			1							1			
	T71⑤				1										1				2																	
	T74⑤AH113			3	1														9												1	1				
	T74⑤				3	1													2		1															
	T75⑤																		1																	
	T2④																2																			
	T10④																		1																	
	T22④H22			1															1																	
大溪三期	T57④																		1																	
	T60④								1										2																	
	T64④B																		1																	
	T66④CH107																												1							

续表 f－5－2

期别	单位（数量/骨名）	猕猴下颌骨	野猪头骨	马鹿																鹿		牛									貘			象		合计
				头骨	下颌骨	肩胛骨	掌骨	骨盆	股骨	距骨	跟骨	肋骨	上犬齿	上前臼齿	上臼齿	下门齿	下前臼齿	下臼齿	角	下颌骨	角	肱骨	桡骨	掌骨	腕骨	骨盆	胫骨	距骨	肋骨	上臼齿	下颌骨	下犬齿	下前臼齿	肱骨	臼齿	
大溪三期	T66④DH106																												1							6种 9件
	T66④DH105																						2			1										
	T66④D													2					1																	
	T67④																									1										
	T70④						1	1						2	4	3																				
	T71④C																																	1		
	T71④CH99																		1																	
	T72④			1														2	1																	
	T73④C												2	2																						
	T74④	1		2					1					3					1	3			1													
	T75④BH73																		1																	
	T75④																								1	1			1							
	T77④			1						1	1			2	1				1																	
	T38④F1																																		1	
大溪四期	T52③																		4											1						2种 19件
	T57③																		1																	
	T69③B			1															5																	
	T70③																		1																	
	T72③													2																						
	T74③														1			1																		
	T77③B																		2																	
合计（件）		1	1	9	7	1	1	1	3	1	1	1	2	13	8	3	3	3	62	3	1	1	4	1	1	4	2	1	3	1	1	1	1	1	1	148件
				119																4		18									3			2		

表 f－5－3 关庙山遗址水生动物骨骸鉴定登记表

期别	数量 / 骨名 / 单位	青鱼		草鱼		白鲢			龟	鳖		蚌	螺	合计
		鳃盖骨	咽喉齿	鳃盖骨	咽喉齿	头骨	鳍骨	咽喉齿	腹甲	背板	腹甲	壳	壳	
大溪一期	T71⑦		1											1 种 1 件
大溪二期	T56⑤	1		1	1						1	1		5 种 69 件
	T57⑥											1		
	T57⑤													
	T59⑥					1		2						
	T59⑤AG6	22	2							1				
	T62⑤			1										
	T66⑤		1											
	T70⑤		3											
	T70⑤G5	1	2											
	T70⑤H111						1							
	T72⑤A	1												
	T74⑤		1											
	T74⑤AH113	20	3							1				
大溪三期	T51④	1	1											6 种 22 件
	T59④B			1										
	T59④BH98	1	1											
	T68④	1	1						1		1			
	T69④											1		
	T70④			4									2	
	T74④A	1												
	T74④B		1											
	T77④C			4										
大溪四期	T69③											1		1 种 2 件
	T73③B											1		
合计（件）		49	17	11	1	1	1	2	1	2	2	5	2	94
		66		12		4			1	4				

附录六

关庙山遗址大溪文化^{14}C 年代测定数据

中国社会科学院考古研究所科技考古中心碳十四实验室

实验室编号	地层单位	分期	标本	测定年代（BP）半衰期 5730 年	树轮校正年代		
					达曼表校正		高精度表校正（BC）
					（BP）	（BC）	
ZK－0683	T1④	第二期	木炭	7555 ±130	超校正范围	超校正范围	6380 ~ 6008
ZK－0892	T51⑤BF21	第二期	木炭	5300 ±250	5940 ±260	3990 ±260	4319 ~ 3700
ZK－0992	T69⑥	第二期	木炭	5200 ±250	5830 ±260	3880 ±260	4221 ~ 3544
ZK－0994	T58⑦F34	第一期晚段	木炭	5130 ±110	5750 ±135	3800 ±135	3950 ~ 3690
Zk－0685	T9③	第三期	木炭	5035 ±70	5645 ±100	3695 ±100	3779 ~ 3635
ZK－0831	T36⑦H13	第一期早段	木炭	5025 ±80	5635 ±110	3685 ±110	3779 ~ 3543
ZK－0891	T51④BF22 北墙基 23 号柱洞	第三期	柱洞内的炭化木柱	4910 ±110	5505 ±135	3555 ±135	3690 ~ 3380
ZK－0832	T51③	第四期	木炭	4760 ±110	5330 ±145	3380 ±145	3606 ~ 3142
Zk－0684	T6④	第二期	木炭	4745 ±90	5315 ±130	3365 ±130	3505 ~ 3142
ZK－0991	属于 T76③层的柱坑，打破③H180 和④BF30 北火塘	第四期	柱坑内的炭化木柱	4680 ±80	5235 ±120	3285 ±120	3371 ~ 3101

说明：

1. 本附录的数据原载中国社会科学院考古研究所编：《中国考古学中碳十四年代数据集（1965 ~ 1991）》，文物出版社，1991 年；这次收录时，标本的考古资料再经考古队核定。

2. 由^{14}C 半衰期 5730 年计算得出的^{14}C 距今年代（BP），以公元 1950 年为起点。

后　记

本考古报告的编写工作，在任式楠主持下，起初由考古队五人分担，于1985年写出初稿。枝江史地和工作概况、石器、陶质小件等由任式楠执笔，地层堆积、生活遗迹、墓葬等由李文杰执笔，大溪文化陶质器皿由陈超、王杰执笔，屈家岭文化晚期和石家河文化陶质器皿由沈强华执笔。后因从事其他业务工作，关庙山考古报告编写工作停顿。这期间，李文杰于1987年调离考古所到中国历史博物馆考古部任职。

2009年，本所立项恢复编写关庙山报告的工作，李文杰应邀继续参加编写工作。经任、李、陈三人商量，确定了全书体例、修改要求、需大量增补的内容以及对大溪文化陶质器皿进行整体变动改写。现在完成的定稿分工如下：任式楠撰写第一章，第三章第四节的二至七和第五、六节，第四章第二节的一之［二］［三］［四］和二、三，第五章第二节的一之［二］［三］［四］和二、三，第六章第四、五节；李文杰撰写第二章，第三章第一、二、三节和第四节的一之［一］［二］，第四章第一节，第五章第一节，第六章第一、二、三节，又制成附表1～9；陈超撰写第三章第四节的一之［三］［四］；沈强华撰写底稿第四章第二节的一之［一］，第五章第二节的一之［一］。本考古报告主编任式楠，副主编李文杰。

全书墨线插图指导或绘制者有张孝光、李淼、刘方、陈超、技工毕道传、河南省灵宝市文物保护管理所张艺苑等。遗址测绘刘震伟。田野考古照相主要由王杰、田富强承担，小部分由韩悦拍摄。出土陶器、石器照片由赵铨、刘国强拍摄。陶片检测研究由李敏生、黄素英、武亦文完成。夹蚌陶和红烧土块物理测试由宜昌市陶瓷研究所吴崇隽、庞金艳完成。石器岩石鉴定和白陶片鉴定由湖北省地质局鄂西地质实验站刘玉秀完成。动物骨骼鉴定由周本雄完成。^{14}C年代测定由仇士华、蔡莲珍、冼自强、薄官成完成。本书内容简介的英译由李新伟完成。

在此，谨向参加过关庙山遗址的发掘和资料整理，以及支持和帮助关庙山考古报告编写工作的有关单位、部门和所有同志们，表示衷心感谢！

编著者

2013年10月